KB143889

GB

한길그레이트북스

인 류 의 위 대 한 지 적 유 산

국립중앙도서관 출판사 도서목록(CIP)

신화학 1 / 레비-스트로스 지음 ; 임봉길 옮김.
파주 -- : 한길사, 2005
  P. :   cm. -- (한길그레이트북스 ; 68)

참고문헌 수록
ISBN 89-356-5654-2 94380 : ₩ 30000

219-KDC4
291.13-DDC21   CIP2005001427

GB
한길그레이트북스

인류의 위대한 지적유산

신화학 **1** 날것과 익힌 것

레비-스트로스 지음 | 임봉길 옮김

한길사

GB

HANGILGREATBOOKS

Claude Lévi-Strauss

Mythologiques 1

Le cru et le cuit

Translated by Yim, Bong-Kil

베르멜호 강가 케자라에 있는 보로로 마을 전경
투가레 반족(半族)의 오두막 앞으로 '남자들의 집'이 보인다.
사진 위쪽으로 멀리 차파다 바위층의 지맥이 이어져 있다.

차파다 지역 바위층의 한 형상

보로로족의 신화 속에 등장하는 새둥지 터는 사람이 갇혀 있었던 곳으로
상상되는 바위언덕이다. 암벽은 늪지대의 낮은 곳에서 200~300m 높이에 달한다.

보로로족의 장례식 모습

보로로족은 이중 장례를 지낸다. 마을광장에 가매장을 한 뒤 뼈를 추려 강이나 호수에 집어넣는다.
그들은 물속을 영혼이 거처하는 장소라고 믿는다.

축제 때 성기덮개를 찬 보로로 인디언

성기덮개는 각 씨족 색깔(여기서는 키 씨족)로 염색한
풀줄기를 엮어 만든 두루마리에 채색한 깃털로 장식된다.

GB
한길그레이트북스

인류의위대한지적유산

신화학 **1** 날것과 익힌 것

레비-스트로스 지음 | 임봉길 옮김

한길사

신화학 1 날것과 익힌 것
차례

상징 코드표

{ △	남자
○	여자

△ = ○　　결혼(혼인의 분리: ≠)

△⎯⎤　○　　형제 자매(그들의 분리:⎡ ≠ ⎤)

△　　○
│　　│
△ , ○　　아버지와 아들, 어머니와 딸 등등

T　　변형(변환, 변화)

→　　～로 변형(변화)되다

{ :　　～은 ～이다

:: 　　～와 같이(같은)

/　　대립

{ ≡　　합동(관계), 상동(관계), 상응(일치)

≢ 　　합동의 반대(부정), 상동의 반대(부정), 상응의 반대(부정)

{ =　　동일(성)

≠ 　　차이(성)

≈　　동형성

{ ∪　　결합(통합), 재결합, 제휴

// 　　분열, 분리

{ →　　～와 결합하다

≠→ 　　～와 분리되다

/　　기능(함수)

x^{-1}　　x의 역

+, −　　맥락에 따라 다양한 암시적 의미로 사용된다: 플러스/ 마이너스, 출현/ 부재, 대립짝의 첫 번째/ 두 번째 항(용어)

구조주의 방법론과 신화학

임봉길 강원대학교 · 문화인류학

레비-스트로스는 일찍부터 수시로 변화하는 현상 뒤에 숨은 무엇인가 근본적인 것에 관심을 가졌던 사실을 자신의 저서 『슬픈 열대』(*Tristes tropiques*, 이하 TT.로 표기)[1]에서 고백하고 있다. 자신에게 가장 영향을 미쳤던 학문분야로 그는 지질학, 정신분석학, 마르크스주의를 든다. 이 세 학문이 추구하려는 공통적인 것이 어떤 사실의 인과관계나 현상 자체를 설명하기보다 이러한 현상 뒤에 숨은 '구조적인' 것을 찾아 현상을 이해하려는 점에서 공통점을 볼 수 있듯이 그는 구조주의 인류학이 무엇을 찾으려 하는가를 암시한다.

레비-스트로스는 『신화학』 1권 서문에서, "민족지적인 관찰을 통해 정확히 정의할 수 있고, 각 특수한 문화의 관점으로도 이해할 수 있는 날것과 익힌 것, 신선한 것과 부패한 것, 젖은 것과 태운 것 등등의 경험적인 범주들이 어떻게 추상적인 개념에 적용될 수 있고, 개념도구로 사용될 수 있으며, 명제로 연관시킬 수 있는지를 증명하려는 것이 이 책을 쓰는 목적이다"(CC., 9쪽)[2]라고 밝힌다. 합리적/비합리적, 관념적/감성적이라는 정태적 대립 개념을 넘어 인간 의식의 심층에 존재하는 '새로운 합리성', 즉 초(超)합리성(super-rationnel)을 찾으려 한다. 시간적 우연성, 주관적 접근의 한계를 넘어 존재하는 명료성(intelligibilité)을

---

1) C. Lévi-Strauss, *Tristes tropiques*, Paris: Plon, 1976.
2) C. Lévi-Strauss, *Le cru et le cuit*(CC., 『날것과 익힌 것』), Paris: Plon, 1964.

찾으려는 구조주의는 이것을 정신분석학에서 찾는다.

　무의식(inconscient)은 그의 작품세계에서 일차적인 중요성을 갖지만 프로이트(S. Freud)의 그것과는 차이가 있다. 레비-스트로스가 상정하는 무의식은 충동 욕구로 나타나는 프로이트의 무의식과는 달리 강력한 '상징화의 원칙'이다. 레비-스트로스의 무의식은 차라리 "범주적(catégoriel)이며, 조합적(combinatoire)이고, 비(非)개성적(anonyme)인 칸트(E. Kant)의 무의식으로 대체된다. 이런 무의식은 우주, 사회, 개인, 사고, 언어, 신화 등에 내재되어 있는 구조적 법칙으로 나타난다."[3]

　이처럼 레비-스트로스는 위의 세 학문으로부터 "이해한다는 것은 사실의 유형을 다른 유형으로 축소하는 것이며, 진실한 실체는 가장 현상적인 것으로 나타나는 것이 아니라 사실 속에 내재해 있는 것이다"(TT., 62쪽)라고 말한다. 세 분야의 학문은 모두 감성적인 것과 합리적인 것 사이에 존재하는 관계의 문제에 도전해왔고, 더욱 구조주의는 일종의 초합리주의(super-rationalisme)를 추구하고 있음을 알 수 있다. 다시 말하자면 감성적인 것을 합리적인 것에 통합하려는 의도를 갖고 있다. 이것은 야생적 사고/이성적 사고, 감성적인 것/합리적인 것을 포함하여, 그것들을 꿰뚫어 설명할 수 있는 또 다른 원리인 '초합리적인 이해구조'를 찾으려 하는 것이다. 그것은 이성/감성, 합리성/비합리성의 모든 것을 포함하는 또 다른 합리성을 찾는 것이다.

　레비-스트로스는 19세기와 20세기를 풍미했던 진화주의와 전파주의 학자들의 방법론과 말리노프스키(B. Malinowski)의 심리기능주의와 래드클리프 브라운(Radcliffe-Brown)의 구조기능주의 학파의 방법론과 원칙을 비판하는 것으로부터 그의 구조인류학 방법론을 시작한다. 이들 학자들의 방법론으로는 이제 더 앞으로 나아갈 수 없는 막다른 골

---

3) P. Ricoeur, "Le symbolisme et l'explication structurale," *Cahiers internationaux-du-Symbolisme*., N°4, Paris, 1964, 600쪽.

목에 서 있기 때문에 새로운 방법론을 찾아야만 했다. 그는 구조주의 언어학(linguistique structurale)의 방법론을 인류학 연구의 모델로 삼아 새로운 구조주의 방법론의 문을 연다.

1. 언어학 모델과 문화적 사실

레비-스트로스는 1941년 뉴욕 사회연구학교의 교수로 임명된다. 그는 여기서 몇 년 동안 구조주의 언어학자인 야콥슨과 연계를 가지며, 1945년에는 『워드』(Word)지(紙)에 사회문화현상을 연구하는 데 언어학 방법론을 응용할 것을 시사하는 논문을 게재한다. 그에 따르면 언어학은 인문사회과학의 선도과학으로서의 역할을 수행하지 않으면 안된다. 그것은 언어가 모든 사회현상 중에 과학적인 연구에 도달할 수 있는 두 가지 근본적 특성을 갖고 있기 때문이다.

먼저, 언어학은 연구대상물이 연구자와 독립된 위치, 즉 언어행위는 무의식적 사고의 층위(層位, niveau)에 있고 또 연구대상에 대한 연구자의 주관성(subjectivité)을 무시할 수 있기 때문이며, 둘째, 언어는 가장 오랜 일련의 통계적 계열인 언어의 기록을 접할 수 있기 때문이다. 4,000~5,000년 전의 인도-유럽어, 세미어, 시노-티베트어 계통의 기록들이 보존되어 있음(AS., 64~65쪽)[4]을 강조한다. 또한 언어학은 인문사회과학 중에 가장 '정확하고 과학적'인 방법론과 연구대상(objet)을 갖고 있다.

첫째, 언어학은 모든 인간이 사용하는 분절언어(langage articulé)라는 공통적 연구대상물을 취급한다. 둘째, 그의 방법론은 어느 언어나 동일하게 적용할 수 있으며, 그것이 고대 언어이건, 현대 언어이건, 원시 토착언어이건 동일하게 연구대상이 되며 동일한 방법을 적용할 수

---

4) C. Levi-Strauss, *Anthropologie structurale I*(AS., 『구조인류학』 1권), Paris: Plon, 1974.

있다. 셋째, 이러한 방법론의 근본적 원칙의 합당성을 대부분의 언어학자가 받아들이고 있다는 사실 때문이다. 다시 말하면 언어학이 다른 사회과학에 비해 과학적 성격, 대상물의 동일성, 방법론의 일반성에 의해 우위를 차지한다고 생각하는 것이다.

특히 레비-스트로스의 구조주의 인류학 방법론에 직접적인 영향을 미친 것은 구조언어학인 트루베츠코이(N. Trubetzkoy)[5]에 의해 성립된 현대 음운론(phonologie)이었다. 음운론에서 제시한 혁신적인 방법론은 첫째, 의식(conscient) 수준의 언어 음운연구에서 무의식적 하부구조의 음운연구로 이전하였으며, 둘째, 용어(termes)를 독립된 개체(실체)로 보는 것을 거부하고 용어(또는 항목) 사이에 존재하는 관계(relations)를 분석기초로 하고 있다. 셋째, 체계(système)의 개념을 도입하였고, 넷째, 일반적 법칙(lois générales)을 찾으려 하는 것이다.

결과적으로 이것은 절대적 성격을 띠게 된다. 다른 말로 표현하자면, 전통적 언어학이 역사 속에서 그 설명의 원리를 찾으려 하였다면, 음운론은 이러한 원리를 체계의 공시적 서열(l'ordre synchronique du système) 속에서, 즉 체계 자체의 내재적 논리(logique interne) 속에서 찾으려 하는 것이다(AS., 40~41쪽). 음운론 연구에 의해 실현된 방법론을 이용하여 레비-스트로스는 인문사회과학 분야에서의 응용방법과 그 실현의 결과를 얻으려 하였다. 이러한 언어학 모델에 대한 의뢰는 그에게 정당성을 부여하는데, 그것은 인류학의 연구 대상물인 문화적 사실과 언어 사이에 존재하는 관계 때문이다.

언어는 결국 문화의 '산물'로 볼 수 있으며, 사회에서 사용되는 언어는 그 사회의 일반적 문화양상을 반영한다. 그는 이러한 사실을 인도-유럽어, 시노-티베트어, 아프리카어는 물론 오세아니아와 아메리카 문명의 혼인법칙, 친족체계, 사회조직 등을 계속 연구함으로써 증명한다.

---

5) N.S. Trubetzkoy, *Principes de Phonologie*, J. Cantineau 옮김(불어판), Paris : Klincksick, 1957.

그는 언어를 통해 문화에 접할 수 있다고 생각하며, 더욱 언어에 대한 지식만으로도 연구자가 태어난 문화와는 다른 문화의 논리적 카테고리(catégories logiques)의 체계나 도덕적 가치의 체계를 통찰할 수 있다고 생각한다.

더욱이 언어는 문화의 한 부분이며 다른 부분들과 같이 문화를 구성하는 요소 중의 하나이다. 모든 문화는 상징체계의 총합으로 생각될 수 있으며 이러한 상징체계로서 언어, 혼인법칙, 경제적 관계, 예술, 과학, 종교, 신화 등을 놓을 수 있다. 이러한 체계에 대한 연구는 언어학이 여러 언어의 연구를 통해 언어체계 내의 논리적 카테고리를 찾는 것과 같이, 구조인류학은 체계를 이루는 다양한 문화의 논리적 카테고리를 찾는다.

언어는 문화의 산물이며, 한 부분이기도 하지만, 또한 문화의 조건이기도 하다. 왜냐하면 첫째, 개인이 집단의 문화 속에 들어가는 것(문화화, 사회화)은 바로 언어라는 수단을 통해서이며, 둘째, 문화나 언어는 모두 대립(oppostition)과 상관(corrélation) 관계라는 논리적 관계(relations logiques)에 의해 축조된 건축물이기 때문이다. 언어를 역사적 맥락과 문화접촉을 통해 좀더 복잡한 구조를 받아들일 수 있는 하나의 건축물로서 생각할 수 있듯이, 문화도 여러 종류의 다양한 양상으로 표현될 수 있는 건축물로 볼 수 있다.

이처럼 언어는 그 자체가 문화적 사실(faits culturels)이며, 언어의 매개를 통해 모든 사회생활의 형태가 성립되고 이어져 간다(AS., 392쪽).

언어는 상징체계이다. 다시 말하자면, 언어는 인간 무의식의 '상징화의 원칙'이 가장 잘 나타난 상징기호체계이다. 인간이 동물과 다를 수 있었던 것은 두뇌의 발달과 구강의 발달로 인해 논리적 사고를 할 수 있게 되고, '상징'을 만들 수 있었기 때문이다. 인간의 언어는 상징기호의 총합이다.

그러면 언어는 어떻게 만들어졌을까? 일반 독자들을 위해 잠시 설명이 필요할 것이다. 인간은 수천 가지 소리를 낼 수 있다. 그런데 이 수

많은 소리 중에 언어(한국어, 중국어, 일어, 영어, 아프리카어, 인디언어 등)에 사용된 소리는 모두 합쳐야 40개를 넘지 않는다. 예를 들자면, 한국어나 영어에 사용된 소리(음운)는 모두 합해야 30개 이내이다. 그러면 어떠한 원칙으로 이러한 소리를 선택했을까? 예외 없이 모든 언어에 사용된 알파벳(소리=글자)은 '변별력'이 가장 큰 소리들만을 선택했다. 변별력이 크다는 것은 소리 사이에 구별될 수 있는 차이성이 가장 큰 소리, 즉, 소리 사이의 대립적 요소가 가장 큰 것만을 선택했다는 것이다. "ㄱ"과 "ㄴ"은 구별되는 소리이다. "ㄱ"과 "ㅏ"의 구별되는 소리들이 합쳐 "가"란 소리를 만든다. ㄱ, ㅏ, ㄷ, ㅏ의 소리가 결합되어 "가다"라는 의미 있는 '상징기호'가 만들어졌다. 아무 의미도 없는, 단지 변별력만이 있는 소리를 합쳐 의미가 있는 '소리기호'(음성기호)를 만들어낸 것이다.

의미가 없는 최소단위의 소리를 음소(phonème)라고 하며, 의미를 가진 가장 작은 소리를 형태소 혹은 단소(monème)라고 한다. 여기에서 중요한 것은 의미 없는 음소들(단지 차이성만을 가진)이 조합되어 의미 있는 상징기호가 만들어졌다는 사실이다. 24 또는 28의 음소를 조합할 수 있는 조합의 수는 수십만 개 이상이다. 이렇게 만들어진 어휘가 사전에 실려 있다. 다시 이 상징기호들을 문법법칙에 따라 조합하여 문장을 만들어 나와 타자간의 소통(communication)이 이루어진다. "차이성만 있는 구별된 것(소리)을 조합하여 의미 있는 것(언어)을 만든다"는 원칙은 모든 언어가 공통적이다. 고대언어이건, 현대언어이건 모두 같은 원리이다.

언어의 목적은 소통에 있다. 음성기호로 표시할 수 있는 감정이나 사상, 가치, 의무, 권리 들을 서로 교환하기 위한 것이다. 언어는 교환을 통해 나와 타자를 이어주는 통합의 기능을 갖는다. 마찬가지로 물질의 교환, 여자의 교환을 통해 경제체계와 친족체계를 설명할 수 있다. 레비-스트로스는 『친족의 기본구조』에서 세 층위의 교환, 즉 언어의 교환, 물질(선물)의 교환, 여자(배우자)의 교환을 통해 인간의 문화와 사회적 통합을 체계적으로 설명한다.

먼저 친족체계의 층위에서는 각 집단 간에 여자의 교환(혼인동맹)을 보장하고, 경제체계의 층위에서는 물질의 교환을 보장한다. 세 형태의 교환은 서로 연관되어 있다. 왜냐하면 혼인관계는 필연적으로 여자의 교환은 물론 경제적 증여에 따른 경제적 교환을 수반하며, 언어는 그 모든 층위에서 공통적으로 일어나기 때문이다. 이러한 사실을 분석하며 레비-스트로스는 세 체계 사이에 상동성(homologie)이 존재하는지의 여부와, 이들 각 체계의 형식적 특성이 무엇인지, 그리고 한 체계에서 다른 체계로 연결, 이전이 가능할 수 있도록 해주는 변형(transformation) 법칙은 무엇인지를 연구하는 것은 당연하다고 생각한다(AS., 96쪽).

레비-스트로스는 친족체계에 대한 분석을 한 후 주로 신화연구에 역점을 두었다. 신화는 언어 모델을 적용하는 데 특권적인 대상이기는 하지만, 언어체계와의 관계가 상동관계에 있는 것은 아니다. 단지 구성적인 관계(relation costitutive)에 있는 것이다. 즉 신화분석을 하기 위해서는 언어 모델을 사용하지만 특수한 방법으로 접근해야 한다(뒤에 이어지는 언어학개념 참조). 친족체계와 경제체계도 언어체계와 상동관계에 있지 않다. 그것들이 모두 교환체계를 가진 점에서는 같지만 교환의 매체가 되는 여자나 물건 혹은 서비스는 단순한 기호나 상징이 아니기 때문이다. 여자는 두 집단간의 교환의 매개물이지만, 즉 기호인 동시에 그 자체가 가치를 갖는다. 재화는 그 자체가 단순한 일상적 용품뿐만 아니라 또다른 서열(ordre, 층위로 생각할 수 있다―옮긴이)에서 다른 도구로 사용된다. 즉 권력, 힘, 위세, 동정, 신분, 감흥 등을 나타내는 도구가 될 수 있기 때문이다(SEP., 63쪽).[6]

이처럼 경제적 교환, 여자의 교환은 언어의 교환과 같은 층위에 있지 않다. 결혼에서는 사람이 가치를 대표하며, 언어에서는 기호나 상징이,

---

6) C. Lévi-Strauss, *Les structures élémentaires de la parenté*(SEP., 『친족의 기본 구조』), Paris: Mouton, 1967.

경제에서는 가치의 교환이 기호나 상징으로 매개되기도 한다. 그래서 친족용어나 신화소(mythème), 다시 말하면 신화의 구성적 단위(unités constitutives)는 음소의 층위에 위치하는 것이 아니라 어휘(vocabulaires)의 층위에 위치한다고 말한다. 그래서 친족용어나 신화소는 결과적으로 음소와는 달리 취급을 하게 되며, 또한 음운론에서 어휘와도 달리 취급을 하게 된다. 친족용어나 신화소는 메타랑가주(méta-langage)를 구성하며, 이렇게 함으로써 적합한 연구와 분석을 할 수 있게 된다. 잠시 이해를 돕기 위하여 언어와 메타랑가주를 표현할 수 있는 도표를 보자.

언어기호(signe)

시니피앙(signifiant): 청각 이미지	시니피에(signifié): 가치 · 개념
기호: 의미를 가지는 단어	

메타랑가주(méta-langage)

시니피앙	시니피에	
	시니피앙	시니피에

← 메타랑가주 →

언어 기호는 시니피앙(청각 이미지)과 시니피에(가치 개념)로 구성되는데, 예를 들자면 나무라는 기호는 ㄴ/ㅏ/ㅁ/ㅜ라는 네 개의 음소 결합으로 이루어지며, 이때 이루어진 기호 '나무'는 우리가 나무라고 하는 사물의 개념을 나타낸다. 이때 시니피에는 자의적(arbitraire)이 아니고, 시니피앙만이 자의적이다. 왜냐하면 나무라는 시니피에를 나타내기 위해서는 한국말의 나무 이외에도 불어의 'arbre', 영어의 'tree' 등 수없이 많은 시니피앙이 존재할 수 있기 때문이다. 그러나 메타랑가주에서의 시니피앙은 위의 도식에서처럼 시니피에가 시니피앙이 되며, 시니피에의 기능도 있다.

친족용어나 신화소는 그 자체가 의미(여기서는 시니피에)를 가진 의미요소이지만 이것은 뜻을 가지지 않은 음소처럼 쓰이며, 이들이 결합(즉 논리적 기능에 따라)하여 새로운 또다른 의미를 갖게 된다. 음소는 의미를 갖지 않은 즉 시니피에가 없는 기호인 시니피앙만 존재하며, 단소의 층위에서의 기호는 시니피앙과 시니피에를 갖는다. 다시 한 번 부연한다면 친족용어, 신화소는 그 자체가 이미 의미를 가지고 있지만, 메타랑가주의 층위에서는 의미를 갖지 않은 음소처럼 사용되며, 이들은 음소가 상관 대립관계를 통해 단소(의미를 갖는 기호)가 되듯이 논리적 기능, 즉 대립 상관관계를 통해 새로운 의미를 갖는다.[7]

친족체계, 토템 체계, 신화체계 등 문화체계의 구성적 단위들은 낱말이나 문장의 층위에 위치하며 음소의 층위에 해당하지 않기 때문에 시니피앙과 시니피에를 가진 용어의 의미는 필연적으로 수정되어야 한다. 즉 일상적 용어의 시니피에는 시니피앙의 역할을 하며, 시니피앙은 여기서 친족용어, 토템 체계의 동물 식물의 이름, 신화소(神話素) 등을 지칭한다. 이러한 용어들이 체계 내에서 수행하는 논리적 기능이 시니피에가 된다. 다시 말하자면, 용어들이 체계 내에서 서로 유지하는 상관·대립관계에 따라 생기는 개념이나 실체(réalité)를 말한다. 이처럼 정의된 불변적 관계(rapports invariants)의 합(合)은 관련된 체계의 의미(sens)나 구조(structure)를 구성한다. 다음의 도표는 언어체계의 층위에서 문화체계의 층위로 이전될 때 이루어지는 시니피앙과 시니피에의 간격을 나타낸다.

---

7) 예를 들자면 자동차는 사람이나 짐을 운반하는 일차적 도구이지만 다른 층위에서 벤츠와 티코의 대립관계에서는 부유함/가난함, 권위/비권위의 의미를 갖는 것과 같다. 모든 사물, 말하자면 아파트나 그림, TV 등도 마찬가지이다.

1. 시니피앙 (청각 이미지)	2. 시니피에 (개념)	
3. 기호(의미를 가진 단어) Ⅰ. 시니피앙(단어·문장)	Ⅱ. 시니피에 (논리적 기능)	

Ⅲ. 의미(체계의 구조)

　다양한 친족용어와 혼인규칙이 같은 사회구조 속에 공존한다는 사실을 확인한 후, 레비-스트로스는 "사회현상의 구조는 항상 가장 단순한 것이며, 이러한 구조는 다양한 의미를 표출할 수 있는 상징적 전체로서 구성된다. 그렇지만 기능적 상관관계가 항상 시니피앙과 시니피에 사이에 존재한다는 것을 부인할 수는 없다"(SEP., 184쪽). 친족용어는 결국 시니피앙에 일치하고, 이 친족용어와 혼인 규칙사이에 성립되는 관계는 시니피에를 구성한다. 반면, 이러한 규칙들의 합으로부터 연유되는 불변적 사회구조는 관련된 체계의 의미를 나타낸다.

　앞에서 서술한 대로 레비-스트로스는 친족용어를 음소에 일치시키고 있다. "친족용어는 의미를 가지는 요소들이다. 다시 말하자면, 음소처럼 이들 요소들은 자신의 체계 속에 통합되는 조건 아래서만 의미를 가진다"(AS., 40~41쪽). 이와 마찬가지로 "재화나 서비스도 경제체계 내에 통합되는 조건 아래 의미를 갖는다"(AS., 327쪽). "토템 분류체계도 역시 의미체계(systèmes de signification)로서 취급된다"(PS., 295쪽).[8] 토템체계 내에서 개개의 동물이나 식물은 시니피앙의 역할을 수행하며, 토템 동물이 갖는 신성한 특성은 각 동물이나 그의 상(像)에 연유하는 것이 아니라 관련된 체계에 어떻게 통합되는가에 따라 의미가 달라진다.

　신화나 콩트는 구성적 단위, 즉 신화소로 구성되어 있으며(이러한 구성적 단위나 신화소는 문장의 층위에 위치한다), 관계군(關係群,

---

8) C. Lévi-Strauss, *La pensée sauvage*(PS., 『야생의 사고』), Paris: Plon, 1962.

paquets de relations)의 형태로서만 의미기능(fonction signifiante)을 얻는다. 이러한 관계군은 체계(여기서는 동화, 신화) 내의 이원(二元) 혹은 삼원(三元) 대립관계의 활동에 연유하며, 이때 관계군은 음소와 비교된다. 그러나 이러한 관계군은 언어의 차원에서는 이미 의미를 가진 요소들이며, 어휘로 된 문장이나 단어로서 표현될 수 있는 요소들이다. 그러나 이러한 요소는 이중의미(double sens)를 갖는다. 즉 동시에 두 영역에서 기능할 수 있는 단어의 모임이다. 먼저 단순한 언어의 영역에서 단어나 문장은 그 자신 고유의 의미를 내포하고 있으며, 또한 체계(신화, 동화) 내에서의 구성적 단위, 즉 신화소로서의 메타랑가주의 역할을 한다. 이때 이 구성적 단위들은 초(超)의미(super-signification)의 요소들로서 기능하게 되는데, 초의미는 이들 구성적 단위들의 결합으로부터 생겨나는 의미를 말한다.

레비-스트로스는 아래의 예에서 그의 사고를 명확하게 말하고 있다. "한 동화 속에 나오는 임금은 단순한 임금이 아니며, 목녀(牧女)는 단순한 목녀가 아니다. 왜냐하면 이들 단어(임금, 목녀)와 이들 단어가 포용하는 시니피에는 대립관계로 구성되는 명료한 체계를 구성하기 위한 수단이기 때문이며, 대립관계를 구성하는 것은 임금/목녀의 문장 속 관계를 넘어서서 남성/여성(생물학적 관계로부터), 상/하(사회적 관계로부터), 그리고 위의 6개의 용어의 치환(permutations)으로부터 구성될 수 있는 대립관계에 의해 체계(동화)가 구성된다"(SF., 33쪽).[9]

이러한 점으로 볼 때, 결국 신화소는 어휘의 층위에 위치하는 것이 아니라 음소의 영역에 위치하는 것이다. 신화나 동화를 문장이 씌어진 차례대로 이해하려는 전통적 분석방법은 레비-스트로스에 와서 신화나 동화 속에 나타난 이원 혹은 삼원관계의 대립법칙에 따라 신화를 해체하고 재구성한다.

---

9) C. Lévi-Strauss, "La structure et la forme, réflexions sur un ouvrage de V. Propp"(SF., 『구조와 형식』), *Cahier de L'ISEA*, No.99, Paris: Mars, 1960.

소쉬르(F. de Saussure)에 이어 레비-스트로스는 "모든 의미는 문맥적(contextuelle)이고 차등적(différentielle)이다"라고 단언한다. 즉, "상징들(symboles)은 그 자신의 내재적(본질적), 불변적 의미를 갖고 있지 않다. 이런 상징들은 그것이 처한 문맥[10]에 관련하여 독자적이지 않으며, 이들 상징이 갖는 의미는 문맥 속에서 그것이 처한 위치에 달려 있다." 그렇지만 레비-스트로스는 소쉬르가 의미했던 문맥이란 용어의 의미(이것은 단순하게 담화의 발화체를 의미한다)보다 더욱 넓은 의미로 사용한다. "용어들은 결코 자신의 내재적 의미를 가지지 않으며, 용어들의 의미는 한편으로 문화적 맥락, 역사의 기능 속에서 차지하는 위치에 따라서 달라질 수 있으며, 다른 한편으로는 용어들이 처한 체계의 구조에 따라 의미를 갖는다"(PS., 74쪽). 문맥은 레비-스트로스에게서 단순한 언어학적 용어가 아니라 역사, 인간사회의 여러 문화적 표현인 다양한 체계를 포함하는 것이다.

비전공자를 위해 좀더 쉽게 설명해본다면, "그는 집으로 갔다" / "그는 골골하다가 갔다"란 두 문장은 각기 3개의 용어(항)로 이루어진 문맥이며, 또한 하나의 체계이기도 하다. 여기에서 중요한 것은 각 용어의 의미는 용어 자체의 의미에 있는 것이 아니라 문맥에 따라 의미가 달라진다는 것이다. 즉 어떤 용어들과 결합하는가에 따라 의미가 변한다. 두 번째 문장의 "갔다"는 첫 문장의 그것과 의미가 달라졌다. "집으로" 대신에 "골골하다가"라는 용어(항)와의 관계 때문에 나타난 것이다.

우리는 흔히 영어 문장 속에서 "take"나 "make", "do" 같은 단어가 다양한 의미를 갖는다는 사실을 알고 있다. 이들 단어는 어떤 단어와 결합하는가에 따라 의미가 변하기 때문이다. "take"는 입다, 집다, 먹다, 마시다, 지다 등과 같이 다양한 의미를 갖는다. 우리 말의 "거시기"와 같은 것으로 어떤 의미든 집어넣을 수 있는 '빈 공간'처럼 사용된다. 다시 말하면, 빈 공간에 다른 항(용어)과의 관계로 의미가 생겨나는 것

---

10) 여기서는 체계라고 보아도 된다.

이다. 이것은 앞에서 이야기한 시니피앙은 자의적이고 시니피에만이 고정적이라는 사실과 배치된다. 여기서 시니피앙은 고정적이고, 시니피에는 문맥에 따라 변한다. 즉 형식은 그대로인데 내용은 달라질 수 있다.

예를 들자면, 가든이라는 용어가 영어체계 속에서 가지는 정원이라는 의미는 한국 문화 체계에 편입되어서는 전혀 다른 의미를 갖는다. 흔히 가든이라고 하면 불고기집을 의미한다. 이처럼 하우스를 비닐천막으로, 카네이숀(회사이름)은 커피프림으로, 하이타이는 세제[11] 등으로 본래의 의미가 변형된다. 이처럼 항의 본래 의미보다는 문맥(문화체계)에 따라 의미가 변한다는 사실은 중요하다. 그래서 같은 개라도 한국 문화 속에서의 개와 미국 문화 속에서의 개는 의미와 기능, 상징이 다를 수 밖에 없다.

2. 구조인류학에 응용된 언어학과 현대수학의 개념

레비-스트로스의 논문이나 저서, 특히 『친족의 기본구조』나 『신화학』을 읽기 위해서는 그가 사용하는 개념을 이해할 필요가 있다. 왜냐하면 이러한 개념을 이해하는 것이 무엇보다 그의 구조인류학적 방법론을 이해할 수 있는 첩경이기 때문이다.

• 언어의 이중분절

레비-스트로스는 이 개념을 친족체계와 신화학의 분석도구로 응용하였다. 단소의 층위에서 음소의 층위로 분절되는 인간 언어의 속성을 언어 이외의 다른 문화체계에 그대로 응용했기 때문이다. 인간이 동물과 다른 점은 바로 분절언어(分節言語)를 사용한다는 점이라고 레비-스트로스는 말한다. 분절언어의 원칙은 마르티네(André Martinet)에 따르

---

11) 60~70년대에 사람들은 세제를 하이타이(Hai Tai, 해태에서 생산)라고 했다.

면, 일차분절은 언어의 가장 작은 의미단위인 단소(單素)에 관계하는데, 이 단위의 하나하나는 음성형태(forme vocale)와 의미를 갖고 있다.

바로 이런 일차분절의 덕에 몇천 혹은 몇만의 상이한 단소로 한정된 기본적인 목록을 바탕으로 수없이 많은 발화체(énoncé)를 구성할 수 있다. 이차분절은 의미를 갖지 않는 음소와 관계하는데, 음소의 결합으로 의미를 갖는 단소를 만든다. 이런 이차분절의 덕에 인간 언어는 몇십 개의 작은 음소를 사용하여 수십만 개의 음성형태와 의미를 갖는 단소를 만드는 것이다(A. Martinet, 13~15쪽).[12]

야콥슨도 마찬가지로 언어활동의 두 개의 층위를 의미론적인 층위(일차분절)와 음운론적인 층위(이차분절)로 구별한다(R. Jakobson, 104쪽).[13]

음소는 변별적(辨別的, distinct) 기능과 대립적(oppositif) 기능을 갖는다. 예를 들자면 "C'est une bonne bière"(좋은 맥주이다)라는 발화체에서 기호인 bière/BIER/는 네 개의 계속된(연속적인) 음소 B/I/E/R에 의해서 그런 식으로 인정되는데, 이들 음소 하나하나는 이 음맥에서 나타날 수 있는 다른 모든 음소와 다르다는 변별적 사실에 의해서 각자의 역할을 한다(A. Martinet, 61~62쪽). 즉 음소의 판별적이고 대립적인 기능에 의해 하나의 음성형태인 청각 이미지(시니피앙)를 구성한다.

언어기호는 시니피에와 시니피앙으로 구별되는데, 시니피에는 기호의 의미 혹은 가치(개념)이며, 시니피앙은 이것에 의해서 기호 자체가 표출되는 것이다. 보통 시니피앙만을 기호라고 부를 수도 있다. 일차분절에서 얻은 단위는 시니피에와 시니피앙을 가진 기호이며, 그 하나하나는 그 이상 연속된 기호로 분석되지 않기 때문에 최소기호이다. 이것을 단소라고 하며, 이런 단소는 두 가지 면을 가진 단위인데 하나는 시니피에 즉 의미 가치이며, 또 하나는 음성형태로 나타나는 시니피앙으

---

12) Andre Martinet, *Eléments de linguistigue générale*, Paris: Colin, 1980.

13) R. Jakobson, *Essais de linguistique générale*, Paris: Edition de Minuit, 1963.

로서 이차분절의 단위로 이루어진다. 위의 단소 bière는 B/I/E/R의 네 개의 음성단소로 이루어진다. 아울러 이차분절의 단위를 음소라고 한다. 언어의 이중분절 개념은 레비-스트로스의 작품을 이해하는 데 중요한 것 중의 하나이다.

레비-스트로스는 이중분절의 언어에서 의미요소인 형태소는 의미가 배제된 분절요소인 음소로 변한다는 사실을 강조한 벤베니스트(Benvenist)의 논문에 특별히 관심을 가졌다. 이것은 신화를 해석할 때 의미를 가진 단소를 마치 의미가 배제된 음소처럼 취급하여 새로운 의미를 만드는 신화체계를 분석할 때 응용된 개념이기 때문이다.

그러니까 분절언어에서 의미 기능이 없는 첫 번째 코드(음소)는 두 번째 코드를 성립시키기 위한 의미의 수단이자 조건이 된다. 마치 한쪽에만 의미가 자리를 잡은 것처럼……. 다시 말하면, 분절언어는 어떠한 경우든 이차분절과 일차분절의 과정을 거쳐 의미를 만든다. 레비-스트로스는 음악은 언어나 신화와 유사한 관계라고 말한다. 분절언어와 마찬가지로 음악 역시 일차와 이차 분절과정을 겪고 난 뒤 의미 있는 음악이 만들어지며, 신화 또한 의미가 있는 단소를 마치 의미가 없는 음소처럼 취급하여, 이들을 조합하는 조건 아래서 의미를 만들기 때문이다.

그런데 이러한 이중분절의 원칙으로 보면 비구상 미술이나 구체음악, 계열음악은 이러한 원칙에서 벗어나 있다. 그래서 레비-스트로스는 『신화학』 1권 서문에서 이러한 점을 길게 설명한다. 왜냐하면 비구상화나 구체음악, 계열음악은 그것이 일차분절이건 이차분절이건 간에 단지 하나의 분절층위에서 의미체계를 구성하려 하기 때문이다.

• 체계/초체계
이것은 소쉬르의 언어학에서 도입한 개념으로 "언어는 자신의 고유한 질서(ordre)만을 알고 있는 체계이다. 즉 언어는 체계를 구성하는 모든 부분의 공시적 연대(solidarité synchronique) 속에 있는 것으로 간주되며 또 간주되어야한다"(F. de Saussure, 43쪽. 124쪽).[14] 체계의 근본적 성격은 "체계를 구성하는 요소들에 대한 전체의 우위성"이며, 체계를 용어들의 단순한 합의 구성체로 생각하는 것은 잘못이며 이와는 반대로 이들은 모두 연대적인 결합을 한다(F. de Saussure, 157쪽). 이러한 원칙은 구조주의 개념에 기초를 이룬다.

벤베니스트는 "언어의 실체(entités linguistiques)는 그 실체를 조직하고 지배하는 체계 내에서 결정되는 것이며 이들 실체는 서로 연관을 갖는다. 먼저 끌어내어 서술해야 될 것은 체계이며……이처럼 언어의 이론은 기호의 체계, 차등적 단위(unités différentielles)의 배열로서 성립된다"(E. Benveniste, 21쪽).[15]

레비-스트로스는 위와 같은 의미로 체계의 용어를 사용하는데, 체계는 서로 종속된 요소들의 의미 있는 총합으로 이해하며, 이러한 총합된 전체는 각 부분에 대하여 '우위'를 가지고, 각 요소는 개별적 층위에서는 배제한다. 이 요소들이 의미를 가지는 것은 전체적(총합적)인 층위에서이다. "총합을 구성하는 요소 중의 어느 하나라도 수정하게 될 경우 체계의 구성에 변형을 초래하며, 이것은 필연적으로 또 다른 요소들을 수정하게 된다"(AS., 306쪽, 391쪽).

이처럼 체계는 서로 연관된 요소들로 연결된 하나의 집합체로서 이해된다. 이때 각 부분(요소들)은 전체에 종속되며, 체계 자체가 부분(요소들)에 대하여 우위성을 갖는 것이다. 이때 각 요소의 의미는 전체적인 체계 속에서 그 요소가 갖는 역할에 따라 의미가 달라질 수 있다.

구조는 체계의 성격을 나타내고는 있지만 두 용어의 개념이 같은 것은 아니다. 체계는 연구자의 연구목적이 되는 객관적 사실의 총합이다. "모든 문화는 상징체계의 총합으로 생각될 수 있는데, 이들 중 언어를 첫 번째로 놓을 수 있으며, 혼인규칙, 경제관계, 예술, 과학, 종교 등을 들 수 있다"(MM., xix쪽).[16] 또한 "한 종족의 관습의 총화는 체계를 이

---

14) F. de Saussure, *Cours de linguistique générale*, Paris: Payat, 1980.

15) E. Benveniste, *Problèmes de linguistique générale*, Paris: Gallimard, 1974.

룬다"(TT., 203쪽). 이런 체계들에 대한 연구는 "체계의 기능을 설명해 주는 근본적인 구조나 '구조들'을 끌어내도록 해준다. 그 한 예로 아분 큘라(Avunculat)[17]를 들 수 있는데, 이 시스템을 이해하기 위해서는 이 제도 자체를 전체체계(친족체계) 내부에서의 다른 요소들과의 관계로서 취급해야 한다(AS., 56쪽).

다시 말하면 아분큘라를 이해하기 위해서는 친족체계 속에서 이 제도가 가지는 관계로서 연구되어야 한다는 것이다. 그것은 아분큘라가 친족체계의 부분으로서 기능하기 때문이다. 다수의 상이한 한정교환체계들[18]의 공통적인 토대(base)에 대하여 물으면서, 레비-스트로스는 "이러한 토대는 친족제도의 전체적 구조 내에서만 찾을 수 있다. 친족의 구조가 각 한정교환체계에 거의 완벽하게 반영되기 때문이다"(SEP., 154쪽).

우리는 여기서 하나 더 설명해야 할 것이 있는데 체계의 '내재성의 원칙'이다. "언어는 자신의 고유한 질서만을 알고 있는 체계이다"라는 소쉬르의 말은 체계를 하나의 밀폐된 총체로서 연구해야 된다는 것이며, 체계는 자신의 명료성을 가진다. 즉, 외부로부터 오는 영향, 역사적 요인, 지리적 요인 등을 배제하고서도 체계 자체가 갖고 있는 내재적 원칙에 따라 기능한다고 생각한다. 레비-스트로스는 이 원칙을 수용하지만 많은 뉘앙스를 갖고 사용한다. 또한 연구대상으로서의 체계는 단지 주어진 그대로의 연구가 아니라 연구자는 체계를 이루는 사회적 사실들을 재편성하고 선택함으로써 체계에 대한 조직의 관계를 찾을 수 있으며, 체계의 구조를 알아낼 수 있는 것이다.

---

16) C. Lévi-Strauss, "Introduction à l'oeuvre de M. Mauss"(MM., 마르셀 모스 작품에 관한 서론), *Sociologie et Antropologie*, Paris : Puf, 1950.
17) 남자가 자신의 누이의 아들에 대하여 가지는 권리와 의무. 즉 외삼촌이 자신의 조카에 대하여 아버지의 역할을 행사하는 모계사회에서 나타나는 친족관계를 지칭.
18) 한정교환체계란 두 집단 간에 배우자를 교환하는 제도를 말한다. 보통 반족(moitié)이라고 한다.

또한 레비-스트로스는 초(超)체계(méta-système)라는 용어를 사용한다. 이것은 몇 개의 신화집단을 포함하는 체계를 말하는데, 불의 원천 신화집단, 담배와 꿀의 원천 신화집단을 구성한 후 이 세 진화집단으로 구성되는 더 큰 신화집단을 메타시스템(méta-système)이라고 하였다(MC., 40쪽).[19]

• 구조/모델/골조

소쉬르는 구조(構造)라는 용어는 사용하지 않았지만, 1929년에 발족한 프라하 언어학파의 언어연구에서 언어 체계의 구조법칙(lois de structure)을 발견하려는 방법론을 설정하였다. 구조의 개념은 체계 내부 관계의 개념과 밀접히 연결된다. 이런 의미로 트루베츠코이는 "음운 체계는 단지 고립된 음소의 기계적 합이 아니라 음소들은 체계 내의 구성원이며 이들은 유기적 전체를 구성하며, 이 유기적 전체(체계)의 구조는 법칙(lois)에 순응한다" 여기서 구조는 체계의 조직법칙(lois d'organisation)으로 나타난다.

벤베니스트는 구조를 체계 내부의 "어떤 층위의 단위들을 분절하는 관계의 독특한 형태들"로서 정의하고 있는데 언어(언어의 각 부분, 즉 음성학, 형태론 등)를 구조로서 조직된 하나의 체계로 간주하며 숨겨진 구조를 찾아서 서술해야 하는 것이라고 말한다. 이러한 연구는 구조주의적 관점을 적용하는 것이라고 하였다(E. Benveniste, 21쪽, 96쪽).

구조라는 용어의 의미는 이처럼 한 체계 내의 불변적 관계의 총합으로 보이며, 이러한 의미는 현대 수학에서 집합이론의 구조개념과 가깝다.

레비-스트로스는 사회구조의 개념은 경험적 사실에 일치하지는 않으며, 단지 경험적 사실로부터 구성되는 모델(modèle)에 일치한다고 말한다. 여기서 중요한 사실은 인접개념인 사회구조(structure sociale)

---

19) C. Lévi-Strauss, *Du miel aux cendres*(MC., 『꿀에서 재까지』), Paris: Plon, 1966.

와 사회관계(relation sociale)의 구별을 말해야 한다. 사회관계는 모델을 구성하기 위하여 사용되는 일차적 재료이며, 이 재료(모델)를 통해 사회구조가 나타난다. 어떤 경우라도 사회구조는 연구하는 사회에서 관찰할 수 있는 사회관계의 총합에 도달할 수는 없는 것이다(AS., 305~306쪽). 이처럼 구조의 개념은 모델의 개념에 연계되어 있으며, 모델은 경험적 사실과 그 구조 사이에 필요한 중개역할을 한다.

모델이 구조라는 이름을 갖기 위해서는 전적으로 아래의 4가지 조건을 만족시켜야 한다. 먼저, 구조는 체계의 특성을 나타내야 하고, 구조를 나타내는 요소 중 어느 하나를 변형시키면 다른 모든 요소의 변형을 야기한다. 둘째, 각 모델에 행해진 변형이 같은 계통의 모델에 일치하여, 마치 이러한 변형의 총화가 모델의 집단을 구성하는 것처럼 모든 모델은 하나의 변형집단에 소속된다. 셋째, 위에서 지적한 특성은 모델의 요소 중의 하나를 수정하는 경우 이 모델이 어떻게 반응할 것인가를 예측할 수 있게 한다. 끝으로, 모델은 관찰된 모든 사실을 고려하여 작용할 수 있도록 구성되어야만 한다(AS., 306쪽).

구조는 실제적(réel)이지만 직접적으로 관찰될 수 있는 것은 아니다. 사실의 기초를 이루는 암시적 서열을 나타나게 하는 논리적 조직에 의해 명료하게 나타나는데, 이 '명료하게 나타난 실제'가 바로 구조인 것이다. 이러한 실제를 이루는 구조는 상관과 대립의 무의식적 관계의 법칙으로 귀결되어 나타난다. 그렇기 때문에 만일 구조가 감지될 수 있다면 그것은 경험적 층위에서가 아니라 좀더 깊은 층위에서이며, 이것은 실제적으로 무시되기 때문에 경험적으로는 감지하기가 어렵다. 구조인류학이 찾는 구조는 바로 이 무의식의 범주의 층위에서인 것이다.

이러한 구조의 개념은 앵글로 색슨 계통의 경험주의 사회학(구조기능주의)과 이상적·형식적 구조주의에 대립하는 개념으로 나타난다. 전자의 구조는 관찰할 수 있는 현실 속에서의 구조를 말하는 의식적인 구조이며, 후자의 구조(이상적·형식적)는 실제와는 일치하지 않고 다만 이상적(理想的)인 도식(schéma)에 일치하는 구조를 말하기 때문이다. 레비-스트로스에게 구조는 연구 실체 속에 나타나지만 그것을 발견하자면 과학적 방법론에 따른 주체(연구자)의 개입에 의해서만 찾을 수 있다.

구조의 예로서 우리는 우리가 상정할 수 있고 또 실제로 존재할 수 있는 가장 간단한 친족구조를 생각할 수 있다. 친족체계를 구성하는 가장 기본적인 항목(termes)은 네 개의 항(용어)으로 성립될 수 있다. 즉 아버지/아들/오빠/누이 관계로 이루어지는 기본적 도표로 표시될 수 있는데, 이것은 친족이 존재하기 위해서는 인간사회 어디서나 존재하는 세 가지 형식의 기본적 가족관계를 나타내기 때문이다. 즉 혈연관계, 동맹관계, 출계관계를 말한다. 여기에 나타난 네 개의 용어로 구성된 모델은 가장 커다란 경제적 원칙에 따라 세 가지 형태의 기본적 관계를 만족시킬 수 있는 구조이다(AS., 54~56쪽). 네 개의 항으로 구성된 모델은 둘씩 서로 상관적 대립관계의 짝(couples d'opposition corrélative)으로 나타난다.

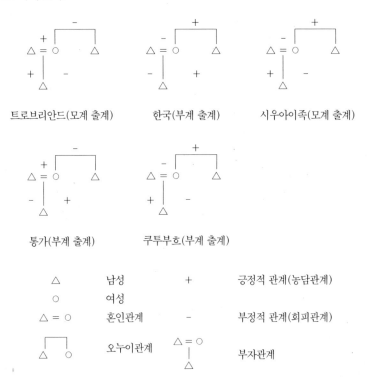

트로브리안드(모계 출계)   한국(부계 출계)   시우아이족(모계 출계)

통가(부계 출계)   쿠투부흐(부계 출계)

△	남성	+	긍정적 관계(농담관계)
○	여성		
△＝○	혼인관계	-	부정적 관계(회피관계)
△⌐○	오누이관계	△＝○	부자관계

32

이 도표는 모델이며, 체계적 특성을 갖는다. 3개의 원칙 아래 4개의 요소로 이루어진 체계이다. 구조는 여기에서 '체계의 조직법칙'으로 나타난다. 각 체계에 나타나는 상관적 대립관계의 구조이다. 어느 체계를 보든 모두 +, − 두 개씩 대립짝을 바탕으로 구성된 체계인 것이다. 부계사회이건 모계사회이건 친족관계는 '아버지 / 아들 / 오빠 / 누이' 관계로 이루어진다. 이 4개의 항 사이의 관계를 보면 각 사회마다 다르다. 아버지와 아들의 생물학적 관계는 어느 사회에서나 같은 거리에 있지만 사회적 관계는 모든 사회에서 다르게 나타난다. 예를 들어 한국의 전통적 사회에서 아버지와 아들의 관계는 '농담'하는 관계가 아니라 '회피'하는 관계이다. 반대로 모계사회인 트로브리안드 사회에서는 아버지와 아들의 관계는 '농담'관계이다. 부계사회와 모계사회의 차이 때문에 이런 사회적 관계가 존재한다고 밝힌 래드클리프-브라운의 경우는 문제가 있다.

도표를 보면, 부계사회이건 모계사회이건 상관없이 농담관계(+), 회피관계(−)가 단지 대립짝을 구성하는 선에서 어떤 종류의 체계도 가능하다는 점을 보여주기 때문이다. 다시 말하면, 각 항 사이의 관계는 얼마든지 다양하게 나타날 수 있지만 상관적 대립관계가 나타나는 구조는 '불변'이라는 점을 알 수 있다. 이러한 구조를 찾기 위해서는 의식적인 차원에서 이루어지는 경험적 관찰만으로는 불가능하며, 이 재료들을 구조적 법칙에 따라 재구성, 분석하는 것이 필요하다고 레비-스트로스는 말한다.

신화학에는 구조라는 용어 이외에 골조(armature)라는 용어가 자주 등장한다. 골조는 구조와 마찬가지로 "두 개 혹은 몇 개의 신화에 공통적으로 나타나는 불변적 특성들의 합"이다(CC., 205쪽). 예를 들자면, 레비-스트로스는 신화 M_{326a}에서 골조를 이루는 2중의 대립은 낮과 밤, 성(性)의 결합과 분리, 언어학적 행위와 비언어학적 행위의 대립으로 나타난다고 말한다(MC., 359쪽). 즉 골조는 부분적 구조를 지칭한다. 말하자면 여러 다른 코드(code, 부호), 즉 사회학적, 천체적, 청각적 코드 등등으로 해석될 수 있는 한 신화의 메시지(message) 혹은 내용이나 구조는 신화의 다른 골조들의 결과로부터 생길 수 있다. 그러니까 신화 M₃₂₆ₐ에서 밤/낮의 대립은 천체적 코드로부터 유래하는 골조를 구성하고, 성의 결합/분리의 대립은 사회학적 코드로부터 골조를 구성하고, 그리고 언어학적/비언어학적 행위의 대립은 수사학적 코드로부터 골조를 구성한다.

• 기능

레비-스트로스는 인류학에서의 기능주의적 관점을 비판하지만, 구조언어학의 기능주의적 관점과는 의견을 같이한다. 그는 주어진 체계 내에서 기능을 찾는 것은 체계를 구성하고 있는 요소들을 분석하고 또 체계의 구조에 접근하는 데 도움을 준다고 본다.

그는 먼저 유용가치(valeur utilitaire)와 체계 내에서의 논리적 기능(fonction logique)을 구별한다. 말하자면 "기술(technique)은 단순하게 유용적 가치만을 가지는 것이 아니라 또 역시 하나의 다른 기능을 수행한다. ……이때 그가 수행한 기능의 합은 새로운 개념인 구조의 개념과 연결된다"(AS., 391쪽)고 말한다.

유용적 가치와 논리적 기능이 구별되어야 하지만 이들 사이에는 상관관계(rapport de corrélation)가 존재한다. 신화 속에서 같은 대상물이 다양한 기능을 수행하는 것은 이들 대상물이 실제 생활이나 토착인들의 이데올로기 속에서 갖는 기능이 다수(多數)라는 사실에서 기인하는 것이다(MC., 406쪽).

레비-스트로스에게서 논리적 기능은 결국 의미(sens)와 동일시된다. 그는 코드를 각 신화가 둘 혹은 몇 개의 신화에 공통적으로 나타내는 불변적인 특성(들)에 부여한 기능들의 체계로 정의한다. 그리고 물 위를 헤엄칠 수 있는 비세르(수륙양용 동물로 아메리카 대륙 신화에 널리 퍼져 있다)가 나타난 동기(motif)는 비세르가 '코드'로써 두 개의 '판별적 기능'을 수행하기 때문이다. "수상(水上) 코드로서 비세르는 물고기와 늪의 식물을 나타내며, 천상(天上) 코드로서 별(星)과 특히 플레이아데스 성단에 일치한다"(CC., 250쪽).

레비-스트로스는 의미론적 분석이 아니라 논리적 분석을 한다. 더욱이 그에게서는 의미론적 분석은 논리적 분석에 종속된다.

• 코드(부호)/메시지

코드나 메시지의 개념은 신화분석에서 대단히 특별한 역할을 수행한다. 둘 혹은 몇 개의 신화에 공통적으로 나타나는 불변적인 특성들의 합을 골조라고 정의한 후, 레비-스트로스는 각 신화가 이러한 특성들에 부여한 기능의 체계를 코드라고 정의했다. 그리고 한 특별한 신화의 내용(contenu)을 메시지라고 정의한다(CC., 205쪽). 그러니까 각 신화에는 사용된 코드와 같은 수의 다른 골조가 있다. 결국 신화들은 동일한 메시지를 여러 개의 코드를 사용하여 전달한다(MC., 405쪽). 말하자면 사회학적 코드는 혼인관계와 친족관계에 기반한 대립을 사용한다(CC., 168쪽).

감각기관의 코드들은 감각적 특성 사이의 대립을 바탕으로 진정한 논리적 실재를 확인할 수 있게 된다. 감각기관은 5개이다. 왜냐하면 인간은 5감을 갖고, 모든 경험적 가능성을 체계적으로 분류, 목록화하고 참고할 수 있기 때문이다(CC., 172쪽). 말하자면 시각 코드, 후각 코드, 미각 코드, 촉각 코드와 청각 코드를 사용한다(CC., 157~172쪽). 레비-스트로스는 인간의 5감 이외에도, 취사(혹은 기술-경제적) 코드, 우주(혹은 천체) 코드(MC., 405쪽), 미적(美的) 코드(CC., 168쪽), 신체(체질) 코드(CC., 276쪽), 메타 언어(혹은 수사학적) 코드(MC., 156쪽) 등을 분명히 한다. 이들 중 메타 언어(혹은 수사학적) 코드는 성(姓)과 이름, 환유와 은유, 근접성과 유사성, 본래의 의미와 비유적 의미 사이의 이원성(dualité)을 바탕으로 활용된다(MC., 253쪽).

이러한 코드들은 자신의 문법과 어휘목록을 구성하는데, 이런 용어들의 의미는 토템 체계와 관계된 서술에 자세히 기술되어 있다(PS.,

197~198쪽). 말하자면 메시지의 내용을 수정(변형)하지 않고도 사회집단은 범주적 대립의 형식을 빌려 내용을 부호화할 수 있다. 높음/낮음은 하늘/ 땅으로, 혹은 특성을 나타내는 것으로 독수리/곰으로 대립형식을 표현할 수 있다. 말하자면 요소들의 대립을 나타내는 방법으로 여러 다른 어휘를 사용할 수 있다. 메시지의 전달을 확인하기 위해 사회집단은 역시 여러 가지의 구문론적 방법 중에서 선택을 한다. 즉 집단의 명칭, 문장(紋章), 행위, 금기 등등을 사용하는데, 이들을 각각 혹은 여러 개를 동시에 선택하여 활용하기도 한다. 각 집단은 자신의 정체성을 표현하기 위해 이러한 것들을 사용한다. 예를 들자면 공격적 행위/평화적 행위, 또는 소고기를 먹을 수 있는 집단/먹을 수 없는 집단 등으로 대립을 표현할 수 있다.

그러니까 코드들은 일종의 목록을 구성하는데, 각 신화는 이 중에서 단어와 메시지의 구문구성법(syntaxe)을 선택한다. 신화들 사이의 유사성과 차이성은 메시지의 층위에서 나타나거나 혹은 코드의 층위에서 (어휘 혹은 문법 또는 둘 다 동시에 관계된다), 혹은 골조의 층위에서 나타날 수 있다.

• 통합적/계열적
소쉬르는 담화(discours)의 연쇄적으로 연결된 용어들의 실재적 계열(série)인 통합적 관계(rapports syntagmatiques)와 선별된 용어들의 위치에 대치할 수 있는 용어들의 잠재적 계열인 연합적 관계 (rapports associatifs)를 구별한다.

통합적 관계는 문장 속에 실제적으로 나타난(in presentia) 것이며, 이러한 관계는 실재적 계열(담화) 내에서 사용된 둘 혹은 몇몇 용어의 배열관계이다. 이와는 반대로 연합적 관계는 담화 속에 나타나지 않은 (in absentia) 잠재적 용어들의 관계를 말한다.

벤베니스트는 언어의 단위들은 결국 두 개의 면을 갖는데, 이야기의 연쇄 내에서 재료의 연속적인 관계를 말할 때 통합적(syntagmatique)

이라 하고, 언어 단위들이 각각 그의 층위에 대치할 수 있는 관계로 있을 때 계열적(paradigmatique)이라고 한다(E. Benveniste, 22쪽). 야콥슨은 조합의 축과 선택의 축 또는 대체의 축이라는 용어를 사용한다 (R. Jakobson 61~66쪽).

레비-스트로스는 이런 용어들을 그의 신화분석에서 사용한다. 통합적인 연쇄(chaines syntagmatiques)는 이야기의 전체를 지칭하고, 계열적 집합(ensemble paradigmatique)은 몇 개의 신화나 신화의 부분들 혹은 통합적인 연쇄에 겹쳐질 수 있는 신화의 부분들에 의해 구성되는데, 이것은 같은 테마에 대하여 다양한 변화를 구성하기도 한다(CC., 312~313쪽).

통합적/계열적 용어들은 레비-스트로스 신화분석에 중요한 개념이다. 이를 쉽게 이해하기 위해 간단한 예를 들어보자.

통합축(syntagmatique)

	1	2	3
계열축(paradigmatique)	그는	나무를	사랑한다
	(말은)	(당근을)	(좋아한다)
	(그 여자는)	(빵을)	(싫어한다)
	(사자는)	(사슴을)	(먹는다)
	(사냥꾼은)	(곰을)	(사냥한다)
	—	—	—
	—	—	—
	—	—	—

"그는 나무를 사랑한다"는 문장은 3개의 부분으로 이루어진 맥락(contexte)을 이루고 있다. 즉 3개의 요소로 이루어진 체계(système)이다. 이때 이 3개의 부분(요소)을 연결시키는 것이 통합적인 관계이다. 문장이나 신화, 소설, 연설문 등은 통합적 연쇄를 구성한다. 이 연쇄의 구성은 시간의 축을 따라 문장 구성법(syntaxe)의 법칙에 따른다. 모든 종류의 언어는 문장구성법(문법)을 갖게 마련이다. 반면, 계열축은 앞에서 이야기했듯이 잠재적 계열이며, 여기에는 "그는"이라는 말

대신 "그 여자는" "말은" "사자는" 등으로 대치시킬 수 있는 잠재적 용어가 들어갈 수 있는 축이며, 이 계열은 '같은' 종류의 단어가 화자의 선택에 따라 들어갈 수 있다.

1의 계열과 2의 계열은 같은 종류가 아니다. 같은 종류에 속하는 용어로만 채워질 수 있으며, 계열이 다른 단어는 선택될 수 없다. 우리는 보통 패러다임이라는 용어를 사용하는데 1번과 2번, 3번의 패러다임이 다른 것이다.

레비-스트로스는 신화를 신화소와 시퀀스(sequence) 별로 나눈 후 같은 계열에 속하는 부분을 나열하고, 이들을 1-2-3의 계열 순으로 읽거나 대립, 상관관계를 찾는다. 뒤에 소개할 오이디푸스 신화 분석의 예가 바로 이와 같은 것이다. 또한 같은 계열의 신화들을 이런 방식으로 놓아 마치 오케스트라의 악보를 읽듯이 왼쪽의 계열에서 오른쪽의 계열로 차례로 비교, 대립, 상관관계를 찾으며 읽는다.

• 은유/환유

야콥슨은 주로 은유적(métaphorique)/환유적(métonimique)이라는 형용사를 통합적/계열적이란 용어 대신 사용하는 경우가 많다. 그는 은유와 환유의 개념을 폭넓게 사용한다. 문학양식은 물론 실어증의 치료개념으로도 사용한다. 은유적 관계는 '유사성 관계'를 바탕으로 하며, 환유적 관계는 '근접성 관계'를 바탕으로 한다. 이 두 관계는 문학적 표현의 두 가지 근본적 양상을 이룬다. 문학양식뿐만 아니라 장르와 학파에 영향을 미친다. 은유적 양상은 시(詩)나 서정적 문학, 로맨티시즘의 특성을 이루고, 환유적 양상은 산문, 모험담, 현실주의의 특성을 이룬다.

좀더 이해를 돕기 위해 우리 주변의 예를 들어볼 필요가 있다. 우리는 일상적으로 늘 합리적 사고(인과율을 바탕으로 한)를 하고 있는 것으로 생각하지만 거의 대부분은 이른바 주술적 혹은 야생적 사고를 하며 살아간다. 다시 말하자면 은유적, 환유적 관계를 바탕으로 한 사고를 한다. 예를 들자면 "원숭이 엉덩이는 빨개, 빨간 건 사과(원숭이 엉덩이＝사과), 사과는 맛있어 맛있는 건 바나나(사과＝바나나), 바나나는 길어 긴 것은 기차(바나나＝기차), 기차는 빨라 빠른 것은 비행기(기차＝비행기), 비행기는 높아 높은 것은 백두산(비행기＝백두산)"이라는 노래를 부르며 줄넘기를 한 어린 시절을 기억할 것이다. 이 노래의 전개과정이 잘못되고 어리석다고 생각하는 사람은 없다.

그러면 어떻게 원숭이 엉덩이＝사과가 될 수 있으며, 사과＝바나나, 바나나＝기차가 될 수 있는가? 이것은 서두에서 말한 유사성 관계를 바탕으로 한 은유적 사고의 산물이다. 레비-스트로스는 『야생의 사고』에서 인간과 관계하는 말, 새, 가축, 개 등의 이름을 사람들이 어떻게 부여하는가를 분석하면서 은유적/환유적 사고에 따라 이들의 이름을 붙이는 과정을 설명한다. '유사한 것은 같은 것', '가까이 있는 것은 같은 것'이라는 사고는 모든 인류의 공통된 사고 형식이다. 주술적 사고의 원천은 바로 유사성과 근접성에 근거한 사고를 말한다.

다른 예를 들어보자. 환유적 관계에 따라 명명되는 것들의 예를 본다면 물을 실어 나르는 차(물과 자동차의 근접성)를 우리는 '물차'라고 한다. 오물을 실어 나르는 차(인분과 자동차의 근접성)를 '똥차'라고 부른다. 역시 똥차는 은유적 관계에 따라 명명될 수도 있다. 즉 '낡은 차＝버려도 좋은 인분'의 유사성을 바탕으로 명명된다. 신화를 만드는 인간의 사고도 이와 같은 바탕 위에서 작동한다. 신화 속에서는 인간이 돼지가 될 수도 있고, 여우가 여인이 될 수도 있다. 표범이 인간 여인과 혼인을 하고, 물고기를 먹은 여인이 질병을 토해낼 수도 있다. 신화란 인류의 자유로운 사고의 원칙이 무엇을 바탕으로 이루어지는가를 간접적으로 말해주는 문화적 사실이다.

레비-스트로스도 야콥슨처럼 은유와 환유, 그리고 이 용어의 형용사인 은유적, 환유적이라는 용어를 사용한다. 특히 신화에 나타난 항이나 신화 사이의 관계나 기능, 변형 등을 나타낼 때 이 용어의 개념을 활용한다. 특히 『오늘날의 토테미즘』과 『야생의 사고』에서 이 용어들을 처음 사용한 후 레비-스트로스는 『신화학』에서 체계적으로 이 개념을 활용하고 있다.

신화 M_{16}, M_{21}과 M_{27}을 비교 분석한 후 레비-스트로스는 이들을 연결하는 변형관계를 다음과 같이 설명한다. 하나의 변형관계의 '의미'와 다른 변형의 '내용' 사이에는 유사한 관계가 존재한다. 말하자면 변형관계의 '의미'는 인간이 수달로 변한다든가 혹은 수달이 인간으로 변하는데, 한 경우는 환유적 관계 속에서 인간의 일부가 수달로 변하거나 또는 은유적 관계 속에서 수달은 인간 남성처럼 여성과 성교를 함으로써 인간으로 변한다. 다른 경우는 변형의 '내용'은 삼키지 말고 뱉어야만 할 물질, 즉 담배나 혹은 과일조림을 삼킴으로써 생기는 변형으로, 은유적 양상으로 담배연기를 뱉어서 신에게 바치는 제물의 역할을 수행해야 하지만 삼킴으로써 야생돼지로 변형되거나, 과일조림의 일부가 된 가시들을 뱉어야 하는데 뱉지 못함으로써 환유적 양상으로 아리란 하스라는 동물로 변형된다(MC., 35쪽).

신화적 사고법칙 중의 하나는 은유적 변형은 환유적 변형으로 귀결된다(PS., 141쪽)는 것이다. 이 법칙은 『신화학』 1권 『날것과 익힌 것』 344쪽의 도표 1과 『신화학』 2권 『꿀에서 재까지』 211쪽의 도표 2를 겹쳐놓은 아래의 도표에 잘 표현되어 있다.

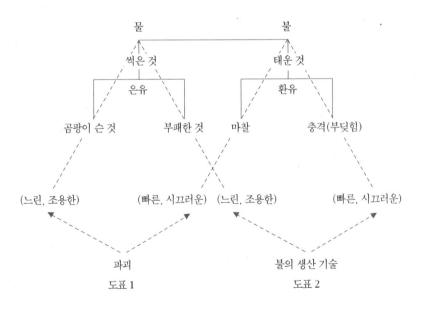

도표 1   도표 2

신화들 속에 나타나는 근본적 대립 중의 하나는 물의 기원(썩은 것과 합동)과 불의 기원(태운 것과 합동)의 표준적 대립이다. 태운 것의 범주에는 두 가지 문화적 양식이 나타나는데, 마찰에 의한 것과 충격에 의한 것(불의 생성양태)이 있다. 마찰에 의한 불의 생산 기술은 느리고 조용하다. 그러나 충격에 의한 불의 생산은 빠르고 요란스럽다. 이러한 이중의 대립은 썩은 것의 범주에 나타났던 대립과 연관된다. 이것 역시 두 가지 자연적 양상을 나타내는데, 곰팡이 슨 것은 느리고 조용하다. 그러나 부패는 빠르고 요란하다는 이중의 대립을 형성한다. 여기서 마찰과 충격의 두 가지 문화적 양태의 상징적 위치는 썩은 것의 범주 안에서 나타나는 곰팡이 슨 것과 부패(부패는 도덕적인 부패를 의미)한 것의 자연적 양태가 은유적으로 정하는 위치를 환유적 언어(왜냐하면 같은 결과에 두 가지 실제적 원인과 관계되기 때문)로 반사하고 있다.[20] 그래서 은유에서 환유로의 이전은 도표 1에서 도표 2로 행해진다 (MC., 211쪽).

• 언어의 변별적 특징, 차등적 일탈, 관여적 대립

"언어체계는 상이(相異)한 개념(사상)과 상이한 소리(音)의 일련의 결합계열이다." 그러나 시니피앙과 시니피에의 층위에서는 그들의 관계가 차이성(différence)으로 나타나며, 기호와 문법의 층위에서는 대립관계로 나타난다. 결국 시니피앙과 시니피에의 관계는 각기 순수하게 차등적(différentiels)이거나 부정적(négatif)이지만, 그들의 조합인 기호는 긍정적 사실(fait positif)인 것이다.

긍정적 용어인 기호(signe)는 차등적이 아니라 단지 변별적(distinctif)일 뿐이다. 다시 말하면 이들 기호끼리는 단지 대립이 있을 뿐이다. 기호는 외부적인 양상으로는 같은 층위의 기호들과는 대립관계에 의해 한정되며, 내재적 양상으로는 상이한 개념과 조합된 상이한 소리로 한정된다.

---

20) 우리는 비도덕적인 행위를 하는 사람을 '부패한 사람'으로 표현한다.

소쉬르 이래로 차등적 편차(écarts différentiels) 혹은 관여적 대립 (opposition pertinente)에 대한 연구는 언어학 분석의 근본적인 태도 중의 하나이다. "체계를 이루는 단위의 하나하나는 그들이 다른 단위와 가지는 관계와 각 단위가 가지는 대립관계에 의해 한정된다"(E. Benveniste, 21쪽, 75쪽).

야콥슨은 음소는 판별적 특성의 합에 의해 구성되었다고 하며 이것은 소쉬르의 개념으로는 차등적 요소(éléments différentiels)를 의미한다. 야콥슨은 이 판별적 특성을 모든 언어에 일반적으로 적용할 수 있는 12개의 이원적 대립관계로 축소한 리스트를 만들었다. 이러한 12개의 대립은 어떤 종류의 언어도 기술하기에 충분하고 또한 필요한 방법으로 거의 모든 언어학자가 사용하고 있다.

한 언어의 음소에 대한 정의, 음소의 목록은 이 12개의 대립관계로 기술(記述)되며, 가로좌표와 세로좌표로 된 음소의 도표를 만들어 12개의 빈 공간을 각 음소에 일치시킨다. 각 빈 공간에다 문제가 되는 각 음소의 성질이 나타나는가, 아닌가에 따라 (+) 혹은 (−)를 표시한다. 다른 말로 표현한다면, 각 음소의 성격이 유표된(marqué) 것이냐 혹은 무표된(non marqué) 것이냐에 따라 (+) 혹은 (−)를 표시한다. 만약 대립이 관여적이 아닐 때는 제로(0)를 한다(R. Jakobson, 185쪽). 이것은 음소들을 차등적 요소로 분석하고 하나 혹은 여러 개의 대립짝(couples d'opposition)으로 조직하여 구조법칙(lois de structure)을 얻으려는 방법이다.

레비-스트로스에 따르면 인류학의 첫 번째 목적은 차이성을 분석하고 해석하려는 것이며(AS., 19쪽), 사회를 차등적 성질의 기능으로 연구하려 하는데, 이러한 차등적 특징은 각 사회를 구성하는 요소들의 관계체계에 따라 생긴다. 마치 언어학에서 자신의 고유한 대상을 구성하는 것이 바로 이 차등적 편차인 것처럼……

레비-스트로스는 그의 저서인 『신화학』에서 자주 관여적 용어(terme pertinent), 관여적 대립(opposition pertinente), 관여적 기능

(fonction pertinente)이라는 표현을 쓰고 있다. 예를 들어보자. 타카나, 문두루쿠, 테네테하라, 쿠벤크란켄의 신화에 나타난 인간을 돼지로 변형시키기 위한 주술적 방법의 계열 중에서 그는 "담배는 관여적 용어를 구성한다"라고 쓰고 있으며, 타카나 신화에서는 그 신화 속에 나타난 동물들을 두 개의 대립군(對立群)으로 나누어놓은 후 "관여적 대립은 큰 동물/작은 동물과 땅의 동물/하늘의 동물 사이에 위치한다"라고 결론 짓고 있다(MC., 71쪽).

• 조합변이형

간략하게 표현한다면, 조합변이형은 의미에 영향을 미치지 않는 비관여적 대립(opposition non pertinente) 관계를 지칭한다. 예를 들어 설명하자면, 단소(單素)의 시니피앙들인 fer(철)/mère(어머니)/père(아버지)/terre(땅)가 구별될 수 있는 것은 네 개의 시니피앙의 첫 번째 음소를 구성하는 f/m/p/t 사이에 존재하는 차등적 편차에 의해서이다. 다시 말하면 f/m/p/t 사이에 존재하는 대립관계는 유포된 관계이지만 er/ère/erre 사이에 존재하는 대립관계는 유포되지 않은 관계인 것이다. 좀더 설명을 하자면, 의미에 영향을 주지 않는 유포되지 않은 관계에 있는 er/ère/erre는 모두 ER로 발음되기 때문에 앞의 네 개의 단소 fer/mère/père/terre의 의미에는 어떠한 영향을 주지 않지만, er/ère/erre는 /ER/의 '변이형'이 되는 것이다.

레비-스트로스는 여러 개의 다른 문화적 맥락 속에서 같은 기능을 행사하고 있는 용어들을 지칭하기 위해서 '조합변이형'이란 개념을 사용한다(AS., 247쪽; OMT., 22쪽). 그는 남아메리카 신화에 나타나는 어로나 수렵에 사용하는 독극물은 사회의 층위에서는 '유혹자', 사회질서를 파괴하는 '교란자'의 조합변이형의 하나라고 생각하며(CC., 287쪽), 숲에 불을 놓는 프레아(préa)들쥐의 기능은 주머니쥐의 조합변이형의 기능에 연역될 수 있다고 생각한다. 왜냐하면 프레아는 불 주변과 관계가 있고, 주머니쥐는 건기(乾期)와 관계가 있기 때문이다. 그러나 전자는 방화자로서 적극적인 데 반해, 후자는 건기(불과 상관관계) 속에 놓이는 수동적인 관계에 있다(MC., 67쪽).

• 변형집단

레비-스트로스는 '변형' 혹은 '변형시키다', '치환'(permutation) 혹은 '치환하다', 그리고 '대체'(substitution)라는 용어를 큰 차이 없이 사용한다. 예를 들자면, "용어(항)의 의미를 이해한다는 것은 그 용어를 자신의 맥락 속에 치환(대체)시키는 것이다"라고 단언한다(SF., 26쪽). 그리고 큰 차이 없이 대체집단, 변형집단이라는 용어를 사용한다(SF., 16쪽).

내용들의 추상인 한 집합(사회)의 요소 사이의 관계를 연구하는 점에서 변형의 개념은 다른 서열(혹은 층위)을 구성하는 신화, 의례, 예술, 정치적 사상, 예의범절 코드, 취사 등등의 구조들을 비교할 수 있게 한다(AS., 98쪽, 366쪽). 신화분석에서 변형의 개념은 (신화)형식의 고정성(안정성)과 내용의 가변성 사이에 나타나는 모순을 해결하기 위해 사용된다(SF., 16쪽). 신화들의 내용은 끝없이 변화하는 반면, 그 구조는 동일한 채 남아 있다. 앞에서 예로 들었던 통합적 연쇄와 계열적 총합의 예를 보면, 같은 문장구조이지만 내용은 수없이 변할 수 있다. 레비-스트로스는 마침내 다음과 같은 사실을 확인할 수 있었다. 신화에 활용된 차등적 편차는 사물(혹은 신화) 그 자체에 있는 것이 아니라 엄밀한 수학적 작용을 수단으로 하는 특성들의 실체에 있다(MC., 407쪽).

우리는 변형 개념의 훌륭한 예를 레비-스트로스가 블라디미르 프롭(V. Propp)이 수행한 동화(contes) 분석방법을 비판한 논문에서 찾을 수 있다. 프롭이 끌어낸 동화의 구조는 질적으로 구별되는 31개의 기능이 시간상 연속된 것처럼 제시되어 있다. 그러나 레비-스트로스는 이 31개의 기능은 몇 개로 축소할 수 있으며, 다시 말하면 이들 기능은 동화 이야기의 여러 다른 계기에서 다시 나타날 수 있는 기능이라고 지적했다. 그리고 한 번 혹은 여러 번의 변형을 겪은 후에는(……) 그 결과로 프롭이 구별한 여러 개의 기능은 실제로 단 하나의 같은 기능으로 이루어진 변형집단을 구성한다. 말하자면 '위반'은 '금지'의 역(逆)으로, 그리고 '금지'는 '명령'의 부정적 변형으로 취급할 수 있다. 주인공의 '출발' 그리고 그의 '귀환'은 부정적 혹은 긍정적으로 표현된 같은 분리기능으로 나타날 수 있다. 주인공의 '추적'(그는 어떤 동물이나 사람을 추적한다)은 자신의 추적당한(그는 어떤 물건이나 혹은 사람에게 추적당한다) 것의 환위(역방향)가 될 수 있다 등등.

다른 말로 표현하자면 사건들의 연속된 순서(예를 들자면 A, B, C, D, …, M, N, O, …, T, U, V, W, X)가 구조의 특성이 되는 프롭의 연대기적 도표 대신 적은 수의 요소들로 이루어진 변형집단처럼 정의되는 구조의 모델로 표현할 수 있는 다른 도표를 채택해야만 한다. 이 도표는 2차 혹은 3차원 또는 그 이상 차원의 행렬(matrice)의 외양을 갖는다. 예를 들자면 다음과 같다.

$$
\begin{matrix}
w & -x & \dfrac{1}{y} & 1-z \\[2ex]
-w & \dfrac{1}{x} & 1-y & z \\[2ex]
\dfrac{1}{w} & 1-x & y & -z \\[2ex]
1-w & x & -y & \dfrac{1}{z}
\end{matrix}
$$

위의 도표와 같이 하나의 기능은 다른 여러 차원의 기능을 가지며, 일종의 조작체계로 불(Boole)의 대수학(불대수)과 유사해진다.

만약 이와 같은 개념을 택한다면 연대기적 연속 순서는 비시간적 행렬 구조 속에 흡수되며, 이러한 행렬구조는 변함없이 고정적이 된다. 그리고 기능의 이동은(단지 세로열, 혹은 세로열 기둥의 각 부분들, 수직적으로) 대체양식 중의 하나일 뿐이다(SF., 27~29쪽).

레비-스트로스가 같은 신화의 이본(변이형) 신화들을 찾고 모을 수 있었던 것은 바로 변형 개념을 활용할 수 있었기 때문이다. 신화집단들 내부에는 다수의 변형을 통해 하나의 신화에서 다른 신화로 이전하는 과정을 통해 같은 신화집단이라는 것을 알게 된다. 이것은 첫눈에 이본 신화들의 계보를 알아차리기가 불가능하다는 것을 말하는 것이다. 예를 들자면, 차코지역(Chaco)의 꿀에 관한 신화(M_{207}, M_{208})에서 가이아나의 신화(M_{233}에서 M_{235})로 이동하기 위해서는 아래와 같은 변형과정이 필요하다. 꿀/사람, 남성/여성, 날것/익힌 것, 배우자/인척, 고유의 미/파생적 의미, 통시성/공시성, 건기/습기, 높음/낮음, 삶/죽음의 과정을 거쳐야 한다(MC., 140쪽).

수학의 집합이론처럼 신화집단 내부에서 행해진 변형들은 가역적(可逆的)이다. 이러한 사실은 실제로 역으로 추적(역변형)해 처음의 신화로 되돌아올 수 있게 한다. 레비-스트로스는 S_1 신화집단(이 신화들의 주인공은 새둥지를 터는 사람이다)을 S_2 신화집단(야생돼지의 기원 신화집단)으로 변형시킬 수 있는 법칙을 설명한 후, 다음과 같이 말한다. "우리가 한 논증을 다시 반복하는 것이 가능하다면 우리의 논증은 결정적으로 증명될 수 있을 것이다. 그러나 반복하되 다른(역) 방향으로, 이번에는 표범의 기원과 관계가 있는 신화에서 출발하여 새둥지 터는 사람의 신화로 다시 돌아오는 방법으로 반복할 수 있다. 이것이 우리가 지금부터 논증하려는 것이다"(CC., 107쪽).

역진적 방법으로 증명한 이후 레비-스트로스는 이를 바탕으로 신화의 변형을 통해 나타날 수 있는 신화의 유형을 예측한다. 보로로신화 M_1(물의 기원신화)에서 쉐렌테신화 M_{12}(불의 기원신화)로 이행했을 때 신화의 골조는 그대로 유지되고, 코드는 변형되며, 메시지는 전도된다고 말함으로써 보로로신화 M_1과 쉐렌테신화 M_{12}의 관계를 더욱 명확히 할 수 있었다.

어떤 의미로는 반대 증명일 수도 있는 역진적 방식으로 같은 대립구조에 이를 수 있다면, 이러한 분석의 결과는 결정적으로 유효할 수 있는 것이다. 이처럼 제기된 문제는 아래와 같이 표현될 수 있다.

우리가 Mx와 My라고 부르는 두 개의 신화 사이에 변형관계가 있다고 하자.

$$Mx \to My$$
$$(f)$$

My=fMx를 인정한다면 신화Mz=fMy는 존재하는가? 이 신화(Mz)와 연계해 우리는 Mx로부터 My를 야기하는 변형의 반대 방향으로 실행해 얻은 대칭적인 변형을 매개로 Mx의 복원이 가능하다는 것을 증명할 수 있을까? 다시 말하면 우리는 앞에서 쉐렌테족의 불의 기원 신화(My)는 보로로족의 물의 기원 신화(Mx)가 변형된 것임을 밝혔다. 그러면 우리가 출발했던 보로로신화로 다시 데려다줄 물의 기원 신화를 지금 쉐렌테족에게서 찾을 수 있을까? 동시에 아래의 동형관계를 확인해줄 신화를 찾을 수 있을까?

$$\begin{bmatrix} Mz \to Mx \\ (f) \end{bmatrix} \approx \begin{bmatrix} Mx \to My \\ (f) \end{bmatrix}$$

물론 그러한 신화는 셰렌테족에게 존재한다. 그것은 아사레신화 M_{124} 이며, 아사레신화로부터 시작하여, 레비-스트로스는 충실하게 몇 번의 변형을 거쳐 새둥지 터는 사람의 신화인 보로로신화 M_1을 복원한다 (CC., 205쪽 이하).

• 연속/ 불연속. 간격, 크로마티즘

위의 개념들은 특히 레비-스트로스가 신화학에서 아주 유용하게 사용하는 용어이다. 이 들을 잠시 훑어보는 것이 신화학을 읽는 데 도움이 될 것이다.

대부분의 창조신화나 기원신화는 최초에는 원초적인 총합(덩어리)에서 일부를 분리시켜 불연속체계를 만드는 과정이다. 예를 들자면 성경의 창세기신화는 최초에는 암흑의 덩어리였다. 여기에 하늘과 땅을 분리하고, 하늘에는 별과 해, 달을 만들어 분리시켰다. 남·북아메리카의 창조신화 역시 연속체를 불연속체로 만드는 과정이다. 유사한(동일한) 사람들을 차이있게(신체적으로) 만들거나, 동일한 연속체인 회색의 새들에게 색채와 깃털을 갖게 한다든가, 부족의 창시, 씨족의 분리, 빈부의 차이 등 사회적으로 차이성을 갖게 한다. 다시 말하면 연속을 불연속으로 만들어 차이성을 갖게 하는 것이다. 결국 어떠한 방식으로 차이성을 만들어 가느냐가 신화의 진행과정이고 이 차이성이 어떻게 대립하고 상관관계를 이루느냐가 신화 구조분석의 요체를 이룬다. 자연/문화, 자연과 문화의 접점에 이르면 차이성이 줄어들어 동일하게 간주될 수 있다. 차이가 커질수록 대립의 정도가 큰, 즉 유표된 관계를 갖는다. 레비-스트로스는 이런 관계를 사용하여 독극물의 기능을 설명하기도 한다(CC., 261쪽 이하).

연속체를 불연속체로 나누거나 연속체의 요소를 제거하여 불연속체로 만들 수 있다. 이 때 중요한 것은 불연속체의 단위 간에 생기는 차이, 즉 '간격'의 개념이다. 간격이 클수록 차이성이 커지고 대립이 명료해진다. 언어는 소리의 차이성(변별성)을 바탕으로 이루어진 기호체계이고 음악 역시 변별적 특성을 가진 음(소리)의 조합이다. 이러한 소리를 조합하기 위해서는 음과 음, 소리와 소리 간의 간격이 있어야 한다. 다시 말하자면 불연속체의 단위들을 만들어야 한다. 그래야 이러한 단위들을 가지고 조합을 통해 의미를 만들 수 있다.

음악에서는 7개의 온음계를 만들고 그 사이에 반음계를 만들어 12개의 음이 음악의 단위가 된다. 반음계란 음과 음 사이의 간격이 좁아진 것을 의미한다. 반음계를 크로마티크(chromatique)라고 하며, 이것은 음과 음 사이의 간격뿐만 아니라 색채와 색채간의 간격을 의미하는 것으로 쓰였다. 그래서 크로마티즘 혹은 크로마티크라고 하면 반음계나 색채를 의미한다. 청각과 시각을 통해 구별할 수 있는 것은 '간격'이라는 개념으로 설명될 수 있다. 음과 음 사이, 색채와 색채 사이의 간격이 클수록 지각하기가 쉽다. 즉 대립이 클수록, 차이가 클수록 알아차리기가 쉽다.

• 차이성으로 축소되는 명료성: 이원적 논리에서 변증법적 논리, 그리고 매개의 논리

유사성(ressemblance)은 대조(contraste)에 논리적으로 예속된다는 원리는 구조주의 방법론 가운데 중요한 원칙의 하나이다. 레비-스트로스는 먼저 "유사성은 존재하지 않는다. 단지 유사성은 차이성의 또 다른 특수한 경우이며 차이성이 제로가 될 경우 유사성이 있을 뿐이다" (HN., 32쪽).[21] 이러한 관점에서 구조적 연구의 목적은 연구하는 사회가 무엇인가에 그렇게 연연하지 않으며, 단지 이러한 사회들 간의 차이가 어떠한가를 찾는 것이 중요할 뿐이다(AS., 358쪽). 문화체계의 명료한 구조를 나타내는 고정적인 것들은 의미 있는 차이성의 총합과 관계를 가지며, 이러한 총합은 사회와 사회간의 관계 속에서 사회가 무엇인지를 정의할 수 있게 해준다(AS., 325쪽). 결국 연구대상이 되는 사회체계의 명료한 구조는 이러한 고정적인 것들에 의해 표상화된다. 다른 말로 표현하자면, 구조주의는 차별성 속에서 유사한 것들(체계의 논리적 구조)을 추구하는 것으로 정의될 수 있다.

체계의 논리적 구조를 구성하는 차별적 특성들을 찾아내는 것이 구조주의 방법론의 목적이다. 이러한 특성을 찾기 위해 구조주의 방법은 이원적 논리(logique binaire)를 바탕으로 한다. 레비-스트로스는 이러한 이원적 논리를 통해 토템 체계분류를 하게 되었는데, 이원적 논리를 통해 토템 체계의 실제적인 측면을 모두 표현할 수 있었다. 먼저 레비-스트로스는 일반적인 것과 특수한 것, 추상적인 것과 실제적인 것을 나타내는 축(axe)을 중심으로 수집한 모든 토템을 분류하고, 이러한 것을 이원적 대립의 짝을 구성하게 함으로써 토템을 자신의 의도대로 분류할 수 있었다. 이렇게 함으로써 다양한 자연의 종(種)들이 상징의 재료로 취급될 수 있음을 알았다. 다양한 자연의 식물, 동물, 바위가 체계 속에 들어가 상징적 의미를 갖고, 사람들은 이런 자연의 다양성을 사고

---

21) C. Lévi-Strauss, *L'homme nu*(HN., 『벌거벗은 인간』), Paris: Plon, 1971.

의 재료로 사용한다.

예를 들자면, 토템(totem) 체계가 바로 자연의 다양성을 유사한 인간 집단을 구별하기 위해 사고의 재료로 사용한 훌륭한 예이다. 곰과 사슴, 바위, 독수리는 자연의 다양성을 나타내는 좋은 표본이다. 생물학적으로 유사한 인간 집단을 분류하기 위해 너는 곰, 나는 사슴, 그들은 바위 혹은 독수리집단에 소속하게 된다. 너는 김씨, 나는 이씨, 그들은 박씨, 최씨라고 명명하는 것과 같다.

또한 레비-스트로스는 현실의 모든 측면(aspects)을 표현할 수 있는 다양한 대립을 사용하였다. 앞에서 보았듯이 그는 질적인 측면의 대립(건조한/습기찬, 신선한/썩은, 연속/불연속 등), 형식적 측면의 대립(빈/가득 찬, 포함하는/포함된, 내부/외부 등), 공간적 대립(높은/낮은, 가까운/먼 등), 시간적 대립(빠른/느린, 주기적/비주기적 등), 사회적 대립(결합/분리, 내혼/외혼, 동맹/비동맹 등), 우주적 대립(하늘/땅, 태양/인간 등), 수사학적 또는 메타언어적 대립(고유한 의미/비유적 의미, 환유/은유 등) 등으로 구별하였다.

레비-스트로스는 이원적 논리뿐만 아니라 변증법적 논리(logique dialectique)를 사용한다. 그는 신화학 각권의 말미(CC., 38쪽; MC., 409쪽; OMT., 423쪽; HN., 622쪽)[22]에 수록된 '상징기호판'의 (+), (−) 기호들은 맥락에 따라 변화가 가능한 암시적 의미를 갖고 사용된다고 말한다. 말하자면, 많거나(더하거나)/적거나(빼거나), 출현/부재 또는 대립짝의 첫 번째/두 번째 용어(항)를 가리킬 수 있다. 이러한 기호들이 출현 혹은 부재를 암시할 때나 대립짝의 첫 번째 혹은 두 번째 항(용어)을 암시할 때 이것은 이원적 논리와 관계가 있다.

반면에 한 신화집단 내에서 나타나는 요소들의 대립이 다양한 대립 특성을 보이고, 서로 역전되어 나타나든가 할 때, 또는 유사한 특성들

---

22) C. Lévi-Strauss, *L'origine des manières de table*(OMT., 『식사예절의 기원』), Paris: Plon, 1968.

이 큰 차이를 보이지 않고 비슷할 때 변증법적 논리의 영역에 속한다. 하나의 신화집단에 속하는 여러 신화의 특성들이 큰 차이를 보이지 않고 비슷하지만 세부적인 사항들이 차이를 보일 경우 이원적 논리를 사용하지 않고 변증법적 논리를 사용한다. 예를 들자면, 새둥지 터는 사람들의 신화집단 M_7에서 M_{12}까지의 신화를 비교해보면, 신화 M_8과 M_{10}은 극한 값의 대립관계이고 나머지는 두 신화의 중간에 위치한다. 이러한 경우 이원적 논리가 아니라 변증법적 논리를 적용해 분석하는 것이 합당하다. 이원적 논리와 변증법적 논리를 동시에 사용한 분석의 예를 들어보자.

아래 신화는 레비-스트로스가 어떻게 이러한 논리들을 분석도구로 사용하는가를 보여준다(MC., 63~65쪽).

꿀의 원천신화인 오페에족(Ofaie) 신화 M_{192}는 딱따구리가 꿀을 얻는 데 성공한 후 어떻게 다른 동물(새)에게 나뭇가지 형태로 그가 얻은 꿀을 나누어주고, 그들이 어떻게 꿀농장을 만드는가를 보여주는 신화이다.

꿀을 나누어준 지 얼마 지난 후 동물(새)들은 그들의 꿀농장을 걱정하기 시작했는데, 그들은 먼저 '메타카'(앵무새의 일종)에게 가서 무슨 일이 일어났는지 보라고 했다. 그러나 뜨거운 열 때문에 메타카는 그곳에 접근할 수가 없었다. 동물들은 모험을 하기로 결심하고 출발했지만 가는 도중 휴식하기 좋은 장소를 발견하고는 머물고 말았다. 동물 중 앵무새는 과일나무에 앉았고 아라앵무새는 안락한 숲에 앉아 휴식을 취했다. 그들은 자신들의 실패를 합리화하기 위해 뜨거운 열기를 기원한 반면, 잉꼬(작은 앵무새)는 높이 날아올라 하늘까지 날아갔다. 잉꼬가 꿀농장에 도달해보니 거기에는 꿀이 넘쳐흐르고 있었다.

레비-스트로스는 먼저 신화에 나타난 동물의 정체를 확인하는 것으로 분석을 시작했다. 메타카, 앵무새, 아라앵무새 그리고 잉꼬. 이들은 앵무새의 네 가지 종류의 변종이다. 이야기는 몇 가지로 분류할 수 있을 것이다. 먼저 네 마리의 새 중 자신의 임무를 완수한 것은 잉꼬이며, 잉꼬는 이 중에서 가장 작은 새이다. 반면 아라앵무새는 가장 큰 종류에 속한다. 앵무새는 아라앵무새보다 먼저 등장하지만 몸집은 아라앵무새보다 작다. 메타카는 맨 먼저 나오지만 앵무새보다 작다. 이야기 끝에 나오는 잉꼬보다는 모두 크다. 이렇게 되면 자신의 임무에 실패한 새는 모두 잉꼬보다 크며, 임무에 성공한 잉꼬는 모든 새보다 작다. 앞의 세 종류의 새는 그 크기가 다르다. 주된 대립은 아라앵무새와 잉꼬이지만, 다른 두 새는 더 큰 부류에 속하기 때문에 아래와 같은 도표가 성립된다.

큰 새 시리즈에서 앵무새와 아라앵무새는 기능적 짝을 형성하는데, 그들은 임무를 완수하려고 노력도 하지 않으며, 하나는 숲(사반나), 또 다른 하나는 과일나무에서 휴식을 취한다. 이것은 우기(雨期)가 완료되는 시기를 나타내는데 과일과 신선한 응달이 이것을 의미하며, 반면 다른 두 새는 가뭄(건기)과 관계를 갖는다. 하나는 건조한 측면(즉 견딜 수 없는 열 등으로), 다른 하나는 습기 찬 측면(넘치는 꿀)으로 표현되었다. 이것을 도표로 나타내면 다음과 같다.

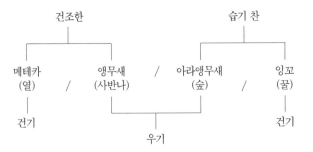

세 번째 관점으로 새들의 임무에 대한 결과를 놓고 볼 수 있다. 이것은 또 다른 분류의 원칙이 된다. 이야기 속에서 보면 첫 번째(메타카)와 마지막(잉꼬) 새들은 실제적인 정보를 가져왔다. 첫 번째 새는 가져온 정보가 부정적인 측면을 나타내는데, 이것은 뜨거운 열 때문에 농장에 접근 할 수 없었기 때문이다. 마지막의 잉꼬새는 긍정적인 측면의 정보를 가져왔다. 그러나 나머지 두 새(앵무새와 아라앵무새)는 앞의 두 새에 비해 위치가 중간에 머무르는데, 몸의 크기에서도 그렇고, 이야기의 순서에서도 앞의 두 새의 가운데에 위치한다. 또한 그들은 정보를 얻으러 떠나려는 수고도 하지 않았을 뿐만 아니라 아무런 정보도 가져오지 않았다. 이런 사실을 도표로 표현해보자.

레비-스트로스는 이러한 분석을 통해 신화적 사고의 특성과 신화적 사고의 메커니즘을 알 수 있다고 한다. 한편으로는 이 신화에서 보는 것처럼 새의 크기에 따라 동물을 분류한다든가, 이야기에 등장하는 순서에 따라 분류한다든가, 정보를 가져왔는지, 그렇지 못한지……. 그리고 다른 한편으로는 불연속적인 것과 대립적인 것, 즉 더 큰 것과 더 작은 것의 대립, 건조한 것과 습기 찬 것, 사바나와 숲 등의 대립을 통해 신화를 분류한다. 다른 말로 표현한다면, 첫 번째 분류양식은 변증법적 논리를 사용한 것이고 두 번째 양식은 이원적 논리를 사용한 것이다.

이원적 논리와 변증법적 논리를 조정(상반되는 것을 일치시키기)하는 방식으로 레비-스트로스는 이원적 대립의 짝을 3원구조로 통합시키는 방법을 사용하거나, 두 항 사이에 중재가 되는 매개항을 끼워넣든가, 아니면 두 대립되는 항 사이에 제3의 항으로 중재적인 역할을 하게 한다. 이것은 우리가 레비-스트로스의 저작 속에서 흔히 볼 수 있는 통합 또는 매개(중재)구조로서의 삼각형 도표이다.

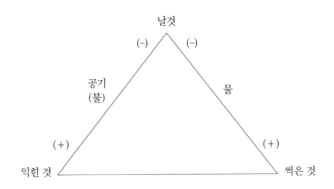

도표에서 날것과 익힌 것의 대립은 또한 자연과 문화의 대립을 나타낸다. 이러한 대립의 매개체로써 썩은 것(상한 것)을 나타내는 제3의 항(terme)이 주어질 수 있다. 썩은 것은 날것의 자연적인 변형이며, 익힌 것은 문화적인 변형이다. 이렇게 하여 날것과 익힌 것의 중간에 썩은 것이 하나의 매개항으로 추가되어 위의 도표를 형성한다. 이러한 삼각형 도표는 로만 야콥슨의 모음-자음의 삼각형 도표에서 영향을 받은 것이다.

또한 레비-스트로스는 『구조인류학』 1권에서 친족체계는 각기 기본적 태도체계를 가지며, 이러한 체계는 이원적 대립으로 나타낼 수 있는 교환/비교환, 주는 자와/받는 자의 대립을 통합하는 삼각형 도표로 표현하였다. 친족의 태도체계는 기본적으로 네 개의 항으로 축소될 수 있는데, 즉 애정적이고 부드럽고 자발적인 태도와 증여(prestation)와 역증여(되돌려줌, contre-prestation)의 상호적 교환으로부터 나오는 태도, 그리고 쌍무적(bilatérale)인 관계로부터 나오는 두 개의 일방적(unilatélale) 태도, 즉 하나는 채권자 쪽의 태도이고, 다른 하나는 채무자의 태도이다(AS., 60쪽). 이것을 도표로 표시해보자.

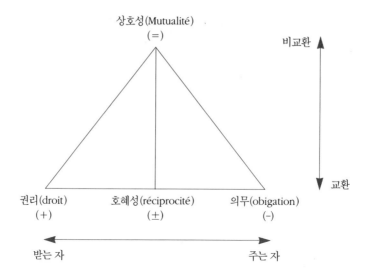

레비-스트로스는 『친족의 기본구조』에서도 이와 같은 삼각형 도표를 사용한다. 모계혼(mariage matrilatéral)과 부계혼(mariage patrilatéral), 그리고 쌍방혼(mariage bilatéral) 사이에 성립되는 교환적 4개의 대립짝을 삼각형의 도표로 표현하였다(SEP., 533쪽).

레비-스트로스는 두 대립개념 사이에 매개항을 설정함으로써 서로 상반되는 대립의 벽을 넘어 두 개념이 통합되는 과정을 보여줌과 동시에, 이 개념(매개개념)을 통해 신화의 변형(transformation) 집단의 도표를 만들었다(뒤에 나오는 신화분석의 이론적 모델 참조).

신화적 사고는 몇몇 대립관계에서 생기며, 이에 대하여 점진적인 매개(중개)를 지향한다고 레비-스트로스는 말한다(AS., 248쪽). 신화를 잉태하는 힘은 신화의 구성적 비대칭(asymétrie)을 교정하고 감추려는 노력이며, 이것을 설명할 수 있는 것은 구조의 비대칭에서 나온다(OMT., 406쪽). 그러니까 신화의 기능은 모순을 해결하기 위해 논리적 모델을 제공하는 것이다(AS., 254쪽). 이것은 신화 자체뿐만 아니라 신화를 구성하는 등장인물, 사물, 에피소드, 기능 등에도 역시 매개 기능이나 대립적 용어(항)들을 통합하는 역할을 부여하는 것은 자명하다.

『신화학』에는 여러 유형의 중개 또는 중개구조가 등장한다. 예를 들자면, 레비-스트로스는 취사와 관련된 남아메리카 신화 속에 두 극(하늘과 땅)을 하나의 매개항(불)으로 통합하는 단순한 매개체계를 제시하는데, 말하자면 취사용 불의 출현은 하늘과 땅의 대립을 매개한다. 그러나 취사용 불이 부재인 경우 두 가지 경우의 일이 일어날 수 있다. 먼저 두 극의 완전한 결합이 일어나(왜냐하면 태양이 땅에 너무 가까워져서) 땅을 태우거나, 또는 완전한 분리가 일어나(왜냐하면 태양이 사라지므로 밤이 계속되어) 썩은 세상이 도래한다. 그러니까 모두 3가지의 경우가 있을 수 있는데, 그 중 하나는 중재가 일어나는 것이고, 두 번째 는 중재가 배제되는 것이다. 매개항의 부재는 결핍(두 극의 분리)이나 과도(두 극의 결합)로 상정될 수 있다(CC., 299~300쪽).

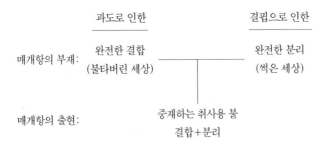

대립된 두 항 사이에 세 번째 매개항을 끼워넣는 이러한 유형의 중재는 통상적으로 가장 많이 사용된다. 이처럼 단순한 매개유형은 『신화학』 3권에서는 두 항 사이의 매개가 아니라 두 관계 사이의 매개로 좀 더 복잡해진다.

3. 신화의 구조분석

레비-스트로스는 신화에 대한 이전의 전통적 이론을 비판하면서 신화의 구조적 분석을 시작한다. 그는 과거의 신화에 대한 이론은 주로 철학적 투기일 뿐이었다고 비판한다. 그들은 신화를 집단의식(conscience collective)을 표상하는 꿈(rêveries)으로서, 혹은 인간 공통의 기본적 감정인 사랑이나 미움, 또는 복수 등을 나타내는 것으로 해석하거나, 아니면, 이해할 수 없는 자연현상에 대한 설명으로서 취급했다. 정신분석학자나 몇몇 민족학자는 신화를 사회구조의 반사, 혹은 사회적 관계의 표현으로 보거나 실제적 감정의 왜곡이나 억압의 표현으로 취급하였다.

레비-스트로스는 이처럼 다양한 분석을 비판하지만, 그 역시 자연현상, 즉 기후적, 우주적, 성운체 들이 신화 속에 나타날 수 있다고 본다. 그러나 그것은 신화의 구성요소일 뿐 이러한 현상을 설명하는 것으로 취급하지는 않는다. 그는 또한 신화를 사회구조의 반사로 보는 것에 반대한다. 신화가 표상하는 것과 사회구조는 전혀 다를 수도 있고 반대일 수도 있다. 신화체계는 다른 사고의 산물에 비하여 독자적인 체계를 가질 수 있다고 보기 때문이다.

더욱이 신화는 우리가 현지조사에서 얻은 민족지 자료와 전혀 다른 사실을 말할 수도 있다. 신화는 독자적 체계 속에 여러 가지 실제적인 사실이나 이웃집단의 사건(타민족과의 접촉)들을 끼워넣을 수 있으나, 신화는 그러한 사건을 설명하려 하는 것은 아니다. 단지 일관성 있는(cohérent) 체계를 구성하는 재료로서 사용될 수 있다는 의미이다. 레비-스트로스는 『야생의 사고』에서 "잡다한 것을 가지고 새로운 물건을 만드는 사람"을 브리콜뢰르(bricoleur)라고 하는데, 신화란 바로 이들이 만든 작품과 같다고 생각한다. 버려진 기둥, 깨진 가구, 창틀, 나무토막, 유릿조각 등으로 새로운 책상이나 탁자를 만들었다면 창틀의 한 부분은 책상의 한 부분으로, 가구 조각은 책상을 유지하는 다리로 사용되어 책상이라는 체계(신화) 속에서 새로운 역할을 한다. 즉 또다른 의미를 가지게 된다. 이처럼 신화는 과거의 사건이나 잡다한 사실, 자연적, 우주적 현상, 사회제도, 인간의 애증, 인간관계들을 엮어서(bricoler) 새로이 만든 가구(신화)와 같은 것이다.

레비-스트로스는 이렇게 구성된 신화의 의미와 구조를 찾기 위해서 신화의 기능을 찾는다. 이러한 기능은 신화가 내포하는 모순을 해결하려는 논리적 모델(modèle logique)을 제공해주기 때문이다. 신화적 사고(pensée mythique)에는 신화 내의 대립과 모순을 극복하기 위해 점진적인 매개 개념이 등장한다. 바로 이러한 모순을 해결하려는 의도 가 나타난 신화가 바로 레비-스트로스가 『구조인류학』 1권에서 분석한 오이디푸스 신화이다. 인간이 흙으로부터 태어났다는 이론과 실제로 인간은 남자와 여자의 결합으로부터 태어난다는 사실 간의 모순을 조 정시키려는 일종의 논리적 도구로서의 오이디푸스 신화의 기능을 볼 수 있다.

『아스디왈의 이야기』에서도 이러한 사회적, 지리적, 기후적 모순을 극복하려는 신화의 기능을 볼 수 있다(AS. II, 175쪽).[23] 이러한 모순을 매개하는 기능은 신화 전체에서만 나타나는 것이 아니라 등장하는 인 물, 물건, 신화를 구성하는 에피소드 등에서도 나타난다.

레비-스트로스는 신화의 해석에 대한 이론을 『구조인류학』 1권에서 제시한 후 『신화 학』에서 이런 이론적 모델을 사용하여 남 · 북아메리카 신화를 분석한다. 앞에 제시한 이론적 모델을 상대적으로 수정하는 과 정을 거치게 되는 것이다.

• 신화분석의 이론적 모델

레비-스트로스는 먼저 신화를 의미가 있는 부분들을 잘라내 대립관 계에 따라 재구성하는 방법으로 신화의 논리적 기능을 찾는다. 신화적 언어(신화)는 일상의 언어가 아니라 메타 언어(méta-langage)이다. 즉 신화를 구성하는 문장과는 다른 의미를 갖는다. 이 다른 의미를 찾기 위해 레비-스트로스는 신화를 해체하고 의미 있는 대단위, 즉 구성적 단위로 재구성하는 과정을 거친다.

신화를 구성하는 의미 있는 큰 단위를 신화소라고 한다. 신화소는 음

---

23) C. Lévi-Strauss, *Anthropologie structurale* II (AS. II, 『구조인류학』 2), Paris: Plon, 1973.

소에 위치하는 것으로 취급되어야 하지만, 이미 그 자체가 의미를 가진 것이기 때문에 사실은 문장의 층위에 있는 것이다. 우리는 앞장에서 이에 대한 개념을 말하면서, 친족 용어는 단어(용어)의 위치에 처하지만, 친족체계 내에서는 그 자체를 음소처럼 취급해야 함을 지적한 바 있다. 음소는 그 자체로는 의미가 없지만 다른 음소들과의 결합(이때의 결합은 대립을 바탕으로 이루어진다)에 의해 의미를 가지는 단소(單素)가 되는 것을 보았다.

이처럼 이미 의미를 가지고 있는 의미소인 신화소를 의미를 가지지 않은 음소처럼 신화체계 내에서 대립관계를 통해 논리적 기능을 찾아내는 것이다. 논리적 기능은 체계 내에서 의미를 나타낸다. 신화의 감추어진 의미를 찾기 위해서는 이와 같은 구조적 방법을 사용해야 한다고 레비-스트로스는 말한다.

신화소는 다른 신화소와 관계없이는 독자적인 의미를 갖지 않으며, 다른 신화소와의 관계를 관계군(關係群, paquets de relations)이라고 한다. 신화소가 의미를 가지는 것은 이러한 신화소들 사이의 관계에 의해서이다. 즉 신화소의 의미 있는 기능(fonction signifiante)은 신화소 사이의 조합에 의해서 얻어진다(AS., 233~234쪽).

신화로부터 쪼개진 신화소들은 관계군을 형성하도록 재배치해야 하는데, 먼저 떼어낸 신화소들을 이야기 전개순서에 따라 수평축 위에 왼쪽에서 오른쪽으로 배치시키고, 다음 수직축 위에 위에서 아래로, 수평축을 따라 수직축이 기둥(欄)을 이루도록 같은 의미(혹은 같은 관계)를 지니는 신화소를 배치한다.

수평축은 통합적 연쇄(chaîne syntagmatique)를 나타낸다. 즉 신화의 통시적 구조(struture diachronique)를 나타내는 것이다. 수직축은 계열적 집합(ensemble paradigmatique)을 구성한다. 다시 말하자면 신화의 공시적 구조(structure synchronique), 즉 신화의 논리적 구조를 나타내는 것이다. 신화는 한 줄 한 줄 혹은 한 페이지 한 페이지를 통시적으로 읽어서는 의미(전체 화음)를 찾을 수 없으며 축을 따라 공시적으로 위에서 아래로, 왼쪽에서 오른쪽으로 오케스트라의 악보처럼 동시에 읽어나가야 한다. 레비-스트로스는 『신화학』을 쓰면서 마치 작곡가가 오케스트라를 작곡하듯 신화를 배열하며, 오케스트라의 악장에 비유하여 제목을 붙였다. 오케스트라 악보의 수직축은 공시적 서열(ordre paradigmatique)이며, 멜로디를 따라 진행하는 것은 통시적 관계(relation syntagmatique)를 표현하는 것이다.

레비-스트로스는 위의 설명을 명확히 하기 위하여, 숫자로 표시된(문장이라 해도 좋다) 숫자의 합 1, 2, 4, 7, 8, 2, 3, 4, 6, 8, 1, 4, 5, 7, 8, 1, 2, 5, 7, 3, 4, 5, 6, 8을 위의 배치원칙에 따라 배열한다. 같은 관계(같은 의미)를 가진 것끼리, 왼쪽에서 오른쪽으로 숫자 합의 배열순서대로 숫자를 배열해보자.

1	2		4				7	8
	2	3	4			6		8
1			4	5			7	8
1	2			5			7	
		3	4	5	6			8

위의 표를 수직축을 따라 왼쪽에서 오른쪽으로(즉 한 축에서 다른 축(기둥)으로) 읽으면 위 숫자의 합이 1에서 8까지를 나타낸 것이라는 것을 쉽게 알 수 있다. 각 수직축은 다음의 수직축과 숫자상의 대립을 이룬다. 즉 1과 2, 2와 3이 서로 대립되어 서로 구별되는 것이다. 우리는 차이성/동질성에 의해 사물을 인식하기 때문이다. 이렇게 처음(숫자의 나열)에는 무엇을 의미하는지 모호하던 것이 이것을 쪼개어 의미 있는 것끼리 관계를 가지게 했을 때 위와 같이 의미 있는 사실을 발견했다. 이와 같이 신화도 이야기 순서에 따라, 다시 말하자면 시간의 축을 따라 처음부터 끝까지 읽어서는 감추어진 의미를 찾을 수 없다(AS., 236쪽).

레비-스트로스는 위의 원칙대로 오이디푸스의 신화를 배열하고, 이 신화가 가지는 논리적 기능(의미)을 찾는다.

통합적 연쇄(통시적 구조)			
1	2	3	4

계열적 집합(공시적 구조)	카드모스는 제우스에게 납치된 누이를 찾아 떠난다. 오이디푸스는 어머니 자카스트와 결혼한다. 안디곤느는 금지령을 어기고 형 폴리니스를 매장한다.	스파르토이신들은 서로를 몰살한다. 오이디푸스는 아버지 라이오스를 죽인다. 에테오클은 형 폴리니스를 죽인다.	카드모스는 용(Dragon)을 죽인다. 오이디푸스는 스핑크스를 죽여 제물로 바친다.	라브카오스(라이오스의 아버지)는 '절름발이'이다(?) 라이오스(오이디푸스의 아버지)는 '왼손잡이'이다(?) 오이디푸스는 '발이 부어 올랐다'(?)
	과대평가된 친족관계	과소평가된 친족관계	괴물들을 없애버림(죽음)	각 인물들은 곧바로 걷는 데 장애가 있음
논리적 기능	대립		인간이 흙으로부터 나왔다는 사실을 부정	인간이 흙으로부터 나왔다는 사실을 긍정(어떤 사실이 계속됨)

대립

이렇게 배열된 신화는 왼쪽에서 오른쪽으로, 한 기둥(欄)에서 다른 기둥으로, 각 기둥은 전체로 놓고 읽을 때에만 '명료성'을 찾을 수 있다

(AS., 237쪽). 한 기둥에 나열된 항들 사이와 각 기둥과 기둥 사이에 나타내는 상관관계와 대립관계로부터 의미가 생겨나는 것이다. 다른 말로 표현한다면, 항들 사이의 관계로부터 의미가 나오는 것이지 항 그 자체로부터 나오는 것은 아니다.

네 번째 기둥에 배열된 고유명사는 가정적인 것이며, 이들은 그 자체가 어떤 가치를 가지고 있지 않다. 그들을 같은 기둥에 배열한 것은 그것들이 공통된 특성을 갖고 있기 때문이다. 즉 가정적인 의미이긴 하지만 모두 "곧바로 걷기가 힘들다"는 사실이다. 마찬가지로 세 번째 기둥은 모두 '괴물들'과 관계가 있다. 인간이 땅으로부터 나올 수 있기 위해서는 지하의 괴물인 용을 없애지 않으면 안 된다. 스핑크스는 시험을 통해 인간을 없애버리는 괴물로 인간의 본성과 연결된 수수께끼 속의 괴물이다. 이 둘은 모두 땅으로부터 나오는 인간과 관계가 있다. 결국 두 괴물은 인간에 의해 정복된다. 그로부터 세 번째 기둥의 의미가 나오는데 "인간이 땅으로부터 나왔다는 사실을 부인"한다는 것이다. 이러한 의미는 네 번째 기둥의 의미가 무엇인지를 알도록 해준다.

흔히 많은 신화 중에는 땅으로부터 출생한 인간이 출생 초기에는 아직도 "걷기가 불가능하다"든가 "왼발로 걷는다"든가 하는 이야기가 많다. 이러한 이야기는 콰키우틀 인디언 신화에는 물론 푸에블로 인디언 신화에도 등장한다. 그래서 네 번째 기둥에 배치된 항들의 공통점은 "인간이 땅으로부터 출생했다는 사실이 그대로 계속"되고 있다는 것을 나타낸다.

그러면 첫 번째와 두 번째 기둥에 배치된 항은 어떠한가? 이들은 둘다 친족관계를 나타내는 점에서는 같으나, 상반된 관계를 나타낸다. 즉 첫 번째 난에 배치된 항들은 공통적으로 '친족관계의 과대평가'를 나타내는 반면, 두 번째 난에서는 '친족관계의 과소평가'를 나타낸다.

그러면 첫 번째와 두 번째 난과 세 번째와 네 번째 난 사이에는 어떤 관계가 성립될 수 있겠는가? 레비-스트로스는 이들 네 항 사이에는 두 개의 모순된 관계가 공통적으로 나타나고 있다는 점을 강조한다. 첫 번째 난과 두번째 난의 대립관계와 세 번째 난과 네 번째 난의 대립관계가 성립된다.

　　혈연관계의 과대평가 / 혈연관계의 과소평가 ≃ 땅으로부터 출생을 거부 / 땅으로부터 출생의 계속

　　이처럼 오이디푸스 신화의 의미 있는 구조는 두 개의 상관적 대립짝 (couples d'opposition corrélatives)으로 나타난다. 오이디푸스 신화는 결국 인간은 현실적으로 남자와 여자의 결합에 의해서 나오는 것이지 땅으로부터 나온다는 것을 주장하는 사회를 찾기란 불가능하다는 것을 표현한다. 땅으로부터 출생하는 식물을 인간의 모델로 보는 사고가 남아 있다는 점과 현실적으로 인간은 남자와 여자의 결합으로 나온다는 사실 간의 모순을 나타낸 것이라고 볼 수 있다.

　　레비-스트로스는 오이디푸스 신화를 분석하면서 다양한 종류가 존재함에도 불구하고 어떤 판본을 사용할까를 고민하지 않았다. 그 이전의 학자들은 어떤 판본이 원천(origine)에 가까운가를 따지는 비교역사학파의 관점으로 그것의 전파 혹은 어느 것이 전이냐, 후이냐를 따졌지만 레비-스트로스는 이것이 의미가 없다고 보았기 때문이다. 이들 신화는 모두 그 변형의 하나로 보기 때문이다.

　　보통 신화는 다양한 종류의 판본이 존재한다. 이것은 같은 구조를 가진 신화들의 변형으로 어느 것을 먼저 분석해도 마찬가지이다. 레비-스트로스는 이렇게 같은 구조를 가진 신화가 반복하여 다른 판본이 생기는 것은 신화의 구조를 더욱 분명히 나타내기 위한 신화 자체의 특성이라고 본다. 언어학에서 표현의 반복현상(redondance)과 같은 것이다. 여기서 더욱 중요한 사실은 이러한 여러 종류의 신화는 그 구조가 유사하더라도 내용은 얼마든지 달라질 수 있다는 것이다. 같은 종류의 신화라도 등장하는 인물이 남자가 여자로 될 수도 있고, 여자가 여우로 나타날 수도 있다. 또한 인물의 기능이 '도움을 주는 행위를 할' 수도 있

지만, 반대로 '해를 입히는 행위를 할' 수도 있다.

레비-스트로스는 이러한 이유를 『구조인류학』 1권에서 아메리카 인디언 신화를 바탕으로 신화가 어떻게 변형되어 반대(inversion)의 기능을 행사하는지를 우리가 앞에서 잠깐 언급한 신화구조의 매개(médiation) 개념을 가지고 설명한다. 여기서 그 원리만을 몇 개의 도표를 가지고 설명해볼 것이다. 먼저 레비-스트로스는 파슨스(Parsons)와 커싱(Cushing), 스티븐슨(Stevenson)이 수집한 신화를 분석한 결과 아래와 같은 도표를 얻을 수 있었다.

대립관계	커싱	파슨스	스티븐슨
신/인간	-	+	+
식물의 줄기섬유질 / 동물의 힘줄	-	-	+

농업을 위주로 하는 부족과 사냥을 위주로 하는 부족이 사용한 활의 줄이 식물로부터 나온 것인가 아니면 동물로부터 온 것인가의 대립 여하에 따라서 (+), (-)의 기호를 사용하였다. 또한 신과 인간의 관계가 우호적인가 비우호적인가에 따라 대립을 성립시켜 본 것이다. 우리는 여기서 커싱 판본과 스티븐슨 판본 사이에는 대립관계를 나타낸다는 사실을 알 수 있다. 그러나 파슨스 판본은 이 두 대립되는 것의 매개적인 중개항임을 또한 알 수 있다. 이 세 가지 판본은 한 신화의 조합변이형(variantes combinatoires)이다.

레비-스트로스는 같은 종류의 속성을 가진 여러 판본의 신화를 같은 신화의 조합변이형으로 간주하고, 커싱이 수집한 주니족(Zuni)의 신화 속에는 구원자(messie)가 신화의 시작 부분에서 '자비한' 것으로 나타나지만, 푸에블로족의 신화에서는 구원자의 행위가 '모호한' 것으로 중간 부분에 나타나고, 지아족(Zia) 신화에서는 '해를 입히는' 것으로 마지막 부분에 나타난다. 여기서 우리는 쉽게 푸에블로족 신화는 주니족과 지아족 신화의 매개신화라는 것을 알게 된다. 이처럼 같은 조합변이형 집단의 신화에서 선한 신이 악한 신으로 변형되었음을 알 수 있다.

레비-스트로스는 이러한 분석방법을 체계적으로 응용하면 일련의 치환집단(groupe de permutation)을 이루는 한 신화의 변이형으로 정리할 수 있다고 말한다. 이때 이들 신화의 양쪽 끝에 위치하는 극단적인 두 신화는 대칭이며 도치된 구조를 갖는다. 이렇게 하여 3개의 조작유형을 만들 수 있다. 북아메리카 인디언 신화 속에서 트릭스타(trickstar)라는 동물이 왜 나오는지가 수수께끼였다. 신화적 사고는 어떤 대립적인 요인들을 감지하면 즉시 이를 두 대립구조를 매개하는 점진적인 매개구조를 만든다. 두 항사이에 뛰어넘을 수 없는 대립을 중개하는 항이 나타난다. 이렇게 하여 이원적 대립은 3원적 관계의 대립구조를 만든다. 그래서 아래와 같은 매개(중개)구조를 얻을 수 있다.

원초적 대립	첫 번째 3원구조	두 번째 3원구조
삶	농업	초식동물
		썩은 고기를 먹는 동물
	사냥	육식동물
죽음	전쟁	

썩은 고기를 먹는 동물(charognard)은 동물성을 먹지만 사냥을 하지는 않는다. 즉 수동적인 점에서 초식동물과 같다(우리는 이를 잡식동물로 번역함으로써 이해를 돕기로 했다). 이처럼 대립되는 두 항을 매개하는 것으로 아메리카 신화에 나오는 것은 무수히 많다. 코요테(coyote), 안개, 머리가죽(scalp) 등등. 코요테는 썩은 고기를 먹는 동물로서 초식동물과 육식동물을 매개한다. 안개는 하늘과 땅을, 머리가죽은 인디언이 전쟁에서 얻은 전리품이다. 즉 농부가 수확하는 것과 같기 때문에 전쟁과 농업 사이의 매개항으로 나타날 수 있는 것이다. 마치 자연과 문화 사이에는 옷이 나타나고, 마을과 숲 사이에 쓰레기가 나타나는 것도 두 대립항을 매개하는, 즉 3원대립을 이루게 하는 매개항으로 쓰인다.

앞에 제시했던 트릭스타 역시 '모호한' 행위자로서의 매개항으로 아메리카 신화에 나타남을 알 수 있다. 레비-스트로스는 이러한 일련의 매개자들은 아메리카 인디언 신화에 다양한 문제를 해결할 수 있는 '논리적 분절'자이며, 이들을 뛰어넘는 기능을 수행함으로써 대립의 문제를 해결한다.

레비-스트로스는 또한 신화의 논리적 구성으로 기능의 이중적 치환을 가정할 수 있다고 말한다. 아메리카 신화에서는 흔히 한 인물, 여기서는 하나의 신(divinité)이 경우에 따라서 '우호적'일 수도 있고 '악질적'일 수도 있는 성품의 대립을 볼 수 있다. 호피족(Hopi) 신화에 나오는 샬라코(Shalako) 의례의 기반을 구성하는 다양한 신화의 이본들(variantes)을 비교해볼 수 있을 것이다.

$$(\text{마사우}: x) \simeq (\text{무잉구}: \text{마사우}) \simeq (\text{샬라코}: \text{무잉구}) \simeq (y: \text{마사우})$$

※ $\simeq$는 동형(同形, isomorphisme)을 의미한다.

여기서 (x)와 (y)는 두 극단적 대립의 신화가 제시할 수 있는 자의적인 가치(valeurs arbitraires)를 표현한다. 첫 번째 신화에 나오는 마사우는 인간에 대하여 구원적이지만, 두 번째(무잉구)는 마사우보다 덜 구원적이며, 세 번째(샬라코)는 무잉구 신화보다 덜 구원적이다. 그리고 네 번째 판본에서 차라리 마사우는 인간에 대하여 적대적이다.

레비-스트로스는 이러한 점진적인 가치의 변화는 순계류(鶉鷄類, gallinacés)나 다른 동물의 복종사슬관계에서도 나타난다고 한다 (pecking-order).[24] 레비 스트로스는 이러한 관계를 『친족의 기본구조』에서 일반교환체계(echange géneralisé)와 같다고 본다.[25]

앞에서 제시한 이러한 관계를 종합하면서, 레비-스트로스는 치환집

---

24) 가장 약한 놈은 자기보다 강한 놈에게 복종하지만 결국 가장 강한 놈은 가장 약한 놈에게 복종한다는 사실이다.

25) A→B→C→D A가 되는 혼인 순환고리를 말한다. 예를 들자면, 한국의 혼인제도는 일반교환체계이다. 박씨 이씨 최씨 박씨 등과의 혼인고리를 의미한다.

단 형태로 신화의 변이형들을 정리한다면 신화 집단의 법칙(loi de groupe)을 발견할 수 있을 것이라고 말한다. 여기서 모든 신화를 변이형의 총합으로 간주하면 아래와 같은 표준적(canonique) 관계의 유형을 만들 수 있다.

$$Fx(a) : Fy(b) \simeq Fx(b) : Fa\text{-}1(y)$$

여기서 (a)와 (b)는 두 개의 항을 나타내고 (x)와 (y)는 기능(fonctions, 또는 함수)을 나타낸다. 항과 관계를 아래와 같이 도치(inversion, 역전)하더라도 두 환경 사이에는 동치관계(relations d'équivalence)가 성립한다. 즉 이러한 도치는 두 개의 조건을 만족시키는 조건 아래에서인데, 먼저 두 항 중의 하나를 그 항의 반대(contraire)로 바꿔놓는다는 조건이며, 여기서 항 (a)는 그 반대 (a-1)이 된다. 다른 하나는 두 요소 (y)와 (a)의 항의 가치(valeur de terme)와 기능적 가치(함수의 가치) 사이에 상관적 도치(inversion correlative)가 성립하는 조건 아래에서이다. 이와 같은 조건이 성립되면 두 환경 사이에는 동치관계가 성립한다.

신화 구조분석의 근본적 도구 중의 하나인 변형개념은 전적으로 유사성(analogie, 언어학의 경우는 유추)을 바탕으로 이루어진다. 다시 말하면 변증법적 논리로부터 나온다. 레비-스트로스는 결국 변형집단의 법칙으로 표현된 위의 공식은 각각 항과 관계의 도치로 정의된 두 환경 사이에는 동치(등가)관계가 존재한다는 것을 인정한다.

그러한 동치관계가 어떻게 보로로신화 M_5의 질병을 뿜어내는 어머니와 신화($M_{96, 97, 98, 99}$)의 사리그, 무지개(CC., 252~254쪽), 그리고 별 사이에 성립될 수 있는지를 아래의 예가 잘 보여준다. 신화 M_5 속에는 천체적 요소를 나타내는 참조사항이 전적으로 부재함에도 이 신화가 잠재적으로 천체적 코드(화)를 나타내는지를 증명하는 것과 관련이 있다.

신화 M₅의 여주인공은 두 가지 측면을 나타낸다. 먼저 주인공은 더 많은 물고기를 먹기 위해 어린아이를 방치한 나쁜 양모이다. 이어서 그녀는 먹은 물고기를 인간들에게 치명적인 질병의 형태로 몸 전체에서 뿜어낸다. 그리고 사리그 역시 방금 위에서 본 특성과 비교할 수 있는 두 가지 양태로 특성화되는데, 즉 사리그는 훌륭한 양모인 반면 역한 냄새를 풍긴다. 이 두 가지 양태를 각각 (1)과 (2)로 표시하면 아래와 같은 두 가지 조건 아래에서 사리그를 보로로 여주인공으로 변형시킬 수 있다.

$$(1) \rightarrow (-1)$$
$$(2) \rightarrow 2n$$

다른 말로 표현하면, 보로로 여주인공은 사리그의 긍정적 양태가 역으로 변형되고(-1), 사리그의 부정적 양태는 향상된 힘($2n$)을 지니게 된 (또다른) 사리그인 것이다. 말하자면 모든 인간에게 치명적인 그녀의 악취로 인해 이제 양육자(양모)의 덕목을 잃어버린 (또다른) 사리그이다(악취는 질병과 죽음을 유발함으로써 부정적인 측면이 배($2n$)가 된다). 그런데 가이아나 인디언들은 무지개를 사리그라고 부르며, 모호한 존재로 표현한다. 즉 양육자로서 사리그는 생명에 기여하며(긍정적), 악취를 풍기는 동물로서 죽음을 예견한다(부정적).

자신이 재난과 질병의 책임자이며, 뱀과 동일시되는 무지개의 정상적 가치와 혼돈되는 사리그의 극한 가치를 얻기 위해서는 이러한 사리그의 상반된 속성들을 역으로 변화시키는 것으로 충분하다. 사리그의 의미론적 가치를 역으로 변환시켜 사리그를 무지개로 변형시킬 수 있으며, 또한 이들(의미론적 가치)을 하나, 그리고 또 다른 하나를 상반되는 방향으로 도치시킴으로써 우리는 사리그를 별로 변형시킬 수 있다. 결국 유한한 존재(인간)의 아내인 별은 '슈퍼-양육자'(재배식물의 기증자)이며, 전혀 악취를 풍기지 않는다. 왜냐하면 이것은 두 번째 (또다른) 사리그이기 때문이다. 그러나 시동생의 강간으로 그녀의 성품이 변화된 후 사리그(여기서는 무지개)는 단명의 유입자로서 모든 부정적 기능을 수행한다.

한 인물이 다른 인물 혹은 별, 또는 기상학적 현상(무지개)으로의 변화를 성립시키기 위해 구조적 방법이 근거로 하는 유사성은 그 인물의 외양이나 정체성이 아니라 신화체계 속에서 이 인물이 수행하는 기능들을 고려했을 경우에 나타난다는 사실을 알 수 있다. 이러한 유사성은 항(용어)들의 내재적 의미를 논리적 기능으로 축소시키는 형식분석 (analyse formelle)에 의해서만 알아낼 수 있다.

레비-스트로스는 『신화학』을 집필하면서 끊임없이 신화 사이에 또는 신화집단 사이에 존재할 수 있는 다중의 상관관계, 즉 보충적 관계, 보완(상보성)관계, 상동성관계, 전도된 대칭관계 등등 변증법적 논리를 바탕으로 생기는 이러한 관계를 분명히 하는 데 힘을 쏟는다.

4. 신화학에 응용된 구조주의 방법론의 실재

• 신화분석을 위한 비교방법

신화연구의 기본적 과정은 비교로부터 시작된다. 구조분석의 목적은 연구대상 자체가 무엇인지를 아는 것보다 대상들 사이의 구별되는 양상(방식)이 무엇인지를 아는 것이 더욱 중요하다. 구별되는 양상을 바탕으로 연구 대상들(친족체계, 토템 체계, 신화체계 등)에 공통적으로 나타나는 '불변적 구조'를 찾을 수 있지만, 실제에서 이들 연구대상들은 외양적으로 너무 달라 그들을 서로 접근시킬 생각을 할 수 없다. 그래서 이들의 비교는 특성들을 '유일하고 안정된 요소'로 축소시킨 후—다시 말하면 부분들만을— '비교하고' '분류할 수' 있다. 따라서 대상들의 공통적 특성과 차이를 나타내는 상관과 대립관계에 따라 비교하고 분류한다. 그러나 언어학에서처럼 인류학에서도 '일반화'의 근거를 제공하는 것은 비교가 아니라 그 반대이다.

　—형식분석: 형식분석은 유일하고 안정된 요소들로부터 구성된 모델을 매개로 하여 이루어지는데, 형식적 특성들은 요소들과 독립적으로 비교될 수 있다. 그러니까 먼저 전략적 가치가 있는, 말하자면 모델의 성질이 어떠하든 모델의 형식으로 표현될 수 있는 실재의 층위들을 판별하고 분리하는 것과 관련된다.

　신화의 첫 번째 단계의 비교는 일반적으로 신화를 에피소드별, 시퀀스(연속된 장면)와 신화소별로 분해하는 것이 목적인 형식분석 유형으로 이루어진다. 그리고 신화의 구조를 구성하는 기본적인 대립(들)과 신화의 메시지를 해석하는 데 필수적인 여러 코드(들)를 구별해내는 것이다. 이러한 작업은 이미 신화를 구성하고 있는 여러 요소에 대한 (한 신화의 내부에서 이루어진) 비교분석의 형식을 취한다.

　비교는 신화를 구성하는 3가지 층위에서 이루어질 수 있는데, 내용이나 메시지의 층위(어휘나 문법을 포함하는)와 코드의 층위, 그리고 골조 혹은 구조의 층위이다. 그러니까 신화 사이의 유사성이나 혹은 차이성은 메시지와 코드(어휘, 문법 혹은 둘 다 동시에 관계된다) 혹은 골조와 관련될 수 있다. 결과적으로 비교는 먼저 메시지가 해독되고 골조가 발견된 후에 완성된다.

　—코드의 층위에서 행하는 신화(들)의 비교: 신화들 사이의 비교는 이들 신화 전체에 대하여 실행할 필요는 없다. 신화가 전하는 메시지의 특별난 점에 국한할 수도 있고, 여러 다른 코드를 통해 전달되는 메시지를 연구할 수도 있다. 유사한 에피소드가 등장하는 신화 M_6, M_9,

M_{10}, M_{70}의 경우, 이 신화들은 단명의 소재를 '소리'의 신중하지 못한 수용(혹은 민감성)과 연관시킨다. 그래서 레비-스트로스는 비교의 출발점으로 청각 코드를 기준으로 하여 미각, 후각, 촉각 코드 사이에 상호전환성을 조사하는 것으로 신화의 비교를 시작한다. 신화 M_1에서 새둥지 터는 사람인 주인공의 아버지는 살인 계획을 가지고 어떤 경우이든 움직이면 소리가 날 3가지 물건을 주인공에게 가져오도록 강요한다.

이러한 소리와 관계되는 주제는 불의 기원신화나 취사의 기원신화에서도 나타난다. 신화 M_{11}에서 주인공은 죽을 위험에 직면하는데, 그에게 먹도록 건네준 구운 고기를 소리내어 씹는 바람에 자신을 입양한 표범의 아내를 놀라게 했기 때문이다. 신화 M_9에서는 소리와 관계되어 인간의 수명이 단축된다. 왜냐하면 주인공이 불의 주인인 표범의 신중한 충고를 잊고, 바위와 단단한 나무가 부르는 소리에 답하는 대신 '썩은 나무가 부르는 소리'에 답하였기 때문이다(CC., 157쪽). 신화 M_{70}은 특히 '단명'의 기원과 관계가 있는데, 사리에마(살에 벌레가 있는 새)의 우는 소리를 들은 지하세계의 사람들이 이 새를 잡기 위해 지상으로 떠났으나 '죽은 나무'만을 발견할 수 있었을 뿐이다. 이것은 이들에게 땅 위의 모든 것은 사라질 운명이라는 메시지를 전달한다.

단명의 소재와 취사의 기원신화 소재 사이의 연결은 자명하다. 왜냐하면 취사를 하기 위해 사람들은 죽은 나무로 불을 피우기 때문이다. 이런 의미로 취사를 한다는 것은 바로 '썩은(죽은) 나무가 부르는 소리를 듣는 것'이다(CC., 159쪽). 다른 한편, 죽은 나무의 상징적 가치는 신화 속에서 찾을 수 있다. 재배식물을 발견하기 전에 사람들은 '반(反)-식물성 양식'인 썩은 나무를 양식으로 삼았는데, 이런 이유 때문에 썩은 나무는 재배식물의 반대(역)라고 결론지을 수 있다. 또한 신화 M_9의 에피소드는 식인귀의 바구니 속에 갇힌 주인공이 자기(인간의 살) 대신에 돌(바위)을 놓고 탈출하는데, 이때 돌(바위)은 인간의 살과 대칭적이고 도치된 항으로 나타날 수 있다. 빈칸으로 남아 있는 부분을 유일하게 남아 있는 취사항인 '동물의 살'로 채우면, 아래와 같은 도표를 얻을 수 있다.

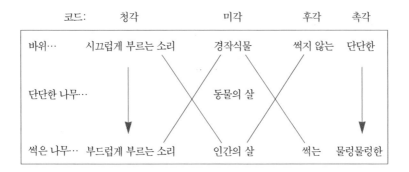

바위　　　　　　인간의 살 ⎫
　나무 ⎰ 단단한 나무　　동물의 살 ⎬ 고기
　　　 ⎱ 썩은 나무　　　경작식물　 ⎭

레비-스트로스의 결론은 아래와 같다. 이것은 무엇을 의미하는가? 세
개의 '부르는 소리' 시리즈는 도치된 순서로 보아 세 범주로 나뉘는 음
식의 분할을 나타내며, 농업과 사냥 그리고 식인을 의미한다. 게다가
'미각'과 연관되는 이 세 범주는 또다른 감각체계의 용어로 기호화된다.
또한 사용된 청각 상징들은 두 개의 또다른 감각기관의 기호화를 즉각
적으로 암시할 수 있는 놀랄 만한 특성을 갖고 있다. 이는 아래 도표에
서 볼 수 있는 것처럼 청각 코드와 촉각 코드를 말한다.

코드:	청각	미각	후각	촉각
바위…	시끄럽게 부르는 소리	경작식물	썩지 않는	단단한
단단한 나무…		동물의 살		
썩은 나무…	부드럽게 부르는 소리	인간의 살	썩는	물렁물렁한

　여기서 청각 코드는 다른 코드로 표현될 수 있는 대립체계, 식물성
양식과 식인(미각 코드), 부패성과 비부패성(후각 코드), 부드러움과
딱딱함(촉각 코드) 등을 사용하여 삶과 죽음의 관계를 표현할 수 있는
'조작자'로 사용된다. 이로부터 우리는 소리의 발신자로서 돌과 나무에
부여한 명확한 의미를 이해할 수 있게 되었으며, 이들 소리의 발신자들
은 또다른 감각기관의 암시적 의미로도 표현될 수 있다(말하자면, 청각
을 바탕으로 대립과 차이성이 나타나듯 다른 감각기관으로도 이러한
차이성과 대립을 표현할 수 있다). 이것들은 감각과 관계되는 모든 대
립체계의 동형성을 표현할 수 있는 조작자들이며, 삶과 죽음, 식물성
음식과 식인, 부패와 비부패성, 부드러움과 딱딱함, 침묵과 소리를 연

결하는 동치관계 집단을 총체로 설정하는 조작자들인 것이다.

그러니까 신화의 분석은 즉각적으로 알 수 있는 하나 혹은 여러 개의 코드에 의거하여 신화(들)의 메시지를 해독하는 것으로부터 시작한다. 그리고 분석이 진전됨에 따라 메시지는 다른 신화들에서 새로 발견한 다른 코드들을 수단으로 해서 재해석되고, 또 먼저 분석했던 신화들의 메시지를 해독할 수 있도록 도움을 준다. 이러한 연속적인 재독해(해석)를 바탕으로 신화의 의미를 풍부히 알 수 있음은 물론, 비교의 가능성을 증가시킬 수 있다. 왜냐하면 이러한 재독해를 통해 처음 보기에는 전혀 상이한 내용을 가진 신화 사이에 연관관계를 성립시킬 수 있기 때문이다.

『신화학』 전권에서 레비-스트로스가 다룬 신화는 800개가 넘는다. 그는 하나 혹은 여러 다른 코드의 층위에서 개입함으로써 다소 많은 그리고 복잡한 변형을 통해 이 신화들을 서로 연결시킬 수 있었으며, 결국에는 유일한 같은 신화를 구성하는 것으로 생각할 수 있었다.

• 회귀적 방법

신화학에서 추구하는 방법론의 일반적 특성을 보면, 레비-스트로스는 회귀 또는 순환적 방법(méthode récurente)을 사용한다. 그의 표현을 빌리자면 점진적-역진적(methode progressive-regressive) 방법론이다.

레비-스트로스가 어떤 정신 속에서 신화에 대한 조사를 해왔는가는 다음과 같은 그의 말에 잘 나타나 있다. 『신화학』 1권에 뒤이어 나온 책들은 속편이 아니라는 점을 분명히 한다. "차라리 후속 저술들은 새로운 조명을 통하여, 말하자면 절단된 조직을 다시 채색함으로써 혼돈되거나 알아차리지 못한 채 남아 있던 특성들을 드러나게 할 희망을 갖고 앞에서 분석한 재료들을 다시 모아서, 기존에 분석한 문서들을 다른 방식으로 분석하는 작업이 될 것이다. 만약 우리의 바람대로 조사가 진행된다면 이것은 선형(線形)의 축이 아니라 나선형(螺旋形)의 축을 따라서 진행될 것이다. 말하자면 규칙적으로 기존의 결과로 되돌아와서 새로운 대상들을 파악할 것이지만 이 새로운 대상들에 대한 접근은 새로 얻을 지식이 기존에 얻은 지식의 기초를 심화시킬 수 있는 한에서만 이루어질 것이다"(CC., 11~12쪽).

그는 이러한 생각을 2권인 『꿀에서 재까지』에서도 다시 취한다. 신화 영역의 다차원적인 틀에 대하여 말하면서 레비-스트로스는 구조적 분석은 나선형의 움직임으로(동시에 나선형을 구성함) 이루어진다(MC., 305쪽)고 했다.

그는 연구 대상으로 아메리카 인디언들의 신화학(신화들에 대한 연구)을 선택했는데, 『신화학』 1, 2권에서는 남아메리카의 신화학(물론 타민족의 신화들을 연관시켜 설명한다)에 전적으로 연구를 집중하고 있으며, 계속하여 3권과 4권에서는 북아메리카 인디언들의 신화로 영역을 확대한다(3권에서는 북아메리카 동부와 중앙부의 인디언 신화를, 4권에서는 북부와 서부 인디언의 신화를 다룬다).

신화학 1권 『날것과 익힌 것』에서 레비-스트로스는 담배와 꿀의 기원 신화에 도달하기 위해 취사의 기원신화로부터 출발한 후, 식사의 '주변부'(les entours)를 조사하기 위해 이번에는 취사에서 점진적으로 멀어진다. 물론 신화 속에 나타난 습기와 건조 등 감각적 질의 논리(logique des qualités sensibles)를 분명히 한다. 예를 들자면, 감각적 질의 논리란 5감을 통해 날것과 익힌 것, 신선한 것과 썩은 것, 건조와 습기 등 (감지하는) 감각의 질의 차이성을 바탕으로 구성될 수 있는 논리(이원적, 변증법적)를 의미한다. 『꿀에서 재까지』에서 그는 반대의 과정을 밟는데, 꿀과 담배, 취사의 주변부에서 출발하여 신화학 1권의 출발점인 취사에 되돌아오기 위해 빈/가득찬, 채우는/채워진, 내부/외부, 포함된/배제된 등 형식논리를 바탕으로 분석한다.

『신화학』 3권인 『식사예절의 기원』에서 레비-스트로스는 식사의 조리법과 방식, 소화 등 취사의 둘레(contours)에 대한 신화들을 조사한다. 1권에서 3권까지, 그러니까 취사에서 출발하여 취사의 주변부와 둘레로 이동한다. 이렇게 하면서 (신화 속에서) 조금씩 공간적 영역에서 시간적 영역으로, 그리고 절대적 공간개념에서 상대적 시간개념으로 진전이 이루어진다(MC., 362쪽). 우선 천체의 운행과 연관되는 연(年)과 계절의 주기성의 형식을 취하고, 이어서 태양과 달에 의해 결정되는 매일과 매월의 주기성의 형식을 취한다. 또한 『신화학』 첫 두 권의 신화 속에서 중요한 역할을 하는 것은 성좌들인 데 반해, 3권에서는 태양과 달의 역할이 커진다.

이러한 시간적인 차이의 개념은 형식적 측면에서 신화적 장르에서 소설의 장르로의 이행을 가져온다. 또한 이미 활용했던 '질적인 논리'와 '형식의 논리' 외에 '명제의 논리'(logique de propositions)가 등장한다. 결국 취사의 기원신화들이 참조하는 절대적 공간 속에서 취사용 불은 극단적 두 극인 태양과 땅 사이에 매개자로서 나타난다. 3권에서 낮과 밤의 기원신화들이 나타나는 것은 상대적 시간 안에서이며, 매개는 단순한 항(용어)들 사이에서가 아니라 결합과 분리라는 관계 사이에서 나타난다(OMT., 155~160쪽).

신화학 2권은 1권이 실행했던 것과 같은 코스를 역(逆)으로 실행하여, 본래 신화학의 출발점이자 길잡이 역할을 한 새둥지 터는 사람의 참조신화 M_1로 다시 되돌아온다. 3권에서 비록 남아메리카 신화 속에서 새로운 참조신화 M_{354}를 선택하여 다른 여정을 취하기는 하였으나 3권 역시 새둥지 터는 사람의 신화로 다시 돌아온다. 레비-스트로스는 '별-남편'의 순환(혹은 별들의 아내) 신화를 설명하기 위해 북아메리카 신화 전부를 조사하였다. 그런데, 첫 두 권에서 조사한 신화들이 분석 과정에서 다시 나타난 것이다. 결국 북아메리카 신화들을 조사함으로써 1권에서 조사했던 신화들을 다시 찾게 된 것이다. 말하자면, 새둥지 터는 사람의 남아메리카 신화들(M_1, M_9, M_{12}, M_{24})이 북아메리카의 별-남편의 신화들과 변형관계에 있다는 것이 드러난 것이다.

4권에서 레비-스트로스는 반대의 길을 택한다. 그는 새둥지 터는 사람의 신화인 북아메리카 판본들과 이 판본들의 이본(변이형)을 조사하기 시작하였는데, 이것을 통해 레비-스트로스는 이 판본들 중 몇몇(음란한 할머니의 순환)은 남아메리카의 단명 기원신화(죽을 운명인 인간의 아내인 별의 순환이 별-남편 순환의 한 변이형으로 나타난다)들과 접근시킬 수 있었다. 결국 새둥지 터는 사람의 이야기는 여러 가지 변형을 통해 별-남편의 순환에 이르게 된다.

마침내 레비-스트로스는 이 두 집단의 신화(새둥지 터는 사람과 별-남편)와 서기에 나타나는 모든 수제(불의 기원, 취사용 불의 기원, 재배식물의 기원, 단명의 기원 등)가 종합되고 응축된 채 남아 있는 신화를 오리건 주(Orégon)의 작은 지역에서 발견할 수 있었다. 이 지역은『신화학』전 4권에서 조심스레 재구성된 방대한 신화체계의 '원천'(source)을 나타낸다. 그렇게 해서 레비-스트로스는 남북아메리카 대륙에 넓게 퍼진 신화는 단지 하나일 뿐이라고 결론내릴 수 있었다 (HN., 503쪽). 아마도 이 유일한 신화가 기원지로부터 전 아메리카 대륙으로 전파되었을 것이며, 이곳에 상대적으로 손상 없이 남아 있었을 것이다. 혹은 대륙의 여러 지점으로부터 온 다른 이야기들과의 접촉으로 융합(fusion)을 통해 구성되었을 것이다.

『신화학』1, 2, 3권에서 차례로 명확히 했던 세 가지 유형의 논리는 제4권에서도 활용된다. 그러나 4권에서는 자신의 고유한 결정론을 갖고 있는 논리적 구성 사이의 관계와 연구대상이 된 주민들의 기술-경제적 하부구조를 앞의 저서들보다 더욱 강조한다.

『날것과 익힌 것』에서 레비-스트로스는 불의 발견, 취사기술과 농업, 그리고 장신구의 발명을 통해 자연에서 문화로의 이행을 설명한다.『꿀에서 재까지』에서 수행된 역진적(regressive) 방식은 장식용단의 이면, 다시 말하자면 문화의 불안정(précarité)과 문화의 점진적 분해를 들추어낸다. 말하자면 전적으로 자연적인 꿀과 전적으로 문화적인 담배는 각기 자신들을 위해 취사의 병리를 유발하면서 문화적 균형에 대한 신화학을 와해시킨다. 또한 매력적 음식인 꿀이 자연으로 회귀하도록 취사의 필요성을 앗아간다(MC., 221쪽).

『식사예절의 기원』에서 레비-스트로스는 『날것과 익힌 것』에서 적용했던 관점을 다시 사용한다. 우선 날것에서 익힌 것으로의 이행처럼 간략하게 정의할 수 있는 자연에서 문화로의 모든 이행 양태를 연구하면서 이 관점을 완벽히 한다.

익힌 것의 범주에는 모든 종류의 변이형(variantes)을 포함시킬 수 있는데, 특히 굽는 것, 훈제 그리고 끓이는 것을 들 수 있으며 이들은 여러 종류의 조리법의 기초를 이룬다.

『신화학』 3권에서는 이처럼 제한된 관점을 넘어 어떻게 문화로의 진입(접근)이 신화 속에서 식탁의 예법이나 여자의 교육, 그리고 혼인 등과 관련된 도덕의 출현, 그리고 기수법과 역사에 대한 철학의 출현으로 나타날 수 있는지를 보여준다. 이러한 도덕률은 세상과 타인에 대한 공경(심)을 연루시키는데, 오늘날 우리가 실행하는 도덕률과 정반대의 입장을 취한다. 그래서 우리는 '지옥은 바로 타인들이다'라고 생각하는 데 반해 신화 속의 도덕은 더욱 겸손하게 '지옥은 우리 자신이다'라고 가르친다. 잘 정리된 휴머니즘은 자신으로부터 시작되지 않으며, 그래서 생명 이전에 세상이 존재했고, 인간 이전에 생명이 존재했으며, 타인에 대한 존경은 자신에 대한 사랑 이전에 설정한다(OMT., 422쪽).

『벌거벗은 인간』에서 자연에서 문화로의 이행문제는 다른 해석을 취한다. 자연을 상징하는 것은 날것이 아니라 벗은 것(나체)이며, 반면에 교환(échange)은 문화로 접근하는 수단을 구성한다. 왜냐하면 교환은 사냥과 어로 그리고 채집으로 살아가는 북아메리카 주민들에게 자연의 부족함을 개선하도록 하기 때문이다. 이때부터, 문명의 큰 혜택으로 인해 북아메리카 주민들은 남아메리카에서처럼 인간과 동물 사이의 대립관계에 있지 않다(인간은 익힌 것을 먹고, 동물은 날것을 먹는다). 그러나 상업적 재능이 있어 다양한 메뉴의 음식을 먹는 사람과 제한적 산출물로 살아가는 사람 사이에 대립관계가 나타난다.

신화학을 집필하면서 레비-스트로스가 줄곧 사용한 나선형의 분석방법은 같은 대상(남아메리카 인디언들의 신화)을 가능한 한 여러 번 그리고 다른 각도에서 연구하는 것이며, 연구대상에 대한 지식이 조금씩 정확해지고 풍부해지고 깊어질 수 있도록 분석방법과 관찰영역을 점진적으로 수정해나가는 것이다.

『신화학』각 권에 분명하게 나타난 여러 다른(논리적, 공간적, 시간적, 문학적 측면 등) 특성과 이론적 관점에서 구별되는 특성이 있지만, 실제적으로는 조사한 신화 모두 같은 민족이나 이웃 민족에게서 유래하는 것이고 같은 유형의 신화들이라는 사실을 레비-스트로스는 강조한다. 만일 『신화학』의 이 책과 저 책에서 얻은 결과가 다르다면, 그것은 사실상 어떤 공헌이 새롭거나 독창적인 이유에서가 아니라 새롭게 유입된 신화들이 기존에 연구된 신화 속에 감추어졌거나 잠재되어 있던 특성들을 나타나게 하는 폭로자의 역할을 했기 때문이다(MC., 407쪽).

조사가 진전됨에 따라 연구대상이 동일함에도 불구하고 조사로 얻은 결과물들은 변한다. 이러한 현상은 다른 방법으로 검증된다. 사람들은 체계를 구성하는 요소들을 통합하는 관계의 성질에 대하여 많은 것을 배우는데, 일반 경제체계는 처음에는 모호한 것으로 보이지만, 결국에는 '중복되는 관계들'이 요소 간 새로운 유형의 관계를 나타나게 하는 것보다 더 많이 경제에 대한 정보를 제공한다(MC., 304쪽). 결국, 최초의 연구대상이 된 신화들은 우선 이해가 되지 않는다. 마치 외국어 텍스트를 사전 하나 없이 보는 것처럼 신화들은 자신에 대한 아무런 정보도 갖고 있지 못하다. 그렇기 때문에 신화들은 천천히 인내심을 갖고 풀어야 하는 해독의 대상이 되어야 한다. 통합적 연쇄(신화)를 구성하는 용어들의 의미는 계열적 집합(총체)을 참조하여 설명되어야 하는데, 이때 계열적 집합(총체)은 민족지적 사실은 물론 다른 신화들의 맥락에 도움을 받아 구성할 필요가 있다.

기초적인 어휘(목록)를 구성하기 위해서는 긴 준비작업이 요구된다. 왜냐하면 작성한 어휘는 조금씩 풍부해지며 점점 더 빨리 신화를 읽을 수 있게 해주기 때문이다. 그러니까 처음에는 한 발 한 발 열심히 아주 세부적인 것에도 주의를 기울이며 분석이 진행된다. 왜냐하면 신화체계의 구조를 공격할 수 있기 전에 먼저 요소들 사이에 존재할 수 있는 충분한 수만큼의 관계를 찾아내야 하기 때문이다. 그렇게 되면 분석은 보다 빨리 진전되고 이미 알고 있는 요소들 연구에 더 이상 지체하지 않고 즉시 구조를 공격할 수 있게 된다. 이제부터 연구자는 연구 영역을 넓힐 수 있고, 타민족의 신화와 아주 많은 신화를 연구에 포함시킬 수 있다.

• 대위법적 분석

『신화학』에서 수행된 방법론의 근본적인 원칙 중의 하나는 신화 혼자서는 명료하지 않다(의미를 알 수 없다)는 것이다. 하나가 다른 하나를 설명함으로써 신화는 서로서로 분명해진다. 왜냐하면 신화의 의미는 변형집단 내에서 다른 신화들과의 관계에 따라 차지하는 위치(지위)의 기능으로 나타나기 때문이다. 말하자면, 개별적으로 취한 각 신화를 전체 신화구조 속에 놓는 방법으로, 여러 신화 상호간의 연관된 명료한 (의미 있는) 관계를 갖게 하여 점진적으로 신화의 전체 구조를 끌어낼수 있기 때문이다(CC., 21쪽).

신화의 영역에서 구조분석의 필수적 과정은 '비교'이다. 하나의 신화를 해석한다는 것은 신화 자신이 소속된 변형집단의 신화전체를 조사하고 그들과 연계하여 연구하는 것이 필수적이다. 이런 신화의 전체가 수백 개가 넘을 때, 말하자면 신화학 전체에서 다루는 신화의 수가 800개가 넘을 때 해야 할 일은 대단히 큰 복잡성과의 대면이다.

레비-스트로스가 신화의 새로운 방식의 독해(해석)법을 창시함으로써 더 복잡해졌는데, '다원적으로 결정된 신화'의 내용을 끌어내야 하기 때문이다. 그는 말하기를 모든 층위에서 동시적으로 내용을 파악하지 못한다면 신화의 의미를 밝혀낼 수 없을 것이라고 한다. 다른 말로 표현하자면, 만약 여러 개의 언어로 기재된 글을 해석하는 텍스트의 해석자처럼 신화들이 여러 개의 코드, 즉 취사, 청각, 사회학적 코드 등을 사용하여 같은 메시지를 전달하고 있다는 것을 이해하지 못한다면 신화의 의미를 밝혀낼 수 없을 것이다(MC., 405쪽). 신화의 공시-통시적 구조는 다중의 코드가 받아들이는 여러 층위로 구성되는 높이의 차원을 붙여 3차원이 된다.

레비-스트로스가 활용한 신화들의 대위법적 해석은 『날것과 익힌 것』의 구성 자체로서 명확해진다. 제1부의 주제와 변주곡에서는 불과 물, 문화재와 질병의 기원과 관계가 있는 상당수의 신화를 도입하는데, 이러한 주제들은 곧 전제될 분석의 출발점이나 참조점이 된다. 2부에서는 앞에서 도입한 신화들을 다른 신화들(야생돼지의 기원과 담배의 기원 등)을 대조해가며, 사회학적 코드(말하자면 인척관계와 친족관계에 따른 역할)를 명확히 한다. 3부에서는 불과 재배식물, 그리고 단명의 기원신화들에 나타난 감각 코드(시각, 후각, 청각, 촉각, 미각)의 중요성을 밝힌다. 4부에서 레비-스트로스는 앞에서 논한 신화들과 천체 코드에 의거하여 새로운 신화들을 분석한다. 그리고 5부에서는 미적 코드(색깔에 따른)에 따라 신화를 분석한다(CC., 268쪽).

『신화학』 2권은 신화들의 이러한 해석을 다시 취하고 심화한다. 『꿀에서 재까지』의 1부와 2부에서 레비-스트로스는 우선 취사에 관한 신화와 꿀과 담배에 관한 신화의 대칭(관계)을 증명하려는 것이 목적이었으며, 이를 위해 이 신화에서 저 신화로 행해지는 변형을 연구한다. 논증이 진행됨에 따라 레비-스트로스는 그가 조사하는 신화들 속에서 3종류의 코드가 동시에 출현한다는 것을 알아낼 수 있었다. 하나는 음식 코드로써 이 코드의 상징들은 건기의 전형적인 음식물이고, 다음은 몇몇 천체의 매일 혹은 계절적인 운행을 가리키는 천체 코드이며, 마지막으로 사회학적 코드는 부모와 남편을 배신한 여자를 주제로 구성되었는데, 이런 의미로 그녀는 자신에게 부여된 결연의 중재 기능을 수행할 수가 없다. 3부와 4부에서 레비-스트로스는 이 세 코드의 상호 전환가능성(convertibilité réciproque)이 어떻게 청각 코드를 구성하는 매개자에 의해 보장되는가를 증명한다. 여기에서 매개자인 청각 코드는 『날것과 익힌 것』에서 이미 다른 감각 코드들에 대하여 매개자(혹은 조작

자) 역할을 수행했다.

『신화학』 3권에서 저자는 천체 코드가 제일선에 나타나는 신화들(천체, 별, 낮과 밤 등의 기원신화)의 연구에 착수한다. 천체 코드의 철저한 분석으로 여러 가지 다른 형태의 주기성을 밝힐 수 있었는데, 삭망월(朔望月 : 초승-만월-초승의 주기)이 구성하는 계절적인 큰 간격에서 작은 간격으로 이전과 날(日)의 연속은 '흐름의 신화'를 탄생시켰는데, 이것은 낮과 밤, 상류와 하류, 밀물과 썰물, 장애물과 (장애물의) 제거, 상승과 감소를 교차하게 만드는 '자질구레한 주기적 진동'을 해석할 수 있게 한다(OMT., 288~289쪽).

물론 또 다른 코드들도 밝히고 있다. 말하자면 신체 코드(천체의 기원은 인간 신체의 분할의 탓으로 여긴다)와 사회학적 코드(혼인의 문제는 내혼과 외혼 혹은 전쟁의 3가지 양태 하에서 제기되고 검토된다), 그리고 지리학적 코드(결혼은 가깝게 혹은 멀리 갈 수 있으며, 강의 상류 혹은 하류로의 여행이 요구된다)와 윤리적 코드(질책받을 결연, 간통, 근친상간, 수간(獸姦)의 규탄과 순결과 방탕의 대립)를 사용한다.

1, 2, 3부에서는 이런 여러 코드의 통합을 연구하는데, 이런 코드는 바로 뒤이어 조사하게 될 신화들을 해석하는 데 활용된다. 5부부터는 윤리적 코드가 앞자리를 차지한다. 4부와 5부에서는 별들의 아내에 관한 신화들 속에서 생리학과 여성교육의 존재를 밝힌다. 6부에서 레비-스트로스는 구원적인 들소, 총각형제들, 붉은 머리, 상처투성이 인간, 돌소년의 이야기에서 기수법(記數法)과 역사, 그리고 머리사냥(전쟁과 혼인의 동치관계에 기반한)의 철학을 끌어낸다. 마지막으로 7부에서 그는 앞에서 분석한 신화와 만단족(Mandan)과 히다차족(Hidatsa) 기원신화에서 취사주변의 '자연적 측면'인 음식물의 소화와 조리법, 식사예절을 포함하는 '문화적 측면'을 고려하면서 취사의 주변을 조사한다.

『신화학』 1, 2권에서 신화를 해석하기 위해 사용했던 여러 코드들은 4권에서도 사용된다. 특히 4권(벌거벗은 인간)은 1권의 새둥지 터는 사람의 신화인 참조신화 M₁의 북아메리카 판본들을 주로 연구한다. 그렇지만, 이 책에서 첫자리를 차지하는 것은 기술-경제적 코드이다. 레비-스트로스는 신화들이 남아메리카에서 북서아메리카로 이동하면서 어떻게 하부구조의 차이 때문에 변형되는지를 증명하려고 노력한다.

농업과 사냥에 종사하는 민족들이 사는 남아메리카에서, 새둥지 터는 사람의 신화(취사용 불의 기원신화이기도 하다)는 움직임이 없이 고기와 재배식물의 기원신화로 변형된다. 이와는 반대로 북아메리카의 로키산맥 중서부 부근의 주민들은 사냥보다는 어로와 채집으로 살아간다. 이곳에서 같은 신화는 한편으로 물고기의 기원에 관한 신화로 변형되고, 다른 한편으로는 장터와 시장 같은 (사회·경제)제도에 대한 신화로 변형된다. 시장과 장터 등의 제도는 인간들에게 자연이 제공하지 못하는 음식자원을 얻을 수 있게 해줄 뿐만 아니라 장신구와 옷, 여자를 교환할 수 있게 해준다. 이것은 주변지역에서 어떤 신화의 변형은 근친상간(이것은 교환을 거부하는 것이다)이나 외혼을 다룬다는 것을 의미한다.

결국 말하자면 우주적, 기후적, 동물학적 혹은 식물학적, 기술적, 경제적, 성적, 사회적 등 신화들이 위치하는 측면이 어떠하건 나눔의 개념과 교환의 개념, 그리고 타협(화해)의 개념이 모든 측면의 신화를 지배한다. 각 신화는 여러 신화 사이에서 자신의 방식대로 존재유형의 이론을 만든다. 말하자면, "각자 자신을 위해", "~을 빌려줄테니 ~을 빌려다오", "둘이서 분배", "각자 모두를 위해" 등등의 사회적 규범을 만든다. 또 매번 이런 규범을 증명할 책임이 여러 다른 동물의 짝에게 주어진다. 이들의 짝은 파트너의 지위, 반대자의 지위 혹은 라이벌의 지위로서 서로 마주선다(HN., 287쪽).

이때부터(사회적 대립이 나타난 후) 민족-동물학적 코드는 신화해석에서 차석의 자리를 잡는다. 레비-스트로스는 『벌거벗은 인간』7부에서 몇몇 동물종이 신화 속에서 행한 역할에 대한 관찰을 종합하는데, 이역할은 결국 이원적 조작자들의 역할로 귀착된다(HN., 500쪽). 레비-스트로스가 활용한 여러 층위의 해석은 그가 신화의 다원적으로 결정된 내용을 복원하거나 그것으로부터 세계에 대한 전반적이고 일관성 있는 시각을 점진적으로 끌어낼 수 있게 한다.

신화들의 다차원성과 이 신화와 저 신화를 이어주는 상호의존관계의 다원성 때문에 하나의 신화를 해석하기 위해 레비-스트로스가 추적해야 될 변형축의 (그물)망은 아주 복잡하다. 레비-스트로스는 말한다. 신화적 연결에 대해 주의를 기울이기가 무섭게, 변형축의 (그물)망은 대단히 강한 관련성을 보이는 그래프를 그린다. 신화 자신의 논리는 조사한 모든 사실을 소진시키기를 원하는데, 성급한 연구자들은 더 진전시키기를 단념한다. 그러한 연구자들의 태도는 신화의 구조분석에 적합하지 못하다. 왜냐하면 그가 하려는 경주(연구), 말하자면 앞으로 나아갈 수도 없고, 심지어 자신의 목표도 불확실하고, 너무 서두르는 그러한 경주는 느리고 확실한 연구방식에는 바람직하지 않기 때문이다. 느리고 확실한 방식은 어느 날엔가 다시 할 수 있고 자신이 조사한 풍부한 자료를 목록화하고, 우리가 푯말을 세워야 한다고 주장하는 여정 안내도를 만들 수 있게 한다(MC., 361쪽).

이처럼 복잡하고 시간이 소요되는 시도(연구)에는 알맞은 방법론이 필요하다. 그래서 레비-스트로스는 각 신화의 시퀀스(연속장면)들과 상호적 관계에 있는 신화들 자신을 음악작품에 등장하는 기악 파트처럼 다룰 것을 제안하며, 또한 자신의 연구(신화학)를 오케스트라 작품과 유사하게 취급한다(CC., 34쪽). 하나의 신화를 설명하기 위해 수백 개의 다른 신화를 조사해야 되는 조건에서, 레비-스트로스가 오이디푸스 신화를 분해하여 실행했던 것처럼 체계적인 방식으로 그 모든 신화를 연구하기란 불가능하다. 더 유연하고 더 복잡한 방식, 말하자면 직선 대신에 파선(破線: 여러 각도로 이어지는 직선의 연속)을, 멜로디 대신에 대위법을 사용하는 방식이 요구된다.

논증의 필요에 따라 어떤 때는 한 신화의 측면이 밝혀지고, 또 어떤 때는 다른 신화의 측면이 밝혀지지만, 신화의 나머지 측면은 임시로 그늘 속에 남겨두거나(후에 같은 책이나 다음에 나올 책에서 분석하기 위해서), 혹은 그대로 남겨놓는다. 이처럼 책의 쪽수가 증가하고 책의 권수가 늘어감에 따라 신화들은 점진적으로 명료해진다(의미를 갖게 된다). 그래서 마치 모든 신화 하나하나에 관계된 해석의 총합을 모으기 위해 안내하는 게임에 자신을 맡기는 것같이 진행된다.

신화적 변형은 결국 여러 차원에서 이루어져야 하지만, 동시에 모든 차원을 조사할 수는 없다. 갖고 있는 관점이 어떠하든지 어떤 변형은 2차적인 위치에 처하거나, 또는 멀리 사라진다. 우리는 이러한 변형을 불규칙하고 혼재된, 그리고 흐릿한 것으로밖에는 알아차리지 못한다. 이 변형들이 실행되는 점이 매력적이고 사라질 우려도 있지만, 오랫동안 걸어온 길에서 결코 벗어나지 말고 늘 가던 길을 계속 가라는 방법론적인 규칙에 따라 수행되어야만 한다(CC., 126쪽). 다른 말로 하자면 실타래의 모든 실을 손에 잡고 변형축을 따라 동시에 하나하나 실을 풀어야 한다.

분석의 출발점인 참조신화 M_1은 우연히 선택될 수 있다. 왜냐하면 어떤 신화든 신화 재료의 조직원리들은 신화 재료 속에 있으며, 이 원리는 점진적으로 드러날 것이기 때문이다. 도착점 역시 신화 자체에 달려 있다. 계획의 진행 상태가 어느 정도에 이르면 계획의 이상적 연구 대상은 잠재적 특성을 갖게 되고, 특히 대상으로서의 존재가 확고할 만큼 충분한 정합성(整合性)과 형식을 갖는다(CC., 11쪽). 레비-스트로스가 자신의 큰 연구방향(계획) 속에서 참조신화 M_1을 설명할 수 있을 만큼 많은 수의 신화를 조사한 후(정합성을 얻은 후)『날것과 익힌 것』과『식사예절의 기원』에서 다룬 신화들에 대한 조사를 중지한다.

『꿀에서 재까지』에서 레비-스트로스는 다른 신화들을 통해 그가 이미 사용했던 음식 코드, 천체 코드, 사회학적 코드의 상호적 전환 가능성을 연구하면서『날것과 익힌 것』에서 수행했던 코스를 역으로 수행하도록 제안하는데, 그가『신화학』1권에서 출발했던 지점에 다시 돌아오자 조사를 멈춘다. 그리고 위의 세 가지 코드에 비하여 청각 코드의 조작가치를 강조하기에 이른다. 한 신화의 연구 중 신화가 명확히 하려는 신화 주제의 의미를 다른 신화가 제시할 경우 이 신화의 조사를 그만둔다. 이와 마찬가지로 신화집단의 연구에서도 그가 쫓아가던 변형의 축 혹은 축들이 그가 제시했던 변형집단의 법칙을 나타내는 표준적 관계(relation canonique)를 성공적으로 찾게 되면 그가 쫓아(조사)가던 변형집단이 끝났다고 결론을 내린다.

사실 신화분석에 진정으로 합당한 용어들은 없다. 주제와 시퀀스들의 차이가 신화적 사고의 근본적 속성일 뿐이다. "주제는 끊임없이 둘로 나뉜다. 주제는 서로를 식별하고 구분해 놓았다고 생각했을 때에도 예측하지 못한 친화력(유사성 또는 대립)으로 다시 결합한다. 신화들은 끝나지 않는다. 그래서 신화에 대한 해석은 페넬로페(Pénélope)의 임무처럼 보인다"(CC., 13~14쪽).

• 신화집단의 구성

구조적 방법에서 하나의 신화는 자신의 변이형(다른 판본)들의 집합(총화)으로 구성된다. 이런 원칙은 『신화학』에서 재천명된다. "신화는 논의되지 않으며, 그대로 받아들여져야 한다"(MC., 101~102쪽). 말하자면 추가하거나 손상되거나 모순된 것은 신화의 구성요소이며, 중요한 의미를 지니는 것이다. 한 신화의 변이형들은 하나의 신화를 구성하며, 어느 것이 원본이고 파생본인지, 어느 것이 먼저이고 나중인지를 따지지 않는다. 심지어 훼손되어 부분만이 남았어도 다른 변이형들과 나란히 놓고 분석해야 한다. 즉 신화의 의미는 우선적으로 자신의 여러 다른 변이형(다른 판본)들을 포함하는 '집단'의 층위에서 해석되어야만 한다.

그렇지만 연구해야 할 신화가 어떤 집단에 속하는지를 구별하기가 쉽지 않다. 먼저, 신화들이 드러내는 내용(분석의 항〔용어〕으로만 나타나는)과 논리적 골조 사이에 일반적으로 존재하는 차이 때문에, 그리고 이들 신화가 유래하는 민족집단의 역사가 실제적으로 알려져 있지 않거나 대부분의 경우 민족 사이에 일어났던 문화접촉과 신화들의 전파

지역과 전파의 경향을 모른다는 점 때문이다. 그렇다면 연구의 시작 초기에 구조분석을 하기 위해 신화집단을 재구성해야 된다면 신화들의 비교(혹은 연관)는 어떤 기준들을 중심으로 해야 할 것인가?

내용이 유사하고 같은 민족집단의 기원신화들을 접하게 되었을 경우 신화집단의 구성에 문제를 제기하지 않는다. 같은 민족의 기원신화들은 결과적으로 즉시 그들의 기본적인 특성들을 포개놓을 수 있는 것처럼 나타나기(CC., 156쪽) 때문이다. 우리는 투쿠나족(Tukuna)의 신화 M_{354}와 신화 M_{60}을 예로 들 수 있다. 신화 M_{354}는 모험을 좋아하는 한 남편과 대칭관계에 있는 모험의 실패자들의 이야기를 하고 있으며, 신화 M_{60}은 모험적인 아내의 이야기를 하고 있다(OMT., 17~20쪽; 92~94쪽). 이처럼 이미 구성되어 있는 신화집단에 대한 연구에서 어느 신화가 최초(원초적)의 신화이고 어느 것이 파생된 신화인지를 모른다. 그래서 흔히 아주 풍부한 재료를 포함하고 있는 신화를 출발점으로 삼는다. 레비-스트로스는 『식사예절의 기원』에서 별들의 아내들의 순환을 분석하면서 아라파호족(Arapaho) 신화 M_{425}를 참조신화로 취한다(OMT., 170쪽).

반면에 기원이 다른 신화일 경우 신화집단을 구성하기가 더욱 어렵다. 왜냐하면 코드나 골조(armature)의 층위에 존재하는 신화들의 유사성(analogies)을 즉각 찾아내기가 어렵기 때문이다. 그러나 이러한 경우가 대부분이다. 단지, 보기에 계보가 같지 않은 경우 구조분석을 하기에는 별로 적합하지 못하다. 그러나 "구조분석은 무엇보다 신화 사이에 공통된 특성들을 끌어내는 것이며, 아무리 차이가 크고, 계보가 한 집단 속에 '전혀 다른 존재들처럼' 자리를 잡고 있는 신화들도 검토해야 한다"(HN., 32쪽). 외양적으로 전혀 다른 신화들과 대면하여, 레비-스트로스는 가설로써 실행한 신화들의 결집(결합)의 유효성을 엄격한 방법으로 증명할 것을 일단 유보하고, 자신의 직관과 변형의 (큰) 도식에서 얻은 지식을 기반으로 하여 암중모색(더듬기)하는 것으로 비교를 시작한다.

한편 레비-스트로스는 흔히 주제의 유사함이나 인물 혹은 신화의 유사한 상황을 통해 신화집단의 구성에 들어설 수 있었다. 그는 상당수의 신화에 나타나는 인척 사이의 갈등의 주제와 야생돼지의 주제를 실마리로 취사의 기원신화집단(보로로 신화 M_3과 제족 신화 M_8에서 M_{12}까지)과 야생돼지의 기원신화집단(테네테하라족의 신화 M_{15}, 문두루크족의 신화 M_{16}, 보로로족의 신화 M_{21})을 구성할 수 있었으며, 그리고 이 신화집단들과 표범의 아내에 관한 오페에족 신화 M_{14}와 표범의 사위에 관한 투쿠나족의 신화 M_{53}, 그리고 문화재의 기원에 관한 보로로족 신화 M_{20}을 연결하여 메타 그룹(méta-groupe)——몇 개의 신화집단을 포함하는 대단위 신화집단——을 구성하였다. 물론 메타 그룹의 신화집단은 상호 변형관계에 있다.

다른 한편, 특정한 신화의 (의미를 알 수 없는) 어떤 측면을 이해하기 위한 합당한 방법은 (가정적이고 예비적인 방법으로) 이 신화의 측면을 같은 집단에 속한 다른 신화에 상응하는 측면의 변형으로 취급하는 것이다(CC., 21쪽). 이 방법은 레비-스트로스가 여러 차례에 걸쳐 사용했다. 말하자면 레비-스트로스는 신화 M_7에서 표범의 열린 주둥이에 대한 이야기를 신화 M_{55}의 벌어진 주둥이의 역전된 이야기로 문제를 해결하거나 또는 신화 M_1 속에 등장하는 썩은 고기를 먹는 독수리가 베푼 이야기는 신화 M_{65}에서 등장하는 독수리의 거짓친절 이야기로부터 문제를 해결한다(CC., 139~140쪽). 그런데 만일 카야포 신화 M_8과 보로로신화 M_{55}가 모두 불의 기원신화라면, 마찬가지로 레비-스트로스가 과라니 신화를 설명하기 위해서 참조하는 보로로 신화 M_1과 과라니 신화 M_{65}는 외양적으로는 비의 기원신화이지 불의 기원신화가 아니다. 이 방법은 언뜻 보기에 아무 연관이 없이 보이는 신화들로부터 시작하여 신화집단을 구성할 수 있게 한다.

몇몇 신화에서 새로운 의미를 밝혔을 경우 이것을 바탕으로 뒤로 돌아가서 기존에 연구한 신화들 속에 나타나지만 덜 분명한 양상으로 남아 있는 '같은 의미'를 발견하는 데 도움을 줄 수 있다. 말하자면 신화

M_1과 신화 M_{124} 안에 전혀 보이지 않게 감추어져 있던 플레이아데스 성단의 기원에 준거한 천체적 코드의 출현이 레비-스트로스를 자극했는데, 이것은 그가 알아보지 못하고 남겨두었던 신화들 속에 진정으로 이런 코드가 없는가를 다시 검토하게 만들었다. 바로 별의 기원신화인 보로로 신화 M_{34}가 그런 경우였다. 신화 M_{34}에서 어린아이들은 넘쳐나는 식물성 양식(옥수수)의 주모자들이며, 이들은 탐욕스럽게 옥수수를 먹은 후 리아나 덩굴을 타고 하늘로 달아난다. 이것은 '수직적 분리'를 의미한다.

마찬가지로 신화 M_{124}에서는 형제들이 넘쳐나는 광천수의 주모자들이며, 이들은 땅으로부터 물이 솟아나도록 하고는 너그럽게 막내 동생인 아사레에게 한 방울도 남기지 말고 먹도록 부추긴다. 그런 연후에 이들은 '수평적으로 분리'(땅 위에서 헤어진다)되어 플레이아데스의 외양을 갖는다. 그러니까 신화 M_{34}의 별들은 신화 M_{124}의 플레이아데스와 동류시될 수 있다.

마찬가지로 별의 기원 보로로 신화 M_{34}와 마타코 신화 M_{131}은 골조가 유사하여 명시적으로 플레이아데스를 가리킬 만큼 두 신화의 상호 접근성이 크다. 또한 참조신화 M_1의 주인공이 까마귀성좌와 같은 이름을 갖고 있고, 플레이아데스에 관한 또 다른 참조사항을 감추고 있다. 이러한 가설은 이 신화(M_1)의 마지막 에피소드로 암시된다. 사슴으로 변한 주인공은 아버지를 호수 속으로 밀어넣는데 물 속에 있는 식인물고기 피라냐가 내장을 제외하고 주인공의 아버지를 잡아먹는다. 그런데 내장의 주제는 플레이아데스의 기원과 관계되는 몇몇 가이아나 신화(M_{134}, M_{136})와 연계되어 있다(CC., 247~250쪽).

이처럼 구조적 방법론은 점진적이고 가설적으로 신화들을 접근시켜 신화집단을 구성하고, 이어서 이러한 접근이 유효하다는 것을 증명하는 것이다.

5. 맺는 말

이 글은 레비-스트로스의 저술 속에 나타난 구조주의 방법론과 원칙에 대한 것을 원본 텍스트를 바탕으로 체계화한 것이다. 그러므로 대부분의 인용문은 원저자의 저서에 따른 것이며, 몇몇 다른 저서를 참고로 했다.

먼저 일부 독자들은 이 책의 서문과 본문은 물론 역자의 해제 또한 읽기가 쉽지 않을 것이다. 왜냐하면 일반적으로 접할 수 있는 신화나 신화를 논한 신화학과는 전혀 다른 체제와 방법론을 따르기 때문이다. 더욱『신화학』4권 모두가 방대한 논문이다. 그렇기에 그냥 한번 쉽게 읽을 수 있는 책으로 생각한다면 실망할 가능성이 크다. 새로운 것을 알고자 하는 각오와 지식에 대한 호기심이 있고 인내심이 있는 독자라면 아주 흥미롭고, 재미를 느끼는, 그러면서도 많은 것을 배우고 응용할 수 있는 책이 될 것으로 생각한다.

또한 신화 하나하나에 이렇다 할 가시적 결론을 이끌어내기 위해 쓰인 책이 아니다. 계속적인 분석이 이어지다 보면 저자가 무엇을 말하려는지를 알아차릴 수 있게 기술되어 있다. 레비-스트로스는『신화학』서문에서 말한다. "우리의 논증 역시 대단히 간결하거나 너무 길지만 신화적 사고의 자율적인 움직임에 따라 진행되기를 원한다. 신화의 요구에 순응해야만 하며, 신화의 리듬을 존중해야 한다. 이러한 점에서 신화연구서인 이 책 역시 나름대로 하나의 신화인 것이다. 이 책이 '일체성'을 갖는다고 생각한다면, 그것은 텍스트로부터 한 발 물러서거나 텍스트 너머에 머무를 때에만 나타날 것이다. 모든 일이 순조롭게 진행된다면 일체성은 독자들의 머릿속에 성립될 것이다."

이 책의 구성(차례)을 보면 다른 책과는 달리 음악 악장의 형식으로 되어 있다. 앞에서 잠시 언급한 바 있지만, 레비-스트로스는 이 책이 하나의 오케스트라 작품으로 이해되기를 바란다. 특히 음악이 가진 마법의 힘처럼 처녀지에 머무르던 신화의 마법을 오케스트라의 선율을 감상하듯이 이해하기를 바란다. 저자의 이런 바람은 신화와 음악의 유사성을 바탕으로 한다. 그래서 선적(線的)인 시간을 따라 이어지는 신화의 이야기, 앞에서 사용한 학문적 용어로 표현한다면 신화의 공시적 서열(통합적 연대)을 따라 읽는 것이 아니라, 오케스트라의 악보처럼 각 악기의 소리가 상응하는 (악보의) 계열적 집합(을 이루는) 기둥에서 다른 기둥(즉, 한 계열축에서 다른 계열축으로)으로 읽어야 한다.

그래서 레비-스트로스는 독자들이 동시성의 감정을 의식할 수 있는 작성기법이 필요했다. 왜냐하면 이야기를 읽는 순서에 얽매여 있는 독자에게는 동시적인 감정을 갖는다는 것이 무리라고 생각한 저자는 서로 비슷하게 상응하는 것들을 찾을 수 있도록 입체적으로 차례를 정했다. 여러 지점에서 연주된(신화의 경우 분석된) 음이 동시에 만나 화음을 이루듯, 그렇게 신화의 분석과정은 여러 개의 축을 따라 진행된다.

레비-스트로스가 직접 신화분석의 예를 보인 것은 오이디푸스 신화와 아스디왈 이야기 신화이다. 오이디푸스 신화는 하나의 신화를 신화소들로 나눈 후 같은 의미가 있는 것끼리 모아 계열축을 구성하고, 이를 비교하는 형식의 분석방법을 사용하였다. 그러나 아스디왈 이야기(AS. Ⅱ, 175~233쪽)는 북태평양 캐나다 해안지역의 침시안 인디언 신화로 오이디푸스 신화와는 다른 방식으로 분석한다. 먼저 신화에 나타난 다양한 코드, 즉 사회학적, 지리적, 우주적, 기술-경제적 코드의 층위에서의 대립을 통해 신화를 분석한다. 하늘과 땅, 하늘과 물 등 대립의 강도가 큰 것에서 땅과 물, 산정상과 계곡, 강 언덕과 물 등 대립의 강도가 적은 것으로 옮아간다. 이러한 대립은 사회학적(친족과 인척간의 갈등), 지리적(나스강과 스키나 계곡), 우주적(하늘과 땅), 기술-경제적(어로와 사냥, 바다와 강의 어로 등) 대립들을 통해 주인공의 여정과 관련을 갖고 분석된다. 주인공은 결국 집단의 갈등과 대립을 해결하지 못한 채 산정상과 계곡의 중간지점인 산중턱의 바위로 변한다.

이 두 신화 이외에 레비-스트로스가 분석하는 것은 남·북아메리카의 신화들이다. 앞의 두 신화분석에 사용했던 방법을 응용하지만, 또 다른 방식을 취한다. 하나의 신화를 완전하게 분석하고 다른 신화의 분석으로 넘어가는 전통적 분석이 아니라, 하나의 신화(참조신화)를 선택한 후 이 신화의 여러 특성들 중 몇 개와 이웃 신화의 특성을 비교하여 공통된 특성을 찾은 후 이를 바탕으로 신화군을 구성하는 방법을 사용한다. 하나의 신화만으로는 신화의 완전한 의미를 알 수 없다. 그래서 같은 구조의 신화들을 묶어 비교함으로써 감추어진 의미를 찾고, 또한 비교를 통해 같은 집단의 신화라는 것을 확인한다. 남겨놓았던 특성들은 또 다른 신화들과의 비교를 통해 의미를 밝힌다. 이런 작업은 『신화학』 4권이 모두 끝날 때까지 점진적으로 계속된다.

『날것과 익힌 것』에서 레비-스트로스는 새둥지 터는 사람의 보로로 신화 M_1을 참조신화로하여 분석을 시작한다. 신화를 소개한 후, 신화에 등장하는 보로로족의 사회와 믿음에 대한 민족지적 사실을 열거한다. 처음 시작은 독자들에게 좀 지루하고 따분할 수 있다. 복잡한 원주민의 언어로 된 부족이름과 동물, 사회의 구성 요소 등 생소한 것들과 대면하지만, 등장하는 주인공의 부족명과 주인공의 이름 등 모두 의미를 지니는 요소들이다. 이런 것들은 당장 밝혀지지 않지만, 다른 신화들과 계속 연계분석되면서 상당 부분 진전이 이루어진 후에 밝혀진다. 본격적인 시작은 보로로족 신화 이외에 제족의 신화 M_7, M_8~M_{12}가 나오면서부터 시작된다. 독자들은 인내심을 갖고 시작해야 한다. 또한 독자들은 앞으로 나아가면서 여러 개의 신화와 연계된 특성들과 내용, 골조, 코드 등을 확인하기 위해 뒤로 돌아가서 다시 확인하는 과정을 반복하면서 읽어야 한다. 신화학 1권에만도 200개 정도의 신화가 분석되기 때문이다.

레비-스트로스의 『신화학』은 장시간의 자료수집과 사색을 통해 나온 작품이다. 제일 먼저 자신의 이론적인 토대를 바탕으로 시도한 작품은 『친족의 기본구조』이다. 이후 약 15년 동안 레비-스트로스의 말에 의하면 잠정적으로 사색하는 기간이었으며, 이때 나온 책은 『오늘날의 토테미즘』, 『슬픈 열대』, 『야생의 사고』와 수많은 논문이다. 이 논문 대부분은『구조인류학』1권과 2권에 수록되어 있다. 레비-스트로스가『친족의 기본구조』에서 밝혔던 이론(가설)을 확실하게 증명하기 위해 집필한 방대한 분량의『신화학』은 레비-스트로스의 구조주의 이론과 방법론을 완성하고, 결실을 맺은 대단히 혁신적인 저서이다. 신화학의 기저가 되는 모든 자료는 그의 방대한 지식을 바탕으로 한다. 독자들은 작품을 통해 구조인류학 방법론과 이론 이외에 아주 다양하고 체계적인 지식을 얻을 수 있을 것이다.

서문

민족지적인 관찰을 통해 정확히 정의할 수 있고 각 특수한 문화의 관점으로도 이해할 수 있는, 날것과 익힌 것, 신선한 것과 부패한 것, 젖은 것과 태운 것 등등의 경험적인 범주들이 어떻게 추상적인 개념에 적용될 수 있고, 개념도구로 사용될 수 있으며, 명제로 연관시킬 수 있는지를 증명하려는 것이 이 책을 쓰는 목적이다.

그러므로 원초적인 가설은 말할 필요도 없이 가장 구체적인 층위에 위치해야 한다. 다시 말하자면 한 민족의 층위, 즉 주거와 역사 그리고 문화가 충분하리만큼 가까운 층위에 위치해야만 한다. 그러나 방법론적인 조심성 때문에 우리의 계획을 감추거나 제한할 필요는 없을 것이다. 우리 연구의 실험실이 될 토착사회로부터 유래하는 적은 수의 신화들을 바탕으로 우리는 일종의 실험을 시도할 텐데, 이 실험이 성공할 경우 그 결과는 일반적인 법칙의 효력을 가질 것이다. 왜냐하면 우리는 이 결과로부터 감성적인 것을 지배하는 논리적인 존재를 증명하고, 그 전개과정을 추적하여 논리적 법칙을 증명해내기를 기대하기 때문이다.

우리 논의는 '하나'의 사회로부터 유래하는 '하나'의 신화에서 출발할 것이다. 우선 민족지적인 맥락에 따라 신화를 분석하고, 같은 사회의 또 다른 신화들을 분석할 것이다. 점진적으로 조사를 확대해나가면서 이웃 사회의 신화들로 이동할 것이다. 물론 이 신화들 역시 특수한 민족지적인 맥락에서 분석될 것이다. 차츰 좀더 멀리 떨어진 사회의 신화를 분석하겠지만, 항상 이들 사회 사이에 역사적 또는 지리적 층위의 실제관계가 확인되거나 합리적으로 이런 관계가 전제되는 조건에서만 분석이 이루어질 것이다.

독자들은 단지 신세계 토착민의 신화학을 관통하는 긴 여행 가운데 첫 번째 여정만 이 책에서 서술될 뿐이라는 사실을 알게 될 것이다. 이 여행은 열대 아메리카의 심장부에서 시작하여 북아메리카의 북부지역까지 이어질 것이다. 그러나 시작부터 끝까지 우리의 길잡이가 될 신화(참조신화)로 중앙 브라질 보로로 인디언의 신화를 선택한 데 대해 그 이유를 꼭 찾아야 할 필요는 없다. 이 신화가 먼저 연구되어야 할 만큼 오래된 것은 아니며, 더 단순하거나 완전하다고 판단해서도 아니다. 우선 이 신화가 나의 주의를 끈 이유는 다분히 우연적이다. 만약 우리가 가능한 한 분석적인 방법으로 종합적인 설명을 재현하고자 했다면, 이렇게 함으로써 어떤 소재(motif)들 속에 있는 경험적이고 체계적인 측면 사이에 존재하는 긴밀한 관계가 더욱 잘 드러나리라 생각하기 때문이다.

이제부터 **참조신화**라고 불릴 보로로 신화는 (우리가 앞으로 이 점을 증명하려고 노력할 것이지만) 같은 사회, 또는 다소 가깝거나 먼 사회로부터 유래하는 또 다른 신화의 변형일 뿐 다른 것이 아니다. 그러므로 출발점으로 어느 집단의 어떤 대표적 신화를 선택하더라도 상관없다. 이러한 관점으로 보면 참조신화의 관점은 신화 자신의 특성보다는 오히려 한 집단 내부에서 이 신화가 갖는 불규칙적인 위치에서 기인한다. 이렇게 신화의 불규칙한 위치가 제기하는 해석의 문제들로 인해 참조신화는 특별히 생각하기에 합당한 신화이다.

* * *

이처럼 분명히 설명했지만, 우리의 계획이 열대 아메리카 신화 연구가와 전문가의 선결적인 반대에 부딪힐까 염려된다. 이 연구의 시도가

지역적인 한계나 분류틀 속에 갇히도록 방임되지는 않을 것이다. 우리가 시도하려는 방법이 어떠하건 계획은 계속적 또는 체계적으로 요소들을 총체적인 합으로 모으는 일이 없이 성운(星雲)처럼 서서히 진전될 것이다. 이로부터 무작위적으로 연구의 실재를 끌어낼 것인데, 이 실재는 신뢰할 수 있는 현실로서 (우리의 시도에) 길잡이가 되어, (작위적인) 우리의 시도가 만들어낼 수 있는 방법보다 훨씬 더 확실한 방법(신화의 내재적 논리에 따라—옮긴이)을 제시할 것이다. 자의적이긴 하지만 신화의 풍성함과 생산적인 사실은 직관으로 파악하고, 기존 저작(L.-S. 5·6·7·9)에서 제시했던 법칙에 합당하게 분석한 하나의 신화에서 출발하여 그 신화 내부, 또는 같은 민족으로부터 유래하는 다른 신화들과 여러 사회의 또 다른 신화들로부터 추출한 여러 장면들 사이에 동형(同形)관계를 밝힘으로써 이 장면들의 변형 집단을 구성할 것이다.

이렇게 해서 우리 시도는 특수한 각 신화들의 개별적인 설명으로부터 같은 축 위에 배열된 몇몇 길잡이 도표(구조)를 설명하는 것으로 한 단계 올라가게 된다. 하나의 도표로 제시된 축의 각 꼭지점에 수직으로 또 다른 축들을 놓을 것이다. 이 축들은 하나의 민족으로부터 유래하는 신화에서 얻은 것이 아니다. 모두 외형적으로 다른 신화들, 말하자면 여러 민족에서 유래하지만 몇몇 원초적인 유사성을 보이는 신화들의 도움으로 앞에서와 같은 조작(이미 실행된 조작)의 결과로 얻은 것이다. 이러한 시도를 통해 길잡이 도표들은 단순해지거나 풍부해지고 또는 변형된다.

각 도표는 이전 도표들과 직각으로 또 다른 면 위에 그려질 새로운 도표의 시점(始點)이 된다. 전망적이고 회고적인 이중 운동(연구)에 의해 추출된 여러 장면(sequence)이 새로운 축 위에 달라붙게 된다. 이렇게 추출된 여러 장면은 아주 멀리 떨어진 민족으로부터 유래한 신화이거나 또는 이미 연구했던 민족들로부터 유래했지만, 해석하기에 불가능했거나 하잘것없다고 생각되어 다루지 않았던 신화들로부터 추출된 연속 장면이다.

이처럼 성운이 확장됨에 따라 그 핵심은 응축되고 조직된다. 퍼져 있던 가는 선들이 서로 이어지고, 빠진 것은 채워져서 연관성이 나타난다. 혼돈(chaos) 뒤에서 질서라고 할 수 있는 어떤 것이 비친다. 배아 분자 둘레처럼 변형 집단으로 배열된 연속 장면들은 원초집단의 구조와 결정을 재생산하면서, 원초집단 둘레에 응집한다. 하나의 다차원적 물체가 태어나는 것이다. 이 물체의 중앙부분은 조직의 실체를 드러내지만, 여전히 주변부에는 불확실성과 혼돈이 지배한다.

우리는 이같은 분석을 통해서 분해된 신화적인 재료가 어디서나 안정되고, 잘 결정된 구조를 나타내며 또 총체로서 구체화되는 단계를 볼 수 있기를 희망하지는 않는다. 더욱이 신화학은 초보단계이기 때문에 이 분야의 학자들은 이에 대한 초보적인 결과를 얻는 것에 만족해야 한다. 우리는 이 여행의 마지막 단계에는 결코 도달하지 못할 것이라고 확신한다. 왜냐하면 이론적으로는 마지막 숙박지에 도달하는 것이 가능하지만, 신화와 민족지(민족지의 도움이 없다면 신화 연구는 무기력하다)를 철저한 지식의 대상으로 하는 민족과 민족집단은 존재하지도 존재할 것도 아니기 때문이다.

이런 철저한 지식을 얻으려는 야망은 의미가 없다. 왜냐하면 이러한 야망은 현실을 파괴하는 과거와 현실을 변화시키는 미래에 도달하는 것을 목적으로 끊임없이 움직이는 현실과 관계되기 때문이다. 문자로 기록된 모든 경우에도 완벽한 지식에 도달할 수는 없다. 우리는 지식의 샘플이나 파편만이라도 가질 수 있다는 것에 매우 만족하기 일쑤다.

분석의 출발점은 필연적으로 우연에 의해 선택되어야 한다는 점을 이미 지적했다. 왜냐하면 신화 재료의 조직 원리들은 신화 재료 속에 있으며, 이 원리는 점진적으로 드러날 것이기 때문이다. 도착점 역시 신화 자체에 달려 있다. 다시 말해서 계획의 진행 상태가 어느 정도에 이르면 계획의 이상적 연구 대상은 잠재적 특성을 갖게 되고, 특히 대상으로서의 존재가 확고할 만큼 충분한 정합성(整合性)과 형식을 갖게 된다. 이것은 관찰자가 현미경으로 물질의 궁극적인 구조를 볼 수 없기 때문에 몇몇 확대된 것들 중에서 단지 선택하는 것과 비교된다. 확대된 각각의 이미지는 조직의 층위를 나타내지만 조직 층위의 진실은 단지 상대적일 뿐이며, 사람들이 하나의 층위를 선택하면 또 다른 층위의 진실은 지각할 수 없게 된다.

이러한 설명은 어떤 면에서는 이 책의 특성을 설명하고 있지만, 달리 생각하면 사람들이 (이 책을) 역설적인 것으로 판단할 수도 있을 것이다. 이 책은 처음으로 독자들이 제기한 문제에 대해서 답을 하는 완전한 저술이기는 하지만, 결론을 얻기 위해서는 두 번째 저술을 참조해야 하고, 두 번째 저술 뒤에는 이미 세 번째 저술이 윤곽을 드러낼 것이다. 그러나 이 저술들이 언젠가 빛을 보게 된다면 연작으로 구성된 저술은 아닐 것이다. 차라리 후속 저술들은 새로운 조명을 통하여, 말하자면 절단된 조직을 다시 채색함으로써 혼돈되거나 알아차리지 못한 채 남아 있던 특성들을 드러나게 할 희망을 갖고, 앞에서 분석한 재료들을 다시 모아서, 기존에 분석한 문제들을 다른 방식으로 분석하는 작업이 될 것이다.

만약 우리의 바람대로 조사가 진행된다면 이것은 선형(線形)의 축이 아니라 나선형(螺旋形)의 축을 따라서 진행될 것이다. 말하자면 규칙적으로 기존의 결과로 되돌아와서 새로운 대상들을 파악할 것이지만, 이 새로운 대상들에 대한 접근은 새로 얻을 지식이 기존에 얻은 지식의 기초를 심화시킬 수 있는 한에서만 이루어질 것이다.

신화론에 더욱 전념하고 있다고 선언한 이 책이 콩트(conte), 전설, 의사(擬似) 역사적 전통을 분석 재료로 사용하거나 광범위하게 의식이나 의례를 인용하고 있는 점에 대해서 놀랄 필요는 없다. 결국 우리는 신화적인 것과 신화적이지 않은 것에 대한 성급한 판단을 받아들이지 않으며, 연구 대상이 되는 민족의 정신적 또는 사회적 활동이 나타내는 모든 것을 분석 대상으로 한다. 심지어 이것이 음악가들이 사용하고 있는 **오블리가토**〔obligé〕 반주(이 점에 대하여 L.-S. 5, 제12장 참조)라는 의미로 구성되지는 않더라도, 신화 분석 과정에서 신화를 보완하거나 명확하게 해준다.

또 다른 사고의 층위에서 보면 우리가 사용한(빌려 온) 대다수의 예들은 열대 아메리카 신화에 집중되어 있다. 연구가 진행됨에 따라서 이 예들은 마치 원시유기체처럼 멀리 떨어진 지역의 신화를 참고하고 분석할 것을 요구한다. 원시유기체들은 막(膜)으로 둘러싸여 있지만, 아직도 막 속에 그들의 원형질을 작동할 수 있는 능력과 위족을 내밀 때, 놀랄 만큼 막을 팽창할 수 있는 힘을 갖고 있다. 그러나 이러한 힘이 다른 물체를 잡거나 닮으려는 목적에서 나온다는 사실을 알게 되면 이들의 이러한 행동은 전혀 이상할 것이 없다.

또한 우리는 신화를 우주적 · 계절적 · 신적 · 영웅적 · 기술적 등등으로 미리 예상하여 분류하는 것을 경계한다. 신화가 어느 부류에 속하는가는 분석을 통해 드러날 신화 자체에 달려 있다. 신화가 외재적이며 자의적으로 분리된 특성들을 기반으로 구성되어 있기는 하지만, 신화 분류는 연구가들이 함부로 접근할 수 있는 과녁이 아니다.

말하자면 이 책의 고유한 특성은 주제가 없다는 점이다. 먼저 하나의 신화 연구에 한정된 이 책은 불완전하게라도 신화 연구에 접근하기 위해서는 200개의 자료를 비교해야만 하고, 지리적 · 문화적으로 매우 제한된 지역에 전념해야 한다는 생각 때문에 때때로 일반 신화학 개론의 양상을 띠기도 했다. 이 책은 시작점이 없다. 왜냐하면 출발점이 어디에서나 취할 수 있는 그런 양상으로 전개되어 있기 때문이다. 그리고 도착점도 없다. 왜냐하면 많은 문제들이 여기서는 간략하게 취급되었고, 다른 문제들은 더 좋은 조건을 기다리며 그대로 남아 있기 때문이다.

분석지도를 그리자면 우리는 '둥근 원형 장식' 모양의 지도를 그려야만 한다. 먼저 하나의 신화 둘레에 민족지 자료와 또 다른 신화들과 연관된 의미론적 장(場)을 구성하고, 각 신화의 둘레에 같은 작업을 반복하여 자의적으로 선택한 중심부가 여러 개의 여정(旅程)으로 나뉠 수 있지만, 점점 멀어짐에 따라 덮어씌우기의 횟수는 적어지는 양상으로

지도가 그려진다. 어디에나 같은 밀도의 스캐닝 효과를 얻기 위해서 우리는 주변부에 위치한 점으로부터 새로운 원형을 그리면서 위와 같은 과정을 여러 번 반복해야 한다. 그러면 최초의 영역도 동시에 확대될 것이다. 그러니까 신화 분석은 마치 페넬로페의 작업처럼 끝이 없는 일인 것이다. 하나하나의 문제들이 성공적으로 진행될 때마다 새로운 어려움에 직면해 있는 문제를 해결할 수 있다는 희망이 보인다. 그러나 신화 분석의 노트는 결코 닫히지 않는다(신화 분석은 결코 완전한 분석이 있을 수 없이 계속되는 일이다—옮긴이).

하지만 다음과 같은 것을 인정해야 한다. 이 책의 이상한 개념은 우리를 불안하게 하기보다는 분석하는 재료 자체의 속성 때문에 (선택하지는 않았지만) 우리가 따라야만 했던 계획과 방법으로 몇몇 연구 대상의 근본적인 특성을 찾을 수 있었다고 생각된다. 신화를 연구하는 방법론에 대하여 뒤르켐(Durkheim, 142쪽)은 다음과 같이 말했다. "그것은 신화 자체 속에서 신화 자체를 위해 신화 자체의 특별한 방법에 따라 취급해야만 하는 어려운 문제다."

그는 좀더 나아가(Durkheim, 190쪽) 토템 신화들을 언급하면서 그런 상황에 이르는 이유를 설명한다. 토템 신화는 "아마 더 이상 아무것도 설명할 수 없을 것이며, 단지 어려움만을 이전시킬 뿐이다. 그러나 어려움을 이전시키면서, 이러한 어려움은 적어도 자신의 논리적 약점을 약화시킬 수 있었다." 뒤르켐이 동의했던 것보다 더 풍부한 의미를 부여한다면, 나는 이것이 모든 분야의 신화적 사고에 확장 적용될 수 있는 심오한 정의라고 생각한다.

결국 신화 연구는 방법론적인 문제를 제기하게 되는데, 이것은 어려운 문제를 해결하기 위해 할 수 있는 만큼 어려움을 쪼개는 데카르트적 원칙(데카르트적 합리정신)에 합치될 수 없다는 사실 때문이다. 신화 분석에 진정으로 합당한 용어는 존재하지 않으며, 분할 작업 끝에 얻을 수 있는 감추어진 일체성 또한 존재하지 않는다. 주제들은 끊임없이 둘로 나뉜다. 주제들은 서로를 식별하고 구분해놓았다고 생각했을 때도 예측하지 못한 친화력(유사성 또는 대립—옮긴이)으로 다시 결합한다. 결과적으로 신화의 일체성은 단지 경향적이고 투사적(投射的)일 뿐이며, 결코 신화의 상태나 계기(결정적 순간)를 반영하지 않는다. 신화를 해석하려는 노력과 연계된 상상적인 현상은 신화에 총괄적인 형식을 부여하며, 신화가 대립의 혼란 속에서 해체되는 것을 막는 역할을 한다. 신화과학은 빛의 **굴절현상**(anaclastique)과 유사하다고 말할 수 있다. 이 단어의 어원이 허용하는 한에서 넓은 의미를 취한다면, 이 단어는 단절된 빛의 연구와 반사된 빛의 연구 모두를 포함하고 있다. 그러나 어떤 현상의 원천까지 거슬러 올라가기를 요구하는 철학적인 성찰과는 달리 여기에서는 헛초점을 구성하는 가상적인 빛 이외의 모든 초점을 잃은 빛에 대해서 말하려는 것이다.

연속적인 장면과 주제의 불일치는 신화적 사고의 근본 속성이다. 신화적 사고는 방사선과 같은 측면을 보이는데, 이를 측정하기 위해서는 방사선의 방향과 각도를 측정하여 시점을 가정해야 한다. 이 시점은 각 신화가 갖고 있는 구조로 인해 빗나간 빛들이 다시 모이는 이상적인 점이다. 그러나 원천을 떠난 빛들은 정확하지 못해 긴 궤적을 그리며 평행선으로 머물러 있기도 한다. 책의 결론에서 이런 점을 제시할 것이지만, 이중성(또는 다양성)은 신화적 속성의 근본적인 어떤 것을 나타낸다. 왜냐하면 신화적 사고가 형성하는 대응 이미지가 그의 주제와 일치할 수도 있지만, 또 다른 층위의 평면에서 진행될 경우에는 전혀 겹쳐지지 않기 때문이다.

이것은 신화적 사고의 이중적 특성과 관련이 있다. 주제가 반복적으로 회귀하는 현상은 신화적 사고의 무기력함과 집요함을 나타내는 것이다. 신화적 사고는 분명하게 시작하거나 끝마치는 일에는 별 관심이 없다. 그래서 과정을 모두 수행하지 않고 항상 완성해야 할 어떤 것을 남겨둔다. 마치 (항상 반복되는—옮긴이) 의례처럼 신화 역시 **끝나는 일이 없다**(in-terminable).

그리고 우리의 논증 역시 대단히 간결하거나 너무 길지만 신화적 사고의 자율적인 움직임에 따라 움직이기를 원한다. 신화의 요구에 순응해야만 하며, 신화의 리듬을 존중해야 한다. 이러한 점에서 신화 연구서인 이 책 역시 나름대로 하나의 신화인 것이다. 이 책이 일체성을 갖는다고 생각한다면 그것은 텍스트로부터 한 발 뒤로 물러서거나 텍스트 너머에 머무를 때에만 나타날 것이다. 모든 일이 순조롭게 잘 된다면 일체성은 독자의 머릿속에 성립될 것이다.

* * *

우리의 작업 가운데 가장 질책 받아야 할 부분이 있다면 그것은 아마도 민족지적 측면일 것이다. 정보 선택에 아무리 많은 노력을 기울였다 하더라도 (그리고 민족지적인 정보의 원천에 접근할 수 없지 않았지만)[1] 이를 등한시했다는 점은 비판 받을 수 있는 부분이다. 최종 집필단계에서 우리는 사용할 수 있는 자료를 모두 채택하지는 않았고, 분석을 터무니없이 무겁게 하지 않기 위해 신화들을 뽑아내서 그 가운데 쓸데없는 부분을 삭제해야만 했다. 혹자는 우리가 우리의 구미에 맞게 조사 자료를 선별했다고 비난할 수 있다. 왜냐하면 만일 엄청난 수의 신화 가운데 증명하기에 가장 적합한 것만 취했다면, 이 증명은 효력을 많이 잃을 것이기 때문이다. 그렇다면 엄청난 양의 열대 아메리카 지역의 모든 신화를 감히 서로 비교 분석하기 위해 마구 휘저어놓아야만 했을까?

이 책의 출간이 늦은 이유를 고려해본다면, 독자들의 이의 제기가 어느 정도 힘을 얻을 수 있다. 『보로로 백과사전』(*Encyclopédie Bororo*) 제1권의 출간이 알려졌을 때, 이 책은 거의 완성 단계였다. 우리는 『보

---

1) 최근에 출간되었기 때문에 히싱크(Hissink)와 한(Hahn)의 *Die Tacana*(Stuttgart, 1961) 같은 몇몇 서적들은 단지 피상적으로 검토했고, 이 책이 완성된 이후에 프랑스에 들어온 다른 서적들은 전혀 검토하지 못했다. 이 경우에 해당되는 서적들은 윌베르(J. Wilbert)의 *Indios de la región Orinoco-Ventuari*(Caracas, 1963), *Warao Oral Literature*(Caracas, 1964)와 폭크(N.Fock)의 *Waiwai, Religion and Society of an Amazonian Tribe*(Copenhagen, 1963)다. 마지막 책에 나오는 사리그(sarigue) 신화는 이 책의 제3부와 제4부에서 우리가 한 분석을 확인시켜준다. 위의 책들에 수록된 새로운 자료들은 신화학의 다른 권에서 활용될 것이다.

로로 백과사전』이 프랑스에 도착하기를 기다렸고, 이 책에 마지막 손질을 하기 위해 사전을 섭렵했다. 그렇다면 위와 같은 이유로 신화와 고유명사를 다룬 부분이 실린 것으로 알려진『보로로 백과사전』제2권의 출간을 기다리며 2~3년 동안 책의 출간을 미루어야만 했을까? 사실상 이미 출간된 서적들이 제공하는 자료들은 풍부했지만, 그 내용을 연구해본 결과 우리는 다른 사실을 알 수 있었다.

자신들의 고유한 의견 변화를 나타내기를 매우 꺼렸던 살레시우스회 수도사들은 다른 정보제공자가 출간한 정보가 자신들이 수집한 것과 일치하지 않을 경우 이에 대해 신랄한 비판을 했다. 이들은 두 가지 경우에서 같은 방법론적인 오류를 범했다. 첫째, 하나의 정보가 다른 정보와 모순된다는 사실은 문제를 제기하는 것이지 문제를 해결하는 것은 아니다. 우리는 정보제공자들을 더 신뢰한다. 이 정보가 우리 자신의 것이든 또는 과거 선교사들이 얻은 것이든 정보제공자의 증언은 특별한 가치를 제공한다. 둘째, 살레시우스회 수도사들의 공헌은 괄목할 만한 것이다. 하지만 이들에게 돌아갈 공헌을 해치지 않는 한도 내에서 이들을 가볍게 비판한다면, 수도사들이 가장 최근의 정보가 이전의 모든 정보를 무력화한다고 믿는 고약한 경향을 갖고 있다는 사실이다.

나는 이미 출간된 것 또는 출간될 또 다른 자료에 대한 연구가 우리의 해석에 영향을 주리라는 것을 한순간도 의심해본 적이 없다. 조심스레 진전된 우리의 어떤 해석은 아마 다른 자료로 인해서 확증을 얻을 것이고, 또 다른 해석은 버려지거나 수정될 것이다. 그러나 그것이 무슨 문제인가? 인류학과 같은 학문 분야에서의 과학적 진보는 논쟁과 의심의 회초리 아래에서 비틀거리는 걸음으로 이루어진다. 인류학은 형이상학과는 달리 전부 아니면 전무(全無)라는 조급함을 나타내지 않는다. 나는 우리의 계획이 단지 몇 년 동안만, 그리고 계획의 미세한 부분만이 진리라고 추정되는 것으로 만족할 수는 없다. 그것보다는 단지 어려운 문제를 이전의 연구보다 조금은 개선된 상태로 진전시켰다는 보잘것없지만 작은 공로를 인정받는 것으로 충분하다. 그리고 과학에서 획득된 진리란 존재할 수 없다는 점을 잊지 말아야 한다. 학자는 진정한 해답을 제시하는 사람이 아니라 진정한 문제를 제기하는 사람이다.

이야기를 좀더 진전시켜 보자. 사람들은 우리가 남아메리카 신화들을 분석하기 전에 철저한 목록을 만들지 않았다고 비판했다. 이 비판은 자연의 이치에 역행하는 비평일 뿐만 아니라, 참고자료가 가진 고유한 역할에도 지대한 오류를 범하는 것이 될 것이다. 왜냐하면 한 민족의 총체적인 신화는 (고정된 상태가 아닌─옮긴이) 발화체(發話體)의 서열선상에 존재하기 때문이다. 민족이 신체적 또는 도덕적으로 완전히 소멸하지 않는 한 이 총체(신화 또는 언어 등)는 결코 끝나지 않는다. 사람들의 비평은 마치 언어학자가 언어가 존재한 이래로 발화된 모든 발화의 총체를 기록하지 않고 (앞으로 존재할 기간에 발생할 발화의 교환 모두를 알지 못하고) 언어의 문법을 기술했다고 비평하는 것과 같은 일이다.

이론적으로 수집할 수 있는 모든 문장과 비교할 때, 보잘것없는 몇 개의 문장만으로도 언어학자는 자신이 연구하는 언어의 문법을 구성할 수 있다는 것이 경험적으로 증명되고 있다(언어학자는 그가 연구를 시작하기 전과 없을 때 또는 자리를 뜬 후에 발화된 문장들은 알 수 없다. 그러나 이 문장들을 제외하더라도 언어학자는 한 언어의 문법을 구성할 수 있다).

마찬가지로 언어학자가 잘 알려지지 않은 언어의 부분적인 문법 또는 초벌 문법을 구성했다면 이것은 언어 연구에 중요한 공헌이 될 것이다. 통사(론) 구문 체계는 이론상 무한대인 일련의 사건이 집계된 후에만 자신을 드러내는 것은 아니다. 왜냐하면 통사(론)는 언어의 생성을 지배하는 법칙의 몸체를 구성하기 때문이다. 그러므로 지금 우리가 하려는 것은 남아메리카 신화의 초벌 통사(론) 구성이다. 아무리 새로운 텍스트가 신화적 발화(체)를 풍부하게 하더라도 이것은 어떤 문법법칙의 형성을 확인하거나 수정하는 경우가 될 것이며, 이에 따라 문법법칙의 어떤 것은 포기하거나 새로운 법칙을 발견하는 기회가 될 것이다.

만약 어떠한 경우에 이야기된 모든 신화를 분석할 것을 요구한다 하더라도, 우리가 구성한 법칙에 대립하는 경우는 없을 것이다. 왜냐하면 위에서 보았듯이 이러한 일은 어떤 의미도 갖지 못하기 때문이다.

또 다른 반론은 좀더 진지하다. 사람들은 우리가 여기저기에서 신화를 선택하고, 차코(Chaco)지역의 신화를 가이아나(guyanaise)의 다른 판본 신화로 설명하거나 제족(Gé)의 신화를 콜롬비아 신화로 설명하는 것에 대해서 이의를 제기할 수 있기 때문이다. 그러나 이러한 이의 제기가 아무리 역사학적으로 존중할 수 있고, 역사의 가르침에 충실하다 하더라도 구조 분석은 역사 연구로 한정된 지역 속에 갇히기를 거부한다. 이와는 정반대로 다양한 지역의 신화들이 객관적으로 하나의 집단을 형성한다는 사실을 증명함으로써, 그들의 연구에 문제가 있다는 것을 제시하고 그들로 하여금 해결책을 찾도록 요청할 것이다. 우리는 (신화) 집단을 구성했고, 또 그것이 집단이었다는 증거를 본문에서 제시했기를 바란다. 그것이 어떻게 그리고 왜 그러한지를 설명해야 할 사람들은 민족지학자, 역사학자, 고고학자다.

하지만 이들은 안심해도 좋을 것이다. 우리가 조사를 통해 얻은 유사한 신화들이 나타내는 집단의 특성(오로지 이 특성을 얻기 위해 조사했다)을 역사학자들이 역사적 비평을 통해 설명해낼 수 있다고 생각하지 않기 때문이다. 민족들 사이에 연속적이거나 또는 동시적으로 이루어진 수많은 차용 목록을 통해 각 민족들의 논리적 유사성의 체계를 다시 나타나게 하는 것은 불가능하다. 더욱 현재와 과거의 민족들은 수없이 일어난 차용에 의해 생겨났으며, 때로는 상당한 거리와 시간적 간격이 벌어져 있어서 이런 종류의 해석은 수긍할 수 없거나 증명할 수 없다.

우선 역사학자들을 인디언 아메리카에서 로마가 없었던 중세시대를 보도록 초대하는 것으로 이야기를 시작하자. 인디언 아메리카의 중세시대는 오래된 제설종합(syncrétisme)의 결과로 생겨난 혼돈된 총체(덩어리)로, 이 총체를 구성하는 조직은 대단히 느슨해져 있었다. 이 조직은 수세기에 걸쳐 진보된 문명의 중심과 야만적인 민족들, 중앙집권적인 경향과 분할하려는 세력들이 동시에 여기저기 존속하는 상태였다. 결국 이 사회의 내부적인 원인으로 인해 분할세력이 자리를 잡게 되었고, 유럽 정복자들의 침입도 원인으로 작용해서 우리의 연구 대상이 되기도 하는 분할된 사회집단들이 자신의 특성을 갖게 되었다.

어떤 의미에서 이 집단들의 특성은 이미 조직된 의미론적 환경 속에서 구체화된 것이 확실하다. 그리고 의미론적 환경을 구성하는 요소들은 모든 종류의 조합을 만드는 데 사용된다. 다시 말해서 (분할된) 작은 사회들, 그러나 많은 수의 사회들이 세계관에 대한 공동의 이해(개념) 속에서 모방이 아닌 대립과 상관관계의 변증법으로 구성 요소들을 활용하여 각각의 특성을 표현할 수 있었다.

아직은 초벌 상태지만 이러한 해석은 분명 역사적 가설 위에 기초를 두고 있다. 말하자면 상고시대 열대 아메리카의 인구증가와 많은 부족들이 사방팔방으로 거듭 이주한 사실들이 아주 오래 전부터 제설종합의 조건들을 만들었으며, 이로부터 민족 간의 융합과 인구의 유동성 등이 맞물려 집단 사이의 차이성이 현격하게 나타났다. 이 차이성은 상고시대의 조건들을 전혀 나타내지 않거나 거의 반영하지 않지만, 2차 증후나 부산물로 나타나는 것으로 여겨진다. 구조 분석은 형식적인 관점을 취하지만, 민족학적이고 역사학적인 해석의 가치를 유효하게 한다. 이러한 해석법은 우리가 20년 전에 제안했고, 그 범위를 점점 넓혀가고 있다(L.-S. 5, 118쪽, 제6장 참조).

만일 민족학적인 결론이 이 책에서 도출된다면, 1942년 『남아메리카 인디언 핸드북』(*Handbook of South American Indians*) 제1권이 출간되었을 때 사람들이 상상했던 것(이때부터 우리는 그들의 가설에 반대했다), 다시 말해 제족이 이들 민족들의 '주변인들'이라는 생각과는 달리 그들은 남아메리카에서 핵심축의 요소로 나타난다는 것이다. 이 축의 역할은 마치 북아메리카의 프레이저 강과 콜롬비아 강 유역에 정착해 살았던 사람들이 행한 역할과 비교할 수 있는 것이다. 우리의 조사가 북아메리카 북부지역으로 이동할 때, 이에 대한 접근의 근거는 더욱 선명하게 나타날 것이다.

* * *

때때로 우리가 듣는 형식주의, 더 나아가 이상주의라는 비난에 대해
독자들을 이해시키기 위해서는 적어도 구조 분석의 구체적인 결과물
(이 가운데 일부는 이 책에서 열대 아메리카의 문화에 한정하여 분석했
다)을 환기해볼 필요가 있다. 이 책이 이전의 저서보다 심리학, 논리학,
그리고 철학의 길을 걸으며 민족지적 연구를 이들 속에 매몰시키고 있
는 것은 아닐까? 민족지학의 진정한 과업은 사회적, 정치적, 그리고 경
제적인 삼중의 관점으로 개인과 집단 사이의 관계가 제시하는 문제와
구체적인 사회를 연구하는 것으로 구성되는데, 우리가 이러한 진정한
민족지적 과업에서 벗어나는 데 일조하는 것은 아닐까? 흔히 이처럼 표
현되는 염려 섞인 질책들은 우리가 수행하려는 임무를 전혀 알지 못한
결과에서 오는 것 같다. 그리고 우리가 보기에 더욱 심각한 것은 『친족
의 기본구조』(les Structures élémentaires de la parenté)를 집필한
이래로 체계적으로 걸어온 계획의 연속성에 의심의 눈길을 던지고 있
다는 것이다. 왜냐하면 합리적으로 생각해보면 적어도 『친족의 기본구
조』를 접했을 때는 이와 같은 불평이 제기될 수 있다고 보이지 않기 때
문이다.

그렇지만 만일 『야생의 사고』(la Pensée sauvage)가 우리의 계획 가
운데 일종의 일시적 중지였다면, 그것은 단지 두 저술 사이에서 숨을
돌려야 했기 때문이다. 우리는 우리 앞에 펼쳐진 광경을 한눈에 보기
위해 이 기회를 활용했다. 더욱이 그동안 지나온 도정(道程)을 평가할
기회로 삼고, 나머지 여정의 위치를 탐지해보고, 그리고 철학의 사냥터
를 침범하지 않기로 결심했지만 약간의 밀렵을 제외한다면 일시적인
중지 기간에 우리가 반드시 건너야만 할 외지에 대한 기초적인 사고를
할 기회로 이용했다(1949년 『친족의 기본구조』를 집필한 후 약 15년
동안 『신화학』을 구상한 것을 말한다—옮긴이). 그것이 어떠하든지 이
러한 중지를 혹자는 결론에 도달한 것으로 생각하는데, 이것은 단지

『친족의 기본구조』를 통해 섭렵한 첫 번째 단계와 이 책이 착수하기를 바라는 두 번째 단계 사이에 일어난 일시적인 휴지일 뿐이다.

무엇보다도 우리 계획의 도착지는 변할 수 없다. 이것은 민족지적 경험으로부터 출발하여 정신적 내면의 목록을 작성하고, 언뜻 보기에는 자의적인 재료에 질서를 짓고, 구애받지 않는 자유로운 환상이 내재하며 이에 대한 필요성이 나타나는 층위에 도달하려는 것이 우리의 도착지다. 우리는 『친족의 기본구조』에서 혼인 법칙의 피상적인 우연성과 일관성 없는 다양성 뒤에 숨어 있는 적은 수의 단순한 법칙을 끌어낼 수 있었다. 이 법칙을 개입시킴으로써 그냥 보기에는 부조리하고(일반적으로 그렇게 판단되었다) 대단히 복잡한 관행과 관습이 의미 있는 체계로 귀착되는 것으로 보였다. 그렇지만 이러한 속박(법칙)이 내적인 원천(심층의 무의식―옮긴이)으로부터 온다는 것을 보장할 수 있는 것은 없었다. 이런 법칙들은 단지 제도 속에 객관화된 사회적 삶의 요구를 인간 정신 속에 반사시키는 것일 수도 있다. 정신적 측면에 대한 반향은 어떤 메커니즘의 효과일 수도 있기 때문에, 이 메커니즘의 조작 방법이 우리가 발견해야 할 유일한 것이다.

그러니까 지금 우리가 시작하려는 신화에 대한 경험은 더욱 결정적인 것이 될 것이다. 신화는 분명하고 실제적인 기능을 하지 않는다. 앞에서 살펴본 현상(친족의 기본구조―옮긴이)과는 달리 신화는 자신보다 고도의 객관성이 부여된 여러 다른 현실과 직접적이고 밀접한 관련이 없으며, 창조적 자발성에 빠져 있는 완전히 자유로운 정신에 객관성의 질서를 부여한다. 결과적으로 이런 경우 자의적인 겉모습, 이른바 자유스런 분출, 자유분방하다고 생각되는 문화 발명품들을 만들도록 심층의 층위에서 지배하는 법칙들을 상정할 수 있고, 이를 증명하는 일이 가능하다면 결론은 필연적이다.

다시 말해서 자신과의 대화에 빠져 있는 정신이 재료들을 가지고 창작해야 할 의무에서 벗어나려는 것은 어떤 면에서는 자신을 사물화되도록 축소하는 것이 된다. 그리고 정신의 작용법칙이 또 다른 기능에서 나타나는 법칙들과 근본적으로 다르지 않다는 것 역시 정신이 (사물 사이에 존재하는) 자신의 사물적 속성을 사실로 인증하는 것이 된다. 이런 추론을 더 멀리 밀고 갈 필요는 없다. 만약 인간 정신이 신화 속에서까지 결정적인 것으로 나타난다면 이 정신이 어디에나 존재한다는 확신을 충분히 가질 수 있다.[2]

정신의 법칙을 탐구하는 길을 선택함으로써 비록 우리가 같은 결론에 도달할 수 없는 다른 길을 가고 있지만, 우리의 문제는 칸트 철학의 문제와 접하게 된다. 부분적으로 검증된 사실을 일반적 오성(悟性)의 범주로 확대하기 위해(오성의 보편성은 단지 가정적[假定的]이고 잠재적일 뿐이다—옮긴이), 민족학자는 철학자처럼 고유한 사고 활동의 조건이나 또는 자기 사회와 동시대 사고의 산물인 과학 활동의 조건을 숙고의 원칙으로 삼아야 할 의무를 느끼지 않는다. 철학자와 같은 문제에 전념하는 민족학자는 이중으로 도치된 방식을 채택한다. 민족학자는 인간 오성의 일반 형식을 가정하는 대신에 경험적인 연구를 통해 어떤 측면에서 응축된 집단 오성의 특성들을 수많은 공고한 표상 체계들로 나타내는 것을 더 선호한다.

왜냐하면 하나의 사회집단·문화·지역, 그리고 역사적 한 시대의 인물과 체계들은 특정한 분야의 가능한 모든 종류의 변화를 표현하는 것이기 때문에 민족학자는 서로 가장 뚜렷한 차이성을 나타내는 체계를 선택한다. 그리고 그들은 이 체계를 고유하고 또 서로 이해할 수 있는 표현으로 해석하기 위해서 자신에게 주어진 방법론을 사용하여 근본적이고 공통적인 법칙을 찾아낼 수 있다고 생각한다. 이것은 최상의 정신 운동을 통해서만 얻을 수 있다. 우선 민족지적 조사로 알아낸 자료 목록을 기반으로 객관적 한계까지 밀고 나간 성찰 운동은 각 근육과 뼈대를 잇는 관절을 분출하게 하여 전체적인 신체 구조의 윤곽을 나타

---

2) "……어딘가에 법칙들이 존재한다면 그것은 어디에나 존재해야만 한다." 이것은 17년 전 『친족의 기본구조』에서 우리가 인용한 타일러(Edward Burnett Tylor, 1832~1917)의 결론 가운데 한 문장이다.

나게 할 것이다.

철학자 리쾨르(Paul Ricœur)가 논문에서 '초월자가 없는 칸티즘'[3]이라고 정당하게 우리의 글을 규정한 것처럼 우리는 우리의 계획에 이러한 측면이 있다는 것을 전적으로 인정한다. 그러나 이러한 제한적 비평은 우리에게 결핍으로 나타나기보다는 철학적 측면에서 볼 때, 민족지적 관점에서 행한 우리의 선택 때문에 생긴 피할 수 없는 결과로 보인다. 왜냐하면 진실의 체계들 사이에 상호전환이 가능하고 동시에 여러 주제들을 받아들일 수 있는 조건들을 갖게 됨으로써, 전체적 조건들은 고유하고 또 모든 주체로부터 독립적이며 현실이 부여한 객체의 특성을 얻게 되기를 바라기 때문이다.

신화보다 객관화된 사고를 더 훌륭히 예시하고 현실을 경험적으로 증명할 수 있는 것은 아무것도 없다고 믿는다. 신화를 만들고 전수하는 토착인(발화주체)들이 신화 구조와 조작방법을 의식하며 신화를 만들 수 있다는 사실을 배제하지 않더라도 의식적인 조작은 정상적인 양상일 수 없다. 그렇다 하더라도 의식적인 조작은 단지 부분적이거나 간헐적일 수밖에 없을 것이다.

이것은 언어에서와 마찬가지로 신화에서도 그렇다. 주체가 과학적 소양과 필요한 기교를 가졌다고 가정하더라도 그가 말하는 동안 의식적으로 음운법칙과 문법을 응용하려 한다면 그는 금방 자신이 말하려 했던 바를 잊어버리게 될 것이다. 이와 마찬가지로 신화적 사고를 사용하고 운용하려면 신화의 특성들은 숨겨져 있어야만 한다. 그렇지 않으

---

3) 리쾨르의 『상징과 시간성』(*Archivio di Filosofia*, No.1~2, 로마, 1963), 24쪽과 9쪽 참조. "프로이트의 무의식보다는 칸트적 무의식이며, 범주적 · 조합적 · 무의식……", 그리고 10쪽 "자연과 상동관계인……아마도 자연 그 자체일지라도……. 사고하는 주체에 준거하지 않는 범주적 주체……." 바스티드(Roger Bastide, 65~79쪽)는 그의 통상적인 섬세함과 통찰력으로 선행하는 모든 학문 발전을 예견했다. 우리 두 사람 간에 견해의 일치는 그의 명석한 통찰력 덕분이라고 생각하며, 나는 그가 친히 자신의 저서를 보내줄 때까지 그의 저서를 알지 못하고 있었다. 왜냐하면 이 책을 교정하느라 바쁠 때였기 때문이다.

면 우리는 신화의 특성을 증명하려는 행위로 인해 신화를 믿지 않고 객관화하는 신화 연구자의 위치에 서게 될 것이다.

신화 분석은 인간이 어떻게 사고하는가를 제시하는 것이 목적이 아니며, 이를 목적으로 할 수도 없다. 여기에서 우리가 관심을 갖는 특별한 경우는 중앙 브라질의 토착민들이 그들을 매혹시키는 신화들 이상으로 우리가 축소한 신화의 관계 체계를 우리처럼 해석하는지가 (적어도) 의심스럽다는 점이다. 우리가 브라질 신화들을 기반으로 우리 고유의 민족 언어 가운데 고전적인 비유가 풍부한 몇몇 표현들을 이해하려 했을 때에도 같은 사실이 확인된다. 왜냐하면 이번에는 우리 편으로부터 소극적 자각이 일어나게 되는데, 이것은 비교된 사실들이 외국의 신화 법칙 밑에 있고 또 비교하는 신화들이 외부로부터 온 것이기 때문이다. 그래서 우리는 인간이 신화 속에서 어떻게 사고하는가를 제시하고자 하는 것이 아니라, 신화가 인간이 모르는 사이에 인간 속에서 어떻게 사고하는가를 제시하고자 하는 것이다.

그리고 이미 우리가 암시했던 것처럼 어떤 양상으로는 신화들이 마치 모든 생각의 주체를 빼고 생각하는 것처럼, 신화끼리 서로 사고한다는 것[4]을 검토하기 위해서 좀더 멀리까지 이야기를 진전시키는 것이 합당할 것이다. 왜냐하면 신화 속에 있는 (더구나 인간 의식 속에 있는 것이 아닌) 어떤 것을 끌어내기보다는 신화를 통해 차라리 무의식의 정신적 작품에 공통된 의미를 줄 수 있고, 가능한 한 가장 훌륭한 코드(code)를 정의하는 명제와 전제들의 체계를 끌어내려는 것과 관계되기 때문이다.

무의식의 정신적 작업은 서로 가장 멀리 떨어져 있지만 서로 연관된 문화·사회·정신적 작품들의 형성과 관련되어 있다. 신화가 두 번째 서열의 코드 위에(언어는 첫 번째 서열의 코드로 구성되어 있다) 위치하는 것과 같이, 이 책은 여러 신화의 상호적 해석을 보장하는 제3서열

---

4) 오지브와 인디언들은 신화를 '생각과 행동을 할 수 있는 의식이 있는 존재'로 생각한다. 존스(W. Jones), *Ojibwa Texts*(Publ. of the Amer. Ethnol. Soc., 제Ⅲ권 제Ⅱ부, New York, 1919, 574쪽 주 1) 참조.

코드의 초벌그림을 나타낸다. 바로 이런 이유 때문에 우리가 이 책을 하나의 신화로 보는 것이 틀린 것은 아니다. 다시 말해서 어떤 의미로는 신화학(신화들)의 신화인 것이다.

그렇지만 이 코드는 다른 코드와는 달리 외부에서 지어낸 것도 간청해서 가져온 것도 아니다. 이 코드는 신화 자체에 내재되어 있으며, 우리는 단지 그것을 발견하도록 할 뿐이다. 남아메리카에서 현지조사를 하는 어떤 민족지 학자는 신화가 이야기되는 양상 때문에 놀랐다고 말한다. 그는 "이야기하는 각자는 심지어 중요한 부분들까지도 제멋대로 말한다. 그래서 그 변화의 폭이 엄청났다……"라고 놀라움을 표현했다. 그렇지만 토착민들은 이런 상태에 대해서 전혀 관심이 없었다. "이 마을 저 마을로 나를 수행했던 한 카라자인은 이런 유형의 많은 변화된 이야기를 들었으며, 모두를 거의 같은 신뢰성을 가지고 수집했다. 그가 모순되는 점을 지각하지 못해서가 아니라 이런 모순들이 그에게는 아무 문제도 되지 않았기 때문이다"(Lipkind 1, 251쪽). 다른 행성에서 온 순진한 해설가가 있다면, 그가 프랑스 혁명을 다루는 많은 양의 책들이 같은 사건들을 어떤 곳에서는 신중하게 다루고 다른 곳에서는 다루지 않으며, 여러 저자가 이야기한 같은 사실들이 서로 다른 조명을 받는 것을 보고 놀라는 것은 매우 당연한 일일 것이다(왜냐하면 이것은 신화가 아니라 역사기 때문이다).

그러나 이러한(기술된 역사의—옮긴이) 변이형들은 같은 나라·같은 시대·같은 사건과 관련되어 있으며, 이들의 실재는 층상(層狀, 여러 층이 겹쳐 있어 마치 나뭇잎을 포개놓은 것과 같은 구조—옮긴이) 구조의 여러 층위에 분산되어 있다. 그러므로 정당성의 준거를 찾아야 할 곳은 역사의 요소들이 아니며, 개별적으로 추구된 각 요소의 의미는 포착될 수 없을 것이다. 적어도 이들 가운데 어떤 요소들은 일련의 시리즈로 통합될 때 확실한 의미를 가질 수 있는데, 시리즈의 전체적 결합력으로 통합된 항들은 다소간의 신뢰성을 갖게 된다.

신화와는 다른 조건에 접근하기 위해서 가치 있고 필수적인 노력을 해온 역사 전문가들은 역사가 신화의 성격을 결코 완전하게 벗어날 수 없다는 사실을 이제 고백해야만 할 것이다. 역사에서 진실한 것은 신화에서는 더욱 그렇다. (전체적인) 신화 구조는 극단적으로 물체(사물)적인 특성을 나타내는데, 구조가 외부로부터 어떤 영향을 받지 않는다면 기존 요소를 잃거나 새로운 요소를 받아들이지 않는다. 결과적으로 신화 구조가 변형되었을 경우, 이 변형은 서로 맞물려서 다른 모든 측면에 영향을 준다. 그러니까 특정한 신화의 의미를 알 수 없는 어떤 측면을 이해하기 위한 합당한 방법은 (가정적이고 예비적인 방법으로) 이 신화의 측면을 같은 집단에 속한 다른 신화에 상응하는 측면의 변형으로 취급하는 것이다. 이 방법은 우리가 여러 번에 걸쳐 사용했다.

말하자면 신화M$_7$에서 표범의 열린 주둥이에 대한 이야기를 신화M$_{55}$의 벌어진 주둥이의 역전된 이야기로 문제를 해결하거나 또는 신화M$_1$ 속에 등장하는 썩은 고기를 먹는 독수리가 친절을 베푼 이야기는 신화 M$_{65}$에 나오는 독수리의 거짓 친절 이야기로부터 문제를 해결했다. 사람들이 믿는 것과는 반대로 이 방법은 악순환에 빠지지 않는다. 단지 분리해서 택한 각 신화를 전체 신화 구조 속에 놓는 한정된 응용방법일 뿐이며, 여러 신화들 사이에 연관된 상호 간의 명료한 관계로 인해 점진적으로 신화의 전체 구조를 끌어낼 수 있도록 도움을 준다.

우리가 사용하는 방법론에 대해 혹자는 너무 지나친 해석과 단순화를 들어 비난할 것이다. 다시 말하면 선행된 모든 해석이 같은 가치를 갖는다고 주장하지 않을 뿐만 아니라, 우리 자신이 어떤 해석들에 대해서는 일시적이라는 것을 강조했다. 그렇다고 해서 생각했던 지점까지, 즉 논리적인 결론을 얻을 때까지 논리를 전개하지 않는 것은 차라리 가식적일 것이다. 그래서 우리는 우리에게 가해질 예비적인 비평에 이렇게 대답할 것이다.

문제될 것 없다! 중요한 것은 무엇인가? 왜냐하면 만일 인류학의 궁극적 목표가 객관화된 사고와 이 사고의 메커니즘에 대한 가장 훌륭한 지식에 기여하는 것이라고 가정했을 때, 결국 이 책에서 남아메리카 토착민들의 사고가 나의 사고 활동을 통해 구체화되고, 나의 사고가 그들의 사고 활동 아래에서 구체화되는 것과 같은 결론에 이르기 때문이다.

중요한 것은 인간정신이 사고의 우연적 전달자의 정체에는 관심이 없으며, 단지 하나의 사고가 다른 사고에 영향을 미치는 두 사고의 이중적인 반성 운동(과정)이 진전됨에 따라 점점 더 명료한 구조를 나타낸다. 그리고 두 사고가 서로 접근함에 따라 심지나 불꽃의 역할을 하고, 이로부터 그들의 공통된 조명(영감)이 분출하기 때문이다. 그리고 만일 공통된 조명으로 보물이 드러난다면 분배를 실현할 조정자는 필요없을 것이다. 왜냐하면 우리가 인정했던 것처럼(L.-S. 9) 유산은 양도할 수 없는 것이며, 공동으로 남아 있어야 하기 때문이다.

II

서문 앞부분에서 우리는 기호(signes)의 층위에서 감각적인 것과 관념적인 것의 대립을 초월하기 위해 노력할 것이라고 선언했다. 사실 기호는 하나가 다른 하나의 도움을 받아 표현된다. 아주 적은 수의 기호로도 모든 다양한 감각적 경험을 미묘한 뉘앙스까지 해석할 수 있는 엄격하게 배열된 조합을 구성할 수 있다. 그래서 우리는 논리적 특성들이 마치 맛이나 향기처럼 직접적으로 사물의 속성을 나타내는 차원에 도달하기를 희망한다. 말하자면 맛과 향기의 특성은 분명히 증명할 수 있는 것이며, 특히 향기는 여러 요소의 결합으로부터 나온다는 사실을 알기 때문에, 만일 이 요소들을 다양하게 선택 또는 배치한다면 또 다른 새로운 향기를 창출할 수 있다. 그러므로 우리는 기호 개념을 사용하여, 관념적인 것의 차원과 감각적인 것의 차원뿐만 아니라 이들의 2차적인 특성까지 진실을 찾는 작업에 참여시키려는 것이다.

논리적 사고의 활용과 미적 지각 사이에 위치한 이 연구가 중간적인 위치를 매우 자연스럽게 활용한 음악에서 영감을 얻는 것은 아주 당연하다. 그러나 이러한 접근이 단지 일반적인 기존 관점에서 생기는 것은 아니다. 우리는 일찍부터 전통적인 표준에 따라, 즉 이야기가 전개되는 순서에 따라 이 책의 차례를 배치하기가 불가능하다는 것을 알고 있었다.

장별로 차례를 나누는 것은 사고의 활동성에 대한 폭력일 뿐 아니라 사고를 빈약하게 만들며, 사고 활동을 훼손하고 논증의 날카로움을 잃어버리게 한다. 이것을 극복하려면 차례의 배치에 더 많은 유연성과 자율성을 양해해야만 했다. 자료의 배열 순서는 선적(線的)일 수 없으며, 해석의 과정들이 서로 전(前)과 후(後)의 단순한 관계로 연결되어서는 안 된다는 것을 알고 있었다. 그래서 독자에게 동시성의 감정을 의식시키는 작성기법이 필요했다. 왜냐하면 이야기를 읽는 순서에 얽매여 있는 독자들에게는 동시적인 감정을 갖는다는 것이 무리겠지만, 적어도 잡아늘린 이야기와 확산된 이야기를 교대시키고, 또한 리듬을 느리게 한 후에 다시 빠르게 한다든지, 제시된 예를 모으거나 때로는 떼어놓는다면 독자들은 서로 비슷하게 상응하는 것들을 찾을 수 있을 것이기 때문이다.

그래서 우리의 분석 과정은 여러 개의 축 위에 서 있다. 연속의 축은 말할 것도 없고 상대적으로 커다란 밀도의 축이 있을 수 있다. 이 축은 보통 우리가 음악에서 솔로와 전원 합주에 비교할 수 있는 형식을 갖게 된다. 그리고 표현적인 긴장의 축과 교대 코드의 축이 있을 수 있으며, 이들의 기능으로 작곡이 진행되는 동안 이 축들이 노래와 서창부, 그리고 아리아와 전체 악기 사이의 교대와 비교할 수 있는 대립으로 나타난다.

자율성을 취한 덕분에 우리는 주제들을 이 책에 배치하기 위해 여러 가지 형식에 호소할 수 있었다. 이렇게 해서 등축 위에 장으로 나뉜 배열 목록의 숫자는 적어졌지만, 크기에서는 비교가 안 될 정도의 부피와 복잡한 부분으로 나뉜 부분에 자리를 내주어야만 했다. 각 부분은 자신의 내재적 조직 덕분에 전체를 형성할 수도 있는데, 이 부분 속에 전체에 영향을 주는 어떤 일체성이 지배하고 있기 때문이다. 그러나 같은 이유로 각 부분들은 유일한 하나의 틀로 주조될 수는 없다. 각 부분은 차라리 작품에 사용된 재료의 성질과 각각의 경우에 사용된 기술적 수단의 성질에 따라 요구되는 어조, 장르, 문체의 법칙에 따르기 때문이다.

결과적으로 우리는 음악으로부터 경험적으로 검증된 음악 형식의 다양한 방책을 얻을 수 있다. 다시 말해서 소나타, 심포니, 칸타타, 서곡, 푸가 등등 음악 형식의 비교를 통해 음악에서도 신화분석이 제기한 문제와 유사한 구성의 문제가 제기되었으며, 이미 음악은 제기된 문제들을 해결하는 방법을 찾아냈다는 것을 쉽게 확인할 수 있다.

그러나 동시에 우리는 피할 수 없는 또 다른 문제에 봉착하게 되는데, 처음 보기에는 놀랍게 보이는 음악과 신화 사이의 공통점의 근본적인 요소가 무엇인지에 대한 문제다(신화 구조 분석은 특성을 찾아 단순히 활용하는 것뿐만 아니라, 이 특성을 또 다른 장〔場〕의 특성들로 바꾼다). 어떤 돌발적인 사건도 흔들어놓지 못하는, 예를 들자면 '바그너'를 신처럼 숭배했던 한 소년에게 드뷔시의 「펠레아스와 멜리장드」(Pelléas et Melisande)나 스트라빈스키(Igor Stravinsky)의 「결혼」연주 같은 충격적인 새로운 사실에도 개인적인 역사에서 변함없이 남아 있는 요소를 떠올릴 수 있다는 것은 벌써 해답에 도달하는 큰 걸음을 내디딘 것이다.

만일 사람들이 바그너를 신화 구조 분석(신화뿐만 아니라 동화 「뉘른베르크의 명가수」〔Die Meistersinger Von Nürnberg〕까지 포함해)의 의심할 수 없는 원조로 인정해야만 한다면, 이 분석이 우선 **음악에서**[5] 행해졌다는 것 자체가 대단히 의미심장한 일이다. 그러나 우리가 신화분석을 오케스트라 악보(L.-S. 5, 234쪽)의 분석과 비교될 수 있다고 상정한 것은 단지 바그너의 발견으로부터 논리적 결과를 얻을 수 있고, 신화 구조는 악보의 도움으로 베일을 벗을 수 있다는 의미에서였다.

그렇지만 책의 첫머리에서 찬사를 하는 것은 문제를 해결하는 것이

---

5) 이처럼 부자관계를 선언하면서, 우리가 또 다른 빚을 고백하지 않는다면 배은망덕한 사람이 될 것이다. 먼저 천재적인 직관력으로 빛나는 작품을 쓴 그라네(Marcel Granet)와 『마지막으로 그러나 결코 무시하지 못할 것으로』(last but not least)의 저자인 뒤메질(Georges Dumézil)의 작품과, 그레그와르(Henri Grégoire)의 『아스클레피오스와 아폴론, 그리고 루드라』(Asklèpios, Apollon Smintheus et Rudra, 벨기에 왕립 아카데미 논문집, 제XLV권, 분권Ⅰ, 1949)에 찬사를 보낸다.

라기보다는 문제의 존재를 확인하는 것이다. 우리가 믿기에 진정한 해답은 신화와 음악 작품의 공통된 특성에 있으며, 공통된 특성이란 각각 고유한 방식으로 (미술과는 달리 그러나 언어처럼) 자신을 나타내기 위해 시간적 차원을 필요로 하는 분절언어의 측면을 초월하는 또 다른 언어라고 생각된다. 그런데 이들은 시간과의 관계에서 상당히 독특한 성질(특성)을 나타낸다. 음악과 신화는 마치 시간을 부인하기 위하여 시간을 필요로 할 때에만 이러한 성질(시간성의 초월—옮긴이)을 나타내는데, 평상시에는 음악이나 신화 모두 시간을 소비하는 도구다. 그런데, 소리와 리듬의 층위에서 음악은 처녀지이기도 한 청취자의 생리적 시간 위에서 활동한다.

이 시간은 복구할 수 없는 통시적 시간이다. 왜냐하면 불가역적이기 때문이다. 그렇지만 음악은 청취자가 음악을 듣기 위해서 바친 시간을 공시적 총체 안으로 변환시키고 스스로 문을 닫는다. 음악 작품의 청취는 음악의 내재적 구성 때문에 지나가는 시간을 정지시킨다. 마치 바람에 들려 올려진 식탁보처럼 이것은 바람을 잡아 접는다. 음악을 청취한 결과로, 그리고 음악을 듣는 동안 우리는 불멸의 경지로 들어간다.

우리는 음악이 어떻게 지나간 역사적 시간과 자신의 변함없는 구조 사이의 모순을 극복하는 신화와 닮았는지를 알고 있다. 그러나 이러한 비교를 충분히 정당화하기 위해서는 다른 저서(L.-S. 5, 230~233쪽)에서 비교했던 것보다 좀더 멀리 나가야만 한다. 음악 작품과 마찬가지로 신화는 이중 연속(성)을 기반으로 작용한다. 하나는 외재적 연속(성)인데 신화의 경우 이를 구성하는 재료는 역사적 또는 그렇다고 생각되는 상황들로 구성되며, 이는 이론상 무한한 역사적 사건이 시리즈로 이어진 것을 말한다. 이런 역사적 사건 중에서 각 사회는 제한된 수의 변별력이 있는 적당한 사건을 선택하여 신화를 구성한다. 그리고 음악의 경우에도 역시 물리적으로 실현 가능한 무한정의 소리 중에서 각 음악 체계는 자신에게 합당한 변별적 음을 선택한다. 또 다른 연속(성)은 내재적 질서다.

시간의 요소들은 청취자의 복잡한 심리-생리적 시간 속에 자리를 잡고 있다. 말하자면 뇌파의 주기성과 생체리듬, 기억력의 용량과 조심성의 정도 등과 관련되어 있는 것이다. 무엇보다도 신화는 이야기의 길이, 주제의 반복성, 다른 형태로의 복귀 현상, 평행 관계와 같은 자신의 특성 때문에 신경 정신적인 측면과 관련을 갖는다. 이같은 특성이 정확히 탐지되기 위해서 독자의 정신이 이야기의 장(場)이 전개됨에 따라 이야기의 장을 좀더 넓게 주사(走査)하기를 요구하는 것이 신화의 특성이다. 이 모든 것들은 음악에도 적용된다. 그러나 음악은 심리적 시간은 물론 생리적, 무엇보다도 (무의식적으로—옮긴이)잠재된 시간과도 관련된다. 물론 신화도 이러한 시간과 무관하지는 않다. 왜냐하면 시간의 역할이 음악에서처럼 필수적이진 않더라도 신화도 심장을 '고동치게' 할 수 있기 때문이다. 더욱이 모든 대위법을 써서 작곡한 곡은 심장과 호흡의 리듬에 맞추어 무언(無言)의 쉬는 부분(악장)을 삽입한다.

추론을 단순하게 하기 위해 잠재적 시간에만 한정해서 논의하자. 음악은 두 가지 격자망을 이용해 작용한다고 말할 수 있다. 하나는 생리적 그러니까 자연적 망인데, 이 망의 존재는 음악이 생체 리듬을 활용한다는 사실과 관련이 있다. 달리 말하자면, 시간의 지속 속에 파묻힌 것처럼 잠재적 상태로 머물러 있을 불연속을 변별적인 시간으로 표현한다는 사실과 관련이 있다.

또 다른 격자망은 문화적인 것이다. 문화적 망은 음악적인 소리, 즉 음의 단계로 이루어지며 음의 수와 간격은 문화에 따라 다양하다. 음악에서 간격의 체계는 1차 분절의 층위를 구성하며, 이 체계는 상대적 음의 높이(각 음을 감지할 수 있는 지각적 특성의 결과로 오는)가 아니라 음계의 음표(7음) 사이에 나타나는 위계적 관계에서 나온다. 음표의 기초음의 변별적 차이, 주조음(主調音), 도음(導音), 그리고 주요음절(딸림음)은 다조성(多調性)과 무조(無調) 같은 음악 체계들을 얽어놓아 복잡하지만, 파괴하지 않는 음의 관계를 표현한다.

작곡가의 사명은 원칙을 훼손하지 않고 불연속을 변형하는 것이다.

창조적 선율은 격자망 속에 임시적으로 결핍을 만들거나, 또는 임시적으로 격자망의 뚫린 구멍을 메우거나 줄이고, 때로는 구멍을 뚫거나 메우기도 한다. 멜로디에 대한 것이 사실이라면 리듬에 대한 것 또한 사실이다. 왜냐하면 두 번째 수단(리듬)을 통해서 이론적으로는 불변적인 생리적 격자망의 시간들은 건너뛰거나 또는 반복되며, 미리 행해지거나 만회하기 때문이다.

음악적 감동은 정확히 각 순간마다 다소간 청취자가 예측했다고 생각했던 계획에 작곡가가 더 첨가하거나 또는 뺀 사실로부터 오는데(예측 불가능성과 관련 있다—옮긴이), 청취자는 이런 이중 주기성에 예속되어 있기 때문에 이 계획을 진정하게 알아차릴 수는 없다. 청취자의 호흡주기는 개인적 체질에 달려 있고, 음계의 주기는 청취자의 교육 배경에 달려 있다. 청취자가 기대했던 것보다 작곡가가 더 빼냈다면 청취자는 추락의 감정을 느낄 것이다. 솔페지오의 안정적 단계로부터 밀려나 빈 공간 속에 떨어졌다면, 그것을 받쳐주던 지지대가 놓여 있어야 할 지점에 없었기 때문이다.

작곡가가 청취자의 기대보다 더 첨가했다면 그 반대의 일이 일어난다. 작곡가는 우리에게 자신의 능력보다 더 능숙한 체육 훈련을 받도록 요구한다. 때로는 우리를 움직이게 하고, 때로는 우리가 스스로 움직이기를 강요하기도 한다. 그리고 그는 항상 우리만이 달성할 수 있다고 믿었던 것을 넘어선다. 미적 즐거움은 이처럼 작품에 의해 계획된 도전의 결과로 나타난 잘못된 기대와 기대를 넘어선 보상, 다수의 흥분과 중단으로 이루어진다. 작품이 주는 모순적인 감정과 작품 때문에 경험했던 시련들은 극복할 수 없다. 그래서 작품은 시련을 극복할 수 있는 예상하지 못했던 훌륭한 수단을 우리가 얻을 수 있도록 준비한다. 이런 수단을 전달해줄 악보 속에서는 (아래의 인용문처럼) 모호한 그림이 그려진다.

"……수수께끼 같은 (무녀의) 흐느낌 속에서까지 악인인 너대관식에 잉크를 퍼뜨리는……"

(여기서 '악인인 너'는 신[神]으로서의 바그너를 의미한다. 이 구절은 바그너에게 존경을 나타낸 말라르메의 소네트 마지막 결론 부분이다—옮긴이)

작곡가의 모호한 그림은 신화의 그림처럼 청취자와 작곡가에 의해 활성화된다. 음악과 신화의 경우 결국 우리는 송신자와 수신자의 관계에서 같은 반전을 볼 수 있다. 왜냐하면 결국 송신자의 메시지에서 의미를 발견하는 것은 수신자기 때문이다. 즉 음악은 내 속에 살아 있고, 나는 음악을 통해 나를 듣는다. 이처럼 신화와 음악 작품은 오케스트라 지휘자인 것처럼 보이고 청취자는 오케스트라의 조용한 연주자다.

작품의 실제적인 진원(중심)을 어디에서 찾을 수 있느냐고 묻는다면 그것은 알 수 없다고 답해야 할 것이다. 음악과 신화는 사람들로 하여금 단지 자신들의 그림만 활성화될 뿐인 잠재적인 대상물과 무의식적인 사실들의 필연적 활동의 결과로 나타나는 의식적 근사치들(음악 악보와 신화도 예외일 수 없다)에 도전하도록 부추긴다.

신화의 경우에서 이 역설적인 상황이 일어나는 이유를 예견해본다면 이것은 신화가 갖는 집단 창조의 상황과 개인 소비체제 사이에 나타나는 불합리한 관계에서 기인한다는 것을 알 수 있다. 신화는 저자가 없다. 일단 신화가 신화로서 인지됨과 동시에 이 신화의 실제적 기원이 어떠하건 신화는 전통 속에서 구체화될 때에만 신화로서 받아들여진다. 신화가 이야기될 때 개별적인 청취자들은 메시지를 받지만, 솔직히 말하면 그들은 이 메시지가 어디에서 오는지 알지 못한다. 바로 이런 이유 때문에 사람들은 신화의 기원을 초자연적인 것으로 간주한다. 그러므로 신화의 일체성이 (무의식적으로—옮긴이) 잠재된 중심으로 투사된다는 것을 이해할 수 있다. 잠재적 중심은 청취자의 의식적 지각 저편에 단지 의식이 건너 지나갈 뿐이고, 중심이 발산하는 에너지가 (사전에 촉발한 무의식적 재조작 작업을 통해서) 소진될 수 있는 지점에 있다.

음악은 훨씬 어려운 문제를 제기한다. 왜냐하면 우리는 음악 창조의 정신적 조건들을 전혀 모르기 때문이다. 달리 표현하자면 음악을 생산하는 소수의 정신(능력)과 일반적으로 음악 속에서 감지할 수 있지만 실질적 현상은 생산하지 않는 수많은 정신(능력)들 사이에 어떤 차이가 있는지는 모른다. 그렇지만 이러한 차이(이를 찾으려는 것이 시기상조일 수도 있지만)는 너무 선명해서 틀림없이 정신의 아주 깊은 층위에 위치하는 특성들과 관련이 있지 않을까 의심할 뿐이다. 그러나 음악은 하나의 언어이기도 해서, 이 언어를 이용하여 메시지를 생성한다. 이들 가운데 몇몇 메시지는 엄청난 수의 청중들로부터 이해를 받지만, 소수의 사람들만이 메시지를 송출할 수 있다. 그리고 모든 언어 가운데 음악이 유일하게 관념적이고 표현할 수 없는 모순적 성질들을 결합할 수 있으며, 이로 인해 음악의 창조자를 신과 유사한 존재로 만든다. 음악은 그 자체로 보면 인간 과학 극단의 신비로움이다. 이 신비로움에 인간 과학 분야가 기대고 있으며, 이것이 과학진보의 열쇠를 쥐고 있다.

사실상 시(詩)도 음악과 같은 서열의 문제를 갖고 있다고 주장하며 시를 원용하는 것은 옳지 않다. 모든 사람이 시인은 아니다. 그러나 시는 공동 자산인 분절언어를 전달수단으로 사용한다. 시는 창작 과정에서 분절언어에 특별한 제한을 가하는 것으로 만족한다. 이와 반대로 음악은 고유하게 자신에게 속한 전달수단을 사용하며, 이 수단은 음악 이외에는 일반적으로 사용되지 않는다. 사실이 아니더라도 이론적으로 적절한 교육을 받은 모든 사람은 훌륭하든 또는 보잘것없든 시를 쓸 수 있다. 반면에 음악 창작에는 특별한 능력이 필요하다. 이러한 능력이 주어지지 않았다면 창작의 꽃을 피울 수 없다.

* * *

그림(미술)에 열광한 사람들은 틀림없이 우리가 음악의 특권적 위치에 대해 논의한 것에 항의하며, 최소한 그래픽아트와 조형예술에도 같은 특권적인 배려를 요구할 것이다. 그렇지만 형식적인 관점에서 보면 작품에 사용되는 재료로 음악은 소리를, 미술은 색깔을 사용하기 때문에 같은 층위에 있지 않다. 이러한 차이를 증명하기 위해 사람들은 때때로 음악은 일반적으로 모방하지 않으며, 좀더 정확히 말해서 자신을 제외하고는 아무것도 모방하지 않는다고 말한다. 관객들이 그림 앞에 섰을 때 그들 머릿속에 가장 먼저 나타나는 물음은 이 그림이 표현하는 것이 무엇인지를 알려는 것이다. 그러나 이와 같은 양상으로 의문을 제기한다면 비구상화의 문제에 부딪힌다. 자신의 계획을 지지하는 추상화가는 (음악의 전례를 원용하며) 음악이 소리와 리듬을 가지고 음악을 창작하는 것처럼 (절대적으로 자유로운 방법으로 그러나 감성적 경험과는 독립적인 코드의 법칙을 따르며) 자신도 형상과 색채를 조합할 권리가 있다고 주장할 수는 없는 것일까.

이러한 유사성 관계를 제시한다면 위험한 환상의 희생자가 될 수 있다. 왜냐하면 자연 속에 색깔이 '자연적으로' 존재한다면, 음악에서는 우연적이고 일시적인 양상으로 존재하는 소리를 제외한 음악적인 소리는 존재하지 않으며, 단지 소리(소음)[6]만 있을 뿐이기 때문이다. 소리와 색깔은 같은 층위에 있는 실체가 아니다. 이같은 비교는 색깔과 자연적 소리(소음), 다시 말하자면 똑같이 자연의 질서 안에 있는 시각적

---

6) 만일 유사성이 결핍되어 디오도르(Diodore)가 인용한 나일 강 갈대숲의 바람 소리를 제외시킨다면, 음악의 모델로 사용하기 위해 루크레스(Lucrèce)에게 소중한 자연 속 새들의 노래—liquidas avium voces—이외에는 아무 소리도 남지 않는다. 조류 학자들과 음향 전문가들이 새들이 내는 소리에 음악적인 소리의 특성이 있다고 동의한다 하더라도 새의 지저귐과 음악 사이에서 유전적 관계를 증명할 수 없으므로, 아무 근거도 없는 이런 가정은 전혀 논의할 가치가 없다. 만일 음악적인 소리의 생산 특권을 새들과 나눈다면 인간은 틀림없이 음악적인 소리의 유일한 생산자는 아니다. 그러나 이러한 검증은 우리의 견해에 영향을 주지 않는다. 왜냐하면 물질적 특성을 가진 색깔과는 달리 음악적 색깔(음색)은—그것이 조류나 인간에게서—사회적 특성이다. 이른바 새들의 '노래'는 언어의 한계점에 위치한다. 다시 말해서 새소리는 자신의 표현과 소통에 사용된다. 그러니까 음악적인 소리가 문화의 편에 서 있다는 것은 사실이다. 문화와 자연의 경계선은 과거에 우리가 생각했던 것처럼 그렇게 정확하게 인간성과 동물성을 구별하는 경계선과 일치하지는 않는다.

양태와 청각적 양태 사이에서만 합당하다. 그래서 인간이 이것저것 모두에 대해서 같은 태도를 취하는 것을 볼 수 있는데, 왜냐하면 이들이 서로 자신의 영역에서 벗어나는 것을 허락하지 않기 때문이다. 우리는 확실히 잡소리(소음)가 있는 것처럼 확산된 색깔이 있다는 것을 알고 있다. 이들을 판별하고 이들에게 형식을 부여하는 것이 가능하다면, 우리는 곧 그들을 증명하고 어떤 원인과 연결시켜야 직성이 풀린다(그렇게 해야 마음이 편하다는 뜻—옮긴이). 예를 들면, 색깔 속의 점은 풀밭에 반쯤 감추어진 꽃무더기며, 바스락거리는 소리는 은밀한 발자국 소리이거나 바람에 흔들리는 가지들의 소리임에 틀림없다 등등이다.

그러므로 미술과 음악 사이에는 진정한 유사성이 존재하지 않는다. 미술은 자연 속에서 자신의 재료를 찾는다. 색깔은 사용되기 전에 이미 주어졌으며, 색깔을 지칭하는 어휘들, 색깔의 가장 예민한 차이까지 지시하는 파생적 성질이 이를 증명한다. 밤빛-푸른색, 푸른-공작색, 또는 푸른-석유색, 초록-물색, 초록-비취색, 짚-노란색, 노란-레몬색, 붉은-버찌색 등등이 예다. 달리 표현하면 이미 채색된 존재나 물체가 있기 때문에 색깔이 존재한다. 그리고 색깔이 이러한 자연적 토대를 떠날 수 있고, 분리된 체계의 항들(요소들)로서 취급될 수 있는 것은 오로지 추상의 과정을 통해서다.

실제 색깔에 응용할 수 있는 것을 형식에는 응용할 수 없다는 사실에 이의를 제기할 수도 있을 것이다. 기하학의 형식들과 그로부터 파생된 또 다른 모든 형식들은 문화에 의해 이미 창조된 것으로 예술가에게 제공된다. 이것이 경험에서 유래한 것이 아니듯 음악적인 소리도 마찬가지다. 그러나 이런 형식을 남용하면 예술(미술)은 반드시 장식적인 성향을 띠게 된다. 형식을 사용하면서 이들에게서 자신의 실체를 끌어내어 대상에 매달리지 않는 한 이것은 고유한 자신의 실재에 이르지 못하고 알맹이가 없는 것이 될 것이다. 마치 미술이 존재나 사물을 자신의 계획에 통합시켜서 그들에게 의미를 만들어주든지, 또는 존재나 사물에 자신을 통합해 이들의 의미에 참여하는 것 이외에 또 다른 선택이 없는 것처럼 모든 일이 일어난다.

이러한 조형예술의 대상에 대한 선천적인 예속은 감각적 경험에 따른 형식과 색깔의 조합(이것은 틀림없이 인간 정신의 무의식적인 활동의 기능이기도 하다)이 실제로 1차층위의 분절역할을 수행한 사실에서 기인하는 것처럼 보인다. 단지 1차분절 덕분에 조형예술은 2차분절을 도입할 수 있으며, 2차분절은 (구성)단위의 선택과 배치, 그리고 이들의 해석으로 구성되는데, 이들의 해석은 기법과 양식, 그리고 방법의 절대적 필요성에 맞게 이루어져야 한다. 말하자면 한 예술가나 한 사회의 특성일 수 있는 코드의 법칙에 따라 이들을 전환하는 것이다. 만일 미술이 언어라고 불려야 한다면 그것은 모든 언어처럼 미술이 특수한 코드로 구성되어야 하며, 이 코드의 용어(항)는 적은 수의 구성단위 조합으로 생겨나고, 이 항들 자신이 좀더 일반적인 코드의 층위에서 언어의 속성을 가질 때에만 가능하다.

하지만 어쨌든 분절언어와 차이가 있다. 미술의 메시지는 우선 미적 지각에 의해서, 다음으로는 지적 지각에 의해서 받아들여진다. 이것은 분절언어의 경우와는 반대다. 이런 결과에서 분절언어와 미술의 차이가 생긴다. 분절언어에서 2차분절 코드의 활용이 시작되면 1차분절 코드의 원천은 말소된다. 이러한 사실로부터 언어학적 코드들이 '자의적 특성'을 갖게 된다.

언어학자들은 이런 사물적 측면을 강조하는데, 특히 "의미를 가진 요소인 형태소(들)는 그들 자신이 의미가 없는 물질 요소인 음소로 축소된다"(Benveniste, 7쪽)고 말할 때 이런 물질적 특성이 나타난다. 결과적으로 분절언어에서 의미작용을 하지 않는 1차 코드(1차 코드는 2차분절로 생기는 음소를 의미한다—옮긴이)는 2차 코드를 구성하는 의미의 수단이며 조건이다. 그런 결과로 의미 그 자체는 한 층위(1차 분절 층위)로 한정된다.

시에서는 2원성이 성립되는데, 이는 시가 1차 코드의 잠재적인 의미가치를 2차 코드에 통합하기 위해서 다시 취하기 때문이다. 결국 시는 단어와 통사론적 구성물의 지적 의미와 동시에 미적 특성 위에서 작용하며 이 미적 특성은 지적 의미를 강화하고 변형하거나 반박하는 또다른 체계하에 있는 용어(항)들로 구성된다. 미술에서도 마찬가지다. 여기서 형식과 색깔의 대립은 두 체계에 동시적으로 소속되는 변별적 특질로서 받아들여진다. 하나는 지적 의미의 체계로서, 대상에 대한 감각적 경험의 조합과 분할의 결과로 얻은 공동의 경험에서 생긴 체계며, 다른 하나는 조형 가치의 체계다. 이 체계는 자신을 다른 대상체계에 통합시켜 다른 체계를 조절하는 조건에서만 의미를 갖는다. 두 가지 분절 조직은 서로 맞물려 두 체계의 특성을 서로 결합하여 제3의 분절 조직을 형성한다.

그러므로 추상화, 좀더 일반적으로 말하자면 '비구상화'를 선언하는 모든 학파(유파)들이 왜 '의미하는 힘'을 잃어버리는가를 이해할 수 있다. 이 유파들은 1차층위의 분절을 포기하고 단지 존속하기 위해 2차층위의 분절만으로 만족할 수 있다고 주장한다. 현대미술의 비구상화 시도와 중국 서예 사이에 성립시키고자 하는 비교는 이런 관점에서 특히 교훈적이다. 그러나 비구상 유파의 경우, 화가가 사용하는 형식들은 이미 자신이 체계적 조직을 향유하고 있기 때문에 다른 층위에는 존재하지 않는다. 그러니까 이 형식들을 처음 사용한 기초적 형식이라고 확신할 수 있는 것은 아무것도 없고, 차라리 우연에 의한 창작물과 관련이 있다. 이 창작물 덕분에 사람들은 가상의 단위를 조합해 모방에 전념하게 된다.

반대로 서예는 전적으로 아래와 같은 사실을 기초로 한다. 서예는 단위들을 선택·배치하고 필체와 감수성(민감성), 생동감과 스타일을 나타내는 합의에 따라 표현하고, 이렇게 표현된 단위들은 기호의 자격으로 고유한 존재성을 나타낸다. 이 기호들은 또 다른 기능을 수행하는 문자 체계이기도 하며, 단지 이러한 조건 아래에서만 회화 작품은 언어가 될 수 있다. 왜냐하면, 회화 작품이란 두 층위의 분절 사이의 대위법적인 조정의 결과이기 때문이다.

우리는 미술과 음악의 비교가 왜 서예의 경우로 엄밀히 한정될 때에만 받아들일 수 있는가를 알고 있다. 서예처럼——그러나 서예는 어떤 측면에서는 2차적 미술이기 때문에——음악은 문화에 의해 창조된 1차 분절의 층위와 연관된다. 하나는 표의문자 체계고, 다른 하나는 음악적 소리의 체계다. 서예가 체계를 구성한다는 단순한 사실로부터 우리는 서예 본래의 특성들을 명확히 알 수 있다. 말하자면 그래픽 상징물, 특히 중국 문자의 표기 상징들은 본래의 임무가 전달 수단인 지적 의미와는 독립적인 미적 특성을 갖고 있다. 그리고 서예는 정확하게 말하자면 이런 특성을 계발하는 것이다.

이것은 아주 중요한 점이다. 왜냐하면 현대 음악의 사고는 형식적이거나 암묵적인 양상으로 음계의 음들 사이를 규정하는 관계 체계를 객관적으로 정당화하는 본래의 원칙을 배제하기 때문이다. 음계의 음들은 쇤베르크(Arnold Schönberg)의 명확한 공식에 따라 '각 음이 서로 가지고 있는 관계의 총합'에 의해 배타적으로 정의된 것이다. 그렇지만 구조언어학의 교훈은 라모(Jean-Philippe Rameau)의 객관주의와 현대 음악의 규약주의 사이의 거짓모순을 극복할 수 있도록 해야 한다는 것이다. 음계의 각 음이 작용할 수 있도록 연속적인 소리를 분할한 결과 음 사이에 위계적 관계가 나타났다. 음 사이의 관계는 자연에 의해 규정된 것이 아니다. 어떤 음계의 물리적 특성은 수(數)와 복잡성에서 각 음악 체계가 자신의 변별적 특질을 구성하기 위해서 사용하고 있는 특성을 훨씬 능가한다.

모든 음운 체계처럼 모든 선법 또는 성조 체계(다조성 또는 무조성 체계까지)는 생리적·물리적 특성에 근거하며, 사용할 수 있는 특성은 사실상 거의 무한대인 특성 중 몇몇 특성만 취할 뿐이다. 그리고 여기에 의미를 판별할 수 있는 코드를 생성하기 위해 이 특성에 대립과 조합의 원리를 적용한다. 미술과 같은 이유로 음악도 감각적 경험의 본래 (자연적) 조직을 상정하지만, 그렇다고 해서 음악이 자연적(생리적) 조직을 그대로 감내한다는 말은 아니다.

하지만 우리는 미술과 음악이 자연과 전도된 관계를 유지하고 있다는 사실을 잊지 말아야 할 것이다. 자연은 기꺼이 인간에게 모든 종류의 색깔을 제공하고, 때로는 순수한 상태의 재료도 제공한다. 그림을 그리기 위해서는 이것을 사용하는 것으로 충분하다. 그러나 자연은 소리(소음)를 만들 뿐 악기와 노래의 창조자로서 문화가 독점하고 있는 음악적 소리를 만들지 않는다는 것을 강조한 바 있다. 이러한 차이는 언어에도 반영된다.

우리는 색깔의 섬세한 차이와 소리의 섬세한 차이를 같은 방법으로 서술하지 않는다. 색깔에 대해서는 항상 암시적인 근접성 관계, 즉 환유적인 표현의 도움을 얻어 표현한다. 마치 어떤 노란색은 밀짚이나 레몬의 시각적 지각과 분리할 수 없는 것처럼, 어떤 검정색은 그 원인이 상아(象牙)의 연소로부터 온 것처럼, 또 어떤 갈색은 잘게 부순 흙에서 온 것처럼 표현한다. 반면 소리의 세계는 표현 범위가 더욱 넓은 유사성 관계, 즉 은유적 표현을 빌려 서술한다. 예를 들자면 '가을, 너는 바이올린의 긴 흐느낌', '클라리넷, 그것은 사랑받는 여인이다' 등등으로 서술한다. 틀림없이 문화 속에는 자연에서 빌려오지 않은 색깔이 있다. 그래서 자연은 소진되지 않는 풍부한 차용관계 아래 있으나, 문화가 이들을 찾아 선택할 뿐이라고 말할 수 있는 것이다. 그러나 앞에서 논한 새들의 노랫소리를 제외하고 인간이 소리를 창조하지 않았다면 음악적인 소리는 인간에게 존재하지 않을 것이다.

음악이 음의 물리적 특성을 인정하고 자신의 위계 구조를 세우기 위해 이 특성 가운데 몇몇을 사용하는 것은 소급적 방법, 말하자면(문화적 창작 이후—옮긴이) 나중 일이다. 이러한 방식으로는 음악과 미술을 구별할 수 없으며, 미술 역시 나중에 적어도 공개적으로 색깔의 물질적인 특성이 존재하는 것을 알아차린 것은 아닐까. 그리고 나서 의식적으로 문화적 방식을 사용하여 자신에게 이미 감지할 수 있는 조직으로서 제시된 자연을 조직한다. 음악은 이와는 정반대의 과정을 밟는다. 왜냐하면 문화는 음악 속에 이미 제시된 상태기 때문이다.

그러나 음악은 지각할 수 있는 형식 아래에서 자연적인 방법을 사용

126

하여 지적으로(의식적으로) 자연을 조직한다. 음악이 활동하는 전체 영역이 문화적 서열을 따른 것이라는 사실은 음악이 표상관계에서 전적으로 자유롭게 생겨난다는 것을 의미한다. 반면 표상관계는 미술을 지각적인 세계, 그리고 대상물의 조직에 예속시킨다는 점을 나타낸다.

음악의 1차층위 분절은 정확히 음계의 위계 구조 안에서 발견할 수 있다. 반어적 표현을 쓰자면 구체음악의 야심과 좀더 정확히 말하자면 추상적이라고 불리는 '추상화'의 야망 사이에는 놀라울 만한 평행관계가 있다. 음악적인 소리를 거부하고 단지 소리(소음)만을 사용하는 구체음악은 형식적인 관점에서 볼 때 자연적인 재료의 사용만을 고집하는 모든 회화(미술)의 상황과 비교될 수 있다. 그래서 추상화가 그러한 것처럼 구체음악은 우선 현실의 의미 체계로부터 이탈하고, 현실의 요소들이 사용될 수 있는 잠재적 체계로부터 벗어나려 한다.

구체음악은 수집한 소리(소음)들을 사용하기 전에 이 소음들을 알아들을 수 없도록 만드는데, 이것은 청취자가 이 음악을 들으면서 각각의 소리 말하자면, 접시깨는 소리, 기적 소리, 기침 소리, 나뭇가지 부러지는 소리 등등을 어떤 대상물과 연결시키려는 자연스런 경향을 막으려는 것이다. 이처럼 구체음악은 1차층위의 분절을 없애는데, 1차층위의 분절을 없애지 않고 그대로 사용하는 경우에도 효과는 미미할 것이다. 왜냐하면 청취자는 이런 특권적 카테고리의 소리, 다시 말하면 분절언어의 소리가 이미 청취자에게서 작용하고 있어 소리를 지각하고 판별하는 데 지장을 초래할 것이기 때문이다.

그러니까 구체음악의 경우 이상한 모순을 안고 있다. 만일 구체음악이 소리(소음)에 자신의 표현 가치를 부여하고 있다면, 이 음악은 2차분절의 개입을 통해 코드 체계를 성립시킬 수 있도록 도와줄 1차분절을 갖고 있어야 할 것이기 때문이다. 그러나 이 체계로는 아무것도 말할 수 없다. 이 점을 이해하기 위해서는 소리(소음)를 사용하여 이야기를 만들 수 있느냐, 즉 청취자가 이해할 수 있고 동시에 감동 받을 수 있는 이야기 유형을 만들 수 있는가 상상해보는 것으로 충분하다.

이런 사실 때문에 해결책으로 채택된 것이 바로 의사음(擬似音)을 만들기 위해 소리(소음)를 변질시키는 것이다. 그러나 의사음 사이의 단순한 관계를 정의하기란 불가능하다. 왜냐하면 의사음은 이미 어떤 하나의 층위에서 의미 체계를 형성하고 있을 뿐만 아니라, 또 2차분절의 기반을 제공할 수 있는 요소이기 때문이다. 구체음악이 아무리 그가 표현하는 환상에 열광하더라도 의미의 곁에서 갈피를 못 잡고 있을 뿐이다.

또 앞에서 거론한 것과 음렬음악의 경우를 혼동하는 잘못을 범하고 있는 것은 아닌가 생각해봐야 한다. 소리(음)의 일부를 엄격히 선택하여 구성되며 문법과 세련된 통사론으로 무장한 음렬음악은 두말할 필요도 없이 음악의 영역에 속한다. 더욱이 음렬음악은 음악을 돕는 데 공헌했을 수도 있다. 음렬음악의 문제들은 다른 성질의 문제고 또 다른 차원에서 제기되는 문제기도 하지만, 이것이 앞에서 논의했던 문제와 유사점이 전혀 없는 것도 아니다.

평균율 음계의 채택으로 시작되는 음들의 개별적인 특성들이 점점 사라지는 지점에 이르면, 음렬음악의 사고는 음들 사이에 가장 좁은 간격으로 이루어진 조직 이외의 다른 음들의 간격을 더 이상 용납하지 않는 것 같다. 그리고 마치 전통음악이 물려준 음계의 유지와 일치할 수 있는 가장 낮은 정도(음 사이의 간격이 가장 적은—옮긴이)의 조직과 관련되는 것처럼 보인다. 아니면 좀더 정확히 말해서, 대단히 유연하고 복잡한 코드에 자유로운 영역을 남기기 위해 외부에서 부분적으로 강요된 단순한 조직(왜냐하면 이 조직은 이미 존재했을 가능성 중에서 선택한 결과를 바탕으로 구성되었기 때문에)을 파괴하는 것과 관련된다.

이에 대해 불레즈(Pierre Boulez)는 "한정된 방법론을 사용하는 작곡가는 자신이 필요로 하는 대상물과 이 대상물을 조직하는 데 필요한 형식을 (자신의 사고가 표현될 필요가 있을 때마다) 자유롭게 만든다. 전통적인 음계적 사고는 중력과 인력으로 정의되는 세계 위에 성립되었다. 그러나 음렬적 사고는 영원히 팽창하는 우주 위에 성립된 사고다'라고 선언한다. 불레즈는 또 음렬음악에 대해서는 "이제 미리 생각한 음계는 없으며, 미리 생각한 형식도 없다. 말하자면 특별한 사고가 삽입될 일반적 구조가 있을 뿐이다"라고 말했다. 여기에서 '미리 생각한'이란 용어는 모호한 의미를 내포한다는 점을 지적할 필요가 있다. 음악 이론가들이 상상해낸 구조와 형식은 매우 인위적이고 때로는 잘못됐다는 것이 발견되기도 한다. 아직은 이론가들이 상상하는 어떤 일반적인 구조도 존재하지 않지만, 시간과 공간 속에 나타나는 모든 음악적 표현만을 고려하여 내린 가장 훌륭한 분석만이 언젠가는 일반적인 구조를 끌어낼 수 있을 것이라는 사실을 부정할 이유는 없다.

만일 여러 시대에 걸쳐 문헌 학자들이 제안한 어떤 언어의 구성적 문법에 대한 비평을 통해 이 언어는 구성적 문법이 결여되었다는 결론에 이르렀다면, 이 언어학은 어디에서 설 자리를 찾아야 할까. 또는 특별한 언어에서 나타나는 문법 구조의 차이 때문에 언어학자가 필수적인 일반문법의 연구를 중단했다면 어떻게 할 것인가. 무엇보다도 이러한 경우라면 모든 다른 언어에서처럼 음악 언어에서도 필수적인 1차층위의 분절이 어떠한가를 물어야만 할 것이다. 그리고 모든 언어는 정확히 말해서 일반적인 구조들로 구성되며, 이 구조들의 일반성 때문에 각 특수 언어의 메시지를 코드화하고 해독할 수 있게 된다. 구체음악과 음렬음악을 가르는 몰이해의 간격이 어떠하건 아래와 같은 의문을 던지는 일은 중요하다. 말하자면 하나는 재료, 다른 하나는 형식에 대해 공격하면서, 이들 음악이 단일한 층위의 분절로 코드 체계를 구축하려는 현대의 유토피아적 사고에 스스로를 내맡기는 것은 아닌지를 묻는 일이 중요하다.

음렬주의 지지자들은 틀림없이 1차층위의 분절을 포기하고 이를 2차층위의 분절로 대신할 것이다. 그리고 기존 2차층위의 분절로 채우던 역할을 3차층위의 분절을 발명하는 것으로 이 결손을 보상할 수 있다고 대답할 것이다. 그들은 이렇게 항상 2개 층위의 분절을 유지할 것이다. 단선율 가곡의 시대와 폴리포니(복선율 음악)의 시대 이후에 음렬음악은 '다성 음악 중의 다성 음악' 시대의 출현을 나타냈다. 음렬음악은 먼저 수평적 해석과 이어서 수직적 해석을 '사선'(斜線) 형식으로 통합하려는 것이다.

이 논쟁은 논리적인 통일성(적합성)을 가지고 있지만, 필수적인 것을 놓치고 있다. 다시 말해서 모든 언어에서 1차분절은 아주 좁은 한계 속에 처하지 않는 한 이동적이지 않다는 것은 사실이다. 무엇보다도 1차분절은 치환될 수 없다. 결국 두 가지 분절의 각 기능은 추상적으로는 정의될 수 없고, 1차분절과 2차분절 서로 간의 관계로써만 정의될 수 있다. 2차분절에 의해 새로운 서열의 의미를 갖는 기능으로 상승한 요소들은 필요한 특성을 갖춘 지점에 이르러야만 한다. 다시 말하자면 특성을 갖춘 요소들이란 의미작용에 의해, 그리고 의미작용을 위해 이미 강조된 특성을 말한다. 이것은 이 요소들을 단지 자연요소로부터 취한 것일 뿐만 아니라 1차층위의 분절시 이미 체계로 조직된 요소들의 경우에만 가능하다.

그렇지만 이 체계가 자연에 있는 유사한 존재들끼리 **선험적으로** 소통의 조건들을 제도화한 자연 체계의 몇몇 특성을 고려하지 않는다면 위의 가설은 거짓이 된다. 다시 말하자면 1차층위의 분절은 실재 관계로 구성되지만, 무의식적인 관계의 구성이다. 무의식적 관계가 알려지지 않거나 정확하게 해석되지 않고 기능할 수 있는 것은 이 두 가지 속성(1, 2차분절－옮긴이)에서 유래한다.

음렬음악의 경우 자연적인(생리적인) 정착은 불확실하거나 아니면 태생적으로 결여되어 있다. 단지 관념적 방식으로만 음렬음악 체계는 언어와 비교될 수 있다. 왜냐하면 생리적이고 또한 물리적인 자신의 기반과 분리될 수 없는 분절언어와는 반대로, 음렬음악 체계는 자신의 닻줄을 스스로 끊어버린 이래로 물결치는 대로 표류하고 있다. 이는 마치 부교처럼 사용되는 것에 싫증이 난 배의 선장이 바다 한가운데에서 닻줄을 끊어버린 배와 같다. 선장은 선상생활을 섬세한 규약 법칙에 예속시켜 선원들이 고향에 대한 향수에 젖지 못하게 하고, 목적지에 도달할 생각을 하지 못하게 하는 것과 비교할 수 있다.

우리는 시대의 불경기(현대의 사조－옮긴이)가 이러한 선택을 하도록 부추겼다는 것을 부인하지 않을 것이다. 미술과 음악이 뛰어들었던 모험은 아마도 수확이 감소한 수세기 동안 그들을 환영해왔던 해안가보다 훨씬 더 나은 새로운 해안가에 도달하는 것으로 끝을 장식할 수 있을 것이다. 그러나 만일 그러한 일이 일어난다면, 그것은 항해자들이 모르는 사이에 그들의 의지와는 반대로 생긴 일이다. 왜냐하면 적어도 음렬음악의 경우에는 이런 유의 우연이 너무 자주 일어나기 때문이다. 여기서 말하려는 것은 또 다른 육지로의 항해를 의미하는 것이 아니라 육지의 상황은 알려지지 않았고, 그리고 그것의 존재도 가정적일 뿐이라는 것이다. 제시하고 있는 상황의 역전은 훨씬 더 극단적이다. 단지 항해만이 실재하고 육지는 존재하지 않는다. 그래서 이 육지의 길은 항해 법칙으로 대체된다.

어쨌든 우리가 강조하려는 것은 또 다른 지점이다. 음악과 미술이 함께 항해하는 것처럼 보여도 미술과 음악 사이의 상이성(부조화)은 계속해서 표출된다. 추상미술은 이런 점을 고려하지 않고 매일 사회생활 속에서 예전에는 장식미술에 부여되었던 역할을 우선적으로 수행한다. 이처럼 추상미술은 의미 체계로 상정된 언어(의 역할)와 결별한다. 이에 반해 음렬음악은 다음과 같은 견해에 집착한다. 말하자면 환원할 수 없고 주권을 잃어버린 말(어휘)의 하녀가 된 음악 장르인 리트(독일 가곡 형식의 곡으로 서정적 또는 이야기조의 곡—옮긴이)의 전통을 기리고 과장하는 것이다.

다른 말에 대한 이러한 예속으로 인해──청취자들이 고르게 나누어 가진 코드가 없어──복잡한 메시지가 이들에게 제대로 전달될 수 있을까 하는 염려(불확실성)가 불식되지는 않는다. 돌쩌귀가 깨진 언어는 필연적으로 분리되는 경향이 있다. 결국 전에는 자연과 문화의 상호적 분절 수단이었던 언어의 조각들(돌쩌귀들)은 각기 자연이나 문화 쪽으로 다시 떨어져 나간다.

청취자는 자기 방식대로 이런 점을 확인한다. 왜냐하면 작곡가가 사용하는 극도로 예민한 통사(론)의 활용(이것은 12개의 반음[半音]에 응용된 생성 유형만큼 많은 수의 조합을 만들 수 있으며, 이 생성 유형들은 자신들의 우여곡절을 서술하기 위해 높이, 길이, 강도와 음색으로 정의되는 4차원의 공간을 사용한다)은 자신을 위해 또는 자연을 위해, 그리고 문화를 위해 반향을 일으키지만 자연과 문화 두 가지 모두를 위해서는 반향을 일으키지 않는다. 다시 말하면 기악 부분에서 관능의 자연적 흥분제로서 활용되는 음색의 흥취만이 그에게 돌아오게 하거나, 또는 큰 간격을 사용하여 멜로디를 향한 욕망을 없애고 분절언어의 단순한 표현성을 강조하는 거짓외관을 성악 악장에 제시한다.

앞의 논증에 비춰볼 때 음렬 학파의 가장 저명한 사색가 가운데 하나인 불레즈의 저작 속에 드러난 팽창하는 우주의 준거에서 특이한 결과를 얻을 수 있다. 왜냐하면 음렬 학파는 자신의 운명과 음악의 운명을 도박으로 결정하려는 의지를 보여주기 때문이다. 음렬 학파는 청취자와 작곡가를 가르는 전통적 간격을 뛰어넘는 데 성공할 수 있을 것이다. 그래서 청취자가 음악을 이해해야 한다면 청취자에게서 일반체계를 무의식적으로 믿고 따르는 능력을 빼내고, 자신을 위해 개인적 창조 행위를 다시 강요한다. 각 작품은 항상 새로운 내재적 논리성의 힘을 배경으로 청취자를 피동적 상태에서 끌어낼 것이고, 음악을 창작하는 것과 음악을 듣는 것이 자연적(타고난) 차이가 아닌 정도의 차이가 되도록 청취자로 하여금 그의 창조적인 힘과 밀접히 연대하도록 만든다. 그렇지 않으면 일은 다른 식으로 전개될 것이다.

왜냐하면 팽창하는 우주의 물체들이 모두 같은 속도로 살아 움직인다는 보장을 할 수 있는 것은 아무것도 없으며, 이 물체들이 모두 같은 방향으로 움직인다는 보장 또한 없기 때문이다. 방금 원용한 천체적(천문학적) 관계와의 유사성은 차라리 그 반대를 암시한다. 음렬음악은 자신의 궤도 안으로 청취자를 인도하지 않고, 청취자에게서 멀어지는 우주에 소속되어 있다. 청취자가 음렬음악을 다시 접하려고 애쓰지만 그것은 공허한 일이다. 음렬음악은 매일 더욱 멀어져 잡을 수 없는 것으로 나타날 것이다. 너무 멀리 떨어져 청취자를 감동시킬 수 없게 될 것이고, 단지 음악적 사고만 접할 수 있는 곳에 머물 것이다. 사람들은 음렬음악이 침묵의 밤하늘 아래로 사라지기 전에 단지 간결하게 사라져가는 반짝임으로만 그것을 알아볼 수 있을 것이다.

* * *

우리가 서문의 앞 부분에서 남아메리카 인디언들의 신화에 전념하기로 한 말과는 달리 이제까지 음렬음악에 대해 논의했기 때문에 독자들은 어리둥절할 것이다. 이러한 논의를 통해 독자는 우리가 각 신화의 시퀀스를 음악 작품의 기악 부분처럼 신화 간의 상호관계 안에서 다루고, 신화 연구를 교향곡을 연구하는 것에 비교하려는 우리 계획을 이해할 수 있을 것이다. 이 연구의 진행과정은 언어학 서열 위에 있는 신화 체계와 음악 체계 사이에 동형성(同型性)이 존재한다는 조건에서만 정당성을 얻을 수 있다. 우리는 음악 체계를 언어로 인지하지만, 음악은 번역할 수 없다는 사실이 음악과 분절언어를 구별하는 절대적 특징이다. 보들레르는 "만일 청취자가 자신에게 고유한 방법으로 작품을 감상한다면 그것은 음악이 다양한 사람들의 머릿속에 유사한 사고들을 암시한다는 사실을 확인하는 것이다"라고 했다(Baudelaire, 1213쪽).

다시 말하자면, 음악과 신화를 청취하는 사람들에게 있어서 문제가 되는 것은 이들이 갖는 공통된 정신구조다. 음렬주의는 일반적인 구조의 존재를 거부했지만, 우리가 취한 관점은 음렬주의가 버린 일반적인 구조에 호소하는 것이다. 다른 한편으로는 이런 구조들이 일반적인 구조로서 인정받기 위해서는 의식과 사고를 넘어 존재하는 객관적 토대를 증명할 수 있어야 가능하다. 그런데 음렬음악은 정신적 산물로서 의식 층위의 작품이기를 원하며, 정신적(의식적) 자율성을 선언한다.

이렇게 되면 자연스레 철학적 서열의 문제가 개입된 논쟁이 된다. 음렬음악은 자신의 힘찬 이론적 야망, 대단히 엄격한 방법론, 빛나는 기술적 성공으로 비구상 미술보다 더욱 분명하게 현대 사상의 흐름을 설명할 수 있다. 더욱 이것은 구조주의와 공통의 특질을 보이기 때문에 구조주의와의 구별을 위해서도 이에 대한 논의는 중요하다.

음렬음악과 구조주의의 공통 특질을 열거해보자면, 절대적인 지적 접근, 체계적 배열에 주어지는 주도권, 기계적이고 경험적 방법(해결)에 대한 불신 등이다. 그렇지만 음렬음악은 자신의 이론적 전제에 따라서 구조주의와는 정반대에 위치한다. 말하자면 구조주의와 음렬음악의 관계는 과거의 종교와 철학적 자유주의(무종교) 사이에 있었던 관계와 비교할 수 있는 위치에 있다. 어쨌든 이러한 차이점으로 오늘날 유물론의 깃발을 수호하는 것은 구조주의적 사고다.

그래서 결과적으로 이야기가 빗나간 것은 아니다. 음렬적 사고에 대한 우리의 비교와 논의는 서문 앞 부분에서 논의했던 주제와 다시 이어지고, 이를 발전시킬 것이다. 만일 독자들이 구조주의와 이상주의, 그리고 형식주의 사이에서 혼란스러워 하는 경향이 있다면 나는 구조주의가 결정론적이고 현실주의적인 자기 고유의 암시를 많은 사람들 앞에서 표현하기 위해서는 필연적으로 그 여정 동안 진정한 이상주의와 형식주의를 만나게 되는 것으로 충분하다고 말할 수 있다.

결국 우리가 논했던 모든 언어 중에서 단언할 수 있는 것은 음악이 우리의 논증을 풀어줄 가장 확실한 것으로 보인다는 것이다. 인간의 모든 작품들 중에서 만일 음악이 신화의 본질을 가르쳐 줄 수 있는 유일한 분야로 나타났다면, 이에 대한 이유는 음악이 향유하는 완전성 속에서 찾을 수 있다. 정반대 방향으로 대립된 두 유형의 기호 체계 사이에서, 즉 한편에는 음악적 언어, 다른 한편에는 분절언어 사이에서 신화는 중간적 위치를 차지한다.

이런 중간적 위치를 이해하기 위해서는 두 가지 관점에서 검토하는 것이 합당하다. 우리가 이 책에서 하는 것처럼 신화의 시각으로 음악을 바라볼 것인가, 아니면 오히려 신화의 시각으로 언어를 볼 것인가를 선택(이미 우리가 기존 저서들[L.-S. 5·6·8·9]에서 했던 것처럼)할 때 음악이 접하고 있는 특권적 위치가 더욱 선명하게 드러난다. 신화와 음악을 비교하면서 우리는 신화와 음악 작품이 공통의 특성을 갖고 있으며, 하나는 내재적이고 다른 하나는 외재적인 두 개의 격자망을 조정하여 그들의 특성을 활용한다는 점을 원용한 바 있다.

그러나 음악의 경우에 격자망들은 다시 두 개로 나뉘면서 더욱 복잡해진다. 외재적 격자망 또는 문화적 격자망은 음계 간의 위계 관계와 간격의 계단으로 형성되며, 잠재적 불연속(성)을 반영한다. 다시 말해서 이 격자망들은 이미 그 자신들이 완전한 문화 대상인 음악 소리의 불연속을 반영한다. 음들은 단지 주어진 자연의 소리(소음, sub specie naturae)와 대립한다. 외재적 격자망과 대칭을 이루는 내재적 격자망, 또는 자연적 격자망(뇌기능과 관계되는)은 두 번째 내재적 격자망으로 강화된다. 말하자면 좀더 완전하게 자연적인 (무의식적으로) 잠재된 리듬의 격자망으로 강화된다.

결과적으로 음악에서 (모든 언어 안에서 행해지는) 자연과 문화의 중재는 과도한 중재가 되어 자연과 문화 양극단으로의 정착이 더욱 강화된다. 두 영역의 접점에 자리잡은 음악은 다른 예술이 넘어서지 않으려는 한계 너머까지 자신의 법칙이 활용되게 한다. 자연뿐만 아니라 문화에서도 음악은 감히 그들보다 더 멀리 나아간다. 이처럼 음악이 가지는 경이로운 힘은 그의 원리 안에서 설명된다(그렇지 않다면 이러한 힘은 그의 기원과 활용 안에 있다. 이 점이 인간 과학의 커다란 불가사의라고 이미 지적했다). 음악은 정신과 감각에 영향을 주어 사고와 감정을 동시에 흔들어놓으며, 그들을 하나의 흐름 속에 녹인다. 이 흐름 속에서 사고와 감정은 서로 각자의 주변에 존재하기를 그치고 하나가 된다. 그렇지 않으면 서로서로 제3자로서, 그리고 보증인처럼 각각의 주변에 남게 된다.

반면에 신화는 이런 격렬한 힘이 약화된 모방적인 면을 보인다. 그렇지만 신화적 언어는 음악적 언어와 가장 많은 수의 공통된 특질을 보이는 언어로, 형식적 관점에서 그들은 자신들 사이에 친족관계를 만들어낼 뿐 아니라, 매우 심오한 다른 이유도 있다. 음악은 각 개인의 생리적 측면에 정착하는 것으로 설명되며, 신화 역시 사회적 측면에 정착하는 것으로 설명된다. 음악은 우리를 깊이 감동시키지만, 감히 이야기하자면 신화는 집단을 감동시킨다. 그러기 위해서 이들은 악기와 신화 구조(schèmes mythiques)라는 대단히 예민한 문화적 도구를 사용한다.

음악의 경우에는 악기와 노래의 형식으로 나뉜 도구들의 결합을 통해서 자연과 문화의 결합을 재생산한다. 왜냐하면 노래는 발화체와 다르며, 음악(성악)은 온몸으로 참여하기를 요구하고, 음성 양식의 규율을 엄격하게 준수하기를 요구하기 때문이다. 여기서도 역시 음악은 결과적으로 체계적이고 일관성 있는 더욱 완전한 방식으로 자신의 주장을 표명한다. 그러나 신화는 흔히 노래로 불릴 뿐 아니라 신화의 낭송은 일반적으로 신체 규율을 동반하는데, 낭송하는 동안 졸지 못하게 한다든가 앉아 있지 못하게 하는 등 행동을 제한하기도 한다.

이 책을 진행시켜 가면서(제1부, 167~176쪽) 우리는 자연과 문화의 대립 사이에, 그리고 연속적인 양과 불연속적인 양의 대립 사이에 동형성이 존재함을 밝힐 것이다. 과거나 현재의 많은 사회가 발화체와 노래 사이의 관계를 연속과 불연속 사이의 관계 모델로 상정하고 있다는 사실을 바탕으로 우리 주제에 유리한 논쟁을 이끌어갈 수 있다. 그것은 결국 문화 속에서 문화가 자연과 다른 것처럼 노래는 발화체와 다르다는 것을 말하는 것이며, 노래로 불렀느냐 아니면 부르지 않았느냐에 따라 신화의 성스러운 담화는 일반적인 담화와 대립한다. 마찬가지로 우리는 흔히 노래와 악기를 가면에 비교한다. 가면이 조형적 측면에서 나타내는 것과 노래와 악기가 청각적 측면에서 나타내는 것의 등가적인 면을 비교한 것이다(이런 이유로 특히 남아메리카에서 가면은 도덕적, 신체적으로 노래와 악기에 연관되어 있다). 이런 점에서 가면이 설명하는 음악과 신화는 상징적으로 근접해 있다.

이와 같은 모든 비교는 같은 축(軸) 위에 있는 음악과 신화의 근접성에서 기인한다. 그러나 음악은 언어와 같은 층위에 있고 분절언어의 반대편에 위치하지만, 다른 것으로 환원될 수 없는 완전한 언어인 음악은 언어와 같은 기능을 수행할 수 있다. 다른 기호 체계와 음악과의 관계를 전체적으로 검토해볼 때 음악은 신화와 유사하다. 그러나 신화가 그 자체로 담론 기능의 측면이 있다는 점을 고려하려면 음악적 담론에서 신화와 같은 고유한 유사성을 나타내는 특별한 기능을 찾아낼 수 있어야만 한다. 그런데 고유한 유사성은 신화 장르와 음악 장르 모두를 함께 총체적으로 고려하여 이들 사이에서 이미 확인된 일반적 유사성을 모두 제시했을 때 나타나게 된다.

다양한 기능의 관점으로 보았을 때 음악과 언어 사이에 공통점이 존재한다는 사실을 즉시 알 수 있다. 두 가지 경우에서 먼저 그 기능이 송신자의 기능을 주된 것으로 보느냐 또는 수신자의 기능을 주된 것으로 보느냐에 따라 구별하는 것이 절대적으로 필요하다. 말리노프스키 (Bronislaw Malinowski)가 사용한 '친교적 기능'이란 용어는 엄격하게 말하면 음악에는 사용될 수 없다. 그렇지만 합창과 춤을 동반한 거의 모든 대중음악과 상당 부분의 실내음악의 첫 번째 임무가 우선 집행자들(다른 말로 표현하자면 송신자들)의 즐거움에 봉사하는 것임은 분명하다. 어떤 면에서 이것은 주관화된 친교적 기능과 관련된다. '4중주'를 하는 비전문 음악가들은 청취자가 있거나 없거나 그리 염려하지 않는다. 어쩌면 청중이 한 명도 없기를 바랄지도 모른다.

또한 친교적 기능은 '능동 기능'을 동반한다. 몸짓과 표현의 조화를 이루게 하는 집단 행위를 지휘하는 능동 기능은 음악의 여러 목적 가운데 하나다. 이 능동 기능은 사람들이 군대음악과 댄스 음악을 선호할 때 다른 기능보다 우선한다. 이런 음악의 주요 목적은 타인의 몸짓을 지휘하는 것이다. 언어학보다 음악에서 친교 기능과 능동 기능은 분리될 수 없다. 두 기능은 같은 쪽에 위치하며, 반대 쪽은 '인지 기능'이 자리한다. 인지 기능은 극음악 또는 연주회음악에서 중요하다. 이런 음악은 이것이 전부는 아니지만, 수신자의 기능을 수행하는 청중에게 자신이 갖고 있는 정보의 메시지를 전달하는 것을 우선으로 한다.

인지 기능은 몇 개의 형식으로 분석되며, 각 형식은 특별한 장르의 메시지와 연결되어 있다. 이런 형식들은 대략 언어학자가 구별한 언어학의 형식인 메타 언어 기능과 (기호) 지시 기능, 그리고 시적 기능

(Jakobson 2, 제11장, 220쪽)과 같은 형식이다. 우리가 서로 다른 작곡가를 우리의 편의에 따라——물론 틀림없이 모순적인——제시했던 잘못을 극복하려면 음악에는 다양한 종류가 있다는 사실을 인정하는 조건에서만 가능하다. 이 작곡가들을 선호의 정도에 따라(예를 들자면 상대적으로 어느 작곡가가 더 '위대하다'는 등) 분류하는 것은 쓸데없는 일이라는 사실을 우리가 이해할 때 모든 것이 명료해진다.

사실 작곡가들은 그들이 전달하려는 정보의 성격에 따라 차별적인 범주로 분류되어야 한다. 이렇게 작곡가들을 대략 세 집단으로 나눌 수 있으며, 이들 사이에는 서로 교환과 다양한 조합이 가능하다. 바흐(Johann Sebastian Bach)와 스트라빈스키는 '코드'의 음악가로 분류될 것이고, 베토벤(Ludwig van Beethoven)과 라벨(Maurice Ravel)은 '메시지'의 음악가로, 바그너와 드뷔시(Claude Debussy)는 '신화'의 음악가로 정리될 수 있다.

첫 번째 집단은 그들의 메시지를 전달하는 데 음악적 담론의 법칙을 명확히 밝히며 논평할 것이고, 두 번째 집단은 이야기를 할 것이고, 세 번째 집단은 이미 이야기의 서열상에 있는 요소로 자신들의 메시지를 코드화할 것이다. 틀림없이 작곡가들의 어떤 곡도 이 형식 가운데 어떤 것에 완전하게 귀착되지는 않는다. 형식은 작품이 총체적으로 정의되기를 주장하지는 않지만, 각 기능에 부여된 상대적 중요성을 강조한다.

우리가 세 쌍의 분류——물론 각 쌍은 고전 음악가와 현대 음악가[7]를

---

7) 우리는 머리에 떠올랐던 첫 번째 작곡가 6명의 이름을 분류했다. 물론 그렇게 할 필요성이 있었다. 그러나 그 이름들이 우연히 떠올랐던 것은 아니다. 이 작곡가들을 연대순으로 정렬해보면 작곡가들이 그려내는 각각의 기능은 그 자신 속에 갇힌 순환 고리의 양상으로 조직되어, 마치 그 세기 동안 성조의 영감을 바탕으로 한 음악이 자신을 쇄신할 내재적 역량을 소진시킨 것처럼 나타났기 때문이다. '고전 작곡가들'은 코드→메시지→신화와 같은 정보의 배열을 가진다. 그러나 '현대 작곡가들'은 신화→메시지→코드와 같은 반대의 시퀀스를 갖는다. 그렇지만 이것은 드뷔시(1862)와 라벨(1875), 그리고 스트라빈스키(1882)의 탄생일을 기점으로 한 단순한 차이에 의미를 두는 경우에 한해서다.

포함하는——로 그친 것은 너무 단순화할 수도 있는 위험 때문이었다. 그러나 12음계 음악에서도 이러한 분류는 필요하다. 왜냐하면 각 작곡가의 관계에 따라 베베른(Anton von Webern)은 코드 쪽에 쇤베르크는 메시지 쪽에 그리고 베르크(Alban Berg)는 신화 쪽에 분류할 수 있기 때문이다.

'정서적 기능' 역시 음악 속에 포함된다. 이를 구성적 요소로써 분리할 수 있는 것은 음악 전문가들이 독일어에서 차용한 '슈말츠'(Schmalz, 매우 감상적인 노래라는 뜻)라는 전문용어를 사용하고 있기 때문이다. 그러나 이미 지적한 이유들이기는 하지만 정서적 기능의 역할은 분절언어의 경우에서 훨씬 분리하기 힘들다. 왜냐하면 이론적으로든 실제로든 정서적 기능과 음악적 언어는 동일한 외연을 갖고 있다는 사실을 알기 때문이다.

* * *

우리가 논리-수학적 상징에 간헐적으로 호소한 것에 대한 논평으로 빠르게 넘어가보자. 물론 독자들이 상징을 너무 심각하게 고려한다면 잘못이다. 우리의 공식과 수학자들의 방정식 간의 유사성은 매우 피상적이다. 왜냐하면 우리의 공식은 논증을 연결하거나 요약할 수 있도록 엄격하게 사용되는 연산(방식)의 응용이 아니기 때문이다. 이것은 또 다른 문제다. 신화에 대한 어떤 분석은 너무 길고 섬세해 요약 문자(기호)를 사용하지 않고는 끝까지 분석하기가 힘들다. 그래서 요약 문자는 마치 속기술같이 분석의 큰 줄기를 따라 간략하게 여정을 정의하도록 돕지만, 중도에 길을 잃을 것을 염려하여 부분마다 확인을 하지 않고는 여정을 진행시킬 수 없다. 그러나 수학에서 차용한 상징으로 우리가 사용하는 공식은 이미 인쇄되어 존재하고 증명된 기호들이기 때문에 다시 증명할 필요는 없다.

그래서 차라리 공식을 통해 복잡한 관계와 변형 전체를 한눈에 파악하여 추론적 분석의 윤곽을 강조함으로써 분석을 미리할 수 있거나 요약할 수 있다. 그렇지 않고 이런 복잡한 관계나 변형을 세세하게 서술한다는 것은 독자를 대단히 피로하게 만들 수 있다. 이러한 서술을 공식적으로 대체하지는 않더라도, 이 역할을 단순화된 형식으로 설명할 수는 있어 우리에게 도움을 준다. 그러나 혹자는 이것을 필요없다고 판단할 수도 있다. 그들은 아마도 하나의 형식에 또 다른 불명확한 형식을 첨가함으로써 핵심적 분석을 흐리게 했다고 비판할 수 있을 것이다.

어느 누구보다도 우리는 '대칭'·'전도 또는 도치'·'등가 또는 동치'·'상응 또는 상동'·'동형성' 등등과 같은 용어에 부여한 대단히 느슨한 의미를 잘 파악하고 있다. 우리는 이 용어를 공통적인 어떤 것을 갖고 있지만, 감지하려고 하면 희미하게 나타나는 '큰 다발의 관계군'을 지칭하기 위해서 사용했다. 그러나 만일 신화 구조의 분석에 미래가 있으려면, 자신이 선택하고 사용하는 개념들, 이 개념을 다루는 초반부에 사용한 방법(론)은 엄격한 비판의 대상이 되어야만 한다. 각 용어는 새롭게 정의되고, 또 특별한 사항 속에서 사용될 때로만 한정되어야 한다. 특히 행운의 도구처럼 우리가 사용한 느슨한 범주들은 더욱 세련되고 체계적으로 응용된 범주로 분석되어야만 할 것이다.

게다가 신화는 진정한 논리-수학적인 분석을 받아야 한다. 우리가 순진하게 논리-수학 개념의 주변을 그리며 즐긴 것을 이러한 겸손한 공언을 고려해서라도 용서해주기를 바란다. 무엇보다도 신화를 과학적으로 연구하는 데는 엄청난 어려움이 따른다. 그래서 사람들은 이 일에 착수하기를 오랫동안 망설였다. 이 책의 내용이 대단히 어려움에도 불구하고 돛을 올렸다고 자랑한 우리의 작업은 이 돛의 모서리에 불과할 뿐이다.

이 서문은 오랫동안 우리를 도와준 협조자들에게 의례화된 감사의 말을 전한 후 몇몇의 우울한 합의 위에 완성될 것이다. 실험실에서 지도와 도표를 그려준 베르탱(Jacques Bertin) 씨와 자신의 노트를 사용하게 허락해준 푸이용(Jean Pouillon) 씨(왜냐하면 이 책의 일부는 내가 한 강의 노트이기 때문이다), 또 자료 정리와 색인을 담당한 벨몽(Nicole Belmont) 양과 타이핑을 담당한 르메(Edna H. Lemay) 부인, 그리고 나의 아내와 원고를 다시 읽고 수정해준 시바(Isac Chiva)

씨에게 감사의 말을 전한다.

이제 내가 예고했던 방식으로 결론을 내릴 시간이다. 내가 이 책을 소화하기 어렵고 난해하다고 생각했을 때, 독자들이 내 책에서 음악 작품을 감상하는 인상을 받지 않을까 의심하기 시작했다. 그래서 책을 구성하고 각 장의 제목을 붙일 때 이를 암시했으며, 청중들이 그렇게 믿게 되기를 원했다. 사람들이 읽어야 할 것은 마치 음악이 말하는 것처럼…… 복잡한 문단과 정도를 벗어난 추상을 강화해 음악에 대해 쓴 해설을 연상시키는 글을 읽게 될 것이다. 음악의 특권은 다른 어떤 방법으로도 이야기할 수 없는 것을 사람들에게 말하는 방법을 알고 있다는 것이다. 결과는 어디에도 음악이 없다는 것이다.

이 실망스런 보고서를 작성한 후에, 최소한의 위로로 짜증과 권태로움의 한계를 넘는 독자들—그들을 책으로부터 벗어나게 한 힘에 의해—이 신화 속에 있는 음악 쪽으로 옮겨갈 수 있다는 희망을 (내가) 가질 수 있기를 바란다. 더욱이 독자들이 읽을 완전한 신화 텍스트는 신화 자체의 조화와 리듬 이외에도, 내가 애써 정복하려고 노력했던 비밀스러운 의미와 함께 음악을 보존하고 있다. 이 비밀스러운 의미를 지키기 위해서는 음악의 힘과 장엄함을 잃지 않아야 한다. 이런 힘과 장엄함은 원시 상태에 있는 음악을 경험함으로써 느끼게 되는 충격으로부터 인식되며, 이미지와 기호의 숲속 깊은 곳에 웅크리고 앉아 있는 최초의 음악은 아직도 마법에 싸여 있다. 마법 덕분에 음악은 사람들을 감동시킬 수 있다. 그렇지 않다면 사람들은 음악을 이해할 수 없을 것이다.

제1부
주제와 변주곡

1 보로로족의 노래

새둥지 터는 사람의 아리아

파라과이 강 상류계곡으로부터 아라과이아 강 계곡에 걸쳐 살던 브라질 중부의 보로로(Bororo) 인디언들의 신화 가운데 다음과 같은 이야기가 있다.

M₁(참조신화) 보로로족: 아라앵무새와 둥지

아주 오랜 옛날 여자들은 성년식 때 청소년들에게 제공하는 성기덮개의 재료인 종려나뭇잎을 얻으러 숲속에 가곤 했다. 하루는 한 소년이 몰래 어머니 뒤를 따라가서 그녀를 강간해버렸다. 그녀가 집으로 돌아왔을 때, 남편은 아내의 깃털이 헝클어지고 허리띠에 청소년들이 장식으로 다는 깃털이 꽂혀 있는 것을 알아차리고는 놀랐다. 그는 무슨 일인가 벌어졌음을 짐작하고는 누가 자기 아내와 같은 깃털을 달고 있는지를 알아보기 위해 무도회를 열 것을 명령했다. 그런데 뜻밖에도 그의 아들이 똑같은 것을 달고 있었다. 또다시 무도회를 개최했지만 결과는 마찬가지였다.

불행한 일이 일어났음을 확신하고 복수를 결심한 아버지는 자신이 늘 갖기를 원했던 무도회용 큰 딸랑이(bapo)를 찾으러 영혼의 둥지로 가도록 아들에게 명령했다. 아들은 할머니를 찾아가서 어떻게 해야 할지를 물었다. 할머니는 이번 일이 죽을지도 모를 위험한 일임을 경고하고는 파리새에게 도움을 요청했다.

파리새(벌새)를 동반하고 영혼들이 사는 물 속에 도착한 주인공이 물가에 머무르는 동안, 파리새가 재빠르게 날아올라 딸랑이가 달려 있는 줄을 끊자 딸랑이가 '호' 소리를 내면서 물로 떨어졌다. 이 소리에 놀란 영혼들이 화살을 쏘기 시작했지만, 파리새는 아주 빠르게 훔친 딸랑이를 가지고 무사히 물가에 도달했다.

소년의 아버지가 이번에는 영혼들의 작은 딸랑이를 가져오도록 명령했지만, 역시 앞서와 같은 결과였다. 그러나 이번에 주인공을 도와준 동물은 아주 빨리 나는 주리티(juriti)라는 산비둘기(*Leptoptila*)의 일종이었다. 세 번째 모험에서 주인공은 부토레(buttoré)라는 소리쇠를 찾아와야만 했는데, 이것은 야생돼지의 일종인 카에테투(caetetu, *Dicotyles torquatus*)라는 동물의 발굽으로 만들어 발목에 매달아 소리가 나게 하는 것이었다. 이번에 주인공을 도와준 것은 커다란 메뚜기(*Acridium cristatum*, 『보로로 백과사전』, 제1권, 780쪽)였는데, 메뚜기는 앞에서 도움을 준 새들보다 느려서 여러 번 화살을 맞았으나 죽지는 않았다.

번번이 자신의 계획이 빗나간 것에 화가 난 아버지는 아들에게 바위 벼랑 위에 둥지를 트는 아라앵무새를 잡으러 가자고 했다. 이번에는 할머니도 새로운 위험에 어떻게 대처해야 할지 잘 몰랐으나, 손자에게 높은 데서 추락할 때 사용할 수 있는 마술막대기를 주었다.

벼랑 아래 도착하자 아버지는 긴 장대를 벼랑 위에 걸쳐놓고 아들에게 올라가라고 명령했다. 그리고 아들이 아라앵무새 둥지에 거의 도달했을 때 아버지는 장대를 꺾어버렸다. 이때 아들은 마술막대기를 바위 틈에 꽂아서 추락을 피할 수 있었고 공중에 매달려 구조를 요청했지만 아버지는 가버렸다.

우리의 주인공은 손이 닿는 곳에 리아나덩굴이 있는 것을 알고, 그것을 잡고 벼랑 위로 기어올라갔다. 잠시 몸을 쉰 그는 먹을 것을 찾기 위해 나뭇가지를 주워 활과 화살을 만들어 벼랑 꼭대기에 많이 있는 도마뱀을 잡았다. 그는 먹고 남은 도마뱀을 허리와 발목, 팔에 두르는 무명천 띠에 매달았다. 그러나 죽은 도마뱀이 썩으면서 풍기는 지독한 냄새 때문에 그는 그만 기절하고 말았다. 그러자 썩은 고기를 먹는 독수리떼(*Cathartes urubu, Coragyps atratus foetens*)가 몰려들어 도마뱀을 먹어치운 후 불행한 주인공의 엉덩이 살을 시작으로 몸을 뜯어먹기 시작했다. 아픔에 정신이 든 주인공은 공격자를 쫓아버리기는 했지만, 이미 항문이 모두 뜯어 먹힌 것을 알아차렸다. 포식을 한 새들은 주인공을 도와주는 구조자로 변하여 그의 허리와 발목, 그리고 팔의 무명띠를 부리로 물어 그를 가볍게 산 밑에 내려놓았다.

주인공은 마치 꿈에서 깨어난 듯이 제정신이 들었고 배고픔을 느꼈다. 야생과일을 주워 먹었지만 항문이 없어 음식이 소화될 시간도 없이 바로 빠져나가는 것을 알고는 대단히 놀랐다. 그러나 그는 할머니가 들려준 동화 속 주인공처럼 식물뿌리를 이긴 반죽으로 인공항문을 만들어 붙임으로써 문제를 해결했다.

주인공은 이렇게 신체의 온전함을 회복한 후에 배불리 먹고는 자신의 마을을 찾아갔지만, 그곳에는 아무도 살고 있지 않았다. 그가 오랫동안 마을사람들을 찾아 헤매던 어느 날, 사람들의 발자국과 무엇보다도 할머니의 지팡이 자국으로 보이는 흔적을 찾아서 그것을 따라갔다. 그러나 주인공은 자신의 모습을 보이기가 두려워 도마뱀의 형상으로 나타났고, 그의 이런 행동은 할머니와 자기 동생을 오랫동안 당황하게 만들었다. 그래서 그는 결국 자신의 진정한 모습을 보이기로 결심했다(주인공은 할머니를 만나기 위해 자신을 네 가지 다른 종류의 새와 증명할 수 없는 한 종류의 나비로 변형시킨다. Colb. 2, 235~236쪽).

그날 밤 소나기를 동반한 강한 폭풍우가 일어나 할머니 집의 불씨를 제외한 마을의 모든 불이 꺼졌다. 다음날 아침 마을사람들이 할머니에게 불씨를 얻으러 왔는데, 거기에는 아버지의 두 번째 부인도 끼어 있었다. 그녀는 죽은 줄 알았던 의붓아들이 살아 있는 것을 보고는 남편에게 달려갔다. 아버지는 마치 아무 일도 일어나지 않았던 것처럼 손에 의례용 딸랑이를 들고 돌아온 여행자를 맞이하는 노래로 아들을 맞이했다.

그렇지만 주인공은 복수할 생각을 품고 있었다. 어느 날 동생과 숲속을 산보하던 주인공은 사슴의 뿔처럼 가지를 뻗은 아피(api)능금 가지를 꺾었다. 형의 사주를 받은 동생은 아버지를 졸라 집단 사냥을 나가서 작은 메아(mea)쥐로 변신하고는, 아버지를 매복할 장소를 들키지 않게 표시해두었다. 주인공은 머리에 가짜 사슴뿔을 달아 변장하고, 아버지를 격렬하게 뿔로 받은 뒤 꿰어 전속력으로 달려 희생물을 기다리고 있는 호수로 밀어넣었다. 아버지를 호수에 던지자마자 식인 물고기인 부이오고에(buiogoé) 신들이 게걸스레 뜯어먹었다. 죽음의 회식이 끝난 후에 호수 밑에는 희생자의 뼈만 남았고, 호수 위에는 부레가 수상식물의 형태로 떠다니고 있었는데, 그 식물의 잎사귀를 가리켜 사람들이 폐를 닮았다고 했다.

마을로 돌아온 주인공이 아버지의 부인들에게도 복수를 했는데, 그 중에는 친어머니도 포함되어 있었다.

이 신화는 주인공이 속해 있는 페오에(paiwoé) 씨족의 노래 가운데 한 주제를 이룬다고 '속보그'라는 같은 씨족의 정보제공자가 말했다(Colb. 3, 224~229, 343~347쪽). 좀더 오래된 신화의 한 판본은 다음과 같이 끝난다. 주인공은 "나는 나를 학대한 오라리무구(Orarimugu) 부족과 같이 살기를 원하지 않는다. 그들과 내 아버지에게 복수하기 위해서 나는 바람과 추위 그리고 비를 보낼 것이다"라고 선언하고는, 할머니를 모시고 아름답고 먼 나라로 떠났다. 그리고 그는 자신이 말한 대로 인디언들을 벌주기 위해 다시 오곤 했다(Colb. 2, 236쪽).

서창부

1. 보로로 마을은 이상적으로 여덟 개의 오두막으로 구성되는데, 각 오두막은 몇 개의 가족을 포함한다. 여덟 개의 오두막은 남성의 집이 있는 광장을 중심으로 원형으로 배치된다. 동서의 축이 마을을 두 개의 반족(半族, moitié)으로 나눈다. 북쪽은 세라(Cera) 반족이 있는 지역으로 동에서 서쪽으로 네 개의 오두막이 차례대로 네 개의 씨족에 속해 있다. 다시 말해서 바데제바 코부기우(badegeba cobugiwu)는 '위추장', 보코도리(bokodori)는 '큰 아르마딜로', 키(ki)는 '돼지', 바데제바 세베기우(badegeba cebegiwu)는 '아래추장'이다. 남쪽에는 투가레(Tugaré) 반족이 사는데, 동에서 서쪽으로 역시 네 개의 씨족에 속하는 네 개의 오두막으로 이루어져 있다.

다시 말해서 이와구두(iwaguddu)는 그랄하 아줄(gralha azul) '새 종류'(*Uroleuca cristatella*), 아로레(aroré)는 '애벌레', 아피보레(apiboré)는 '아쿠리 종려나무'(*Attalea speciosa*), 페웨(paiwé) 또는 페오에(paiwoé)는 '과리바원숭이'(*Alouatta*)다. 동서의 축이 마을 밖까지 연결된다고 생각하며 이 지역은 영혼들의 마을이다. 서쪽은 시조영웅인 바코로로(Bakororo)가 지배하는 지역으로서, 나무로 만든 옆으로 부는 나팔(ika)이 이 지역을 나타내는 상징문장이다. 반면 동쪽은 시조영웅인 이투보레(Ituboré)가 지배하는 지역으로 속을 빼내고 구멍을 뚫은 조롱박 두 개를 밀랍으로 붙여 만든 소리개(panna)가 상징문장이다.

조사한 모든 사실로 보면 씨족들은 대부분 하위씨족(sous-clans)과 종족(lignées)으로 갈라져 있었는데, 다른 씨족들은 사라져버렸으며, 전체적인 배치는 더욱 복잡했다.

보로로족의 사회구조를 명백히 나타내기 위해서는 세 개의 형식(formules) 중에서 선택할 수밖에 없다. 다시 말해서 우리가 보여준 형식처럼 단순화시킨 이론적 모델을 택하거나, 단순히 지역적이고 한정

도표 1 주요 부족의 위치

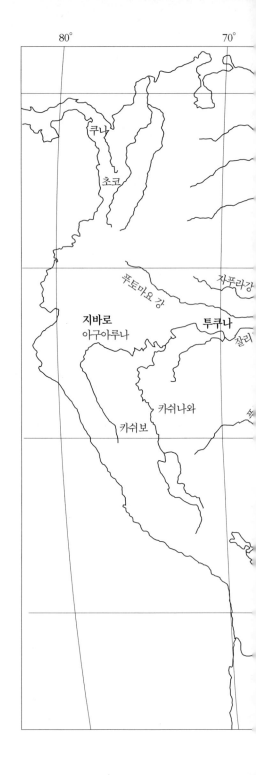

 제족언어 집단 영역

제족 주변의
투피어 사용 영역

우루부족 투피어를 사용하는 부족

차코지역의 부족

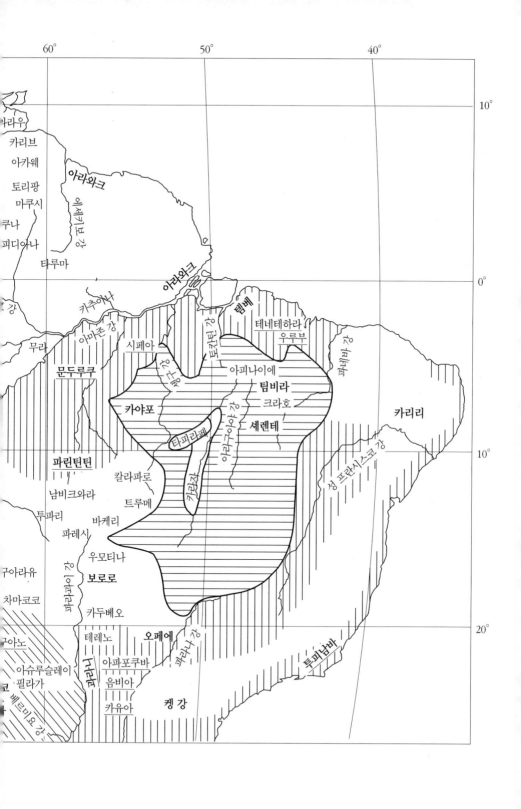

도표 2 알비세티에 따른 보로로족 마을의 이론적 도식

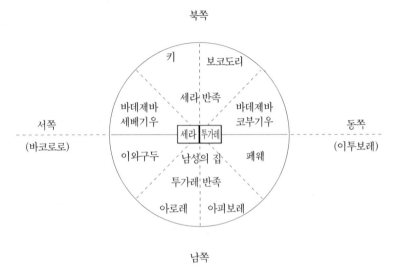

* 두 개의 각 반족(半族)은 각각 4개의 씨족으로 구성되어 있다(옮긴이).

된 범위의 역사적 · 인구학적인 변천 결과를 바탕으로 특정한 마을의
도면을 만들거나(L.-S.o), 아니면 『보로로 백과사전』(제1권, 434~444
쪽)에서 분명한 설명 없이 여러 경로의 토착민들에게서 얻은 정보를 바
탕으로 제설종합적(syncrétique : 상이한 문화와 종교 등의 종합 또는
융합─옮긴이)인 유일한 하나의 도식을 만들었던 것 등을 들 수 있다.
씨족의 이름을 번역하기 위해서 우리는 오랫동안 불확실한 채 남아 있
던 의미들을 자세히 설명한 『보로로 백과사전』(제1권, 438쪽)을 따를
것이다.

반족과 씨족은 외혼률(exogamique)과 모계율(matrilinéaire), 그리
고 모거제(matrilocaux)를 따른다. 남성은 결혼하면 두 반족을 가르고
있는 선을 넘어 아내의 씨족 오두막에 거처를 정하게 된다.

그러나 여성이 출입할 수 없는 남성의 집에서 그의 위치는 전과 다름
이 없다. 다시 말해서 그는 자신의 씨족과 반족에게 할당된 자리를 계
속해서 차지할 수 있는 것이다. 1935년 내가 머물렀던 케자라(Kejara)

도표 3 『보로로 백과사전』 제1권, 436쪽에 따른 보로로족 마을의 이론적 도면

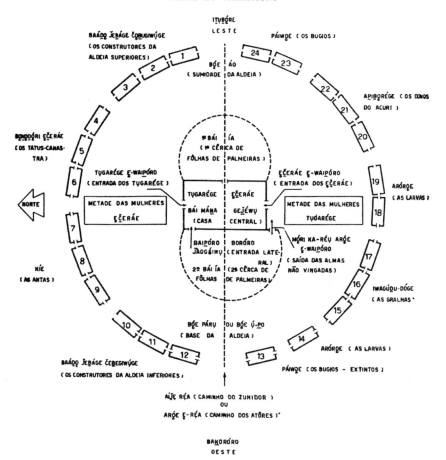

THÈME ET VARIATIONS

ITUBÓRE
LESTE

BAÁDO JEBÁGE COBUGNŮGE
(OS CONSTRUTORES DA
ALDEIA SUPERIORES)

PÁIWOE (OS BUGIOS)

BÓE ÁO
(SUMIDADE DA ALDEIA)

APIBORÉGE (OS DONOS
DO ACURI)

BONDOÓRI EĆERÁE
(OS TATUS-CANAS-
TRA)

NORTE

KÍE
(AS ANTAS)

ŦBÁI ÍA
(Ŧ CÊRCA DE
FÓLHAS DE PALMEIRAS)

TUGARÉGE E-WAIPÓRO
(ENTRADA DOS TUGARÉGE)

EĆERÁE E-WAIPÓRO
(ENTRADA DOS EĆERÁE)

METADE DAS MULHERES
EĆERÁE

TUGARÉGE

EĆERÁE

METADE DAS MULHERES
TUGARÉGE

BÁI MÁNA
(CASA)

GEJÉWU
(CENTRAL)

ARÓROE
(AS LARVAS)

BAIPÓRO
JÁOGÉIWU

BORÓRO
(ENTRADA LATE-
RAL)

MÓRI KA-RÉU AROE
E-WAIPÓRO
(SAÍDA DAS ALMAS
NÃO VINGADAS)

2ª BÁI ÍA DE
FÓLHAS

(2ª CÊRCA DE
DE PALMEIRAS)

IWAGÚDU-DÓGE
(AS GRALHAS)

BÓE PÁRU
(BASE DA

OU BÓE Ú-PO
ALDEIA)

ARÓROE (AS LARVAS)

BAÁDO JEBÁGE CEBEGIWŮGE
(OS CONSTRUTORES DA ALDEIA INFERIORES)

PÁIWOE (OS BUGIOS - EXTINTOS)

AIJE RÉA (CAMINHO DO ZUNIDOR)
OU
AROE E-RÉA (CAMINHO DOS ATÔRES)

BAKORÓRO
OESTE

마을에서 남성의 집은 남북의 축을 따라 지어져 있었다(그림 참조: L.-S. o, 273쪽; 3, 229쪽). 반면에 콜바치니(Colbacchini)와 알비세티(Albisetti)는 1919년부터 1948년까지 (두 사람 모두 또는 따로) 남성의 집은 동에서 서쪽 방향으로 지어져 있다고 끊임없이 강조해왔다. 그러나 『보로로 백과사전』(제1권, 436쪽, 445쪽)은 어떤 설명이나 코멘트도 없이 남북 방향으로 되어 있다고 기술한다. 이것은 우리의 관찰을 확인시켜 주지만, 40년 전부터 이 주제에 대해 살레시우스회 수도사들

이 기술(記述)한 모든 것을 반박하는 반전(反轉)에 정신을 차릴 수가 없다.

그러면 우리는 이 기간 동안 수도회 교부들의 권유에 의해 수도원 주변에 세워진 리오 바레로(Rio Barreiro, 1910년 사진 참조. Colb. 2, 7쪽, 9쪽) 마을에 대한 유일한 관찰에 근거했던 사실을 받아들여야만 할 것인가? 이것은 또한 적지 않게 비정상적인(서구인들의 시각으로는 비정상적일 수 있는—옮긴이) 사실들을 말하고 있다. 말하자면 콜바치니에서는 원형 그림 대신에 사각형 그림이 나오는데, "인디언들은 원과 정사각형의 차이를 크게 생각하지 않는다"(원문 인용)고 한다. 그리고 남성의 집은 동서남북 사방에 일치하도록 네 개의 출입문으로 되어 있고, 그것은 열세 개의 작은 길과 연결되어 있다는 것이다. 하지만 그런 경우가 있다 하더라도 최근의 증언이 과거에 관찰한 사실들을 모두 무용하게 만드는 것은 아니다.

『보로로 백과사전』를 읽으면서 우리는 당시의 저자들과 그 전(前) 세대 사람들이 보로로족에게는 존재하지도 않았던 유일하고 절대적인 진실을 찾으려 했다는 인상을 받는다. 살레시우스회 수도사들은 자신들이 원하는 진실에 집착한 나머지 다양한 정보제공자들의 증언을 모두 기술하지는 않았다. 수도사들은 토착민들로 하여금 점잖으나 단호하게 회의체를 구성하도록 하여 자신들이 찾는 유일한 진실에 대한 합의를 찾기를 바랐다. 결국 그렇게 하여 『콜바치니』의 저서 1·2·3과 『알비세티』를 거쳐 『보로로 백과사전』까지의 방대한 자료가 나오게 되었다(참고목록 참조).

이것은 두 가지로 판단할 수 있는데, 자료의 풍부함을 가져왔다는 점과 동시에 내용의 빈약함을 초래했다는 판단이 가능하다. 어쨌든 백과사전을 만들 만큼 많은 정보와 세부적인 자료를 수집할 수 있었다. 그러나 이와 동시에 정보의 범위는 한정되었고, 단순한 수정의 오류에 의한 것인지 아니면 진실된 사실을 소홀히 한 것인지는 알 수 없지만, 먼저 있었던 단서나 암시적인 것이 사라져버리게 되었다. 이것은 보로로의 현실이 단일한 덩어리(bloc)에서 유래했다는 점에 귀착할 수 없기 때문이다. 살레시우스회 수도사들이 이티키라(Itiquira)와 코렌테스(Correntes) 강 상류지방에서 발견한 사실이 이를 말해준다. 말하자면, 사망자의 뼈를 전통적인 관습에 따라 수장하지 않고 바위 벼랑의 동굴에 장례지냈다는 것이다. 발견된 잔재들의 보존 상태를 바탕으로 판단한다면 이것은 상대적으로 최근의 것으로 생각된다(『보로로 백과사전』, 제1권, 537~541쪽).

그렇다면 장례식만큼이나 중요한 다른 영역에서 나타나는 전통적인 관습의 차이점은 어떻게 찾을 수 있단 말인가?『보로로 백과사전』에는 보로로족이 볼리비아에서 온 사람들의 후예로 당시에는 지금의 종족보다 귀금속의 사용을 포함해 더욱이 발전된 문명을 누리고 있었다고 여러 번에 걸쳐 서술하고 있다. 이주기간에 토착민이 옛 조직의 특성을 모두 유지할 수 있었다고 생각하거나, 더욱이 이 조직이 여러 지역을 거치며 거주 형태 등에 다양하고 복잡한 변화를 겪지 않았다고 보는 것은 의미 없는 일일 것이다(아직도 사람들은 동쪽 보로로와 서쪽 보로로를 구별하고 있으며, 동쪽 보로로는 다시 모래고원의 보로로와 늪계곡의 보로로로 나뉜다). 게다가 동서남북에 위치하는 모든 보로로족들은 전혀 유사하지 않은 문화를 갖고 있는 이웃 민족들의 영향 아래 살아왔다.

2. 씨족들은 사회적인 위계에 따라 서로를 구별한다. 그들이 차지한 등급이나 문장(紋章), 제조한 물건의 형태, 기술의 상대적인 금기와 특권, 무엇보다도 씨족의 특성인 그들의 고유한 이름과 노래, 그리고 의례에 따라 서로를 구별한다. 이런 점에서 참조신화 주인공들의 이름은 유용한 단서를 제공하고 있는데, 이 단서들은 고유명사를 다루게 될『보로로 백과사전』제2권을 기다리는 동안 우리가 임시로 수집한 것이다.

주인공은 게리기기아투고(Geriguiguiatugo)라고 불린다.『보로로 백과사전』(제1권, 689쪽)에서 언급된 이 이름은『콜바치니 3』(고유명사 모음집, 441~446쪽)의 페오에 씨족의 이름목록에서는 찾아볼 수 없다. 게리기기아투고는 '아투고'(atugo)와 '게리기기'(geriguigui) 두 단어로 나눌 수 있는데, 아투고는 '그리다' 또는 '치장하다'라는 형용사로서 명사화되면 표범을 의미한다. 그리고 게리기기는 '육지거북'(djerighighe 'kágado', B. de Magalhães, 33쪽; jerigigi '*cágado* 변종의 이름', 『보로로 백과사전』, 제1권, 689쪽) 또는 '까마귀좌'(Colb. 1, 33~34쪽; 2, 220쪽; 3, 219쪽과 420쪽) 등의 의미를 가진 고유명사다. 『보로로 백과사전』(제1권, 612~613쪽)은 까마귀좌라는 의미를 받아들이지 않고 또 다른 성좌를 기술하는데, 이 점에 대해서는 나중에 길게 논의할 것이다(이책, 제4부 제2장).

주인공 이름 가운데 토리부고(Toribugo)라는 것도 있는데, 이것은 틀림없이 토리(tori) '돌멩이'를 의미한다. 『콜바치니 3』 어휘집(446쪽)을 참조하면, 토리 부구(tori bugu)는 남성·여성형으로 'como pedra'를 의미한다. 종교적인 언어로서(『보로로 백과사전』, 제1권, 981쪽) 거북이(jerigigi)는 마치 돌멩이 같은 등껍질을 가진 거북이, 즉 토리 타보우(tori tabowu)를 말한다. 이것은 앞의 두 이름이 서로 근접한 의미를 가진다는 의미다. 거북이는 페오에 씨족의 시조명(éponymes) 중의 하나인데(Colb. 3, 32쪽), 우리는 주인공이 이 씨족에 속한다는 것을 이미 알고 있다.

모계출계의 규칙에 따라 주인공은 역시 코로고(Korogo)라 불리는 어머니 쪽의 씨족이어야만 한다. 『보로로 백과사전』(제1권, 746쪽)에 의하면 코로제(korogé)라는 단어는 적(敵)이었던 부족을 지칭하며, 이 부족은 정복되어 결국에는 페오에 씨족의 하위 씨족 가운데 하나로 동화되었다. 어머니와 아들이 투가레 반족이면 아버지는 상대 반족에 속해야만 한다. 왜냐하면 반족들은 외혼제를 따르기 때문이다. 그러므로 아버지는 세라 반족이 된다.

『콜바치니 3』(441쪽)의 고유명사 모음집에 따르면 그의 이름은 보콰도리뢰(Bokwadorireu) 때로는 보쿠아도리뢰(Bokuaddorireu)라고도 씌어져 있다(bokwaddo는 '자토바나무'에서 나온 것인가?). 이는 세

156

라 반족인 바데제바 세베기우 '아래추장'의 씨족에 속한다. 아버지의 두 번째 부인의 이름은 키아레와레(Kiarewaré)로 이 이름은 단지 『보로로 백과사전』(제1권, 716쪽)에만 언급되어 있을 뿐이다.

3a. 참조신화는 성인식을 언급하면서 시작한다. 성인식은 『콜바치니 3』에 따르면 1년 내내 지속되지만, 『보로로 백과사전』(제1권, 624~642쪽)에 따르면 마을에 초상이 날 때까지 몇 달 동안 계속된다고 한다. 이것은 성인식의 마지막 부분이 장례식과 일치할 수 있도록 하려는 것이다. 각각의 책이 주장하는 바가 서로 다르지만(그러나 극복할 수 없는 모순은 아니다), 두 가지 출처 모두 수련자가 대단히 어려운 생활을 겪어야 한다는 점에서는 일치한다.

수련자들은 연장자들의 인도 아래 수백 킬로미터의 여정을 거친다(dezenas et dezenas de léguas, 『보로로 백과사전』, 제1권, 641쪽). 초췌하게 야윈 수련자들이 돌아왔을 때, 그들의 어머니들은 완전히 나뭇잎으로 덮인 아들을 찾아내서는 닦아주고, 수북히 난 털을 깎고 머리를 빗겨줘야 한다. 수련자들은 모닥불 위에서 의례적인 무언의 춤의식을 실행하고, 옆 개울에서 다 함께 목욕을 함으로써 귀향 의식의 막을 내린다(Colb. 3, 239~240쪽).

어머니들은 마치 사랑하는 사람이 세상을 떠난 것처럼 소리를 지르고 비통하게 울면서 그들의 아들을 맞이한다. 어머니들은 아마 이 순간부터 아들이 자신의 보호를 벗어나 여성의 사회에서 남성의 사회로 떠나가기 때문에 더욱 슬프게 울었을 것이다. 이때부터 젊은이들은 자기 생애의 마지막까지 바(bá) '성기덮개'를 착용하게 된다(Colb. 3, 171~172쪽; 『보로로 백과사전』, 제1권, 628쪽, 642쪽).

3b. 먼저 성기덮개는 신화 속에서의 문제다. 토착민들은 우리가 곧 알게 될(M₂ 참조) 주인공 베토고고(Baitogogo)가 성기덮개를 창안했다고 한다. 전에 "그들은 아랫입술을 뚫지 않고, 성기덮개도 하지 않았다. 그리

고 오늘날처럼 몸을 치장하는 어떤 장식류도 알지 못했으며, 우루쿠
(urucu)풀로 머리를 빗지도 않았다……"(Colb. 3, 61쪽). '바'라는 단어
는 '계란'과 동시에 '불알'을 의미한다(B. de Magalhães, 19쪽). 그러나
『보로로 백과사전』(제1권, 189쪽)에 따르면 두 단어가 구별된다고 한다.

3c. 더 오래된 신화 판본에 따르면 "성인식이 진행되기 전날 청소년
에게 씌울 바를 만들 바바수(babassu)종려나뭇잎을 찾으러 숲으로 가
는 것은 여자들이다. 여자들은 바를 만들고 남자들은 그것을 채워주는
역할을 한다……"(Colb. 3, 172쪽). 『보로로 백과사전』(제1권, 641쪽)
은 이러한 사실에 대해 단호하게 반대하면서 종려나뭇잎을 따는 것은
늘 수련자들의 할아버지거나 삼촌이라고 한다. 좀더 정확하게 말하면,
수련자 어머니의 친족들(모계사회기 때문이다—옮긴이)이다(『보로로
백과사전』, 제1권, 641쪽). 이렇게 책마다 서로 일치하지 않는 점들은
재미있는 문제를 일으킨다. 어쨌든 최초의 신화 판본과 이것을 한 줄씩
번역한 이탈리아어 역본이 이런 모호함을 해결한다.

ba-gi maerege e   maragoddu-re. Korogo
Il ba gli antenati essi lavorarono. Korogo(어머니의 이름)

ğameddo aremme e-bo[1] u-ttu-re
anche donne   colle   essa ando

콜바치니와 알비세티가 합작으로 기술한 살레시우스회 신부들의 저
작(포르투갈어본)은 전체적으로 이 최초의 신화 판본을 유지하고 있다.

---

1) "Sott. 'a cercare foglie di palma per costruire i bá."(Colb. 2, 92쪽, 주 4) 좀더
   나아가 저자는 "Per fare questi bá in occasione d'un'iniziazione, le donne
   vanno alla foresta a cercare foglie della palma uaguassù, come appare
   anche dalla leggenda di Gerigigiatugo"라고 한다(Colb. 2, 107~108쪽).

그렇지만 두 번째 부분만 새롭게 재현한 보로로 판본을 참조하면 신화의 첫 부분이 수정되었다는 것을 알게 된다.

koddoro gire maregue   e   maragoddure. Korogue utture
Esteira   ela antepassados eles trabalbavam. Korogue foi

aremebo jameddo
mulberes com tambem

(Colb. 3, 343쪽)

다시 말하자면 포르투갈어 자유 판본이나 민족지적 설명은 전혀 변함이 없다. 그러나 보로로 원문과 이 원문을 한 줄씩 번역한 것은 전혀 다르다. 말하자면 숲속으로 가는 것은 여성의 일이지만 성기덮개를 만드는 종려나뭇잎을 따는 것이 목적이 아니라, '에스테이라'(esteira)라는 멍석 깔개를 만들기 위한 풀줄기를 따러 가는 것이다. 그렇다면 포르투갈어 판본은 후에 다른 정보제공자로부터 얻은 또 다른 신화의 판본인가? 전혀 그렇지 않다. 요약본들을 제외한 1925년 판과 1942년 판은 일치한다. 그리고 더욱 다행인 것은 두 판본 모두 부분적이긴 하지만 같은 지점에서 언급을 멈춘다는 점이다.

1942년 판의 수정은 아마도 토착민의 서사(書士)에 의해서 만들어졌을 수 있다(살레시우스회 수도사들은 계속해서 둘 또는 세 명의 교육받은 정보제공자들에게 도움을 받고 있었다). 신화를 다시 베끼면서 원본의 세부적인 부분이 스스로가 관찰한 것 또는 다른 정보제공자에게서 얻은 관습과 일치하지 않는다고 보거나, 이것들이 민족지적인 사실로 생각되는 것들과 조화를 이루지 못할 때 수도사들이 원문을 수정했을 것이다. 1942년 당시에는 모르고 있었던 이러한 사실을 『보로로 백과사전』이 뒤늦게 알게 되었음이 틀림없고, 이로부터 『보로로 백과사전』의 반전(反轉)이 있었다. 이것이 결국 우리가 위에서 내린 해석을 강화해주고 있음은 물론 같은 유형의 다른 부분에 대한 해석을 강화해준다.

이제 (우리는)『보로로 백과사전』제2권에 수록될 우리의 참조신화 원본과 그에 대한 주해(참조) 같은 것에서 여성이 성기덮개 제조과정에 참여했다는 준거가 완전히 배제될 것이라는 것을 예견할 수 있다. 신화의 원본을 이처럼 마음대로 다룬 것은 대단히 유감스러운 일이다. 우리가 다른 곳(L.-S. 6)에서 이미 제시했던 것처럼, 어떤 신화든 신화의 주제나 대상이 되는 민족지적 현실에 대해 전적으로 상반된 진술을 할 수 있는데, 이러한 왜곡(비틀림)은 결국 신화 구조의 문제다. 더욱이 신화는 사라져버린 관습에 대한 기억을 간직하고 있거나 다른 지역 부족들의 관습 가운데 일부를 활용할 수도 있다. 우리가 염두에 두어야 하는 것은 신화의 원본은 새로운 자료나 해석보다 더욱 세심한 주의를 요한다는 것이다.

『보로로 백과사전』의 새로운 해석은 보로로 사회의 특징이기도 한 성(남성과 여성) 사이의 관계에 대한 규율과 성기덮개 착용과의 연관을 강조했다는 점이다. 이러한 연결 관계는 신화가 현실적으로 또는 상징적으로 증명하고 있다. 젊은이는 성기덮개를 받은 후에야만 혼인할 수 있는 권리를 갖게 된다(628쪽).

성기덮개를 만들어 수련자에게 채워주는 책임을 맡은 '대부'(parrain)가 수련자의 반족과 상대편 반족에 속해야만 하는 것은 아니다. "젊은이는 아내를 선택할 수 있는 하위 씨족들을 항상 고려해야 하며, 대부 역시 하위 씨족에서 선택해야 한다"(639쪽). 보로로족에서 반족 사이의 외혼제는 하위 씨족과 종족과의 우선혼의 규율로 인해 복잡해진다(450쪽). 성인식 의례의 마지막 부분에서 수련자는 부인이 남편에게 행하는 의식과 똑같은 의례 준칙(protocole)에 따라 대부에게 음식물을 제공한다(629쪽).

이 마지막 부분이 핵심이다. 왜냐하면『콜바치니 2』에서는 수련자와 대부 사이의 전도(顚倒)된 관계를 주장하기 때문이다. 성년식에 대해 보로로어로 씌어진 텍스트를 논평하면서,

emma-re-u   ak'oredduğe-re-u

esso proprio (ecco qui) la tua moglie costui

저자는 인디언들의 사고 속에서 'jorubbadare'(대부)는 미래의 아내
를 상징한다는 결론을 내리고(105쪽, 주 4), 『콜바치니 3』(172쪽)에서
도 같은 논평을 그대로 유지한다.

교육을 받은 어떤 정보제공자가 쓴 새로운 서술집에 근거해 『보로로
백과사전』은 위의 사실은 잘못된 판단이며, 성기덮개의 성적 상징은 더
욱 복잡한 것이라고 단언한다. 새로운 판본에 따르면 수련자의 할아버
지와 형들은 먼저 바바수종려나무의 싹(또는 새싹 'brôto')을 얻은 다
음에 그것을 대부 역할을 하도록 선정된 사람에게 주면서 '이 새싹은
사실 너의 아내다'라고 말한다. 대부는 형과 동생들(수련자의 미래 처
남들)의 도움을 받으며 서둘러서 작은 잎으로 성기덮개를 만드는데, 수
련자는 성기덮개를 마치 왕관을 쓰듯이 밤새도록 머리에 매달아 쓰고
있어야 한다.

아침이 되면 머리에 성기덮개를 쓴 수련자 앞에 대부를 데려다놓고
선창(先唱)한 선언문을 반복한다. 그런 다음에 성기덮개를 벗겨 수련자
가 이것을 이로 물고 있도록 한다. 두 번에 걸쳐서 성기덮개를 수련자
에게 채워주는데, 처음에는 임시로 다음에는 진짜로 실행하고, 수련자
는 마치 아무 것도 보지 않은 듯이 허공을 쳐다보고 있어야 한다.

『보로로 백과사전』에 따르면 '바바수종려나무의 싹과 성기덮개는 여
성을 상징한다. 왜냐하면 사람들은 그것들을 대부의 여자(아내)로 부르
기 때문이다'(『보로로 백과사전』, 제1권, 640쪽). 만일 이러한 주장이
확인된다면, 남아메리카는 물론 다른 곳에서도 성기덮개의 상징성에
대한 이론적(理論的) 견해를 쇄신하게 될 것이다. 우리는 이러한 논쟁
에 말려들 필요 없이 단지 이 논쟁 가운데 하나를 제시하는 것으로 만
족하자. 의례규칙(le rituel)은 성기덮개와 그것을 만드는 재료(종려나
무 싹)가 일반 여성과 일치하는 것이 아니라, 반족의 여자들과 수련자

의 하위 씨족, 그리고 씨족의 여자들과 일치한다. 반면 대부의 하위 씨족도 수련자의 하위 씨족과 우선적인 혼인관계를 맺는다. 다시 말해서 수련자의 하위 씨족과 씨족의 여자들은 대부의 여자(아내)가 될 수 있다. 마찬가지로 앞에서 논쟁거리가 되었던 신화에서도 종려나뭇잎을 따는 데 적극적인 역할을 담당하는 여자들이 이 범주에 속한다는 것을 비유적인 방법을 통해 암시하고 있다.

현재 우리가 알고 있는 지식 수준으로는 『보로로 백과사전』의 해석을 확실한 것이라고 평가할 수는 없다. 의례 주문을 보면 emmareu ak-oreduǰe, 즉 '이것은 너의 아내다'라는 선언이 있는데, 이때 주어의 불명확한 정체성이 문제다. 콜바치니는 수련자에게 주는 말 속에서 '이것'이 대부를 의미한다고 믿었다. 그렇게 보이기도 하지만 목적보어를 도치시켜 본다면, '이것'은 수련자는 물론 새싹 또는 성기덮개가 될 수도 있다. 앞에서 인용한 『보로로 백과사전』 629쪽의 사실은 콜바치니의 해석을 뒷받침한다.

어쨌든 이 문제에 대한 대답이 우리의 논증에 필수적인 것은 아니다. 우리 논증의 핵심은 숲속 원정으로 시작되는 신화가 여성적인 특성을 갖고 있다는 점이다. 이것은 원래의 판본이나 수정된 판본 모두가 그렇다. 왜냐하면 두 판본 모두 주인공의 어머니가 '다른 여자들'과 같이 숲으로 갔다고 기술하기 때문이다. 수정된 판본에서는 돗자리를 만들기 위해 풀줄기를 수확하러 여자들이 숲으로 간다. 보로로족에게 돗자리(세공업)는 여성의 일인 반면에 천을 짜는 직조업은 남성의 일이다. 여기서 중요한 불변의 특성은 두 경우 모두 여성이 숲으로 간다는 것이다 (Colb. 1, 31~32쪽).

4. 보로로족은 어린 아라앵무새 잡기를 즐기며 잡은 앵무새를 마을에서 길러 정기적으로 털을 뽑는다. 새들이 둥지를 트는 암벽은 늪지대의 낮은 곳에서 200~300미터의 높이에 달한다. 이 암벽지대는 북쪽으로 아마존 강 하구까지 점진적으로 낮아지며, 중앙고원지대의 동쪽과 남

쪽 가장자리를 형성한다.

5. 아라앵무새는 토착민의 생각 속에서 대단히 큰 자리를 차지한다. 앵무새는 두 가지 중요한 역할을 하는데, 먼저 앵무새의 깃털은 다른 새들(투칸[toucan], 백조[aigrette], 수리[aigle-harpie])의 깃털과 함께 나무상자에 잘 보관했다가 왕관이나 화환 모양의 관(couronne)을 만들 때나 활이나 다른 물건을 장식할 때 사용한다. 다른 한편 보로로 인들은 복잡한 순환과정을 거치는 영혼의 윤회(transmigration)를 믿는다. 이것에 따라서 그들은 윤회의 어떤 시기에 영혼들이 아라앵무새로 다시 태어난다고 믿는다.

6. 강간을 당한 후 아내의 허리띠에 꽂힌 깃털을 한눈에 알아차리고 아버지는 아내에 대한 의구심을 갖는데, 이것은 보로로 사회에 존재하는 남성과 여성의 대조적인 복장으로 설명할 수 있다. 남성들은 성기덮개만 착용할 뿐 맨살로 생활하지만, 일상적인 생활을 할 때에도(축제기간에는 물론 꼭 착용해야 한다) 다양하게 여러 가지 주제를 나타내기 위해 색칠한 나무껍질 또는 여러 색깔의 깃털이 풍성한 털모자 등으로 된 옷과 장식을 착용한다.

이와는 반대로 여성들은 흰나무껍질로 된 성기덮개(월경 중에는 검은 색의 성기덮개를 착용한다, B. de Magalhães, 29쪽, 30쪽;『보로로 백과사전』, 제1권, 89쪽)와 진한 색깔의 나무껍질로 된 가슴에 매는 혁대—거의 코르셋이라고 해도 좋다—를 착용한다. 여성의 장식물은 주로 우루쿠(염색용 풀, *Bixa orellana*)의 붉은색으로 염색한 어깨에 거는 띠와 표범의 송곳니 또는 원숭이 이로 된 목걸이나 걸이개(pendentifs)로 이루어지는데, 이러한 장식물은 축제기간에만 착용한다. 이 장식물의 흰크림빛은 여성 복장의 황색이나 짙은 붉은색 또는 갈색 등과 어울려 절제된 화려함을 갖지만, 엄격할 정도로 절제된 여성의 복장은 남성의 다양하고 현란한 색깔의 장식물과 놀라울 정도로 대비된다.

7a. 참조신화에는 파리새(벌새)·산비둘기·메뚜기·도마뱀·썩은 고기를 먹는 독수리·사슴 등 여러 종류의 동물이 등장한다. 이 점에 대해서는 곧 다시 논의할 것이다. 메아쥐 '코티아'(cotia, *Dasyprocta aguti*, Colb. 3, 430쪽)는 페오에 씨족의 시조 이름에 인용된 설치류다 (Colb. 3, 32쪽).

7b. 주인공의 대체항문 제작에 사용된 포고도리(pogodóri; 보보토리[bobotóri], Colb. 2, 135쪽)는 '감자 종류'인데, 이를 현재의 자료로는 정확히 증명할 수 없다. 『보로로 백과사전』(제1권, 882쪽)에 따르면, 대체항문 제작에 쓰인 것은 카라(cara)와 유사한 식용 뿌리식물의 변종이다. 이것을 담배 대신에 피우기도 하며 787쪽에서는 숲의 마과 (科) 식물이라고 분명히 말하고 있다. 미국 신화학자들이 이 식물을 '항문 마개'(anus stopper)라고 표현한 이유에 대해서는 『신화학 2』에서 논의할 것이다. 여하튼 이 식물은 신대륙에 아주 넓게 분포되어 있다. 왜냐하면 북아메리카의 뉴멕시코에서 캐나다의 넓은 지역에서까지 이 식물을 발견할 수 있을 뿐만 아니라, 워싱턴 주와 오리건 주의 인디언 부족들의 신화 속에서 특히 자주 등장하기 때문이다(쿠스[Coos], 카라푸야[Kalapuya], 카스라멧[Kathlamet] 등등).

7c. 신화 주인공이 보로로어로 아피(api)라고 부르는 나무로 가짜 사슴뿔을 만들었는데, 이 의미도 역시 분명하지 않다. 『콜바치니 3』(410쪽)의 어휘사전에는 appi, 'sucupira'라는 콩과 식물의 일종으로 되어 있는데, 이것의 의미는 『보로로 백과사전』(제1권, 77쪽)에서 확인된다. 즉 appi, 'sucupira'(*Ormosia*), 또는 862쪽을 참조하면 paro i, 'sucupira'(일종의 콩과 식물)는 사실 투피어(tupi)로 여러 종류의 식물을 지칭한다. 특히 *Bowdichia virgilioides*는 이 식물의 단단함과 가시가 달린 구조 등으로 인해 신화에 등장하는 것과 매우 잘 부합되며, 또는 *Pterodon pubescens*(Hoehne, 284쪽)라고도 한다.

7d. 반면 식인신(食人神)인 부이오게(buiogué)는 부이오고 (buiogo)의 복수명사로 '피라니아' 식인물고기(*Serrasalmus*, 『보로로 백과사전』, 제1권, 520쪽)로서 브라질 중부와 남부의 호수나 강에 살며, 대단한 식욕으로 유명하다.

8. 신화의 끝부분에 인용된 노래는 알비세티에 의해 출간되었는데, 이른바 '고전어'로 되어 있어 살레시우스회 수도사조차 번역할 수 없었다. 원본(신화)은 백인과 인디언 간의 전투를 암시하는 것 같다. 동생인 자푸이라(japuira)라는 새(oriol)가 형인 붉은 머리 우루부독수리를 죽이고, 벼랑의 중간에 있는 새둥지를 터는 원정 모험을 가는 것, 아버지를 죽이기 위해 주인공이 사슴으로 변하는 것, 그리고 마치 '백로'처럼 호수 속으로 아버지가 침몰하는 것 등등을 볼 수 있다.

첫 번째 변주곡

참조신화의 첫 동기는 주인공이 어머니와 근친상간이라는 죄를 저지르면서 시작한다. 하지만 이런 '유죄성'은 아들을 죽이려는 의지를 가지고 그를 죽이려는 구체적인 행위를 한 아버지에게 있는 것처럼 보인다. 그러나 신화 자체는 어떤 판단도 내리지 않는다. 주인공은 할머니에게 도움을 청하고 또 도움을 받아 어려운 난관을 극복하고, 아버지는 범법자가 되는데 복수를 원했다는 사실이 유죄가 되어 결국 죽음을 당한 것은 아버지다.

근친상간으로부터 벗어나는 일은 다른 신화에서도 볼 수 있는데, 그러한 신화 가운데 다음 신화에서는 모욕당한 남편이 벌을 받는다.

M₂. 보로로족의 신화: 물과 장식물, 그리고 장례식의 기원

먼 옛날 두 명의 추장이 있었는데, 이들은 모두 투가레(Tugaré) 반족(오늘날처럼 세라 반족이 아니라)에 속해 있었다. 한 추장은 아로

레(aroré) 씨족이었고, 다른 추장은 아피보레(apiboré) 씨족 출신이
었다. 이 가운데 우두머리는 비리모도(Birimoddo) '아름다운 피부'
(Cruz. 1 ; Colb., 29쪽)라 불렸고, 별명은 베토고고(이 단어의 의미
에 대해서는 뒤에 논의할 것이다)였다.

하루는 베토고고의 아내—그녀는 세라 반족의 보코도리 씨족에
속한다—가 야생과일을 찾으러 숲으로 갔다. 그녀의 어린 아들이 따
라가기를 원했으나 거절당하자 몰래 어머니를 미행하다가 어머니가
같은 키(ki) 반족인 한 인디언(인디언의 친족 호칭 체계에 따르면 형
제자매의 범주에 속한다)에게 강간당하는 모습을 보게 되었다. 이 사
실을 아들에게서 들은 베토고고는 적에게 복수를 시작했다. 그는 차
례로 어깨, 팔, 허리, 엉덩이, 허벅지, 얼굴, 그리고 옆구리에 화살로
치명상을 입힘으로써 적을 죽였다. 그리고 밤이 오자 활시위로 아내
의 목을 졸라 죽였다.

네 마리 다른 종류의 타투(tatou, 개미핥기의 일종), 다시 말해서 보코
도리(큰 개미핥기, *Priodontes giganteus*), 게레고(gerego, 'tatu liso',
『보로로 백과사전』, 제1권, 687쪽 ; 'tatu-bola', *Dasypustricinctus*, B.
de Magalhães, 33쪽), 에노쿠리(enokuri, 'tatu-bola do campo',
『보로로 백과사전』, 제1권, 566쪽), 오콰루(okwaru, 'tatu-peba'의
변종,『보로로 백과사전』, 제1권, 840쪽)의 도움을 받아 주인공은 아
내의 침대 밑에 구덩이를 파고 시체를 묻었다. 그러고는 자신의 죄상
을 아무도 모르게 하기 위해 그 위에 돗자리를 덮었다.

반면 소년은 어머니를 찾아 헤맸다. 바싹 여윈 소년은 울면서 살인
자가 거짓으로 위장해놓은 잘못된 길을 따라가다 그만 지치고 말았
다. 베토고고가 두 번째 부인과 함께 바람을 쏘이러 나온 어느 날, 어
머니를 더 잘 찾으려고 새로 변신한 소년이 공중에서 똥을 누어 베토
고고의 어깨에 떨어뜨렸다. 그러자 베토고고의 어깨에서 싹이 나 큰
나무(자토바, *Hymenea courbaril*)의 형상으로 자라났다.

어깨의 짐으로 인해 불편하고 모욕을 느낀 베토고고는 마을을 떠나

산림 지대에서 방랑 생활을 했는데, 그가 쉬려고 멈출 때마다 그 자리에 호수와 강이 생겨났다. 이 시기에는 아직도 지상에 물이 존재하지 않았고, 물이 솟아날 때마다 나무는 물에 잠겨 사라졌다.

그렇지만 베토고고는 그가 만든 푸르른 광경에 매혹되어 마을로 돌아가지 않기로 결심했다. 그는 추장직을 포기하고 아버지가 추장직을 맡도록 했다. 그가 마을을 떠났을 때, 추장직을 맡았던 두 번째 추장도 추장직을 넘기고 베토고고의 뒤를 따랐다. 이렇게 해서 이중 추장직이 세라 반족에 생겨났다. 바코로로(Bakororo)와 이투보레(Ituboré, 45쪽과 48쪽 참조)라는 문화 창조 영웅이 된 옛 추장들은 그들이 창조한 장식물과 장신구, 그리고 여러 종류의 도구를 마을사람들에게 선물할 때만 동족을 방문할 것이다.[2]

그들이 잘 차려입고 마을로 돌아왔을 때, 그들의 후계자가 된 아버지들은 처음에는 두려웠으나 의례의 노래로 그들을 환영했다. 베토고고의 동료인 아카루이오 보로고(Akaruio Borogo)의 아버지인 아카리오 보코도리(Akario Bokodori)는 영웅들이 가진 모든 장식물을 자기에게 줄 것을 요구했다(영웅들이란 말은 두 명을 의미하는데, 여기서는 마치 어떤 군대의 무리를 형성한 것처럼 표현되었다). 어떤 이야기는 다음과 같이 결론을 내린다. "그는 많은 것을 가져오는 사람은 죽이지 않고, 조금 가져오는 사람은 죽여버렸다"(Colb. 3, 201~206쪽).

불연속의 간주곡

우리가 논증하는 데 즉각적인 흥미를 끌지는 않지만 이 신화에서 잠시 머무르자. 왜냐하면 보로로 철학 체계 속에서 앞의 두 신화가 차지

---

2) 역사적 관점에서 성기덮개를 차고 성장한 파이(Fai) 형제들이 인간에게 장신구와 장식물 등을 나눠주기 위해서 오는 아파포쿠바(apapocuva) 신화의 에피소드와 비교하는 것은 흥미로운 일이다(Nim. 1, 37~38쪽).

하는 중심적인 위치를 강조하고 또 우리의 선택을 명확히하고 정당화
하기 위해서다.

앞에서 요약한 신화나 참조신화에서도 주인공은 투가레 반족에 속하
고, 두 신화 모두 기원에 대한 이야기로서 콜바치니가 제시한 것이다.
첫번째 신화는 '바람과 비의 기원'(Colb., 221쪽), 두 번째는 '물과 장
신구의 기원'(Colb., 201쪽)이다. 이 두 가지 창조 기능은 투가레 반족
의 영웅, 다시 말하자면 '강자'(?)에게 맡겨진 역할과 일치한다. 창조자
또는 조물주인 그들은 매우 자주 사물의 '존재'에 책임을 지는데, 주로
강 · 호수 · 비 · 바람 · 물고기 · 식물 · 제조된 도구 등을 창조한 사람이
다. 마법사라기보다는 사제인 세라 반족의 영웅들(때로는 '약자'라는
의미로 해석되기도 한다)[3]은 투가레 반족 영웅들의 창조에 대한 '운영
자'(gestionnaires)나 '조직자'(organisateurs)로서 창조 이후에 참여
한다. 그들은 괴물을 멸망시키고 동물에게 특별한 먹이를 분배하거나
마을과 사회의 질서를 바로잡는다.

이러한 관점에서 보면, 두 신화 사이에는 유사한 면이 있다. 두 신화
는 각기 한 명의 투가레 영웅을 등장시키는데, 이 영웅은 높은 곳으로
이동한 후(리아나덩굴을 타고 벼랑 위로 올라감) 하늘에서 내려오는 물
(천상의 물)을 창조하거나, 또는 낮은 곳으로 이동한 후(어깨에 메고
있는 나무의 무게를 견디지 못함) 땅에서 나오는 물을 창조한다. 또 다
른 한편 천상의 물은 저주받은(maléfique) 물이다. 왜냐하면 이 물은
폭풍우로부터 유래하기 때문이다(보로로족은 이 불길한 물과 자비롭고

---

3) 콜바치니와 우리 자신은 현지에서 서로 독립적으로 '강한'과 '약한'의 의미를 수
집했다. 그러나 콜바치니의 어떤 정보제공자는 이를 완강히 거부하고 받아들이지
않았다(Colb. 3, 30쪽). 그리고 『보로로 백과사전』(제1권, 444쪽) 쌍둥이 신화
(M46)의 가장 오래된 판본에서 나오는 아래와 같은 경우에 당황스럽지 않은 것도
아니다. 표범이 주인공에게 만약 당신들이 식인 독수리를 죽인다면, 당신들은 아
주 강하고 힘이 있으며 타인에게 명령(a muitos tugaregedos〔servos〕)할 수 있을
것이다(Colb. 1, 118쪽). 또는 다른 판본에 따르면 '큰 민족이 당신에게 복종할 것
이다'(Colb. 3, 194쪽)라고 말했다.

유익한 비를 구별한다. Colb. 3, 229~230쪽 참조; 『보로로 백과사전』, 218쪽 이하에서 나오는 발견할 수 없는 이러한 대립에 대해서는 뒤에 이야기할 것이다). 반면 땅의 물은 이로운 물이다. 이 각각의 창조에서 대칭적(symétrique)이고, 도치된 상황을 대비해 접근시켜 볼 필요가 있다. 첫 번째 신화의 주인공은 아버지의 악의에 의해 마을로부터 본의 아니게 분리된 반면에, 두 번째 신화의 주인공도 마을로부터 분리되지만 아버지에게 자신의 추장직을 남겨놓고 자발적으로 그것도 아버지에 대한 호의적 감정을 가지고 떠난다.[4]

이제 예비적인 단서들을 점검했으니 학살을 저지름으로써 죄인이 된 아카리오 보코도리에 대한 이야기를 살펴보자. 우리는 이 인물과 유사한 역할을 하는 주인공(단지 이름의 철자가 다를 뿐이지만 이런 불확실한 일은 우리가 참조하는 자료에는 흔히 있는 일이다) 아카루이오 보코도리 역시 '위추장' 씨족의 구성원이다(Colb. 3, 고유명사 모음집, 442쪽에 수록된 Akkaruio bokkodori〔원문 그대로〕, 남성형과 여성형은 '큰 개미핥기의 발톱장신구로 유명하다'). 이제 신화를 보도록 하자.

M3. 보로로족 신화: 대홍수 이후

대홍수가 지나간 후 땅에는 다시 사람들이 번창했다. 하지만 사람들이 너무 많이 늘어나서 태양인 메리는 두려워졌고, 이들의 수를 줄일 방법을 찾고 있었다.

그는 큰 강 위에 부서지기 쉬운 통나무를 골라 구름다리를 만들어 놓고, 한 동네의 모든 사람들에게 이 다리를 통해 강을 건너도록 명령했다. 다리는 무게를 못 이겨 끊어지고 말았다. 기형인 다리를 가

---

4) 콜바치니에 이어서 몇몇 다른 사람들은 이중적인 수수께끼를 보게 되는데, 실제로 족장관할구역은 한 세대에서 다음 세대로 전수되고 외삼촌에서 조카에게 전수된다. 그러나 우리는 이미 이 예에서 감지했듯이 하나의 신화는 현재나 옛날이나 자기 제도의 현실적 의미를 그대로 반영하지 않는다. 신화에 반영된 제도는 변형집단의 신화들 관계에서 신화 자신이 차지하는 위치에 달려 있다.

져 걸음이 느린 아카루이오 보코도리를 제외한 모든 사람이 물에 떨어져 죽었다.

소용돌이에 휘말린 사람들은 머리카락이 구부러지거나 곱슬머리가 되었고, 잔잔한 물에 빠진 사람들은 날씬하거나 매끄러운 머리카락을 갖게 되었다. 아카루이오 보코도리는 북을 동반하고 주문을 외워 물에 떨어진 모든 사람들을 부활시켰는데, 이들은 나중에야 자신들의 머리가 달라진 것을 알았다. 주인공은 다음과 같은 순서대로 사람들을 다시 살아나게 했는데, 먼저 부레모도도게(Buremoddodogué) 부족, 라루도게(Rarudogué) 부족, 비토두도게(Bitodudogué) 부족, 푸가게괴게(Pugaguegeugué) 부족, 로쿠두도게(Rokuddudogué) 부족, 코도게(Codogué) 부족, 그리고 마지막으로 그가 가장 좋아했던 보이우게(Boiugué) 부족 사람들이었다.

그러나 주인공은 다시 돌아오는 사람 가운데 기꺼이 받을 수 있는 선물을 가지고 온 사람들만 환영했고, 나머지는 화살로 죽여버렸다. 이런 일 때문에 그에게 붙여진 별명은 마무이오게세바(Mamuiauguexeba) '살해자' 또는 에비도세바(Evidoxeba) '죽음의 원인'이 되었다(Colb. 3, 231쪽, 241~242쪽).

같은 인물이 또 다른 신화에도 등장한다. 다시 말해서 동료들을 살해한 살인자인데, 이번에는 동료들과의 싸움과 추장에 대한 예의를 갖추지 않는다는 이유로 그들을 죽인다(Colb. 3, 30쪽). 하지만 불행하게도 이 이야기는 너무 부분적이어서 이용할 수가 없다.

우리는 적어도 두 개의 신화를 갖고 있다. 그 신화에는 위의 신화와 같은 이름을 가진 세라 반족의 주인공이 선물을 가지고 '돌아오는' 주민을 학살했는데, 이유는 그들이 갖고 온 선물이 너무 보잘것없다는 것 때문이었다.[5] 어떤 신화의 경우에는 선물의 성격이 정확하지 않다. 또 다른 신화의 경우에는 선물이 장식물과 의례용 장신구들이며, 각 씨족에 따라 불균등하게 배당되었다. 각 씨족은 자기들만의 독점적인 재산을 갖고 있으며, 이런 관점에서 보면 각 씨족은 '부유'하거나 '가난'하다. 이처럼 장식물과 장신구는 이 사회의 변별적 차등(écart différentiel)을 야기한다.

선물에 대해서는 별 언급이 없지만 다른 두 가지 점에 대해서는 아주 정확한 신화M₃을 좀더 주의해서 볼 필요가 있다. 먼저 이 신화는 사회적인 외모 대신에 신체적 외모에 대한 변별적 차등을 고려하도록 요구한다. 다시 말해서 머리칼에 대한 이야기다. 다음으로 현재 우리가 알고 있는 지식으로는 아직 수수께끼로 남아 있던 이름(부족의 이름)을 열거하고, /-gué/는 복수형이라는 것을 나타낸다.[6] 말하자면 별개의 그리고 분리된 인간 집단을 언급하고 있는 것이다.

틀림없이 민족이나 부족, 즉 변별적 가치가 부여된 집단(신체적 차이처럼)은 한 사회 '내부'(en deçà)에서가 아니라 한 사회를 '넘어선'(au delà) 차원에서 나타난다. 다시 말해서 첫 번째 경우는 집단 내부에서 개인 간의 차이를 그리고 두 번째 경우는 집단 간의 차이를 의미하는 것이다. 신화M₃의 이러한 이중적인 측면에 대하여 신화M₂는 중간 층위에 있다. 왜냐하면 한 집단 안에서 하위집단 간의 사회적 차이를 보여주기 때문이다.

두 신화를 하나로 묶어본다면 3개의 영역과 관계되는데, 각 영역은 원래 연속적이다. 그러나 이런 연속적인 영역 속에 각 영역을 개념화하기 위해서는 불연속이라는 개념의 유입이 필수적인 것처럼 보인다. 각

---

5) 『보로로 백과사전』(제1권, 58~59쪽)에는 어떤 부락에 도착한 알려지지 않은 보로로인이 이익을 줄 어떤 물건을 소지하고 있는지를 마을 사람들에게 머리에서부터 발끝까지 수색당했다. 긍정적일 경우 그는 기꺼이 환대를 받았고, 그렇지 않을 경우에는 살해당했다라는 구절이 있다. (신화M₁에서 문제가 되었던 작은 딸랑이는 처음에 적대감을 갖고 대했던 한 인디언 여인에게서 그렇게 얻은 것이다.

6) 이웃하거나 또는 동일한 형식과 비교한다면, ragudu-dogé, rarai-dogé라는 전설적 부족의 이름(Colb. 1, 5쪽)과 buremoddu-dogé '아름다운 발을 가진 사람들'(키족의 별명), raru-dogé '여러 전설 속에서 보로로인이 자신들에게 붙인 이름', 코다제(codagé) '에시톤(*Eciton*) 속의 개미', 보이우제(boiwugé) '가장 최근에 도착한 사람들'(『보로로 백과사전』, 제1권, 529쪽, 895쪽, 544쪽, 504쪽)이 있다.

각의 경우에 우리는 연속적인 것의 어떤 부분을 근원적으로 배제시킴으로써 불연속을 얻을 수 있다. 이렇게 연속성이 약화되고 줄어든 요소들은 본래의 연속 공간에서 아주 편하게 펼쳐지고, 각 요소들을 배치할 거리가 이제는 충분하게 확보되어 서로의 자리를 침범하지 않는다. 다시 말하면 서로를 혼동하지 않게 된다.

아주 흡사하게 생긴 신체적 유형들을 분명하게 구별하기 위해서는 사람들의 수가 적어져야만 한다. 왜냐하면 '하찮은'(insignifiants) 선물을 가지고 온 씨족이나 주민의 존재에 대한 신화를 인정한다면 예를 들어, 두 씨족 또는 두 주민 사이에 다른 씨족이나 주민이 수없이 많이 끼어들 위험이 있기 때문이다. 이렇게 되면 이웃들 사이에 구별되는 특성이 거의 없어져 결국 그 사람이 그 사람인 것처럼 혼동되고 말 것이다. 그래서 어떤 영역에서나 의미 체계(système de signification)를 구성할 수 있는 것은 오로지 불연속적인 수에서다.

단지 보로로 신화에만 국한해 분석한 앞의 논증은 근거가 약하다. 그러나 다른 민족의 신화에서도 위와 유사한 논증에 접근할 수 있다면 그것은 더욱 힘을 얻게 된다. 물론 이런 신화들은 앞에서 논한 신화와 형식구조가 유사하다. 오지브와족(Ojibwa)은 5개의 큰 씨족으로부터 자신들의 신화가 유래했다고 믿는데, 이 다섯 씨족이 형성될 수 있기 위해서는 6명의 초자연적 인물이 5명이 되어야만 하기 때문에 그들 중 한 명은 추방되어야만 했다. 티코피아족(Tikopia)은 4개의 '토템' 식물을 갖고 있는데, 이것은 지역의 신들이 축제를 위해 준비한 식사를 외부의 신이 훔쳐갔을 때, 그들의 조상이 보존할 수 있었던 유일한 식물이었다(L.-S. 8, 27~29쪽, 36~37쪽; 9, 302쪽).

이 모든 경우를 보면 결국 불연속 체계(système discret)는 요소들의 파괴에서 생겨나거나 또는 원초적 총합(ensemble primitif)에서 요소의 일부를 제거함으로써 형성된다. 역시 위의 신화에서도 모든 경우 축소화 또는 빈약화(appauvrissement)의 장본인은 불구자들이다. 다시 말해서 오지브와족 6명의 신은 스스로 장님행세를 했는데, 눈가리개를 풀어버린 한 명을 추방했다. 티코피아족의 도둑신 티카라우(Tikarau)는 향연의 식사를 탈취하기 위해 절름발이로 가장했으며, 아카루이오 보코도리 역시 절름발이다. 세계 도처에서 흔히 나타나는 신화의 인물들은 장님이거나 절름발이, 애꾸눈 또는 팔병신이다. 이런 사실은 우리를 당황시키는데, 왜냐하면 이것들은 결핍이기 때문이다. 그러나 수적으로는 더 빈약하지만 요소의 제거에 의해 형성된 불연속 체계는 논리적으로는 더 풍부하다. 마찬가지로 신화는 흔히 불구자나 병자에게 긍정적인 의미를 부여하는데, 이들이 매개 형식을 구현하기 때문이다.

우리는 불구나 병을 존재의 결핍, 즉 불행이라고 생각한다. 그러나 죽음은 삶과 마찬가지로 실제적이다. 그렇기 때문에 존재하는 것 모두 말하자면, 병적인 것까지를 포함하는 모든 조건은 그 나름대로 긍정적이다. 가장 볼 것 없는 존재도 체계 내에서 완전한 자리를 차지할 권리를 갖는다. 왜냐하면 불구나 병은 죽음과 삶이라는 두 개의 '완전한' 상태를 통로로 설정할 수 있는(매개하는—옮긴이) 유일한 형태기 때문이다.

우리가 접근한 신화들은 연속적 양에서 불연속적 양으로 이행하는 문제를 해결할 수 있는 상당히 근본적인 해결책을 제시한다. 오지브와족의 사고 체계로는 두 번째 불연속적 양을 얻기 위해서는 첫 번째(연속적 양)에서 하나의 단위(unité)를 빼내는(배제하는) 것으로 충분하다. 하나는 6줄 또 다른 하나는 5줄로 되어 있다. 한 요소가 빠짐으로 해서 각 요소 사이의 거리가 늘어나게 되는데, 이로 인해 요소들이 불연속으로 배치된다. 티코피아족의 해결방식은 좀더 복잡하다. 최초에 음식물의 수는 헤아릴 수 없이 많았다. 체계의 불연속적 특성을 보장하기 위해서는 수없이 많은 수를 넘어 4가 되어야 하기 때문에, 이 간격을 뛰어넘지 않으면 안 된다(원초적 음식물의 숫자가 열거되지 않았기 때문에 이론적으로는 한없는, 셀 수 없는 양일 수밖에 없다).

그렇다면 이러한 차이를 발생시키는 원인을 살펴보도록 하자. 티코피아족은 실제로 4개의 씨족으로 구성되어 있다. 그리고 신화는 상상과 현실을 가르고 있는 도랑을 많은 가치를 지불하고 건너야만 한다. 오지브와족의 과업은 그리 어렵지 않다. 왜냐하면 아주 적은 가치를 치르고, 즉 단지 한 단위만을 줄임으로써 해결할 수 있기 때문이다. 결국 원초의 5개 씨족은 초자연적인 6개 씨족보다 더 현실적이지도 않다. 왜냐하면 오지브와 사회는 사실상 신화의 5개 큰 씨족에 순수하게 이론적인 출계로 연결된 수십 개의 씨족으로 구성되어 있기 때문이다. 결과적으로 한 경우는 신화적인 것에서 현실로 돌아왔지만, 다른 한 경우는 신화에서 벗어나지 못하고 있다.

티코피아족과 오지브와족은 연속적인 것에서 불연속적인 것으로 이행하는 대가를 다르게 치를 수 있었다. 그렇다고 해서 이 두 서열(ordre. 질서 또는 서열, 때에 따라서 층위라는 의미를 갖기도 한다—옮긴이)이 형식적으로 동질성(homogène)이 없는 것도 아니다. 각각의 경우에 이들은 유사한 양으로 구성됐으며, 무엇보다도 양은 서로 동등하게 구성되어 있다(동등한 양을 가진 단위들로 구성되었다—옮긴이). 이 양들은 다소 숫자가 많을 수도 있는데, 한 경우는 오지브와족이 한 단위 더 많다. 또 한 경우는 엄청나게 많은데, 오지브와족보다 티코피아족의 경우 부정수 n에서 갑자기 4개의 수로 줄어든다.

보로로족의 해법은 앞의 두 경우에 비해 독특하다. 그 해결법은 먼저 상당한 양(quantité)으로 구성된 연속적인 것을 상정하는데, 이것은 한편으로는 상당히 많은 수이며, 다른 한편으로는 모두가 불균등하다. 그리고 가장 작은 것으로부터 가장 큰 것 순으로 늘어서 있다. 총수에서 하나의 양(단위)을 제거함으로써 불연속적인 것을 얻거나(오지브와족의 해법) 또는 합계된 총수에서 엄청난 양의 수(이 양은 모두 동일한 단위다)를 제거함으로써 불연속적인 것을 얻는(티코피아족의 해법) 것과는 달리 보로로족은 총체의 합 가운데 가장 작은 단위의 양들을 선별하는 방법을 사용한다. 결국 보로로족의 불연속적인 것은 서로 불평등한 양(단위)들로 이루어지며, 원초적 연속체(le continu primitif)에서 가장 작은 단위들을 제거한 후 생겨난 원래의 공간 속에 보다 큰 단위들

도표 4 연속적 양에서 불연속적 양으로 이행한 세 가지 신화의 변화 추이

	원초적 총합(연속체)	미분된 총합(불연속체)
오지브와족	1 2 3 4 5 6	1 2 3 4 5
티코피아족	1 2 3 4 5 6 7 등	1 2 3 4
보로로족	1 2 3 4 5 6 7 8 등	1 2 3 4 5 6 7 8

이 자리를 잡음으로써 생겨난다.

이러한 논리적 모델(modèle logique)은 놀랍게도 우리가 경험적으로 관찰한 보로로족 사회[7]와 일치한다. 다시 말해서 씨족들은 부유하거나 가난하다. 부자들에게는 옷이나 장식물, 장신구, 보석 등과 같은 재물이 현세의 과시적 향락으로 생각되기도 한다. 그래서 사람들은 다소간의 자기 특권을 조심스럽게 지키려 한다. 신화가 단지 이러한 변별적 차이만을 설명하는 것은 아니다. 가난한 자들을 위로하기도 하고 동시에 협박하기도 한다. 위로한다는 것은 그들보다 더 가난한 사람들은 학살을 당했고, 그래도 그들은 살아 남은 자들의 반열에 속한다는 사실을 신화가 말해주기 때문이다. 또 그들을 위협한다는 것은 빈곤이란 신들을 모독하는 것이라고 선언하기 때문이다.

옛날 오지브와족은 계급을 가졌을 가능성이 있다. 그리고 티코피아족은 4개의 씨족과 그들의 종족 사이에 상위권의 서열이 존재했다는 것이 확실하다. 만일 우리의 분석이 정확하다면 이 두 부족에게 이러한 사회적 차이가 보로로족과 같은 특성을 갖지 않았다는 것을 검증할 수 있을 것이다. 이러한 사회적 차이는 현실적이기보다는 더 관념적이다.

---

7) 그리고 아마도 리우브랑쿠의 아루아족(Arua)의 사회에도 역시 같은 논리적 모델이 있다. 왜냐하면 그들의 신화들 중의 하나는 대홍수로 인류를 멸망시키는데, 신의 개입으로 구조된 몇몇 사람은 '가장 훌륭한 가족' 출신의 두 쌍의 어린아이였다(L.-S. 1, 제3권, 379쪽).

다시 말하면, 보로로족과는 반대로 티코피아족의 사회적 차이는 부를 바탕으로 하지 않았다. 오지브와족의 경우 자료의 불충분으로 이에 대한 답을 할 수가 없다. 티코피아족에게 사회적 위계가 재산의 배분에 반영되지 않았다는 우리의 가설이 퍼스(Raymond Firth)의 고찰(Firth, 358쪽)을 통해 확인되었다. 우리의 가설을 더 이상 발전시키지 말자. 앞에서 한 여담을 통해서 우리는 단지 신화들의 중심적 위치를 보다 잘 나타내고, 사회정치 조직의 핵심에 신화가 밀착되었다는 것을 보여주려 한 것이다.[8]

첫 번째 변주곡의 속편

베토고고의 신화M₂ 속에는 참조신화M₁에서와 같이 근친상간자가 이를 복수하려다 모욕당한 남편보다 덜 죄악시된다. 번번이 근친상간이 아니라 복수가 초자연적인 벌을 초래한다. 그런데 이 신화는 근친상간에 대한 이러한 태도를 확인할 뿐만 아니라 신화의 해석까지도 암시한다. 주인공은 베토고고라 불리는데, 이 별명은 은둔자라는 의미다(Colb. 3, 29쪽). 대륙의 또 다른 끝에서(북아메리카—옮긴이) 만나는 머독족(Modoc)과 클래머스족(Klamath) 인디언 신화 속에 나오는 동일한 별명과 비교하지는 않을 것이다. 이 문제는 다른 곳에서 다시 논의될 것이며, 지금으로서는 이 두 경우를 같은 유형의 해석으로 취급해야 하지만 잠시 미루겠다.

이 별명 뒤에 숨어 있는 의미가 단일한 통합적(syntagmatique) 맥락에서 얻을 수 있는 것 이외에 또 다른 것이 없다고는 가정하지 않을 것이다. 이 용어를 이해하기 위해 계열적(paradigmatique) 총합을 참조

---

8) 좀 있다가 볼 것이지만, 차코족의 신화와 일치하는 제족 신화(M₂₉~₃₂, M₁₃₉)는 사회적이고 동시에 자연적인 불연속을 설명한다. 말하자면 '예쁜 것' 과 '추한 것' 으로 구별되는 여성들의 불연속 또는 가족 오두막의 근접성에 따른(환유적인) 확장에 의한 불연속 등이다.

하는 것도 가능하다. 계열적 총합의 예로 보로로족은 아마도 자신들보다 덜 엄격한 모계출계인 카라자족(karaja)과 짝을 이루는 것 같다. 카라자족은 옛 관습을 보존하고 있는데, 여러 가지 금기를 지켜야 되는 귀족 후계자들은 딸을 가두거나 은둔시키는 관습을 갖고 있다고 립킨드(Lipkind 2, 186쪽)와 디에치(Dietschy, 170~174쪽)는 말한다. 수집한 단서들이 모호해 새들의 '솜털 속에 어린아이를 보호하는' 이로쿼이족의 관습을 상기시킨다.

우리가 추구하는 방법론은 절대적인 의미를 신화적 기능에 부여하는 것인데 지금 하고 있는 방법은 이를 배제한다. 지금 단계에서는 신화 이외의 영역에서 의미를 찾을 수밖에 없다. 이러한 접근은 신화학자들이 흔히 사용하는 방법으로 틀림없이 융(Carl Jung)의 방법론에 다가가는 것이다. 우리는 신화를 초월해 우선적으로 베토고고라는 별명의 의미를 찾거나 이름을 연결시킬 외부의 제도(관습)를 찾으려는 것이 아니라 하나의 맥락(context)을 통해 조작 가치(valeur opératoire)가 부여된 대립 체계 속에서 상대적 의미를 끌어내려는 것이다. 상징들은 본질적이고, 불변적인 의미를 갖는 것이 아니다. 이것들은 맥락에 대해 독자성을 갖지 못한다(맥락에 따라 의미가 변한다는 의미―옮긴이). 상징들의 의미는 먼저 '위치'에 있다(맥락 속에서 어디에 위치하느냐에 따라 의미가 달라진다―옮긴이).

그렇다면 앞의 두 신화 주인공들 사이의 공통점은 무엇일까?

신화M₁의 주인공(게리기기아투고라는 이름은 아주 특별한 문제를 일으키기 때문에 그에 대한 것은 후에 논할 것이다. 『날것과 익힌 것』 440쪽 참조)은 근친상간을 범한다. 주인공은 어머니와 떨어지기를 거부했고, 반면 어머니는 순수하게 여성에게 맡겨진 임무를 하러 떠났다. 여성의 일이란 가장 오래된 신화 판본에 따르면 성년식 때 소년들에게 제공할 성기덮개를 만들 종려나뭇잎을 얻으러 숲으로 가는 일이며, 성기덮개는 여성의 세계로부터 소년들이 떨어져 나오는 상징물이다. 자의적으로 수정한 신화 판본이 이러한 측면을 없애버리지는 않았지만 의미를 약화시켰다는 것은 분명하다(이 책 159쪽 참조).

자신의 어머니를 농락함으로써 주인공은 사회학적인 상황을 부정한다. 아마도 성년식을 갖기에 너무 어린 것이었을까? 그러나 종려나뭇잎을 수집하는 것이 성년식의 선결문제이건 아니건 간에, 그는 여자들의 종려나뭇잎 채집에 참여하기에는 너무 성장한 상태였다. 이파레두(ipareddu)라는 용어는 신화에 줄곧 등장하는데, 이는 일반적으로 사춘기 전이거나 성기덮개를 받기 전 신체발육이 어느 수준에 이른 소년을 지칭한다. 소년들이 이파레(ipparé: ipareddu의 복수)의 기본 요건에 이르게 되면, 그들은 남성의 집에 드나들기 위해 어머니의 오두막을 소홀히 한다(『보로로 백과사전』, 제1권, 623쪽). 따라서 주인공도 어머니와의 관계를 점진적으로 멀리하면서 성년식을 준비해야 했지만, 성년식보다 미리 자신의 성적 본능을 앞세운 행위로써 어머니와의 관계를 더욱 가까이 했다. 역설적인 이중방식으로 다른 아들들이 어머니로부터 결정적으로 떨어져 나가야 하는 시기에 그는 어머니의 품속으로 돌아오는 행위를 한 것이다.

신화M₂의 주인공인 베토고고는 모든 점에서 신화M₁의 주인공과 정확히 대립되는 관계에 있다. 즉 그는 성인으로서 성년식을 거쳤고, 결혼했으며 한 가정의 아버지다. 그러나 근친상간에 너무 분개한 나머지 아내를 독점하고 싶은 마음을 남용(극대화—옮긴이)하는 죄를 저지르게 된다. 그래서 그는 자기 아내를 목 졸라 죽이고 몰래 매장한다. 이로써 주인공은 이중으로 이루어지는 매장의례를 거부한 것이 된다. 매장의례는 먼저 뼈를 추려 물 속에 입몰시키기 전에 이루어지는 임시 매몰(원래는 공공의 장소로 성스러운 곳인 마을의 광장에 묻어야 하지만, 베토고고는 사적 장소며 불경한 곳인 자신의 오두막에 묻는다)과 뼈를 추려(깃털을 이용하여 모자이크 형태로 치장하고 색칠을 하는 것이 원칙이지만 베토고고는 광주리에 추려서 묻었다) 호수나 강물 속에 장사를 지낸다. 뼈를 물 속에 넣는 것은 물은 영혼이 거처하는 장소며, 사람들의 사후(死後)를 보장하기 위해 필요한 조건이기 때문이다. 결국 베토고고는 게리기기아투고와 대칭적이며, 도치된 잘못을 저지르는 것이다. 게리기기아투고는 어머니를 '남용'한 어린아이로서 어머니를 가질 권리를 잃었고, 베토고고는 아내를 '남용'한 남편으로서 아직은 어머니를 가질 권리가 있는 아들에게서 어머니를 빼앗았다.

만일 두 주인공의 두 번째 별명(베토고고)을 각각 그들의 의미론적 기능의 공통분모로서 해석하는 것이 합당하다면, '은둔자'라는 용어는 여성세계에 대한 특별한 태도를 암시할 것이다. 별명의 소유자 또는 그의 동료는 여성세계에 거리두기를 거부하고, 오히려 거기에 안주하려 하거나 허락되는 한 더 오랫동안 여성세계를 지배하려고 노력한다. 은둔자 또는 칩거자는 사람들이 흔히 말하듯 '엄마의 치마꼬리에 매달린' 사람이며, 남성사회에 들어가기 위해 그가 태어나고 자란 여성사회에서 떨어질 수 없는 사람이다.

남성사회는 여성사회와 이중으로 구별되는 사회다. 말하자면 물리적으로 남성사회는 마을의 중앙에 있는 남성의 집에 위치하는 반면 여성들의 오두막은 마을의 주변부에 위치한다. 그리고 상징적으로 남성사회는 저승에 있는 영혼(aroé)의 사회를 구현한다. 그래서 남성사회는 불경하고 여성적인 세계에 대립한 성스러운(sacré) 곳과 일치한다.

* * *

이 단계에서는 우리가 계열적 서열(ordre paradigmatique)의 논거를 내세우는 것이 금지되어 있지만, 우리가 위에서 논한 신화와 매우 유사한 사실들을 말하는 문두루쿠(mundurucu) 신화M₄를 언급하지 않고 지나갈 수는 없다. 부계출계인 문두루쿠족은 최근 모거제(résidence matrilocale)를 채택한 것 같으며, 청소년을 감금(실제적 관습 또는 신화적 명제일 수 있는)하는 관습을 갖고 있는데, 이는 어린 소년을 여성세계의 유혹에서 보호하기 위함이다. 신화M₁₆에 따르면 일어설 수 없고, 병든 것처럼 보이기 위해 아들에게 전분가루를 뿌리는 사전 대비를 했지만, 야생돼지에게 아들을 잃은 문화 영웅 카루사케베(Karusakaibé)는 나무로 만든 조각 초상에 생명을 불어넣어 아내 없이 혼자 아들을 만들었다. 그러고는 탐욕자들(M₁₅₀)로부터 예쁜 아들을 보호할 욕심에 오두막 속에 작은 독방을 만들어 그 속에 가두었다. 그리고 작은 독방 앞에 늙은 할머니를 세워놓아 어떠한 여인도 가까이 접근하거나 안을 들여다볼 수 없도록 했다(Murphy, 1, 71쪽, 74쪽).

　보로로족과 그리 멀지 않은 곳에 거주하며 역시 모계출계를 따르고 모거제를 갖고 있는 아피나이에족(Apinayé)과 팀비라족(Timbira)은, 성인식 제2단계가 진행되는 동안 수련자들을 어머니의 오두막 한구석에 다락을 매고 돗자리를 깔아놓은 곳에 가둔다. 격리 기간은 5~6개월 동안 계속되며, 이 동안 수련자들이 남에게 보여서도 안 되고 소리를 듣게 해서도 안 된다(Nim. 5, 59쪽; 8, 184쪽, 그림 13 참조). 그런데 자료에 따르면 이 의식은 혼인 규칙과 밀접한 관계를 갖는다. 다시 말해서 '옛날에는 대부분의 페피에(pepyé, 수련자들)는 의식이 거행된 직후 혼인을 하고, 장모의 오두막으로 거처를 옮겼다'(Nim. 8, 185쪽). 그리고 '성인식 종반부가 거행되는 동안 미래의 장모들은 오랏줄 끝에 수련자를 묶고 끌어당겼는데, 이는 의식의 끝부분에 혼인이 임박했다는 격렬한 표현이었다'(Nim. 8, 171쪽)고 한다.

＊　＊　＊

　잠시 동안 내버려둔 신화M₂의 베토고고를 다시 보도록 하자. 주인공은 길을 잃고 헤매도록 했던 아들에게 벌을 받는다. 아들은 새로 변신해 아버지에게 자기 똥을 떨어뜨리고 나무를 닮은 인물로 변화시킨다.

　보로로족은 식물계에 대해 3원적인 분류 체계를 갖는다. 신화에 따르면 1차적 식물은 순서대로 리아나, 자토바나무 그리고 늪지대의 식물들이다(Colb. 3, 202쪽). 이러한 3원적 분류는 분명히 하늘·땅·물, 3요소 가운데 하나와 일치한다. 어린아이는 새로 변신함으로써 천상적인 인물이 되고, 그의 아버지는 자토바나무(porte-jatoba: 숲속의 중요한 나무)로 만들어 땅의 인물이 된다. 왜냐하면 땅은 덩굴식물의 토대기 때문이다. 베토고고는 하늘과 땅, 두 극점 사이의 중개요소인 물을 창조하고 나서야 그의 어깨에 솟아난 나무에서 벗어날 수 있었고, 그럼으로써 땅의 인물이라는 특성에서 해방될 수 있었다. 베토고고는 아내의 시체를 땅에 묻음으로써 수장(물론 이때는 지상에 물이 없었다)을 거부했는데, 이것이 결국 지상세계와 초자연적인 세계, 즉 죽은 자와 산 자 사이의 소통(communication)을 막았다.

상징적 측면에서 거부했던 물이라는 매개체(항)를 우주적 측면에서 다시 창조함으로써 하늘과 땅을 매개시킨 후에야 베토고고는 사람들에게 장신구와 장식물을 만들어 전해준 문화 창조 영웅이 될 수 있었다. 다시 말해 그가 문화적 매개자가 될 수 있었던 것은 생물학적인 개인을 인물(personnage)로 변화시켰기 때문이며, 그것은 각 씨족에 따라 정해진 장식과 정해진 형식의 장식물을 착용함으로써 이루어졌다(생물학적인 개인에서 사회적 인물로의 변화를 의미—옮긴이). 이것은 또한 깨끗하게 닦은 사망자의 뼈 위에 다시 살을 붙임으로써, 죽은 자에게 정신적 육체를 다시 만들어주는 것이며 죽은 자를 신(esprit)이 되게 하는 것이다. 다시 말하면 육체적 죽음과 사회생활을 매개하는 중개자(médiateur)가 되는 것이다.

다음과 같이 신화를 요약할 수 있다. 베토고고는 근친상간을 범한 아내를 살해해 어머니에게서 어린아이를 떼어놓음으로써 혼인(alliance)의 남용을 초래했다. 그리고 정상을 벗어난 행위, 즉 뼈를 수장하는 것을 거부하고 아내를 매장하는 신성모독의 행위를 저질렀는데, 이것은 재생의 조건을 부인한 것이었다. 주인공은 두 극 사이, 즉 천상(아들)과 땅(아버지)의 분리를 유발했다. 이러한 인간사회의 이중적인 잘못을 저지른 (자신들의 고유한 이름을 지니고 있는 영혼들의 사회인 물 속 사회로부터 배제된) 주인공은 물을 창조함으로써 하늘과 땅의 접촉을 회복시켰다. 그리고 영혼들의 거주지에 스스로 안주(왜냐하면 그와 그의 동료는 저 세상에 있는 두 마을의 추장인 보코로로와 이투보레 영웅이기 때문이다)하면서 죽은 자와 산 자의 접촉을 회복시켰는데, 이것으로 산 자들에게 몸을 장식할 장신구와 장식물, 즉 인간사회에서는 자신을 표현하는 문장(emblème)을, 영혼 공동체에는 영적인 육체로 표현될 수 있는 매개체를 제공할 수 있게 되었다.

두 번째 변주곡

콜바치니와 알비세티의 저작에는 베토고고라는 이름이 내포한 의미나 행위로 볼 때 그와 유사한 또 다른 신화를 포함한다. 베토고고는 다른 곳에서는 비리모도(Birimoddo)라 불리는데, 이 이름은 앞서 보았듯이 베토고고의 본명이다. 그렇지만 복잡한 점이 있는데, 비리모도는 투가레 반족에 속하는 아로레 씨족의 이름이기도 하다(Colb. 3, 201쪽, 206쪽, 445쪽; 『보로로 백과사전』, 제1권, 277쪽; Rondon, 8쪽). 그전에 새로운 주인공은 세라 반족의 보코도리 씨족에 속했다. 그렇지만 그의 누이와 그는 비리모도라는 이름을 갖고 있다(Colb. 3, 220~221쪽). 하지만 이름들의 유사성에 대한 논쟁은 이제 그만하는 것이 좋을 듯하다.

M5. 보로로족의 신화: 질병의 기원

아직 사람들이 질병이라는 것을 모르고 고통도 알지 못했던 시절에, 어떤 소년이 남성의 집에 드나들기를 아주 고집스럽게 거부하고, 가족 오두막에서 두문불출했다.

이에 화가 난 할머니는 매일 밤 손자가 자고 있는 동안 얼굴에 올라타서 내장의 가스를 발산함으로써 그를 중독시켰다. 소년은 이상한 소리를 듣고 고약한 냄새를 맡았지만 그것의 원인을 알 수가 없었다. 병들고 여윈 손자는 의심을 가득 품고 하루는 자는 척을 했다. 결국 손자는 할머니의 술책을 알아차리고는 날카로운 화살로 그녀를 쏘아 죽였는데, 화살이 항문으로 깊이 들어가 그녀를 통째로 꿰었고, 창자가 밖으로 튀어나왔다.

소년은 개미핥기(tatous)의 도움을 받아——도움을 준 순서대로 나열해보면 오콰루, 에노쿠리(enokuri), 제레고(gerego), 그리고 보코도리다(신화M₂에서 나열된 순서와 반대다. 이 책 166쪽 참조)──몰래 구덩이를 파고는 할머니가 잠자는 장소에 묻었다. 그러고는 파헤쳐진 신선한 흙이 보이지 않도록 돗자리로 그 위를 덮었다.

같은 날 인디언들은 저녁거리를 얻기 위해 독극물[9] 어로작업을 했다. 살인이 있은 다음날 여자들은 죽은 물고기를 주우러 어로작업이 이루어졌던 곳으로 갔다. 비리모도의 누이는 자신의 아이를 할머니에게 맡기려고 찾았으나, 당연히 대답이 없었다. 결국 그녀는 아들을 나뭇가지에 얹어놓고 자신이 돌아올 때를 기다리라고 말하고는 떠나버렸다. 이렇게 버려진 어린아이는 흰개미집으로 변했다.

개울가에는 죽은 물고기들이 가득했다. 그러나 그녀는 다른 동료들처럼 물고기를 나르기 위해 마을을 왕래하지 않고, 모든 물고기들을 게걸스레 먹었다. 그녀의 배는 부풀어오르기 시작했고 결국에는 지독한 고통을 느끼게 되었다.

그녀가 신음하며 비명을 내지름과 동시에 그녀의 몸으로부터 질병들이 빠져나왔다. 이렇게 해서 그녀는 마을을 전염시켰고, 사람들에게 죽음을 심어주게 되었다. 이것이 바로 질병의 기원이다.

그녀의 두 오빠인 비리모도와 카보뢰(Kaboreu)는 창으로 동생을 죽이기로 했다. 한 사람은 머리를 잘라 동쪽에 있는 호수에 던지고, 다른 사람은 다리를 잘라 서쪽에 있는 호수에 던졌다. 그리고 둘 다 그들의 창을 땅에다 꽂았다(Colb. 3, 220~221쪽; 『보로로 백과사전』, 제1권, 573쪽에서는 또 다른 신화의 실마리를 찾을 수 있다).

이 신화의 독특한 구조는 아주 복잡한 문제들을 제기하기 때문에, 이에 대한 분석은 책을 진행시키면서 몇 번에 걸쳐 부분적으로 전개할 수밖에 없다. 우리는 앞에서 언급한 신화와 같은 집단에 속하는 특성만을

---

9) 리아나 토막을 물에 집어넣으면 그 진액이 녹으면서 물 표면에 인공의 막을 형성하기 때문에, 물고기가 숨을 쉬지 못해 질식사한다(이 책 481쪽 참조).

찾아 논의할 것이다.

먼저 주인공은 가족 오두막, 즉 여성세계에 자의로 칩거하여 은둔하는 또 하나의 베토고고다. 왜냐하면 그는 남성의 집에 자리하는 것을 혐오하기 때문이다.[10]

보로로족은 신화 속에 보존된 '가두어진' 소년에 대한 오래된 사회-종교적인 관습을 알고 있을까? 보로로족은 이웃들인 카라자, 아피나이에, 팀비라, 그리고 문두루쿠족에게서 이러한 관습을 받아들였는지도 모른다. 이것에 대한 단서를 두 가지 들 수 있다. 먼저, 신화에서는 이

---

10) 반은 전설적이고 반은 신화적인 이야기(M₆, 그러나 이 두 장르에 대한 경계선을 설정하는 것이 가능할까)에는 '투가레' 반족에 속하는 비리모도와 동료인 추장 아로이아 쿠리뢰(Aroia Kurireu), 그리고 카보뢰(Kaboreu)가 등장하는데, 카보뢰는 질병의 기원신화에서는 '세라' 반족에 속하는 비리모도의 동생이다. 그런데 『보로로 백과사전』(제1권, 207쪽, 277쪽, 698쪽)에 따르면 그는 다른 인물과 혼동되는 것 같다. 두 추장은 신중하지 못하게 조사원정을 조직하고 군사를 일으켰다. 전쟁의 목적은 그들의 적인 카이아모도게(Kaiamodogué)가 경작하고 있는 우루쿠(Bixa orellana)의 씨앗을 훔쳐오는 것이었다. 사실 그의 동료가 주는 현명한 충고를 받아들이지 않은 것은 비리모도였다. 싸운 결과 카이아모도게의 부족에게 습격을 당해 모든 부대가 전멸했고, 거의 죽음에 이른 두 추장만이 도망에 성공했다. 마을로 돌아왔을 때, 그들은 피로에 지치고 부상당한 상처로 인해 서 있을 힘조차 없었다. 그들의 아내는 땅에 꽂아두었던 두 개의 창에다 나무껍질로 짠 망을 달아 일종의 침대를 오두막에 만들어주었다. 그들은 거기에서 마치 죽은 듯이 누워 있었다. 용변을 보기 위해서도 움직이지 못했다(Colb. 3, 209쪽). 오물로 뒤덮여 여성의 오두막에 누워 은둔(confiné)하는 이들은 바로 우리가 앞에서 '베토고고'라는 이름에 준 의미에 꼭 들어맞는 은둔자들이다. 그들은 조금씩 회복됐고, 결국 복수를 위한 군사원정을 계획했다. 그러나 이번에는 신중하게(원래의 이야기 속에는 신중함에 대하여 길게 이야기한다) 접근해 가는 동안 두 추장은 포위를 하면서 지형을 잘 익혔는데, 한 명은 오른쪽에서 다른 한 명은 왼쪽에서 포위했다. 그리고 두 추장이 가운데서 서로 만났을 때, 카보뢰는 전사들을 전진시켰다. 카이아모도게의 눈앞에 그들이 나타났을 때, 비리모도는 이미 여섯 겹으로 마을을 둘러싸고 전사들을 배치해 두었다. 그는 아로이아 쿠리뢰와 그의 부하들을 서쪽에 배치해 적의 퇴로를 끊도록 했고, 카보뢰와 그의 가장 힘센 전사는 동쪽에 배치해 공격을 담당하도록 했다. 그리고 자신은 몇몇 동료를 데리고 남성의 집으로 접근했다. 해가 뜰 무렵에 늙은 카이아모(Kaiamo)가 소변을 보러 나왔을 때, 비리모도는 그를 후려치고 공격 명령을 내렸으며, 어떤 적도 살아남지 못했다(Colb. 3, 206~211쪽).

러한 관습을 드러내기보다는 사회적·도덕적 질서의 강요에서 벗어나
려는 개인적인 행위를 볼 수 있다. 다음으로 무엇보다도 보로로 사회에
대한 경험적인 관찰에 따르면 관습이 대립적이지만, 대칭적인 방향으
로 흐르고 있다. 위에서 본 것처럼, 성인식 때 아들과의 결별을 슬퍼하
는 것은 어머니지 아들이 아니다. 반면 보로로족에게는 '가두어진 소
년'과 상대적인 관습이 존재한다. 이른바 '창피한 약혼자'라는 관습이
다. 약혼녀의 부모들은 약혼자의 개인적인 물건들을 그들 마음대로 옮
기면서 젊은 신랑에게 폭력을 행사해야만 한다. 주거지를 바꾸기까지
는 상당한 시간이 걸리고, 그는 몇 달 동안 '남편이 된 부끄러움이 해소
될 때까지' 남성의 집에서 거주해야만 한다(Colb. 3, 40쪽).[11]

사실 신랑은 성인식을 통해 그에게 허락된 부부생활, 즉 부부생활로
정의되는 여성세계에 접근하는 것을 혐오하며 남성의 집에 머무른다.
그러나 신화 속의 상황은 반대다. 왜냐하면 성인식을 통해 가족과의 생
활을 끝내야만 하는데도, 가족생활에 의해 정의되는 여성세계에 머무
르는 청소년이 있기 때문이다.

신화M₁과 신화M₂처럼, 신화M₅도 원초적 특성을 드러내는 신화다.
신화M₅는 질병의 기원을 설명하는 반면, 베토고고 신화는 지상에 물
이 생긴 것과 장식물 그리고 장례식의 기원을 말한다. 그런데 이러한
의식은 삶에서 죽음으로 가는 통로를 상징한다(장식물의 경우에는 통
로가 죽음에서 삶으로 이어진다). 삶과 죽음의 중간 상태인 질병은 아
메리카에서 때로는 병들의 공통적인 증상인 열이나 옷의 형식으로 나
타난다.[12]

세 번째로, 여기에서도 주인공은 피해자에 대한 수장을 거부함으로
써 희생자에 대한 정중한 장례식을 거부한다. 또 다른 여자는 할머니의

---

11) 셰렌테족(Sherenté)의 관습에서 신랑은 결혼할 때 부끄러움과 슬픔, 그리고 수
줍음을 나타낸다(J. F. de Oliveira, 393쪽). 신부 측 사람들은 신랑을 강제로 끌
어가는데, 그는 몇 주 또는 몇 달 동안 거절당할까 무서워 아내에게 접근하지 않
는다. 이 기간에 신랑은 창녀와 신혼방을 쓴다(Nim. 6, 29~30쪽).

자리를 차지함으로써 자기 아이를 지상적인 형태(흰개미집)로 만들고, 거부되었던 물(물에서 나온 것)을 남용해 땅과 물, 즉 이승(ici-bas)의 삶과 저승(au-delà)의 죽음을 연결하는 매개항으로서의 질병으로 나타난다.

끝으로 다른 신화와 마찬가지로 매개항의 거부가 무엇을 의미하는지 그 원천을 알 수 있는데, 청소년과 여성사회의 매개항 없이 남용된 접근은 벌을 초래한다. 그래서 할머니는 손자에게 냄새를 풍겨 벌을 준다.

베토고고 신화에 이어 콜바치니(3, 211쪽)가 출간한 한 짧은 신화에서, 물고기의 창조가 물의 창조를 완전하게 하고 완성하는 것이라는 사실을 고려한다면, 신화M₂와 신화M₅의 심오한 일치에 대단히 놀라게 되는데, 이들 신화의 주인공(또는 여주인공)은 비리모도라고 불리는 사람이다(이들은 모두 세 명인데, 베토고고라는 별명을 가진 주인공과 방귀 냄새로 독을 먹은 소년, 그리고 질병의 기원에 책임을 가진 그의 누이다). 이 신화들을 더욱 밀착시키면 우리는 총체적 순환과정을 얻게 되는데, 이것은 먼저 오누이(여기서는 유별적〔類別的〕 친족 호칭의 의미로)의 근친상간으로 순환의 문이 열리고, 물의 표면화 작용(물고기가 없는)이 일어나고, 전도된 근친상간(할머니와 손자)에 의해 순환이 계속된다. 곧 이어서 역(逆) 근친상간(어머니가 자식을 버리는)이 이어지다가 물고기의 내재화(물이 없는)에 의해서 총체적 순환이 끝난다.

첫 번째 신화M₂에서 희생자 중의 하나는 피를 본 희생자(피를 흘리는)고, 다른 하나는 목 졸린(피 흘림이 없는) 희생자다. 두 번째 신화M₅의 두 희생자는 모두 '터져서'(피 흘림 없이) 죽는데, 하나는 외부 행위

---

12) 홀머(Holmer)와 와센(Wassen)을 참조하면 여기서도 불의 형식으로 나타나는데, 보로로어로 eru는 '불', erubbo는 '열'(Colb. 3, 297쪽), 또는 마갈하에스(Magalhães)의 사본에서 djôru는 '불', djorúbo는 '질병', djôru-búto는 '걷기 시작'(35쪽)이다.

의 결과(화살에 꿰어서) 때문에, 그리고 다른 하나는 내부 작용에 의한 결과로(너무 먹어서 배가 터져) 죽는다. 또한 희생자들은 둘 다 오물 (더러운 것)을 퍼뜨리는데, 환유적으로 방귀 또는 은유적으로 한탄을 내뱉듯이 발산된 질병들이다. 이러한 오물을 신화M₂의 범죄자는 새똥의 형태로 받고, 신화M₅의 범죄자는(여성세계의 남용으로) 내장의 가스 형태(방귀)로 받는다.

이를 도표화하면 다음과 같다.

> a) M_2 = 장식물의 원천(p) 그리고 장례식의 원천(r)
>
> M_5 = 질병의 원천(m)이라면
>
> b) p, r = f (죽음 → 삶)
>
> m   = f (삶 → 죽음)

우리는 신화M₂에서 아래와 같은 관여적 관계(relations pertinentes)를 끌어낼 수 있다.

> 아버지/아들 ; 아버지 ≡ 땅 ; 아들 ≡ 하늘 ;

M₅에서는 변형된 형태로 나타난다.

> 어머니/아들 ; 아들 ≡ 땅 ; 어머니 ≡ 물

겉보기에는 전혀 다른 것 같은 비리모도라고 불리는 주인공에 대한 보로로 신화들은 다음과 같은 도표로 특성화할 수 있는 같은 집단의 신화라는 것을 증명할 수 있다. 이때 가족관계의 과도한 남용은 일반적으로 연결된 요소들을 분리시키고, 중개항의 개입이 있어야 결합이 이루어진다. 신화를 통해 이러한 원천을 다시 보면, 물은 하늘과 땅 사이, 신체의 장식물은 자연과 문화 사이, 장례의식은 산 자들과 죽은 자들 사이, 질병은 삶과 죽음 사이를 연결해 원활한 소통이 이루어지게 한다.

종악장

새둥지를 터는 사람을 비리모도라고 부르지는 않는다. 그는 또한 베토고고라는 별명도 가지고 있지 않다.

하지만 첫째, 그의 이름도 미적인 뜻을 내포한다. '장식한 또는 색칠한'을 의미하는 단어 아투고(atugo)를 포함하고 있어, 결국 비리모도라는 이름의 의미는 '예쁜 피부'다.

둘째, 그가 마치 은둔자처럼 처신하며 어머니와의 근친상간을 저지르는 것은 여성세계에 '갇혀서' 머물고 싶은 욕구를 반영하는 것이다.

셋째, 다른 주인공들처럼 신화M₁의 주인공은 더러운 것, 그가 몸에 매달았던 썩어가는 도마뱀 덕분에 죽을 고비를 면한다. 또 다른 관계에서도 마찬가지인데, 그의 모험은 마치 신화M₂와 신화M₅ 주인공들의 변형으로서 나타날 수 있다.

넷째, 이미 문제가 됐던 식물들의 3원적인 분류는 신화M₁과 M₂를 겹쳐놓고 분석함으로써 찾을 수 있다. 신화M₂의 중심적인 이야기는 주인공을 덩굴식물(자토바나무)과 합치시키고, 신화M₁의 첫 부분과 마지막 부분의 이야기는 각각의 주인공을 기생(氣生)식물(그의 생명을 구하는 데 사용된 리아나)과 수상식물(물에 빠진 그의 아버지의 내장에서 생겨난)에 합치시킬 수 있다.

다섯째, 신화M₁과 M₂에서 아들로 등장하는 두 명의 남자 주인공과 신화M₅에서 손자로 나오는 남자는 각 신화의 내용이 강조하듯이 모두 여윈 상태의 희생자다. 이 '여윈'의 원인은 각 신화에 따라 다르다. 그러나 이것이 변형관계(rapport de transformation)에 놓여 있음을 알 수 있다.

여섯째, 마찬가지로 신화M₁과 M₅는 도치된 형태로서의 '과식'을 상징한다.

$$
\begin{bmatrix} \text{M}_1 \\ \text{먹은 음식물을} \\ \text{보존할 수 없음} \end{bmatrix} \rightarrow \begin{bmatrix} \text{M}_5 \\ \text{먹은 음식물을} \\ \text{배설할 수 없음} \end{bmatrix}
$$

일곱째, 신화M₁과 M₂, M₅는 다음과 같이 종합적으로 재구성할 수 있는 하나의 골격(armature)으로부터 공통적인 몇몇 특성을 가진다. 출발점에서는 근친상간, 다시 말하면 남용된 결합이 도착점에는 두 극 사이에 매개 역할을 하는 항의 출현으로 분리된다. 그렇지만 신화M₅에는 근친상간이 없고, 신화M₁에는 매개항이 결여된 것처럼 보인다.

	M₁	M₂	M₅
근친상간	+	+	?
매개항	?	+	+

사실일까? 좀더 자세히 살펴보자. 신화M₅에는 분명히 결여된 근친상간이 두 가지 양상으로 표현되어 있다. 첫 번째 근친상간은 상징적이긴 하지만 직접적인 양상으로 나타나는데, 왜냐하면 어머니의 오두막에 '가두어진' 채 남아 있으려 애쓰는 것이 그가 소년이기 때문이다. 두 번째 양상은 실제적이지만 간접적인 양상으로 표현된다. 삼중으로 도치된 근친상간적인 난잡함을 표현하는 할머니의 행위를 보면, 어머니가 아닌 할머니와의 관계며, 정상적인 섹스의 부위가 아닌 항문으로, 그리고 공격적인 남성에 의해서가 아니라 공격적인 여성에 의해 일어나는 행위다.

이 두 근친상간을 정반대로 놓고 비교한다면, 신화M₂의 근친상간은 가까운 방계친족(오빠와 누이) 사이에서 '정상적'·'수평적'으로 촌락 밖에서 남성의 주도로 일어나는 행위다. 반면 신화M₅의 근친상간은 촌수가 먼 부모(할머니와 손자) 사이에서 '수직적'으로, 위에서 보았듯이 부정적이고 도치된 형태로 이루어진 행위, 더욱 여성의 주도로 마을 안에서 뿐만 아니라 오두막 속에서 그리고 낮이 아니라 밤에 이루어진 행위라는 사실이다.

신화M2에서 M5까지를 보았을 때, 신화 속에 공통적인 유일한 배열순서의 근본적인 방향전환은 네 마리의 개미핥기의 배열인데, 신화M2에서는 가장 큰 것에서부터 가장 작은 것으로, 신화M5에서는 가장 작은 것에서 가장 큰 것 순으로 열거되어 있다.[13]

신화M1의 주인공이 저지른 잘못이 분리를 유발시켰다는 것을 흔쾌히 받아들이자. 주인공의 아버지는 아들에게 복수하기 위해 그를 사지(死地)로 보내고, 벼랑에 버려진(하늘과 땅 사이) 주인공은 오랫동안 바위 꼭대기에 갇혀 있게 된다. 그러고는 가족들로부터 분리된다.

그렇다면 어디에서 매개항을 찾을 수 있을까? 참조신화M1은 음식물의 조리(익혀서)——분명 이 주제가 이 신화에는 결여되어 있지만——의 원천을 설명하는 신화군(神話群, groupe de mythes) 가운데 일부를 이룬다는 사실을 명시할 필요가 있다. 요리한 음식은 인디언들의 사고에 따르면 매개물이다. 보로로 신화에는 이러한 측면이 가려져 있다. 왜냐하면 이러한 측면은 이웃 민족들로부터 유래한 신화들의 방향전도나 도치로 나타나는데, 이웃 민족들은 음식물 조작을 하늘과 땅, 삶과 죽음, 자연과 사회를 연결하는 매개 활동으로 생각하기 때문이다.

이 세 가지 점을 확실히 정립하기 위해, 우리는 제족(gé) 언어집단의 다양한 부족에서 유래한 신화들의 분석을 시작할 것이다. 이 부족들은 동쪽과 북쪽의 보로로 영역과 이웃하는 광활한 지역을 차지하고 있다. 따라서 보로로 언어가 제족 언어집단의 먼 갈래 가운데 하나일 수 있다고 생각하는 것은 어느 정도 이유가 있다(제족 언어집단의 부족: 아피나이에, 카야포, 크라호, 셰렌테, 팀비라 등—옮긴이).

---

13) 신화M2에 대한 토착민들의 원본을 보면(Colb. 2, 73쪽), 오쾌루, 에노쿠리, 게레고, 보코도리로 배열순서가 동일하다.

2 제족언어집단의 변주곡

하나의 서창곡에 연이은 여섯 곡의 아리아

참조신화의 중심을 구성하는 새둥지 터는 사람의 이야기는 제족의 불의 기원신화 첫머리에도 등장하는데, 지금까지 연구된 바로는 불의 기원신화는 동부와 중부 제족(Gé)의 모든 부족에서 공통적으로 나타나는 에피소드다.

먼저 북쪽에 위치한 카야포(Kayapo) 부족의 신화 판본에서 시작하자. 카야포 부족은 앞에서 언급된 카이아모도계족일 수도 있지만(이 책 171쪽 주 6; Colb. 2, 125쪽, 주 2 참조), 오늘날에 와서는 카이아모도계족을 샤반테(Chavanté)부족에 일치시키기도 한다(『보로로 백과사전』, 제1권, 702쪽).

첫 번째 변주곡

M7. 카야포-고로티레족의 신화: 불의 기원

가파르게 깎아지른 벼랑 꼭대기에 둥지를 튼 아라앵무새 한 쌍에 눈독을 들인 한 인디언이 아라앵무새의 새끼들을 훔칠 때 자기를 도울 보토크(Botoque)라 불리는 처남과 함께 벼랑으로 갔다. 그는 처남에게 그 자리에서 만든 사다리를 타고 오르도록 했다. 처남은 새둥지가 있는 꼭대기에 올라가서 단지 두 개의 알만이 있노라고 소리쳤다(그의 말이 참말인지 거짓인지는 알 수가 없다). 그의 매형은 새알을 요구했고, 새알이 떨어지면서 돌로 변해 그의 손을 다치게 했다. 이에 화가 난 인디언은 사다리를 치우고 가버렸는데, 그때 그는 새들이 마법에 걸려 있다(oaianga)는 사실을 알지 못했다.

보토크는 며칠 동안 암벽 꼭대기에 포로가 된 채 남아 있었다. 그는 여위었고, 너무 배가 고프고 목이 말라 자신의 배설물을 먹으며 버텼다. 어느 날 그는 등에 여러 종류의 사냥감과 활, 그리고 화살을 어깨에 메고 있는 얼룩표범을 발견했다. 보토크는 표범에게 도움을 요청하고 싶었지만 너무 무서운 나머지 한마디도 못했다.

땅 위에 비친 주인공의 그림자를 발견한 표범이 그를 잡으려 했으나 공연한 일이었다. 눈을 들어 본 후에야 이유를 안 표범은 사다리를 수선하고, 주인공 보토크에게 내려오라고 요청했다. 겁에 질린 주인공은 오랫동안 망설였지만, 결국 내려가기로 결심했다. 호의적인 표범은 그에게 자신의 등에 올라타 집에 가서 구운 고기(viande grillée)를 먹자고 제안했다. 그러나 젊은이는 '구운'이라는 말의 뜻을 몰랐다. 왜냐하면 이때 인디언들은 불을 알지 못했고, 날고기를 먹고 살았기 때문이다.

표범의 집에서 주인공은 큰 자토바나무 줄기가 타고 있는 것을 보았고, 그 옆에는 오늘날 인디언들이 화덕(ki)을 만드는 데 사용하는 돌이 많이 널려 있었다. 그는 생전 처음 구운 고기를 먹었다.

한편, 표범의 아내(그녀는 인디언이다)는 주인공을 전혀 좋아하지 않았다. 그녀는 그를 메온크라툼(me-on-kra-tum) '외지인의 자식 또는 버려진 자식'이라 불렀지만, 아이가 없었던 표범은 그를 입양하기로 결심했다.

표범은 날마다 사냥을 나갔고, 계모는 갈수록 입양 아들에 대한 혐오가 더해갔다. 그래서 그녀는 주인공에게 오래되고 굳은, 그것도 부스러기가 된 고기만을 주었다. 소년이 항의하자 그녀는 그의 얼굴을 할퀴었다. 그래서 불쌍한 주인공은 숲속에 도망갈 곳을 찾아야만 했다.

표범이 아내를 질책했지만 허사였다. 하루는 표범이 보토크에게 새 활과 화살을 주고 사용법을 가르쳐 주었다. 그리고 만일 필요하다면 계모에게 그 활을 사용하라고 충고했다. 보토크는 화살로 그녀의 가슴 한가운데를 쏘아 죽였고, 겁이 난 그는 구운 고기 한 조각과 무기를 들고는 달아나버렸다.

한밤중이 되어 마을에 도착한 주인공은 겨우 더듬어 자기 어머니의 잠자리를 찾아가 큰 어려움 없이 자신이 돌아왔음을 알렸다(왜냐하면 사람들은 그가 죽은 걸로 알고 있었기 때문이다). 그는 자초지종을 이야기했고, 가져온 고기를 나누어 주었다. 그러자 인디언들은 표범의 집에 불을 탈취하러 가기로 결심했다.

그들이 표범의 집에 도착했을 때 집은 비어 있었고, 표범의 아내가 죽었으므로 전날 잡아온 사냥감들은 날 것(cru)인 채로 남아 있었다. 인디언들은 사냥감을 구웠고(rôtir), 불을 가지고 돌아왔다. 그들은 처음으로 밤에 마을을 밝힐 수가 있었고, 구운 고기를 먹고, 화로의 열로 집을 덥힐 수가 있었다.

그러나 활과 화살, 그리고 불의 비밀을 훔쳐간 양자의 배은망덕에 화가 난 표범은 살아 있는 모든 것에 대한 증오를 품게 되었는데, 인간에 대해서 더욱 심했다. 지금은 표범의 눈동자에만 반사된 불빛이 남아 있을 뿐이다. 표범은 송곳니로 사냥을 하고, 날고기를 먹게 되었는데, 그는 공식적으로 구운 고기 먹는 것을 포기했기 때문이다(Banner 1, 42~44쪽).

두 번째 변주곡

M8. 카야포-쿠벤크란켄족의 신화: 불의 기원

옛날에 사람들이 불을 가지고 있지 않았을 때, 그들은 사냥을 한 고기를 얇게 저며 돌판에 놓고 햇볕에 말려 먹었고, 심지어는 썩은 나무를 양식으로 삼았다.

하루는 한 사람이 바위구멍에서 날아 나오는 두 마리의 아라앵무새를 보고는 그들의 둥지를 털기로 결심했다. 그는 처남에게 그가 미리 홈을 파놓은 나무기둥을 타고 새둥지로 올라가게 했다. 그러나 둥지에는 둥근 돌들만 있을 따름이었다. 두 사람은 이 문제에 대해 저마다 다른 의견을 갖고 다투다가, 결국 앞의 신화 판본처럼 끝난다. 그러나 이 판본에서는 매형에 의해 모욕당한 소년이 일부러 그에게 돌을 던져 부상을 입힌다.

매형은 동생을 걱정하는 아내에게 처남이 길을 잃었다고 설명하고는 의심을 사지 않기 위해 그를 찾아 나서는 체했다. 그러는 동안 배고프고 목이 말라 거의 죽게 된 주인공은 자신의 똥과 오줌을 먹지 않을 수 없었다. 그가 뼈에 가죽만 붙었을 정도로 말라 있을 때, 어깨에 카에테투 야생돼지 한 마리를 메고 가는 표범을 봤다. 표범은 주인공의 그림자를 보고 잡으려 했는데, 그때마다 소년이 뒤로 물러서 그림자가 사라졌다. 표범은 사방을 둘러본 후에 입을 다물고 머리를 들어 바위 위에 있는 그를 발견했다. 그리고 둘 사이에 대화가 진행됐다.

그들은 서로의 상황을 설명하고, 앞의 판본처럼 협상을 했다. 겁이 난 주인공은 표범의 등에 직접 올라타기를 거부했지만, 표범이 등에 지고 있는 카에테투 야생돼지 위에 올라타는 것에는 동의했다. 그렇게 해서 둘은 표범의 집에 도착했다. 이때 실을 뽑고 있던 표범의 아내는 "당신, 남의 아들을 데리고 오는구려" 하며 남편을 나무랐다. 하지만 표범은 이에 개의치 않고 소년을 동료로서 받아들이고, 잘 먹여서 살찌우겠다고 선언했다.

그러나 표범의 아내는 소년에게 맥(貘, tapir)의 고기를 주는 것을 거부하고, 단지 사슴고기만을 먹도록 했다. 그리고 기회가 있을 때마다 발톱으로 소년을 위협했다. 소년은 표범의 충고대로 그가 준 활과 화살로 여자를 죽였다.

표범의 재물, 즉 무명실과 고기, 그리고 불씨를 가지고 마을로 돌아

온 주인공은 먼저 그의 누이에게 자신이 온 것을 알리고는 다음으로
어머니에게 알렸다.

사람들은 소년을 남성의 집(ngobé)에 오게 했는데, 여기에서 소년
은 그의 모험담을 모두 털어놓았다. 인디언들은 표범의 불을 탈취하
기 위해 동물로 변신하기로 했다. 그래서 맥은 나무둥치를 가져오고,
야오(yao)새는 길에 떨어진 불씨들을 끄고, 사슴은 고기를 담당하고,
페카리(pécari) 산돼지는 무명실을 운반하도록 했다. 원정은 성공을
거두었고, 사람들은 서로 불을 나눠 가졌다(Métraux 8, 8~10쪽).

세 번째 변주곡

M9. 아피나이에족 신화: 불의 기원

한 사람이 바위 틈새에서 두 마리의 새끼를 품은 아라앵무새 둥지
를 발견하고는 그의 처남을 데리고 가서 미리 가지를 친 나무기둥을
절벽에 걸쳐놓고, 처남에게 올라가도록 명령했다. 그러나 어미 아라
앵무새가 새끼들을 보호하기 위해 맹렬하게 덤벼드는 바람에 소년은
겁을 먹었다. 이에 화가 난 매형은 나무기둥을 치우고는 가버렸다.

주인공은 허기와 목마름 때문에 고통을 겪으며 바위 틈바구니에서
5일 을 지냈다. 그는 움직일 수 없었고, 새들은 그를 두려워하지 않
고 날아다녔으며, 새똥으로 그를 덮었다.

이때 표범 한 마리가 지나가다 주인공의 그림자를 발견하고 그를
잡으려 했으나 헛수고였다. 주인공은 표범의 주의를 끌려고 땅에다
침을 뱉었고, 그렇게 대화가 시작되었다. 표범은 두 마리의 아라앵무
새 새끼를 원했고, 주인공은 하나씩 그에게 던져주었다. 표범은 즉시
새끼들을 먹어치웠다. 표범은 다시 나무기둥을 벼랑에 놓고는 소년
에게 내려오라고 요청했다. 그리고 그를 잡아먹지 않겠다고 약속했
고, 갈증을 해소하도록 물을 주겠다고 했다. 망설이던 주인공은 마침
내 내려와 표범의 등에 말을 타듯이 걸터앉았다. 표범이 그를 냇가로

데리고 갔고, 주인공은 실컷 물을 마시고 잠들어버렸다. 표범은 주인공을 꼬집어 깨워 그가 뒤집어쓴 오물(새똥)을 닦아주었고, 아이가 없었던 표범은 그를 양자로 들이기를 원한다고 말했다.

표범의 집에는 자토바나무의 둥치 한쪽 끝에 불이 타고 있었다. 이때 인디언들은 불이 무엇인지 몰랐고, 햇볕에 말린 고기나 날고기를 먹었다. "무엇이 연기를 내는 겁니까?"라고 소년이 물었고, 표범은 "그것은 불이다. 오늘밤 불이 너를 따뜻하게 해줄 거야, 두고 봐"라고 대답했다. 그리고 소년에게 구운 고기 한 조각을 주었다. 소년은 그것을 먹고 잠이 들었다. 자정이 되어 일어나 구운 고기를 먹었고 다시 잠이 들었다.

그 다음날 표범은 사냥을 나갔고, 소년은 그가 돌아오기를 기다리며 나뭇가지에 올라앉아 있었다. 정오쯤 되어 배가 고파 집에 돌아온 소년은 표범의 아내에게 먹을 것을 달라고 부탁했다. 그러자 표범의 아내는 "뭐야? 내 얼굴을 봐라"하며 이빨을 드러내고 으르렁거렸다. 기겁을 한 주인공이 표범을 만나 그에게 자초지종을 이야기했다. 표범은 그의 아내를 질책했고 그녀는 다시는 그러지 않겠다고 약속했지만, 같은 일이 다음날도 반복됐다.

주인공은 표범의 충고(표범은 그에게 활과 화살을 주고 흰개미집을 과녁 삼아 활 쏘는 법을 가르쳐주었다)에 따라 이 포악한 여자를 죽였다. 표범은 소년의 행동을 인정했고, 구운 고기를 양식으로 주며, 개울을 따라 마을로 돌아가는 길을 설명했다. 그러나 표범은 주인공에게 '너를 부르는 소리가 세 번 들릴 텐데, 바위의 부름과 아로에이라(aroeira)나무의 부름에는 대답을 하되, '썩은 나무의 부드러운 부름'은 못 들은 체 지나가라'고 충고했다.

길을 떠나 두 번의 부름에 대답을 한 주인공은 표범의 권고를 잊고 그만 세 번째 부르는 소리에도 대답을 하고 말았다. 바로 이러한 이유 때문에 사람들의 생명이 단축됐다. 만일 소년이 두 번의 부름에만 대답을 했다면 사람들은 바위나 아로에이라나무만큼 오래 살았을 것이다.

얼마 후 소년은 또 다른 부름에 대답을 했다. 그것은 식인귀(食人鬼) 메갈론캄두레(Megalonkamduré)였는데, 그는 여러 가지로 변장(긴 머리카락, 귀걸이)해 주인공의 아버지로 둔갑하려 했으나 실패했다. 결국 주인공은 식인귀의 정체를 알아차렸고, 그와 싸워서 지고 말았다. 식인귀는 주인공을 (등에 지는) 채롱에 담았다.

길을 가던 도중에 식인귀는 코아티(coati: 남미산 곰의 일종)를 사냥하기 위해 멈췄다. 채롱의 바닥에 있던 주인공은 식인귀에게 코아티를 쫓아가기 전에 먼저 풀을 베어 길을 만들라고 충고했다. 그리고 주인공은 이 길을 이용해 도망쳤는데, 그가 있던 채롱에 무거운 돌을 집어넣는 것도 잊지 않았다.

거처로 돌아온 식인귀는 코아티보다 더 맛있는 최고의 고기를 주겠노라고 그의 아이들에게 약속하고 채롱을 열었으나 밑바닥에는 돌멩이밖에 없었다.

한편, 소년은 마을로 돌아와서 그의 모험담을 이야기했고, 모든 인디언들이 불을 찾아 떠났는데, 이때 이들은 세 마리 동물의 도움을 받았다. 먼저 자호(jaho)새와 자쿠(jacu)새는 떨어진 불씨를 끄고, 맥은 커다란 장작을 날랐다. 표범은 인디언들에게 호의를 보이며 환영했는데, '나는 당신의 아이를 양자로 맞았소'라고 소년의 아버지에게 말했다. 그리고 표범은 사람들에게 불을 선물로 주었다(Nim. 5, 154~158쪽).

또 다른 판본(M9a)은 몇 가지 점에서 앞의 판본과 다르다. 여기서 등장하는 두 사람은 장인과 사위고, 전문적으로 실을 뽑는 여자(M8 참조)인 표범의 아내는 (표범의 양자에 대해) 처음에는 호의적이다. 그녀가 위협을 했지만, 그녀를 죽이는 것은 주인공의 자의적인 행위에 의해서며, 표범은 아내의 고약한 점을 믿지 않고 주인공의 행위를 반대한다. 문제가 되었던 세 번의 부름은 표범 자신의 소리와 돌멩이의 부름 그리고 썩은 나무의 부름이다. 표범이 부르는 소리는 멀리서부터 주인공을 마을로 인도했지만, 나머지 두 부름에 주인공이 어떻게 행동했는지에 대해서는 언급이 없다. 인디언들이 불을 얻으러 갔을 때, 표범은 앞의 판본보다 더욱 호의적이었다. 왜냐하면 도움을 줄 동물을 호출하는 일을 표범 스스로가 하고 있었기 때문이다. 표범은 카에테투와 켁사다(queixada : 멧돼지의 일종)를 참여시키지 않았고, 맥은 장작불을 운반하고, 새들은 떨어진 숯불 덩어리를 줍도록 했다(C.E. de Oliveira, 75~80쪽).

이 변이형 판본 신화(M9a)는 우리가 뒤에 보게 되겠지만 신화 집단의 불변적 특성(propriétés invariantes)인 혼인관계와 두 사람 사이의 나이에 대한 차이를 그대로 유지하고 있다. 그러나 언뜻 보기에 이 판본에서는 '여자를 주는 자'의 기능과 '여자를 받는 자'의 기능이 놀라울 정도로 전도되어 있어서, 마치 언어적인 잘못이 있지 않았나 생각할 정도다. 그러나 이 판본은 벨렘(Belem)에 있는 관공서에 세 명의 동료와 일을 보러 같이 갔던 한 아피나이에 인디언에게서 포르투갈어로 직접 수집한 것이다.

물론 니무엔다주(Nimuendaju)가 거의 같은 시기에 수집한 판본들과 하나하나 비교해볼 수 있는데, 벨렘의 아피나이에 인디언 판본들—좀더 수다스럽지만—이 더 많은 정보를 포함하고 있지 않다는 것을 알 수 있다(이 책 348쪽 참조). 그러나 아래와 같은 점을 유의해볼 수 있을 것이다. 신화M9a에서는 표범의 아내가 다른 판본보다 덜 적대적이며, 표범도 신화M9보다 훨씬 더 친절하다(M9에서도 이미 친절했지만). 그리고 표범은 자기 아내에게 잘못이 있다고 믿지 않으면서도, 주인공이 아내를 죽인 것에 대해서 원한을 품지 않는다. 또 대단히 특별한 호의를 가지고 인디언에게 불을 제공하며, 불의 운반을 표범이 직접 주관한다.

이렇게 보면 우리가 앞에서 지적한 비정상적이었던 것이 선명해진다. 모계출계와 모거제를 행하는 다른 민족처럼 아피나이에 인디언도 여자의 아버지는, 분명히 말하자면 '여자를 주는 자'가 아니다. 오히려

이 역할은 여자의 오빠들이 담당하는데, 이들은 누이를 누이의 남편에게 주기보다는 남편을 받아들인다. 왜냐하면 누이의 남편은 결혼과 모거제의 관습에 의해 자신들의 울 안에 들어오기 때문이다(Nim. 5, 80쪽). 이러한 조건 아래에서 장인과 사위의 관계는 신화M$_{9a}$에서 '전도된'(inversé) 혼인관계라기 보다는 차라리 '확장된'(distendu) 혼인관계인 것처럼 보인다. 어떤 면에서는 이러한 관계가 2차적인 정도를 나타내기 때문이다. 이러한 측면은 신화M$_{9a}$와 참조신화M$_1$을 비교해보면 더욱 잘 나타나는데, 여기에서 모계출계와 모거제는 관여적(關與的: 어떠한 변별적 특성을 나타내는 항이나 요소들을 의미―옮긴이) 요인이다.

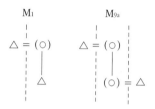

신화M$_{9a}$와 같은 이본 신화에서는 모든 가족관계와 도덕적으로 이에 부합되는 태도의 체계도 느슨(해이)해(relâchés)진 것을 알 수 있다. 이러한 점에서 이 판본은 우리가 참조하고 있는 모든 판본 신화 가운데 가장 약한(faible) 것이 된다(약한 특성을 나타낸다는 의미―옮긴이).

네 번째 변주곡

M$_{10}$. 동팀비라족의 신화: 불의 기원

옛날 사람들은 불을 몰랐다. 그래서 그들은 완전한 날고기를 먹지 않으려고 납작한 돌 위에 고기를 놓고 햇볕에 데워 먹었다. 이 시기에 한 사람이 처남을 데리고 벼랑 한가운데에 있는 아라앵무새 둥지를 털려고 했다. 그러나 아라앵무새 새끼들이 저항하는 바람에 소년은 감히 새끼들을 잡지 못했다. 이에 화가 난 매형은 사다리를 엎고 가버렸다. 주인공은 벼랑 한가운데 갇혀 목마름으로 고통을 겪으며 새똥에 뒤덮여 있었는데, '벌레들이 몸 위를 기어다녔고, 새끼들은 더 이상 그에게 겁을 먹지 않았다.'

그 다음은 아피나이에 판본과 일치한다. 그러나 표범의 아내는 '임신 중'이었고, 조그마한 소리(잡음)도 견디지 못했다고 설명하고 있다. 다시 말해서, 주인공이 의붓아버지(표범)가 준 구운 고기를 씹어 먹는 소리에 표범의 아내는 미칠 정도로 화가 났지만, 고기가 너무 바삭바삭했기 때문에 조용히 먹을 수가 없었다. 표범으로부터 받은 무기를 가지고 주인공은 표범 아내의 발에 부상을 입히고 달아났다. 임신으로 몸이 무거워진 표범의 아내는 추적을 포기했다.

주인공은 아버지에게 그동안에 있었던 모험담을 털어놓았고, 아버지는 동료들에게 이를 알렸다. 그들은 표범의 집에 이르는 길에 드문드문 달리기 선수를 배치했다. 일종의 릴레이 경주가 행해지는 것이었다. 불붙은 장작이 손에서 손으로 넘겨져 마을까지 도달했다. 이때 표범의 아내가 주인공에게 숯불 한 덩어리만 남겨달라고 했으나 허사였다. 두꺼비가 남아 있는 숯불더미에다 침을 뱉어 숯불을 꺼버렸다(Nim. 8, 243쪽).

다섯 번째 변주곡

M11. 동팀비라족(크라호 집단)의 신화: 불의 기원

옛날에는 문화 창조 영웅인 푸드(Pud)와 푸들레레(Pudleré)가 사람들과 같이 살았으며, 사람들이 불을 이용할 수 있도록 했다. 그러나 그들이 떠날 때 불도 같이 가지고 가버렸기 때문에 사람들은 햇볕에 말린 날고기에 '썩은 나무'(pau puba)를 곁들여 먹을 수밖에 없었다.

매형과 처남이 원정을 계획한 것도 이때였다. 둘 중 어린 사람(처

200

남)이 바위 벼랑 한가운데 버려졌다. 그는 울 수밖에 없었는데, 새들은 이 소리에 신경질이 났다. '그러나 이틀 후에는 새들도 이러한 상황에 익숙해졌다. 아라앵무새가 소년의 머리에 똥을 쌌고, 거기에는 벌레가 우글거렸으며, 그는 너무나 배가 고팠다.' 그 다음은 다른 판본과 일치한다. 표범의 아내는 임신 중이고, 주인공을 잡아먹겠다고 위협하며 겁주기를 좋아했다. 표범이 활과 화살의 비밀을 알려주자, 그 충고에 따라 주인공은 표범 아내의 발에 부상을 입히고 달아났다 등등. 비상이 걸린 인디언들은 불을 탈취해오기 위해 릴레이 경주를 계획했다. '만약 표범이 없었다면 사람들은 아직도 날고기를 먹고 있을 것이다'(Schultz, 72~74쪽).

또 다른 맥락에서 인간인 주인공이 표범의 집을 방문하는 내용과 관계가 있는 한 크라호 신화는 불의 소재(motif)와 임신의 소재를 직접적으로 연결하는 아래와 같은 내용을 담고 있다. "표범의 아내는 정말 임신 중이었고(원문대로) 막 출산할 시기에 놓여 있었다. 출산을 위한 모든 것이 준비되어 있었는데, 특히 이글거리는 훌륭한 불이 준비되어 있었다. 왜냐하면 표범이 불의 주인이기 때문이다"(Pompeu Sobrinho, 196쪽).

여섯 번째 변주곡

M12. 셰렌테족의 신화: 불의 기원

어느 날 한 사람이 나무 꼭대기 음푹 패인 곳에 둥지를 틀고 있는 아라앵무새를 잡기 위해 어린 처남을 데리고 숲으로 갔다. 그는 처남에게 장대를 타고 올라가라고 했다. 소년은 둥지에 이르러서 단지 두 개의 알만 있을 뿐이라고 거짓말을 했다. 밑에 머물러 있던 매형의 끈질긴 성화에 주인공은 입 속에 물고 있던 흰돌을 집어던졌다. 돌은 떨어지면서 알로 변해 땅바닥에 부딪쳐 깨졌다. 이에 불만을 품은 매형은 처남을 나무 위에 놓아둔 채 가버렸고, 소년은 닷새 동안이나 나무 위에 갇혀 있었다.

지나가던 표범이 나무에 올라가 있는 주인공을 보았다. 표범은 자초지종을 듣고는 두 개의 알을 먹이로 달라고 요구했다(분명히 둥지 속에 있었던 알을 일컫는다). 그리고 그에게 뛰어내리라고 요구했고, 으르렁거리면서 발로 주인공을 받았다. 소년은 무서웠지만 표범은 그에게 어떠한 해도 입히지 않았다.

표범은 소년을 등에 태우고 냇가로 데리고 갔다. 소년은 매우 갈증이 났지만 물을 마실 수가 없었다. 왜냐하면 그 물은 검은독수리 (urubu)의 소유라고 표범이 설명했기 때문이다. 그 다음 개울도 마찬가지로 '작은 새들'에게 속해 있었다. 세 번째 개울물에서는 주인인 악어가 간청했지만, 주인공이 너무 게걸스레 물을 마셔 한 방울의 물도 남기지 않고 개울을 말려버렸다.

표범의 아내는 마르고 못생긴 어린아이를 데리고 왔다고 질책하며 주인공을 환영하지 않았다. 그녀는 소년에게 이를 잡으라고 명령하고는 그를 두 발로 잡고 겁을 주며 으르렁거렸다. 주인공이 표범에게 하소연을 하자 표범은 그에게 활과 화살, 장신구, 그리고 구운 고기를 주면서 만일 자신의 아내가 계속 못살게 굴면 활로 경동맥을 쏘라고 충고를 한 후에 주인공을 마을로 돌려보냈다. 모든 일은 앞서와 같이 일어났고, 표범의 아내는 죽음을 당했다.

얼마 후 소년은 어떤 소리를 듣게 되었는데, 자기 형제들의 소리였다. 주인공은 먼저 자신을 두 형제에게 보인 후 마을로 돌아가 어머니에게 자신의 출현을 알리도록 했다. 그가 죽은 줄로 알고 있었던 어머니는 아들의 귀향을 처음에는 믿지 못했지만, 주인공은 즉시 나타나지 않고 자신을 숨겼다가 에크만(aikman) 장례 의식에 맞추어 나타났다.

모든 사람들이 그가 가져온 구운 고기를 맛보고 감탄해 마지않았다. '어떻게 고기를 구웠는가?'라는 질문에, 소년은 '햇볕에'라고 고집스럽게 대답했지만, 삼촌에게는 진실을 밝혔다.

사람들은 표범에게서 불을 탈취하려고 원정을 준비했다. 훌륭한 경주자인 새들에 의해 불이 활활 타는 나무토막이 운반되었는데, 무툼(mutum)새와 물닭이 이를 담당했고, 그들의 뒤에서는 자쿠(jacu)새가 떨어진 숯덩이들을 주워 모았다(Nim. 7, 181~182쪽).

서창부

1. 보로로족처럼 카야포 · 아피나이에 · 팀비라족도 모거제 사회다. 셰렌테족은 부계출계와 부거제를 운용했다. 또 다른 제족 집단은 출계의 원칙이 분명하지 않으므로 사람들은 이들 사회의 출계에 대한 다양한 해석을 내놓았다.

사회구조의 이러한 측면들은 어떤 부분까지는 신화 속에 반영되어 나타난다. 보로로 신화M_1의 주인공은 먼저 할머니와 동생에게 자신의 귀향을 알리고, 신화M_7과 M_8의 카야포 신화에서는 어머니에게만 또는 우선 어머니에게 그리고 누이동생에게 알린다. 아피나이에 신화M_9와 크라호 신화M_{11} 판본에서는 비교할 만한 정보가 없다. 팀비라 판본 신화M_{10}에서는 아버지에게 알리고, 셰렌테 신화M_{12}에서는 형제들에게 자신의 귀향을 알린다. 이처럼 부계와 모계 사이의 대립은 단지 부분적으로만 반영되고 있을 뿐이다. 그러나 무엇보다도 두 유형의 사회구조 사이에 대조가 명확하게 드러나는 것은 보로로족과 셰렌테족이다.

2. 신화M_7의 주인공은 보토크라 불린다. 이 단어는 도자기나 나무 또는 조개껍질로 만든 작은 원반을 지칭하는데, 대다수의 제족은 귓밥 때로는 아랫입술에 구멍을 내고 이 작은 원반을 끼워 장식한다.

3. 신화M_7에서 언급하는 키(ki)라는 암반석으로 만든 화덕은 제족 고유의 요리기술로서, 이웃인 보로로족이나 투피(tupi) 언어를 사용하는 부족들에게는 알려지지 않았다. 신화 속에서 이 암반석의 지위는 후에 분리해 취급할 것이다.

4. 신화의 여러 판본에 나타나 도움을 주는 동물들을 보면 다음과 같다.

M$_8$	M$_9$	M$_{10}$	M$_{12}$
맥 야오새(yao) 사슴류(cervidé) 집돼지(cochon)	맥 자호새 자쿠새	두꺼비(crapaud)	무툼새 자쿠새 물닭(poule d'eau)

동물들의 임무는 다음과 같다.

1. 장작 운반은 맥(M$_8$, M$_9$), 무툼새와 물닭(M$_{12}$)

2. 고기 운반은 사슴(M$_8$)

3. 무명 실타래 운반은 집돼지(M$_8$)

4. 떨어진 숯덩이를 주워 모으는 것은 야오새와 자호새(M$_8$, M$_9$), 자쿠새(M$_9$, M$_{12}$)

5. 나머지 숯불을 끄는 작업은 두꺼비(M$_{10}$)

야오새와 자호새는 남미산 메추리 종류로서 학명은 *Grypturus*다. 자쿠새는 또 다른 순계류(鶉鷄類, cracidé)로서 목이 숯을 삼킨 것처럼 붉다. 무툼새의 학명은 *Crax*다. 페커리는 남미산 산돼지의 일종이며, 우리가 논하는 신화 속의 카에테투 야생돼지와는 종종 구별된다. 페커리 산돼지는 분명히 주둥이가 흰 페카리 돼지가 틀림없다(켁사다라고도 불린다). 학명은 *Dicotyles labiatus*, *Tayassu pecari*다. 카에테투 야생돼지는 목걸이를 한 것 같은 목걸이 페카리 돼지일 텐데, 학명은 *Dicotyles torquatus*, *Tayassu tajacu*다. 이 종은 훨씬 작고, 홀로 다니며 집단 생활에 약하다. 반면 페카리 돼지는 군집 생활을 한다(이 책 224쪽 참조).

5. 아로에이라나무에 대해, 신화M$_9$에서는 이 나무가 흰나무(*Lythraea*)

인지 아니면 부드러운 나무(개후추나무, *Schinus molle*)인지, 또는 붉은나무(*Schinus terebinthifolius*)인지는 정확하지 않다. 신화의 맥락에서 보면 단단한 나무라는 생각이 든다.

6. 메갈론캄두레(M₉)에 대해 니무엔다주(5, 156쪽)는 다음과 같이 어원을 분석한다. 메-갈론(me-galon)은 '이미지, 그림자, 환영, 마름모꼴'을 의미한다. 우리는 이것을 신화M₁₁에서 표범이 잡으려 애쓰는 주인공의 그림자 이름(메파/가론[mepa/garon])이 '그림자, 망령(유령), 겁나는 출현'이라는 의미와 비교해볼 수 있다(Schultz, 72쪽, 주 59; Pompeu Sobrinho를 참조하면 megahon은 '망령, 영혼, 신'이다. 195~196쪽). 그리고 카야포 단어로 men karon은 '죽은 후에 사람은 유령(men karon)이 된다. 산 자들에 대한 시기와 생명을 잃었다는 슬픔으로 적의를 품은 유령이나 가해(加害) 영혼이 men karon이 되는 것이다'(Banner 2, 36쪽, 38~40쪽; Lukesch 2, me-karon '인간영혼, 유령' 참조).

7. 신화M₉의 코아티(*Nasua socialis*) 사냥에 대한 이야기는 대단히 넓은 지역에 전파되어 있다. 같은 에피소드를 북아메리카 대륙에서도 찾을 수 있는데, 여기에서는 코아티 곰 대신에 북아메리카 너구리가 등장한다. 앞에 비해서 좀더 가까운 지역으로 생각할 수 있는 파라과이의 과라니-음비아족(Guarani-Mbya)에서는 약간 변형된 형태의 이야기로 나타난다.

M₁₃. 과라니-음비아족의 신화: 식인귀 샤리아

식인귀 샤리아(Charia)는 코아티 곰들을 발견하고 그 가운데 한 마리를 죽였다. 주인공 쿠아라이(Kuaray, 해)는 나무 위로 기어올라갔다. 샤리아가 그에게 화살을 쏘자 그는 죽은 척하고 똥을 한 바가지 쌌다. 샤리아는 똥을 긁어 모아 백합잎으로 싸서 쿠아라이 시체와 같이 그의 바구니에 들어 있는 코아티 곰 밑에 넣었다. 그러고는 바구니를 물가에 놓고 물고기를 잡으러 갔다. 주인공은 이 기회를 틈타 도망쳤는데, 바구니에 돌을 집어넣는 것을 잊지 않았다.

샤리아가 오두막에 도착하자 딸들이 바구니를 들여다보고, "야, 니아 칸라치샨(Niakanrachichan)을 봐! 여기에 똥이 들어 있네!"라며 코아 티 곰을 끌어냈다. 그리고 "여기에 코아티 곰이 있네……어머 이것 은……돌 아냐!"라고 했다. 코아티 곰이 있던 자리에는 돌멩이만 있을 뿐이었다(Cadogan, 80~81쪽; 다른 판본 Borba, 67~68쪽).

8. 릴레이 경주(M10, M11)를 살펴보자. 이것은 잘 알려진 제족의 제도 다. 경주자들은 장작을 운반하는데, 잘 다듬어지고 색칠을 한 통나무 목재를 운반하는 경주를 말한다. 크라호 부족들은 이 경주를 집단 사냥 을 한 후에 개최한다. 또 다른 부족에게 이 경주는 주로 의례적이거나 레크레이션의 성격을 띤다. 때로는 릴레이 경주가 열린 후에 나무타기 경주가 뒤를 잇는 경우도 있다. 나무타기 경주 역시 때로는 릴레이 경 주의 특성을 띤다. 어떤 특별한 정보도 이 경주가 우리의 신화에 연결 되어 있다고 보기는 어렵다.

9. 신화M11에서 '파우 푸바'(Pau puba)라는 용어를 보자. 슐츠 (Schultz)는 "크라호어로 pi(n)yapok라고 하며, 어떤 정보 제공자가 말하기를 숲속에 가면 그것들이 많지만, 요새는 그것을 먹지 않는다고 말하는데, 그것이 무엇을 말하는 것인지 도저히 알 수가 없었다" (Schultz, 72쪽, 주 56)고 한다. 셰렌테어로 푸바(puba)는 '발효된 카 사바 반죽'을 의미한다고 니무엔다주는 말한다(6, 39쪽).[14]

참고로 카야포어로는 베로(bero)인데, 'a puba, a mandioca amolecida na agua'(Banner 2, 49쪽)를 말한다. 테네테하라족

---

14) 슐츠는 투쿠나족(Tukuna)은 카사바(manioc) 반죽으로 알코올 음료를 만드는 데, 2~3일 동안 발효하도록 두면 두꺼운 곰팡이 층이 형성된다고 술 만드는 과 정을 설명한다. 그리고 덧붙이기를 "내 생각으로는 paiauaru는 발효되고 썩어서 아주 고약한 맛을 가지지만, 인디언들은 대단한 만족감을 느끼며 이를 마신다" (Nimuendaju 13, 34쪽; Ahlbrinck 'woku' 논문 참조). 짧은 토리팡(taulipang)

(Tenetehara)에게서 푸바는 카사바 반죽이 분해될 때까지 담가놓아 걸죽하게 된 카사바를 일컫는다(동사로는 pubar, Wagley-Galvão, 39쪽). 포르투갈어로 '푸바는 며칠 진흙 속에 묻어놓아 부드럽게 발효된 카사바를 일컫는다'(발데즈의 논문 'puba'를 참조). 이 책의 다른 부분에서(발데즈, 172쪽 이하 참조) 신화M₈에서처럼, 그것이 썩은 나무(파우)를 의미한다는 것을 증명할 또 다른 증거를 찾을 수 있을 것이다.

10. 셰렌테 마을은 부계출계, 부거제, 외혼제를 운용하는 두 개의 반족으로 갈라져 있다. 각 반족은 3개의 씨족과 한 개의 '외부'(étranger) 씨족으로 구성되며, 모두 8개의 씨족으로 되어 있다. 각 오두막들은 서쪽으로 열린 말발굽 형태로 배치되어 있는데, 북쪽에 위치한 반족은 스다크란(Sdakran)이라 불리며, 남쪽의 반족은 십타토(Shiptato)라고 부른다. 북쪽의 반족은 달과 연관되어 있고, 남쪽의 반족은 태양과 관련되어 있다.

신화M₁₂에 나오는 나쁜 매형은 스다크란이고, 그의 피해자는 십타토인데, 니무엔다주의 주해에 따르면 다음과 같다.

표범에게서 불붙은 나무둥치를 훔쳐왔을 때, 무툼새와 물닭이 제일 먼저 그것을 탈취했다. 도가머리(새의 머리에 길고 더부룩하게 난 털―옮긴이)가 열기에 그슬려 곱슬곱슬하게 남아 있는 무툼새는 십타토족에 속하는데, 이 반족의 이름은 쿠제(kuzé) 즉, '불'이라는 이름에서 유래한다. 이러한 이유 때문에 이 반족에 속하는 사람들은 간혹 곱슬머리와 갈색-붉은색 머리카락을 가지고 있다. 쿠제 반족과 크렌프레히(krenprehi) 반족 (쿠제 반족과 마주하고, 반족들을 가르는

신화는 해먹(hamac)과 목화씨를 최초로 소유한 개가 어떻게 이것들을 인간들의 똥과 바꾸었는지를 이야기하고 있는데, 똥을 사쿠라(sakura)라고 부르며, 이것은 맥주를 만드는 과정에서 카사바 뿌리를 씹어 발효시킨 즙을 일컫는 말이다(K.G. 1, 76~77쪽). 같은 내용의 신화가 차코족에게도 있다(Métraux 3, 74쪽).

축의 양쪽 마을의 동쪽 끝에 있는 스다크란 씨족), 이들 반족은 각각 반족의 씨족에게 쓰일 대다수의 변별적 장식물을 제작하는 제조자들이다. 크렌프레히 반족은 붉은 아라앵무새의 꼬리깃털로 제작물을 장식해 교환했다. 그리고 쿠제 반족에게는 표범 가죽으로 만든 장식물을 받았다(Nim. 6, 21~22쪽).

신화에서 스다크란이 아라 앵무새를 찾아다니고, 십타토가 표범의 양자로 들어가는 것은 당연하다. 또한 신화M7에 나오는 카야포 신화 주인공의 이름은 '장식물'과 연관시킬 수 있다. 그리고 앞 장(章)에서 분석한 보로로 신화들은 이미 보았듯이 각 씨족의 고유한 장식물의 기원을 제시하는데, 신화에 등장하는 주인공들의 이름은 '색칠한' 또는 '아름다운 피부'를 의미한다.

에크만 장례 의례(M12)는 부족의 저명한 사람들을 매장한 직후 이들을 추모하기 위해 열리는 축제다. 모든 마을 사람들이 초대되고, 축제 기간에 각 마을의 캠프는 씨족과 반족의 배치를 재현해 구성된다(Nim. 6, 100~102쪽).

* * *

전체적으로 보면, 우리가 요약한 여섯 판본의 신화들은 서로 비슷해서 혼동될 지경이다. 그러나 (이미 논의한 신화M9d의 경우를 제외하고) 두 사람 사이에 존재하는 불변적 관계를 유의할 필요가 있다. 다시 말해서 누이의 남편(매형)과 아내의 남동생(처남), 전자는 나이가 더 많고 후자는 어리다는 것은 논의한 모든 신화에서 공통이다. 그러나 세부적인 면에서는 차이점을 찾을 수 있는데, 이러한 차이점은 의미가 적지 않다.

1. 분쟁의 원인은 감히 아라앵무새의 새끼를 잡을 수 없는 주인공의 소심성(M9 · M10 · M11)이나, 주인공이 매형(M12)을 의식적으로 속이는 간교함에서 비롯된다. 이러한 관계 속에서 신화M7과 M8은 중간적인 위치를 점하고 있는데, 아마도 신화 원문의 불명확함 때문일 수도 있다.

2. 신화 판본에 따라 주인공의 더러워짐(souillure)은 약하거나 강하다. 신화M$_9$ · M$_{10}$ · M$_{11}$에서는 새들의 배설물을 뒤집어쓰는 데 반해, 신화M$_7$과 M$_8$에서는 자신의 배설물을 먹는다.

3. 표범의 주의(l'attention)가 신화M$_7$ · M$_8$ · M$_{9a}$ · M$_{12}$(?)에서는 자발적으로 나타나는 데 반해, 신화M$_9$ · M$_{10}$ · M$_{11}$에서는 주인공이나 외부요인에 의해 유발된다.

4. 표범은 신화M$_8$에서 포로가 있는 곳까지 올라오는 데 반해, 다른 판본들에서는 아래에서 포로를 맞이한다. 반면 신화M$_7$과 M$_8$에서는 어떠한 보상도 받지 않지만, 나머지 판본에서는 새끼를 요구하고, 그것을 얻는다.

5. 신화M$_7$ · M$_8$ · M$_9$ · M$_{9a}$ · M$_{12}$에서 표범의 아내는 죽음을 당하나, 신화M$_{11}$과 M$_{10}$에서는 단지 부상만 당한다.

6. 신화M$_9$와 M$_{9a}$에서 표범은 인간에 대해 친절한 모습을 보이지만, 신화M$_7$에서는 적대적인 모습을 보인다. 다른 판본들에는 이에 대한 언급이 없다. 각 경우에 강한 태도(+)와 약한 태도(-)를 구별한다면, 아래와 같은 도표를 얻을 수 있다.

	M$_7$	M$_8$	M$_{9a}$	M$_9$	M$_{10}$	M$_{11}$	M$_{12}$
주인공의 행위	(+)	(+)	–	–	–	(–)	+
주인공의 더러워짐	+	+	–	–		–	0
표범의 주의	+	+	+	–	–	–	0
표범의 태도	–	+	–	–			–
표범의 무관심	+	+					–
표범 아내의 운명	+	+	+	+	–	–	+
표범/인간의 적대관계	+	0	–	–	0	0	0

앞의 표를 보면, 카야포 판본들은 전후 연결성이 있음과 동시에 상대적으로 강한 태도를 나타내는 신화들인 반면, 아피나이에와 팀비라-크

라호 판본들은 전후 연결성은 있으나 상대적으로 약한 태도를 나타내는 판본들처럼 보인다. 세렌테 판본(같은 관점에서 보면)은 그리 강하지 않은 내부적 연결성이 부여된 것처럼 보이지만, 이 판본은 몇몇 관계에는 다른 판본들보다 훨씬 더 강한 태도를 나타낸다. 다시 말해서 자신의 동족에 대한 주인공의 교활함은 두 번이나 반복된다. 주인공은 그의 매형을 속이고, 또 마을 사람들을 속인다. 게다가 그의 실종은 그의 죽음과 일치된다. 주인공은 표범 아내의 경동맥을 쏘아 죽음에 이를 때까지 피를 흘리게 하지만, 또 다른 관점에서 보면 이 판본은 약한 태도를 나타내는 판본에 가깝다. 우리는 아주 충격적인 반전(inversion)을 보게 되는데, 신화M7에서 새알은 돌멩이로 변형되고, 신화M12에서는 돌멩이가 새알로 변형된다. 세렌테 신화M12의 구조는 다른 판본의 신화와 대조를 이루는데, 이것은 아마도 부분적으로는 세렌테족의 사회구조에서 이미 보았듯이, 제족과는 명확한 대립관계를 나타내고 있다는 사실을 설명하는 것이다. 이 점에 대해서는 뒤에 다시 설명할 것이다.

단지 실현 양상만이 변화할 뿐인 이러한 공통적인 요소 이외에, 몇몇 신화들은 처음 봐서는 나타나지 않는 몇몇 독특한 소재를 포함하는 경우가 있는데, 물론 이런 소재는 다른 판본에서 발견할 수 있다. 이러한 것들을 열거하면 다음과 같다.

1. 야생돼지 카에테투의 에피소드. 즉 주인공은 야생돼지를 매개로 표범의 등에 올라타는 것에 동의한다(M8).
2. 단명(短命)의 기원과 식인귀와의 모험(M9).
3. 표범아내의 흥미로운 상황(M10, M11), 그리고 소리에 대한 그녀의 참을성 없는 태도(M10).
4. 악어 소유의 물을 훔치는 행위(M12).
5. 이 잡기의 함정(덫)이 음식물의 덫을 대체함(M12).
   주의: 3번과 5번은 연결되어 있다. 표범 아내의 태도가 변화하

는 것은 하나의 체계를 형성하는데, 아래와 같이 임시적으로 도표화
할 수 있다.

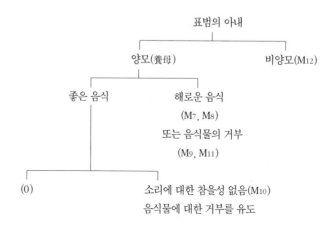

또 다른 특성에 대한 의미는 점차로 설명될 것이다. 각 특성은 서로
연관되어 있으며, 이러한 관계 속에서 각 특성을 포함하는 신화는 하나
또는 몇 개의 변형 집단에 속하게 된다. 이것들은 전체 체계를 구성하
기 때문에 먼저 (다차원적인) 전체적인 체계를 복원하도록 해야 한다.

제2부

1 예절 바른 소나타

무관심한 공언

보로로 신화들은 근친상간에 대해 이상하리 만큼 무관심하다. 근친상간자는 피해자가 되고, 반면 모욕을 당한 자는 복수를 했다는, 또는 복수를 계획했다는 사실 때문에 벌을 받는다.

제족의 신화에서도 이와 비교될 만한 무관심이 있는데, 자기 아내에 대한 표범의 무관심이다. 입양한 아들(M_{11}에서는 조카)의 안전을 제외하고 그의 관심을 끄는 것은 아무 것도 없었고, 표범은 나쁜 아내에 대항해 아들 편을 든다. 아들에게 저항하도록 용기를 주는가 하면 저항할 수단도 제공한다. 결국 주인공은 표범의 아내를 죽일 결심을 했고 표범의 충고에 따라서 이를 행했다. 표범은 자신이 홀아비가 됐다는 소식을 매우 담담하게 받아들이고, 그는 "별로 중요한 일이 아니야!"라며 걱정하는 살인자에게 대답한다.

이러한 '무관심한 태도' 속에서 우리는 놀랄 만한 대칭적 조화(symétrie)를 볼 수 있다.

1. 매번 이러한 무관심한 태도는 남편과 연관된다. 그러나 보로로 신화 속의 남편(새둥지 터는 사람의 아버지와 베토고고)들은 무관심하다

기보다는 오히려 그 반대였다. 그들은 무관심하지 않았기 때문에 벌을 받는다. 반면 제족의 남편들(표범들)은 정말로 무관심하고, 신화도 이러한 그들의 태도를 좋게 평가한다.

2. 결과적으로 어떤 경우에는 남편들이 무관심의 '대상'이 되기도 한다. 말하자면 그들 스스로는 범죄라고 판단한 행위에 대해 신화가 보여주는 무관심으로 인해 손해를 본다. 또 다른 경우에는 그들이 무관심의 '주체'다. 보로로족에서 제족에 이르는 신화를 통해 보면, '인물'(figure)과 '토대'(fond) 사이의 관계가 어떤 점에서는 도치(inversé)되어 있다. 즉 토대(신화의 맥락)가 보로로 신화에서는 무관심을 나타내고, 제족 신화에서는 인물(표범)이 무관심을 나타낸다고 말할 수 있을 것이다.

3. 보로로 신화 속 남편들의 비무관심(non-indifférence)은 근친상간의 경우에 나타난다. 제족 남편들의 무관심은 모든 것이 정상을 벗어난 상태에서 근친상간과 대립적 행위인 경우, 즉 '아들'에 의한 어머니의 살해로 나타난다.

4. 보로로 신화에서 가족관계(여기서는 정당한 관계)는 실제의 친족과 출계를 바탕으로 이루어진 반면, 제족 신화에서는 입양된 친족과 결연(혼인)관계를 바탕으로 한다.

만일 마투그로수(Mato-Grosso) 남부의 오페에-샤반테(Ofaié-Chavanté) 인디언들의 신화를 보게 된다면 이러한 무관심의 이유를 더 잘 알 수 있게 될 것이다. 옛날에는 제족 언어 계통으로 분류되던 오페에 부족들이 지금은 독립된 어족(語族)을 형성하고 있다.

M14. 오페에족의 신화: 표범의 아내

여인들은 화전(火田)에 나무를 주우러 갔다. 그 가운데 한 어린 소녀가 표범이 먹다 남긴 켁사다 야생돼지의 뼈를 발견하고는 "표범의 딸이 되면 얼마나 좋을까! 그러면 배 터지게 고기를 먹을 수 있을 텐데!"하고 소리를 쳤다. 그때 갑자기 나타난 표범이 "그보다 더 쉬운 일은 없지. 너에게 어떤 해도 입히지 않을 테니 나하고 같이 가자"라고 대답했다.

사람들이 어린 소녀를 찾아 헤맸으나 헛수고였으므로 그들은 표범이 소녀를 잡아먹었다고 믿었다.

그러나 하루는 소녀가 되돌아와서 먼저 여동생에게 자기가 돌아온 사실을 알리고, 다음으로는 부모에게 알렸다. 그녀는 자신의 남편인 표범이 풍요 속에 살게 해주었고, 또 인디언들에게 양식을 제공하고 싶어한다는 사실을 얘기했다. "인디언들은 어떤 사냥감을 좋아할까?" "무엇이든!" "그런데 표범은 그것이 무엇인지 알기를 원해." "그렇다면, 맥!" "알았어, 그러나 오두막의 기둥이 튼튼해야 해, 표범이 지붕 위에 고기를 올려놓을 테니까."

다음날 아버지는 지붕이 잘 구운 고기로 덮여 있는 것을 확인했다. 사람들은 배불리 먹었고, 이틀 후 또다시 고기가 공급되었다.

얼마의 시간이 지나간 후에, 고기를 운반하기에 지친 표범은 아내를 시켜 마을에서 살도록 해달라고 제안했다. 아버지는 좋다!라고 말했다(그는 표범이 무서웠지만, 고기는 좋아했다). 하지만 딸이 표범은 장인장모의 오두막 가까이 거처하기를 원치 않고, 사람들에게 보이지 않게 좀 거리를 두고 거처하기를 바란다고 말했다.

딸은 떠났고, 그녀는 표범처럼 사냥하는 방법을 배우기 시작했다. 다음날 아침 인디언들의 오두막은 고기로 뒤덮였는데, 야생돼지 카에테투, 야생돼지 켁사다, 아르마딜로, 설치류인 파카(paca) 등등, 온갖 종류가 다 있었다.

표범은 인디언의 마을에서 거주했고, 처남과는 친해서 아주 좋은 사냥감, 말하자면 자호새, 무툼새, 인함부(inhambu)새, 마쿠코(macuco)새 등을 가져다 주었다. 그럼에도 할머니는 표범을 믿지 않았다. 표범의 아내는 점차 맹수로 변해서 검은 점박이가 된 몸뚱이와 손과 발에 날카로운 발톱이 돋아났다. 그녀는 날카로운 송곳니가 돋았지만, 얼굴만은 인간의 모습을 하고 있었다. 그래서 할머니는 요술을 걸어 손녀를 죽여버렸다.

아버지는 이 일에 무관심했다(전혀 슬퍼하지 않았다). 그러나 가족 모두는 표범이 무서웠다. 처남은 표범을 찾아가 "너의 아내가 죽었는데 복수하지 않을 건가? 우리가 죽은 누이 대신에 그녀의 여동생을 제공하면 받아들이겠는가?"라고 물었다. 표범은 "절대 아니다. 말도 안 되는 소리, 나는 떠날 거야. 나는 당신들을 해치길 원치 않아. 아마 먼 훗날에도 당신들은 계속 나를 기억하게 될거야"라고 대답했다.

그리고 자신의 아내가 살해된 것 때문에 성이 난 표범은 사람들에게 포효하는 소리로 두려움을 느끼게 하며 떠나버렸고, 그렇게 포효 소리는 늘 멀리서 들려오곤 했다(Ribeiro 2, 129~131쪽).

이 신화가 취사용 불보다 이미 구워진 고기에 역점을 두고 있기는 하지만, 제족 신화와 매우 유사한 것은 분명하다. 두 신화는 같은 주제를 전개하고 있다. 즉, 요리에 대한 만족은 표범으로부터 얻을 수 있는 것이며, 사람들이 이러한 만족을 탈 없이 즐길 수 있기 위해서는 표범의 아내가 제거되어야만 했다. 두 신화 모두 이러한 요구에 대해 표범은 우아하게 받아들였고, 또한 이에 대해 공개적인 무관심을 나타내고 있다.

분명히 오페에 신화를 제족의 신화처럼 '표범 가운데의 인간'이 아니라, '인간 속의 표범'이라고 제목을 붙일 수 있다. 이러한 도치에도 불구하고 오페에와 제족 신화는 둘 다 명시적이다. 다시 말해서 표범의 아내는 인간(여성)이다(M₇ 참조: '표범의 아내는 인디언 여인이었다'). 하지만 인간들이 맹수보다 그 아내인 인간을 더 무서워하는 이유가 있다. 표범은 아내에 대하여 별로 대수롭지 않게 생각하고 있으며, 더욱이 인간들은 표범을 죽이기보다는 그의 아내를 죽였다.

오페에 신화가 나타내는 변형 덕분으로 우리는 신화 집단의 층위에서 불변적인 것으로 남아 있는 특성들만을 고려해, 여기에 나타난 분명한 모순을 해결할 수 있다.

표범과 인간은 두 극을 나타내는 항이고, 그 대립은 이중으로 일반적인 용어로서 표현된다. 즉 하나는 날것(cru)을 먹고 다른 하나는 익힌 것(cuit)을 먹는다. 더욱 표범은 인간을 잡아먹지만 인간은 표범을 잡아먹지 않는다. 대조가 단순히 절대적이지만은 않다. 왜냐하면 두 항들 사이에는 무(無)호혜성 위에 성립된 관계가 존재하고 있기 때문이다.

오늘날 인간이 소유하고 있는 모든 것(표범은 아무 것도 소유하지 못하고 있다)이 표범에게서 인간에게로 올 수 있게 하기 위해서는(옛날에는 표범이 모든 것을 소유했고, 인간은 이를 갖고 있지 못했다) 그들 사이에 관계를 맺어줄 수단이 나타나지 않으면 안 된다. 이것이 바로 표범 아내(인간)의 역할이다.

그러나 일단 (표범 아내의 중개에 의해) 이전(transfert)이 완성되면 다음과 같이 된다.

① 이 여인은 필요없는 존재가 된다. 왜냐하면 그녀는 이미 정해진 조건의 역할(그녀에게 할당된 유일한 역할)을 수행했기 때문이다.
② 그녀의 생존은 무(無)호혜성(réciprocité nulle, 호혜성이 없는 관계)으로 정의된 원초적인 상황에 모순된다. 그렇기 때문에 표범의 아내는 제거되어야만 하는 것이다.

카에테투의 론도

앞의 논증은 같은 관점에서 또 다른 문제를 해결하는 데 도움을 줄 것이다. 또 다른 문제란 신화M₈에서 카에테투에게 부여되어 있는 일종의 매개역할을 말한다. 신화 속에서 카에테투(표범의 사냥으로 죽은 것이 틀림없는)의 사체는 인간과 야수의 접근이 이루어지는 일종의 장소 역할을 한다. 조금 다른 문맥에서 오페에족의 판본은 켁사다에게 같은 역할을 부여하는데, 인간인 여주인공이 갈망하는 켁사다의 사체는 그녀를 표범과 '가까워'지게 한다. 또한 우리가 앞으로 살펴볼 투쿠나족 (tukuna)의 신화M₅₃에는 카에테투(목걸이 산돼지〔페카리〕)가 나오는데, 이 산돼지는 표범이 결혼할 여자의 아버지에게 제공한 최초의 사냥감이다(Nim. 13, 150쪽). 이러한 사실에서 세 가지로 변형되는 신화군 (神話群)을 가정해볼 수 있다.

	표범	매개항	인간
오페에 신화(M₁₄)	수컷	야생돼지 켁사다	여성, 호의적
투쿠나 신화(M₅₃)	암컷, 호의적	야생돼지 카에테투	남성
카야포 신화(M₈)	(암컷, 적대적)	야생돼지 카에테투	남성

두 신화 M₁₄, M₅₃에서 켁사다는 홀로 또는 다른 카에테투와 함께 신화의 끝 부분에 등장한다. 신화M₈에서는 켁사다(산돼지 페카리)는 무명실을 부락으로 운반하는 역할을 하고 있으며, 이 무명실은 성(性)에 따른 분업으로 표범의 아내가 뽑은 것으로 생각된다. 이러한 사실은 신화M₉ₐ를 통해 확인할 수 있다. 켁사다가 행한 중개 역할을 같은 신화의 초반부에서 카에테투가 반복하고 있다. 신화M₉ₐ에서 카에테투 한 쌍과 또 다른 켁사다 한 쌍은 불을 운반하는 운반자로서의 역할을 표범에게서 인정받지 못한다. 단지 배제의 목적에서만 본다면 우리가 이미 강조했던 것처럼(이 책 198~199쪽), 표범의 아내는 같은 집단의 또 다른 변이형 신화들 속에서 보다 훨씬 덜 적대적이고, 남편인 표범은 더욱더 우호적인 것으로 나타나는 한 변이형(variante)신화에서 이러한 언급을 볼 수 있다는 것은 대단히 주목할 만한 일이다.

따라서 단지 중개항으로서의 역할로만 보기에는 모호한 점이 있을 것이다. 카에테투의 이러한 역할을 합리화하기 위해서, 단지 야생돼지가 인간과 표범의 먹이로 사용될 수 있기 때문이라고 말하는 것은 충분하지 못하다. 왜냐하면 야생돼지 이외에 여러 다양한 사냥감 역시 이러한 조건을 만족시킬 수 있기 때문이다. 그러므로 또 다른 신화들이 이 문제를 해결하는 길을 열어줄 것이다.

M15. 테네테하라족의 신화: 야생돼지의 기원

투판(Tupan, 문화 영웅)은 자신의 대자(代子)와 함께 여행을 하고 있었다. 그들이 어느 마을에 당도했을 때, 마을 사람들이 소년과 인척관계였으므로 투판은 소년을 그들에게 맡겼다. 그러나 마을사람들은 소년을 막 대했고, 아이는 투판이 돌아왔을 때 하소연을 했다.

분개한 투판은 대자에게 깃털들을 모아서 마을 주위에 쌓아두도록 명령했다. 깃털이 충분히 모이자 투판은 거기에 불을 놓았다. 불길에 휩싸인 주민들은 도망치지 못한 채 이리저리 뛰어다녔고, 점차 마을 사람들의 소리(비명)는 꿀꿀거림으로 변해갔다. 그 이유는 그들이 산돼지 페카리와 다른 야생돼지들로 변했기 때문이다. 이들 중 숲에 도달한 것들이 오늘날 야생돼지의 조상이 되었다. 투판은 그의 대자 마라나 이와(Marana ywa)로 하여금 돼지들의 주인이 되게 했다 (Wagley-Galvão, 134쪽).

M16. 문두루쿠족의 신화: 야생돼지의 기원

때는 건기였고, 모두들 숲에서 사냥을 하고 있었다. 조물주 카루사케베(Karusakaibé)는 그의 아들 코룸타우(Korumtau)와 함께 야영지에서 조금 떨어진 곳에 머물고 있었다. 당시 사람들은 털 달린 사냥감으로는 야생돼지 카에테투밖에 몰랐으며, 사람들이 주로 사냥하는 것이 바로 이 동물이었다. 카루사케베는 예외였는데, 그는 인함부새[1]를 사냥하고 있었다. 그리고 매일 아들을 여동생들의 야영지(쿠드로[Coudreau]에 따르면 '이웃들의 야영지')에 보냈는데, 그가 잡은 인함부새와 여동생들의 남편이 잡은 야생돼지 카에테투를 교환하

---

[1] *Grypturus* 속(이 책 204쪽 참조)의 티나미데(tinamidé)는 다른 문두루쿠 신화 (M₁₄₅)에 따르면, 쓴맛의 수프를 만들어내는 하급의 사냥감이다.

기 위해서였다. 불만을 품게 된 소년의 고모들은 화를 내기에 이르렀고, 조카에게 모욕을 주었다(그에게 깃털과 껍데기를 던지면서 [Tocantins, 86쪽과 쿠드로: Kruse 3]). 그는 울면서 돌아왔고 아버지에게 일어난 일을 설명했다.

카루사케베는 아들에게 새털로 야영지의 윗부분을 궁륭 모양으로 둘러싸도록 명령했다(이 작업이 이루어지는 동안 소년은 새와 두꺼비로 모습을 바꾼다, Kruse 3). 그 다음 카루사케베는 그 안에 담배 연기 구름을 뿜어 넣었다. 주민들은 연기에 취했고 카루사케베가 '당신들의 음식을 먹으시오!'라고 외쳤을 때, 그들은 조물주가 자신들에게 짝짓기를 하라고 명령하는 것으로 알아들었다. '그들은 곧 일상적인 꿍꿍거리는 소리를 내면서 사랑의 행위에 자신들을 맡겨버렸다.' 그러고는 모두 야생돼지로 변했다. 연기를 막기 위해 코를 막았던 나뭇잎은 돼지의 콧등(주둥이)이 되었으며, 몸뚱이는 카루사케베가 개미핥기에게 빌려서 그들에게 던진 털로 뒤덮였다.

원래의 마을에 남았던 다른 인디언들은 동료들의 운명에 대해 전혀 모르고 있었다. 매일 카루사케베는 몰래 털로 된 우리('돼지들의 산', Kruse 3)에 가서 반쯤 열린 문 앞에 약간의 음식물을 놓아두고 돼지를 한 마리씩 유인해냈다. 그는 화살 한 방으로 돼지를 죽이고는 문을 다시 잠근 다음 잡은 것을 가지고 마을로 되돌아가곤 했다.

주인공이 없는 사이, 데이루(Daiïru, 실망을 안겨주는 자, 사기꾼)는 코룸타우로부터 울타리의 비밀을 알아냈다. 그러나 그의 부주의로 인해 돼지들이 도망치고 말았다(Murphy 1, 70~73쪽).[2]

---

2) Tocantins, 86~87쪽에서 문두루쿠족의 다른 판본을 볼 수도 있다(쿠드로에 의해 재판됨): Strömer, 137~144쪽: Kruse 3, 제46권, 923~925쪽: apiaca 판본, Kruse 3, 제47권, 1011~1012쪽. 가이아나(Guyane)의 와라우(warrau) 신화 (M₁₇)에서는 역전된 판본을 추측해볼 수 있다. 이 판본에서 인간인 여인과 결혼한 초자연적인 신령은 야생돼지를 처남들에게 기증했지만 처남들은 단지 새만을 사냥했다(이 새들은 그들에 의해 '야생돼지'라 불렸다). 그러나 부주의했던 처남들은 순한 종류와 사나운 종류를 혼동했고, 사나운 종류의 새들은 신령의 아이를 먹어

M18. 카야포-쿠벤크란켄족의 신화: 야생돼지의 기원

아들과 함께 마을에서 멀리 떨어지지 않은 곳에서 야영을 하던 문화 영웅 오왐브레(O'oimbré)는 아들을 시켜 모계 쪽 부모에게서 식료품을 얻어오도록 보냈다. 소년은 대접을 제대로 받지 못했고, 이에 복수하기 위해 오왐브레는 깃털과 가시로 부적을 만들어, 이를 가지고 마을의 모든 주민들을 산돼지 페카리로 바꿨다. 이들은 마치 우리에서처럼 그들의 오두막에 갇혀 있었다. 오왐브레의 매제이자 라이벌인 타카케(Takaké)는 돼지들을 (오두막에서) 하나씩 나오게 해서 (앞의 신화와 같은 방식으로) 죽여버렸다. 오왐브레는 타카케의 아들에게서 고백을 받아내고, 우리로 가서 산돼지 페카리들을 풀어주었다……(Métraux 8, 28~29쪽).

이 판본(단지 몇몇 요소만을 기억하고 있지만)은 우리에게 특별한 관심을 불러일으킨다. 왜냐하면 이 판본이 제족의 한 부족에게서 전해져 오기 때문이며, 또 테네테하라족과 문두루쿠족(이들은 변두리의 투피족이다)의 신화들이 이 판본을 더 자세히 살펴보는 데 도움을 주기 때문이다. 문두루쿠족과 카야포족의 신화는 카에테투가 아니라 페카리 또는 야생돼지로 변신하는 것에 한계를 정하는 점에서 일치한다. 카야포족의 판본에 따르면 페카리의 주둥이는 '훨씬 길다.' 그리고 문두루쿠의 판본은 카에테투의 털이 검고 짧으며 흰 털이 섞여 있는 반면 야생돼지는 털이 전부 검고 더 길다는 점을 덧붙이고 있다. 이에 더해, 팀비라어로 켁사다는 /klu/ 라고 하며, 카에테투를 지칭하는 말은 단지 접미사 /-ré/ 만을 덧붙여서 만든다(Vanzolini, 161쪽).

1. 카에테투: 더 짧은 주둥이, 흰 털이 섞인 짧은 털
2. '페카리' 또는 '야생돼지': 더 긴 주둥이, 검고 더 긴 털

치웠다. 그 후 도망쳐 흩어진 돼지들을 사냥하기가 어려웠다(Roth 1, 186~187쪽). 시페아족(Shipaia)과 무라족(Mura)의 유사한 형태의 신화를 보려면 Nim. 3, 1013쪽 이하와 Nim. 10, 265~266쪽 참조.

이것은 위에 제시된 사실을 확인시켜주는데, 1은 목걸이 야생돼지 폐
카리(*Dicotyles torquatus*), 2는 흰 주둥이 야생돼지 폐카리(*D. labiatus*)를 말한다. 두 번째 종은 흔히 신화 속에서 인간의 기원이 되
는 종으로 난폭하고, 시끄럽고, 무리를 짓는 습성을 갖고 있으며, 집단
적으로 자신들을 방어할 줄 알기 때문에 사냥꾼에게 무섭게 저항을 할
수 있다(Gilmore, 382쪽).

앞의 세 신화는(M15 · 16 · 18) 두 종류의 야생돼지가 어떤 의미론적 위
치에 있는지를 이해할 수 있도록 해주는데, 이것들은 인간성과 동물성
을 매개할 수 있도록 특별한 하나의 짝으로 결합되어 있거나 서로 대립
된 짝으로 되어 있다. 말하자면 이들을 나타내는 항들 중 하나는 원래
의 용도가 동물을 나타내는 반면, 다른 하나의 항은 원래 인간이었다가
동물이 된 사실을 나타내는데, 이것은 비사회적인 행위로 인해 인간이
동물이 된 사실을 보여준다.

즉 야생돼지 폐카리의 조상들은 원래 '비인간적인 행위를 하는' 인간
이었다. 야생돼지 카에테투와 야생돼지 폐카리는 결국 반(半)인간이 되
는데, 첫 번째 것들(야생돼지 카에테투)은 공시적인 측면에서 절반은
동물이고 나머지 절반은 원초적 인간이다. 두 번째 것들(야생돼지 폐카
리)은 통시적인 측면에서 위와 같은 결과를 갖게 되는데, 이것들은 동
물성을 갖기 이전에 인간이었기 때문이다.

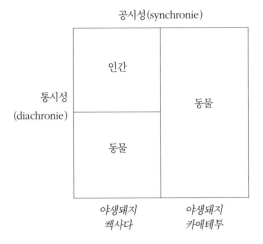

만일 문두루쿠와 카야포 신화가 오늘날에는 사라진 사냥기술에 대한 기억을 간직하고 있다고 가정해보자. 사냥기술이란, 그들이 만들어놓은 울타리[3]에 야생돼지 페카리떼를 가두고 먹이를 주며 필요에 따라 몇 마리씩 잡던 기술을 말하는데, 이러한 사실이 앞서 보았던 대립관계를 다시 한 번 배가하고 있다고 볼 수 있다. 즉 신화의 차원에서 반(半)인간인 야생돼지 페카리는 기술·경제적 활동의 차원에서는 반(半)가축이 될 수 있다. 그런 측면에서 두 번째 대립은 첫 번째 대립을 설명하고 그 원천을 제공한다고 봐도 될 것이다.

그러나 우리는 중앙 브라질에 거주하는 토착민들이 왜 야생돼지에게 이러한 특별한 지위를 부여하고 있는지에 대해 물을 필요는 없다. 왜냐하면 이미 충분하리 만큼 그 의미론적 내용을 알기 위해서 또 다른 맥락들(신화들) 속에 이 항(terme)을 대체시켜보았기 때문이다. 우리는 이 항의 본래적 어원을 찾으려는 것이 아니라, 그 의미(sens)를 규명하려고 한다. 드물기는 하지만 두 개의 시도가 겹쳐질 수 있는 기회가 뜻밖에 있을 수도 있지만, 미리 그것을 찾으려하는 것은 불가능한 일이다. 그런 점에서 이 두 의미를 찾으려는 시도를 별개의 것으로 조심스레 남겨놓는 것이 현명하다.

* * *

반면에 우리는 왜 야생돼지 카에테투의 이야기가 다른 집단의 신화보다 카야포 신화M8에 나타나는지를 알 수 있는데, 그것은 결국 카야포 신화판본들이 다른 판본들에 비해 '강한 의미'를 갖기 때문이다. 두 극을 구성하는 항들, 즉 인간과 표범 사이에 대립이 아주 강하게 유표 (marqué, 대립이 강하게 나타날 때 언어학적인 표현으로 유표된다고 말한다—옮긴이)되어 나타나기 때문이다. 표범의 궁극적 태도는 '모든 존재들과 특히 인간에 대한 강한 증오심을 나타낸다'.

---

3) 문두루쿠의 또 다른 신화에서도 이 울타리(enclos)를 암시하고 있고(Murphy 1, 36쪽; Kruse 3, 제47권, 1006쪽), '아마존 지역'의 판본에서도 발견된다(Barbosa Rodrigues, 47~48쪽).

이러한 사실(강하게 나타나는 대립) 때문에 신화의 초반부터 표범은 사람들에게서 배제된다. 본질적으로 떨어져야만 하는 한 쌍의 표범과 인간(인간과 표범의 혼인은 현실세계에서는 불가능하기 때문이다—옮긴이)은 그것이 비록 불완전한 것일 지라도 매개항의 개입 없이는 하나의 짝으로 형성될 수 없을 것이다(두 항 사이에 매개항으로서 카에테투가 나타난다—옮긴이). 오페에 신화M₁₄, 이 판본에서도 같은 매개자가 기능하고 있기는 하지만 역시 '강한 의미'를 나타내고 있다. 왜냐하면 이 판본에서는 표범으로 변해버린 후 죽음을 당하는 인간인 아내와 동시에 무서운 외관을 가진 동물로 변해버린 후 영원히 사라지는 동물인 남편과의 관계가 결정적인 분리를 나타내기 때문이다.

다른 한편 앞에서 행한 우리의 분석이 정확하다면, 페카리의 기원신화가 거론하는 친족관계에 특별한 주의를 기울일 필요가 있다. 테네테하라 신화M₁₅가 표현하고 있는 친족관계는 결코 명시적이지는 않지만, 문화 영웅인 주인공은 대자(代子=아필하도〔afilhado〕)를 갖고 있으며, 대자의 부모(친족)들과 불화관계에 있다. 그렇지만 원본(Wagley-Galvão, 103쪽)이 암시하듯이, 만일 이 대자가 '조카'(누이의 아들)라면 조물주(주인공)와 대자인 소년의 부모(친족)와의 관계는 문두루쿠 신화(M₁₆)에서 나타난 것과 같다. 다시 말하면 문두루쿠 신화에서 주인공인 조물주는 아들을 갖고 있으며, 여기에서 주인공은 누이들(아들의 고모) 그리고 누이의 남편들과 대립한다.

카야포 신화M₁₈에서 주인공 오왐브레는 자신의 아들을 모계친족에게 보내 음식물을 얻어오도록 하며, 주인공은 누이의 남편인 타카케와 불화한다. 이처럼 이들 신화에서는 늘 인척들(alliés) 사이의 분쟁관계가 나타난다. 그렇지만 이러한 유사성은 여기에서 그친다.

결국 테네테하라와 문두루쿠 신화에 거론된 친족과 혼인관계(인척관계)의 형상을 보면 다음과 같다.

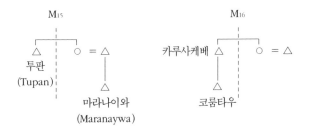

위와 같은 형상은 카야포족에서는 상상하기 힘들다. 왜냐하면 오누이 사이에 매우 친밀한 관계가 성립하기 때문이다. 그렇지만 남편과 아내 사이에는 보이지 않는 적대적인 관계가 지배하고 있으며, 이러한 관계는 아내의 모계친족까지 확대된다(Banner 2, 16쪽). 남아메리카 복음화(évangélisation) 초기에 보로로족 사회는 이러한 관계가 지배하고 있었다고 보인다. 콜바치니의 첫 저서에 기술된 다음과 같은 중요한 구절이 이를 증명한다.

한 왕조(dynastie = 반족moitié)에 소속된 남자들이 다른 왕조(반족)에 소속된 여자에게 말을 걸거나 우스갯소리를 하는 것이 절대적으로 금지됐으며, 심지어 그들을 바라보거나 자신이 곁에 있다는 기척을 하는 것도 금지되었다. 이 규칙은 면밀하고 조심스럽게 준수되었다. 나이에 관계없이 길에서나 또 다른 장소에서 한 명 또는 여러 명의 여자를 만났을 때, 남자들은 걸음을 멈춰서서 그들을 쳐다보지도 않고, 여자들과 반대방향으로 시선을 돌린다. 마치 그들은 혹시 서로의 시선이 마주치지 않을까 하는 두려움 때문에 이러한 상황에서 도망치려는 것처럼 보이기도 한다.

이러한 전통적 규범을 어기는 모든 행위는 아주 중대한 잘못을 저지른 것으로 취급된다. 규율을 어긴 사람은 주민들의 분노를 사게 되며, 모든 사람에게서 질책을 받는다. 일반적으로 다른 왕조(반족)에 속한 남녀가 서로 웃음이나 시선을 나누었을 경우, 부도덕하고 유해한 행위를 범한 것으로 간주되기 때문이다.

한 왕조(반족)에 속한 여인들은 먹고 마시는 모습을 다른 왕조에 속한 남자들에게 보이지 않으며, 이와 반대도 마찬가지다. 그러나 같은 왕조(반족)에 속한 사람들 사이에는 그들이 남자건 여자건 이와 비교할 만한 어떠한 금기사항도 존재하지 않는다. 그렇기 때문에 남자와 여자가 함께 이야기를 나누고 있다면 그들은 같은 왕조의 출신이라는 것을 즉각 알 수 있다. 왜냐하면 이러한 규율은 심지어 남편과 아내 사이에서도, 금기의 규율이 덜 엄격하기는 하지만, 사람들 앞에서는 지켜야 하기 때문이다(외혼제이기 때문에 남편과 아내는 각기 다른 반족에 속한다—옮긴이).

부부가 숲으로 과일이나 식물의 뿌리 등 숲의 생산물을 찾으러 집을 비우는 경우를 제외하고, 사람들 앞에서 나란히 또는 옆에 서서 대화를 나누거나 농담을 하는 경우를 상상하기는 대단히 어려운 일이다. 그렇지만 이들은 숲으로 과일을 찾으러 부부가 동행하는 것과 같은 사적인 행위는 인정하고 있다(Colb. 1, 49~50쪽).

이와 같은 사회에서는 아래의 도표처럼 단절의 이론적인 선(線)은 친형제자매들이 아니라 인척들 간이라는 것을 알 수 있다.

이것은 바로 신화M18에서 일어나는 일이기는 하지만, 또 다른 그리고 대단한 변형을 바탕으로 이루어진 것이다.

결국 문두루쿠 문화 영웅(주인공)들의 짝과 카야포 문화 영웅들의 짝 사이는 일반적인 합동관계고, 문두루쿠 신화의 카루사케베는 카야포 신화의 타카케와 상동관계다. 문두루쿠 신화의 데이루와 카야포 신화의 오왐브레 사이에도 비교할 만한 관계가 존재한다. 이 둘 모두 같은 종류의 실수를 범하는 아르마딜로(tatou)의 형상으로 나타나는 사기꾼들인데, 모두 같은 종류로 분류되는 사건의 책임자들이다.

그러나 인척들 사이의 분쟁은 야생돼지의 두 집단 가운데 하나의 변형을 기점으로 나타나는데, 이때 그 역할이 전도된다.

$$M_{16} \begin{bmatrix} \triangle \ \# \ \ \circ = \triangle \end{bmatrix} \rightarrow M_{18} \begin{bmatrix} \triangle \ \ \ \circ \# \triangle \end{bmatrix}$$

조물주는 그의 자리를 사기꾼에게 양보한다. 문두루쿠족에서 누이들의 남편에게 모욕을 당한 카루사케베는 이들을 야생돼지로 변형시킨다. 이처럼 그는 야생돼지 '기원'의 책임자인 반면에 주인공 아르마딜로 데이루는 야생돼지의 잃어버림이나 '결핍'의 책임자다. 카야포 신화에서 주인공 아르마딜로 오왐브레는 또 다른 인척집단으로 표현되는 야생돼지 기원의 책임자로서 조물주 타카케의 자리를 차지한다.

카야포 신화는 계속해서 별로 논리적이지 않은 방식으로 오왐브레에게 먼저 야생돼지의 기원과 유실의 책임을 지우지만, 그 기능은 변화되지 않은 채 남아 있다. 이런 이유 때문에 오왐브레가 마을주민들을 야생돼지로 변형시키고 난 후 곧바로 이 사건을 마치 잊어버리기라도 한 것처럼 행동하는 이상한 이야기가 구성된다. 반면 타카케—그는 여기에서 어떤 역할도 하고 있지 않다—는 마치 이 사건에 대한 정보를 유일하게 알고 있는 것처럼 행동한다. 카야포 판본의 이러한 내재적 모순은 이 판본이 단지 문두루쿠 판본의 2차적인 가공물일 뿐이라는 사실을 나타낸다 . 문두루쿠 판본과 비교해서 '오른쪽' 판본, 즉 카야포 판본은 이중적인 꼬임을 나타내며, 2차적인 꼬임은 첫 번째 꼬임을 무효화하고 문두루쿠 판본의 이야기에 연속해 평행관계를 형성하는 효과를 갖게 되었다(도표 5).

따라서 모순으로 나타난 뒤틀림을 상호해제시킴으로써 모순을 단순화해 카야포 판본을 문두루쿠 판본으로 원상회복시키고, 문두루쿠 판본이 거론하는 유일한 인척관계를 기본적인 것으로 간주하는 것이 가능하다. 문두루쿠 판본에 나타난 인척관계는 여자의 오빠가 학대받는

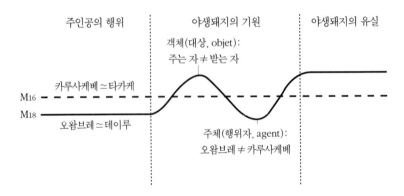

관계며, 즉 자기 누이의 남편에 의해 희생되는 관계다(달리 표현하자면, '여자를 제공하는 자는 여자를 가져가는 자(여자를 받는 자)에게 학대를 당한다'. [4]

그런데 이번에도 역시 오페에 신화M_{14}는 야생돼지의 기원신화 집단과 취사용 불의 기원신화 집단을 연결할 고리를 제공한다. 신화M_{14}는 사실상 미래에 나타날 야생돼지 페카리처럼 표범은 인간집단에서 여자를 취하는 자의 위치라는 점을 강조하고 있다. 그러나 그(표범)가 인간집단에서 취한 배우자(아내) 대신 사람들에게 취사용 불이나 구운 고기를 가져다주는 호의적인 매형인 반면, 야생돼지는 음식물을 거부하거나 흥정하며 또는 무례한 태도로 음식물을 제공하는 악의적인 매형으로서

---

4) 너무 간결하게 생략된 마타코(matako) 판본은 사용하지 않기로 한다(Métraux 3, 61쪽). 카리리(cariri) 판본은 나중에 다루어질 것이다(이 책 247쪽). 나머지 세 개의 판본 중 카시나와(cashinawa) 판본(M_{19}, Abreu, 187~196쪽)과 또 다른 보로로 판본(M_{21}, Colb. 3, 260쪽)은 매형과 처남 사이의 분쟁이 아니라 현재 또는 잠재적인 부부 사이의 분쟁, 즉 성적 접촉의 남용(문두루쿠 판본), 성적 접촉의 거부(카시나와 판본), 또는 반(反)애정적인 성행위(보로로 판본)로 표현되는 상관관계가 있는 변형으로 나타난다. 이러한 변형은 나중에 다시 논하게 될 것이다(이 책 237쪽, 250쪽). 단지 마지막 위레모(wireimo) 판본(Carib de la Guyane in: Ahlbrinck, art.)은 인척관계를 명백하게 거론하지 않고 있다. 이 판본은 단순히 일단의 사냥집단이 탐욕스러움 때문에 야생돼지로 변형되는 것을 다루고 있다.

동물로 재생한 인물이다(인간이 동물로 재생―옮긴이).

따라서 '새둥지를 터는 사람'의 제족 신화 시리즈에서 내재적인 일관성은 우리가 생각했던 것보다 훨씬 더 강하게 나타난다. 우리는 이 집단의 모든 신화에서 매형(또는 처남)은 하나의 짝이 아니라 두 개의 짝으로 연출된다는 사실을 확실히 이해할 수 있다. 즉 먼저 새둥지 터는 사람(그는 여자를 제공하는 자)과 누이의 남편, 그는 (의도적이든 아니든) 매형에게 새끼를 던져주는 것을 거부한다. 그리고 같은 새둥지를 터는 사람(그는 인간 종의 사절로 행동한다)과 인간에게서 아내를 얻은 표범은 여자를 얻은 대가로 그들에게 불과 구운 고기를 양보한다. 이러한 사실에서 다음과 같은 도표가 나온다.

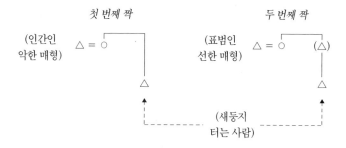

표범의 인간 배우자(아내)는 결정적으로 인간성을 잃어버리지 않으면 안 된다(오페에 신화에서는 표범으로 변한다). 왜냐하면 표범 쪽에서 보면 불과 구운 고기의 사용을 완벽하게 잃어버렸다는 사실을 경험으로(실제의 우리의 생활 속에서―옮긴이) 증명할 수 있기 때문이다. 새둥지를 터는 사람(M_1)의 보로로 신화에서는 이러한 형상이 단지 변형되어 있다는 것을 알 수 있다. 아들은 아버지에게 어머니를 양보하기를 거부한다(그의 근친상간 행위에서 알 수 있다). 그리고 아버지는 아들에게 복수를 당한다. 제족 신화에서는 나이 많은 매형은 어린 처남에게 복수를 당한다(어린 처남은 그에게 새의 새끼를 넘겨주기를 거부한다).

$$\triangle = \bigcirc$$
$$\overline{}|$$
$$\triangle$$

보로로족의 출계가 분명한 모계출계라는 사실을 고려해본다면 근본적인 상황은 변화하지 않았다는 것을 알 수 있다. 즉 아들은 아버지의 집단에 소속되지 않고, 혼인으로 맺어진 인척(여기서는 아내의 남자형제, 즉 아들의 외삼촌인 처남—옮긴이)에게 소속되기 때문이다. 암묵적으로 출계의 원칙을 개입시켜봄으로써 우리는 참조신화M₁이 아래 도표와 같은 변형을 초래한다는 사실을 알 수 있다.

$$\left[\begin{array}{c} \stackrel{\#}{\overline{}} \\ \triangle \quad (\bigcirc) = \triangle \end{array} \right] \quad \rightarrow \quad \left[\begin{array}{c} \overline{} \\ (\triangle) \quad \bigcirc \# \triangle \end{array} \right]$$

이러한 변형은 우리가 문두루쿠 판본을 카야포와 보로로 판본에 대입시켜보면, 야생돼지의 기원신화에서 얻을 수 있었던 변형과 일치한다는 것을 알 수 있다(이 책 230쪽, 주 4).

보로로족의 경우 그들의 사회제도는 무엇보다도 모계출계 원칙과 전반적인 조화를 이룬다. 이미 보았던 것처럼 유일하게 혼인관계에 의해서 두 남성 주인공의 친족관계를 설명하고 있는 제족 신화M₈에서 M₁₂까지의 내용과 달리 보로로족의 신화인 참조신화M₁은 모계출계의 법칙을 거론하도록 강요하는 사실에서 변형이 이루어진다. 보로로족처럼 완전한 모계거주제도를 갖고 있는 카야포-쿠벤크란켄족은 외혼 반족제도의 사회가 아니며, 게다가 단계출계의 법칙을 갖고 있지도 않다(드레퓌스).

이 경우 변형에 영향을 주는 것은 모계거주라는 개념이다. 신화M₁₈에서 한 번이 아니라 두 번이나 연속적인 분쟁을 거론한 것이 바로 이 거주 규정과 관계 있다. 즉 응고베족(ngobé)의 남자들과 오왐브레의 아들 사이에 일어난 첫 번째 분쟁(Métraux 8, 28쪽)은 아들과 아버지(이들은 남성의 집에서 연대한다)가 부락 밖에서 함께 거주하는 것이 모계

거주를 벗어난 것이기 때문에 일어난 것이다.

두 번째 분쟁은 아들과 그의 '외척' 사이에 일어나는 것으로 주인공이 이미 그들(모계친족—옮긴이)과 떨어져 살고 있다는 사실에서 이러한 분쟁의 소지를 가늠할 수 있다. 아주 논리적인 양상으로 주인공의 조물주 기능과 사기꾼 기능을 혼동하는 것부터, 어린 주인공의 성격은 신화M18에서도 역시 이중적이다. 이런 점에서 보로로족이 신화 속에서 인척관계를 일관되게 도치된 형식으로 표현하고 있다는 사실을 알고 놀랄 필요는 없다.

신화M20. 보로로족의 신화: 문화재의 기원

옛날 보코도리 씨족(세라 반족에 속한다)의 남자들은 '아라앵무새의 둥지'라고 불리는, 앵무새의 목털과 깃털로 만든 오두막에서 즐겁게 살던 초자연적인 신이었다. 필요한 것이 있을 때 그들은 가장 어린 동생 가운데 한 명을 누이에게 보냈는데, 그러면 누이는 남편에게서 물건을 얻었다.

그래서 어린 동생은 형들이 꿀을 원한다는 사실을 매형에게 알렸다. 매형은 자신의 오두막에 와서 꿀을 맛보라고 처남들을 초청했는데, 꿀은 진하고 끈적끈적하며 거품으로 꽉 차 있었다. 왜냐하면 꿀을 따러 가서 매형은 아내와 성교를 하면서 꿀을 땄기 때문이었다.

모욕을 당하고 돌아온 아내의 형제들은 물 밑에서 코코넛 열매의 껍질과 조개껍질을 뚫을 수 있는 돌멩이를 찾기로 결심했다. 이 돌멩이는 목걸이나 걸개와 같은 장식물을 만드는 기술적인 도구였다. 마침내 그들은 돌멩이를 찾았고, 덕분에 구멍을 뚫는 작업을 성공적으로 마칠 수 있었다. 그래서 그들은 승리의 웃음을 웃을 수 있게 되었는데, 이 웃음은 세속적인 즐거움을 표현하는 것과는 구별되었다. 이러한 '강요된(억지) 웃음'(rire forcé) 또는 '희생적인 웃음'(rire de sacrifice)은 '영혼의 웃음'(rire des âmes)이라고 불린다. 이러한 표현은 보코도리 씨족에 속한 의례적인 노래를 지칭하기도 한다(『보로로 백과사전』, 제1권, 114쪽).

멀리서 들리는 소리의 원인이 무엇인지 호기심에 끌려 그들의 누이가 형제들을 몰래 정찰했는데, 여자는 금지된 깃털로 된 오두막의 내부를 들여다봄으로써 규율을 어기게 되었다. 그런 일이 있은 직후 보코도리 씨족은 사라지기로 결심했다. 그들은 먼저 엄숙하게 종족(lignées 종족이나 동족으로 불릴 수 있다. 모두 같은 의미로 사용된다―옮긴이) 사이에 장식물을 나누어 가졌는데, 이 장식물은 각 종족의 특권을 나타내는 것이었다. 그리고 그들은 모두 불붙는 장작더미에 몸을 던졌다(이미 결혼한 친족들은 제외했는데, 이들이 종족을 영속시킬 수 있었다).

거의 불에 타 없어질 즈음에 그들은 붉은 아라앵무새, 노란 아라앵무새, 매, 독수리, 백조 등등 여러 종류의 새로 변신했다. 부락의 또다른 거주자들 역시 불길한 그들의 거주지를 떠나기로 결심했다. 단지 누이만이 정기적으로 그들이 죽은 희생 장소에 돌아왔는데, 그녀는 잿더미 위에 자라난 식물들을 채집했다. 이때 자라난 식물들은 우루쿠, 목화, 박 등이었고, 그녀는 이들을 자신의 친족들에게 나누어주었다(Cruz 2, 159~164쪽).

야생돼지의 기원신화처럼 이 신화도 인척 사이의 관계를 거론하고있는 것이 분명하다. 이 신화는 같은 구문을 사용하지만, 다른 '말'(어휘)들을 사용하고 있다. 두 유형의 의붓형제(여기서는 처남과 매형을의미―옮긴이)들은 역시 얼마의 거리를 두고 살고 있다. 그러나 이 신화에서는 여자를 제공하는 자들이 새와 동일시된다(그러나 [앞의 신화처럼] 새를 잡는 사냥꾼에 비교되지는 않는다). 이들은 미혼이고 깃털로 된 오두막에 거주하며(누이와 의붓형제들이 저주의 시련을 겪도록오두막 비슷한 곳에 가두는 대신), 낙원에서의 삶을 영위하고 있다.

이 신화에서도 야생돼지와 관련되는 신화처럼 여자를 제공하는 자들은 여자를 가져가는(취하는) 자들에게 음식물의 분배, 즉 고기나 꿀을 기대한다. 그러나 예를 들자면 신화M$_{16}$에서 음식물 분배의 거부(또는 양도를 하지만 마지못해 한다)는 거부를 한 자들의 무절제한 성행위를 야기하게 되고 이로 인해 그들은 야생돼지로 변형되는데, 이 신화에서는 이 점이 전도되어 있다. 즉 꿀을 따는 동안 금지된 성행위를 한 것은 분배를 거부한 행위와 일치한다(왜냐하면 제공된 꿀을 먹을 수 없었기 때문이다). 이로 인해 (여기서는 음식물을 거부한 자들이 아니라) 모욕을 당한 자들이 먼저 장식물과 이를 만드는 기술을 창조한 문화 영웅으로 변형되며, 다음에는 불 속에 몸을 던짐으로써 더욱 예쁜 색깔과 빛나는 깃털을 가진 새로 변화한다(결과적으로 장식물을 만드는 1차적 재료로 사용하기에 더욱 적합한 깃털을 가진 새로 변형된다).

결국 야생돼지의 기원신화 집단에서 여자를 제공하는 자들은 인간의 본질을 보존하고 있으며, 그들의 매형들——연기로 덮인 오두막의 포로가 된다——은 야생돼지로 변형되는데, 야생돼지의 기능은 문화적인 것이 아니라 자연적인 것이다(음식으로 사용되기 때문에). 여기서는 단지 (신화의) 골격만이 변화되지 않고 있다. 공식에 따르면 다음과 같다.

([여자를] 제공하는 자 : 취하는 자) :: M$_{20}$(새 : 인간) :: M$_{16}$(인간 : 야생돼지)

인척 사이의 관계는 자연/문화라는 대립의 형태로 개념화된다는 점을 지적할 필요가 있다. 그러나 이것은 항상 여자를 제공하는 자의 관점으로 이루어지는데, 여자를 취하는 자가 인간의 특성을 가질 때 여자를 제공하는 자는 그들 스스로 초자연적인 신이 된다. 여하튼 이들은 표범이나 야생돼지 같은 동물이다. 표범의 경우 표범은 문명인의 행위를 하는 매형이었으며, 사람들에게 문명의 기술을 선사하는 자였다. 이것은 자연에서 문화로 향하는 행위다. 야생돼지의 경우 문화가 자연으로 떨어졌을 때 야생돼지는 거칠게 행동하는 과거의 인간이었으며, 처남들과의 관계를 개선하기보다는(여자를 제공받는 대가로) 차라리 단지 성적인 것을 즐기려는 것 이외에 다른 아무 것도 하지 않았다. 달리 표현하자면, 그는 문화의 법칙보다는 자연의 법칙(본능에 따라—옮긴이)에 따라 행동한 것이다.

우리의 가설에 따르면, 신화M20을 통해 우리는 아래와 같은 사실을 증명할 수 있다. 보로로 신화M20과 일치되는 신화M15 · M16 · M18 등의 제족과 투피족 신화의 코드는 보로로 신화의 코드와 그대로 일치하고 있다. 그러나 이것은 메시지의 뒤틀림을 통해서 일치하는 것이다. 다시 말해서 특정한 자연의 한 종*으로 표현되는 음식의 원천과 관계를 가지는 것 대신에 특정한 씨족에게는 어떤 종류의 고유한 문화재의 기원과 관련된다. 마찬가지로 이번에는 같은 메시지를 전달하기 위해 야생돼지의 기원을 다루는 보로로 신화M21은 수정된 코드를 사용하고 있다.

M21. 보로로족의 신화: 야생돼지의 기원

남자들은 매일 물고기를 잡으러 갔으나 늘 아무 것도 잡지 못했다. 빈손으로 돌아올 수밖에 없는 그들은 슬픈 마음으로 마을로 돌아오곤 했다. 아내들은 얼굴을 찡그리며 그들을 불쾌하게 맞이했고, 급기야는 남편들에게 대항하기에 이르렀다.

결국 여자들이 고기잡이를 하겠다고 선언했다. 그리고 그녀들은 수달을 불러 물 속에 들어가 물고기를 잡아 오도록 시키고 만족해했다. 아내들은 물고기를 가득 잡아 가지고 돌아오곤 했다. 남편들은 이에 질세라 노력했지만 역시 아무 것도 잡을 수가 없었다.

얼마의 시간이 지난 후, 남편들은 어떤 계략이 있는 것이 아닌가 의심했고, 훈련시킨 새에게 아내들을 감시하게 했다. 다음날 남편들은 개울가로 가 수달을 불러내서 한 마리씩 모두 목 졸라 죽였는

---

* 어떤 씨족과 동물 · 식물 · 바위 등을 일치시키는 현상을 토테미즘이라고 한다. 이 것은 특정한 문장(紋章) 등으로 표현되는 가문의 정체성과도 관계를 갖는다. 즉 동물 · 식물 · 문장 등은 그것이 자연의 산물로 표현되거나 문화적인 산물로 표현되거나 특정한 집단의 정체성을 표현하는 수단으로 사용된다(옮긴이).

데, 단지 한 마리만이 그들에게서 도망갈 수 있었다. 이제 아무 것도 잡아올 수 없는 그들의 아내를 야유할 수 있는 차례가 온 것이었다. 아내들은 복수를 원했다. 그녀들은 피키(piqui, *Caryocar*) 열매로 음료수를 만들어 남편들에게 주었는데, 피키씨[5] 주변에 돋아난 무수한 가시들을 제거하지 않고 만들었기 때문에 가시가 목에 걸린 남편들은 '우 우 우 우' 울부짖는 소리를 내면서 야생돼지로 변형되었다. 돼지들의 소리는 남편들이 울부짖는 소리다(Colb. 3, 259~260쪽).

결론적으로 특성들의 전체를 아래와 같이 검증해보자.

1. 보로로족에서 야생돼지의 기원(M_{21})은 분리의 기능으로써 나타난다.

$$(\bigcirc \neq \triangle).$$

2. 도치된 분리

$$\left(\overset{\displaystyle \overset{\neq}{\overbrace{\triangle \qquad \bigcirc}}}{\triangle} = \triangle \right),$$

이 도치된 분리는 문두루쿠족에서는 야생돼지의 기원을 지배하고 있으며, 보로로족(M_{20})에서는 문화재의 기원(야생돼지, 자연적 자원)과 관계를 갖는다.

---

5) '피키아(pikia)는 먹을 수 있는 커다란 과일로 과육과 씨앗 사이에 빈 공간을 갖고 있는 이상한 열매다. 이 열매의 씨에는 단단한 가시가 돋아 있으며 사람의 살갗을 파고들어가면 큰 상처를 낸다'(Bates, 203쪽). 1917년에 수정한 판본(Rondon, 167~170쪽)에는 좀더 명시적인 점들이 있지만, 같은 저서의 또 다른 신화들처럼 토착민의 원본에 대한 철학적인 연구와 비평의 결여로 인해 여기서 사용하기에 적합하지 못하기 때문에 다루지 않을 것이다.

3. 아래 도표에서,

$$M_{16} \begin{bmatrix} \underset{(\triangle \quad \quad \circ)}{\boxed{\rule{0pt}{1em} \ \not\#\ }} \rightarrow (\text{야생돼지의 기원}) \end{bmatrix},$$

양극을 이루는 항들 사이에서 사회학적 대립(여자를 제공하는 자, 여자를 취하는 자)은 아래와 같은 형태로 실현된다.

보잘것없는 (새) 사냥꾼 / 훌륭한 (야생돼지 카에테투) 사냥꾼

다음과 같은 도표,

$$M_{21} \begin{bmatrix} (\circ \not\# \triangle) \rightarrow (\text{야생돼지의 기원}) \end{bmatrix},$$

위의 도표에서 사회학적 대립(이번에는 남편과 아내)은 아래와 같은 형식으로 성립된다.

보잘것없는 어부(남) / 훌륭한 어부(여)

그러므로 (결과적으로),

$$a) \begin{bmatrix} M_{16} \\ (\langle / \rangle) \end{bmatrix} \rightarrow \begin{bmatrix} M_{21} \\ (0 / 1) \end{bmatrix}$$

대립이 강화된다. 왜냐하면 신화M_{16}에서 여자를 제공하는 자는 어쨌든 사냥감을 죽인다(매형들의 사냥감보다 열등하기는 하더라도). 반면 신화M_{21}의 남편들은 고기를 전혀 잡지 못한다.

$$b) \begin{bmatrix} M_{16} \\ (\text{사냥감} \equiv \text{공기} \cup \text{땅}) \end{bmatrix} \rightarrow \begin{bmatrix} M_{21} \\ (\text{사냥감} \equiv \text{물}) \end{bmatrix}.$$

마찬가지로,

$$\begin{bmatrix} \text{문두루쿠} \overset{\#}{\overbrace{\quad}} \\ (\triangle \qquad \bigcirc = \triangle) \end{bmatrix} \Big/ \begin{bmatrix} \text{보로로} \\ (\triangle \neq \bigcirc) \end{bmatrix} :$$

$$\begin{bmatrix} M_{16} \\ (\text{여자를 제공하는 자 = 새 사냥꾼}) \end{bmatrix} \Big/ \begin{bmatrix} M_{21} \\ (\text{여자 = 여자 어부}) \end{bmatrix} ,$$

나중에(이 책 498~501쪽) 아래 도표를 체계적으로 검증할 것이지만, 도표를 만들어보면

$$\begin{bmatrix} \text{보로로} \overset{\#}{\overbrace{\quad}} \\ (\triangle \qquad \bigcirc = \triangle) \end{bmatrix} \Big/ \begin{bmatrix} \text{문두루쿠 등등} \\ (\bigcirc \neq \triangle) \end{bmatrix}$$

아래와 같이 된다.

$$\begin{bmatrix} M_{20} \\ (\text{여자를 제공하는 자 = 새}) \end{bmatrix} \Big/ \begin{bmatrix} M_{150} \\ (\text{여자 = 물고기}) \end{bmatrix} .$$

4. 아래와 같은 변형을 얻는다.

$$\begin{bmatrix} M_{16} \\ (\text{사냥감} \equiv \text{공기} \cup \text{땅}) \end{bmatrix} \rightarrow \begin{bmatrix} M_{21} \\ (\text{사냥감} \equiv \text{물}) \end{bmatrix}$$

이것은 다음과 같이 전개될 수 있다.

$$\begin{bmatrix} M_{16} \\ (\text{자연적 자원} \equiv \text{공기} \cup \text{땅}) \end{bmatrix} \rightarrow \begin{bmatrix} M_{20} \\ (\text{문화재} \equiv \text{물} \cup \text{공기}) \end{bmatrix}$$

$$\rightarrow \begin{bmatrix} M_{21} \\ (\text{자연적 자원} = \text{물} \cup \text{땅}) \end{bmatrix} ;$$

달리 표현하면, 신화M20에서 '어부'인 남편들은 물 속에서 문화적인 도구(조개껍질을 뚫기 위한 돌로 만든 송곳)를 낚는다. 그러고는 새로 변하는데, 이로부터 장식용 깃털을 얻을 수 있게 됐다. 이것은 신화M21에서 아내(여자)들이 물고기를 낚고, 이어서 남편(남자)들을 야생돼지로 변형시키는 것과 대비된다. 게다가 신화M20의 '어부'들은 초자연적 신(이들은 '영혼'의 '웃음'을 시작하게 한 신)들인 반면, 신화M21의 여자 '어부'들은 수달의 매개를 통해 행위하는 자연적 존재다.

5. 결국 이 모든 총체적인 조작은 청각 코드의 층위에서 동등(상응) 함을 갖게 되는데, 이를

a) M16: (야생돼지의 기원) $= f$ (사랑의 탄성 $\cup$ 동물의 으르렁거림) ;

b) M20: (문화재의 기원) $= f$ (신성한 웃음 // 세속적인 웃음) ;

c) M21: (야생돼지의 기원) $= f$ (동물의 으르렁거림 // 사랑의 탄성) ;

등으로 도식화할 수 있다. 신화M21에서 남자들이 야생돼지로 변하게 되는 결과는——신화M16에서 일어난 것과는 반대로——파탄난 부부가 분리되면서 나온 것이지, 그들의 육체적인 결합에서 나온 것이 아니다.

* * *

우리의 논증 과정을 좀더 숙고해보기 위해 잠시 멈추자. 우리는 신화 M8에서 야생돼지 카에테투의 역할에 대한 세부적인 문제를 제기하면서 논증을 시작했는데, 이들의 역할에 대한 세부적인 문제는 취사(음식을 만드는 불)의 기원신화인 신화M14의 초반부에서 인용된 야생돼지 켁사다의 거론으로 더욱 강화되었다. 우리는 야생돼지의 의미론적 위치에 대한 물음을 던지면서 이 동물의 기원신화를 조사 분석했고, 이 신화들에 대한 분석으로 두 가지 결론을 얻을 수 있었다. 어떤 관점에서(인척 관계를 바탕으로 한 관점) 볼 때, 첫 번째 신화 집단(취사[음식]의 기원)과 두 번째 집단(야생돼지의 기원) 사이에는 동형성이 존재하며, 다른

도표 6 취사의 신화(익힌 음식)와 고기의 신화(날음식)

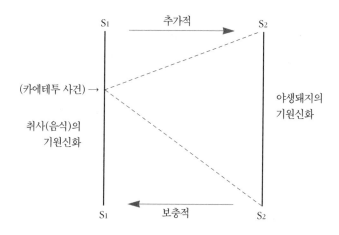

한편으로는 완전하게 같아서 보충적인 두 집단은 상호보완이 된다. 그리고 이 두 집단은 이러한 이상적인 특성을 강조하기 위해서 우리가 초-체계(méta-système)라고 부를 수 있는 더 큰 체계를 형성한다.

이 초-체계는 여자를 제공하는 자의 조건과 관계 있다. 다시 말하자면 누이나 딸을 소유하고 있는 사람은 인간종으로 환원될 수 없는 본성을 가진 존재와 관계를 맺도록 강요된 사람들이다. 항상 동물과 유사한 이런 존재들은 두 개의 범주로 나뉜다. 먼저 표범의 범주로 친절하고 문명 기술의 전달자로서 구원적인 매형, 그리고 야생돼지의 범주로 악한 매형은 단지 사냥감으로서만 유용한 존재(sub specie naturae, 이것을 가축화하는 것은 불가능했기 때문)[6]를 말한다.

이러한 결과에서 우리는 먼저 이론적인 이득을 얻을 수 있다. 우리가

6) 브라질 토착민과 내륙 농부의 민속을 보면 야생돼지(켁사다)의 무리들은 표범보다 훨씬 더 두려운 대상이었다(사실 훨씬 더 위험한 대상이다)고 적혀 있다. 표범이 사냥꾼의 무모함으로 일어나는 사고 이외의 또 다른 사고의 장본인으로 여겨지는 경우는 아주 드물었다(Ihering, 제37권, 346쪽). '주민들의 믿음과는 반대로, 표범은 실제적으로 사람에게 위험하지 않다. 왜냐하면 표범이 먼저 공격하는 경우는 전혀 없기 때문이라고 콜롬비아의 한 전문가는 말하고 있다. 인디언들은 직접적인 경험으로 이러한 사실을 확인한다. 우리보다 훨씬 더 그들은 숲속의 동물들을 잘 알

논했던 세부항목들은 내용을 구성하는 것이었으며, 이러한 세부적 내용을 바탕으로 논증을 계속하면서 어떤 의미로는 내용의 방향이 전도되었다. 다시 말해서 내용이 형식이 되어버린 것이다. 따라서 구조 분석에서는 내용과 형식이 별개의 실체가 아니라 같은 주제를 심화시키기 위해 필수적으로 채택하는 보충적 관점이라는 사실을 이해할 수 있다. 무엇보다도 단지 형식으로만 내용이 변형되지는 않는다. 조기에는 단순한 세부항목이었지만, 이것들은 체계로 피어난다. 말하자면 초기의 체계가 이 세부항목을 체계의 요소들로서 받아들이고, 같은 유형과 같은 크기의 서열을 포함하는 체계로 태어나는 것이다(도표 6 참조).

결국 두 신화 체계(한편으로는 새둥지 터는 사람의 신화 집단, 다른 한편으로는 야생돼지의 기원신화 집단)는 그들 사이에 두 유형의 관계를 나타낸다. 이 두 체계는 부분적으로 동형이고 추가적인데, 이 체계들이 혼인동맹관계의 문제를 제기하고 있기 때문이다. 그리고 또한 부분적으로 이들(두 체계)은 이형(hétéromorphes)이며, 서로 보충적(complémentaires)이다. 왜냐하면 각각의 체계가 혼인동맹관계의 한 측면만을 갖고 있기 때문이다.

한 발짝 더 나아가도록 하자. 단호하게 두 체계 S_1과 S_2를 통합하는 초-체계의 층위에서 생각해보면, 여자를 제공하는 자(이것은 두 체계의 공통된 항이다)는 가능한 한 두 유형의 의붓형제(매형, 처남 등), 즉 그의 왼쪽에는 선한 표범을 그리고 오른쪽에는 악한 야생돼지를 교차적

고 있기 때문이다.' 신화 속 표범의 중요성을 설명하려고 애쓰면서, 저자는 표범이 부엉이나 박쥐와 같은 부류에 속하는 야행의 특성을 갖고 있다는 점을 강조한다. 표범은 역시 크고 강하다. 그는 다른 동물들을 지배하고 잡아먹는다. 게다가 표범이 잡아먹는 동물들은 인간에게도 양식이 되는 동물로, 즉 맥, 사슴, 야생돼지, 작은 설치류, 가축 등이다. 인간에게 표범은 그의 힘과 민첩함, 날카로운 시력 그리고 탁월한 후각 등을 볼 때, 무서운 경쟁자다(Reichel-Dolmatoff, 제1권, 266~267쪽). 표범은 '인간을 잡아먹는 자'라기 보다는 인간의 '라이벌'인 것처럼 보인다. 실재적 또는 잠재적인 양상으로 신화에 의해 표범에게 부여된 역할일 경우 마지막에 기술한 역할은 또 다른 라이벌의 은유적인 표현 가치를 갖는다.

으로 놓고 고려한다. 앞 장에서 우리는 한 장면에서 다른 장면으로, 즉 S₁(주인공이 새둥지 터는 사람인 신화들)을 S₂(야생돼지의 기원신화)로 변형시키는 법칙을 밝혔다.

우리의 논증은 만일 이런 논증 과정을 다시 반복하는 것이 가능하다면 결정적으로 증명될 수 있을 것이다. 반복하되 다른 방향으로 이번에는 표범의 기원과 관계가 있는 신화에서 출발해 새둥지 터는 사람의 신화로 다시 돌아오는 방법으로 말이다. 이것이 우리가 지금부터 논증하려는 것이다.

M₂₂. 마타코족의 신화: 표범의 기원

한 남자가 그의 아내와 같이 물고기를 잡으러 갔다가 앵무새를 잡으려고 나무 위로 올라가 앵무새를 아내에게 던져주었다. 그러나 그녀는 앵무새를 모두 먹어버렸다. 남편이 "왜 당신은 앵무새를 먹어치우느냐?"고 다그쳤다. 아내는 남편이 나무에서 내려오자마자 그의 목덜미를 물어 부러뜨렸다. 그녀가 마을에 도착하자 아이들이 쫓아와 무엇을 가지고 왔는지를 보자고 했다. 그녀는 아이들에게 아버지의 머리를 보여주며, 아르마딜로의 머리라고 주장했다. 밤이 되자 그녀는 자신의 어린아이들까지 먹어버리고 숲속으로 사라졌다. 그녀는 표범으로 변한 것이다. 따라서 표범은 여자다(Métraux 3, 60~61쪽).

M₂₃. 토바-필라가족의 신화: 담배의 기원

한 여자와 남자가 어느 날 앵무새(*Myopsitta monachus*)를 찾으러 나갔다. 남자는 몇 개의 둥지가 있는 나무 위로 기어올라가서 아내에게 30여 마리의 새끼를 던져주었다. 남편은 아내가 그것들 모두를 게걸스레 먹어치우는 것을 알아차렸다. 무서워진 남편은 좀더 커다란 새를 잡아서 "조심해, 이것은 좀 큰 새야, 날아갈 수 있어!"라고 소리를 치며 아내에게 던졌다.

아내는 새를 쫓아갔고 그는 이때를 틈타 도망쳤다. 남편은 자신도 역시 잡아먹히지 않을까 두려웠기 때문이었다. 그러나 아내는 그를 쫓아왔고 잡아서 죽여버렸다. 그러고 나서 그의 머리를 잘라 자루 속에 집어넣고는 창자가 터지도록 나머지 몸뚱이를 먹어치웠다.

마을로 돌아오자 그녀는 목이 말랐다. 좀 멀리 떨어져 있는 샘으로 가기 전에 그녀는 5명의 아이들에게 자루를 만지지 말라고 타일렀다. 그러나 가장 어린 아들이 자루 안을 들여다보았고, 다른 형제에게 그 것이 아버지의 머리라는 사실을 알렸다. 이러한 사실을 전해 들은 마을사람들은 놀랐고, 그녀의 아이들을 뺀 다른 주민들은 모두 도망쳐 버렸다. 어머니가 돌아왔을 때, 그녀는 마을이 비어 있다는 사실을 알고 놀랐다. 아이들은 어머니에게 마을사람들이 자신들을 모욕하고 는 떠나버렸으며, 마을사람들이 도망간 것은 자신들의 악독함이 부끄러워서였다고 설명했다.

분개한 그녀는 아이들을 위해 복수하기를 원했고, 마을사람들을 추격했다. 그녀는 그들을 따라잡았고 피비린내나는 살육이 일어났다. 그녀는 마을사람들을 그 자리에서 모두 먹어버렸다. 같은 이야기가 여러 번 반복된다. 잔인한 살육 때문에 공포에 질린 그녀의 아이들도 도망가려고 했다. 그러자 어머니가 "움직이지마, 너희들도 잡아먹을 거야"라고 소리질렀다. 아이들이 살려달라고 간청하자 어머니는 "아니야, 두려워할 것 없다"고 대답했다. 아무도 그녀를 죽이지 못했고, 암표범이 있다는 소문이 주위에 퍼졌다.

아이들은 몰래 함정을 파고 나뭇잎으로 덮어놓았다. "이제 너희들을 잡아먹을 차례가 됐다"고 어머니가 소리지르자 그들이 도망치기 시작했다. 그녀가 몸을 날려 아이들을 추적했으나 함정에 떨어지고 말았다. 아이들은 카랑쇼(Carancho, 문화 영웅: 일종의 매 [*Polyborus plancus*, 鷹]로 아무 동물이나 상관없이 잡아먹고 사는 포식동물이나 썩은 고기를 먹는 동물, Ihering 참조)에게 구원을 요청했다. 카랑쇼는 아이들에게 나무둥치(*Chorisia insignis*)를 파고

244

같이 숨자고 제안했다. 암표범은 발톱으로 나무를 잘게 찢으려 했으나 발톱이 나무에 끼고 말았다. 카랑쇼는 나무둥치에서 나와 그녀를 죽이고는 장작더미에 놓고 시체를 태웠다. 4~5일 후에 하나의 식물이 잿더미 위에 돋아났는데, 담배가 나타난 것은 그렇게 해서였다. 그들은 암표범의 발톱으로 개에게 걸어줄 목걸이를 만들었고, 아무도 암표범의 죽음을 의심하지 않게 하기 위해서 목걸이를 모든 마을에 보냈다(Métraux 5, 60~62쪽).

또 다른 판본에는 암표범이 동료의 남편을 유혹했다고 씌어 있다(Métraux 5, 62~64쪽).

M24. 테레노족의 신화: 담배의 기원

한 마녀가 있었다. 그녀는 카라구아타(caraguata) 묘목(일종의 파인애플나무, 나뭇잎 가운데 붉은 점이 있음)에 월경의 피를 뭉쳐서 남편에게 먹이려 했다. 아들에게서 이 사실을 들은 남편은 숲으로 꿀을 찾으러 간다고 말했다. 그는 '더 쉽게 꿀을 찾기 위해서' 가죽으로 된 신발 바닥을 서로 탁탁 쳤는데, 그 후에 나무 밑둥에서 벌집과 그 가까이 있는 뱀 한 마리를 발견했다. 그는 아들을 위해서는 순수한 꿀을 남겨놓고, 아내를 위해서는 그가 죽인 뱀의 뱃속에서 꺼낸 뱀새끼의 살과 꿀을 섞어서 혼합꿀을 만들었다.

아내는 꿀을 먹자마자 몸이 가렵기 시작했고, 온몸을 긁으면서 남편을 잡아먹겠다고 소리쳤다. 남편은 도망가다가 앵무새가 둥지를 틀고 있는 나무 꼭대기로 기어올라갔다. 그는 둥지에 있는 세 마리의 앵무새 새끼를 하나하나 던짐으로써 살인귀로 변한 아내를 순간적이나마 멈추게 했다. 나중에는 살인귀가 날아서 도망가는 가장 큰 앵무새 새끼를 쫓아가는 동안 남편은 사냥감을 잡기 위해 자신이 파놓은 구덩이가 있는 쪽으로 도망갔다. 남편은 이 함정을 피해 갔으나, 아내는 그곳에 떨어져 죽었다.

남편이 구덩이를 메우고 감시를 했는데, 거기에서 이름을 알 수 없는 하나의 식물이 돋아났다. 이상하게 생각한 남편은 그 잎을 햇볕에 말리고, 밤이 되자 아무도 몰래 그것을 피웠다. 동료들이 불시에 그를 덮치고는 심문했고, 그렇게 해서 사람들이 담배를 소유하게 되었다(Baldus 3, 220~221쪽; 4, 133쪽).

차코 지역의 이 신화 집단은 아주 복잡한 문제들을 제기하는데, 우리는 작업 중 여러 번에 걸쳐 이들을 다시 만나게 될 것이다. 지금은 직접적으로 증명에 필요한 신화에만 국한하겠다. 이 집단의 신화가 표범의 기원이나 담배의 기원, 또는 두 가지 기원 모두를 동시에 포함한다는 사실에 우선 주의를 기울일 필요가 있다. 단지 담배만이 야생돼지의 기원 신화들과 관계를 설정할 수 있다. 여기서 담배는 결정적인 역할을 수행하고 있는데, 이러한 관계를 바탕으로 아래와 같이 정리할 수 있다.

$$T_{(인간 \to 야생돼지)} = f^1_{(담배 연기, M_{16})}, f^2_{(깃털 연기, M_{15})},$$
$$f^3_{(깃털의 마력[주술적 힘 — 옮긴이], M_{18})}.$$

※ T: 변형(옮긴이)

이 신화 시리즈에서 매우 의미 있는 (변형) 기능은 담배 연기와 관련된다는 사실이다. 이 기능은 신화의 시리즈를 정리하는 논리적으로 유일하고 만족스러운 방법인데, 이미 독자적인 양상으로 정돈된 신화M16에 비하여 부차적인 특성이 드러나 있는 신화M18과 특히 이 기회를 위해 남겨두었던 카리리(cariri) 판본에서 이 시리즈를 정리할 수 있는 논리적인 방법이 연유한다.

M25. 카리리족의 신화: 야생돼지와 담배의 기원
조물주가 사람들과 함께 살던 때, 사람들은 조물주에게 그때까지만 해도 존재하지 않았던 야생돼지를 맛보게 해달라고 요청했다. 할아버지(Le Grand-Père, 조물주의 이름)는 인디언들이 모두 자리를 비운 틈을 이용해서 마을의 열 살 미만의 어린아이들을 새끼 야생돼지로 변형시켰다. 인디언들이 돌아오자 조물주는 그들에게 사냥을 나가라고 제안했다. 그리고 동시에 새끼돼지들에게 커다란 나무를 타고 하늘로 올라가도록 했다. 예상대로 인디언들은 새끼돼지들을 쫓아 하늘로 올라가서 그들을 죽이기 시작했다. 조물주는 개미에게 나무를 찍어 넘기라고 명령했는데, 나무 밑에는 나무둥치를 방패삼아 두꺼비들이 살고 있었다. 오늘날 두꺼비의 등이 울퉁불퉁한 것은 이때 개미에게 뜯긴 결과다.

개미들은 성공적으로 나무를 찍어 넘겼다. 다시 땅으로 내려올 수 없었던 인디언들은 허리띠를 하나하나 묶어 줄을 만들려고 했다. 그러나 줄이 너무 짧았기 때문에 그들은 한 명씩 땅으로 떨어져 뼈가 부러졌다. '우리가 몸의 한 부분으로 꺾어질 수 있는 손가락과 발가락을 가지게 되고, 또 부러진 것처럼 몸을 굽힐 수 있는 것은 바로 우리 조상들이 추락으로 겪은 고통 덕분이다.'

마을로 돌아온 인디언들은 새끼돼지로 변한 아이들의 살을 먹으며 축제를 베풀었다. 그들은 조물주 할아버지에게 하늘(조물주 역시 어린아이들을 따라 하늘로 올라갔음)에서 내려와 마을에서 살라고 간청했으나, '그는 아무 것도 하고 싶어하지 않았고, 자기가 내려오는 대신에 담배를 그들에게 주었다. 이들은 담배를 바드제(Badzé)라고 불렀다. 이것이 인디언들이 어떤 특정한 시기에 담배에 제물을 올리는 이유다'(Martin de Nantes, 228~231쪽).

토착민들의 믿음을 공개적으로 무시하던 17세기 말에 한 선교사가 가져온 이 신화는 많이 훼손되어 있기는 하지만, 또 다른 야생돼지의 기원신화들, 특히 문두루쿠 신화M16와는 아주 긴밀한 계보를 갖고 있다는 사실을 쉽게 알 수 있다.

두 가지 경우(M16, M25─옮긴이)에서 인간의 가족을 한편은 인간,

또 다른 한편은 야생돼지로 분리시키는 것이 담배 또는 '할아버지 담배'다.

그러나 여기에는 의미있는 차이성이 존재한다.

같은 주제의 제족이나 투피족의 다른 신화들처럼 문두루쿠족의 신화에서는 단절(coupure)을 통해 혼인(인척)관계를 끊는다. 다시 말해서 여자의 오빠들은 인간들로 존중되지만, 그들의 누이나 누이의 남편들은 동물 편에 놓고 있다. 반대로 카리리 신화에서는 단절을 통해 출계관계(lien de filiation), 즉 부모와 자식관계를 끊어놓는다.

우리는 이미 보로로족의 몇몇 신화(이 책 233쪽 참조)에서 같은 유형의 변형을 찾아냈다. 마르탱 드 낭트(Martin de Nantes)의 애매한 문장, 즉 '여자들은 평소에 그들의 남편을 지배하고 있다'(Martin de Nantes, 8쪽)는 표현으로 보아 보로로족처럼 카리리족도 모계출계와 모거제였다는 것을 의미하는 것은 아닐까. 그러나 이들 신화가 제기한 문제는 좀더 복잡하다.

첫째로 역시 출계관계의 단절이 나타나지만, 그 배후는 문두루쿠 판본 M_{16}, 와라우 판본 M_{17}, 그리고 카야포 판본 M_{18}에서도 나타난다. 결국 이들 판본에서는 부주의로든 또는 속임수로든(또는 두 경우 다) 사기꾼(décepteur)에 의해 일어난 야생돼지의 분실(disparition)은 주인공 아들의 육체적인 소멸을 야기한다. 이러한 소멸은 표범의 인간아내(이 책 218쪽 참조)의 소멸을 설명하기 위해 앞에서 제기되었던 고찰과 동등한 선상에서 설명할 수 있다. 여자를 취하는 자가 야생돼지로 변형된 사실에서 혼인관계(인척관계)가 깨지며, 이로 인해 혼인의 산물이자 상징인 어린아이는 의미론적 기능을 잃어버리게 된다. 결국 신화는 이런 기능, 즉 의붓형제들(처남, 매형) 사이에 중개항으로 사용되는 기능을 강조한다.

현실에서는 분명히 여자를 제공하는 자가 또 여자를 취하는 자다. 그러나 이러한 관점에서 문두루쿠 신화(M_4와 M_{16})는 문화 영웅인 카루사케베에게 모호한 상황에서 유래하는 어려움을 면제해주는 크나큰 배려를 하고 있다. '아버지도 어머니도 없는' 그리고 아들을 독점적으로 소유(Tocantins, 86쪽)하고 있는 카루사케베는 말하자면 순환고리의 밖에 위치하는 자다. 마찬가지로 또 다른 판본(M109c)에서 그는 어머니에게서 버림받은 고아며 양육자인 동물에 의해 양육된다(Kruse 3, 제46권, 920쪽; 이 책의 373쪽 참조). 사람들은 그를(카루사케베) 어떤 여자도 낳은 적이 없는 두 아이의 아버지라고 부른다. 또는 그가 물고기로 변형되기 전에 잠시 동안 아이바만(Aybamán)이라고 불리는 시크리다(Sikrida[Shikirida])와 혼인했다고 사람들은 말한다. 이 시크리다(여성)는 조물주 코룸타우(Korumtawbë, Carutau, Carú-Tarú 등 판본에 따라 이름이 다르다) 큰아들의 어머니이기도 하다. 그러나 그녀는 그를 멀리서(접촉 없이―옮긴이) 잉태했으며, 단지 카루사케베(Karusa-Kaibé)의 말에 의해 수정(受精)되었다.

이 판본은 '카루사케베는 결코 어떤 여자와도 성적인 접촉을 한 적이 없다'고 분명하게 밝히고 있다(Kruse 3, 제46권, 920쪽). 또는 조물주의 둘째 아들이 인공적으로 탄생한 후에 시크리다가 나타났으며, 조물주는 단지 아들을 돌보아줄 보모로 사용할 목적으로 그녀와 결혼했다고도 한다. 어머니인 시크리다는 자신의 친아들을 유혹한다(Strömer, 133~136쪽). 다른 아들의 보모인 그녀는 그를 또 유혹한다(Kruse 3, 제47권, 993쪽). 또는 마을의 여인들이 그를 유혹하는 것을 막지 못했다고 씌어 있다(Tocantins, 87~88쪽).

직접적이든 다른 사람의 중개에 의해서든 이론적으로 '여자를 제공하는 자'에게서 얻은 배우자(여)는 결국 합법적인 취득자로 행동한다. 두 극단적인 형태로 나타나는 행위, 말하자면 유혹자(여)와 근친상간자(여)의 행위가 그것이다. 더욱이 야생돼지의 희생자가 된 그의 맏아들을 잃어버린 후 조물주는 나무토막을 조각해 또 다른 아들을 제조한다. 다시 말하자면 여자를 얻는 자의 입장에 서지 않는 것이다. 왜냐하면 이때는 이미 그가 여자를 제공하는 자들을 사냥감으로 변형시켜버린 후이기 때문이다.

카쉬나와족(cashinawa)의 신화M19는 앞의 구조를 놀랍게 도치시키고 있다. 즉 소녀의 아버지와 오빠들이 야생돼지로 변형되고, 소녀는 그들과 대립한다. 이것은 그들이 그녀를 혼인을 통해 취득자에게 주기를 거부했기 때문이다. 아버지도 형제도 없는 아들(후에 그녀는 이 아들과 혼인한다)을 상자 속에서(문두루쿠의 조물주가 조각한 나무토막의 여성적 상대물) 찾음으로써 소녀는 문제를 해결한다(Abreu, 187~196쪽).

두 번째로, 카리리 신화는 보로로족 신화에서 약간 변형된 상태로 발견되는데 나중에(이 책 269쪽 참조) 문제가 될 별(성운)의 기원신화 M_{34}가 바로 그것이다. 이 신화에서 어린아이들의 부모가 탐욕스런 대식가이기 때문에 어린아이들이 하늘로 올라가게 된 반면, 카리리 신화에서는 그들의 부모들이 미식가이기 때문에 어린아이들이 하늘로 올라가게 된다는 사실만 지적하는 것으로 만족하겠다. 그들의 어머니들은 아이들을 쫓아가려고 애를 썼지만 허사였으며, 땅으로 다시 떨어진 어머니들은 짐승으로 변했다(카리리 신화에서는 어린아이들을 하늘까지 추적한 부모들이 다시 지상으로 내려오려고 노력했으나 땅으로 떨어지면서 관절이 있는 뼈대를 가진 진정한 인간이 될 수 있었다).

신화 M_{25} · M_{15} · M_{16} · M_{18}(야생돼지의 기원) 사이의 구조적 관계는 결국 담배에 의해 성립되지만, 수평축 → 수직축, 결연관계 → 친자관계로 변형되는 조건 아래서다. M_{25}와 M_{34}(이들 신화는 별의 기원신화일 뿐만 아니라 야생동물의 기원신화다) 사이의 관계는 (수직)축과 친족관계(출계)에 의해 성립되지만, 여자 → 남자로 그리고 동물로의 퇴보 → 인간(성)의 출현으로 변형되는 조건에서다.

* * *

이러한 조건에서 보로로인들이 담배의 기원을 어떻게 찾고 있는가를 보는 것은 흥미로운 일이다. 두 개의 신화가 이와 관련이 있는데, 먼저 첫 번째 신화는 다음과 같다.

M26. 보로로족의 신화: 담배의 기원 1

남자들이 사냥에서 돌아와서는 휘파람을 불어 아내들을 나오도록 했다. 남편들이 돌아왔을 때 아내들이 마중 나와서 사냥감의 운반을 돕는 것이 관습이었기 때문이다.

아투루아로도(Aturuaroddo)라고 불리는 여인은 남편이 잡은 보아 구렁이의 조각을 운반하고 있었는데, 그 살덩이에서 피가 흘러 몸 속으로 들어가 아이를 잉태시켰다.

아직까지 엄마의 뱃속에 있는 '피의 자식'은 어머니와 대화를 나누었고, 어머니에게 야생과일 따는 일을 도와주겠다고 제의했다. 그는 뱀의 형상으로 뱃속에서 나와 나무를 타고 올라가 어머니가 과일을 주워 모으도록 과일을 따서 던졌다. 그녀는 도망가기를 원했으나 뱀은 그녀를 붙들고 그녀의 자궁 속으로 다시 들어갔다.

겁에 질린 여인은 오빠들에게 이 사실을 알렸고, 그들은 숨어서 매복했다. 뱀이 막 뱃속에서 나와 나무로 올라가자마자 어머니는 도망을 갔다. 뱀이 그녀를 잡으려고 나무에서 다시 내려오자 오빠들이 뱀을 죽였다.

그들은 장작불 더미에다 뱀의 시체를 넣고 태웠다. 그랬더니 잿더미에서 우루쿠나무, 송진이 나오는 나무, 담배, 옥수수 그리고 목화 등등이 나왔다(Colb. 3, 197~199쪽).

이 신화는 토바족(toba)과 테레노족(tereno)의 담배의 기원신화(M_{23}, M_{24})와 완전한 대칭을 이루고 있다.

M_{23}- M_{24}	남편 (△, 인척)	표범인 아내를 갖고 있다	목구멍(입)에 의한 파괴자	나무꼭대기에 올라간 남편
M_{26}	어머니 (○, 출계)	뱀인 아들을 갖고 있다;	질(膣)에 의한 보호자	나무꼭대기에 올라간 아들

//

M_{23}- M_{24}	동물(새)을 찾을 목적으로	아내(배우자)는 먹지 말았어야 하는데(그러나 그녀는 먹었다);	남편 때문에 분리
M_{26}	식물(과일)을 찾을 목적으로	어머니는 먹었어야 하는데 (그러나 그녀는 먹지 않았다);	어머니 때문에 분리

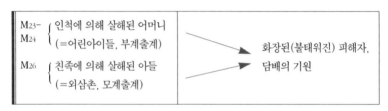

우리는 보로로족의 두 번째 담배의 기원신화 주인공 베토고고(M₂)를 참조할 필요가 있는데, 왜냐하면 그가 물 속에 거주지를 정하고 물고기의 뱃속에 '영혼의 담배'를 넣었기 때문이다.

M27. 보로로족의 신화: 담배의 기원 2

어부들이 생선을 굽기 위해 물가에 머무르고 있었다. 그들 중에 한 어부가 칼을 갖고 쿠도고(Kuddogo, 증명되지 않은 물고기; 포르투갈어로 '아보토아도'[Abotoado], 『보로로 백과사전』, 제1권, 748쪽)의 배를 갈랐다. 그리고 뱃속에서 담배를 발견했다. 그는 생선을 몰래 감추고 단지 밤에만 동료들 몰래 숨어서 담배를 피웠다. 동료들이 담배 냄새를 맡고는 그를 급습했고, 결국 그들은 담배를 나누어 가지기로 했다.

그러나 인디언들은 담배 연기를 내뿜지 않고 삼켰는데, "그렇게 피우면 안 돼"라고 흡혈귀의 형상을 한 초자연적 신이 설명했다. "푸 하고 연기를 내뿜으면서 할아버지, 담배 연기를 받으세요. 그리고 내게서 나쁜 것이 멀리 가게 해주세요!라고 말해야지. 그렇게 하지 않으면 너희들은 벌을 받을 것이다. 이 담배는 나에게 속해 있는 것이니까"라고 말했다. 그러나 인디언들은 이 말에 복종하지 않았다.

다음날 아침, 그들 대부분은 장님이 되었고 아리란하스(ariranhas)[7]

---

7) 보로로어로 ippié, ipié라고 하며, 신화M₂₁을 번역하면서 콜바치니는 이 용어를 'lontra', 즉 수달(loutre)이라고 번역하고, 사전에서는 이상한 정의를 내리고 있다. 즉

로 변해버렸다. 바로 이런 이유로 인해 이 동물들이 매우 작은 눈을 갖게 된 것이다(Colb. 3, 211~212쪽).

다음으로 보로로 신화와 상동관계에 있는 것은 카리리 담배의 기원 신화다. 왜냐하면 카리리 신화에서는 땅과 하늘 사이의 중개자 역할을 하는 것이 담배인데, 보로로 신화에서는 땅과 물(영혼은 물 속에 일정 기간 머무르게 된다는 보로로족의 믿음 때문에)로 대립하기 때문이다. 카리리 신화에서 인간은 분절된 뼈대를 가질 수 있어 진정한 인간이 되었으며, 또한 이들은 하늘과 완전히 단절되지도 않았다. 이는 '담배에게' 제물을 바침으로써 가능하다(담배 연기의 매개적 특성-옮긴이).

반면 보로로 신화가 설명하기를, 인간들이 '담배 헌납(제물로 바침)을' 거부함으로써 진정한 인간이 되지 못하고, 거의 장님처럼 보지도 못하고 물 '표면'에서 살도록 저주받은 동물이 되었다고 한다. 여기서 거의 보지 못하는 장님이란 의미는 밖으로의 '열림'을 박탈당했다는 것이며, 이것은 담배 연기 내뿜기를 거부한 것으로 해석되는 과도한 '절제' 때문이다(반면 '그들은 담배를 보지 못했기 때문이다'라고 콜바치니는 말한다. Colb. 2, 211쪽).

'ariranha: um bichinho que fica a flor d'agua' (422쪽). Magalhães(39쪽 참조)와 『보로로 백과사전』(제1권, 643쪽)에는 ipié, 'ariranha'로 되어 있다. 일반적으로 'ariranha'는 거대한 수달(*Pteroneura brasiliensis*)로서, 길이가 2미터를 넘는다. 그러나 중부와 남부 브라질에서 이 용어는 일상적으로 볼 수 있는 수달을 지칭한다(Ihering, 제36권, 379쪽).

좀더 오래된 판본(Colb. 2, 210~211쪽)에는 흡혈귀에 대한 에피소드가 없다. 자기 신하들이 담배를 잘못 피우는 것을 보고 화를 낸 것은 베토고고 자신이다. 그는 신하들을 '아리란하스'로 변형시켜버렸다. 보로로어의 낱말인 메아(méa)는 단순히 진정한 담배, 그리고 니코티아나(*Nicotiana*) 장르의 유사한 종만을 지칭하는 것이 아니라, 또 역시 담배와 유사하게 태워서 연기로 향을 맡는 여러 종류의 식물 잎사귀를 지칭한다. 우리의 자료에 따르면, 신화M₂₆은 보코도리족에 소속된 니코티아나 타바쿰(*Nicotiana tabacum*)과 관계가 있으며, 신화M₂₇은 페웨 씨족의 관리하에 있는 아노나세(anonacée)와 관계 있다(Colb. 2, 212쪽; 3, 213쪽; 『보로로 백과사전』, 제1권, 787쪽, 959쪽).

결론적으로 신화 집단의 일체성에 대한 논증을 완결하기 위해서는 신화M$_{24}$와 M$_{27}$에 나오는 숨어서 담배를 피우는 사람의 동기가 반복되는 것을 지적해야 한다. 또한 메트로(5, 64쪽)가 인용한 토바족의 담배의 기원신화 가운데 한 변종인 아슐루슬레족(ashluslay)의 신화에 등장하는 부엉이와 신화M$_{27}$에 나오는 흡혈귀에 주목해야 할 것이다. 신화 속에서 부엉이는 인간들에게 충고를 하는 기능을 수행한다. 은밀함은 결국 과도한 절제를 강화(아슐루슬레 신화에서는 대체)하고 있다. 남아메리카에서는 담배를 피우는 행위가 본질적으로 사회적 행위인 동시에 인간과 초자연적 세계 사이의 교통을 성립시키기 때문이다(여기서도 담배에 대한 과도한 절제[은밀함]는 사회생활을 거부하고, 신과의 소통을 거부하는 것이 된다—옮긴이).

담배의 기원신화는 무엇보다도 우리의 주의를 기울이게 한다. 이들 신화 중 어떤 것은 표범의 기원과 관계를 갖고 있다는 점에서 특히 주의를 환기시킨다. 왜냐하면 우리는 표범의 기원신화가 새둥지를 터는 사람의 주제와 연관되기를 바라고 있기 때문이다. 신화에서 보면 암표범의 남편은 새둥지 터는 사람이며(신화M$_{22}$ · M$_{23}$ · M$_{24}$ 참조), 또한 그는 참조신화M$_1$과 제족 불의 기원신화(M$_7$~M$_{12}$)에 나오는 주인공들의 부모다.

이 모든 신화에서 주인공들은 앵무새 둥지를 털기 위해 나무꼭대기로(또는 바위 위로) 올라간다. 역시 모든 신화에서 새들은 나무 밑에 머물러 있는 파트너에게 가도록 되어 있다. 처음에는 인간인 의붓형제(매형 또는 처남)에게, 다음에는 동물인 의붓형제에게, 또는 처음에는 인간인 배우자(여)에게 다음에는 동물에게 가도록 되어 있다.

신화M$_7$에서 M$_{12}$의 주인공은—새의 새끼를 먹을 의사가 없는—인간인 의붓형제에게 새끼를 던져주기를 거부한다. 그러나 동물인 의붓형제에게는 새끼를 먹도록 허락한다.

반면 신화M$_{22}$에서 M$_{24}$까지의 신화(들)에 나오는 주인공은 인간인 아내에게 새의 새끼를 던져주지만, 그녀가 그것을 다 먹어버리는 것을 (그녀의 동물적인 본성이 나타남에 따라) 알아차리고는 그녀에게 새끼 주기를 거부한다. 그리고 작은 새끼 대신에 그녀가 잡기 어렵도록 날아 도망갈 수 있는 새끼를 던져준다(M_{23}, M_{24}). 이 새들은 말하자면, 새끼 새 저쪽에 있다. 마치 신화 M_7과 M_{12}에서 주인공이 던진 새알들이 이쪽에 위치하는([저쪽]날 수 있는 새/날 수 없는 새 = 새알[이쪽]—옮긴이) 것처럼 말이다.

제족의 신화에서 주인공은 숫표범에게 새의 새끼를 제공함으로써 맹수와 화해할 수 있었고, 또 친근한 사이가 될 수 있었다. 토바, 마타코, 테레노 신화에서 새의 새끼들은 주인공이 암표범(표범의 아내)에게서 멀어질 수 있도록 도움을 준다.

결론적으로 불의 역할을 보면, 취사용 불의 기원과 관계 있는 제족 신화에서는 불은 '건설자'로, 또는 표범과 담배의 기원에 대한 차코지역의 신화에서는 '파괴자'로서의 역할을 한다. 왜냐하면 불은 화장터 장작더미와 관계 있으며, 태운 재 속에서 담배가 생겨난다. 다시 말하자면, 이 담배(식물)는 사람들이 소비하기 전에 부엌의 화덕에서 굽는 대신 햇볕에 말린다. 신화(M_7~M_{12})에서 불을 알기 전에 날고기를 햇볕에 놓아 요리하듯이 이것은 반-취사적(anti-culinaire)인 방법으로 음식물을 처리하는 것이다. 사람들은 이 식물(담배)을 태우면서 먹는다. 이것 역시 음식물을 취급하는 또 다른 반-취사적인 방식이다.

모든 것은 이렇게 이루어진다. 말하자면 담배 연기는 야생돼지를 낳게 하고, 거기에서 고기를 얻는다. 이 고기를 굽기 위해서는 새둥지를 터는 사람이 표범에게서 불을 얻어야만 한다. 결국 표범에게서 자유로워지기 위해서는 또 다른 새둥지 터는 사람이 표범의 시체를 불에 태워야만 한다. 이로부터 담배가 생겨난다. 이 세 집단의 신화 사이의 관계를 아래 도표로 형상화시킬 수 있다. 이것은 이 장에 붙인 '론도' (rondeau)라는 제목을 설명함과 동시에 정당화한다.

도표 7 고기와 불, 그리고 담배의 기원신화

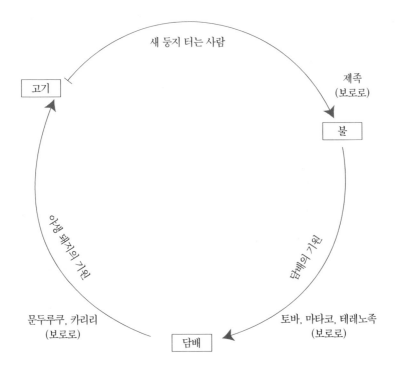

주의-보로로 변형을 얻기 위해서 아래의 법칙을 응용할 것이다.

    1.   불 → 물

왜냐하면 a) 신화M_1의 새둥지 터는 사람은 취사용 불을 꺼버리는 자, 즉 천상의 물의 주인이며, b) 담배는 물고기의 거처인 지상의 물 속에 그 기원을 두기 때문이다(M_{27}).

아니면,

    2.   불 → 불;

그러나 신화M_{26}에 따라 아래의 도표가 되어야 한다.

    2.1   표범(≡불) → 뱀(≡물)

1의 경우 이에 따라 다음과 같이 변형될 수 있다.

    1.1   내뿜는 담배 → 마시는 담배(신화M_{27}에 따라) ;

    1.2   야생돼지 → '아리란하스'(신화M_{27}에 따라).

그리고

    1.2.1   (육지)고기 → 물고기(생선)

신화M21에 따르면 '아리란하스'는 물고기의 주인(여)으로 상정되는 반면 남자들은 야생돼지로 변형되는데, 이것은 담배(신화M27) 대신에 (그렇게 먹어서는 안될) 가시 돋힌 과일을 게걸스레 먹었기 때문이다. 신화M26에 따르면, 담배는 톡 쏘는 가시 돋힌 맛일 때 훌륭하다고 한다. 즉 '담배가 강할 때, 사람들이 그것 참 독하다! 거 참 좋다!라고 말한다. 그것이 독하지 않을 때는 좋지 않다! 짜릿하게 쏘는 맛이 없다!라고들 한다'(Colb. 3, 199쪽).

결국 이 변형의 순환은 수달(아리란하스)이 불의 주인(여)이 되는 신화M121이나 또는 제족의 불의 기원신화(M7~M12)와 관련됐을 때 완성된다(순환의 고리가 닫힌다—옮긴이).

1.2.2   표범 → '아리란하스'(수달)

처음보면 이해하기 힘든 것처럼 생각되는 변형 1.2.1에 대해 잠시 더 논해보자. 만일 우리가 물고기를 수달의 위치로 대체시켜 본다면, 수달은 물고기의 주인이 된다. 그것은 같은 원리로 고기[肉]를 야생돼지로 대체시키는 것을 의미한다. 이렇게 되면 우리가 지금까지 당연하게 받아들였던 것처럼 야생돼지는 단지 '고기'만이 아니라, 또 역시 수달과 마찬가지로 양식의 주인이 된다. 다시 말해서 경우에 따라 고기의 주인이 되는 것을 의미한다. 그러나 야생돼지가 어떻게 동시에 한 번은 양식에 위치에 있고 한 번은 이 양식의 주인이 될 수 있는가?

우리는 민족지적인 사실을 바탕으로 이러한 선험적인 형식 분석의 요구를 증명할 수 있다. 아리란하스에 대해 먼저 신화M21에 따르면, 이 동물은 물고기의 주인의 역할을 실질적으로 수행하고 있으며, 보로로인들이 '아리란하스'라고 부르는 마술적인 식물을 사용하는 관습에 따르면, 그들은 물고기를 많이 잡기 위해 그물을 이 주술적인 식물로 문지른다(『보로로 백과사전』, 제1권, 643~644쪽).

야생돼지가 지배하는 위와 상응하는 식물(ǰugo, 또는 *Dicotyles labiatus*; *Dicotyles torquatus*는 ǰui라고 불린다)은 보로로어로 ǰugo-dogé eime ǰéra uiorúbo 라고 부르며, '야생돼지 무리를 인도하고, 지배하는 식물'을 의미한다.

이것은 아쿠리(acuri)종려나무(*Attalea speciosa*)로 야생돼지가 이 나무의 열매를 좋아하며, 인디언 추장들도 백성이 '야생돼지가 그들의 우두머리에게 복종하듯이 자신들에게도 잘 복종하도록' 이 나무의 잎사귀를 부락에 뿌린다(『보로로 백과사전』, 제1권, 692쪽). 만약 수달이 자신의 종과 다른 종의 여주인이기 때문에 타율적이라면, 야생돼지는 자신과 같은 종을 지배하기 때문에 자율적이다. 이처럼 토착민의 사고는 야생돼지를 고기로서 동시에 고기의 주인으로서 생각할 수 있다는 사실을 상정할 수 있다.

아리란하스/야생돼지의 대립짝을 바탕으로 생각해볼 수 있다. 신화M21에서 남자들은 과실의 과육과 가시를 구별하지 않고 마셨기 때문에 야생돼지로 변형되었다. 반면 아리란하스(수달)는 커다란 물고기의 뼈와 머리를 따로 빼놓고 살만을 먹는 것으로 유명하다(Ihering, 제32권, 373쪽). 가이아나(guyanais)의 어떤 신화는 왜 수달이 게의 몸통만 먹고 집게다리는 버리는가에 대해 길게 설명하고 있다(K.G. 1, 101~102쪽).

미숙한 예절 바름

우리는 제족 신화 집단의 의붓형제들(처남, 매형) 사이에 대칭적 관계가 존재한다는 사실을 밝혔다. 이러한 대칭적 관계는 다른 방식으로도 나타난다.

한 남자는 원하는 새를 잡기 위해서 아내의 어린 남동생(처남)에게 새둥지가 있는 나무 위로 올라가도록 요구한다. 그의 요구를 들어주는 대신, 소년은 매형에게 먹이로 '그림자를 준다'(헛것을 잡으려다가 진짜를 놓치도록). 신화의 판본에 따라 (내용이 달라지기도 한다) 매형이 감히 먹이를 움켜잡지도 못하거나, 또는 새의 새끼를 던져주는 대신 새알을 던져 땅바닥에 깨지게 하거나 새알 대신에 돌을 던져 매형을 다치게도 한다.

2차적 '매형'인 표범이 등장할 때, 주인공은 자신에 대해 이중으로 도치된 행위를 보인다. 먼저 그는 땅 위에 드리운 자신의 그림자를 표범이 악착스럽게 따라잡지 못하도록 하면서, 맹수의 우스꽝스러운 행동을 비웃는 대신에 자신의 정체를 드러낸다. 그리고 표범이 새둥지에 있는 것을 달라고 요구했을 때, 그는 이 질문에 진실되게 대답하고 두 번에 걸쳐(둥지에는 새끼가 두 마리 있었기 때문에) 먹이를 제공한다.

우리는 표범이 주인공을 잡아먹지 않고, 그에게 문명의 기술을 '제공'한 것은 그(주인공)가 표범을 조롱하거나 속이지 않고 자제했기—좀더 자세히 말하자면 웃음을 참았다는 사실—때문이라는 것을 증명할 것이다.

많은 아메리카 신화들이 아래와 같은 사실을 증언하고 있다. 그림자를 쫓다가 먹이를 잃어버리는 사람의 상황이나 또는 먹이 대신에 그림자를 잡으려고 애쓰는 상황보다 더 우습고, 비웃음을 보내기에 더 합당한 상황은 없다. 이런 사실들을 증명하는 가이아나의 와라우족 신화가 있다. 이 신화는 우리가 만족할 만큼 충분히 명시적이다. 이 신화의 또 다른 요소들은 우리가 먼저 요약한 요소들과 연결되어 있으며 후에 논의할 것이다.

M28. 와라우족의 신화: 별(들)의 기원

옛날에 두 형제가 살았는데, 맏형은 위대한 사냥꾼이었다. 그는 날마다 사냥감을 추적하면서 조금씩 멀리 나가곤 했는데, 어느 날 전에는 본 적이 없는 어느 냇가에 도달하게 되었다. 그는 물을 마시러 오는 동물들을 감시하기 위해서 물가에 있는 나무 위로 올라갔다. 갑자기 그는 한 여자가 어쩔 줄 몰라 하면서 가까이 오는 것을 보았다. 그리고 그녀가 하는 잔꾀(행위)를 보고 의아심을 품었다. 그녀가 손을 물 속에 넣었다 뺄 때마다 두 마리의 물고기를 잡아올렸다. 이렇게 잡을 때마다 그녀는 한 마리를 먹고, 또 한 마리는 광주리 속에 담았다. 그녀는 대단히 컸으며, 초자연적인 존재였다. 그녀는 머리에 바가지를 달고 있었으며, 때때로 바가지를 물 속에 던져 팽이처럼 뱅뱅 돌리곤 했다. 그리고 그것을 쳐다보느라고 꼼짝 않고 앉아 있다가 다시 일을 시작하곤 했다.

사냥꾼은 나무 위에서 밤을 새우고 다음날 마을로 돌아왔다. 그는 자신의 모험담을 동생에게 들려주었다. 동생은 '그렇게 많은 물고기를 잡을 수 있고 또 먹을 수 있는 여자'를 한번 보기 위해서 형에게 자신을 데려가 달라고 졸랐지만, 형은 "안 돼. 왜냐하면 너는 줄곧 웃으며 그 여자를 비웃을 테니까"라고 답했다. 그러나 동생이 신중하겠다고 약속을 하자 형은 동생을 데리고 가겠다고 했다.

냇가에 도착한 형은 물가에서 조금 뒤로 떨어진 나무 위로 올라갔고, 동생은 앞으로 일어날 광경을 조금도 놓치지 않으려고 자리가 가장 좋은 나무로 올라가서는 물 위로 튀어나온 가지 위에 앉았다. 곧 여자가 도착했고, 다시 술책(작업)을 시작했다.

여자는 동생이 자리잡은 나무 밑에 도착했고, 물 위에 비친 그의 그림자를 발견했다. 그녀는 그림자를 잡으려고 애를 썼으나 실패했다. 그래도 포기하지 않고, '그녀는 재빠르게 손을 물 속에 집어넣었는데, 먼저 한쪽 손으로 그리고 다른 쪽 손으로 아주 이상한 몸짓과 웃기는 어릿광대 짓을 했다. 먹이 대신 그림자를 잡으려는 그녀의 헛된 행동을 보고 바로 그 위에 있던 동생은 웃음을 참을 수가 없었다. 그래서 그는 웃고 또 웃고 끊임없이 웃었다.'

그때 그녀는 눈을 들어 두 형제를 발견했다. 그녀가 동생에게 내려오라고 명령을 했으나, 그는 거절했다. 비웃음을 당한 것에 화가 난 여자는 독개미에게 그를 공격하도록 명령했다. 개미들이 이 소년을 하도 세게 물고 쏘고 했기 때문에 이를 피하려고 소년은 물 속으로 뛰어들 수밖에 없었다. 그리고 여자는 동생을 잡아먹어버렸다.

이어서 그녀는 형을 잡아 바구니 속에 가두어버렸다. 그녀는 오두막으로 돌아와 바구니를 내려놓으면서 두 딸에게 절대 만지지 말라고 했다.

그러나 어머니가 등을 돌리자마자 두 딸은 서둘러 바구니를 열었다. 두 딸은 주인공의 신체적 수려함과 사냥꾼으로서의 능력에 황홀해졌다. 결국 두 딸은 사랑에 빠지게 되었고, 작은 딸이 그를 자신의 해먹에 감췄다.

식인귀(여자)가 포로를 잡아먹으려고 했을 때, 두 딸은 자신들의 잘못을 자백했다. 어머니는 사냥꾼이 자신을 위해 물고기를 잡아 온다는 조건으로 원하지 않은 사위를 맡기로 합의했다. 그런데 잡아 온 물고기의 양이 얼마든 식인귀는 단지 두 마리만을 남겨놓은 채 모두 먹어치웠다. 그는 고기를 잡는 일에 지쳐 병이 들고 말았다.

그의 아내가 된 작은딸은 함께 도망가기로 합의했다. 어느 날 주인공은 늘 하던 대로 그가 잡은 고기를 카누에 놓아두었다고 장모에게 알렸다. 그녀는 그것을 찾으러 가야만 했다(왜냐하면 어부는 그가 잡은 고기를 직접 운반하지 않는데, 그것은 다음에 고기 잡을 운을 잃어버릴까 두려워했기 때문이다). 주인공은 카누 밑에 상어(또는 악어)를 숨겨놓았는데, 이 상어(또는 악어)가 그 식인귀(여)를 잡아먹었다.

큰딸은 살인이 일어났음을 알고는 칼을 갈아 쥐고 범죄자를 추적했다. 큰딸이 그들을 추적해 거의 잡으려 할 때, 주인공은 아내에게 나무 위로 올라가도록 하고는 자신도 그 뒤를 따라갔다. 그러나 주인공은 처형(큰딸)이 자신의 다리를 자를 수 없을 만큼 그렇게 빠르게 피하지는 않았다. 이 잘린 다리가 살아 움직였는데, 이것이 새들의 어머니(*Tinamus*)가 되었다. 사람들은 늘 밤하늘에서 주인공의 아내(황소자리의 여섯[또는 일곱] 별, 플레이아데스[Pleiades])를 볼 수 있으며, 더 아래쪽에 주인공(Hyades, 히아데스 성단), 그리고 좀더 아래쪽에서 그의 잘린 다리(오리온좌의 세 별, le baudrier d'Orion)를 만날 수 있다(Roth 1, 262~265쪽; 약화된 변이형 판본을 보기 위해서는 Verissimo 참조; Coutinho de Oliveira, 51~53쪽).

이 신화에 여러 가지 제목을 붙일 수 있다는 점에 주의할 필요가 있다. 이 신화는 먼저 앞에서 논의했던 또 다른 신화들과 밀접한 관련을 갖는다. 즉 질병의 기원신화인 보로로족의 신화M5에서 여자주인공 역시 물고기를 게걸스레 먹는 나름대로의 '식인귀'다. 식인귀를 살해한 죄인인 주인공이 팔다리를 잘리듯이 신화M5에서도 같은 일이 벌어진다(그러나 식인귀를 죽인 자의 팔다리가 잘리는 것이 아니라 식인귀 자신의 팔다리가 잘린다—옮긴이).

이 신화 사이에서 다르게 배치되기는 했지만, 우리는 세 가지 공통된 주제를 찾을 수 있다. 말하자면 식인귀, 물고기, 그리고 팔다리가 잘리는 주제다. 와라우족 신화 역시 아피나이에 신화M9와 음비아-과라니족(mbya-guarani) 신화M13의 식인귀와 같은 계통이며, 식인귀는 나무 위에 올라간 주인공(음비아 판본)을 잡아서 그의 두 딸과 같이 먹을 요량으로 그를 바구니에 가둔다. 또한 표범과 인간 사이에 맺어지는 결연(혼인)의 주제에 대한 또 다른 신화들은 포로를 숨기고, 결국 '식인귀'의 딸들이 포로와 사랑에 빠진다는 주제를 갖고 있다.

형식적인 관점에서 와라우족 신화는 우리가 앞으로 할 신화분석 중에 자주 들추어낼 신화적 사고(pensée mythique)의 한 특성을 명백히 나타낸다. 신화 첫 머리에 나오는 식인귀의 행동은 매번 두 마리씩의 고기를 잡아서 한 마리는 먹고 다른 한 마리는 보관하는 것으로 구성된다. 이 주목할 만한 행동은 두 인간 희생자를 하나는 먹고 다른 하나는 바구니에 보관하는 식인귀가 취할 행동을 예견하는 것처럼 보인다.

첫 번째 에피소드는 그 자체로는 충분하지 못하다. 이것은 다음에 올 이야기의 재료를 담을 거푸집으로서 제시된 것이며, 이 거푸집 없이 뒤에 나올 이야기는 대단히 유동적인 것으로 남을 수밖에 없다. 왜냐하면 신중한 형과 신중하지 못한 동생, 이들이 편집광적인 식인귀와 관계되는 한 형이나 동생 모두 식인귀의 식욕을 만족시키는 데는 아무런 관계가 없다. 그러나 신중한 형과 신중치 못한 동생을 차별적으로 취급하는 것은 식인귀가 아니라 신화 자체의 논리에 의해서다. 더욱이 식인귀의 우스꽝스러운 행위는 신화에 의해 이 두 형제의 행위에 대해 나중에 의미를 주기 위한 유일한 목적에서 미리 상상된 것이라고 생각되기 때문이다. 이 예는 모든 신화가 제공하고 있는 조직화된 총체적 특성(le caractère de totalité organisée)을 분명히 나타내 보이고 있다. 즉 신화의 이야기 전개는 전과 후의 관계에서 독립적이고 감추어진 구조[基底構造]를 명백히 밝힌다.

무엇보다도 이 신화가 거론하고 있는 원래의 상황은 새둥지를 터는 사람의 상황이다. 즉 나무나 바위 같은 높은 장소에 갇히는 주인공, 그는 또한 그의 그림자가 식인귀를 속였을 때, 그것이 사실이든 가정이든 '식인귀'에 의해 발견되는 것이 주인공의 상황이다. 아래와 같이 그 차이점들을 서술할 수 있다. 먼저 한 경우는 주인공의 상승(나무 위로 올라감)이 자의적인 경우다. 식인귀가 주인공의 그림자를 공격했을 때 식인귀를 비웃는 경우인데, 이때 그(주인공)는 식인귀의 음식이 되든가, 아니면(비웃지 않았다면) 수중음식인 물고기를 식인귀에게 제공해야만 한다. 또 다른 경우는 주인공의 상승이 비자발적인 경우다. 주인공은 비웃지 않도록 조심하며, 식인귀에게서 지상의 음식인 사냥감을 양식으로 받는다(먼저 공중의 음식인 새를 먹은 후에).

와라우 신화는 한편으로 여성이며, 게걸스럽고, '물 속'에 있는 인물을 등장시킨다(신화 첫머리에서 여자 주인공은 물에서 어쩔 줄 몰라 하며 물고기를 먹는다. 신화의 끝부분에서는 물 속에서 위험을 무릅쓴 행위를 하지만, 물고기[상어]에게 먹힌다). 다른 한편으로는 절제력이 있는 남성 주인공이 등장하는데(신화 첫머리에서는 웃음을 억제하며, 신화 끝부분에서는 먹지 않고 또는 거의 먹지 않는 양식[여기서는 물고기—옮긴이]을 식인귀에게 제공한다), 또한 그는 '천상적' 위치에 처해 있는 인물이다(신화 첫머리에서는 높은 나무의 가지 위에 머무르지만, 신화의 끝부분에서는 별로 변형된다).

남성과 여성, 높은 곳과 낮은 곳, 절제함과 무절제함 사이의 삼중적인 대립은 좀더 논증을 진행하기 전에 반드시 짚고넘어가야 할 또 다른 신화 집단의 골조를 구성한다. 이 신화들은 여자의 기원과 관련 있다.

M29. 셰렌테족의 신화: 여자의 기원

옛날에는 여자들이 없어서 남자들은 동성애를 했다. 그들 중에 한 남자가 임신을 하게 되었는데, 아이를 분만할 수가 없어 죽고 말았다.

어느 날 몇몇 남자가 냇물 속에 반사된 나무 위에 숨어 있는 한 여자의 영상을 보았다. 이틀 동안이나 그들은 반사된 영상을 잡으려고 애를 썼다. 결국 한 남자가 눈을 들어 그 여자를 보았다. 그들이 그녀를 내려오게 했으나 모든 남자들이 이 여자를 탐냈으므로, 그들은 그녀를 조각조각 잘라서 나누어 가졌다. 그리고 각자 자신에게 할당된 조각을 나뭇잎으로 싸서 오두막 내벽 사이에 끼워놓았다(그들은 관습적으로 물건을 보관하기 위해서 그렇게 한다). 그러고는 사냥을 떠났다.

돌아오는 도중 남자들은 정찰대를 먼저 마을로 보냈는데, 정찰대는 마을에 놓아두었던 조각들이 여자로 변했다고 알려왔다. 젖가슴 조각을 받았던 퓨마(*Felis concolor*)에게는 예쁜 여자가, 자신의 조각을 너무 잡아당겼던 사리에마(*Cariama cristata*, *Microdactylus cristatus*)에게는 깡마른(호리호리한) 여자가 생겼다. 결국 모든 남자가 자신의 여자를 얻었고, 사냥을 나갈 때 그들의 아내도 데리고 갔다(Nim. 7, 186쪽).

이 신화는 우리가 불의 기원신화 집단을 구성할 수 있도록 해주었던 제족 부족들 중의 하나에서 유래한다. 그러나 차코지역의 부족들은 여러 종류의 다른 판본을 갖고 있으며, 거리가 상당히 떨어져 있지만 차마코코족(Chamacoco) 판본은 놀랍게도 셰렌테족 신화 판본과 매우 유사하다.

M30. 차마코코족의 신화: 여자의 기원

병이 들어 해먹에 누워 있던 한 젊은이가 지붕을 수선하려고 오두막 지붕 위에 올라가 있던 어머니의 음부를 언뜻 보았다. 욕망에 불이 붙은 그는 어머니가 내려오기를 기다렸다가 그녀를 범해버리고 말았다. 그리고 아들은 어머니에게 가면의 비밀을 무심코 누설했다. 다른 여자들은 이 비밀을 모르고 있었기 때문에 그녀는 자신의 동료들에게 이를 모두 털어놓았다.

남자들이 이 사실을 알고는 사슴으로 변신해서 도망간 여자 한 명만을 제외하고 모든 여자를 죽여버렸다. 남자들은 여자들이 하던 일을 처리하기가 매우 힘들었지만 체념하고 받아들였다.

어느 날 한 남자가 살아서 도망간 여자가 앉아 있는 나무 밑을 지나가고 있었고, 그녀는 그의 주의를 끌기 위해 침을 뱉었다. 그 남자는 나무 위로 올라가려고 애를 썼지만 발기한 자신의 성기가 방해하는 탓에 나무둥치에 사정하고 포기해버렸다. 다른 남자들이 달려와서 옆에 있던 나무를 타고 올라가 여자를 붙드는 데 성공했다. 그들은 여자를 강간하고 토막을 냈는데, 이 토막들이 떨어지면서 남자들의 정액과 섞였다. 그들은 각자 한 조각씩을 집으로 가져갔다. 그리고 그들 모두는 고기를 잡으러 갔다.

정찰대로 보낸 두 무당은 썩은 고기를 먹는 독수리(vautour)들이 여자의 조각들을 모두 먹어버렸다고 차례로 주장했다. 인디언들이 마을에 도착하니 여자와 어린아이가 마을에 가득했다. 각자는 자신이 가져온 조각에서 나온 아내를 얻게 되었다. 넓적다리 조각을 가진 자는 뚱뚱하고 기름진 여자를, 손가락을 가졌던 사람은 마른 여자를 갖게 되었다(Métraux 4, 113~119쪽).

이제 차코지역의 또 다른 두 개의 판본을 보도록 하자.

M31. 토바-필라가족의 신화: 여자의 기원

옛날에 남자들은 사냥으로 잡은 새나 짐승을 오두막 지붕 위에 올려놓고 말리는 관습이 있었다. 그들이 자리를 비운 어느 날, 하늘로부터 내려온 여자들이 고기를 모두 훔쳐갔다. 그 다음날에도 같은 사건이 일어나자 (여자들의 존재를 모르고 있던) 남자들은 토끼를 시켜 감시하도록 했다.

그러나 토끼는 온종일 잠만 잤으므로 햇볕에 그을린 고기를 또 도둑맞았다. 그 다음날 앵무새가 나무 위에 숨어서 보초를 섰는데, 이가 달린 질(외음부)을 가진 여자들을 보았다. 처음에는 조용히 움직이지 않고 있던 앵무새는 나무 밑에서 만찬을 즐기고 있던 여자들에게 나무 열매를 던졌다. 여자들이 처음에는 서로를 비난하며 책임을 전가했으나, 곧 앵무새를 발견하고는 그를 남편으로 삼겠다고 서로 다투었다. 그녀들은 투석물을 서로 교환했는데, 그 중에 한 발이 빗나가 앵무새의 혀를 잘랐다. 벙어리가 되어 수화로 밖에는 자신을 표현할 수 없게 된 앵무새는 어떤 일이 벌어졌는지를 다른 남자들에게 설명할 수가 없었다.

새매(Épervier)가 보초를 설 차례가 되었고, 그는 두 개의 투척용 막대기를 갖고 가는 것을 잊지 않았다. 첫 번째 막대기가 목표물을 맞추지 못했고, 이로 인해 여자들이 새매를 발견하게 되었다. 그러나 다시 그들은 새매를 남편으로 삼겠다고 서로 다투었고, 그에게 투석물을 던지면서 괜히 죽이려고 했다. 새매는 두 번째 막대기를 사용해 여자들이 하늘에서 내려오고 올라갈 때 사용한 두 개의 밧줄 중 하나를 끊어버리는 데 성공했다(한 밧줄은 예쁜 여자들이 사용했고, 또다른 것은 못생긴 여자들이 사용하는 밧줄이었다). 여러 명의 여자들이 떨어져 땅 속에 박혀버렸다. 물론 이때 새매는 여자들 중 두 명을 자신이 사용하려고 붙잡았다.

새매가 그의 동료들을 불렀는데, 이구아나(Iguane)만이 그 소리를 들었다. 이구아나는 매우 작은 귀를 갖고 있었으므로 다른 남자들은 그의 청각이 자신들보다 더 예민하다고 생각할 수가 없었다. 결국 새매는 모두에게 자신의 말을 이해시킬 수 있었다. 아르마딜로는 땅에 박힌 여자들을 끌어내, 동료들에게 나누어 주었다(Métraux 5, 100~103쪽).

우리가 많이 생략한 이 신화의 마지막 부분에서 신화는 남자들이 어떻게 이가 달린 외음부를 제거할 수 있었으며, 또 여러 종류의 동물들이 어떻게 그들의 변별적인 특성을 얻게 되었는지를 설명한다. 신화의 시대에는(신화적 시간 속에서는) 사람과 동물이 서로 섞여 있었다는 사실을 잊어서는 안 된다. 다른 한편으로 이 집단의 신화들은 단지 여자의 기원만을 이해하고 있는 것이 아니라, 그들의 차이성(diversité, 다양성), 즉 왜 젊거나 늙었으며, 뚱뚱하고 기름지거나 말랐으며, 아름답거나 못생겼으며, 그리고 왜 몇몇은 애꾸눈을 가지게 되었는지를 설명하고 있다. 하지만 동물의 (외형적) 다양성과 특수한 종으로서 여성 부위의 (내적인) 다양성 사이에 증명된 동형성이 맛(saveur)을 잃어버리거나 의미(signification)를 잃어버린 것은 아니다.

먼저 살펴본 신화에서 독 있는 뱀의 형태로 인간을 위협하거나, 유아의 사망으로 인해 인간 생명이 위기를 맞았다는 사실을 두 번에 걸쳐 지적한 것에 주의를 기울여야만 한다. 유아 사망은 산비둘기(Colombe)가 남편의 사랑 때문에 먼저 잉태하거나, 또는 집비둘기(Pigeons)들은 건강이 좋지 못한 상태였다라는 사실에서 유래한다. 불의 기원에 대한 아피나이에 신화에서 단명에 관련되는 신화를 논할 때, 이런 분야의 문제들을 다시 보게 될 것이다(신화M₉; 이 책 317~344쪽 참조).

M₃₂. 마타코족의 신화 : 여자의 기원

옛날에 남자들은 말할 수 있는 능력을 가진 동물이었다. 그들에게는 여자가 없었으므로 스스로가 많은 양의 물고기를 잡아서 양식으로 삼고 있었다.

어느 날 남자들은 양식을 도둑맞은 사실을 알고 앵무새에게 보초를 서도록 했다. 나무에 높이 올라앉은 앵무새는 여자들이 동아줄을 타고 하늘에서 미끄러져 내려오는 것을 보았다. 그녀들은 물고기를 먹을 수 있는 만큼 먹고는 나무 그늘에서 잠을 잤다. 앵무새는 명령을 받은 대로 경종을 울리지 않고 여자들에게 잔가지를 꺾어 던지기 시작했다. 여자들이 잠에서 깨어 새를 발견했고, 그에게 낟알(씨앗)로 폭격을 가했는데, 그 중에 한 알이 튀어 앵무새의 혀에 맞았다. 그래서 이때부터 새의 혀 한가운데 검은 점이 생겼다.

이구아나는 싸우는 소리를 듣고 동료들에게 비상을 걸었다. 그러나 사람들이 이구아나를 귀머거리로 알고 있었으므로 그의 말을 듣는 것을 거부했다. 앵무새는 벙어리가 되었다.

다음날은 도마뱀이 보초를 섰다. 그러나 여자들이 그를 잡아 혀를 뽑아버렸기 때문에 그도 역시 벙어리가 되었다. 남자들은 서로 언쟁을 했다. 그리고 새매가 마을을 보호하도록 했는데, 여자들은 새매를 보지 못했다. 왜냐하면 새매의 깃털색깔이 그가 앉은 나무둥치의 색깔과 혼동되었기 때문이었다. 새매는 경종을 울렸고, 여자들에게 탄환으로 폭격을 맞으면서도 결국 동아줄을 끊는 데 성공했다. 그래서 마침내 남자들이 여자를 갖게 되었다(Métraux 3, 51쪽).

토바 신화처럼 마타코 신화의 마지막 부분에서도 하늘에서 떨어지면서 땅 속에 박힌 여자들을 끌어내기 위해 아르마딜로가 땅을 파다가 잘 못하는 바람에 어떤 여자들은 애꾸눈이 되었으며, 그리고 어떻게 남자들이 여자의 이 달린 음부를 제거했는가를 설명한다. 메트로(Métraux 5, 103~107쪽)는 아르헨티나에서 가이아나까지 퍼져 있는 이 신화의 분포에 대해 간략하게 연구했다. 우리가 요약했던 셰렌테 판본의 주인인 셰렌테족의 북쪽에 위치하는 카리리족과 가이아나의 아라와크족(Arawak)들도 이 신화를 알고 있다(Martin de Nantes, 232쪽; Farabee 1, 146쪽).

카리리 판본은 '천상의' 여자에 대한 주제를 포함하지 않는다. 그러나 이 판본은 희생당한 자의 조각에서 여자를 탄생시키는 셰렌테 판본과 유사하다. 파라베(Farabee)의 타루마(taruma) 판본은 앞의 두 판본과 비교할 때 도치되어 있다. 왜냐하면 여자들은 낮은 위치에 처해 있는데, 남자들의 낚시질에 의해 지상에 올라왔기 때문이다(그러므로 천상적이 아니라 수상적이다).

반면, 카리리 판본은 아르헨티나 판본들과 공통적으로 속임수를 쓰거나 또는 태만한 감시자의 주제를 갖고 있다. 옛날 보로로족의 남쪽 이웃인 카두베오족(Caduveo)이 말하기를(신화M$_{33}$), 조물주는 최초의 인간을 어떤 호수 밑바닥에서 꺼내왔는데, 이 호수에 살고 있던 남자들이 몰래 조물주의 물고기를 훔치기 위해 나왔으며, 보초로 세워놓은 새가 경종을 울릴 때까지 몇몇 사람들은 잠을 자기도 했다고 한다(Ribeiro 1, 144~145쪽). 그러나 (기존)양식에서 벗어난 이 판본은 차코지역의 부족들과 보로로족 사이를 통과하는 신화 논리 '비약'의 증거로 생각된다. 이 부족들의 신화는 내용은 다르지만 자신의 구조적 특성들로 재구성되어 있다. 비록 여자들의 위치가 전도되어 있더라도 말이다(이 책 250쪽 참조).

M34. 보로로족의 신화: 별들의 기원

여인들은 옥수수를 수확하러 갔지만, 훌륭한 수확을 얻지 못했다. 그래서 그녀들은 어린 소년을 데리고 가 많은 이삭을 주웠다. 그리고 사냥을 하고 돌아올 남자들을 위해 부침개와 과자를 만들어주려고 그 자리에서 옥수수를 털었다. 소년은 상당한 양의 옥수수 알곡을 훔쳐 대나무 통속에 감추어 가지고 가서 할머니에게 친구들과 자신을 위해 옥수수 과자를 만들어달라고 졸랐다.

할머니는 손자의 요청대로 과자를 만들었고, 어린아이들은 배불리 먹었다. 그러고는 자신의 좀도둑질을 감추려고 할머니의 혀를 잘랐다. 그리고 집에서 기르는 아라앵무새의 혀도 자른 다음 마을에서 기르는 모든 동물들을 놓아주었다.

그들은 부모가 화낼 것이 두려워 파리새가 놓아준 리아나덩굴로 기어올라가 하늘로 도망을 쳤다.

그러는 동안에 여자들은 마을로 돌아와 어린아이들을 찾아다녔다. 그녀들은 할머니와 혀가 잘린 앵무새에게 물었지만 허사였다. 이 여자들 중 한 명이 리아나덩굴을 타고 올라가는 어린아이 대열을 발견했다. 여자들이 애원했지만 이들은 벙어리처럼 말이 없었고, 더욱 갈 길을 재촉했다. 이성을 잃은 어머니들은 그들의 뒤를 따라 기어올라 갔지만, 줄 제일 뒤쪽에서 올라가던 도둑 소년이 하늘에 닿자마자 리아나덩굴을 잘라버렸다. 여인들은 땅바닥에 떨어져 박살이 나고, 동물과 사나운 짐승으로 변해버렸다. 나쁜 마음을 지녔던 대가로 어린아이들은 별로 변했는데, 밤마다 그들은 어머니들의 슬픈 처지를 바라보고 있다. 우리가 밤마다 보는 반짝이는 것이 바로 이들의 눈이다 (Colb. 3, 218~219쪽).

와라우족 신화인 별들의 기원신화에서 출발했던 우리는 이제 다시 제자리로 돌아왔다. 다른 한편 차코지역의 신화에서처럼, 마을을 지키고 있던 인물(여기에서는 할머니)은 벙어리가 된다(동시에 앵무새도 벙어리가 되는데, 보로로족에게 앵무새는 가축이다).

이러한 침묵은 난청과 상관관계가 있으며, 난청은 매개적 동물(마을의 감시자 또는 정찰병)이나, 극을 나타내는 항으로 표현되지만, 아직도 매개적인 위치에 있다(아직도 하늘과 땅 사이의 중간지점에 있는 아이들, 그들은 어머니의 말을 듣지 못하는 귀를 먹은 상태다). 이 두 경우에서 분리는 남성 개인들과 여성 개인들 사이에서 일어난다. 한 경우는 잠재적인 남편과 아직 잉태한 적이 없는 여자, 다른 한 경우는 어머니와 아들(모계출계인 보로로족의 이 신화에서 아버지는 '기억으로' 표현될 뿐이다) 간에 (분리가) 일어난다. 차코지역의 신화에서는 분리가 최초의 상황을 이룬다. 그리고 분리는 결합으로 해결된다.

보로로족에서 최초의 상황은 결합이지만 결국에는 분리로 해결이 된다(더구나 극단적인 분리, 즉 한쪽은 별이고 또 다른 한쪽은 지상의 동물). 이 두 신화에서는 어디서나 대립의 두 극 중 하나는 탐식으로 특징지워지고(차코 신화에서는 천상의 여인들, 보로로족 신화에서는 별로 변한 어린아이들), 다른 한쪽 극은 절제(남자들은 자발적으로 그들의 고기나 또는 물고기의 관리자가 되며, 여자들은 본의 아니게 그들의 곡물에 대해 인색하다)를 나타내기 때문이다. 이에 따른 변형을 도표로 나타내면 다음과 같다(271쪽 참조).

이 신화 집단을 그 자체로 연구하거나, 또는 이 집단을 출발점으로 좀더 일반적인 접근을 시도하는 것은 흥미로운 일이다. 이러한 연구는 우리가 또 다른 간접적인 방법으로 거론했던 몇몇 신화들에 접근할 수 있게 해준다. 보로로족의 별들의 기원신화M_{34}는 카리리족의 야생돼지 기원 신화M_{25}와 구조적인 면에서 밀접한 연관이 있다. 물론 카리리 신화는 우리의 관점에서 볼 때, 주변적인 위치를 점하고 있는 것으로 보인다. 신화M_{34}는 M_{28}과 직접적인 대칭을 이루는데, 이것은 이 신화에서 독특한 방법으로 나타나는 대립의 기능에 따라, 하늘의 '주민'(성운)과 동물 종으로 이루어진 지상의 주민 사이에 나타나는 대립을 통한 대칭 관계다.

	높음(Haut)/낮음(Bas) △	높음(Haut)/낮음(Bas) ○	결연관계(인척) △/○	연맹 결합(C)/분리(D)	양식	보조/수색 수색대	도발(1)/유보(2)	유익한 유보 혹은 좌지음(잘못함)	인간(H)/비인간(NH)
M28	H 하늘	B 불	결연관계 (인척)	○〉△ C→D	동물·수중	보조	1. 웃음 2. 침묵	+	H→NH
M29	B 땅	H 하늘	부부관계	△=○ D→C	동물, 지상	수색대	침묵	−	H→H
M30	B 땅(불?)	H 하늘	부부관계	△=○ C→D D→C	동물, 수중	수색대	1. 도발 2. 거짓말, 무분별	−	(H→NH) H→H
M31	B 땅	H 하늘	부부관계	△=○ D→C	동물, 지상	보조	1. 도발: 2. 졸림음: 무인(침묵); 난청	−	NH→H
M32	B 땅(불?)	H 하늘	부부관계	△=○ D→C	동물, 수중	보조	1. 침묵: 2. 무인(침묵); 난청	−	NH→H
M34	H 하늘	B 땅	친족관계	○〉△ C→D	식물, 지상	보조	2. 침묵: 무인(침묵); 난청	−	H→NH H→NH

이들 신화에서 토바와 마타코 신화(M31, M32)는 미숙하고 서투른 아르마딜로의 매개(이것은 역시 카야포 신화M18에서 같은 주제에 대해 오왐브레라는 인물로 나타난다)로 야생돼지의 기원을 말하는 문두루쿠 신화로 연결된다. 결국에는 보로로 신화(M2, M5)의 첫 부분과도 연결되며, 이 두 신화(M2, M5)에서 아르마딜로는 차코지역의 신화와 문두루쿠족의 신화에서 아르마딜로가 갖고 있는 역할과 대칭적인 역할을 수행한다. 즉 여자의 매장을 담당하는 직무 대신에 이들의 발굴을 담당하는 역할을 하는 것이다.

다른 신화들이 이 변형에 대한 대답을 줄 것이다. 다른 신화들의 골조는 체계로 구성되는데, 결합과 분리가 2개의 층위에서 실행된다. 말하자면 하나는 접근(남자와 여자)이고, 또 다른 하나는 멀어짐(분리, 높음과 낮음)이다.

와라우(M28)	셰렌테-차마코코 (M29~30)	토바-마타코 (M30~31)	보로로(M34)
하늘(별들) ↗		하늘 ↗	하늘(별들) ↗
	○ ↘ △ ↗	○ ↘ △ ↗	△ ↗ ○ ↘
물 … ↘		땅 ↘	땅 … ↘

이 도표는 두 개의 문제를 제기하는데, 첫 번째 와라우족 신화에서는 결합이 있고, 셰렌테족 신화에서는 분리가 나타나는데, 어떤 것들인가? 두번째 보로로족 신화는 이중으로 분리된 것처럼 보이는데, 또 다른 면에서는 결합으로 볼 수 있는가?

겉으로 나타난 것과는 달리 와라우와 보로로 신화에는 결합이 존재하고, 셰렌테 신화에는 분리가 존재할 가능성이 있다고 말하는 것은 모험일 수 있다.

만약 와라우 신화에서 결합을 즉각적으로 감지할 수 없다면, 그것은 어떤 면에서는 천상 쪽으로만 편향되어 내재하기 때문이다. 즉 남편과 아내는 플레이아데스(황소자리 6~7개의 별), 히아데스 성단, 오리온좌 등으로 열거될 수 있는 성좌들의 자연적 근접성(contiguïté)에 의해 접근되어 있기 때문이다.

세렌테 신화에는 분리가 없는 것처럼 보인다. 왜냐하면 이 신화에서는 하늘과 땅 사이의 관계가 직접적으로 언급되어 있지 않다. 그러나 그들의 분리는 인위적으로 수직축에서 수평축으로 비낀 분리로 대체되었음을 알 수 있다. 다시 말해서 여자들의 분리와 관련되어 있는데, 남자들이 여자들과 분리되었다면 남자들은 위험에 직면하게 된다. 이것은 텍스트에 "그들은 아내를 사냥에 동반하도록 배려했다"라고 명시되어 있기 때문이다.

이 해석은 취약한 것처럼 보일 수 있다. 그렇지만 보로로 신화에는 없는 결합을 찾기 위해서는 세렌테 신화의 (전체적) 구조를 도치하는 것으로 충분하다는 사실에서 이 해석은 유효하게 된다. 보로로 신화의 암묵적 결합은 또한 세렌테 신화에서 명시적으로 배제된 분리와 대칭이 되기 때문이다. 이러한 분리는 (세렌테 신화에서—옮긴이) 여자들이 (사냥꾼의 동료[아내]가 되는 것 대신에) 사냥감으로 변형된다. 물론 그들의 남편인 사냥꾼과 협력적이지만, 협력하기보다는 대립적 관계에 있다. 우리는 이러한 변형의 또 다른 예(들)와 이미 접했으며, 이러한 변형은 보로로 신화(학)의 전형인 것처럼 보인다.

우리가 이 신화들의 분석을 좀더 진행하지 않는 것은 전반적인 논증에서 이 신화들에게 부차적인 역할을 수행하도록 요구하고 있기 때문이다. 또한 신화의 변형은 여러 차원에서 이루어져야 하지만, 모든 차원을 동시에 탐색할 수는 없다. 갖고 있는 관점이 어떠하든 어떤 변형은 2차적인 위치에 처해지거나, 또는 멀리 사라지게 된다. 우리는 이러한 변형을 불규칙하고 혼재된, 그리고 흐릿한 것으로 밖에는 알아차리지 못한다. 이 변형들이 실행하는 점이 매력적이고 사라질 우려도 있지만, 오랫동안 걸어온 길에서 결코 벗어나지 말고 늘 가던 길을 계속 가라는 방법론적인 규칙에 따라 수행되어야만 한다.

* * *

우리는 분명한 목적을 가지고 여자의 기원신화 집단을 논하고 있다. 다시 말해서 먼저 위와 아래의 관계로 규정된 주인공이 자신이 처한 극과 대립된 또 다른 극에서 유래되는 위험 앞에서 행할 행위를 밝힐 수 있는 변형 시리즈를 얻기 위함이다.

따라서 주인공은 잠재적인 먹이가 될 상황에 처한다. 유사한 상황 하에서 주인공이 취할 행위는 아래와 같이 분류될 수 있다.

1. 주인공이 수동적 또는 능동적으로 발견되는데, 후자인 경우에 자신의 적대자에게 신호를 보낸다. 이것은 새둥지 터는 사람의 태도다.

2. 주인공이 협력하기를 거부하고, 조심스럽게 알리기를 삼간다. 세렌테 신화에서 나무 위에 숨어 있던 첫 번째 여자의 경우다. 이러한 태도는 단지 외관상이긴 하지만, 차마코코 신화에서 여자의 태도와 대립된다. 이 여인은 침을 뱉는데, 이 행위는 타인의 주의를 끌어 초청하는 행위라기보다는 모욕하는 의미를 가진다. 어쨌든 여자는 그녀를 잡으려고 헛되게 애쓰고 있는 남자들과 협력하기를 거부한다. 또한 남자들의 신체적 조건(성기의 발기—옮긴이)에도 마음이 흔들리지 않는다.

3. 자발적으로든 아니든 간에 주인공은 도전적으로 행동한다. 와라우 신화의 생각 없는 동생처럼 웃음을 터트리거나, 토바와 마타코 신화의 앵무새처럼 적대자를 놀리기 위해 나무열매나 나뭇가지를 던진다. 차마코코 신화의 여자처럼 주인공의 욕망을 불러일으키고는 그를 만족시키기를 거부한다.

거의 모든 신화들은 이러한 행위 중에 적어도 두 가지 태도를 거론한다. 차코지역의 신화들에 등장하는 감시자인 새들이 발각되는 것은 틀림없이 그들의 조심성 없는 행위 때문이다. 이들은 자고 있거나, 또는 배가 불러 식곤증에 빠진 여자들을 도발했기 때문이다. 경보에 놀란 여자들을 앵무새가 감시하지만, 그녀들은 앵무새를 공격해 혀를 자른다. 반면 훌륭한 감시자인 새들은 여자들과 대화를 하지 않으려고 조심스럽게 행동한다. 즉 대머리독수리(vautour: 썩은 고기나 동물의 잔해를 먹는다—옮긴이)는 휘파람을 불고, 독수리(aigle: 사냥한 날고기를 먹는다—옮긴이)는 적당한 순간에 침묵을 지킬 줄 알았다.

다른 한편으로 무능한 감시자인 앵무새와 이구아나는 동료에게 경고를 성공적으로 전달하지 못했다. 이들은 귀머거리거나(사람들은 그들을 믿지 않았다. 그렇다면 어떻게 다른 사람들이 그들의 얘기를 이해할 수 있었겠는가?) 벙어리였다(그는 자신의 얘기를 이해시킬 수 없었다). 또한 차마코코 고참들이 척후병으로 보낸 무당의 경우, 그들은 거짓말쟁이였거나 또는 성실하지 못한 증언자였다.

보로로족의 한 이야기에 의하면(M35), '크라, 크라, 크라' 소리를 내는 앵무새는 잿더미 속에 있는 뜨겁게 구운 열매를 씹지도 않고 게걸스레 먹었기 때문에 앵무새로 변한 어린아이(인간)였을 것이라고 한다(Colb. 3, 214쪽). 여기에서도 역시 침묵은 무절제의 한 결과다.

그렇다면 이 모든 신화에서 주인공이 행한 행위의 대가는 무엇인가? 두 종류가 있다. 먼저 남자들은 그들이 가지지 못했던 여자들을 얻는다. 그리고 하늘과 땅 사이의 교통(소통)이 끊긴다. 이것은 소통을 할 수 없는 동물이라는 사실 때문이지만 더 자세히 이야기하자면, 비웃음 또는 짓궂은 행동으로 표현되는 남용(행위의 남용—옮긴이) 때문에 소통할 수 없는 동물이 되었으며(셰렌테와 차마코코 신화의 토막난 여주인공들이 보여주고 있는 것처럼), 새둥지 터는 사람의 행위와는 정반대로 그림자를 먹이로 취하도록 하는 행동과 관계가 있다.

골조는 이중적 대립으로 축소될 수 있다. 한편으로는 소통과 비소통, 다른 한편으로는 각각의 인물에게 부여된 절제된 성격과 무절제한(또는 남용 〔immodéré〕) 성격으로 축소될 수 있는데, 이것을 도표화하면 다음과 같다.

	M28 (와라우, 별들의 기원)	M30~M32 (차코 , 여자의 기원)	M34 (보로로, 별들의 기원)
소통(+) 비소통(-)	+	+ −	−
절제된(+) 무절제한(-)	−	−	−

이제 우리는 새둥지 터는 사람의 행위를 정의할 수 있다. 그의 행위는 주인공들의 (긍정적이거나 부정적인) 무절제함으로 표현되는 두 가지 태도 사이에 같은 거리를 두고 있다. 그림자를 먹이로 착각하고 잡으려는 식인귀에게 도전하거나 아니면 협력하는 행위, 또는 귀머거리나 장님으로 행세해 식인귀와 소통을 거부하는 행위, 말하자면 무관심한(insensible) 태도를 보인다. 그러면 신화적 사고는 이 대립된 행위들에 어떤 의미를 부여할 것인가?

억제된 웃음

새둥지 터는 사람의 모험담($M_7 \sim M_{12}$)이 다른 방식으로도 전개될 수 있다는 것을 와라우 신화 M_{28}은 암시한다. 와라우 신화의 주인공 역시 어린아이다. 만일 식인귀 앞에서 와라우 신화의 주인공처럼, 그림자를 잡으려는 표범의 헛된 행동을 보고 미친 것처럼 웃었다면 어떤 일이 벌어졌을까?

웃음과 그 결과로 빚어지는 운명적인 결과와 관계가 있는 신화들의 모든 시리즈는 사건이 급변(의외의 일)할 수 있으며, 또한 그 결과가 어떻게 전개될 수 있는지를 어렴풋이 알게 해준다.

M36. 토바-필라가족의 신화: 동물의 기원

조물주 네다미크(Nedamik)는 최초의 인간들에게 간지럼을 타는 시험을 받도록 했다. 웃음을 참지 못하고 웃은 사람들은 지상의 동물이나 수중동물로 변화됐는데, 제일 먼저 웃은 사람들은 표범의 먹이가 될 수 있는 지상동물로, 두 번째로 웃은 사람들은 물 속으로 몸을 피해 표범을 피할 수 있는 동물(물고기−옮긴이)로 변했다. 웃음을 참을 수 있었던 사람들은 표범이 되었거나 또는 표범을 잡는 사냥꾼(인간, 승리자)이 되었다(Métraux 5, 78~84쪽).

M37. 문두루쿠족의 신화: 표범의 사위

사슴 한 마리가 표범의 딸과 결혼했다. 어쨌든 그러한 사실을 의심할 수는 없었다. 왜냐하면 그 당시에는 모든 동물들이 사람의 형상을 하고 있었기 때문이다. 하루는 사슴이 장인장모를 방문하기로 결심했다. 그의 아내는 장인과 장모가 고약해서 그를 간지럽히기를 원할 것인데, 만일 웃음을 참지 못한다면 잡아먹힐 것이라고 주의를 주었다.

사슴은 이 시험을 자랑스럽게 통과했다. 그러나 그는 장인과 장모가 사냥으로 잡은 사슴을 가져와 먹으려고 식탁에 앉았을 때에야 그들이 표범이라는 사실을 알았다.

다음날 사슴은 사냥을 갈 거라고 알렸다. 그리고 그는 사냥감으로 죽은 표범 한 마리를 가지고 왔다. 이번에는 표범들이 겁에 질렸다.

그때부터 사슴과 표범은 서로를 살피게 되었다. 표범은 그의 사위에게 "너는 어떻게 잠을 자느냐"고 물었다. 사위는 "눈을 뜨고 자지요. 그리고 눈을 감고 감시를 하지요. 당신은요?"라고 물었다. 그러자 "정반대지"라고 표범이 대답했다. 그래서 사슴이 잠을 자는 동안(눈을 감고 있는 동안) 표범들은 감히 도망을 칠 수가 없었다. 그러나 사슴이 눈을 뜨기가 무섭게 그가 잠을 자는 것으로 알고 그들은 줄행랑을 쳤고, 사슴도 반대방향으로 도망을 갔다(Murphy 1, 120쪽).

M38. 문두루쿠족의 신화: 원숭이의 사위

한 남자가 인간의 형상을 하고 있는 과리바(guariba, *Alouatta*)원숭이 여자와 결혼을 했다. 이 여자가 아이를 가졌을 때, 그들은 여자의 부모를 방문하기로 했다. 아내는 남편에게 그녀의 부모가 아주 고약하니 경계하라고 충고를 하면서, 어떠한 경우에도 그들을 비웃어서는 안 된다고 했다.

원숭이들은 취한 효과를 주는 쿠피우바(*Goupia glabra*)의 잎사귀로 만든 식사를 그에게 내놓았다. 완전히 취한 원숭이 아버지(장인)는 노래를 시작했는데, 너무나 원숭이다운 행동 때문에 사위는 웃음을 참을 수가 없었다. 화가 머리끝까지 난 원숭이는 사위가 취하기를 기다렸다가 그를 나무 꼭대기에 매어놓은 그물침대에 버렸다.

사위가 깨어보니 그는 혼자 있으며, 내려갈 수 없다는 사실을 알았다. 꿀벌과 말벌들이 그를 풀어주었고 원숭이에게 복수하라고 충고했다. 그는 활과 화살을 가지고 원숭이들을 추적해서 아이를 가진 자신의 아내를 제외한 모두를 죽여버렸다. 후에 아내는 자신이 낳은 아들과 근친상간을 했고, 거기에서 태어난 원숭이들이 지금의 과리바 원숭이다(Murphy 1, 118쪽).

M39. 가이아나 아라와크족의 신화: 금지된 웃음

다양한 신화적 사건들은 웃으면 죽음을 당하게 된다는 조건 하에 원숭이를 방문하는 것과 관련되어 있고, 또한 신화적 사건들은 초자연적인 신을 비웃거나 또는 그들의 목소리를 흉내낼 경우에 닥칠 위험과도 관련되어 있다(Roth 1, 146쪽, 194쪽, 222쪽).

우리는 조금 뒤에 표범이 원숭이로 변형되는 점에 대해서 다시 이야기할 것이다. 현재로서는 이미 제기된 문제, 즉 웃음의 중요성과 의미에 대한 문제가 선결되어야 한다. 몇 개의 신화들은 이 문제에 대한 해답을 얻을 수 있도록 해준다.

M40. 카야포-고로티레족의 신화: 웃음의 기원

한 남자는 동료들이 사냥을 나간 동안 원예농사를 지으며 남아 있었다. 목이 마른 그가 이웃 숲속에 잘 알고 있는 샘터로 가서 막 물을 마시려는데, 위에서 이상하게 중얼거리는 소리가 난다는 것을 알아차렸다. 그는 눈을 들어 나뭇가지에 발로 매달려 있는 정체불명의 피조물을 보았다. 그것은 인간의 몸에 박쥐의 날개와 발을 가진 존재인 쿠벤-니에프레(Kuben-niêpré)였다.

이 피조물이 나무에서 내려왔다. 그는 인간의 언어를 몰랐으므로 우정어린 태도를 보이기 위해 이 사람에게 간지럼을 태웠다. 그리고 차가운 손과 뾰족한 손톱을 가지고 너무 열성적으로 부드러움을 표현했기 때문에 남자는 최초로 웃음을 터뜨리게 되었다.

박쥐들이 살고 있는 돌로 된 고급 저택과 유사한 동굴로 안내된 사람은 동굴바닥에는 집기나 어떤 물체도 없고, 단지 천장에 매달려 있는 박쥐들의 배설물로 덮여 있는 동굴바닥만을 볼 수 있었다. 동굴의 벽은 온통 회화와 그림으로 장식되어 있었다.

그를 초청한 박쥐들은 새로운 애무로 그를 맞았다. 그는 간지럽힘과 웃음에 지쳐 더 버틸 수가 없었다. 그는 끝까지 버텼으나 결국 기절하고 말았다. 한참 후에 그는 의식을 되찾았고, 성공적으로 도망을 쳤다. 그리고 마을로 돌아왔다.

그가 당한 일을 알고 인디언들은 무척이나 화가 났다. 그들은 보복 원정대를 조직했고, 박쥐들이 자고 있는 동안 미리 동굴 입구를 마른 나무 잎사귀 더미로 막아 불을 질러 모든 박쥐들을 연기로 질식시키기로 했다. 그러나 그들이 잡은 작은 새끼 한 마리를 제외하고는 모든 박쥐들이 천장 꼭대기에 난 출구를 통해 도망가버렸다.

마을로 돌아온 그들은 새끼 박쥐를 기르기가 너무 힘이 들었다. 이 동물은 걷는 법을 배웠지만, 밤에 머리를 밑으로 하고 발로 매달려 있을 수 있는 침대를 만들어주어야만 했다. 하지만 새끼 박쥐는 곧 죽었다. 인디언 전사들은 웃음과 간지럼을 경멸하며, 이것은 여자와 어린아이를 위해 좋을 뿐(Banner 1, 60~61쪽)이라고 했다.

볼리비아의 과라유족(Guarayu)의 세계관에서도 같은 주제를 만날 수 있었다. 즉 위대한 조상(Grand Aïeul)이 있는 곳으로 가는 도중에 죽은 자들은 여러 가지 다양한 시험을 통과해야만 하는데, 이 가운데 하나는 손톱이 뾰족한 마리모노(marimono, *Ateles paniscus*)원숭이가 간지럼을 태우는 것이다. 웃음을 참지 못한 피해자는 잡아먹힌다(M_{41}). 이러한 이유 때문에 카야포족들처럼 과라유 남자들은 웃음을 경멸하고, 여성적인 행위로 간주한다(Pierini, 709쪽, 주 1).

동부 브라질의 신화 논리와 볼리비아의 신화 논리 사이의 대칭관계는 볼리비아의 타카나족(Tacana)의 한 신화M42에 의해 증명된다. 밝은 빛을 두려워하는 박쥐인간(남자)과 그러한 사실을 모르고 결혼한 여자와 관계된 신화다. 정원으로 일하러 갈 시간이지만 날마다 낮 동안에는 집에만 있다가, 밤이 되면 피리를 불면서 자신이 돌아왔다는 것을 알렸다. 그는 결국 아내의 손에 죽고 말았는데, 아내는 자신을 웃으며 바라보는 박쥐의 태도에서 그가 자신의 남편이라는 사실을 인정할 수가 없었기 때문이다(Hissink-Hahn, 289~290쪽).

아피나이에족은 웃음에 대한 주제가 나타나지는 않지만(M43), 카야포족의 신화와 유사한 신화를 갖고 있다. 그렇지만 이 신화는 박쥐의 동굴과 동굴 꼭대기에 위치한 통로가 나오며, 결론 부분에서 붙잡힌 어린 박쥐의 슬픈 마지막을 이야기하고 있는 점이 같다. 아피나이에 판본에서 박쥐는 인간의 적이다. 그들은 인간을 공격하고, 박쥐들은 배의 닻모양으로 된 의례용 도끼로 인간의 두개골을 부순다. 연기에 휩싸인 박쥐들은 의례용 도끼와 많은 양의 장식물을 인간에게 남겨놓고 성공적으로 도망간다(Nim. 5, 179~180쪽; C. E. de Oliveira, 91~92쪽).

또 다른 아피나이에 신화M44에 따르면, 남자들이 여자들의 애인인 악어를 죽이자 이들과 결별하면서, 여자들이 도끼를 탈취해 갔다. 남성들의 마을에는 슬프게도 이 도끼 가운데 하나가 모자랐지만, 두 형제가 그들의 누이에게서 도끼를 얻었다(Nim. 5, 177~179쪽).

박쥐에 대해서만 이야기해보도록 하자. 박쥐가 등장하는 제족의 두 신화 속에서 박쥐의 역할은 주인공 또는 주인공들을 '열리게'(ouvrir)하는 것이다. 즉 주인공이 웃음을 '터뜨리게' 한다든지 그들의 두개골을 부서뜨림으로써 열리게 하는 것을 말한다. 이들의 암시적 의미가 확실히 을씨년스럽기는 하지만, 박쥐들은 또 다른 제족 신화에서 표범이 그랬던 것처럼 문화재의 주인으로 등장한다. 이 문화재들은 동굴의 암벽화[8]라든가 의례용 도끼로 구성된다(Ryden 참조). 그리고 타카나 신화에서는 악기로 구성된다.

M45. 테레노족의 신화: 언어의 기원

땅의 심층부(창자)에서 사람들을 뽑아낸 후, 조물주 오레카주바케(Orekajuvakai)는 이들이 말을 할 수 있기를 원했다. 그는 이들에게 일렬로 줄을 서라고 명령하고는 그들을 웃기기 위해 작은 늑대를 호출했다. 늑대는 그가 할 수 있는 모든 원숭이 짓(웃기는 짓)을 했다. 그는 꼬리를 물고 돌거나 별짓을 다했으나 허사였다. 그래서 오레카주바케는 작고 붉은 두꺼비를 불렀는데, 그는 우스꽝스러운 걸음걸이로 모든 사람들을 재미있게 했다. 그가 사람들이 서 있는 줄을 따라 세 번째로 통과했을 때, 사람들은 말을 시작하고 웃음을 터뜨리기 시작했다(Baldus 3, 219쪽).

M46. 보로로족의 신화: 표범의 아내 (부분발췌, 이 책의 357쪽, 주 14 참조)

생명을 건진 대가로 한 인디언이 표범에게 자신의 딸을 제공해야만 했다. 그녀가 어린아이를 분만할 때가 되었고, 사냥을 떠나면서 표범은 아내에게 어떤 일이 있더라도 절대 웃지 말라고 주의를 주었다. 얼마 지나서 여인은 커다란 벌레(어떤 판본에는 표범의 어머니, 즉 시어

---

8) 고로티레족(Gorotiré)의 영혼은 돌로 지은 집으로 간다. "우리는 리오 베르멜호(rio Vermelho)의 사바나(대평원)에 있는 이 흥미로운 장소를 방문할 기회를 가졌다. 지루하고 고통스러운 시간을 보낸 후, 높고 자갈밭으로 된 산을 걸어올라간 우리는 나무꼭대기 위로 정오의 햇볕을 받으며, 아주 희고 빛나는 숲속에서 진정한 사원 첨탑을 볼 수 있었다. 그러나 황홀해하기에는 거리가 좀 있었는데, '돌로 지은 집'(kên kikré)은 엄청나게 큰 흰 암벽 위에 새겨진 자연의 작품이었다. 네 줄로 선 기둥들은 천장을 받들고 있었는데, 그 천장 밑에는 박쥐떼가 울고 있었다. 이 박쥐들은 인디언들의 사고 속에서 항상 멘 카론(men karon, 이 주제에 대해서는 이 책 204쪽 참조)과 연관되어 있다. 미로를 형성하는 중앙회랑과 가로회랑은 멘 카론의 작품이라고 추정되는 몇 개의 그림들이 있었다. 그러나 이 작품들은 더 말할 필요도 없이 단지 몇 명의 원시조각가들의 그림이었다. 거기에서 우리는 두꺼비의 형상, 에마(éma) 발의 형상, 십자형 모티프로 형성된 여러 종류의 네 조각으로 나뉜 문장(紋章)들을 볼 수 있었다"(Banner 2, 41~42쪽).

머니—옮긴이)가 내는 추하고 우스꽝스러운 소리를 들었다. 이 소리는 그녀의 진지함을 잃어버리도록 하기 위한 것이었다. 여인은 웃음을 참았지만 허사였다. 웃음이 입에서 새어나왔고, 그러자마자 견디기 힘든 고통에 휩싸인 채 죽고 말았다. 표범은 그의 발톱으로 제왕절개를 하기에 적당한 시간에 돌아왔고, 아내의 시체에서 쌍둥이를 꺼내 그들의 목숨을 건졌다. 이 쌍둥이들은 후에 보코도리 씨족과 이투보레 씨족의 문화창조 영웅이 되었다(Colb. 3, 193쪽).

오트센구(Haut-Xingu) 지방 칼라팔로족(Kalapalo)의 이와 유사한 신화M47은 웃음의 에피소드를 시어머니가 뀐 방귀 이야기로 변형시키고 있으며, 시어머니는 며느리를 비난한다(Baldus 4, 45쪽). 두 신화를 대비해보면 다음과 같다.

	M_{46}	M_{47}
책임을 전가하는 / 금지된	−	+
높음(위) * / 낮음(아래)	+	−
내부 / 외부	+	−

가이아나 신화M48에서는 한 여인이 춤을 추는 작은 거북의 모습을 보고 웃음을 참지 못했기 때문에 하늘로 끌려 올라간다(Van Coll, 486쪽).

M49. 문두루쿠족의 신화: 뱀의 아내

한 여인이 뱀을 애인으로 두고 있었다. 소르베이라(sorveira, *Couma utilis*)의 열매를 딴다는 핑계로 그녀는 매일 숲속으로 정확히 어떤 나무에 살고 있는 뱀을 만나러 가곤 했다. 그들은 저녁까지 사랑을 나누었으며, 서로 헤어질 때가 되면 뱀이 여인의 바구니를 가

---

* 소리를 내는 부위가 위면 입, 아래면 항문을 의미한다. 소리를 낸다는 것은 열리는 것을 의미한다(옮긴이).

득 채우기에 충분할 만큼 열매를 떨어뜨려주었다.

의심을 품은 오빠는 아이를 가진 누이를 몰래 염탐했다. 누이의 애인을 알아보지 못한 오빠는 동생이 장난치면서 하는 소리를 들었다. "날 그렇게 너무 웃기지 말아요, 투파셰레베(Tupasherébé, 뱀의 이름)! 당신이 너무 웃겨서 오줌을 싸겠어!" 결국 오빠는 뱀을 보았고, 그를 죽여버렸다. 얼마 후에 누이가 낳은 뱀의 아들이 아버지를 위해 복수했다(Murphy, 1, 125~126쪽).

M50. 토바-필라가족의 신화: 뱀의 아내

월경의 피가 그치지 않고 계속 흐르는 소녀가 있었다. 사람들이 "너는 월경의 피가 그친 적이 전혀 없었느냐?"라고 물었다. 그러자 소녀는 "단지 내 남편이 거기에 있을 때만"이라고 대답했다. 그러나 아무도 그녀의 남편이 누구인지 알지 못했다. 그리고 소녀는 끊임없이 웃었다.

그녀는 늘상 오두막에 앉아 있었는데, 사람들은 그녀가 앉아 있는 자리가 남편인 커다란 비단뱀(python)이 차지하고 있는 구멍 바로 위였다는 사실을 발견했다. 사람들은 비단뱀에게 덫을 놓아 잡아죽였다. 그리고 소녀가 여섯 마리의 새끼뱀을 낳았는데, 그들도 죽었다. 소녀는 이구아나로 변했다(Métraux 5, 65~66쪽).

위의 신화에서 주의할 것은 여주인공의 월경이 단지 그녀의 남편이 '거기에' 있을 때만 그친다는 것이다. 다시 말하자면 상황이 이루어졌을 때, 즉 어떤 면에서는 막혔을 때만 그친다. 남아메리카에서 '뱀소녀'는 놀랄 만한 특성을 제공한다. 그녀들은 일반적으로 열려 있다. 우리가 이미 요약한 보로로족의 신화M26에서 여주인공은 그녀의 남편이 사냥에서 죽인 뱀의 피가 흘러들어 우연하게 아이를 가지게 된다. 그녀가 잉태한 뱀아들은 그녀와 대화를 하고, 자궁에서 나왔다가 자신의 의지에 따라 다시 들어간다(이 책 251쪽 참조). 테네테하라족의 신화M51

에도 같은 증거가 있다. 애인인 뱀의 아들은 아침마다 자기 어머니의 뱃속에서 나왔다가 저녁이면 다시 들어간다. 여인의 오빠는 그녀에게 숨으라고 충고하고, 뱀의 새끼를 죽인다(Wagley-Galvão, 149쪽). 와라우족의 신화M52에 따르면 여자는 몸 속에 자신의 애인을 넣고 다녔는데, 애인은 단지 과일나무에 올라가서 그녀에게 과일을 공급할 때만 간헐적으로 뱃속에서 나왔다(Roth 1, 143~144쪽).

지금까지 살펴본 신화 시리즈는 우리가 웃음과 다양한 양태의 신체 열림 사이에 관계를 상정할 수 있도록 해준다. 웃음은 열림이고, 열림의 원인인 것이다. 열림 그 자체는 웃음의 조합변이형(variante combinatoire)인 것으로 보인다. 간지럼 태우기는 웃음의 신체적 원인(M36 · M37 · M40 · M41)이기도 한데, 신체 열림의 원인인 간지럼 태우기는 또 다른 원인으로 대체될 수도 있다.

M53. 투쿠나족의 신화: 표범의 사위

길을 잃은 한 사냥꾼이 표범의 거처에 도달하게 되었다. 사냥꾼이 잡으려고 쫓았던 원숭이는 자신들과 친한 동물이라고 설명하면서 표범의 딸들은 그를 집 안으로 들어오도록 초청했다. 표범의 아내가 사냥꾼을 지붕 밑에 숨겼기 때문에 표범이 돌아왔을 때 그는 인간의 살내를 맡았다. 표범은 저녁거리로 카에테투 야생돼지를 가져왔다(이 책 220쪽 참조). 두려움에 떨고 있는 사냥꾼 앞에 모습을 나타낸 맹수는 그를 머리부터 발끝까지 핥은 후에 가죽을 벗고 인간의 모습을 취했다. 그리고 표범은 저녁 먹을 시간을 기다리면서 허물없이 손님과 잡담을 했다.

그렇기는 하지만 표범의 아내는 비밀리에 사냥꾼에게 저녁으로 먹을 고기가 매우 매울 것이니, 그것을 먹을 때 절대 불쾌한 모습을 보여서는 안 된다고 주의를 주었다. 마침내 저녁을 먹었다. 사냥꾼은 괴로워하면서도 그의 고통을 성공적으로 감췄고, 표범은 매우 만족해하면서 그를 축하했다. 그리고 그가 마을로 돌아갈 수 있게 해주었다.

그러나 사냥꾼은 길을 잃고 다시 표범의 집으로 돌아왔다. 표범은 그에게 또 다른 길을 알려주었지만 사냥꾼은 또다시 길을 잃고 돌아왔다. 표범의 딸들이 그에게 결혼을 제의하자 사냥꾼은 받아들였으며, 표범도 이를 허락했다.

한참이 지난 어느 날 사냥꾼은 자신의 친족들을 방문했다. 어머니는 아들이 거칠고 사나워졌으며, 그의 몸이 표범의 가죽처럼 점으로 뒤덮이기 시작했다는 것을 알아차렸다. 그녀는 숯가루를 가지고 아들의 몸을 성공적으로 칠했다. 그는 숲속으로 달아났고, 그의 인간 아내들은 그를 찾아 사방으로 헤맸다. 사람들은 결코 다시 그를 보지 못했다(Nim. 13, 151~152쪽).

이 신화는 두 개의 다른 대칭축에 의해, 한편으로는 성(性)의 도치를 이룬다. 표범의 아내는 오페에 신화M14와 연결되며, 다른 한편으로는 문두루쿠 신화M37처럼 표범의 사위가 된 이방인과 연결된다. 두 번째의 경우, 성의 변화는 일어나지 않지만 이중적 변형을 볼 수 있다. 즉 주인공은 사슴에서(M37) 인간(M53)이 되며, 주인공이 처해지는 시험은 웃음(M37)을 터뜨리게 하기 위한 간지럼 태우기가 아니라 비명(M53)을 끌어내기 위한 매운 맛의 고기국으로 구성된다. 사슴은 표범의 먹이(음식)를 먹지 않으려고 애를 쓴다(여기서의 음식은 주인공(사슴)과 같은 사슴의 고기다). 반면에 인간(M53)은 표범의 음식을 먹는데, 이 음식은 인간과 다른 야생돼지 고기다(그러나 너무 맵게 양념을 했기 때문에 결국 먹을 수 없는 것이 된다). 그와 같은 결과로 인간은 표범과 결정적으로 동일시되고, 반면 사슴은 결정적으로 표범과 분리된다.

분리해서 연구해도 좋을 이 두 신화 사이의 동형성에서 간지럼에 의해 터지는 웃음과 고추에 의해 끌어내어지는 비명은 신체 열림의 조합 변이형으로 취급될 수 있으며, 여기서는 특히 구강 열림의 조합변이형으로 볼 수 있다(입이 열리는 점에서의 유사성—옮긴이).

웃음에 대한 논의를 끝내기 위해서 결국 남아메리카(세계의 다른 지역에서도 마찬가지로)의 몇몇 신화들은 웃음의 기원 그리고 취사용 불의 기원과 관계를 맺고 있다는 점을 지적해야만 할 것이다. 이것은 웃음에 대해 고찰하면서, 우리가 본래 주제에서 너무 멀리 벗어나지는 않았다는 것을 보충적으로 보증해준다.

M54. 투쿠나족의 신화: 불과 재배 식물의 기원(부분발췌, 이 책의 357쪽 참조)

옛날에 사람들은 부드러운 마니옥(manioc: 카사바속[屬]의 식물 뿌리)이나 불을 알지 못했다. 한 노파가 개미에게서 부드러운 마니옥(마니옥을 부드럽게 하는 기술—옮긴이)의 비밀을 알아냈다. 그리고 친구인 야행성의 새(쏙독새, *Caprimulgus*)는 그녀에게 마니옥을 햇볕에 널어 데우거나 또는 그의 겨드랑이에 넣어 데우는 대신, 그것을 구울 수 있는 불(부리 속에 감추어진)을 마련해주었다.

인디언들은 노파의 과자가 썩 훌륭하다는 것을 알았다. 그래서 사람들은 그녀가 어떻게 그것을 요리하는지를 알고자 했다. 그녀는 단지 햇볕의 열기로 굽는다고 단순하게 대답했다. 이 거짓말에 즐거워진 새는 웃음을 터뜨렸고, 이때 사람들은 새의 주둥이에서 불길이 나오는 것을 보았다. 사람들은 그의 입을 강제로 벌려 불을 끄집어냈다. 이날 이후 쏙독새는 넓고 큰 주둥이를 갖게 되었다(Nim. 13, 131쪽).[9]

여기에서 웃음에 대한 주제가 명시적으로 나타나지는 않지만, 이제는 불의 기원과 관계 있는 한 보로로 신화를 검토하는 것이 필요하다.

---

9) 제랄어로 쏙독새(*Caprimulgus*, "Mãe de lua")는 우루토(urutau), 우루타히(yurutahy) 등으로 불리는데, 의미는 '커다란 입'이다. 아마존 지역의 한 원문은 이 단어를 외음부(vulve)와 비교한다(Barbosa Rodrigues, 151~152쪽). 이것은 노파가 자궁 속에 불을 보관하고 있다는 불의 기원에 대한 가이아나 신화와 일치한다는 단서를 제공한다.

이 신화는 우리가 검토한 사실들을 지금 논하고 있는 논증의 중심부와 연결해줄 것이기 때문이다.

M₅₅. 보로로족의 신화: 불의 기원

아주 오래 전에는 원숭이도 사람과 같았다. 몸에 털도 없었고, 카누(pirogue)를 타고 항해를 했으며, 옥수수를 먹었고, 그리고 그물로 된 침대에서 잠을 잤다. 그러던 어느 날 원숭이는 프레아들쥐(*Cavia aperea*)와 같이 항해를 했다. 그들은 농장에서 돌아오는 중이었으므로 배 밑에는 옥수수가 널려 있었다. 원숭이는 게걸스럽게 옥수수를 쏠아 먹는 쥐를 보고 걱정스러운 나머지 "그러지마 그만해 배 밑에 구멍이 날지도 모르니까. 그러면 물이 새들어와 물 속에 빠지게 되고, 너는 물 속에서 나오지 못할 거야. 그러면 피라니아 물고기가 너를 뜯어먹을 거야"라고 말했다. 그러나 프레아들쥐는 쏠기를 계속했고, 급기야는 원숭이가 예상했던 일이 벌어졌다. 원숭이는 수영을 아주 잘 했으므로 피라니아의 아가미에 손을 집어넣는 데 성공했고, 그는 아가미를 흔들고 잡아당기면서 혼자서만 물가에 닿을 수 있었다.

얼마 후에 그는 물고기를 바라보며 황홀해하는 표범을 만났다. 원숭이는 그를 저녁식사에 초대했다. 표범은 "그런데 불은 어디에 있지?"라고 원숭이에게 물었다. 원숭이는 표범에게 멀리 불그스레한 빛으로 덮인 수평선으로 넘어가고 있는 해를 가리키면서 "저기! 너는 저기 저 해가 보이지 않니? 가서 찾아와"라고 말했다.

표범은 아주 멀리까지 갔다가 해를 따라잡지 못하고 실패했다며 되돌아왔다. "너는 할 수 있어." 원숭이가 다시 강조했다. "저 해를 봐, 아주 붉고 훨훨 타는! 뛰어, 뛰어! 이번에는 우리의 물고기를 구울 수 있게, 불 있는 데까지 뛰어!"라고 했다. 그래서 표범은 뛰어갔다.

그러고 나서 원숭이는 막대기를 다른 막대기에 대고 돌리는(회전) 방법으로 불을 만드는 기술을 발명했다. 그리고 사람들은 그에게서 불 만드는 법을 배웠다. 원숭이는 불을 잘 피운 다음 생선을 구워 뼈만 남기고 모두 먹어버렸다. 그런 후, 그는 나무 위로 올라가(어떤 신화들은 그것이 자토바나무라고 했다) 꼭대기에 자리를 잡고 앉았다.

표범이 지쳐서 돌아왔을 때, 그는 헛된 일주를 했고 자신이 피해자가 되었다는 사실을 알고는 분노가 치밀었다. "고약한 원숭이놈, 나는 그를 한입에 물어죽이고 말 거야! 그런데 그 놈은 어디에 있지?"

표범은 우선 원숭이가 남긴 생선뼈를 먹고, 그가 남긴 흔적을 따라 찾아다녔지만 헛수고였다. 원숭이는 휘파람을 불고 또 불었다. 마침내 표범이 그를 알아보고 내려오라고 요청했다. 그러나 원숭이는 표범이 자신을 죽일까 두려워 거절했다. 표범은 결국 큰바람을 일으켰고 바람이 나무 끝을 흔들었다. 원숭이는 떨어지지 않으려고 온 힘을 다해 매달렸지만 곧 힘이 떨어지고 말았다. 그는 이제 겨우 한 손으로 버티고 있을 뿐이었다. 그래서 원숭이는 "내가 곧 손을 놓을 테니, 네 아가리를 좀 벌려라!"라고 표범에게 소리를 질렀다. 표범은 주둥이를 아주 크게 벌렸다. 이때 원숭이는 추락하면서 사라져버렸는데, 맹수의 뱃속으로 들어간 것이었다. 표범은 으르렁거리며 늘어진 입술을 혀로 핥으며 숲속으로 들어갔다.

표범에게 아주 고약한 일이 벌어졌다. 원숭이가 뱃속에서 하도 난리를 치는 바람에 견디기가 힘들어진 것이다. 그는 원숭이에게 좀 조용히 있어달라고 애원을 했지만 헛수고였다. 원숭이는 결국 칼을 꺼내 표범의 배를 가르고(열고) 나왔다. 그는 괴로워하는 표범의 가죽을 벗겨 머리띠 크기로 자른 다음 자신의 머리를 장식했다. 원숭이는 적개심에 차 있는 또 다른 표범을 만났는데 그는 자신의 머리 장식으로 표범의 주의를 끌었다. 표범은 상대가 표범의 학살자라고 생각해 두려움을 느끼며 멀리 사라졌다(Colb. 3, 215~217쪽).

매우 중요한 이 신화를 분석함에 앞서[10] 먼저 몇몇 예비적인 고찰을 해보는 것이 좋을 것 같다. 원숭이의 동반자인 프레아들쥐는 이 신화에서 조심성 없고 고집이 세며 운이 없다. 프레아들쥐는 그의 탐식(gloutonnerie)이 원인이 되어 카누에 구멍을 냈고, 이로 인해 희생되었다(다시 말하자면, 자연과 관계된 신체 대신에 [M5 참조] 문화와 관계되는 가공된 물건의 열림을 의미한다). 프레아들쥐는 그래서 토바-마타코 신화M31과 M32에 등장하는 태만한 감시자들(이들은 막혀 있다, 다시 말해서 잠이 들어 있거나 벙어리 또는 귀머거리들이다)과 와라우 신화M28의 조심성 없는 주인공(그는 웃음을 터뜨린다) 사이의 중간지점에 위치한다. 그러나 동시에 중심을 벗어나 한쪽으로 치우친 위치에 처해 있다(자연 대신에, 문화; 그리고 그가 먹는 식물성 음식물은 자신의 외부에 있는 사물과 관련되는데, 이것은 타자에 의해 먹히거나 또는 자신의 신체와 관련되는──물고기 또는 (육지)고기──동물성 음식과 대비되는 것이다).

옛날에 보로로족의 남쪽 이웃이었던 오페에족에게 프레아들쥐는 신화 속에서 불과 취사를 사람들에게 전해주는 유입자의 위치에 있었다(보로로 신화에서는 프레아들쥐의 동반자인 원숭이에게 이 역할이 부여된다).

M56. 오페에 신화: 불의 기원

옛날에는 표범의 어머니가 불의 주인이었다. 동물들이 불씨를 훔치기로 합의하고 제일 먼저 아르마딜로가 나섰는데, 그는 노파의 집으

---

10) 여러 이야기 중의 한 에피소드로서─잔재의 유형으로─가이아나에 남아 있는 주인공 코네오(Konewo)에 대한 이야기들은─신화라기보다는 차라리─무훈시의 형식을 띠고 있다. 해가 질 무렵 코네오는 개울가에 앉아 있었다. 표범 한 마리가 다가와 뭘 하느냐고 묻자 코네오는 '불을 피우려고 나무를 쪼개고 있소' 라고 대답했다. 그러고는 죽은 나무 꼭대기 위에 빛나고 있는 별(들)을 가리키며 '우리가 불을 피울 수 있도록 저 불을 가서 찾아오시오!' 라고 말했다. 표범은 출발했지만, 걸어도 걸어도 불을 만날 수 없었다. 그동안 코네오는 도망가버렸다(K.G. 1, 141쪽).

로 가서 추우니 몸을 좀 데우도록 허락을 얻으리라 작정했다. 그는 노파를 잠재우려고 그녀의 겨드랑이 밑을 간지럽히고는, 그녀의 근육에서 힘이 빠지는 것을 느끼자 불씨를 가지고 달아났다. 정신을 차린 노파는 그녀의 아들인 표범에게 알리려고 휘파람을 불었다. 표범은 아르마딜로를 잡아 불씨를 다시 빼앗았다.

코티아들쥐, 그리고 맥, 긴수염원숭이, 개처럼 짖는 원숭이는 물론 결국 모든 동물이 같은 실패를 했다. 이처럼 다른 동물들이 실패한 일을 성공적으로 마쳐야 할 임무가 별 의미도 없는 동물인 프레아들쥐에게 주어졌다.

그러나 프레아들쥐는 그들과 다른 방식을 취했는데 "안녕하세요, 할머니, 어떻게 지내세요? 저는 불을 가지러 왔습니다"라고 말한 뒤 불씨를 탈취해서는 목에 걸고 가버렸다(Métraux 3, 마타코 신화 52~54쪽; 5, 109~110쪽 비교).

어머니의 휘파람 경고 소리를 들은 표범은 프레아들쥐가 다니는 길을 막았다. 그러나 프레아들쥐는 그것을 성공적으로 피할 수 있었다. 표범이 추격에 나섰지만 벌써 프레아들쥐는 그보다 며칠 앞서가고 있었다. 파라나(Parana) 강의 건너편에서 표범은 프레아들쥐를 만났다. 프레아들쥐는 "얘기 좀 하자. 너는 지금 불을 잃어버렸지, 그러므로 너는 생계를 이어갈 또 다른 방법을 찾아야만 해"라고 말했다.

그러는 동안 불씨(불씨라기보다는 차라리 장작이었다고 유추하는 것이 합당할 것이다)는 계속 타들어가 '운반하기에 훨씬 가벼워졌다.'

프레아들쥐는 기만적인 동물이다. 그 당시에도 그는 벌써 그랬다. 그는 피가 흐르는 날고기보다 더 온전한 음식은 없다고 표범에게 설명해 그를 속일 줄 알았다. "알아들었어, 노력해보자"라고 표범은 대답했다. 그런 뒤 프레아들쥐의 주둥이를 발톱으로 한방 후려쳤다. 그래서 이때부터 프레아들쥐의 주둥이는 짧은 채로 남게 되었다. 결국 표범은 또 다른 먹이들이 있다는 데에 설득되어(표범이 현재 인간에게 위협적인 동물이 된 것은 바로 프레아들쥐의 책임이다) 프레아들쥐에게 취사에 대한 강의를 했다. "만일 네가 바쁘다면 불을 피우고 고기를 꼬치에 끼운 다음 불에다 구워라. 만약 시간이 있다면 땅을 움푹 파서 만든 가마에서 구워라. 물론 굽기 전에 가마를 덥힌 다음 고기를 나뭇잎으로 싸고 흙과 숯불을 그 위에 덮어라." 설명을 하는 동안 불씨가 완전히 타서 꺼져버렸다.

그래서 표범은 프레아들쥐에게 막대기를 돌려서 불을 만드는 기술을 가르쳐주었다. 프레아들쥐는 도처에 불을 붙이면서 온 세상을 뛰어다니기 시작했다. 불은 그의 마을까지 퍼져나갔고, 마을 사람들과 그의 아버지는 프레아들쥐를 개선 장군처럼 환영했다. 사람들은 지금도 숲속에서 프레아들쥐가 붙인 불에 타버린 잔재를 볼 수 있다(Ribeiro 2, 123~124쪽).

우리가 보듯이 이 오페에 신화는 프레아들쥐의 동료인 원숭이에 의해 불이 발명되는 보로로 신화와 동물의 도움을 받거나 또는 동물로 변한 인간이 표범에게서 불을 훔친 제족 신화 사이의 중간단계를 보여준다. 사실 프레아들쥐는(제족 신화의 동물들처럼) 표범에게서 불을 훔친다. 불을 잃어버린 표범은 보로로 신화에서의 원숭이처럼 인간에게 불을 만드는 기술을 가르친다.

역시 프레아들쥐의 주제에 대해서 위의 신화가 우연히 이 동물이 어째서 짧은 주둥이를 갖게 되었는가를 설명하고 있는 점에 유의해야 할 것이다. 이 점은 중요하다. 왜냐하면 카야포족들은 카에테투 야생돼지와 켁사다 야생돼지를 주둥이의 길이에 따라 구별하고 있으며(M_{18}), 우리는 이 점에 대해 이미 설명한 바 있다.

팀비라족은 설치류들을 구별할 때, 꼬리가 있는가 없는가를 기준으로 한다고 반졸리니는 지적한다(Vanzolini1, 60쪽). 우리가 지금까지 보아온 신화 속에 나타난 설치류의 종류는 두 가지다. 프레아들쥐는 원숭이의 작은 동료(M_{55})이거나 또는 동물들의 '작은 동생' (M_{56})이다. 코티아들쥐 또는 아구티($Dasyprocta$)는 참조신화M_1 속에서 주인공의 작은 동생으로 등장한다. 다른 한편 카야포 신화(M_{57}; Métraux 8, 10~12쪽)에서는 두 자매가 등장하는데, 하나는 원숭이로 다른 하나는 파카($Coelogenys\ paca$: 남미산 대형 설치류)로 변형된다. 설치류에 대해 동물학자들은 '일년 내내 이 동물들은 양식의 원천으로 가장 중요한 종이다'라고 말한다(Gilmore, 372쪽). 아구티는 2~4킬로그램이 나가며, 파카는 10킬로그램까지 나간다. 우리는 오페에 신화M_{56}을 통해서 프레아들쥐가 모든 설치류 중에서 가장 보잘것없고 아주 작은 동물로 간주된다는 것을 알고 있다. 코바이(cobaye)의 가까운 친족인 프레아들쥐는 길이가 25~30센티미터쯤 되며, 브라질 남부에서는 이 동물을 사냥감으로도 생각하지 않는다(Ihering, 프레아들쥐 항목).

이 모든 요소들을 다시 짜맞춤으로써, 우리는 앞의 신화에서 보았던 두 종류의 야생돼지 사이에 성립된 관계와 유사한 관계가 두 종류의 설치류 사이 또는 한 종류의 설치류와 한 종류의 원숭이 사이에 성립하는 것을 살펴볼 수 있을 것이다. 긴 것과 짧은 것 사이의 대립(야생돼지의 주둥이와 털을 기준으로 적용, M_{16}·M_{18}, 이 책 223쪽 참조)을 바탕으로, 다른 방식으로 결합된 원숭이와 프레아들쥐(M_{55}), 원숭이와 파카(M_{57}), 신화M_1과 M_{55}, 그리고 M_{134}에서 그들이 유사한 위치를 차지하고 있다는 점을 고려한 결합, 즉 코티아들쥐와 프레아들쥐 등등을 두 집단으로 대립시켜 볼 수 있을 것이다.

그러나 우리는 이러한 대립이 동물들의 상대적인 크기를 기준으로 한 것인지, 아니면 주둥이의 길이나 꼬리의 있고 없음을 기준으로 성립된 것인지를 정확히는 모른다. 하지만 이들 사이에 대립은 존재한다. 이것은 문두루쿠 신화(M_{58})가 여자들이 자궁을 갖지 않았던 시절에 동물들이 어떻게 그녀들에게 자궁을 만들어주었는지를 설명하고 있기 때문이다. 아구티에 의해 만들어진 자궁은 길고 얇으며, 파카쥐가 만들어준 자궁은 둥글다(Murphy 1, 78쪽).

만약 가설(우리가 조심스럽게 상정하고 있는)이 증명된다면, 이는 야생돼지의 기원신화들과 아래의 도표처럼 등치관계가 성립될 수 있을 것이다.

a) 발굽이 있는 동물(有蹄類, ONGULÉS)

켁사다 야생돼지(110센티미터) 〉 카에테투 야생돼지(90센티미터)

	켁사다	카에테투
주둥이 :	길다	짧다
털 :	길다	짧다

b) 설치류(RONGEURS)

파카(70센티미터) 〉 아구티(50센티미터) 〉 프레아들쥐(30센티미터) 〉 쥐(rat, Cercomys)

		'짧은 주둥이' (오페에)	
'꼬리가 없음'[11]		'꼬리가 없다, …	… 긴 꼬리' (팀비라)
'둥근 자궁, …	… 긴 자궁' (문두루쿠)		

a) 큰 사냥감 : (켁사다 : 카에테투) :: (긴 : 짧은)

b) 작은 사냥감 : (원숭이 : 설치류 x, y) :: (설치류 x : 설치류 y) :: (긴 : 짧은)

---

11) 우루카레(yurukaré) 신화에서 설명하고 있는 것처럼 꼬리가 없음(Barbosa Rodrigues, 253쪽). 투네보(tunebo)어로 파카의 이름은 바타라(bátara), 즉 '꼬리가 없는 짐승'(Rochereau, 70쪽)임을 참조할 것. 아구티의 꼬리에 대해 이허링(Ihering)은 ('Cutia'에 대한 논문) *Dasyprocta aguti*와 *D. azarae*의 꼬리는 보잘 것없으며, 겨우 알아볼 수 있을 정도라고 말한다. 반면 가장 작은 아마존 지역의 한 종인 *D. acouchy*는 '꼬리 끝부분에 붓 모양으로 달려 있는 약 8센티미터의 잘 발달된 꼬리를 갖고 있다.' 그러나 앞의 두 종류 중의 하나는 브라질의 최초 관찰자들에 의하면, '대단히 짧은 꼬리'가 있으며(Léry, x장), 또는 '길이가 단지 엄지손가락만한 꼬리'(Thevet, x장)를 볼 수 있을 뿐이다. 아마존 지역의 설화는 동물을 두 집단으로 나누는데, 꼬리를 갖고 있는 동물(원숭이, 아구티)과 두꺼비나 프레아들쥐처럼 꼬리가 없는 동물로 구별한다(Santa-Anna Nery, 209쪽). 보로로어로 aki pio는 카피바라(capivara)와 코티아처럼 꼬리가 없는 모든 네 발 달린 짐승을 지칭한다(『보로로 백과사전』, 제1권, 44쪽).

이러한 상관관계 아래에서, 바로 위에서 논한 신화 집단을 야생돼지의 기원신화들을 포함하는 집단과 비교해서 약화된 하나의 변형으로 취급할 수 있을 것이다. 이것은 또한 야생돼지의 기원신화 집단을 추가적인 연결고리로서 불의 기원신화 집단에 연관시킬 수 있게 한다. 이 신화들은 더구나 직접적으로 큰 사냥감과 작은 사냥감들 사이에 대립을 나타내고 있다. 야생돼지 기원의 책임자인 카루사케베에 대해 문두루쿠족이 말하기를 '그가 있기 전에는 단지 작은(보잘것없는) 사냥감만이 있을 뿐이었는데, 그가 중요한 (큰) 사냥감을 나타나게 해주었다'고 한다(Tocantins, 86쪽). 대립짝의 형태로 야생돼지 켁사다-카에테투를 쌍으로 개념화할 수 있는데, 이에 대한 확증을 토착민들의 직접적인 영향을 받은 카르두스(Cardus, 364~365쪽)의 해설을 통해 확인할 수 있다.

이러한 연구는 아마도 우리에게 부여된 연구의 한계를 넘어 더욱 멀리 추론할 수 있게 해줄 것이다. 그러나 우리는 좀더 직접적인 방법을 사용해 불의 기원신화의 두 집단(표범에게서 불을 훔치거나 또는 원숭이나 프레아들쥐[12]에게서 불 만드는 법을 배우거나) 사이에 존재하는 연결관계를 증명하도록 할 것이다.

---

12) 이러한 구별은 두 집단에 전형적이다. 표범은 sub specie naturae (자연적으로-옮긴이) 불을 소유하고 있는데, 이것이 그가 조건 없이 불을 갖고 있음을 의미한다. 신화M$_{55}$의 원숭이는 sub specie culturae (문화적으로-옮긴이) 불을 얻는다. 이것은 그가 불을 만들 수 있는 기술을 발명했기 때문이다. 프레아들쥐는 중간적(매개적) 위치를 차지하는데, 이것은 그가 불을 잃어버렸다가 다시 찾았기 때문이다(잃어버린 불과 다시 찾은 불-옮긴이). 이런 점에서 신화M$_{56}$과 짧은 마타코 신화M$_{59}$ 사이의 평행관계를 지적할 수 있다. 즉 표범은 불의 주인이었고, 그는 아무에게도 그것을 주지 않았다. 하루는 코바이가 표범을 찾으러 갔다. 그는 표범에게 물고기를 제공하려 한다는 핑계를 댔으나, 마침 그때 물고기를 잡던 인디언들이 취사를 할 수 있도록 표범에게서 약간의 불을 훔쳤다. 인디언들이 집으로 돌아갔을 때 그들이 남긴 취사용 불씨가 풀밭을 태웠다. 표범들은 물을 가지고 불을 끄려고 허둥댔으나, 그들은 인디언들이 불을 가지고 간 사실을 몰랐다(Nordenskiöld 1, 110쪽). 결국 여기서도 두 종류의 불, 즉 잃어버린 불과 남아 있는(보존된) 불이 있다.

보로로의 불의 기원신화M_{55}와 같은 주제의 제족 신화($M_7 \sim M_{12}$)들이 완벽하게 대칭을 이루고 있는 것이 분명하다(296쪽 도표 참조).

만일 켁사타/카에테투의 대립이 약화된 형태로서 우리가 가정했던 것처럼 원숭이/프레아들쥐의 대립을 해석할 수 있다면 우리는 추가적인 차원의 대립을 활용할 수 있을 것이다. 왜냐하면 이런 2차적인 대립은 누이의 남편(매제)/아내의 형제(처남), 즉 제족 신화들에 나타나는 두 주인공 사이의 관계에 대한 대립으로 연결되기 때문이다. 그리고 우리가 행한 재구성의 정당성을 설득시킬 확실한 증거가 있다.

카야포-쿠벤크란켄 판본M_8은 그 자체가 불명료한 내용들을 포함하고 있다. 그러나 이러한 불명료함을 명료하게 해명할 수 있는 것은 오로지 보로로 신화M_{55}다. 카야포 신화들에서 표범이 머리를 들어 바위 위에 있는 주인공을 발견했을 때, 그는 자신의 입을 조심스럽게 가리려고 한다. 그런 반면에 보로로 신화의 원숭이는 잡고 있던 손을 놓아버리는 순간에 표범에게 입을 열라고 요구했고, 표범은 그렇게 했다. 말하자면 한 경우에는 밑에서 위로 행해지는 매개된 (유익한) 결합이 일어나고, 다른 한 경우에는 위에서 밑으로 행해지는 매개된 (불행한) 결합이 일어난다.

카야포 신화는 보로로 신화에 의해 명료해진다. 즉 만일 카야포 신화의 표범이 그의 발로 입을 가리지 않았다면 주인공은 땅에 떨어졌을 것이고 게걸스럽게 먹힘을 당했을 것이다. 이것은 정확히 보로로 신화에서 원숭이의 운명이다. 한 경우엔 표범이 스스로 자신을 폐쇄한 것이고, 다른 한 경우는 자신을 열어놓은 것이다. 즉 토바-마타코 신화들 M_{31}, M_{32} 속의 귀머거리, 벙어리 감시자들처럼 행동하거나, 또는 와라우 신화M_{28}의 (웃음을 참는 것 대신에) 웃음을 터뜨리는 동생과 같은 행동이다. 주인공은 스스로를 '열었기' 때문에 그 자신이 먹힘을 당한다.

다른 한편, 보로로의 불의 기원신화는 표범과 인간 사이에 있는 원숭이의 의미론적 위치를 정확히 설명할 수 있도록 도움을 준다. 인간처럼 원숭이는 표범과 대립하고 있다. 또한 표범처럼 그는 인간이 갖지 않은

M55 {2 동물 :	원숭이 〉 프레아들쥐	수중 모험	동물 (〈) 대단히 과감한	동물 (〈), 무대를 떠난다(죽음)
M7~ M12 {2 인간 :	인간 a 〉 인간 b	지상 모험	인간 (〈) 대단히 소심한	인간 (〈), 무대를 떠난다(살아 있음)

//

M55 {동물 (〉) 고립된	표범과 만난다	**부정적 중재 원숭이-표범** 1) 원숭이가 제공하고, 거부한 수중 사냥감(물고기) ;	2) 표범은 원숭이를 삼킨다.
M7~ M12 {인간 (〈) 고립된		**긍정적 중재 표범-인간** 1) 표범이 요구하고 동의한 하늘의 사냥감(새) ;	2) 표범은 인간을 삼키기를 거부한다.

//

M55 { 원숭이는 표범에게 불 대신에 반사광(불의 그림자)을 잡도록 한다.	원숭이, 불의 잠재적 주인	원숭이, 문화재의 주인(카누, 불을 일으키는 막대기, 칼)
M7~ M12 { 인간은 표범에게 먹이 대신에 그림자를 잡도록 하지 않는다.	표범, 불의 실질적 주인	표범, 문화재의 주인 (활, 불붙은 장작, 무명 실타래)

//

M55 { 위에 있는 원숭이 밑에 있는 표범	식인귀 표범	강제된 결합	표범 뱃속에 있는 원숭이
M7~ M12 { 위에 있는 사람 밑에 있는 표범	양육자 표범	협상된 결합	표범의 등 위에 있는 사람

//

M55 { 2 표범 (구별되지 않은 성)	1 죽음을 당한 표범, 또 다른 떠난 표범	표범에게서 뺏은 가죽 (자연물)
M7~ M12 { 2 표범 (1 남성, 1 여성)	1 죽음을 당한 표범, 또 다른 떠나버린 표범	표범에게서 뺏은 불 (문화재)

불의 주인이다. 표범은 인간과 상반되는(대립적) 위치에 있으며, 원숭이는 차라리 표범의 상대(보완)물이다. 이처럼 원숭이라는 인물은 때로는 이 항에서, 또는 저 항에서 빌려온 파편들로 구성되어 있다. 어떤 신화들은 그를 표범으로 대체시키거나(M_{38}), 다른 신화들은 바로 위에서 분석한 것처럼 그를 사람과 바꿔놓기도 한다. 마침내 우리는 완전한 삼각(관계) 체계를 볼 수 있다. 투쿠나족은 그들의 신화M_{60}에서 '원숭이들의 주인'은 그가 표범들의 종족에 속하기는 하지만, 인간의 형상을 하고 있다고 설명한다(Nim. 13, 149쪽).

웃음과 관련된 모든 신화들을 검토해보면, 명백한 모순이 있다는 사실에 놀라게 된다. 거의 모든 신화에서 웃음은 불행한 결과와 연관되어 있는데, 가장 흔한 불행은 죽음이다. 단지 몇몇 신화만이 웃음을 긍정적인 사건들과 연결하고 있다. 취사용 불의 획득(M_{54})이나 언어의 기원(M_{45}) 등이 바로 이런 신화들이다. 아래와 같은 사실들을 상기해볼 필요가 있다. 보로로족은 웃음을 두 종류로 구별한다. 단순히 신체적 간지럼의 결과로 터져 나오는 웃음이나 도덕적(사회적)인 이유 때문에 나오는 웃음이 첫 번째고, 문화적인 발명에서 나오는 승리의 웃음(M_{20})이 두 번째다.

사실 자연과 문화의 대립은 모든 신화에 내재되어 있다. 박쥐(M_{40}, M_{43})가 등장하는 신화들에 대해 우리가 이미 그러한 대립관계를 지적한 바 있듯이 이 동물들은 자연과 문화의 근본적인 분리를 구체화하고 있다. 아무 가구도 없이 텅 빈 동굴 바닥(자연—옮긴이)이나 배설물로 뒤덮인 동굴 통로와 대조를 이루며 풍부하게 장식된 동굴벽(문화—옮긴이)으로 축소되어 있는 사실(M_{40})이 이를 증명한다. 게다가 박쥐는 동굴벽화와 의례용 도끼 같은 문화의 상징물들을 독점하고 있다. 이들은 간지럼 태우기와 애무로, 즉 자연적인방법으로 웃음을 촉발시키는데, 이것은 순수하게 신체적이며, 어떤 측면에서는 '빈'(à vide, 여기에 어떠한 의미든 집어넣을 수 있는 시니피앙[signifiant]이라는 의미로 해석할 수 있다—옮긴이) 것이다. 또한 엄밀하게 말하자면 웃음은 살인자가 되는데, 이것은 신화M_{43}에서 도끼로 두개골을 여는(쪼개는) 것과 웃음이 조합변이형 관계에 있기 때문이다.

이 상황은 신화M_{45}와 정확히 도치된 상황인데, 여기에서(신화M_{45}) 문화창시의 영웅은 사람들에게 우스운 광경을 보게 함으로써 이들을 **열리게했으며**, 또한 박쥐(M_{40})가 모르는 분절언어(20~40개의 음소를 결합[조합]해 수십만 개의 단어를 만들고, 이것을 결합해서 문장을 만드는 인간의 언어를 의미—옮긴이)를 사용할 수 있게 함으로써 자신들을 표현할 수 있는 길을 열어주었다. 반면 박쥐는 반-소통 이외의 또 다른 선택을 할 수 없었다.

2 간결 교향곡

제1악장: 제족

우리는 지금까지 해온 작업성과의 덕으로 많은 신화들을 상호연관시킬 수 있게 되었다. 그러나 연관성이 가장 많은 신화들의 관계를 강화하고 공고히 하기에 급급한 나머지 우리는 우리가 믿는 대로 지금까지 조사한 신화들이 긴밀히 결합된 총체(ensemble cohérent) 속에 자리를 차지하고 있다는 사실을 확인하지 않은 채 아직도 연결되어야 할 실을 여기저기에 걸어두고 있다.

조각조각으로 구성된 양탄자를 한눈에 보듯이 전체를 보자. 여전히 남아 있는 누락된 부분은 고려하지 말고, 마치 이 양탄자가 완성된 것처럼 보자. 그러면 모든 신화는 주인공들의 상반되는(대립되는) 행위에 따라 둘씩 둘씩 특징 지어진 네 개의 큰 집단으로 배열된다.

첫 번째 집단은 절제된(continent) 주인공을 무대에 등장시키고 있다. 그는 자극적인 음식을 먹었지만 신음 소리를 자제한다(M_{53}). 또한 주인공은 그를 간지럽히거나(M_{37}), 또는 웃기는 행동을 보더라도 웃음을 억제한다($M_7 \sim M_{12}$).

두 번째 집단의 주인공은 그와 반대로 무절제(incontinent)하다. 그는 상대방이 웃기는 행동을 하거나($M_{28} \cdot M_{38} \cdot M_{48}$) 또는 이상한 목소리로 말을 할 때($M_{46}$) 웃음을 자제하지 못한다. 타자가 그를 간지럽힐 때(M_{46})도 참지 못한다. 아니면 그는 음식을 먹을 때 입을 벌려(열어) 씹는 소리(M_{10})를 내지 않을 수 없었다. 그리고 유령이 부르는 소리 (M_9)가 들릴 때도 소리를 듣기 위해 귀를 연다. 또한 그는 너무 세게 웃었기 때문에(M_{49}, M_{50}), 또는 참조신화M_1에서처럼 주인공은 항문을 뜯어먹혔기 때문에, 또한 고통스러운 위를 가졌기 때문에(M_5), (위의) 기관을 움직이는 괄약근을 열지 않을 수 없다.

절제와 무절제, 닫힘과 열림은 우선 정도를 지키는 것(절도)과 정도를 넘는 것(비절도)의 표시로서(표현으로서) 서로 대립한다. 그러나 우리는 즉시 위의 대립에 보충적인 두 집단이 구성된다는 것을 알 수 있다. 절제가 정도를 넘어서는 (비절도의) 가치를 가지게 되거나(절제가 정도를 지나쳤기 때문에), 또는 무절제(만일 무절제가 너무 멀리 나가지 않았다면)가 나타나고, 반대로 정도를 지키는(절도 있는) 행위로서 나타난다.

정도를 넘는(비절도의) 절제란 무감각하거나 침묵을 지키는 주인공의 행위(M_{29}, M_{30}), 또는 게걸스러운 주인공들이 뱃속에 가득 찬 음식물을 정상적으로 배설할 수 없어 음식물이 갇힌 채로 억제되어 있는 (M_{35}) 상황, 또는 배설(M_5) 때문에 치명적인 형태로 선고된 상태를 말한다. 또한 경솔하거나 조심성이 없는 주인공들이 졸거나 잠을 잠으로써 벙어리(그렇게 생각됨)나 귀머거리(그렇게 됨: M_{31}, M_{32})로 취급되는 상황을 말한다.

헉슬리(149~150쪽)는 소화 과정은 신화의 세계에서 문화적인 행동과 동일시되며, 결과적으로 도치된 (소화) 과정은 말하자면 구토가 된다. 이것은 문화에서 자연으로의 퇴보와 일치한다. 이러한 해석이 분명 진실이기는 하지만, 신화 분석의 법칙을 특정한 맥락의 범위를 넘어서 일반화할 수는 없다. 남아메리카와 다른 곳에서 구토가 확실히 소화의 도치된 의미론적 기능을 하는 경우가 많지만, 그것의 의미는 자연으로의 회귀라기보다는 오히려 문화를 초월하는 수단으로 사용된다. 다른 한편 소화는 같은 관계로 구토와 대립될 뿐만 아니라, 또 장의 폐색과도 대립된다. 구토는 거꾸로 된 소화를 의미하며, 장의 폐색은 배설의 장애를 의미한다. 보로로 신화의 여인(M_5)은 먹은 물고기를 배설할 수 없어, 질병의 형태로 토해낸다. 또 다른 보로로 신화(M_{35})에서 음식을 탐하는 작은 소년은 말(언어)을 잃어버리는데, 이는 그가 삼킨 몹시 뜨거운 과일을 토해낼 수 없었기 때문이다. 테레노족의 조상들(M_{45})은 웃음이 그들의 입술을 열어놓았기 때문에 말을 할 수 있었다.

정도를 지킨(절도 있는) 무절제는 은밀하게 적과 소통할 줄 아는 주인공들과 관계가 있다. 말하자면 그들은 자발적으로 언어적 소통의 한계 아래로 자신을 유지하면서, 조용히 자신의 정체를 드러낸다든지 ($M_7 \cdot M_8 \cdot M_{12}$), 땅바닥에 침을 뱉는다($M_9 \cdot M_{10}$)든지, 아니면 휘파람을 분다($M_{32} \cdot M_{55}$).

웃음을 자아내는 환영(그림자)에 양보하지 않는 것, 웃지 않는 것(신체적이거나 심리적 이유 때문에), 먹으면서 소리를 내지 않는 것(이것은 음식을 씹을 때 나는 소리이거나 매운 음식 때문에 나오는 비명일 수 있다) 등에 대해서 모든 신화는 공통적으로 두 층위에서 일어나는 열림과 닫힘의 논리를 갖고 있다. 즉 상부에 붙은 구멍(입, 귀)의 층위와 하부에 붙은 구멍(항문, 요도, 음부)[13]의 층위가 그것이다. 또한 열림은 배출(소리, 배설, 분비, 냄새의 발산)로 표현되기도 하고, 수용(소리)으로 표현되기도 한다.

다음과 같이 이 체계의 밑그림을 그릴 수 있다.

	M_1	M_5	M_9	M_{10}	M_{46}	$M_{49, 50}$	M_{53}
위			과도하게 들리다	요란하게 씹다	웃음	웃음	신음하다
아래	소화되지 않고 배설하다	분비하다 방귀를 뀌다				오줌을 싸다 월경을 하다	

만일 대립을 다시 세분화하면, 위/아래의 대립은 2차적인 대립에 의해 전/후가 될 수 있으며, 이러한 관점에서,

$$입 : 귀 :: 음부 : 항문$$

앞의 도표는 아래와 같이 단순화될 수 있다.

	M_1	M_5	M_9	M_{10}	M_{46}	$M_{49, 50}$	M_{53}
위(+)/아래(-)…	-	-	+	+	+	+, -	+
전(+)/후(-)…	+	-	-	+	+	+	+
배출(+)/수용(-)…	+	+	-	+	+	-, +	+

(형식적으로는 동일한 항으로 표현되기도 하지만, M_{10}과 M_{53}은 그 해결점에서 차이가 있다. 신화M_{53}에서 주인공은 표범의 음식이 입 안을 얼얼하게 했지만 조용히 있을 수 있었다. 그러나 신화M_{10}에서 주인공은 표범의 음식이 바삭바삭했으므로 먹으면서 소리를 냈다.)

제2악장: 보로로족

제1부에서 논했던 신화군으로 다시 돌아가보도록 하자. 참조신화M_1과 불의 기원에 대한 제족의 신화 집단(M_7~M_{12}) 사이에 공통적인 것은 무엇이 있는가? 처음 볼 때는 단지 새둥지 터는 사람의 에피소드만이 같다. 그밖에는 제족 신화들에서는 명시적으로 나타나지 않는 근친상간에 대한 이야기로 시작하는 보로로 신화를 볼 수 있다. 반면 제족 신화들은 취사의 기원으로 추정되는 불의 주인인 표범을 방문하는 것

---

13) 어쨌든 자유롭게 한곳에서 다른 곳으로 통과한다. 아레쿠나(arekuna) 신화(M_{126})를 참조할 것. 여기서 마쿠네마(Makunaima)는 형의 정숙한 아내를 탐하고 있다. 그는 우선 작은 '기생충'(bicho de pé)으로 변해 그녀를 웃기려고 했지만 허사였다. 그러나 상처투성이로 뒤덮인 몸으로 분장함으로써 그녀를 웃겼고 즉각 형수를 겁탈했다(K.G. 1, 44쪽; 신화M_{95} 참조).

으로 구성되어 있다. 보로로 신화에서는 이러한 사실들을 전혀 찾아볼 수 없다. 따라서 성급한 분석은 자칫하면 새둥지 터는 사람의 에피소드가 보로로족이나 또는 제족에 의해 차용되었으며, 보로로족이나 제족에 의해 신화 본래의 맥락과 완전히 다른 맥락에서 삽입되었다는 결론을 끌어낼 수도 있을 것이다. 그렇게 되면 신화는 조각과 파편으로 만들어지는 것이 된다.

우리는 그와는 정반대로 같은 신화의 차이성이나, 판본들 사이에 존재하는 분명한 차이성이 한 신화 집단 내에서 일어나는 변형에 의한 산물로 취급되어야만 한다는 것을 증명할 생각이다.

첫째, 모든 판본들(보로로족 신화M₁과 제족 신화M₇~M₁₂)은 나뭇가지로 만든 활과 화살촉의 사용을 거론하고 있다. 어떤 판본들은 이런 사실에서 사냥도구의 기원을 보아야만 한다고 넌지시 암시한다. 물론 인간이 알지 못했던 불(역시 불에 대한 비밀은 표범이 소유하고 있다)의 기원도 신화적 사실에서 찾아야 하는 것처럼 암시를 하고 있다. 보로로 신화는 표범의 에피소드를 포함하고 있지 않다. 그러나 바위 벼랑 꼭대기에 버려져 허기진 주인공은 활과 화살촉을 즉석에서 제조하는데, 이러한 사실은 사냥도구의 창조 또는 재창조가 우리가 거론하고 있는 모든 신화에 공통적인 소재(motif)가 된다는 것을 증명한다.

어쨌든 주목해야 할 것은 표범의 부재(신화에 등장하지 않음) 속에서 활과 화살이 발명되는 것과 신화M₅₅에서 표범의 부재(잠시 동안) 중에 원숭이가 불을 발명하는 것이 완전하게 합동(congrue)을 이룬다는 사실이다. 더욱 제족 신화들에 따르면 주인공은 이미 만들어진 활과 화살(그것들을 발명하는 대신에)을 표범에게서 직접 받으며, 마찬가지로 불도 이미 불이 붙은(장작의 형태ー옮긴이) 채로 받는다.

가장 중대한 차이점에 대하여 논해보도록 하자. 제족의 모든 신화(M₇~M₁₂)는 불의 기원이라는 공통된 소재를 가진 기원신화로 표현된다. 그러면 불에 대한 소재가 보로로 신화에는 완전히 결여된 것처럼 보이는데, 정말일까?

'동쪽 보로로족'(Os Bororos orientais)의 저자들은 두 번씩이나 되풀이해 이 신화(보로로 참조신화—옮긴이)의 중요한 점을 환기시킨다. 그것은 '바람과 비의 기원'에 대한 것이다(Colb. 3, 221쪽, 343쪽). 그리고 그들은 빗물의 침식작용에 대한 지질학적 고찰에 전념했는데, 땅의 홍토화(紅土化), 깎아지른 절벽의 형성, 절벽 밑 물의 흐름 때문에 생기는 '굴'(구혈[甌穴], marmite)의 생성에 대한 연구에 몰두했다. 평상시에는 흙으로 꽉 차 있던 이 구혈(marmite는 본래 냄비나 무쇠솥 같은 그릇을 의미한다—옮긴이)들은 우기가 되면 물로 채워져 마치 우묵한 그릇을 연상시킨다.

이런 지적은 (서문에서 언급되기는 하지만) 본론의 어떤 사건과도 연관되지 않는다. 그러나 작품 속에서 가끔 일어나는 일이기는 하지만, 이러한 지적이 정보제공자의 주해를 반복하는 것이라면 이것은 대단히 암시적일 수 있다. 결국 우리가 참조신화와 접근시키려고 노력하고 있는 제족 신화들은 분명히 취사의 기원과 관계가 있다.

그러나 보로로 신화는 단지 한 번의 폭풍우만을 암시하고 있을 뿐이다. 그리고 원문 속에는 이것이 첫 번째였다는 어떤 지시도 찾을 수 없다. 주인공이 부락으로 돌아와서 첫날 밤을 지내는 동안에 사나운 폭풍우가 거세게 일었으며, 이 폭풍우는 단지 한 집만 빼고 모든 가정의 불을 꺼버렸다는 사실을 우리는 기억하고 있다. 그렇지만 출간된 신화 M₁의 첫 번째 판본의 결론은 분명히 폭풍우의 기원적 특성(이 책 148쪽 참조)을 암시하고 있다. 두 번째 판본에서는 이에 대한 문장을 더 찾을 수 없지만, 주석을 통해 토착민들은 위와 같은 방법으로(기원적 특성—옮긴이) 신화를 해석하고 있다는 사실을 확인할 수 있다. 결국 보로로 신화 역시 기원신화일 수 있다. 말하자면 불이 아닌 것의 기원, 즉 비와 바람의 기원(신화)——이 점에서 원문은 아주 분명하다——이며, 불의 반대편에 있는 비와 바람은 불을 꺼버렸기 때문이다. 어쨌든 (물은) 불의 반대(역)이다.

더구나 주인공이 피신해 있는 오두막의 부엌을 제외하고 마을의 모든 부엌의 불을 폭풍우가 꺼버렸다면, 주인공[14](불의 주인—옮긴이)은 임시로나마 표범의 상황과 같은 위치에 놓인 것이 된다. 이제 주인공이 불의 주인이 되었기 때문에 잃어버린 불을 다시 붙이려면 마을의 모든 주민들이 그에게 불씨를 얻으러 와야만 한다. 이러한 의미에서 비록 암시적 간과법을 사용해 그러한 사실을 나타내고 있기는 하지만, 보로로 신화 역시 불의 기원신화와 관계가 있다. 제족 판본과의 차이성은 아주 약한 양상으로 나타날 것이며, 그 속에서 공통된 소재가 취급될 것이다.

신화 속의 사건은 결국 신화적 시간에 위치하는 것이 아니라 문명 기술의 도입과 관계가 있는 부락생활의 지속적인 역사적 시간 속에 위치하게 된다. 이럴 경우 전에 소유했던 불을 제한된 집단이 잃어버리는 경우가 될 것이며, 신화적 시간의 경우 불을 모르고 있던 모든 인간에게 불을 허락하는 경우가 된다. 그렇지만 크라호 판본M₁₁은 중간적인 형식을 취하고 있다. 인간은 문화 영웅들에게 불을 빼앗기게 되는데, 그들이 인간을 버리고 떠날 때 불을 가지고 갔기 때문이다.[15]

---

14) 주인공 친할머니의 오두막이라고 생각해야만 할 것이다. 그렇지 않으면 아버지는 같은 오두막에 거주해야 할 텐데(모계출계와 모거제의 경우 아버지는 어머니의 집에 거주한다—옮긴이), 그런 경우가 아니다. 이것은 또한 보로로어로된 판본에서는 이마루고(imarugo, Colb. 3, 344쪽)라는 단어가 아버지의 어머니를 지칭하고 있을 뿐 아니라, 이무가(imuga)라는 어머니의 어머니를 지칭하는 말이 따로 있기 때문이다(『보로로 백과사전』, 제1권, 455쪽).

15) 제족과 보로로족 신화들 사이의(매개하는) 중간적 형식(그러한 형식이 존재한다는 사실만으로도 한 유형에서 다른 유형으로 변형의 가능성을 증명한다)이 브라질 중부와 동부에서 아주 멀리 떨어진 파나마의 쿠나족(Cuna) 신화에서 발견되는 것은 흥미로운 일이다. 이들의 불의 기원신화M₆₁은 불의 주인인 표범과 관계를 가지는데, 동물들은 비를 내리게 함으로써 표범의 오두막 밑에 있던 집을 제외하고는 모든 집의 불을 꺼뜨렸다. 그래서 이들은 표범에게서 불을 탈취하려 했다. 작은 이구아나가 성공적으로 불을 탈취한 다음 남아 있는 숯불더미에 오줌을 눠서 꺼버렸다. 그리고 훔친 물건을 들고 개울을 건넜다. 표범은 수영을 할 줄 몰랐기 때문에 그를 잡을 수 없었다(Wassen 2, 8~9쪽). 결국 불의 주인인 표범이라는 소재는 제족과 같고, 부정적으로 불을 정복하는(얻는) 것 또한 보로로족과 공통적이다. 즉 주인공(여기서는 표범)의 오두막에 있던 불을 제외한 모든

만일 참조신화 주인공의 이름을 해석하는 것이 가능하다면 이러한 논증은 더욱 강화될 수 있을 것이다. 즉 게리기기(땔감 나무)와 아투고 (표범)라는 어원에서 게리기기아투고가 되었으며, 제족신화의 주인공으로 우리가 알고 있는 땔감과 관계가 있는 표범에 대한 내용은 보로로 신화에 명시적으로 나타나 있지는 않다. 그러나 보로로 신화에는 우리가 금방 본 것처럼, 그와 정확히 같은 기능을 수행하는 인물(주인공)에게 부여된 이름의 어원에 함축적으로 표현되어 있다. 그렇지만 이러한 방향으로 계속 해석하는 것은 위험할 수 있다. 왜냐하면 우리가 갖고 있는 사본들은 음성학적인 점에서 의심이 가는 부분들이 있기 때문이다. 다른 한편, 콜바치니와 알비세티가 제시한 어근의 정확성에 대해서는 좀더 후에(이 책 440쪽) 확인할 것이다. 혹시 그들이 같은 고유명사(성[姓])가 여러 의미로 해석될 수 있다는 사실을 헤아려보기도 전에 '미리' 배제하지 않았나 염려되기 때문이다.

어쨌든 보로로 신화가 제족 신화와 같은 집단에 속하고, 이들이 상호 변형관계에 있다는 것을 인정하기 위한 보충적인 증거들은 더 이상 필요하지 않다. 이 변형은 아래와 같은 사실들로 구성된다.

1. 불의 기원과 관계되기 위해서는 대립의 약화가 있어야 한다.

2. 분명한 기원적 내용의 도치가 이루어져야 하는데, 여기에서 바람과 비의 기원은 불의 반대가 된다.

3. 제족 신화에 의해 표범에게 부여된 지위(불의 주인)를 차지하고 있는 주인공의 대체(치환)가 이루어져야 한다.

4. 출계관계의 상관적 도치가 있어야 한다. 즉 제족 신화의 표범은 주인공의 (의붓)아버지다. 반면 표범과 합동관계에 있는 보로로 신화

부엌의 불을 비로써 꺼버리는 것과, 마지막 불의 주인이 도마뱀(여기서는 이구아나)인 점은 공통된다(주인공만 다를 뿐 같다—옮긴이). 또한 초코족(choco)은 도마뱀을 불의 주인으로 생각한다(Wassen 1, 109~110쪽). 수영을 못 하는 표범의 에피소드는 카유아족(Kayua)의 신화M119에서도 발견된다.

의 주인공은 인간인 아버지의 (친)아들이다.

5. 가족의 태도관계의 치환(도치와 같은 의미로)이 있어야 한다. 보로로 신화에서 주인공은 어머니에게 '근접'(근친상간적)하지만, 아버지와는 '멀어지는'(살인자적인) 관계에 있다. 반면 제족의 판본에서는 그 반대로 '근접'하는 것은 의붓아버지며, 그는 마치 어머니 '처럼'——아이의 보호자로서 그를 업고 다니고 닦아주고 음식을 먹여주며 양육한다——행동한다. '반대로' 주인공이 어머니에 대해서는 살의에 가득 차 있기 때문에——의붓아버지는 그의 아들이 그녀에게 상처를 입히거나 죽이도록 부추긴다——입양한 어머니와는 '멀어진다'.

보로로 신화의 주인공은 표범이 아니다(비록 그가 암묵적으로 표범의 기능을 수행하지만). 그러나 그는 아버지를 죽이기 위해 사슴으로 변한다. 남아메리카 신화의 논리 속에서 사슴의 의미론적 위치와 상대적인 문제들은 후에 다른 곳에서 논의할 것이다.

지금은 이 에피소드를 제족 신화 집단의 에피소드와 일치하는 것으로 변형시킬 수 있는 법칙을 작성하는 것으로 만족할 것이다. 제족의 신화는 진짜 표범을 무대에 등장시키고 있으며, 그는 그의 '거짓'(=입양한) 아들을 죽이지 않는다. 이러한 행위가 표범의 본성(육식동물)과 주인공의 본성(먹이의 입장에 처해 있는)에는 적합하지 않지만, 그는 표범으로서의 본래 행위를 하지 않았다. 이와는 반대로, 보로로 신화에서 거짓 사슴(변장한 주인공)은 친아버지를 죽인다. 이러한 행위는 사슴(초식동물)의 본성과 희생자의 본성(매복 사냥꾼)에 모순되지만, 그는 초식동물로서의 본래 행위를 하지 않는다. 사실상 아버지가 지휘하는 사냥 도중에 살인이 일어난다.

남북 아메리카의 많은 신화들은 표범과 사슴을 한 쌍의 상호관계와 대립관계의 짝으로 설정하고 있다. 보로로족과 상대적으로 근접한 부족들에게서 이러한 사실을 찾아보면, 언어적 계보가 좀 의심스러운 마투그로수의 남쪽에 거주하는 카유아족은 표범과 사슴을 최초의 불의 주인으로 생각하고 있는데(M62; Schaden, 107~123쪽), 이것은 의미심장한 일이다. 이 신화M62에서 결합하고 있는(물론 최초의 시간이 열리는 아주 옛적에) 이들은 문두루쿠 신화M37에서는 대립하고 있다. 북아메리카(특히 메노미니족[Menomini]의 신화)와 동등한 것으로 알려진 투쿠나 신화M63은 사슴이 옛날에는 식인표범이었다고 설명하거나 또는 사슴으로 변한 주인공들은 이런 사실 때문에 희생자나 살인자의 역할을 수행할 수 있게 되었다고 설명한다(Nim. 13, 120쪽, 127쪽, 133쪽).

제3악장: 투피족

보로로 신화가 불의 기원신화라고 가정하는 대단히 신중한 또 다른 이유가 있다. 조심스럽게 조사해야만 할 몇몇 신화의 내용들은 불의 기원과 관계 있는 또 다른 신화들의 반향으로 보이거나, 처음 보았을 때에는 제족 신화 집단의 내용들과 어떠한 유사성도 없는 것처럼 보인다. 더욱이 이런 내용들은 다른 언어 집단, 즉 과라니족의 신화 집단에서 유래한다.

19세기 중엽 마투그로수 주의 최남단에 살고 있던 아파포쿠바족(Apapocuva)(M64)에 따르면, 문명 창시자인 주인공 니안데리케이(Nianderyquey)가 몸이 썩어들어가기 시작하는 양상을 보이며 죽어가고 있었다. 불의 주인인 썩은 고기를 먹는 독수리 우루부들이 시체 주위에 모여들어, 시체를 구우려고 불을 피웠다. 숯더미에 시체를 올려놓으려 했을 때, 니안데리케이가 이들을 쫓았고, 새들은 도망을 쳤다. 니안데리케이가 불을 탈취해 사람들에게 나누어주었다(Nim. 1, 326쪽 이하; Schaden 2, 221~222쪽).

같은 종류의 신화인 파라과이 판본은 내용이 더욱 풍부하다.

M65. 음비아족의 신화: 불의 기원

근친상간을 벌하기 위해 최초의 땅(세상)을 홍수로 멸망시킨 신들은 두 번째 땅(세상)을 창조하고 그의 아들 니안데루 파-파 미리 (Nianderu Pa-pa Miri)를 땅으로 내려보냈다. 아들은 새로운 인간들을 나타나게 했고, 마술사인 대머리독수리(vautour)만이 소유하고 있던 불을 인간에게 주려고 전심전력했다.

니안데루는 그의 아들 두꺼비에게 죽은 척하고 있다가 일어나서 피워놓은 장작불을 흩뜨리자마자 곧 불을 탈취해야 한다고 설명했다.

마술사들이 두꺼비 시체에 다가가보니 바라던 대로 기름져(먹음직스럽게) 보였다. 시체를 다시 살아나게 할 요량으로 그들은 화덕에 불을 붙였다. 주인공은 마술사들이 장작에 불을 충분히 붙일 때까지 움직였다 죽은 척했다 하는 동작을 반복했다. 주인공과 그의 아들은 불을 탈취했다. 그리고 그들은 회전(돌려서, 비벼서)시켜서 불을 만들 수 있도록 사람들에게 나뭇 조각을 주었다. 사람을 잡아먹는 죄의 대가로 마술사들은 '위대한 것에 대한 불경'(시체), 즉 죽은 시체를 먹는 대머리독수리(vautour)로 남았으며, 그들은 결코 완전한 삶을 얻지 못하게 되었다(Cadogan, 57~66쪽).

옛 저자들이 투피남바족(Tupinamba)에게 이와 같은 신화가 있다는 사실을 특기한 적이 없지만, 이러한 종류의 신화는 투피어 집단에 속하는 부족들, 또는 투피 문화의 영향을 받은 부족들에서 아주 흔하게 발견된다.

아마존 강 유역에서 유래하는 몇몇 판본들은 특히 템베(tembé), 테네테하라, 타피라페(tapirapé), 시페아 판본들이다. 차코지역과 볼리비아 북동쪽 지역에서 유래하는 또 다른 판본에는 초로티(choroti), 타피에테(tapiété), 아슐루슬레이(ashluslay), 과라유(guarayu) 판본들이 있다. 우리는 또한 이런 종류의 신화들을 보토쿠도족(Botocudo)

(Nim. 9, 111~112쪽)과 보로로족에 바로 인접한 이웃인 바케리족
(Bakairi), 테레노족에서도 발견할 수 있다. 그리고 가이아나에서 북아
메리카 북쪽 지역에 이르는 전 지역에도 아주 풍부하게 퍼져 있는 것을
알 수 있다. 그러나 이 신화들은 변형(수정)된 형식을 지니고 있는데, 불
의 탈취에 대한 주제는 이 신화에는 없으나 주인공이 시체로 위장함으
로써 독수리를 속이고 그의 딸을 납치하는 주제로 대체되었기 때문이다
(예를 들면 G. G. Simpson, 268~269쪽; Koch-Grünberg 1, 278쪽
이하 참조). 이제는 세 편의 투피 판본에서 불의 기원신화를 보자.

M66. 템베족의 신화: 불의 기원

옛날에는 아주 큰 대머리독수리(vautour royal)가 불의 주인이었
고, 인간들은 고기를 햇볕에 말려서 먹었다. 어느 날 인간들은 불을
탈취하기로 결심하고 맥 한 마리를 죽였다. 그의 시체가 썩어 구더기
가 우글거릴 즈음, 큰 독수리는 그의 가족들을 데리고 하늘에서 내려
왔다. 그들은 (독수리) 깃털로 된 외투를 벗어버리고 인간의 형상을
취했다. 불을 활활 피운 다음 구더기를 나뭇잎으로 싸서 구우려고 불
위에 올려놓았다(M105 참조). 시체에서 그리 멀지 않은 곳에 몸을 숨
겼던 인간이 불을 탈취하려는 첫 번째 시도는 실패로 끝났으나, 결국
불을 훔치는 데 성공할 수 있었다(Nim. 2, 289쪽).

M67. 시페아족의 신화: 불의 기원

불의 주인인 육식조류(맹금[猛禽])에게서 불을 뺏기 위해 조물주
쿠마파리(Kumaphari)는 죽어서 썩어들어가는 척했다. 우루부독수리
들은 그의 시체를 뜯어먹은 다음 안전을 위해 불을 질렀다. 조물주는
벌레 모양을 하고 죽은 척했으나 새는 속아넘어가지 않았다. 쿠마파
리는 결국 두 개의 소관목으로 변했는데 독수리(aigle)가 거기에 불을
질렀다. 조물주가 불을 탈취했고, 독수리는 그에게 마찰로 불을 만드
는 기술을 가르쳐주기로 했다(Nim. 3, 1015쪽).

M68. 과라유족의 신화: 불의 기원

불을 가지고 있지 못한 한 남자가 썩어가는 물 속에서 미역을 감고는 땅바닥에 마치 죽은 사람처럼 누워 있었다. 불의 주인인 검은 대머리독수리(vautours noirs)들이 그를 불에 구워 먹으려고 덮쳤다. 그러자 그 사람이 갑자기 벌떡 일어나 숯불을 흩뜨려버렸다. 이 순간을 기다리고 있던 그의 동료 두꺼비가 불 하나를 삼켰으나, 새들이 다시 덮치는 바람에 불을 다시 돌려주었다. 사람과 두꺼비는 다시 같은 시도를 했고, 결국 불을 탈취하는 데 성공했다. 그 이래로 사람들은 불을 소유하게 되었다(Nordenskiöld 2, 155쪽).

보로로 신화는 불의 기원을 명시하고 있지는 않다. 그러나 얘기하자면, 마치 불에 대한 진정한 주제가 그 속에 있다는 것을 '알 수 있게' 하는데(마치 과라니 신화에서처럼 홍수[비바람]보다 먼저 불이 존재하고 있었다는 것을 인정하고 있다), 이것은 주인공이 죽은 시체로 가장하는 에피소드(여기서는 썩은 도마뱀의 옷으로 갈아입음으로써 썩은 시체의 옷을 입는다)와 탐나는 음식으로 우루부독수리를 자극하는 것 등은 이 신화가 같은 에피소드를 문자 그대로 반복한다는 것을 알 수 있다.

이러한 접근을 뒷받침하기 위해서 우리가 보로로 신화를 마치 과라니 신화의 세부내용과 일치하도록 변형된 것으로 해석하지 않는다면 보로로 신화의 내용은 이해할 수 없는 것이 된다. 그렇지 않다면 어떻게 참조신화에 등장하는 우루부독수리들이 그들의 희생자(주인공)를 완전히 먹어치우지 않고, 그를 구조하기 위해 음식잔치를 중단한 사실을 설명할 수 있겠는가?(이 책 146쪽 참조) 그리고 과라니 신화에 나오는 독수리들은 이른바 치료자들인데, 그들이 주인공을 부활시킨다는 명목 아래 희생자(주인공)를 불에 굽지만, 잡아먹지 못하고 실패하지 않았는가. 이러한 장면들이 보로로 신화에서는 단순히 도치되고 있을 뿐인데, 여기에서 독수리들은 실제로 희생자(주인공)의 일부분(항문)

만을 날것으로 먹을 뿐이며, 연속해서 그들은 마치 진정한 치료자(구조자)처럼 행동한다.

보로로의 사고(思考)가 투피 신화 논리의 영향을 받았다는 사실은 이미 알려진 바다. 도처에서 같은 신화(참조신화)는 아주 근본적인 위치를 점하고 있다. 말하자면 두 문명 창시자(주인공)의 어머니, 표범의 인간 아내에 대한 신화다. 그리고 보로로 신화의 현대 판본들(Colb. 1, 114~121쪽; 2, 179~185쪽; 3, 190~196쪽)은 16세기 테베(M₉₆; Métraux 1, 235쪽 이하)가 투피남바족에게서 수집한 판본들과 놀라울 정도로 유사하다.

그렇지만 우리가 이미 접근했던 참조신화와 불의 기원신화들을 구별하는 고유한 특성들은 어떻게 해석해야만 할 것인가? 이러한 특성들은 과라니족 집단과 제족[16] 집단 사이에 끼인 보로로족의 역사적, 지리적 상황의 결과일 수도 있을 것이다. 다시 말해서 이 집단과 저 집단에서 차용한 요소들, 또는 주제들이 융합됨으로써 본래의 내용과 주제가 상당히 약화된다든가, 아니면 완전히 사라져버릴 수도 있었을 것이다.

이러한 가설은 그럴듯하고 수긍할 수 있는 일이지만, 충분하지는 못하다. 우리가 이미 논한 일이기도 하지만 이 가설은 각각의 신화나 각 신화 집단을 독자적으로 취급할 때 이들 각각이 논리적 일관성을 가진 체계라는 점을 설명하지 못한다. 그런 점에서 문제를 형식적인 관점에서 바라보아야 하며, 한편으로는 제족의 신화들과 다른 한편으로는 투피족의 신화들이 이 두 집단의 신화 모두를 포함하는 좀더 넓은 총체(집합)와 관계가 있는 것은 아닌지, 더욱 이 신화들이 더 큰 총체에 종

---

16) 불의 주인인 표범에 대한 주제는 제족의 전형적인 유형이다. 단지 산발적으로 남아메리카 대륙에서 같은 유형이 발견될 뿐이지만, 그것도 늘 약화된 형식으로 토바족과 마타코족, 그리고 바피디아나족(Vapidiana)에서 발견된다. 깎아지른 벼랑 틈바구니에 갇힌 주인공에 대한 소재는 남부 브라질 켕강족(Kaingang)의 불의 기원신화 속에 나타난다. 그런데 켕강족이 제족 집단에 소속되었다는 학설은 이제 받아들여지지 않고 있다.

속된 각각의 부분집합으로 서로 차별화되고 있는 것은 아닌지를 필수적으로 자문해보아야 한다.

이 모든 부분집합(sous-ensembles)들이 어떤 공통된 특성을 갖고 있다는 점은 한눈에 알 수 있다. 첫째 이들(부분집합=신화)은 하나의 동물에서 불이 유래하며, 이 동물은 불을 사람들에게 양도하거나 또는 사람들이 불을 탈취하도록 방임하고 있다. 한 경우에는 독수리가, 다른 한 경우에는 표범이 이 역할을 한다. 둘째 각각의 동물은 그들이 먹는 음식물 섭취 규정(음식물의 종류—옮긴이)에 따라 정의되는데, 하나는 날고기를 먹는 육식동물인 표범과 썩은 고기를 먹는 짐승(charognard)인 독수리로 구별된다. 그렇지만 신화 모두는 부패한(썩은, 상한, 더러운, 오물 등—옮긴이) 요소들과 관계를 갖는데, 제족의 집합(총체적인 신화)에서는 새의 똥이나 더러운 구더기로 덮인 주인공에 대한 사건이 대단히 약한 방식으로, 그리고 거의 암시적인 양상으로 표현되고 있다. 책 첫 부분에서 다룬 보로로의 집합(총체적인 신화)은 좀더 분명하다(M1에서 더러운 옷을 입은 주인공과 M2에서 새로 변한 아들이 싼 똥으로 더럽혀진 주인공, 그리고 M5에서 할머니가 뀐 방귀로 '부패된' 주인공과 M5에서 내장의 물질을 배출하는 형식으로 질병을 게위낸 여주인공). 위에서 본 것처럼 투피-과라니 집합은 완벽하게 명시적이다.

제족의 불의 기원신화들은 같은 주제에 대해 투피-과라니 신화들처럼 이중적 대립을 바탕으로 실행된다. 즉 한편으로는 날것과 익힌 것, 다른 한편으로는 신선한 것과 썩은 것 사이의 이중적 대립을 말한다. 날것과 익힌 것의 대립을 결합(연결)하는 축은 문화적 특성을 나타내고 있으며, 날것과 상한 것을 연결하는 축은 자연적 특성을 나타낸다. 왜냐하면 익힌 것(삶고, 찌고, 굽고, 끓이는 등 음식을 요리함—옮긴이)은 날것의 문화적 변형을 일으키기 때문이며, 마찬가지로 부패(부패, 상한 것, 썩은 것 등—옮긴이)는 날것의 자연적 변형을 일으키기 때문이다.

이처럼 복원된 전체 집합 중에서 투피-과라니 신화들은 제족의 신화들보다 훨씬 근본적인 전개 과정을 나타내 보인다. 투피-과라니의 사고 체계로는 익힌 것(이것에 대한 비밀을 독수리들이 독점하고 있음)과 부패(이것은 오늘날 독수리들이 먹는 음식물의 섭취 규정=썩은 것) 사이의 관여적 대립(변별적인 대립을 의미—옮긴이)으로 나타나는 반면, 제족에서의 관여적 대립은 음식물의 익힘과 날것으로 먹는 독수리들의 소비행태(표범이 그렇게 했던 것처럼, 불을 인간에게 주고 날것을 먹게 됨—옮긴이)로 표현된다.

보로로 신화는 두 방식 중에 선택이 불가능하거나 거부를 표현하는 것이 될 텐데, 우리는 이유를 찾아야만 한다. 부패에 관한 주제는 이 신화에 제족의 신화들보다 훨씬 강하게 유포되어 있으나, 포식성 육식동물(carnivore prédateur)의 주제는 거의 완벽하게 부재한다. 다른 한편 보로로 신화는 정복자인 인간의 관점을 취하고 있는데, 다시 말하자면 문화의 관점(신화M₁의 주인공은 스스로 활과 화살을 발명한다. 이것은 신화M₅₅의 원숭이—인간의 자연적 상대물—가 표범이 모르고 있는 불을 발명하는 것과 같다)을 취하고 있는 것이다. 제족과 투피-과라니 신화(이러한 관계로 볼 때 더욱 밀접한)들은 한층 더 박탈된(가죽을 벗은) 동물의 관점에 서게 되는데, 이것은 자연의 관점이다. 자연과 문화 사이에 경계선은 어쨌든 제족에 역점을 두느냐 아니면 투피족에 두느냐에 따라 위치가 바뀐다. 투피족에게서 경계선은 날것과 익힌 것 사이를 지나가고, 제족에게서는 날것과 썩은 것(pourri) 사이를 지나게 된다. 제족은 결국 전체(날것+썩은 것)를 자연적 범주(catégorie naturelle)로 만들고 있으며, 투피족은 전체(날것+익힌 것)를 문화적 범주(catégorie culturelle)로 놓고 있다.

제3부

1 오감(五感)의 푸가

앞에서 우리가 진척시킨 부분적이고 잠정적인 종합적 밑그림이 절대적으로 설득력을 갖는 것은 아니다. 왜냐하면 밑그림을 그리면서 참조신화의 중요한 파편들을 남겨놓았음은 물론, 이러한 파편들이 제족의 신화 집단에도 등장한다는 사실을 배제하고 있기 때문이다. 무엇보다도 우리가 추구하는 방법은 철저하고 완벽한 조건에서만 정당성을 얻을 수 있다. 만일 우리가 앞에서 확인한 것처럼 같은 한 신화 집단과 관계가 있는 신화들 사이에 존재하는 명백한 차이성을 논리적 변형의 결과 또는 역사적 사건의 결과로 취급한다면 자의적인 해석을 할 수 있는 가능성은 대단히 커질 것이다. 왜냐하면 사람들은 항상 가장 편한 방법을 선택할 것이고, 또 역사적인 사실이 빈약하다면 논리적 추론을 요구할 것이기 때문이다.

게다가 논리적인 사실들이 부족하다면 역사적인 사실이 빈약함에도 불구하고 논리적인 추리를 수행할 것이다. 그렇게 되면 구조 분석은 전적으로 부당전제(pétitions de principe, 논리선취[의 오류]: 논증해야 할 것을 전제로 내세우는 오류—옮긴이) 위에 세워지게 되어 그의 유일한 정당화를 잃게 될 것이기 때문이다. 구조 분석은 난해하고, 해독하기 불가능한 아주 복잡한 메시지를 축소하고 동시에 가장 경제적으로 기호화(codage)하는 것이다.

이처럼 구조 분석은 연구 대상의 실제적인 모든 양상들(modalités)을 성공적으로 철저히 고찰하는 데 있으며, 그렇지 못하다면 이러한 양상들 중의 어떤 하나에도 구조 분석을 응용할 권리를 잃게 된다.

신화 원문을 문자 하나하나 검토해보면, 모욕을 당한 아버지가 아들을 죽이기 위해 영혼의 세계(왕국)로 보내는 에피소드는 단지 보로로 신화에만 등장한다. 이 이야기가 주인공이 근친상간을 범한 행위의 직접적인 결과라는 것은 너무나 자명해 보인다. 이 에피소드는 물론 제족 신화들 속에는 나타나지 않는다.

이 에피소드를 자세히 고찰해보자. 주인공은 분명한 임무를 띠고 영혼이 사는 수중 세계로 원정을 떠났다. 그는 세 가지 물건을 훔쳐야만 하는데, 순서대로 본다면 큰 딸랑이, 작은 딸랑이, 그리고 소리쇠였다. 세 물건은 모두 소리를 내도록 고안된 것이며, 이것은—이 점에서 원문은 명백하다—아버지가 물건들을 선택했다는 점을 설명하는데, 그는 아들이 이 물건들을 움직이지 않고는(소리 내지 않고는—옮긴이) 탈취할 수(훔칠 수) 없으리라는 점을 알고 있었다. 그렇게 비상이 걸리자 영혼들은 겁 없이 덤빈 침입자를 벌주려 했다. 이런 점을 명백히 하고 보면 제족의 신화에서도 어떤 접근(연관)을 찾을 수 있을 것이다.

그러나 우리가 이것을 설명하기 전에 제족 신화들이 명백하게 하나의 집단을 구성하고 있다는 점을 강조하는 것이 합당할 것이다. 우리가 소유한 여러 다른 판본들이 고르지 않게 전개되어 있고 상세한 내용들이 많든 적든 간에 이 판본들의 기본적인 윤곽들은 서로 포개질 수 있다는 점에서 우리는 이미 알고 있다. 더욱이 이 신화들이 유래하는 민족들은 실제로는 구별되지 않는다. 말하자면, 어떤 민족도 완벽하게 구별되지 않는다. 크라호족과 카넬라족(Canella)은 동쪽 팀비라족의 두 하위 집단이며, 팀비라족은 좀더 넓은 전체 민족 집단과 관계가 있고, 아피나이에족은 이 전체 민족 집단의 서쪽 대표집단을 구성한다(틀림없이 카야포족 역시 그렇다). 이들 사이에 분리가 이루어진 것은 몇 세기 전의 일이며, 이런 사실은 당시의 기억을 보존한 전설들이 증명하고 있다. 쿠벤크란켄족과 고로티레족의 분리는 더욱 최근의 일로, 단지 1936년까지 거슬러 올라갈 뿐이다.[1]

방법론적인 관점에서 현재 우리는 조금 전에 거론한 상황과 반대의 상황에 있다. 구조적 관점을 취하게 될 때, 우리는 앞에서 열거했던 원칙들이 응용의 어려움에 봉착하는 경우마다 역사·문화적 가설을 원용할 권리를 갖지 못한다. 왜냐하면 역사·문화적 추론이 필요할 때마다 임시로 사용하는 단순한 추측으로 축소될 수도 있기 때문이다. 반면 민족지학자들(ethnographes)이 언어학적·역사적 연구를 통해 얻은 사실의 근거가 확실할 때는, 구조주의 인류학자들도 이런 사실들을 참작해야 할 권리는 물론 의무도 있는 것이다.

역사적으로 말해서 지금의 제족 부족들이 공통의 기원을 갖고 있다 하더라도 유사성을 보이는 그들의 신화들은 하나의 집단을 구성하는 것이 아니라 단지 논리적 관점에 의한 집단을 구성할 뿐이다. 이 신화들은 경험적인 삶을 (공통적으로) 소유하는 하나의 가족을 형성한다. 이런 측면에서 가장 내용이 풍부한 판본들은 상대적으로 빈약한 판본을 보충할 수 있으며, 물론 빈약한 판본들과 풍부한 판본들의 차별화가 단지 누락된 내용으로만 이루어지는 조건에서다. 만약 두 개의 판본이 같은 에피소드에 대해 다른 취급을 한다면(두 개의 신화로 이루어졌다면—옮긴이), 부분집합(sous-ensemble)의 범위 내에서 다시 변형의 개념을 원용하는 것이 필요해진다.

이제 방법론적인 법칙이 진술되었으므로, 우리는 적어도 이미 다루었던 제족의 6개의 신화들 중 불의 기원신화에 대한 두 개의 판본(M9, M10)에 예시된 한 측면에 주의를 돌릴 수 있게 되었다. 다른 이야기의 구성 수단을 빌리고 있기는 하지만, 보로로 신화처럼 아피나이에와 팀비라 신화들도 소리와 관계되는 문제를 공통적으로 제기한다.

이 점에서 팀비라 신화M10은 아주 명료하다. 표범에 의해 받아들여진

<hr />

1) 동쪽과 서쪽의 제족에 대한 역사는 Nim. 8과 Dreyfus, 제1장을 참조.

주인공은 보로로 신화의 주인공처럼 소리를 내면 죽음의 위험에 처한다. 보로로 주인공이 소리나는 악기를 떨어뜨리거나, 팀비라 주인공이 구운 고기를 씹을 때 소리를 내면 그를 보호해주는 표범의 잉태한 아내를 놀라게 함으로써 위험에 처한다. 두 주인공에게 제기된 문제는——그들에게 제시된 시련(시험)이라고 말할 수 있을 것이다——유사하게도 소리를 내면 안 된다는 점이다.

언뜻 보기에 이러한 주제가 없는 듯한 아피나이에 신화M₉에는 다른 신화에는 없는 주제인 단명의 기원신화가 등장한다. 표범의 충고를 잊은 주인공은 그가 대답하면 안 될, 말하자면 소리에 의해 자신을 동요시켜서는 안 되는 여러 번 부르는 소리에 대답을 한다. 그에게는 단지 딱딱한 나무 소리나 바위가 부르는 소리에만 대답을 하도록 허용되어 있었다. 만일 그가 그렇게 했다면 사람들은 광물이나 식물들처럼 그렇게 오래 살 수 있었을 것이다. 그러나 그가 '썩은 나무의 부드러운 소리'에 대답했으므로 그후부터 인간 생명의 길이가 짧아졌다.[2]

세 개의 신화(M₁ · M₉ · M₁₀)——보로로 · 아피나이에 · 팀비라——는 결국 이러한 관계에서 공통분모를 갖는다. 즉 소리에 대한 신중한 태도를 갖지 않으면 죽음이라는 형벌 아래 놓이게 되는 것이다. 신화M₁과 M₁₀에서 '주인공은 소리를 냄으로써 타인들을 도발' 하지 말아야 하며, 그렇지 않으면 '그는 죽게 된다.' 신화M₉에서 주인공은 '모든 소리에 자신이 동요'되어서는 안 되며, 그가 열고 닫는 청각의 문에 따라 인간

---

[2] 이런 일이 자주 일어나기 때문에 가이아나의 한 신화(토리팡족의 신화M₄₀)는 이와 같은 에피소드를 보존하고 있다. 그러나 일반적인 의미는 감소되어 있으며, 단순하게 한 주인공의 행위에 포함되어 있다. 즉 마쿠네마(Makunaima)는 형의 충고를 듣지 않고 식인귀(Paima)와 한 유령이 먼 곳에서 부르는 소리에 대답했기 때문에 죽음을 맞았다(K.G. 1, 49쪽). 가이아나의 완전한 신화를 참조하기 위해서는 이 책 378쪽, 주 24를 볼 것. 바위와 부패한 것이라는 대립의 주제와 인간생명의 길이, 장수와 단명의 상징적 관계의 주제에 대하여 우리는 가족 중 한 사람의 장례식 말기에 모래와 자갈을 가지고 그들의 몸을 문지르는 것에 주목했다. 이것은 모래와 자갈이 썩는 물건이 아니기 때문이다. '그들은 말하기를 결코 죽지 않는 돌과 같기를 원한다. 나는 돌처럼 그렇게 늙게(오랫동안 살게) 되기를 바란다'(Henry, 184쪽).

들(다시 말하자면 '타인들')은 '다소간 빨리 죽게 된다.'

신화M₁과 M₁₀에서 주인공은 '소리의 주체'가 되며, '약간'의 소리를 내는 것은 괜찮지만 '많이' 내서는 안 된다. 신화M₉에서 주인공은 '소리의 대상'이 되며, '많은' 소리를 들을 수 있으나 '작은' 소리를 들어서는 안 된다. 세 경우에 나타나는—계산된 생명의 길이에 따라—존재(existance)와 비존재(non-existance)의 대립 매개(항)로서 존재하는 지상의 삶의 특성은 침묵과 소리에 대한 분명한 한계를 정의하기 어려운 불가능성(인간은 이 불가능 위에 존재)의 함수로써 상정할 수 있지 않을까?

단지 아피나이에 판본만이 명시적으로 이러한 형이상학적 명제를 표현한다. 이런 (기이한) 사실은 또 다른 사실을 수반하는데, 왜냐하면 아피나이에 신화는 식인귀의 에피소드가 나타나는 유일한 신화이기 때문이다. 이 두 사실은 서로 연관되어 있고, 보조정리명제(lemme)를 사용해 이러한 사실을 증명할 수 있을 것이다.

먼저 불의 기원신화에서 '단명'의 위치를 정당화해보도록 하자. 제족에 속하지 않는 카라자족의 영토는 아라과이야 계곡 훨씬 남쪽에 사는 아피나이에족의 영토와 인접해 있으며, 카라자족의 한 신화는 위의 두 주제 사이의 관계를 아주 명료하게 나타내 보인다.

M₇₀. 카라자족의 신화: 단명 I

시간이 시작되었을 때 인간들은 땅 속 깊은 곳에서 조상인 카부와(Kaboi)와 같이 살고 있었으며, 밖이 밤일 때 이곳에는 햇빛이 비쳤다. 즉, 바깥 세상과 반대였다. 때때로 사바나 지역의 새인 사리에마(sariema[*Cariama cristata, Microdactylus cristatus*])가 지저귀는 소리가 들렸다.

하루는 카부와가 소리가 들려오는 쪽으로 가기로 결정을 하고, 몇 사람을 동반해 통과할 수 없는 한 구멍(통로)에 다다랐다. 그는 아주 뚱뚱했으므로 단지 동료들만이 땅 위로 나올 수 있었고, 그들은 탐험을 시작했다. 거기에는 많은 양의 과일과 벌, 그리고 꿀이 있었다. 죽은 나무와 마른 나무도 볼 수 있었다. 그들은 자신들이 찾은 모든 견본을 카부와에게 가져왔다. 그는 물건들을 검색한 후 지상은 아름답고 기름진 곳이라는 결론을 내렸다. 그러나 죽은 나무가 있다는 것은 결국 모든 것이 사라질(죽을) 운명에 처해 있다는 것이니 지금 사는 곳에 그대로 머무르는 것이 낫겠다고 결정했다. 카부와 왕국에서는 사람들이 나이가 들어 움직이지 못할 때까지 살았기 때문이다.

'어린 아이들' 중의 일부는 카부와의 말을 듣는 것을 거부하고 지상에 보금자리를 세우러 나갔다. 이런 이유로 사람들은 지하세계에 머무르기를 선택했던 그의 동료들보다 훨씬 빨리 죽게 되었다 (Ehrenreich, 79~80쪽).

죽은 나무의 주제를 포함하지 않는 또 다른 판본에 따르면, '죽음은 물 속 깊은 곳에 존재했다.' 다른 한편 사리에마가 지저귀는 소리는 꿀을 찾으러 다니는 사람들에게 들렸다(Lipkind 1, 248~249쪽)고 적혀 있다.

아무튼 아피나이에 신화에서처럼 단명의 최초 원인은 소리에 대한 신중하지 못한 수용에서 찾을 수 있다. 사람들은 새가 지저귀는 소리를 들었고, 새를 찾으러 떠났다가 죽은 나무를 발견한다. 아피나이에 판본은 이 두 에피소드를 압축해 간결하게 표현하고 있다. 왜냐하면 주인공은 썩은 나무가 부르는 소리를 직접 듣기 때문이다. 이 판본은 이런 관계를 더욱 강하게 드러내며, 관여적 대립은 여기에서 훨씬 더 잘 나타난다.

신화M9 : 단단한 나무   /   썩은 나무
신화M70 :   살아 있는 나무 / 죽은 나무[3]

여러 종류의 새 중에서 사리에마(seriema, cariama 등등)를 선택한

322

것은 이러한 추론을 더욱 확고하게 해준다. 페르남부쿠의 슈쿠루족(Shucuru)은 이 새를 태양의 늙은 여주인으로 본다. 사리에마는 비가 올 때만 노래를 하는데(지저귀는데), 이들은 이것을 해를 부르기 위해서라고 생각한다(Hohenthal, 158쪽). 사리에마가 사람을 부르고(유혹하고), 낮의 천체(태양) 쪽으로 사람들을 인도하는 것은 당연한 일이다. 또 우리는 신화M29에 등장하는 마르고 추한 여자와 결혼한 사리에마를 만난 적이 있으며, 이 못난 여자가 태어날 때 사리에마가 살(고기) 조각을 너무 잡아당겼기 때문에 그렇게 되었다는 것을 안다.

브라질 내륙의 농부들은 사리에마의 살, 또는 단지 사리에마의 넓적다리 살은 썩어서(벌레가 먹어서) 식용이 불가능하다고 말한다. 썩은 살을 가진 새나, 상한(못난) 여자[4]가 부르는 소리와 썩은 나무가 부르는 소리 사이에—처음 보기에는 그렇지 않지만—아주 커다란 공통점이 있다.

아피나이에 판본과 단명의 기원신화인 카라자 판본을 비교하면서 우리는 또 다른 관심을 가질 수 있게 되었다. 이것은 위(썩은 나무—옮긴이)의 소재와 취사(음식)의 기원에 대한 소재 사이에 관계를 설정할 수 있게 해주기 때문이다. 불을 붙이기 위해서는 죽은 나무를 주워 모아야만 하며, 생명은 없지만 이 썩은 나무에 긍정적인 효력[德]을 부여해야만 한다. 이런 의미로 취사(음식)를 한다는 것은 바로 '썩은 나무가 부르는 소리를 듣는 것이다.'

무엇보다도 문명화된 삶은 불을 필요로 할 뿐만 아니라 또한 이 불로

---

3) 아피나이에 신화는 살아 있는 나무의 단단한 힘과 부드러움을 암묵적으로 구별한다. 그러나 우리는 일반 언어에서 사용하는 죽은 나무와 썩은 나무의 대립을 강조하지는 않을 것이다. 중앙 브라질과 동부 브라질 언어들은 우리가 사용하는 '죽은'과 '썩은' 나무를 하나의 범주에 놓는다. 이와 같이 보로로어로 djorighe, gerigue는 '땔나무'(djoru, '불' 참조)고, djorighe-arôgo는 '썩은 나무 벌레'(B. de Magalhães, 34쪽)다.
4) 바케리족은 '못생기고, 가느다란' 깃털을 가진 사리에마에 비유하고 있다(von den Steinen 2, 488~489쪽).

취사할 재배 식물이 필요하다. 중앙 브라질의 토착민들은 원시적인 화전민들로서, 돌도끼만을 가지고 숲속의 나무를 찍어 넘길 수는 없었을 것이다. 이들은 불의 힘을 빌려야만 했다. 나무 밑둥에 며칠 동안 불을 놓아 살아 있는 젖은 나무를 천천히 연소시킨 뒤 기초적인 도구로 찍어 넘길 수 있었다. 이와 같이 살아 있는 나무의 선(先) 요리식의 '익힘'(cuisson)은 논리적, 철학적 문제를 제기한다. 이것은 땔감의 명목으로 '산'(살아 있는) 나무를 찍어 넘기는 행위를 엄격히 금지한 사실에서 유래한다. 문두루쿠족은 최초에는 그것이 마른 나무건 썩은 나무건 간에 땔나무가 없었다고 말한다. 단지 살아 있는 나무만이 존재할 뿐이었다(Kruse 2, 619쪽).

'우리가 아는 한 유로크족(Yurok)들은 땔나무로 쓰기 위해 살아 있는 나무를 자르지 않았다. 같은 규칙이 캘리포니아의 또 다른 인디언들에게도 받아들여졌음은 물론, 아마도 철제 도끼가 유입되기 전에는 아메리카의 모든 토착민들에게 통용된 규칙이었을 것이다. 땔감은 나무가 서 있건 또는 쓰러져 있건 간에 죽은 나무에서 얻었다(Kroeber, Elmendorf, 220쪽, 주 5). 그러니까 단지 죽은 나무만이 땔감용으로 허락되었다. 이러한 규정을 어기는 것은 식물계에 대한 식인행위(acte de cannibalisme)였다.[5]

그렇지만 화전농업(écobuage)은 사람들이 죽은 나무의 불을 사용하는 것 이외의 또 다른 방식으로 취사를 하는 것이 금지된 조건에서, 재배 식물을 얻기 위해서, 살아 있는 나무를 불태우지 않을 수 없게 하고 있다. 이런 농업 기술에는 뭔가를 잘못했다는 막연한 감정이 연결되는데, 이것은 문명화된 음식을 얻기 위한 예비적 조건(살아 있는 나무를 태워야 한다는—옮긴이)이 어떤 유형의 식인행위가 되기 때문이다. 이러한 사실은 팀비라 신화M₇₁이 증명한다. 속에서 계속 타던 쓰러진 나

5) 이 책이 인쇄 중일 때 이루어진 흥미 있는 연구에서, 헤이저는 불을 때기 위해 나무를 자르는 예외적인 특징들을 강조하고 있다(Heizer, 189쪽).

무둥치 위를 걷던 한 인디언이 그의 정원에서 실수로 불에 데었다. 상처는 치료될 수 없다는 판결이 났다. 만일 호의적인 유령(주인공의 조부모들의 유령)이 그를 구원하러 오지 않았다면 주인공은 죽었을 것이다. 그러나 그러한 일을 겪고, 또 그러한 일로부터 벗어났다는 사실로 인해 주인공은 이번에는 사냥에서 피로 더러워진 손으로 구운 고기를 먹음으로써 얻은 내장의 격렬한 통증을 스스로 치료할 수 있게 된다(Nim. 8, 246~247쪽). 즉 외부의 상처 대신에 내부의 고통, 이것은 죽음과 삶의 결합에서 유래하는 것이다.[6]

아피나이에 신화M₉가 취사용 불의 획득에서 식인귀를 만나게 되기까지 '썩은 나무가 부르는 소리'를 이용하는 것은 자의적이 아니다. 우리가 이미 증명했듯이 단명과 취사용 불의 획득 사이에는 내재적 연관관계가 존재한다. 이제 우리는 화전민들에게는 심지어 식물성의 음식(취사)까지도 '식인'(물론 식물성적인 식인)과 불가분의 관계라는 사실을 알 수 있다.

단명은 두 가지 양상으로 표현된다. 먼저 자연사(自然死)로써 늙음 또는 병에 의한 죽음은 나무에도 적용될 수 있는데, 나무의 자연적인 죽음은 땔감으로 변형된다. 다음은 식인종 또는 식인귀일 수도 있는 적에 의한 난폭한(비정상적인 죽음—옮긴이) 죽음인데, 적어도 이런 죽음은 은유적 의미로 표현될 수 있다. 말하자면 살아 있는 나무를 찍어 넘기는 벌목꾼의 모습으로 나타난다. 아피나이에 신화에서 식인귀 '그림자' 또는 '유령'과 조우하는 에피소드는 썩은 나무가 부르는 소리(역시 유령일 수 있다)의 에피소드와 갑자기(매개 없이—옮긴이) 이어진다. 이러한

---

6) 보로로족 역시 피에 대한 혐오감을 갖고 있다. '그들은 어떤 이유이든, 심지어 야생 동물을 죽일 때도 피로 인해 더럽혀지는 일이 일어나면 감염되었다고 판단한다. 곧 그들은 물이 있는 곳으로 달려가 아무리 작은 흔적일지라도 남아 있지 않을까 염려하며 몸을 씻고 또 씻는다. 이런 사실에서 그들이 피가 묻은(흐르는) 음식을 혐오하고 있다는 사실을 알 수 있다'(Colb. 1, 28쪽). 이러한 태도는 적도 아메리카에서 일반적이지는 않다. 남비크와라족(Nambikwara)은 그들 육류 음식의 기본을 이루는 작은 동물들을 반쯤 익히거나 피가 흐르는 채 먹기도 하기 때문이다(L.-S. 3, 303~304쪽).

양상으로 죽음은 두 종류의 모습으로 나타난다.

* * *

하지만 아피나이에 신화는 우리가 아직까지 해결하지 않은 또 다른 문제를 제기한다. 분절 능력(소리의 분절 능력―옮긴이)이 없는 식물이나 광물 같은 존재가 부르는 소리에 어떤 의미를 부여해야만 할까? 신화는 주인공이 대답을 하든지 아니면 귀머거리인 척해야 하는지를 결정해야 할 세 종류의 부르는 소리를 열거한다. 가장 강한 소리에서 가장 약한 소리로 구별되는 세 개의 소리는 바위가 부르는 소리, 아오에라나무가 부르는 소리, 그리고 썩은 나무가 부르는 소리다. 우리는 제족의 신화 논리에서 썩은 나무에 대한 상징적 가치를 알 수 있는 증거를 갖고 있다. 즉 농업기술 유입 이전에 인간이 먹었던 유일한 것은 식물성의 반-양식(anti-nourriture)[7]이었다.

제족의 몇몇 신화―우리는 이 신화들에 대해 다시 논하게 될 것이다―는 재배 식물의 증여(선물)의 덕을 인간(un mortel)과 결혼하려고 지상으로 내려온 별-여인(femme-étoile)에게 부여한다. 이전에 사람들은 썩은 나무를 야채로 고기와 같이 먹었다(아피나이에 판본: Nim. 5, 165쪽; 팀비라 판본: Nim. 8, 245쪽; 크라호 판본; Schultz, 75쪽; 카야포 판본: Banner 1, 40쪽, Métraux 8, 17~18쪽). 자연과 문화의 대립관계에서 우리는 썩은 나무가 재배 식물의 도치라고 결론지을 수 있다.

식인귀의 에피소드에서는 식인귀에게 자기 대신 돌을 먹도록 남겨놓음으로써 유괴범을 속이는 주인공을 보여준다. 그러니까 돌이나 바위는 인간의 살(육신)의 대칭적이며 도치된 항으로 나타난다. 따라서 아직도

---

7) 북아메리카 특히 북서지역에서 같은 사고를 볼 수 있다. '채롱을 가진 식인귀'의 이야기는 이 지역의 많은 판본에 등장하는데, 제족 판본과 놀랄 정도로 유사하다. 틀림없이 신대륙의 많은 신화들은 범아메리카적인 전파의 영향을 받았다. 그러나 북아메리카의 북서지역과 중앙 브라질의 신화들은 특히 많은 공통점들이 있기 때문에 역사문화적인 문제가 제기되는 것을 피할 수는 없을 것이다. 그러나 아직은 이것을 말할 때가 아니다.

먹을 수 있는 유일한 음식 항으로 남아 있는 동물의 살로 빈칸을 채울
수 있다면, 우리는 아래와 같은 도표를 얻을 수 있다.

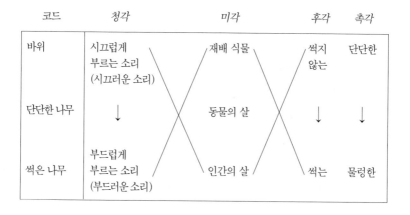

이것은 무엇을 의미하는가? 세 개의 '부르는 소리' 시리즈는 도치된
순서로 보아 농업과 사냥, 그리고 식인의 세 범주로 나뉘는 음식의 분
할을 의미한다. 게다가 '미각'이라 부를 수 있는 이 세 범주는 또 다른
감각 체계의 용어로 코드화(기호화)된다. 청각 용어, 결국 사용된 청각
상징들은 두 개의 또 다른 감각기관의 코드화를 즉각적으로 암시할 수
있는 놀랄 만한 특성이 있다.

이는 아래 도표에서 볼 수 있는 것처럼 후각의 코드화, 그리고 촉각
의 코드화를 말한다.

코드	청각	미각	후각	촉각
바위	시끄럽게 부르는 소리 (시끄러운 소리)	재배 식물	썩지 않는	단단한
단단한 나무	↓	동물의 살	↓	↓
썩은 나무	부드럽게 부르는 소리 (부드러운 소리)	인간의 살	썩는	물렁한

이것으로 우리는 소리의 발신자로서 돌과 나무에 부여한 대단히 명
확한 의미를 이해할 수 있게 되었으며, 이들 소리의 발신자들은 또 다
른 감각기관의 암시적 의미로도 표현될 수 있다는 사실을 바탕으로 선
택된 것들이다(청각을 바탕으로 대립과 차이성이 나타나듯, 다른 감각

기관으로도 이런 차이성과 대립을 표현할 수 있다는 뜻—옮긴이). 이것들은 감각과 관계하는 모든 대립 체계의 동형성을 표현할 수 있는 조작자들이며, 삶과 죽음, 식물성 음식과 식인, 부패와 비부패성, 부드러움과 단단함, 침묵과 소리를 포함하는 등치관계 집단을 총체로 설정한 조작자들인 것이다.

* * *

이에 대한 증거가 제시될 수 있다. 우리는 다소간 제족과 가까운 이웃 민족들이나 같은 민족들에서 유래하는 (우리가 이미 조사한) 신화들의 변이형을 알고 있으며, 이 신화들을 통해 한 감각기관의 코드화가 다른 감각기관의 코드화로 변형되는 것을 증명할 수 있기 때문이다. 아피나이에족이 청각적 상징들을 사용해 삶과 죽음의 대립을 공공연히 코드화한다면, 크라호족은 후각을 통해 공공연히 코드화한다.

M72. 크라호족의 신화: 단명

인디언들은 어느 날 수중신인 코크리도족(Kokridhô)의 한 어린아이를 납치하고, 의례 중 가면춤을 통해 이 사건을 재현한다(슐츠의 정보제공자에 의하면 이들은 물벼룩이다).[8] 다음날 밤, 코크리도들은 물에서 나와 그들의 아들을 되찾기 위해 마을을 침범했다. 그러나 코크리도가 풍기는 지독한 썩는 냄새 때문에 모든 사람들이 죽고 말았다(Schultz, 151~152쪽).

크라호족의 한 정보제공자는 코크리도가 아주 세게 '르르르르르르르' 하고 노래하기 때문에 사람들이 그 소리를 듣기 싫어한다는 점을 덧붙여가며 청각의 코드화를 재현한다. 이러한 내용은 보로로족이 에

---

8) 카야포족의 므루 카옥(mru Kaok)과 비교할 수 있는데, 이것은 결코 볼 수는 없고 때때로 그의 소리를 듣거나 느낄 수 있는 뱀 형상의 수중괴물이다. 이 괴물은 울혈(鬱血)이나 기절의 원인이다(Banner 2, 37쪽). 므루 카옥이란 단어는 '거짓 또는 흉내'라는 의미도 갖는다(Banner 2).

제(aigé)라는 한 단어로써 마름모꼴과 수중신을 지적한다는 사실을 상기시킨다(『보로로 백과사전』, 제1권, 17~26쪽). 팀비라족의 코크리트(kokrit=kokridhô)의 기원신화는 이와 조금 차이가 있는데(M73), 이 신화는 코크리트들의 썩는 냄새를 강조한다(Nim. 8, 202쪽). 지바로족(Jivaro)의 신화M74에 의하면 그들은 괴물들이 나타남과 동시에 썩는 냄새도 함께 풍긴다고 믿는다(Karsten 2, 515쪽). 오페에족의 신화M75에 따르면, 한 인간 스컹크(jaratatáca, 족제비과의 동물)의 냄새 때문에 죽음이 나타났다고 하며, 어떤 사람이 이 동물로 변했다고도 한다(Nim. 1, 378쪽).[9]

아피나이에 신화에서 세 번 부르는 소리는 시페아족 신화에서는 후각의 코드화로 나타난다. 이와 마찬가지로 단명의 기원신화인 시페아

---

9) 자라타타카(jaratatáca[maritatáca, jaritatáca])는 캉감바(Cangambá[*Conepatus chilensis*])를 말하는데, 북아메리카의 '스컹크'와 같은 종인 남아메리카의 스컹크를 지칭한다. 브라질 중앙과 남쪽 지역에 퍼져 있는 이 네 발 달린 야행성 육식동물은 뱀의 독을 갖고 있어, 아무 때나 사냥할 수 있는 자연적 특권을 누리고 있다고 생각되는 짐승이다. 그는 악취가 나는 액을 분비하는 항문선을 갖추고 적에게 뿌릴 수 있다(Ihering, 제34권, 543~544쪽). 페르남부쿠에서는 '타카카'(tacáca)라는 단어가 '인체의 고약한 냄새', 즉 고약한 땀을 나타내는 말로 일상용어에 사용되고 있다(같은 책, 제36권, 242쪽). 우리는 여러 번에 걸쳐 아메리카 스컹크(이 책 362쪽, 364쪽, 410쪽, 472쪽의 주와 505쪽의 주를 참조)에 대한 분석을 할 것이며, 여기서는 단지 하나의 사실만 다룰 것이다. 이 동물은 족제비과에 속하며, 그는 그의 냄새와 더불어 인간들에게 죽음을 퍼뜨린다(M75). 신화M27에 따르면 보로로족의 조상들은 그들이 냄새나는 담배 연기를 내뿜기를 거절했기 때문에 족제비류(수달)로 변했다. 신화M72의 코크리도들은 물벼룩이며, 콜바치니가 제시한 보로로어의 정의로는 이피에(ippié)라는 동물에 대해 이미 주의를 환기한 바 있다(이 책 252쪽, 주 1). 이 동물은 수달보다는 물벼룩에 더 합당한 것처럼 보인다. 우리는 족제비류와 확인되지 않은 수중곤충 사이에 성립하는 민족-동물학적인 일치에 의심을 갖게 된다. 『보로로 백과사전』에서는 어떤 확인을 얻을 수가 없으며, 아마도 추측을 해본다면 또 다른 동물에 대해서도 같은 종류의 것으로 일치성을 찾았을 수도 있다. 즉 오키와(Okiwa)라는 단어는 동음이의어로 카피바라(capivara[*Hydrochoerus*])와 물가에 살고 있는 수중곤충을 동시에 지칭한다(『보로로 백과사전』, 제1권, 829쪽). 빠른 회전을 하는 수중 초시류(鞘翅類)를 이-아마이(y-amei)라고 하는데, 이 곤충은 과라니족의 우주관에 나타나는 원초적 동물 중의 하나다(Cadogan, 30쪽, 35쪽).

신화는 거의 세 가지의 냄새라고 제목을 붙일 수 있을 것이다.

M76. 시페아족의 신화: 단명

조물주는 인간이 죽지 않도록 만들기를 원했다. 그는 인간들에게 물가에 서서 두 개의 카누가 지나쳐 가도록 내버려두라고 말했다. 그러나 세 번째 카누는 멈추게 하고, 그 배에 탄 신에게 인사를 하고 그를 끌어안아야 한다고 말했다.

첫 번째 카누는 썩는 냄새가 심한 고기를 가득 담은 바구니를 싣고 있었다. 사람들이 그를 만나려고 달려갔지만 너무 고약한 냄새에 물러서고 말았다. 그들은 이 배가 시체를 운반하고 있다고 생각했다. 그러나 시체는 두 번째 카누에 실려 있었으며, 죽음은 인간의 형상이었다. 또 사람들은 성대한 환영을 하려고 달려가서는 그를 끌어안았다. 조물주가 세 번째 배가 지나간 뒤에 쫓아와 보니, 사람들이 불사의 신을 기다렸던 뱀이나 나무 그리고 돌이 선택한 것과는 반대로 죽음(시체)을 선택했다는 것을 알았다. 만약 사람들도 이들과 같이했다면, 늙었을 때 허물을 벗어 뱀처럼 젊어질 수 있었을 것이다(Nim. 3, 385쪽).

촉각의 코드화는 이미 암시적으로 아피나이에 신화에서 바위와 단단한 나무의 시리즈로 표현되었다. 이것이 투피족 신화에는 좀더 명시적인 양상으로 나타난다.

M77. 테네테하라족의 신화: 단명 I

조물주가 창조한 첫 번째 인간(남자)은 항상 발기된 성기를 가졌지만 순결하게 살고 있었다. 그는 카사바속의 식물(뿌리)로 만든 수프를 성기에 뿌리면서 발기한 성기를 누그러뜨리려고 애썼으나 허사였다. 수상신(나중에 최초의 여인의 남편에 의해 거세되어 죽음을 당한다:

330

아마도 수상신은 수중의 뱀을 의미하는 것 같다—옮긴이)의 배웅을 받은 최초의 여인은 짝짓기를 함으로써 성기를 말랑말랑하게 할 수 있는 법을 그에게 알려주었다. 남자의 물렁물렁하게 된 성기를 본 조물주가 화를 내며 "이제부터 너는 무른 성기를 가지게 될 것이며, 아이들을 낳고 그리고, 죽으리라. 또한 너의 자식도 성장해 아이를 만들고 그 역시 죽으리라"(Waglay-Galvão, 131쪽) 했다.[10]

이웃 부족인 우루부족에 대해 헉슬리(Huxley, 72~87쪽)는 토착민의 철학에서 '단단함'과 '말랑말랑한, 무른 것'의 범주들이 수행하는 근본적인 역할의 중요성을 강조한다. 이러한 범주들은 대화의 양식, 행위의 유형, 삶의 장르, 그리고 심지어는 세계의 두 측면을 구별하는 데 사용된다.

시각적 코드는 그것이 제기하는 해석의 문제로 인해 더욱 오랫동안 우리의 연구와 병행될 것이다. 우선 시각적 코드가 다른 감각적 코드들과 결합된 신화를 보도록 하자.

M78. 카두베오족의 신화: 단명

한 유명한 무당이 늙은이를 젊게 하고, 죽은 나무에 싹이 나게 하는 방법을 알려고 조물주를 방문했다. 그는 조물주로 생각되는 저 세상의 여러 사람에게 문의했으나, 그들은 그에게 창조주의 머리칼, 손톱 깎은 부스러기, 오줌 등등만을 설명했다. 마침내 그는 목적지에 도달했고 청원서를 제출했다. 그의 수호신은 어떤 일이 있어도 창조주의 파이프를 피우거나 그가 제공하는 담배를 받아서는 안 되며(반대로 난폭하게 그에게서 담배를 빼앗아야 한다), 그리고 그의 딸을 쳐다봐서도 안 된다고 알려주었다.

세 종류의 시험을 성공적으로 통과한 후, 무당은 죽은 자를 부활시

---

10) 오페에 신화에 나오는 단명의 원인인, 태양열에 녹은 밀납으로 된 성기와 비교해 보라(Ribeiro 2, 121~123쪽).

킬 수 있는 빗과 나무에 새싹이 나게 하는 송진(식물의 진, 수액)을 얻었다. 창조주의 딸이 그가 잊고 온 담배 조각을 돌려주기 위해 쫓아오고 있을 때 그는 벌써 귀향길에 접어들고 있었다. 그녀는 그가 멈추도록 큰 소리로 불렀다. 무의식적으로 주인공은 뒤로 돌아서서 여자의 엄지발가락을 보았다. 그런데 그가 잠깐 힐끗 본 눈길은 그녀를 잉태시키기에 충분했다. 조물주는 주인공이 집으로 돌아오자마자 죽게 만들었고, 그를 조물주의 옆으로 불러 그의 아내와 아들을 돌보도록 했다. 이때부터 인간들은 죽음을 피할 수 없게 되었다(Ribeiro 1, 157~160쪽; Baldus 4, 109쪽).

두 번째 테네테하라 신화는 순전히 시각적 코드를 사용해서 단명에 대해 신화M₇과는 언뜻 보기에도 다른 해석을 하고 있다.

M79. 테네테하라족의 신화: 단명 2

한 젊은 인디언 여인이 숲속에서 뱀을 만났다. 뱀은 그녀의 애인이 되었고 그녀는 태어나자마자 청소년이 된 아들을 갖게 되었다. 매일 아들은 어머니를 위해 숲속으로 화살을 만들러 갔다. 그리고 저녁이 되면 어머니의 옷자락 속으로 돌아왔다. 여인의 오빠가 이 비밀을 알았고, 아들이 그녀의 몸을 떠나자마자 숨으라고 그녀를 설득했다. 저녁이 되자 소년이 돌아와 매일 그랬던 것처럼 어머니의 태반 속으로 들어가기를 바랐으나 어머니는 사라져버리고 없었다.

소년은 친할머니 뱀에게 자문을 구했다. 할머니는 아버지를 찾아가라고 충고했다. 그러나 그는 그럴 마음이 전혀 없었다. 밤이 되자 활과 화살을 가지고 햇살로 자신을 변화시킨 후 하늘로 올라갔다. 도착하자마자 그는 자신의 무기들을 산산조각 냈는데, 이것이 별이 되었다. 거미를 제외하고 모든 사람이 잠들어 있었으므로 이 광경의 유일한 증인은 단지 거미뿐이었다. 바로 이런 이유로 거미들(인간들과는 달리)은 나이를 먹어도 죽지 않으며, 허물을 벗는다. 예전에는 사람들과 다른 동물들도 역시 늙으면 허물을 벗었다. 그러나 이때부터 그들은 죽게 되었다(Wagley-Galvão, 149쪽).

이 신화에서 우리는 그녀의 남편이나 아들이 마음대로 피난할 수 있도록 뱀과 관계하는 열린 성기를 가진 소녀를 다시 본다(이 책 282~286쪽 참조). 이와 같은 관점에서 볼 때 단명의 기원신화인 두 테네테하라 신화는 그렇게 차이성이 나타나지는 않는다. 첫 번째 신화에서 여인은 수중뱀(수중신, 신화M77−옮긴이)에 의해 섹스에 입문하는데, 이것은 그녀가 물 위에 떠 있는 바가지를 치면서 수중뱀에게 짝짓기를 원했기 때문이다. 우루부족 판본M80에 따르면, 이 뱀은 여자들을 만족시키기 위해 조물주가 만들어준 1킬로미터의 긴 성기를 가졌으며, 이 당시(최초에) 남자들은 어린아이들이나 중성인과 같았다(Huxley, 128~129쪽).

첫번째 테네테하라 신화M77에서 남편에 의한 뱀의 살해는 그녀의 애인에게서 그 여인을 탈취하고, 자신의 남편을 유혹하도록 부추긴다. 이러한 결과로 인해 삶과 죽음, 그리고 세대의 계승이 나타나게 되었다. 우루부 신화에서는 뱀이 살해된 후 조물주가 그의 육신을 토막내어 사람들에게 개인적인 성기로 사용하도록 배분했는데, 이런 결과로 인해 여자들은 그들의 뱃속(더 이상 항아리 속이 아니다)에 아이를 잉태하게 되었고, 또 고통 속에서 애를 낳았다. 그렇다면 테네테하라의 두 번째 신화는 어떻게 해석하는 것이 합당할까?

한 여자(또는 여자들, M80)와 한 마리 뱀의 결합이라는 출발점은 같다. 이러한 결합은 이어서 조각남(분할)으로 인한 분리가 뒤따르는데, 잘린 뱀의 성기(M77), 뱀의 잘린 머리와 조각난 육신(M80), 어머니의 몸에서 결정적으로 고립된 뱀-아들(M81)의 경우가 그것이다. 그러나 앞의 두 경우에서 조각남(분할)은 주기적 형태로 지속적인 기간에 일어난다. 즉, 남성의 성기는 교차적으로 단단함과 물렁함이 반복되며 세대는 또 다음 세대로 승계되고, 삶과 죽음이 번갈아 뒤를 이을 것이고, 여자들은 고통 속에서 잉태할 것이다.

세 번째 경우(M_{79})의 조각남(분할)은 공간 속에서 일어난다. 뱀-아들(다른 뱀들처럼 뱀의 특성을 가지며, 아버지와의 만남을 거부했기에 죽는다)은 그의 활과 화살을 부수어 조각을 내는데, 이것이 밤하늘에 퍼져 별이 되었다. 이 광경(조각남, 분할)을 눈으로 본 유일한 증인은 거미였는데, 그러한 이유로 오직 거미에게만 주기성(껍질의 변형=허물을 벗음)은 생명의 가치를 가지게 되었으며, 인간에게 주기성은 사망의 가치를 가지게 되었다.

결과적으로 시각적 코드는 신화M_{79}에서 이중적 대립의 수단으로 사용된다. 먼저 볼 수 있는 것과 볼 수 없는 것의 대립, 왜냐하면 깨어 있던 거미들이 단지 특별한 광경의 증인만은 아니었다. 말하자면 이전에는 볼 것이 아무것도 없었으며, 밤하늘은 어둡고 획일적이었다. 그런 하늘을 '화려한' 것으로 만들기 위해서는 별들이 동시에 하늘에 자리잡고 빛나야만 하기 때문이다. 원초적 광경은 질적으로 규정되어야만 하는데, 이것은 전체와 대립하는 조각남(분할)의 결과에서 유래하기 때문이다(전체와 부분의 대립, 또는 연속과 불연속—옮긴이).

이 분석은 단명의 기원과 관계 있는 투쿠나족 신화 집단에 의해 확인된다. 이들 집단은 단명의 기원을 아주 다른 관점에 놓는데, 이것은 의례를 행함으로써 불사를 얻을 수 있다고 믿는 투쿠나족의 옛 믿음과 관계가 있다(Nim. 13, 136쪽).

M81. 투쿠나족의 신화: 단명

옛날에 사람들은 죽음이라는 것을 몰랐다. 사춘기를 맞아 집안에 은거하던 한 소녀가 사람들에게 자신을 따르라고 말하는 불사신이 부르는 소리에 답하지 않는 일이 일어났다. 그녀는 또한 노파신이 부르는 소리에도 대답하지 않는 잘못을 저지르고 말았다. 노파신이 그녀의 방으로 들어와서 소녀의 피부와 자신의 피부를 바꾸어 버렸다. 노파신은 소녀가 되었고, 소녀는 늙어빠진 피부를 가진 노파로 변했다. 이때부터 사람들은 늙어 죽게 되었다(Nim. 11, 135쪽)

이 신화는 아피나이에 신화(M₉, 부르는 소리의 주제)와 두 번째 테네테하라 신화(M₇₉, 피부의 변화) 사이에 위치하는 과도기적인 신화에 해당한다. 이와 같은(피부의 변화-옮긴이) 주제는 다음 신화에 더 잘 반영되어 있다.

M82. 투쿠나족의 신화: 장수(長壽)

독방에 은거해 있던 한 사춘기 소녀는 불사신이 부르는 소리를 들었다. 그녀는 즉시 대답을 하고는 불멸을 요구했다. 초대 손님(이때 진행 중인 축제의)들 중에는 거북과 약혼한 처녀가 있었는데, 그녀는 나무버섯을 먹고 있던 약혼자를 거들떠보지 않고 자신에게 호의를 보이는 매를 따라갔다. 축제 기간 내내 그녀는 애인과 같이 오두막 밖에 머물러 있었고, 단지 카사바 뿌리로 만든 술을 먹으러 축제 장소에 나타났다. 거북은 급히 나타난 그녀를 보고 저주를 퍼부었다. 그때 갑자기 맥의 가죽 위에 앉아 있던 그녀와 초대손님들이 공중으로 들려 올라갔는데, 너무 갑작스러운 일이라 거북은 거기에 앉을 여유도 없었다.

여인은 이미 하늘 높이 솟아올라 있는 가죽깔개와 그 위에 앉은 사람들을 볼 뿐이었다. 처녀의 오빠들은 그들에게 리아나덩굴을 던졌다. 그러나 그녀는 눈을 뜨지 않았다! 그녀는 그들의 말에 복종하지 않았고, "리아나덩굴이 너무 가늘어! 줄이 곧 끊어질 거야!"라고 소리를 질렀다. 결국 리아나덩굴은 끊어졌다. 처녀는 떨어지면서 새로 변했다.

거북은 술이 가득 담긴 항아리를 깨뜨렸는데, 벌레가 우글거리는 술이 땅에 엎질러져 사방에 퍼졌다. 이때 거기에 있던 허물을 벗는 생물체들인 개미와 또 다른 창조물들이 그것을 핥아먹었다. 이 창조물들이 늙지 않는 것은 바로 이런 이유다. 거북은 새로 변하여 높은 세상(하늘)에 있는 동료들을 다시 만났다. 사람들은 지금도 맥의 가죽과 거기에 앉았던 사람들을 볼 수 있는데, 이들이 달무리(또 다른

판본에는 플레이아데스 성단)를 형성하고 있기 때문이다(Nim. 13,
135~136쪽).

우리는 뒤에 시각적 코드로 천체의 여러 측면을 다룰 것이므로 여기
에서는 형식적 분석에만 만족할 것이다. 이러한 형식적 관점에서 보면,
위의 신화M₈₂와 단명의 기원신화인 두 번째 테네테하라 신화M₇₉ 사이
에는 놀랄 만한 평행관계가 있음을 알 수 있다. 다시 말해서 한 여인이
금지된 연인(뱀, 매)과 결합하고 연이어 분리가 일어나며(이것은 신화
M₇₉에서는 남자 형제에 의해, 신화M₈₂에서는 남자 형제들(오빠)이 분
리된 것을 결합하려고 노력하지만 허사가 된다), 또한 신화에 나타난
물체들은 부서진다(신화M₇₉에서는 하늘에서, 신화M₈₂에서는 땅 위에
서 일어난다). 껍질(허물)을 벗는 곤충들은 이러한 조각남을 '확인하
고' 있다. 이들은 죽지 않는 불멸의 생명체가 되며, 천상의 물체들이 나
타난다.
   그러나 투쿠나 신화는 테네테하라 신화보다 훨씬 복잡하다. 아마도
두 가지 이유 때문일 것이다. 먼저 이미 이 점에 대해 지적했던 것처럼
투쿠나족들은 인간이 불멸에 이를 수 있다고 믿는다. 이러한 불멸성
은—우리는 이것을 '절대적'인 것으로 부를 수 있는데—곤충들의
'상대적' 불멸성에 다시 덧붙여질 수 있는 보충적 측면을 갖는다. 테네
테하라 신화M₇₉는 인간의 절대적 사망률을 곤충의 상대적 불멸성과 대
립시키는 것으로 만족한다. 반면 두 개의 투쿠나 신화(이 신화들은 상
호적으로 완전하게 된다)들은 하나의 삼각 체계를 가정하는데, 즉 각
꼭지점은 불멸성과 인간의 사망률(이 둘은 절대적인 특성을 갖고 있
다), 그리고 곤충의 상대적 불멸성으로 표현되고 있다. 두 번째 투쿠나
신화M₈₂는 불멸성의 두 유형을 상정하고 있는데, 즉 인간의 불멸성은
곤충의 불멸성보다 우월하다. 왜냐하면 곤충의 불멸성에 비해 절대적
이기 때문이다.
   이러한 사실에서 조각남의 장(場)과 조각난 물체의 도치가 상관적으

로 일어나는데, 남성의 무기(사냥도구) 또는 여성의 항아리가 조각남은 하늘에서(M₇₉) 또는 땅에서(M₈₂) 일어난다. 이러한 관점에서, 별(M₇₉)에서 달무리 또는 플레이아데스 성단(M₈₂)으로의 이행은 매우 의미심장하다. 두 번째 경우(M₈₂-옮긴이)에 (플레이아데스 성단, 이 책 428쪽 이하에서 보게 될 것이다) 나타나는 천체적 현상은 연속의 측면을 갖고 있다. 또한 역시 이것은 상대적 불멸성이나 주기적인 불멸성[11]에 대립하는 절대적 불멸성의 측면을 나타낸다.

신화M₈₂의 또 다른 복잡성은 아마도 투쿠나족들의 의례 생활에서 발효음료가 차지하는 중요성과 이들이 음식 논리의 문제에 특히 예민하다는 사실에 기인할 것이다. 그들에게 술은 불사의 음료거나 또는 불사의 음료일 수 있다.

M84. 투쿠나족의 신화: 불사의 음료

사춘기 축제가 끝날 무렵 처녀의 삼촌은 너무 취해서 더 이상 축제를 할 수 없었다. 한 불사신이 맥의 형상을 하고 나타나 처녀를 납치해 결혼을 했다.

오랜 시간이 흐른 후 그녀는 아이를 데리고 마을로 돌아와서는 가족들에게 남동생의 탈모(脫毛) 축제를 위해 특별히 센(강한) 술을 담으라고 요청했다. 그녀는 남편을 대동하고 의례에 참석했다. 남편은 불사신들의 음료를 조금 가져왔는데, 그는 각 참석자에게 술을 한 모금씩 마시게 했다. 모든 사람이 취했고, 그들은 젊은 부부와 함께 신들의 마을에 거주하기 위해 떠났다(Nim. 13, 137쪽).

이 신화는 신화M₈₂에서처럼 한 음료에 관심이 집중되고 있으며, 이 음식(술)의 제조과정은 발효와 부패(썩힘)의 중간지점에 위치한다. 좀

---

11) 보로로족(M₈₃)들은 돌과 대나무의 논쟁에서 단명의 기원을 끌어낸다. 하나는 영원하고, 또 다른 하나는 죽었다가 새로운 싹을 틔움으로써 다시 태어난다. 대나무는 주기성을 통해 돌의 영원성을 얻는다(Colb. 3, 260~261쪽).

더 정확히 말해 토착민들의 제조기술을 고려해본다면 이 두 과정은 거의 동일하다고 볼 수 있을 것이다. 이 점에 대해 우리는 이미 암시했다 (이 책 206쪽, 주 1 참조). 이러한 음식(술)의 이중성(dualité)을 여주인공들의 이중성(첫눈에는 아주 이상하게 보이는)과 상관관계가 있는 것으로 보고 싶은 유혹을 느끼게 된다. 한편으로는 사춘기를 맞아 강제된 단식과 (독방에) 칩거하는 처녀를 볼 수 있는데, 이러한 과정을 '발효하는' 것으로 말할 수 있다(곡식이 발효해 다른 단계[술]가 되듯이 처녀도 사춘기 과정을 통해 다른 단계[여인]에 도달한다—옮긴이). 다른 한편으로는 '썩은 것을 먹는 자'인 그의 약혼자 거북을 무시하고, '날것을 먹는 자'인 매를 사랑하는 문란한 소녀를 볼 수 있기 때문이다(여기서 매[Faucon]는 매 종류의 하나이며, 작은 새들을 잡아먹는다고 니무엔다주가 주에서 설명하고 있다).

따라서 세 가지의 불사가 있듯이, 여기에서 불사는 세 종류의 음식 요법으로 대체된다. 신화에 나타난 내용만을 본다면 두 종류의 불사가 있다. 하나는 단순한(절대적—옮긴이) 불멸(인간이 불사신이 되는 것)이며, 다른 하나는 모호한(상대적—옮긴이) 불멸(허물을 벗는 곤충의 불사)과 두 종류의 음식요법(하나는 단순하지만 비인간적인 음식 요법인 날음식과 다른 하나는 인간적이며 또한 신성하지만 모호한 음식 요법인 썩히지 않고는 발효시킬 수 없는 음식)이 있다.

아무튼 우리는 시각 코드의 단위(구성단위)들을 보다 잘 정의하기 위해서 투쿠나 신화들을 다루었다. 그러나 우리의 언어학적 범주들로써는 이러한 점을 선명하게 나타내기에는 부족한 점이 있다는 것을 알 수 있다. 온전한 물체와 조각난 물체의 대립은 관여적 대립(opposition pertinente)과 동형관계에 있으며, 이와 마찬가지로 암울하고 균일한 하늘과 별들(성운체)로 총총하게 빛나는 하늘 사이의 대립, 그리고 동등한 질량의 액체가 담긴 용기와 벌레로 채워져 있으며(동일한 질[質]이 아님—옮긴이) 쏟아져 흩어진 액체 간의 대립 또한 관여적 대립과 동형관계다. 이런 식으로 전체와 조각남, 매끄러움과 거칠거칠함, 움직이지 않음과 우글거림, 그리고 연속과 불연속 역시 관여적 대립관계를 형성한다. 이러한 대립은 다른 감각기관과 관계를 갖는 신선함과 부패, 단단함과 말랑말랑함, 시끄러운 소리와 침묵(아리케나[Arikéna]의 작은 판본에서는 따스함과 차가움; Kruse 4, 409쪽 참조)을 나타내는 대립과 동형관계에 있다.

이러한 감각 코드들은 그렇게 단순하지는 않다. 왜냐하면 위의 예처럼 단순하게만 사용되지는 않기 때문이다. 예를 들어 시각 코드는 보이는 것과 보이지 않는 것의 원초적 대립의 형태로 나타나지만, 이러한 원래적인 대립은 즉시 명시적인 다른 양상으로 나타날 뿐만 아니라 또 다른 층위에서도 기능하기 때문이다. 제4부에서 우리는 천체 코드에 대하여 깊이 논할 것이며, 제5부에서는 지금까지 우리가 본 신화들 내용에서 본 미적 코드에 대해 논할 것이다. 말하자면 여기에서 사리에마는 구슬피 우는 못생긴 새, 못생긴 아내를 얻은 남편, 죽음의 책임자로서 풍부하게 채색되고 장식된[12] 표범(그의 발톱과 털[가죽]은 가장 아름다운 장식물 제조에 사용된다)과 대립하고 있을 뿐만 아니라, 표범의 사촌 격인 퓨마(사리에마와 정반대로 아름다운 아내를 소유하고 있다)와 대립한다(M_{29}). 이미 우리는 제2부에서 야생돼지의 기원신화에 대해 인척관계와 혈연관계를 바탕으로 한 대립을 사용하는 사회학적 코드화를 명확하게 제시한 바 있다.

* * *

감각 코드에 대한 논의를 잠정적으로 중지하기 전에 지금까지 나타난 모순을 먼저 해결하는 것이 필요하다. 인간 생명의 길이(수명)와 관계되는 신화들을 훑어보았을 때, 우리는 선택된 예에 따라 각각의 예민한(감지할 수 있는) 대립짝의 각 극들이 다른 가치를 가진다는 것을 알 수 있다. 신화M_9는 물론 M_{70}과 M_{81}에서는 장수 또는 불사를 누리기 위

---

12) 표범은 우아함 때문에 화려함을 잃는다(Métraux 8, 10~12쪽). 민첩함과 유연함을 얻는 대신에 표범은 도마뱀에게 '약간의 아름다움'을 제공했으며, 도마뱀 가죽 양면에 채색을 해주었다(Colb. 3, 258쪽).

해서 인간들은 썩은 나무의 '부드러운' 부름이나 '낮은' 부름, 사리에마가 멀리서 지저귀는 소리, 노파신이 부르는 소리, 즉 약한 소리에 귀를 기울여서는 안 되었다. 이제 신화M70에서처럼 카라자족에게서 유래하는 단명에 대한 또 다른 신화를 보도록 하자.

M85. 카라자족의 신화: 단명 2

조물주는 그가 인간에게 건네주기를 거절했던 불을 두꺼비에게 도둑 맞은 후 한 인디언 처녀와 결혼했다. 조물주는 장인의 간청에 못 이겨 땅을 밝게 비춰줄 별, 달, 태양과 같은 밝은 천체들을 아주 큰 왕독수리에게 부탁하기로 했다. 조물주는 자신을 매개로 하여 인간에게 문명의 기술을 가르쳐 주도록 독수리에게 간청했다. 그런 일이 있은 후 독수리(조물주는 죽은 척하며 독수리를 유인했지만)는 하늘로 날아 올라갔다. 이때 조물주의 장모는 독수리에게 어떻게 하면 늙은 이에게 젊음을 되돌릴 수 있는가를 물어볼 생각이 났다. 아주 높고 먼 하늘에서 대답이 들려왔고, 나무와 어떤 몇몇 동물들은 이 소리를 들었지만 인간들은 듣지 못했다(Baldus 4, 82쪽).

우리는 이 신화에서 신화 집단의 불변적인 요소인 죽음과 삶의 대립을 볼 수 있다. 그러나 여기서는 듣다/듣지 못하다의 형식으로 코드화된 대립 대신에 표현의 방식(항[용어]의 서열＝항의 가치－옮긴이)이 도치되어 있다. 오래 살기 위해서 신화M9와 M70, 그리고 M81의 주인공들은 절대로 약한 소리를 들어서는 안 되었다. 그러나 위의 신화에서는 정반대다.

후각의 경우에도 같은 어려움이 반복된다. 크라호 신화M72와 오페에 신화M75에 따르면, 썩는 냄새를 맡았기 때문에 인간에게 죽음이 도래했다. 그러나 시페아 신화M76에서는 불완전한 후각 때문에 잘못을 저지른다. 만약 인간이 죽음(시체)의 썩는 냄새를 감지했다면 인간들은 죽음을 받아들이지 않았을 것이다. 결과적으로 한 경우에는 독한(강한)

냄새를 맡지(감지하지) 말았어야 하며, 다른 경우에는 약한 냄새를 감지해야만 했다.

그러면 시각 코드는 어떠한가. 뒤에 요약할 셰렌테의 한 신화(M93a, 이 책 352쪽)는 단명의 기원을 천상의 광경에 대한 시각과 후각의 감지에 연계시킨다. 테네테하라 신화M79는 단명의 기원에 대해 도치된 설명을 하는데, 인간이 너무 젊은 나이에 죽는 것은 그들이 잠을 자고 있어서 어둡고 빈 하늘이 별로 채워지는 것을 볼 수 없었기 때문이라고 한다. 이것은 분명히 신화M79가 속해 있는 하위 신화 집단의 변형되지 않는 특성과 관계가 있다. 왜냐하면 이러한 특성은 청각 코드로 이루어진 아마존의 다른 판본M86에서도 동일한 것을 찾을 수 있기 때문이다. 즉, 어머니에게서 버림받은 뱀-아들은 하늘로 올라가 무지개가 되는데, 그는 사람들에게 그가 하늘에서 그들을 부를 때 대답하라고 요구했다. 그러나 잠자고 있던 그의 할머니는 도마뱀과 뱀, 그리고 나무들과 달리 이 소리를 듣지 못했다. 바로 이런 이유 때문에 도마뱀과 뱀, 나무들은 다시 젊어지고 또 허물을 벗게 되었다(Barbosa Rodrigues, 233~235쪽, 239~243쪽).

다른 변이형 판본M86a에서도 같은 결론을 얻을 수 있는데, 무지개는 이상하게도 표범의 아들로 지칭된다. 그런데 이 변이형 판본은 해체된 부족의 혼혈인에게서 수집한 것이다(Tastevin 3, 183쪽, 190쪽). 카시나와 신화M86b도 역시 나무나 파충류와는 달리 인간들은 죽을 수밖에 없는 존재가 되었는데, 이것은 이들이 자는 동안 조상이 하늘로 올라가면서 '허물을 벗어라!'고 지르는 소리에 대답을 하지 못했기 때문이다(Abreu, 481~490쪽).

과거의 신화학은 이러한 어려움에서 쉽게 벗어날 수 있었다. 이런 장르의 경우 과거의 신화학은 분석의 느슨함이나 늘 어렴풋(모호)한 신화의 특성을 신화적 사고(미개인의 신화적 사고-옮긴이)에 전가하는 것으로 충분했기 때문이다. 우리는 그와는 반대의 원칙에서 시작한다. 모순이 나타난다면 그것은 분석이 충분치 못했거나 (신화의) 변별적 특성들을 아직도 감지하지 못했다는 증거다. 여기에서 이런 경우에 해당하는 증거를 보자.

단명과 관련된 신화 집단은 단명을 두 개의 측면으로 상정하고 있는데, 하나는 미래를 말하는(prospectif) 측면이고 또 다른 하나는 회고적인(rétrospectif) 측면이다. 죽음을 미리 예방할 수 있을까. 다시 말하자면 원하는 것보다 더 젊어서(젊은 나이에) 죽는 것을 피할 수 있을까? 이와는 반대로 사람들이 늙었을 때 다시 젊음을 얻고, 이미 죽었다면 그들을 부활시키는 일이 가능할까? 첫 번째 문제에 대한 해결은 항상 부정적(négatif)인 용어로 표현된다. 말하자면 듣지 말고, 느끼지 말고, 만지지 말고, 보지 말며, 맛보지 말라 등등으로 표현된다. 두 번째 해결책은 들어라, 느껴라, 만져라, 보라, 맛보라 등등, 항상 긍정적인 용어로 표현된다. 다른 한편, 첫번째 해결책은 단지 인간들에게만 관련이 있다. 왜냐하면 식물이나 동물은 허물을 벗음으로써 다시 젊어지는 등 죽지 않는 나름대로의 방법을 갖고 있기 때문이다. 그리고 어떤 신화들은 단지 인간의 조건만을 표현하고 있으며, 또한 한(유일한) 방향으로만(미래의 예측 가능한 장수와 부정적 규정으로) 표현되어 있다. 또 다른 신화들은 인간의 조건과 다시 젊어지는 존재들의 조건을 대립시키거나 신화의 내용을 두 방향으로(미래를 전망하는/회고적인, 부정적/긍정적) 해석할 수 있도록 되어 있다.

이러한 변형들은 아주 면밀한 관찰을 통해 감지할 수 있는데, 하나의 신화나 특정 주민(민족)에게 한 관점을 채택한다는 것은 신화의 모든 측면들과 상관관계가 있는 변화를 전제로 한다. 물론 여기에는 대립된(상반된) 관점이 나타나기도 한다. 카라자족의 두 신화M70과 M85를 비교해보자. 첫 신화는 단지 인간들의 불사와 관련되어 있으며, 불사는 인간이 밑에서 위(높은 곳)로 올라가 지상에 정착하기를 선택했기 때문에 거부된다. 지상에서 이들은 과일과 꿀(자연의 산물), 그리고 불(취사용)을 피울 수 있는 썩은 나무를 풍부하게 얻을 수 있었다.

반면 신화M85에서는 인간의 조건과 허물을 벗는 동물들의 조건을 대립시키고 있다. 문제는 정상적인 삶의 기간 이상으로 생명을 연장시킬 수 없다는 데에 있다. 그러나 신화가 말하는 것처럼 했다면 늙은이를 젊게 만들 수도 있었다. 동시에 상승(올라가는) 대신에(새가 땅으로 하강) 하강이 문제다. 또한 지상의 불(신화는 인간이 이미 불을 소유하고 있다는 점을 분명히 함) 대신에 천상의 빛의 특권적 지위, 그리고 자연적 자원이 아닌 문명의 기술을 획득하는 것이 문제인 것이다. 이미 보았듯이 미래 불사의 조건은 신화M_{70}에서는 (소리를) 듣지 말아야 하는 것이었으며, 신화M_{85}에서는 회고적인 젊음의 조건은 소리를 듣는 것이다.

이런 우리의 논증을 요약하고 있는 아래의 도표를 보면 감각 코드의 명백한 모순은 사라진다.

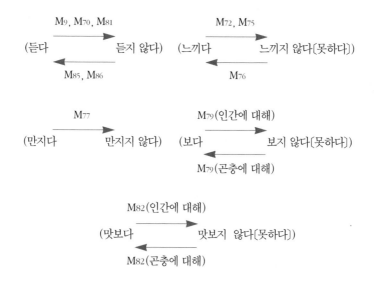

단지 카두베오 신화M_{78}만이 매개적인 위치를 차지하는데, 이것은 세 가지의 관점에서 설명될 수 있다. 먼저 이 신화는 다수의 코드를 사용한다. 즉 미각(파이프 담배를 피우지 않는다), 촉각(제공한 담배를 잡아채기 위해 창조자의 겨드랑이를 붙잡는다), 그리고 시각(소녀를 보지 말아야 한다)이다. 계속해서 이 세 가지의 규정을 보면, 첫 번째와 세 번째는 부정적이고, 두 번째는 긍정적이다. 결국 무엇보다도 단명의 문제가 동시에 두 가지 양상으로 나타나는데, 주인공은 늙은이와 나무를 젊게 만들고 부활시킬 목적으로 등장하지만, 자신은 결코 그렇게 될 수 없는 젊은 나이에 죽는다. 왜냐하면 그는 아버지가 됨으로써 세대의 주기적 순환이 일어나도록 자신을 맡겼기 때문이다. 결국 도처에서 감각 코드들은 죽음을 늦추거나 또는 부활을 보장하는 관계에 따라 그들의 표현 방식(용어[항]의 가치—옮긴이)을 규칙적으로 도치시킨다. 따라서 푸가는 역푸가(contre-fugue)를 겸한다.

2 주머니쥐의 칸타타

나는 나의 시로 어머니의 모델을 그리고 싶다.
주머니쥐, 우리에게 너무나 생소한 동물인 사리그
그러나 그의 부드럽고 가슴뭉클한 돌봄,
어머니로서의 다정한 사랑,
그는 당신들에게 다소의 가치가 될 것이다.
— 플로리안(Florian), 『우화집』, 제2권, I

사리그의 이야기

이 장에서 우리가 몇몇 진실을 확인할 수 있게 되기를 바란다. 먼저 형식적인 관점에서 보면 외양이 아주 다른 신화들은(물론 이 신화들은 모두 단명의 기원과 관계된 것들이지만) 같은 메시지를 전달하고 있으며, 단지 사용하는 코드의 차이로만 서로 구별될 수 있을 뿐이다. 둘째, 이 코드들은 같은 유형이다. 즉 이들은 모두 감지할 수 있는 질적인(차이성을 바탕으로 한—옮긴이) 대립을 사용하고 있으며 진정한 논리적 실재를 구성하게 된다. 셋째, 인간이 오감을 가졌기에 근본적으로 감각 코드는 5개다. 그래서 오감을 바탕으로 한 모든 경험적 가능성은 체계적으로 분류 정리되고 사용된다. 넷째, 이 코드들 중에 하나는 특권적 위치를 차지한다. 이 코드는 음식요법과 관련이 있으며—결국 미각(미감)을 말하는데—다른 코드들은 자신들의 메시지를 표현하는 데 사용되지만, 음식요법의 메시지도 전달한다. 왜냐하면 신화들은 불의 기원을 말하기도 하지만 취사와도 관계를 가지며, 또한 단명의 기원신화들과 연결되는 통로를 지시(지배)하고 있기 때문이다. 무엇보다도 아피나이에족들에게서 단명의 기원은 불의 기원신화 속에서 하나의 에피소드를 형성한다. 우리는 토착민들의 철학적 사고에서 취사가 차지하는 필수적인 위치를 이해하기 시작했다. 취사가 단지 자연에서 문화로의 이행을 의미하지는 않는다. 취사에 의해 그리고 취사를 통해 인간의 조건은 죽음과 같은 가장 명백한 자연적인 속성들까지도 모든 인간의 속성으로 정의된다.

그러나 이러한 결과를 얻기 위해서 우리가 가볍게 두 가지 어려움을 극복했다는 사실을 감출 필요는 없다. 모든 제족 언어 집단의 판본들 중에 단 하나의 판본, 즉 아피나이에족의 판본만이 단명의 기원에 대한 에피소드를 담고 있다. 우리는 분명히 제3부의 초반부에서 어떤 판본의 부족한 점을 좀더 완벽한 판본의 도움으로 보충하는 것이 왜 합당한가를 제족의 경우를 들어 설명한 적이 있다.

그러나 또 다른 제족의 신화 집단들이 단명의 기원에 대하여 상이한 사고를 하고 있지는 않은지, 그리고 그들의 사고가 어떤 것인지를 찾아야만 한다. 또한 사용된 코드들 사이의 상호전환을 보장하기 위해서 우리는 단단한(굳은) 나무≡동물의 살(고기)이라는 등식을 제시했는데, 이 또한 증명되어야 할 필요가 있다. 다행히도 이 모든 것은 가능하다. 왜냐하면 굳은 나무의 소재나 단명의 소재를 연결하고 있는 제족 신화 집단이 존재하기 때문이다. 이 신화들——원래 우리의 논증을 뒷받침하고 있는 신화M9와는 달리——은 불의 기원과는 관계가 없지만, 그들의 주제는 근본적으로 음식의 조리와 관련되어 있다. 왜냐하면 이 신화가 재배 식물의 기원과 관계되기 때문이다. 결국 이 신화들은 우리가 이미 도달한 결론을 예측하지 못했던 우회를 통해 결정적으로 증명(확인)할 수 있도록 해줄 것이다.

M87. 아피나이에족의 신화: 재배 식물의 기원

야외에 누워 있던 한 홀아비가 별을 사랑하게 되었다. 별은 먼저 개구리의 형상으로 그 앞에 나타났다. 그러고 나서 젊고 예쁜 여인으로 변했고, 그는 이 여자와 결혼했다. 이 시대에 사람들은 원예농업을 몰랐으므로 야채 대신에 썩은 나무를 고기와 같이 먹었다. 별은 고구마와 이냠(igname: 열대산 참마)을 가져와 남편에게 먹는 법을 가르쳤다.

남자는 조그마한 아내를 호리병박 속에다 조심스레 감추어놓았으나 그의 막내 동생이 그녀를 찾아냈다. 이후부터 그는 공공연히 그녀와 살았다. 별은 시어머니와 목욕을 하던 어느 날 사리그로 변하여 옥수수 이삭이 주렁주렁 달린 큰 나무를 알아차릴 때까지 늙은 노파를 괴롭혔다. 그녀는 '여기에 썩은 나무 대신 사람들이 먹어야 될 것이 있다'고 말했고, 사리그의 형상을 한 그녀는 나무 위로 기어올라가서 이삭을 땄다. 그러고는 다시 여자로 변해 시어머니에게 옥수수 케이크 만드는 법을 전수했다.

이 새로운 음식에 매우 기뻐한 사람들은 돌도끼로 옥수수나무를 찍어 넘기기로 결정했다. 그러나 그들이 숨을 돌리려 잠시 쉴 때마다 찍은 홈이 다시 메워지곤 했다. 그들은 더 좋은 도끼를 가져올 요량으로 두 청소년을 마을로 보냈다. 도중에 두 소년은 사바나 사리그[13]를 잡아서 구워 먹었는데, 이 고기는 소년들에게 금지된 것이었다. 그래서 음식을 다 먹자마자 그들은 등이 굽은 노인으로 변해버렸다.

결국 사람들은 어렵지 않게 나무를 잘랐다. 별은 그들에게 나무를 벌목하고 농장을 만드는 법을 가르쳐주었다. 그리고 남편이 세상을 떠나자 그녀는 다시 하늘로 올라갔다(Nim. 5, 165~167쪽).

이 아피나이에 신화의 또 다른 판본M₈₇ₐ는 사리그의 에피소드도 옥수수나무의 에피소드도 포함하고 있지 않다. 단지 별은 하늘에서 재배 식물을 가져왔으며, 인디언들에게 광주리 짜는 법을 가르쳤다는 내용이 있을 뿐이다. 그러나 그의 남편은 한 죽음의 여신과 바람을 피워 그녀를 속였고, 별은 다시 하늘로 올라갔다(C.E. de Oliveira, 86~88쪽).

---

13) 일상의 사용법에 따라 우리는 '사리그'라는 단어를 성(性)을 구별하기 위해 남성이나 여성으로 기술했다. 하지만 여기서는 사리그의 성이 정확히 구별되어 있지 않다.

우리는 이 신화 집단에 대해 완벽한 분석을 하려고 하는 것이 아니라 단지 우리가 이미 제시했던 논증을 공고히 하기 위한 필수적인 측면들만을 사용할 생각이므로 각 판본의 특성만을 제시하는 것으로 만족할 것이다. 따라서 다른 판본들은 요약된 내용만 제시할 것이다.

M88. 팀비라족의 신화: 재배 식물의 기원

별에 반해버린 주인공은 홀아비는 아니었지만, 실제로 외모가 흉한 사람이었다. 남편의 막내 동생이 숨겨놓은 젊은 여인을 찾아낸 후, 별은 남편에게 옥수수(여기서는 나무가 아니라 줄기에서 자란)의 비밀을 알려주었으며, 그녀는 푸른 옥수수를 씹어 그의 얼굴(신화M87a에서는 그의 입 속)에 뱉었다. 그리고 인디언들에게 옥수수 요리법을 가르쳐주었다. 농장을 만들기 위해 숲을 개간하던 사람들이 쓰던 도끼가 부러졌다. 그래서 다른 도끼를 가져오도록 한 소년을 마을로 보냈다. 소년은 사리그를 굽고 있는 한 노인을 만났다. 노인이 반대했지만 소년은 계속 졸라 고기를 먹었다. 먹자마자 소년의 머리카락은 백발이 되었고, 그는 후들거리는 다리를 지탱하기 위해 지팡이를 짚어야만 했다.

만일 남편이 그녀에게 사랑스럽게 간청했다면, 별은 또 다른 많은 비밀을 털어놓았을 것이다. 하지만 그녀는 체념하고, 남편에게 같이 하늘로 올라가기를 요구했다(Nim. 8, 245쪽).

M89. 크라호족의 신화: 재배 식물의 기원(세 개의 판본)

별은 사람들이 '파우 푸바'(썩은 나무, 이 책 206쪽 참조)를 양식으로 삼고 있는 것을 알고는 남편에게 모든 종류의 옥수수로 뒤덮인 나무를 보여주었는데, 옥수수 낟알이 나무 밑을 흐르는 개울을 가득 채우고 있었다. 팀비라 판본에서처럼 형제들은 이 음식에 독이 들어 있다고 두려워했다. 그러나 별은 성공적으로 그들을 설득했다.

다른 마을 사람에게 갑작스런 습격을 받아 놀란 가족의 한 어린 소년에게서 그들은 소년이 먹고 있는 것(옥수수)에 대한 정보를 얻었다. 이 강냉이가 그들이 항상 목욕을 하는 개울에서 유래한다는 것을 알고는 감탄을 금치 못했다. 이런 소식이 모든 부족에게 퍼진 후 사람들은 옥수수 나무를 잘랐고, 수확을 나누어 가졌다. 그러고 난 후에 별은 남편과 시동생들에게 바카바종려나무(먹을 수 있는 열매를 맺음, *Oenocarpus bacaba*)의 사용법을 알려주었다. 별은 그들에게 땅을 파서 가마를 만들고, 그 속에 뜨겁게 달군 돌을 채운 후에 물을 부어 과일을 익히라고 했다. 그녀의 세 번째이자 마지막 가르침은 카사바 뿌리와 그것의 경작법, 그리고 과자를 굽는 법이었다.

그동안 별과 그녀의 남편은 엄격하게 순결(동정)을 지키고 있었다. 남편이 사냥을 나간 어느 날 한 인디언 남자가 이 젊은 아내를 범했고, 그녀는 피를 흘렸다. 그녀는 마약(philtre)을 준비해 모든 주민들을 독살했다. 그 후 그녀는 어렵게 살아 남은 몇 안 되는 생존자들에게 재배 식물을 남겨두고 하늘로 다시 올라갔다.

두 번째 판본에서는 별이 하강하던 시대에 사람들은 썩은 나무와 흰개미집 조각을 양식으로 먹었다. 그들은 단지 옥수수를 관상용 식물로서만 재배했다(이 판본의 정보제공자는 교양 있는 혼혈인이었다). 별은 옥수수를 어떻게 조리하고 먹는지를 가르쳤다. 그러나 먹을 수 있는 옥수수가 필요한 만큼 충분하지 못했다. 이미 아이를 가진 별은 남편에게 숲을 개간하고 농장을 만들도록 가르쳤다. 그녀는 하늘로 다시 올라가서 카사바 뿌리와 수박, 호박, 쌀, 고구마, 참마, 땅콩을 가지고 와서 요리를 강의하는 것으로 이야기는 끝난다.

혼혈인에게서 얻은 세 번째 판본에서 별은 결혼한 여자이지만 여전히 순결을 지킨 처녀로 집단적인 강간의 희생자다. 그녀는 강간자들의 입에 치명적인 침을 뱉어 그들을 벌한다. 그런 후 그녀는 하늘로 다시 돌아간다(Schultz, 75~86쪽).

카야포족(고로티레족과 쿠벤크란켄족)은 별이 재배 식물의 기증자이건 아니건 간에 별 신화와 어떤 작은 동물에 의한 재배 식물의 누설과 관계가 있는 또 다른 신화를 분리하고 있는 것처럼 보인다. 우리는 단지 고로티레족의 신화 가운데 이와 관계가 있는 신화(작은 동물에 의한 누설)를 알 뿐이다.

M90. 카야포-고로티레족의 신화: 재배 식물의 기원

인디언들이 썩은 나무의 가루와 나무버섯만을 먹던 시대에 미역을 감고 있던 한 여인은 작은 쥐를 통해 옥수수 나무의 존재를 알게 되었다. 그 옥수수 나무는 엄청나게 커서 앵무새와 원숭이가 위에 열린 옥수수 낟알을 서로 먹으려고 다투고 있었다. 그리고 나무 둥치가 하도 커서 그것을 자르려면 보조도끼를 가지러 마을로 가야만 했다. 마을로 가는 길에 젊은 사람들은 사바나 사리그를 잡아먹었다. 그러자 그들은 늙은이로 변했고, 마법사들이 그들을 다시 젊게 하려고 애를 썼으나 허사였다. 그때부터 사리그의 고기를 먹는 것이 엄격하게 금지되었다.

옥수수 덕분에 인디언들은 풍요로운 생활을 했다. 자손은 번창했으며, 사람들은 언어와 관습이 서로 다른 부족들의 출현을 보게 되었다 (Banner 1, 55~57쪽).

쿠벤크란켄족의 신화(M91, Métraux 8, 17~18쪽)에서 별은 한 남자와 비(雨)의 결합에서 출생한 한 여인으로 대체된다. 그녀는 아들을 양육하기 위해 (그녀가 출생한) 하늘로 다시 돌아가고, 재배 식물(고구마, 호박 그리고 바나나 등)을 가져온다. 또 다른 신화의 요약본을 보자.

M92. 카야포-쿠벤크란켄족의 신화: 재배 식물의 기원(옥수수)

사람들이 표범에게서 불을 얻은 후(M8 참조) 한 나이든 여인이 손자와 같이 미역을 감고 있었다. 이 늙은 여인은 쥐(amyuré)에게 괴룹힘을 당했지만, 결국 쥐는 그녀에게 옥수수 나무를 알려주었다. 옥수수가 떨어져 미역을 감을 수 없을 정도로 개울을 꽉 메웠다. 이 노파가 요리한 음식으로 마을 전체 사람이 배불리 먹었고, 마을 사람들은 옥수수 나무를 찍어 넘기기로 했다. 그러나 사람들은 전날에 찍은 나무 자국이 아침마다 다시 메워져 있는 것을 발견하고는 불로 나무를 공격했다. 그리고 보조도끼를 가져오도록 한 소년을 마을로 보냈다. 돌아오는 도중에 소년은 긴 꼬리 사리그(ngina)를 잡아 불에 구웠다. 그의 동료가 '못생긴' 동물에 대해 주의를 주었건만 그는 사리그 고기를 먹었다. 그러자 그는 늙은이로 변했는데, '너무 늙고 말라서 무명 허리띠가 발목까지 흘러내렸다.'

결국 사람들은 옥수수 나무를 제거했는데, 이 나무는 굉음을 내며 쓰러졌다. 사람들은 옥수수를 나누어 가졌고, 그런 일이 있은 후에 흩어졌다(Métraux 8, 17~18쪽).

카야포족처럼 셰렌테족도 두 개의 신화를 분리하고 있다. 그러나 완전한 부계출계 사회에서 그러한 점을 예측할 수 있듯이, 그들은 위와 아래의 관계로 표현되는 성적인 대립의 의미를 수정하지 않고도 여성인 하늘(여기서는 식인을 하는)에 대한 의미론적 가치를 도치시킨다.

M93. 셰렌테족의 신화: 목성

별(목성)은 자신에게 반한 총각과 결혼하려고 어느 날 하늘에서 내려왔다. 남편은 매우 작은 아내를 조롱박 속에 숨겼으나 그의 형제들이 그녀를 찾아냈다. 화가 난 그녀는 남편을 하늘로 데리고 올라갔다. 그곳은 모든 것이 달랐다. 눈을 돌리는 곳마다 남편은 훈제되거나 구운 인간고기만을 볼 수 있을 뿐이었다. 그가 미역을 감는 물은 상처난 시체와 찢긴 해골로 가득 차 있었다. 그는 하늘로 올라올 때 사용했던 바카바종려나무를 타고 미끄러져 도망을 쳤다. 동족들의 품으로 돌아온 그는 모험담을 모두 이야기했다. 그렇지만 그는 오랫동안 살아 있을 수가 없었다. 그가 죽자 그의 영혼은 하늘로 다시 올라갔고, 하늘의 별이 되었다(Nim. 7, 184쪽).

좀더 오래된 판본M93a는 박을 열자 형제들이 '불의 눈을 가진 동물'로 보이는 젊은 여인을 보고 대경실색을 했다고 기술하고 있다. 남자가 하늘에 도착했을 때, 그의 눈에는 하늘이 '황폐한 농촌(들판)'처럼 보였다. 그의 아내는 그곳에서 벌어지는 식인 광경을 볼 수 없도록, 또한 거기에서 나오는 썩은 냄새를 맡지 못하도록 하기 위해서 남편을 부모의 오두막에서 멀리 떨어진 곳에 붙잡아두려고 애를 썼으나 허사였다. 그는 도망을 쳤고 땅에 발을 디디자마자 죽었다(J. F. de Oliveira, 395~396쪽).

M94. 셰렌테족의 신화: 옥수수의 기원

한 여인이 그녀의 아이와 같이 늪가에서 고기잡이 통발(그물)을 짜고 있었다. 쥐 한 마리가 사람의 형상을 하고 나타나서는 자기 집에서 썩은 나무 대신에 옥수수를 먹자고 초대했다. 이 시대에 인디언들은 썩은 나무를 양식으로 먹고 있었다. 쥐는 옥수수 과자도 갖고 가도록 허락했지만, 옥수수가 어디에서 났는지에 대한 비밀은 지켜달라고 부탁했다. 그러나 어린아이는 자신의 몫을 먹으면서 그것이 어떠한 것인가를 깨달았다. 마을 사람들은 이 여자의 고백을 듣고 농장으로 달려갔다. 농장 주인은 쥐로 변해 농장을 인디언들에게 남겨주고 도망을 쳤다(Nim. 7, 184~185쪽).

이 중요한 신화의 집단은 이중으로 우리를 흥미롭게 한다. 먼저 최초의 옥수수가 자라는 나무의 단단함에 대해 강조하고 있는 점이다. 얼핏 보면 이 내용은 아피나이에 불의 기원신화에서 고기와 단단한 나무가 합동이라고 한 우리의 가정을 무효화한다. 그러나 좀더 가까이 심층적으로 보면 우리의 가정을 증명하고 있다는 것을 알 수 있다.

위에서 요약한 신화들은 불의 기원과 관계가 있는 신화들로서(신화 M92에서 말하듯이 이들 신화들이 기록하고 있는 것에 따르자면) 자연 상태와 문화 상태, 그리고 사회 상태를 대립시키고 있다. 즉 거의 모든 판본들은 옥수수의 정복으로 민족과 언어 그리고 관습 차별화의 기원까지 거슬러 올라간다. 자연 상태에서 인간들은 지상에서 사냥을 하고 살지만 농업을 모른다. 몇몇 판본에 따르자면 이들은 날(익히지 않은) 고기와 나무, 그리고 버섯 등 식물성 부패물을 양식으로 삼고 있다. 반면 천상의 신들은 채식주의자지만 옥수수를 경작하지는 않는다. 옥수수는 저절로 자라며 숲속의 나무에 무진장 열린다. 이 나무의 본질은 매우 딱딱하다(재배된 옥수수는 가늘고 잘 부러지는 줄기를 갖고 있다). 그러니까 (천상의) 옥수수는 실제적 음식 영역에서 보자면 자연 상태에 사는 인간들의 실제 음식인 고기와 대칭관계다.

이러한 해석은 같은 신화 집단에 속하는 제족의 또 다른 판본들을 도치시키는 셰렌테 별 신화 판본M93에 의해 확인된다. 이 판본에 따르면 인간들은 이미 재배 식물을 소유하고 있으며(셰렌테 판본에 따르자면 문명 창시 영웅시대까지 그 기원이 거슬러 올라간다, M108 참조), 그 당시에 천상의 존재(신들)는 식인을 했으며, 그것도 인간의 살을 양식으로 삼는 극단적인 형태였다. 즉 익혀서(굽거나 훈제하여) 또는 썩혀서(물 속에 오랫동안 담가서) 먹었다.

무엇보다도 이 새로운 신화들은 단명의 주제를 되풀이하는데, 불의 기원신화의 총합(집합)과 병행하는 재배 식물의 기원신화 집단의 총체(집합) 속에 이 단명의 주제를 포함시키고 있으며, 이 두 경우(두 집단의 신화) 모두 취사의 기원과 관계하기 때문이다. 그러나 단명의 주제는 두 신화 집단에서 각각 다른 양상으로 취급되며, 또한 각각의 주제를 다루는 양상은 불의 기원을 다루는 아피나이에 신화M9와도 차이가 난다.

사실상 위에서 취급한 신화 집단에서 노화(또는 죽음)는 재배 식물을 얻은 대가로 인류에게 강요된 것이었다. 즉 노화나 죽음은 시동생들이 빼앗은 자신의 처녀성(왜냐하면 겁탈을 당하기 전까지 그녀[별]는 남편과 단지 순결한 미소로 결합할 뿐이었기 때문이다)에 대한 별의 복수의 결과였거나, 청소년들에게 금지되었던 사리그의 살을 먹었거나 또는 죽음을 예고하는 불길한 식사를 했기 때문에 유래했다. 그러나 앞에서 논했던 단명에 대한 신화들은 단명의 기원을 또 다른 원인에 돌린다. 말하자면 소리, 냄새, 접촉, 광경(光景)이나 맛과 관련이 있다(오감과 관련되어 있다-옮긴이).

우리는 앞에서 이 신화 또는 저 신화에서 사용된 코드들은 서로 다를 수 있지만, 이들은 서로 동형관계며 익힌 음식과 날음식 또는 썩은 음식 사이에는 취사의 성질을 바탕으로 하는 같은 관여적 대립관계로 표현되어 있다는 것을 밝힌 바 있다. 그러나 우리가 방금 위에서 소개한 신화들이 또 다른 단명의 기원에 대한 원인의 문제와 관련됨으로써 문제는 확대되었으며, 이 문제를 해결해야 할 시점에 봉착해 있다. 한편으로는 썩은 나무가 부르는 소리에 대한 대답, 썩은 냄새에 대한 후각적 감지, 물렁한 성기의 취득, 광경을 보지 못함(不感知, 신화M93 참조), 벌레 섞인 맥주를 소화시키지 못함. 다른 한편으로 처녀의 강간과 구운 사리그의 섭취 사이에는 어떤 관계가 있는 것일까? 이것이 우리가 현재 해결해야 할 문제인데, 우선 단명의 기원과 재배 식물의 기원(단명의 기원과 취사용 불의 기원 사이에 이루어진 논증과 병행하는) 사이에 신화들이 명시하는 연관관계를 유효하도록 하는 것과, 다음으로는 무엇보다도 우리의 해석을 증명하기 위한 보충적 증거들을 사용하는 일이다. 산술 계산은 '9에 의한' 검산 법칙을 사용한다. 신화의 영역에도 검산의 법칙이 존재하며, '사리그에 의한' 검산(검증)은 다른 검증 법칙과 마찬가지로 설득력이 있을 수 있다.

론도 아리아

제족 집단 내에서 동물지(動物志)에 대한 연구를 진행한 (우리가 알기로는) 유일한 동물학자가 팀비라족에 대해 말하기를 "그들에게서는 육아낭이 있는 동물, 유대류(有袋類, *Marsupialia*)의 아강(亞綱: 생물 분류상의 한 단계로서 강과 복 사이에 필요에 따라 둠—옮긴이)과 일치하는 개념을 발견할 수 없었으며, 그들은 나에게 육아낭(poche marsupiale)에 대해서도, 새끼의 성장에서 육아낭의 역할에 대해서도 언급하지 않았다. 나는 단지 감바(gambà) 또는 무쿠라(mucúra, *Didelphys marsupialia*)라는 클로티(klô-ti)의 한 종만을 찾을 수 있었을 뿐이다"라고 한다(Vanzolini, 159쪽).

실제로 중앙 브라질의 신화에서 사리그는 아주 보잘것없는 위치를 차지하는데, 아마도 이 동물의 명칭이 유동적이고 불확실하기 때문일 것이다. 옛 저자들은 때때로 사리그와 늑대(포르투갈어로 'raposa'이고 개 종류)를 혼동하기도 했는데, 무엇보다도 사리그는 외관상 늑대와 닮았기 때문이다. 인디언 자신들도 유대류의 변종들을 '쥐'로 지칭하기도 한다. 우리가 앞에서 본 것처럼 재배 식물의 기원신화인 제족 신화의 판본들에 따르자면, 별(또는 옥수수의 주인, M92)은 때로는 사리그, 때로는 쥐로 불리는 동물로 변형되기도 한다. 사리그의 팀비라어 이름이 클로티라는 것은 더욱 의미심장하다. 왜냐하면 이것은 토착민들이 같은 신화 집단 속에서 프레아들쥐(klô, 이 책 290쪽 참조)와 사리그를 단순한 확대사(접사 따위가 의미를 확대하는—옮긴이)의 첨가만으로 분류하고 있기 때문이다.

만일 이러한 분류가 다른 언어 집단에서도 발견된다면 우리는 보로로와 오페에 신화들 속에서 커다란 역할을 수행하고 있는 프레아(들쥐)가 사리그와 상관관계에 있거나 대립관계에 있는 것이 아닌가 알아봐야만 할 것이다. 그러니까 만약 신화들이 사리그에 대한 언급을 거의 하지 않는다면 그것은 어떤 부족들은 사리그를 다른 동물들, 즉 작은 유대류나 설치류 또는 개과의 동물로 분류하기 때문일 수도 있다.

뒤에(이 책 372쪽 참조) 문제가 될 아파포쿠바(apapocuva) 기원신화의 간단한 에피소드를 제외하고는 육아낭에 대한 신화적 참조가 거의 전무하다는 것도 역시 당혹스러운 일이다. 사실 육아낭의 영향을 받은 주제들은 자주 언급된다. 우리는 이미 여러 번에 걸쳐 그들 중의 하나, 즉 뱀의 정부(또는 어머니)에 대한 주제에 세심하게 주의를 기울인 적이 있는데, 이 뱀의 애인 또는 뱀의 아들은 태반 속에 거주하며 마음대로 모태를 나왔다 들어갔다 한다.

브라질 북부지방에서는 사리그를 '무쿠라'(mucúra)라고 부르며, 북동부지방에서는 '팀부'(timbú), 남쪽지방에서는 '감바'(gambá), 그리고 아르헨티나에서는 '코마드레자'(comadréja)라고 한다. 이 사리그는 남아메리카에서 가장 큰 유대류며, 음식물로서의 가치를 가진 유일한 것이다. 물(水)사리그('Cuica d'agua', *Chironectes minimus*), 털사리그('Mucúra chichica', *Caluromys philander*)와 뾰족뒤쥐 같은 작은 크기의 종류들('Catita', *Marmosa pusilla*, *Peramys domestica*)은 별로 중요하지 않은 것들이다(Guenther, 168쪽, 389쪽; Gilmore, 364쪽; Ihering, 'Quica' 항목 참조).

엄밀하게 말해서 사리그의 크기는 70~90센티미터다. 우리가 말하는 사리그는 브라질의 네 종류의 사리그를 지칭하는데, *Didelphys aurita*(리오그란데두술 북부부터 아마존까지), *D. paraguayensis*(리우그란데두술), *D. marsupialis*(아마존), *D. albiventris*(중앙 브라질)를 말한다(Ihering, 'Gambá' 항목 참조). 사리그는 여러 유형의 이야기 속에 등장하는데, 우리는 대략 한편으로는 기원신화에 등장하는 사리그와 다른 한편으로는 설화 속에 나오는 사리그를 구별해보도록 할 것이다. 계속해서 그들을 조사하도록 하자.

투구나족 신화에 등장하는 주요 인물들은 디아이(Dyai)와 에피(Epi)라고 불리는 쌍둥이다. 인류, 예술, 법과 관습의 창조는 디아이 덕분이며, 에피는 속이는 자(사기꾼), 말썽꾼, 염치없는 자다. 그는 동물의 형상을 취하기를 원할 때는 기꺼이 사리그로 변한다. 형(디아이)이 피리 속에 숨긴 포라케바 나무(*Poraqueiba sericea* Tul)의 열매(과실)에서 나온 형의 비밀스런 아내(M_{87}~M_{89}, M_{93} 참조)를 찾아내는 것은 에피(M_{95})다. 그녀가 남편을 배신하도록 하기 위해 에피는 그녀를 웃기는데

(M₄₆, M₄₇ 참조), 불 속에 던져진 물고기가 불의 열기를 피하기 위해 팔딱팔딱 뛰는 광경을 그녀에게 연상시키려고, 허리띠를 풀고 자신의 성기가 마치 물고기처럼 팔딱팔딱 뛰도록 춤을 추었다. 그가 형수를 너무 격렬하게 강간한 탓에 정액이 피해자의 입과 코를 통해 뿜어져 나왔다. 그녀는 즉시 임신을 했고 너무 뚱뚱해져(배가 불러) 자신의 집(피난처)으로 다시 돌아갈 수가 없었다. 디아이는 동생을 벌했는데, 동생에게 자신의 살을 잘게 썰도록 한 후에 그 살의 반죽을 물고기에게 던져주었다(Nim. 13, 127~129쪽).

강간 장면을 통해 우리는 사리그 에피의 본성을 확인할 수 있다. 사실상 사리그의 성기는 뾰족하기 때문에, 사리그는 코로 짝짓기를 하며 암컷 사리그는 재채기를 해서 육아낭에 새끼를 낳는다는 북아메리카에 널리 퍼진 믿음이 이를 증명한다(Hartman, 321~323쪽).[14]

우리는 논의 중간에 이 신화와 한 인간(죽어야만 하는 존재)의 천상의 아내를 주제로 하는 제족 신화 집단과의 계보를 지적한 바 있다. 이 신화 집단에서 별은 시동생들에 의해 겁탈당한 사리그(암컷)다. 그러나 여기에서는 포라케바 나무의 딸(이 나무의 열매는 땅에 떨어지며〔=하강〕, 마치 별이 땅으로 하강하듯이 처음에는 개구리의 형상을 함)은 사리그인 시동생에 의해 겁탈을 당한다. 제족에서부터 투쿠나족에 이르면 사리그의 역할은 전도된다. 마찬가지로 재배 식물의 증여는 투구나에 이르러서는 사리그에서 개미로 변화한다(M₅₄; Nim. 13, 130쪽). 조금 뒤에(이 책 369쪽 이하), 이러한 변형에 대해 설명할 것이다.

과거와 최근 투피족의 가장 유명한 신화들 중의 한 판본(M₉₆)──이 판본들 중의 하나는 16세기 테베(Thevet)가 수집한 것이다──을 투구

---

14) 마타코족의 사기꾼은 '이중의 성기'를 가졌으며(Métraux 3, 33쪽), 동료인 토바(toba)는 '늑대'다. 이러한 아메리카의 믿음은 비교신화론의 문제를 제기한다. 이러한 믿음은 구대륙에서도 찾을 수 있는데(구대륙에는 유대류가 존재하지 않음), 이곳에서는 족제비로 응용된다. 갈란티스(Galanthis)는 루신(Lucine)에 의해 족제비로 변형되는데, 이는 알크멘느(Alcmène)가 애를 낳도록 도와준 것을 벌하기 위

나 신화가 또 다른 맥락에서 재연한 것이 분명한 이 신화의 내용을 보자. 문명 창시의 신인 메르 아타(Maire Ata)의 임신한 아내가 홀로 여행을 하고 있었다. 뱃속에 있는 아이는 어머니와 대화를 하며 그녀에게 길을 인도하고 있었다. 하지만 어머니가 '길가에서 자라는 작은 채소를 그에게 주는 것을' 거부하자 아이는 토라져서 한마디도 하지 않았다. 여자는 길을 잃었고, 사리고이(Sarigoys)라고 불리는 한 남자의 거처에 도달했다. 밤중에 그는 그녀를 겁탈했고, 그녀는 '또 다른 아이를 첫 번째 아이와 같이 갖게 되었으므로 배가 더욱 불러 올랐다.' 이에 대한 벌로 사리고이는 사리그로 변했다(Thevet; Metraux 1, 235~236쪽).

같은 이야기들이 우루부와 템베, 그리고 시페아족에게서도 발견된다. 여기에 등장하는 사리그의 이름은 무쿠라와 비슷한 말로 유혹자인 사리그를 지칭하는데, 각각 미쿠르(Mikúr), 미쿠라(Mykúra), 무쿠라(Mukúra) 등으로 불린다.

또 역시 남아메리카에서 사리그는 희비극의 주인공으로 등장하기도 한다. 몇몇 예로 한정해본다면, 문두루쿠(M97), 테네테하라(M98), 그리고 바피디아나족(M99)들이 말하기를 사리그는 그가 선택한 사위들과 불행한 경험을 했다고 한다. 각각의 사위는 낚시와 사냥 또는 땅을 경작하는 특별한 재능이 있었다. 사리그는 그들의 재능을 흉내내려 했지만 실패했으며, 심지어는 자주 부상을 당하곤 했다. 그때마다 딸에게 남편을 바꾸라고 명령했지만, 더 나쁜 결과만을 가져올 뿐이었다. 결

해서였다. 그녀는 스스로 입을 통해 애를 낳는데, 그 입에서 여신을 농락했던 거짓말이 나왔다(Ovide, *Métamorphoses*, L. 제IX권, 제V장, 297쪽 이하). 사실 족제비는 입으로 애를 낳는다고 추정된다(플루타르코스, 『이시스와 오시리스』, §XXXIX). 여러 곳에서 사람들은 나쁜(악한) 여인들을 족제비에 비교한다(Gubernatis, 제2권, 53쪽). 족제비를 알고 있는 신대륙 사람은 반대로 그들이 구멍에서 잘 미끄러져 나온다는 이유로 이들에게 출산을 돕는 역할을 부여하고 있다(L.-S. 9, 82~83쪽). 그러니까 쌍둥이 보로로 신화의 한 판본(M46)은 이 책 358쪽에서 문제가 될 투피 신화와 평행하게 밀접히 연관되어 있으며, 보로로 신화는 투피족들이 사리그에 부여하고 있는 역할을 족제비과의 동물(포르투갈어로 'irara', *Tayra*)에게 돌리고 있다(Colb. 1, 114~115쪽; 2, 179~180쪽).

국 사리그는 불에 타거나 피를 흘려 죽고 말았다(Kruse 2, 628~630 쪽; Murphy 1, 118~120쪽; Wirth 2, 205~208쪽; Wagley-Galvão, 151~154쪽).

문두루쿠 판본은 이러한 사건(이야기)들은 사리그가 인간이었을 때 일어났던 일들이라고 자세히 설명한다. 반면 여기에 등장하는 사위들을 차례로 열거해보면 어부새, 빈대, 집비둘기, 꿀 먹는 '늑대', 파리새(벌새), 수달 그리고 진드기인데, 이들 역시 인간의 형상을 하지만 '사실은 동물들이었다.' 이러한 자세한 이야기들은 이상하게도 미국 남동부의 부족인 코아사티족(Koasati)의 믿음(신앙)에 반향되었으며, 신화적인 주머니쥐(opossum)는 분절언어를 사용한다(Swanton, 200쪽).

성조(聲調)의 다양성으로 보아 '사리그의 이야기들'에 공통적인 구조가 존재하며, 이러한 이야기들은 기원신화의 대상이 되거나 설화의 대상이 되기도 한다는 것을 알 수 있다. 기원신화들은 인간의 형상을 한 신들을 등장시키지만 그들은 동물의 이름으로 등장하며, 설화에서는 인간의 형상을 한 동물들이 등장한다. 그때마다 사리그는 모호한 역할을 수행한다. 투구나 신화M95의 신은 사리그의 짝짓기 방식으로 추정되는 양상으로 성교를 한다. 문두루쿠 설화M97에서 동물이기는 하지만, 주인공은 다른 동물들과는 달리 한 인간(남자)이다. 결국 신화인가 또는 설화인가에 따라 사리그의 위치는 전도되어 나타나는 것이다.

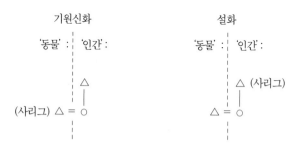

주의-투쿠나 신화는 조심스럽게 포라케바 나무 열매로 변한 처녀가 쌍둥이의 매형의 딸이라는 사실을 분명히 하고 있다. 그러니까 왼쪽 도표에 여자의 아버지는 대칭의 단순한 필요에 의해 그려진 것이 아니다.

사리그의 상징성에 대한 문제를 제기한 헉슬리는 혼란스럽게 나타나는 사리그의 모호성을 두 개의 특성으로 이해했다고 주장한다. 한편으로는 우리가 이미 본 것처럼 사리그는 뾰족한 성기를 가졌으며, 그것은 특히 쌍둥이를 잉태시키는 경향이 있다. 다른 한편으로 사리그는 위험을 느꼈을 때 죽은 척을 하며 부활할 수 있는 것으로 볼 수 있다(Huxley, 195쪽). 어느 신화도 사리그에게 쌍둥이의 아버지 역할을 부여한 신화는 없고, 단지 하나의 민담이 있을 뿐이다. 절충적인 한 민속 자료에서 얻은 이러한 추측들은 우리가 보기에는 근거가 대단히 약하다. 물론 이러한 추측이 원인을 찾기 위해서 즉흥적으로 꾸며진 것은 아니라 할지라도 가정하여 해석할 수는 없다.

해석은 신화들 그 자체에서 끌어내거나 민족지적 맥락에서 나와야 하며, 모든 가능한 조처를 취해 동시에 두 영역 모두를 고려해야 한다. 사리그의 의미론적 기능을 이해하기 위해 우리는 미국 동남부의 신화들을 잠시 동안 훑어볼 것인데, 이것은 단지 신대륙의 신화적 큰 주제들이 알려진 대로 범아메리카적으로 전파되었기 때문이 아니다. 한 반구에서 다른 반구로 일련의 모든 중개 과정을 거쳐야 신화는 이동할 수 있다. 하지만 이런 탐사 연구의 진행은 이뤄지지 않을 것이다. 이런 연구의 진행은 단지 가설을 세우는 데 도움을 줄 수 있을 뿐이며, 우리가 현재까지 분석해온 신화 자체들로 이러한 가설을 분명히 증명할 수 있을 것이다.

크리크족(Creek)과 체로키족(Cherokee)은 암컷 주머니쥐(opossum femelle)는 수컷의 개입 없이 새끼를 잉태할 수 있다고 믿는다(Swanton, 60쪽; Mooney, 265쪽, 449쪽). 체로키족은 그들의 신화에서 주머니쥐는 아내(여자, 암컷)를 가지지 못했으며, 과거에는 주머니쥐의 꼬리가 숱이 아주 많아 자신의 꼬리에 대단한 자부심을 갖고 있었으나 토끼의 지시에 따른 메뚜기에 의해 짧게 깎였다고 설명한다. 또한 주머니쥐의 발은 결코 얼지 않는다(Mooney, 266쪽, 269쪽, 273쪽, 431쪽, 439쪽). 귀뚜라미에 의해 잘린 대단히 아름다운 꼬리에 대한 이야기와 꼬리의 털이 불이나 물의 작용으로 사라지게 되었다는 이야기 등은 크리크족이나 코아사티족, 나체스족(Natchez)에게도 잘 알려져 있다. 스컹크(moufette)가 사리그의 아름다운 꼬리를 얻게 된 것이 바로 이때였다(Swanton, 41쪽, 200쪽, 249쪽). 이미 주어진 지시 사항들에 덧붙여 사리그나 주머니 쥐의 이러한 표시(증거)들은 애매모호한 성적 특성과 관련이 있다. 즉 결핍(수컷의 독신생활, 암컷 단독으로 잉태, 아름다운 꼬리의 분실에 의해 상징적으로 거세[castration])되거나 과도한 것(격렬한 짝짓기 또는 코를 통한 성교, 재채기를 통한 태아의 출산, 정액의 분출, 항시 따뜻한 발)을 동시에 드러낸다.

이처럼 문제를 제기한 후, 다시 남아메리카로 돌아가보도록 하자. 그리고 거북이 때로는 표범이나 악어——또는 둘 모두——는 사리그와 대립적이고 불변적인 항의 역할을 하는 신화들의 집단을 보도록 하자.

M₁₀₀. 카야포-고로티레족의 신화: 표범과 거북

표범은 거북이 느리고 쉰 목소리를 가지고 있었기에 그를 무시했다. 그래서 거북이 표범에게 도전을 신청했는데, 각기 자신의 차례가 되면 굴 속에 들어가 누가 더 오래 머무를 수 있는가를 겨뤄보자는 것이었다. 공기도, 물도, 음식도 없이 거북은 며칠 동안을 버텼다. 표범의 차례가 되어 굴 속에 들어갔는데 며칠이 지나자 그의 목소리는 점점 더 약해졌다. 거북이 구멍을 열어 보니 표범은 죽어 있었고, 많은 파리만이 그의 잔해를 맴돌고 있을 뿐이었다(Banner 1, 46쪽).

M₁₀₁. 문두루쿠족의 신화: 표범과 악어, 그리고 거북

원숭이들은 함께 과일을 먹자고 나무 꼭대기로 거북을 초대했다. 그들은 거북이 나무를 오르도록 도와주고는 나무 꼭대기에 그를 버리고 사라졌다.

표범 한 마리가 지나가다 거북을 잡아먹을 생각으로 그에게 내려오라고 충고했다. 거북은 거절했고, 표범은 그 자리에 머물러 있기로 결심하고 잠시도 먹이에서 눈을 떼지 않았다. 결국 표범은 피곤해졌고 머리를 숙였다. 그때 거북이 나무에서 떨어졌는데, 그의 딱딱한 등껍질이 표범의 두개골을 박살냈다.[15] '웨, 웨, 웨' 거북은 웃으면서 소리치고 손뼉을 쳤다. 거북은 표범을 먹고, 그의 뼈 중에 하나를 골라 피리를 만들었다. 그 피리로 거북은 승리의 노래를 연주했다.

또 다른 표범이 이 이야기를 듣고는 동료의 원수를 갚기 위해 그를 공격했으나 거북은 구멍 속으로 피신했다. 악어 한 마리가 그와 대화를 시작했는데, 완두콩은 리아나덩굴에서 자라느냐 아니면 나무에서 자라느냐 하는 논쟁이었다. 반대 의견에 화가 난 악어는 땅굴을 메우고는 매일 거북을 놀리러 왔다. 악어는 많은 나무버섯(거북의 양식)이 숲속에서 자라고 있다고 주장했지만, 거북은 들은 척도 하지 않았다(속지 않았다). 거북은 낡은 등껍질을 벗어버리고는 몰래 새로운 껍질을 입고 도망을 갔다.

더 이상 거북의 대답을 들을 수 없게 된 악어는 거북이 죽었다고 생각하고는 그를 먹기 위해 구멍을 열었다. 그때 뒤에서 갑자기 나타난 거북이 악어를 밀어 땅굴 속에 가두고는 '웨, 웨, 웨' 웃으면서 손뼉을 두드렸다. 그 다음날 거북이 다시 와서 악어를 약올렸다. 개울에 썩은 물고기가 가득 찼다는 것을 알지 못하느냐? 악어는 곧 마르기 시작했고(M₁₂ 참조) 점점 쇠약해졌다. 그의 목소리는 알아들을 수 없게 되었고, 아주 꺼져버렸다. 죽은 것이었다. 거북은 '웨, 웨, 웨' 웃으면서 손뼉을 쳤다(Murphy 1, 122~123쪽; Kruse 2, 636~637쪽; 테네테하라의 다른 판본: Wagley-Galvão, 155~156쪽).

문두루쿠의 또 다른 판본에 따르면 거북은 표범에게 이기는데, 이것

---

15) 우리가 이미 논한(295쪽에서는 표범이 머리를 들고 아가리[입]를 열고 있다) 신화M₅₅와 일치하는 이야기의 변형을 통해서 M₈의 전도된 에피소드와 같은 신화집단에 소속한다는 것을 증명했다.

은 거북이 표범보다 더 오랫동안 물을 먹지 않고 견딜 수 있었기 때문이었다. 거북은 오줌으로 자신의 등껍질을 적신 다음 표범 앞을 행진하며, 표범으로 하여금 자신이 발견했다고 주장하는 샘물을 찾아 가도록 한다(Murphy 1, 124쪽).

테네테하라족과 아마존, 그리고 가이아나의 다른 여러 부족에게도 같은 신화가 존재하지만, 표범(또는 악어)의 자리는 흔히 사리그가 대신한다.

M102. 테네테하라족의 신화: 거북과 사리그

거북은 단식 시합을 하자고 사리그를 충동질했다. 거북이 먼저 땅속으로 들어갔다. 두 달 동안 사리그는 매일 그의 상태를 알아보기 위해 왔다. 이때마다 거북은 아주 우렁찬 목소리로 시합을 계속 하겠다고 대답했다. 사실 거북은 출구를 발견했고 매일 자신의 배를 채우기 위해서 구멍을 빠져나오곤 했다. 사리그의 차례가 왔지만, 그는 열흘 이상을 버틸 수가 없어 결국 죽고 말았다. 거북은 동료들을 초청해 사리그의 잔해를 먹었다(Wagley-Galvão, 154쪽).

거의 동일한 아마존 지역의 판본들을 보기 위해서는 『하르트』(*Hartt*) 28쪽과 61~63쪽, 그리고 가이아나 판본은 『로스 1』(*Roth*), 223쪽을 참조하면 된다.

이 신화들의 어떤 측면들은 다른 곳에서 검토될 것이다. 지금은 사리그가 표범 또는 악어와 치환될 수 있다는 점을 지적하는 것으로 만족할 것이다. 우리는 이미 표범은 불의 주인(M_7~M_{12})이며, 악어는 물의 주인(M_{12})[16]이라는 것을 알고 있다. 그러면 거북(불변항)과 사리그, 표범, 악어(대체 항들) 사이에 존재하는 관여적 대립은 무엇일까?

신화들은 거북에 대해 대단히 명시적이다. 신화는 거북이 땅 속에서 오랫동안 머무를 수 있고, 물을 마시거나 먹지 않고도 오랫동안 견딜 수 있다고 설명한다. 이것은 이 동물이 겨울잠을 자기 때문이다. 또한 거북이 버섯이나 썩은 나무를 양식으로 삼는다고 기술한다(M_{101}, M_{82}: 우루부족에게서 같은 믿음을 보기 위해서는 『헉슬리』149쪽 참조). 거북은 이중적 측면 중 하나인 썩은 것(부패)의 주인이다. 왜냐하면 거북은 내식성(耐蝕性) 동물로 썩은 음식을 먹기 때문이다. 악어 역시 부패한 고기를 먹는다(M_{101}). 그러나 단지 물 속에 있는 것만을 먹으며, 물속에 있을 때 썩은 것은 역한 냄새를 풍기지 않는다(M_{72} 참조: 물 속 신들은 물 속에서 나왔을 때 썩은 냄새를 풍기기 시작한다). 사실 표범은 썩은 것을 배제하고, 날것과 익힌 것을 결합하는 축을 기준으로 정의된다는 사실을 우리는 알고 있다.

이 모든 신화 속에서 관여적 대립은 악취를 풍김과 악취를 풍기지 않음, 썩음과 썩지 않음 사이에 있으며, 이러한 대립은 거북의 상대적인 적이 무엇이든지 간에, 그리고 이런 신화들이 지리적으로 멀리 떨어진 민족들의 것이라 해도 항상 같은 세부적 내용이 분명하게 반복해서 나타난다. 거북이 경쟁자의 대답을 더 이상 듣지 못할 때 그는 구멍을 메우고 그 자리에서 표범이나 악어를 발견하게 된다. '잔해 위를 떠도는 다수의 파리들'(M_{100}, M_{101}), 또는 사리그가 있던 자리에 '많은 파리 떼' (Amazonie; Hartt, 28쪽; Tastevin 1, 283~286쪽), '많은 파리들' (rio Jurua; Hartt, 62쪽), '사리그의 시체 위에 살아 있는 유일한 것은 파리들뿐'(Warrau, Carib; Roth 1, 223쪽).[17]

'사리그와 그의 사위들'(이 책 358쪽 참조)을 다루는 설화 집단 끝부분의 에피소드로 다시 돌아가보자. 아마존 지역의 한 판본에 따르면 물

---

16) 이러한 기능은 때때로 도치될 수 있다. *Amorim*, 371~373쪽과 *C.E.de Oliveira*, 97쪽 참조.

17) 아르마딜로가 희생자의 역할을 하는 아피나이에 설화에도 같은 세부적 내용들이 있다(C.E. de Oliveira, 97쪽). 아르마딜로와 사리그의 치환 역시 카야포족에서 확인된다. '사리그와 그의 사위들'의 연작 설화 속에서 장인인 사리그의 잘못으로 이전된 오왐브레 아르마딜로(Murphy 1, 119쪽〔문두루쿠〕과 Métraux 8, 30쪽〔카야포-쿠벤크란켄〕을 비교해보라. 그러나 제족에서 사리그는 더욱 고급스러운 기능을 수행하도록 요구된다.

고기 투쿠나레(*Cichla ocellaris*)의 뱃속에 들어갔다가 구원된 사리그의 불행으로 끝을 맺고 있는데, '그 이래로 사리그는 추하고 냄새나는' (feio et fedorento) 동물이 되었으며, 이것은 물고기 뱃속에 퍼져 있는 열 때문이었다(Barbosa Rodrigues, 191~194쪽). 포르투갈어와 같은 단어인 'feio'는 재배 식물의 기원신화인 쿠벤크란켄 신화들 중에 한 판본M₉₂에서 사리그의 살(고기)을 먹지 못하도록 하는 금지의 근거를 제공하는 데 사용된다. 반면 '사리그와 그의 사위들'의 문두루쿠와 바피디아나 판본에서는 사리그의 꼬리가 불에 타거나(문두루쿠) 또는 불에 떨어진(바피디아나) 이야기로 끝난다. 아마존 지역의 판본에서도 같은 이야기가 나온다(Barbosa Rodrigues, 173~177쪽).[18]

그런데 크리크족에 따르면 사리그의 꼬리는 불 또는 물의 작용에 의해 털이 벗겨진다. 다른 말로 표현하자면 한 경우는 꼬리가 불에 타서, 또 다른 경우는 꼬리가 썩어서다. 불이나 물에 오랫동안 노출되었기 때문에 나쁜 냄새를 풍기는 두 가지 양상이 존재하는 것이 아닐까?

미국 남동부의 몇몇 신화들은 사리그와 스컹크('skunk', *Mephitis mephitica, suffocans*)를 밀접하게 결합시킨다. 히치티족(Hitchiti)들은 스컹크가 늑대에게 악취나는 액체를 쏟아부어 사리그를 구했다고 이야기한다(Swanton, 158쪽). 이 신화에서 늑대는 신화M₁₀₁에서 표범과 같은 역할을 한다. 미국 남동부에서 거북이 다른 곳에서 수행했던 기능을 스컹크에게 이전시키고 있다는 사실은 놀랄 만한 일이다. 이것은 사리그와 거북, 그리고 표범 사이의 관계, 즉 거북은 사리그에게 그

---

18) 또 *Popol Vuh*에서 바르보사 로드리게스(Barbosa Rodrigues)는 이 점을 주(註)로 다루고 있다(Raynaud, 49쪽 참조). 우리는 멕시코와 중앙아메리카 고문명(古文明)의 신화들을 사용하는 것을 고의로 피하고 있다. 왜냐하면 신화들은 식자(識者)들에 의해 유형화되어 있기 때문에 신화를 계열적으로 사용하기 위해서는 먼저 통합적인 긴 분석이 필요할 것이기 때문이다. 그러나 고문명의 신화들은 여러 관계 아래에 우리가 구성한 다수의 신화 집단 속에 자리를 차지하므로 이를 소홀히 해서는 안 된다. 옛날 멕시코에서 사리그의 위치를 보기 위해서는 Sahagun L. 제VI권, 제28장과 제XI권, 제4장, §4와 Seler, 제IV권, 506~513쪽을 참조하라.

의 잃어버렸던 새끼들을 다시 찾아주며 새끼들을 더 잘 보호할 수 있도록 육아낭을 만들어 준다(Swanton, 199~200쪽).

그리고 사리그는 사냥에서 퓨마를 도와준다. 즉, 사리그는 사슴에게 퓨마는 시체이기 때문에 아무 두려움 없이 그에게 접근해도 괜찮다고 말함으로써 퓨마를 돕는다. 이 기회를 틈타 퓨마는 사슴을 사냥한다 (Swanton, 200쪽). 지리적으로 멀리 떨어져 있지만, 우리는 확실하게 남미의 신화 집단과 같은 관계를 가지는 신화들을 접한다.

또한 체로키족들은 스컹크의 악취(의 원인)를 설명하는 한 신화를 갖고 있다. 도둑(여자)인 스컹크를 벌주기 위해 다른 동물들은 스컹크를 불 속에 던졌다. 스컹크는 검게 탔으며, 누린내(le roussi)를 풍겼다 (Mooney, 277쪽). 남아메리카와 마찬가지로 북아메리카에서도 누린내와 썩은 냄새는 결과적으로 짝을 이룬다. 이것은 '고약한 냄새 (puanteur)를 표현'하는 두 가지 양상이다. 때로는 이 (악취의) 짝은 스컹크와 사리그의 짝과 일치한다. 또는 사리그가 홀로 이 두 가지 다른 양상의 악취를 표현하는 임무를 담당하기도 한다.

이같은 분석으로부터 우리는 사리그의 의미론적 기능이 악취를 의미한다는 결론을 끌어낼 수 있다. 미국 캐롤라이나 남과 북의 여러 주에 살고 있는 카토바족(Catawba)들은 '침을 흘리는'이라는 의미와 비슷한 단어로 주머니 쥐를 지칭한다(Speck, 7쪽). 가이아나의 토리팡족은 사리그를 똥 묻은 동물로 간주하고 있다(K.G. 1, 141쪽). 기원이 불확실한 아마존 지역의 한 신화M103에서 한 어린 소녀는 사리그의 애정행위에서 탈출하는데, 소녀는 사리그를 악취를 발산하는 동물로 보았기 때문이었다(Couto de Magalhães, 253~257쪽; Cavalcanti, 161~177쪽).

같은 지역의 또 다른 신화M104는 현재로서는 의미가 모호한 용어로 사리그를 노화(늙음), 다시 말하자면 단명과 연관시키고 있다. 이 신화는 사리그로 변한 세 노파의 오두막을 '오두막에 들어가기가 불가능할 정도로 악취가 진동했다'(Amorim, 450쪽)라고 기술한다. 남부 브라질의 카유아족(Kayua)들은 어떻게 사리그가 오줌싸기 경주에서 개에게 승리했는지에 대해 이야기한다(Schaden 1, 117쪽).[19] 우리가 보았듯 이 사리그는 신화 속에서 '썩은 짐승', '썩은 꼬리', '(불에)누른 단내가 나는 꼬리'처럼 다양하게 기술되고 있다. 우리가 이미 참고로 했던 쌍둥이에 대한 투피남바 신화M96은 명시적으로 위와 같은 양상에 역점을 두어 강조하고 있다.

메르 아타의 아내를 겁탈한 후 유혹자는 '사리고이'라는 인간의 이름으로 불리는 어떤 동물로 변화되었는데, 이 동물은 대단히 악취나는 피부를 가지고 있었다'(Thevet; Métraux 1, 236쪽). 인디언들뿐만 아니라 여행자들도 이같은 사실에 놀랐다. '주머니쥐는 악취나는 냄새를 풍긴다'고 디드로와 달랑베르의 백과사전(Philandre 항목 참조)은 적고 있다.

아주 최근의 조사자들 역시 사리그는 '독을 포함한 유독한 냄새를 배출한다'(Guenther, 168쪽), 또는 '극단적으로 역한 냄새'(Tastevin 1, 276쪽)를 풍긴다고 기술하고 있다. '사리그의 분비샘은 아주 불쾌한 냄새를 분비한다'(Ihering, Gambá 항목 참조)고 한다. '사리그는 지독한 냄새를 풍기며' 이러한 사실에서 (사리그의 냄새에서 유래하는) 아룸이라고 불리기도 한다. 나쁜 냄새가 나는 아룸(arum: 천남성과의 식물), 즉 물〔水〕아룸에게도 같은 이름을 붙인다(Ahlbrinck, aware 항목 참조).

남아메리카 인디언들의 자연철학에 따라 볼리비아의 한 신화M105는 사리그의 모든 공통적인 특성들을 납득할 만한 방식으로 정리하고 있다.

---

19) 이 남부 브라질 신화에 대한 설명은 동부 팀비라족의 의례적인 춤의식에서 찾을 수 있다. 이 의식에서 스컹크(사리그 대신에)는 물을 가득 담은 바가지를 가진 춤꾼으로 등장하며, 춤꾼은 그를 쫓아오고 있는 개들에게 물을 뿌린다. 그런데 이 개들은 여자들로 의인화되고 있다. 물을 뒤집어쓴 여자들은 스컹크의 분비액을 뒤집어쓴 개들의 양상으로 울부짖으며 도망간다(Nim. 8, 230쪽).

M105. 타카나족의 신화: 사리그의 기원

옛날에 한 인디언 여인이 맥이 잠든 틈을 타 그의 가죽에 덮인 진드기를 잡았다. 그녀는 진드기를 나뭇잎으로 싸서 솥에 넣고 익혀서 먹었다(M66 참조). 맥의 진드기를 일상적인 양식으로 삼고 있었던 '쉬새'(schie, *Crotophaga ani*)는 이런 비열한 경쟁에 대해 대머리독수리에게 불평을 늘어놓았다. 그러자 독수리는 인디언 여인을 사리그로 변형시켜 복수하겠노라고 약속했다.

대머리독수리는 인디언 여인의 머리 위를 맴돌다 그녀를 자신의 똥으로 뒤덮었다. 그래서 여인은 허리를 굽히고 아주 힘들게 걸을 수밖에 없었다. 그런 후 독수리는 그녀를 땅바닥에 눕히고 그녀의 머리카락을 뽑아 자신의 똥으로 몸 전체에다 붙여놓았다. 또 이 불행한 여인의 꽁무니에 어린 뱀 꼬리를 그의 똥풀로 붙였다. 이 여인은 사리그의 크기로 줄어들었다. 독수리는 뿌리(식물)를 뽑아 씹은 후 그것을 사리그의 털을 노랗게 물들이기 위해 털 위에 뱉었다. 그리고 독수리는 종려나무 싹을 여자의 얼굴에 붙여 사리그의 주둥이를 만들었다.

독수리가 여자에게 너는 진드기만을 낳을 것이며, '쉬새'가 먹지 않고 남긴 진드기는 나중에 사리그로 변할 것이라고 했다. 사리그는 오직 새의 골이나 새알만을 먹으며, 낮에 자고 밤에 사냥을 한다 (Hissink-Hahn, 116~117쪽).

그러니까 우리는 제족 신화들에서 단명의 기원은 썩은 나무가 부르는 소리에 대답을 하거나(M9), 또는 수중신들이 풍기는 썩는 냄새를 맡거나(M73), 또는 사리그의 고기를 먹거나(M87·M88·M90·M92) 하는 사실에서 유래한다는 것을 알 수 있다. 청각이나 후각, 또는 미각에 의해 받아들인 부패(썩음)도 마찬가지다. 이러한 첫번째 관계에서 우리가 수행한 해석들은 이미 증명이 되었다.

그렇지만 여전히 어려움이 남아 있다. 제족의 재배 식물의 기원신화들에서 왜 별은 인간(남자)에게 옥수수의 존재를 알려주기 위해 사리그로 변형되어야만 하는가? 먼저 이러한 주제가 어디에나 나타나는 것이 아니라는 사실을 주지해야 한다. 그러나 이러한 주제가 없는 신화에서는 다른 주제들로 대체된다. 즉 별은 남편의 얼굴(M_{88})이나 남편의 입(M_{87a}) 속에 옥수수를 뱉는다. 그러니까 카토바 신화의 주머니쥐처럼 '침을 흘리는 여인'인 것이다. 별은 겁탈을 당한 후에 피를 흘리며 살인자가 된다(M_{89}). 다시 말해서 겁탈을 당한 후에 별은 시동생들 입 속에 침을 '뱉어' 죽인다(M_{89}). 말하자면 별은 어디에서나 더러워진 자국(얼룩)으로 나타난다. 즉 구역질나는 액체를 분비하는 피부를 가진 동물의 형상으로 나타나든지 인간 창조물의 형상으로 나타나 동시에 더럽히든지, 또는 더러워지든지 한다. 오트마란하오(Haut-Maranhão) 지역의 아과루나족(Aguaruna)에게서 유래하는 같은 집단의 한 신화M_{106}에서 별은 그의 오줌을 양식(음식)으로 변형시킨다(Guallart, 68쪽).

이런 불변적 특질을 격리시킨 후 우리는 사리그가 개입된 기원신화들, 한편으로는 투피-투쿠나 신화들과 다른 한편으로는 제족 신화 집단들에서 공통구조를 명백히 끌어낼 수 있다. 두 집단 모두에서 주인공들은 동일하다. 다시 말해서 한 여자와 그녀의 남편, 그리고 시동생이나 시동생들(때때로 남편의 '가짜동생')이다. 이들의 결연관계의 구성은 야생돼지의 기원신화에서 암묵적으로 나타난 결연관계의 구성과 상동관계다. 왜냐하면 야생돼지의 기원신화에서 주인공들은 한 남자와 그의 누이 또는 누이들, 그리고 그녀들의 남편들(매형들)로 구성되기 때문이다.

제족에서 이 두 구조 중 하나는 (1)/재배/식물의 기원신화와 일치하고 또 다른 하나는 (2)/야생/동물의 기원신화와 일치하는 것은 주목할 만한 일이다.

그렇지만 투피-투쿠나 집단에서 사리그의 역할은 형수를 겁탈하는 자인 남편의 동생에 의해 행해지는 반면, 제족 집단에서는 형수에 의해 행해진다. 그러나 각각의 경우에 음식은 달리 규정된다.

투쿠나 신화M95 속의 아내는 여자로 변형된 떨어진 과일이다. 우루부 판본M95a는 땅에 떨어진 이 과일에 벌레가 꽉 차 있다고 덧붙인다 (Huxley, 192쪽).[20] 그러니까 신적(神的)인 여인은 여기에서 식물성의 부패를 표상하며, 이것은 동물성의 부패보다 덜 강하게 유포되어 있다(변별적 특성이 약하게 나타난다—옮긴이). 무엇보다도 이것은 이중의 변형을 야기한다. 먼저 신적인 여인과 인간들을 갈라놓는 최초의 간격이 보다 좁아졌다. 왜냐하면 그녀는 별처럼 하늘에서 내려오는 대신에 과일처럼 나무에서 떨어졌기 때문이다. 둘째로 제족 신화 집단 속에서 환유적 관계(여기에서 신적 여인[별]은 이야기의 '한 부분'에서 진짜 동물이 된다)는 투피 신화 집단에서 그녀(별)의 사리그 기능은 은유적 관계가 된다.

다시 말해서 그녀의 아기는 뱃속에서 마치 이미 태어난 '것처럼' 어머니와 대화를 하고, 모태(태반)를 육아낭처럼 사용한다. 반대로 이런 주제가 결여된 투쿠나 판본에서 겁탈자 시동생은 은유적 사리그(사리그 '처럼' 콧구멍으로 짝짓기를 한다)에서 환유적 사리그로 변형된다. 즉, 겁탈자 시동생은 희고 끈적끈적한 반죽으로 자신의 음경 표피 속을 채우고 난 후, 이 '유지'(기름)가 바로 그가 아직도 동정을 가지고 있다는

---

20) 아푸-이(apu-i)나무 열매는 같은 이름으로 또는 '아포이'(apoi)라는 이름으로 문두루쿠 신화에 여러 번 등장하는데, 이 열매는 '다른 나뭇가지에 기생하는 나무 아푸이(Apui) 또는 이와푸이(iwapui)'며, 이 나무는 뿌리를 공중으로 뻗거나 때로는 땅에 뿌리를 내리기도 한다. 반면 또 다른 뿌리는 지주가 된 나무의 둥치를 감아 질식시키기도 한다'(Tastevin 1, addenda, 1285쪽). 이것은 하늘을 떠받들고 있는 기둥이며, 그의 뿌리는 점액처럼 속이는 자(사기꾼) 데이루의 콧구멍에서 나온다. 뿌리는 역시 벌레로 꽉 차 있다(Murphy 1, 79쪽, 81쪽, 86쪽). 또 다른 판본은 아푸이나무의 뿌리는 속이는 자의 눈, 귀, 코, 그리고 항문에서 나온다고 말한다(Kruse 3, 제47권, 1000쪽; Stromer, 137쪽 참조). 아포이나무와 똥, 그리고 부패(썩음) 사이에 이중적인 공통점이 존재하며, 이것은 우루부 신화에서 나타나는 유사한 암시적 의미를 강화하고 있다.

증거라고 논쟁을 벌인다. 그러니까 이 더러워진 얼룩 역시 식물성(의 기원)이다. 왜냐하면 속이는 자(사기꾼)는 팍시우빈하(Paxiubinha)종려나무(*Iriartela sebigera* Mart.) 열매의 과육을 사용했기 때문이다.

사리그의 기능이 시동생에 의해 수행된 이 투쿠나 판본에서 신적 여인(별)은 잠시 과일의 형상을 취하는데, 이 과일은 우마리(umari)나무의 열매다. 이 과일이 그윽한 향기를 갖고 있다는 것이 여러 아마존 지역의 신화에 의해 증명된다(Amorim, 13쪽, 379쪽). 향기를 가진 과일(별, 신적 여인)에 반해 사리그는 고약한 냄새가 난다. 결국 같은 판본에서 여인은 제족 판본과는 역으로 자신의 남편과 성관계를 갖는데, 이것은 틀림없이 같은 신화 집단의 한 초코 신화M₁₀₇처럼 그녀의 남편은 그녀를 '취사인(요리사)의 자격으로서만 필요하다는 것을 강조하기 위한 것이다'(Wassen 1, 131쪽). 그러니까 식물성 부패는 여성의 정상적인(=부부 간의) 성행위라는 의미와 남자의 정상적인(=어린아이 같은) 순결이라는 의미를 내포한다. 그리고 동물성 부패는 남성의 비정상적인 성행위(=강간)의 의미와 여성의 비정상적인(=부부 간의) 순결이라는 의미를 내포한다.

이처럼 사리그가 도치되는 문제(남성 또는 여성, 강간자 또는 피강간자로의 도치)를 해결함으로써 사리그의 의인화가 투피족과 제족 두 신화 집단 속에서 공통으로 갖는 의미가 무엇인가를 알게 되었다. 투피 신화들에서 사리그는 이미 어머니인 한 인간 여인을 겁탈해 어린아이를 잉태시키는 남성(수컷)이다. 제족의 신화들에서 사리그는 여성이지만 어머니는 아니다(혼인은 했지만 처녀성을 유지하기 때문에). 인간(남성)은 여성인 사리그를 겁탈하지만 인간들에게 양식(음식)을 증여한다. 투피족 신화의 여주인공은 양모(養母)이기를 거부하는 어머니(그녀는 계속 품 속에 있는 아들을 학대한다)며, 제족 신화의 여주인공은 어머니가 되기를 거부하는 양모이다.

이것은 단지 셰렌테 판본M₉₃을 제외한 모든 제족 판본에서 사실이다. 셰렌테 판본은 하늘과 땅의 의미론적 등가관계를 변형시킨다. 천상의 여자는 식인자들의 딸로서 자신의 배우자를 구하지 못하는 무기력하고 부정적인 인물로 규정된다. 마찬가지로(M₁₀₈) 재배 식물(여기에서는 카사바 뿌리) 기증자의 역할은 결과적으로 지상의 인간인 여자들에게 이전된다. 더군다나 자신들이 양모의 임무를 수행하기를 갈망하는 이들은 이미 어머니들이다. 농사일 때문에 자신들의 어린아이를 오랫동안 방치한 것이 염려스러워 여인들이 밭에서 급히 돌아오는데, 너무 빨리 뛰는 바람에 그녀들의 부푼 가슴에서 젖이 분출되어 나왔다. 땅에 떨어진 젖방울은 부드럽고 쓴 카사바 식물의 형상으로 자라났다(Nim. 7, 182쪽).[21]

최종적으로 분석하면 사리그라는 인물이 표현하는 모순은 아파포쿠바족 기원신화M₁₀₉의 간략한 에피소드로 해결된다. 어머니가 너무 일찍 죽자 쌍둥이 중의 형은 아직도 젖을 빨아야 하는 동생에게 어떻게 젖을 먹여야 할지 몰랐다. 그는 사리그를 찾아가 애원을 했다. 사리그는 젖을 빨리기 전에 젖꼭지의 악취나는 분비물을 닦으려 자신의 젖가슴을 핥는 것을 잊지 않았다. 이에 대한 보상으로 신은 그에게 육아낭을 주고 이제부터 사리그는 고통 없이 분만하게 될 것이라고 약속했다(Nim. 1, 326쪽).[22]

그러니까 아파포쿠바 신화는 한편으로는 투피남바 신화, 다른 한편

---

21) 셰렌테 신화는 질병의 기원신화인 보로로 신화M₅와 반대의 과정을 따른다. 보로로 신화에서 자식을 방치하고 게걸스레 목이 메이도록 물고기를 먹은 어머니는 질병을 토해낸다. 셰렌테 신화에서는 자식에게 접근해 관대하게 젖을 짜내는 어머니들이 몇몇 재배 식물들을 출현시킨다. 이것은 여러 종류의 독극물을 포함한, 말하자면 여기에서는 카사바 뿌리 식물을 말하는데, 이것은 우리가 독극물의 기원신화 집단을 구성할 때(물론 M₅도 이에 관계된다, 285쪽 참조), 완전하게 그 의미를 가지게 될 것이다.

22) 카도간(Cadogan)은 과라니족의 다른 판본을 제시하는데, 이에 따르면 쌍둥이 형제 중 형은 어머니의 시신을 다시 재조합하려고 전념하는 반면에, 허기진 동생은 겨우 재조합된 젖꼭지 위에 급히 달려드는 바람에 어머니의 시신을 부순다(Borba, 65쪽의 과라니 판본M₁₀₉ᵦ에서도 동일하다). 실망한 형은 그의 어머니를 파카(paca, Coelogenys paca: 중남미의 대형 설치동물, 과라니어로 'jaicha'. 판본에서 'mbyku'라고도 말하는 이 단어는 몬토야(Montoya)에서는 '사리그'

으로는 제족 신화들이 분리된 양상으로 제시하고 있는 사리그의 두 가지 특성을 종합하고 있는 것이다. 아파포쿠바 사리그는 투피남바 신화에서 악취를 빌려오고 제족 신화들에서는 양모의 기능을 빌려온다. 그러나 종합은 단지 명시적으로 부재한 기능이 각 경우마다 숨겨진 양상으로 표현될 수 있기에 가능하다. 다시 말해서 투피남바 신화에서 사리그는 남성이며, 그는 한 여인에게 아이를 잉태시킨다(이것은 '젖을 먹이다'와 '양식을 주다'의 남성적 표현 방식이다). 제족 신화들에서 사리그는 한 여성이며, 이 여인은 그녀를 양식으로 하는(먹는=범하는) 남성들을 더럽힌다(실제로 남자들이 여자를 먹을 때, 즉 은유적으로는 그들이 여자를 강간할 때와 여자가 피를 흘릴 때). 말하자면 그녀는 자신을 먹는(강간하는) 남성들을 형편없는 늙은이나 시체로 만든다.

한 카라자 신화M₁₁₀은 별이 사리그이기를 포기했지만 재배 식물을 유입시키는 사명을 간직한 채, 남성이 '양모'의 역할을 수행할 때 일어날 수 있는 일을 제시함으로써 변형의 고리를 채울 수 있도록(완성할 수 있도록) 허용하고 있다.

M₁₁₀. 카라자족의 신화: 재배 식물의 기원

아주 옛날에 카라자 부족은 개간할 줄을 몰랐다. 이들은 야생 과일이나 물고기, 그리고 사냥감을 양식으로 삼았다.

어느 날 저녁 자매 중 언니가 밤하늘의 별을 감상하고 있었다. 그녀

로도 번역할 수 있다)로 변형시켰다. 이날 이후로 밤 사이에 파카가 덫에 걸릴 때마다 태양은 늦게 뜬다(Cadogan, 77~78쪽, 86~87쪽, 197쪽, 202쪽). 다소간 변질된 형태로 아파포쿠바 신화의 에피소드는 문두루쿠족에서 다시 나타난다.

M₁₀₉c. 문두루쿠족의 신화: 카루사케베의 어린 시절

간음을 한 한 여인은 모든 수단을 다해 사생아인 아들을 떼어버리려고 애를 썼다. 그녀는 아들을 땅바닥이나 개울가에 버렸다. 심지어 그녀는 아들을 산 채로 땅에 묻어버리기까지 한다. 그러나 어린아이는 이 모든 취급에 항거했다. 마침내 한 사리그(여성)가 그를 거두워들여 양모가 되었다. 바로 이런 이유 때문에 사리그는 고통 없이 애를 낳는다(Kruse 3, 제46권, 920쪽; 신화M₁₄₄와 M₁₄₅, 그리고 이 책 506쪽의 주 35를 참조).

는 아버지에게 저 별을 장난감으로 갖고 놀았으면 좋겠다고 말했고,
아버지는 그녀를 비웃었다. 그러나 다음날 별이 하늘에서 내려와 오
두막 안으로 들어왔다. 그리고 소녀에게 혼인을 요구했다. 그런데 별
은 온통 흰 머리칼에 주름지고 허리가 굽은 늙은이였으므로 언니는
그와의 혼인을 원치 않았다. 그러자 별(늙은이)이 계속 울었고, 동생
이 그를 불쌍히 여겨 결혼을 했다.

　다음날 남자는 큰 강가로 가서 애기를 하며 물 위를 걸었다. 벌린
두 다리 사이로 물이 흐르는 동안 그는 옥수수 이삭, 카사바의 꺾꽂이
가지, 그리고 오늘날 카라자족이 경작하는 모든 식물의 씨를 건져냈
다. 그런 다음 자신을 따라오는 아내에게 그러지 못하게 하고는 원예
를 하려고 숲으로 들어갔다. 아내는 복종하지 않았고, 몸에 그림을 그
려(peinture corporelle) 화려하게 장식한 아주 아름다운 청년으로
변한 남편을 보았다. 언니는 별을 자신의 남편으로 요구했지만, 그는
동생에게 충실했다. 언니는 슬픈 노래를 부르는 밤새(야행성의 새,
Caprimulgus)가 되었다(Baldus 3, 19~21쪽; 4, 87쪽; Botelho de
Magalhães, 274~276쪽).

　제족 신화 집단과 비교해 몇몇 주목할 만한 변화를 짚어보도록 하자.
제족 신화에서 홀아비(총각)거나 볼품 없는, 그리고 고독에 빠진 주인
공은 여기에서(M110) 부모가 있고 그들과 대화를 나누는 한 소녀로 변
해 있다. 제족의 남자주인공은 별을 보고 즉시 사랑에 빠지는 반면, 여
자(소녀)는 단지 별을 장난감으로 소유하기를 바란다. 제족 신화에서의
만남은 숲에서 이루어지지만 여기에서는 오두막 안에서 일어난다. 제
족 주인공은 별과 결혼하고, 별은 시동생에 의해 겁탈을 당한다. 카라
자 신화 속의 여주인공이 별을 거부하자 그녀의 동생이 별과 결혼한다.

　제족 신화에서 재배 식물은 숲속에서 여자에 의해 객관적으로 알려
지지만, 이 신화에서는 물 속에서 남자에 의해 상징적으로 태어난다(여
자가 애를 낳듯이 두 다리 사이에서 건져낸다─옮긴이). 특히 제족 신

화 속의 별은 소년에서 노인으로 변화되지만, 카라자 신화의 별은 노인에서 청년으로 변한다. 별의 이중적 인물은 이처럼 사리그의 모호성을 간직하고 있다. 그렇지만 제족 신화들은 동물의 은유를 매개로 실제적 상황(인간 수명[생명]의 주기성)을 그려내고 있으며, 카라자 신화는 비실제적인 상황(노인의 청년화)을 그것도 본래(실제적)의 의미로 표현한다.

단명에 대한 연구를 진행하면서 우리가 살펴본 모든 신화에서 부패(썩음)는 재배 식물과 상동(관계)이며 도치관계라는 가정(이 책 327쪽)을 했다. '사리그가 보여준 증거'는 완전하게 우리의 가정을 확인해준다. 왜냐하면 이 부패한 동물이 수행하는 입장이 바로 그렇기 때문이다. 부패에 대한 어떤 두려움도 없는 노인들을 제외하고는 먹을 수 없는, 그리고 식물계 대신에 동물계에 속하는 사리그는 반(反)농경을 이중적으로 상징화한다.

반농경은 농업 이전의 그리고 농업을 대리하는 시대를 의미한다. 왜냐하면 문명발생 이전의 자연 상태가 구성하는 이 '반대편의 세계'에서 모든 미래의 것들은 벌써 그들의 상대물(보완물)들을 갖고 있으며, 그것이 부정적(음각의) 측면을 드러내기는 하지만, 그들의 출현(미래의 것의 출현을 의미—옮긴이)에 대한 담보로서 상대물을 가져야만 했기 때문이다. 농경을 하지 않던 시대에 거푸집의 상징인 사리그는 앞으로 올 농경의 형태를 예시함과 동시에, 신화들이 말하는 것처럼 도구일 수도 있는데, 이러한 도구(사리그) 덕분으로 인간들은 농경을 얻게 될 것이기 때문이다. 사리그에 의한 농경의 유입은 결과적으로 도치된 존재 양식의 변형의 결과에서 왔다.[23]

이와 같은 논리적 대립은 원인과 결과의 관계 형식으로 시간 속에 투영된다. 누가 사리그보다 더 잘 이러한 기능을 조절할 수(양립시킬 수) 있을 것인가? 사리그의 육아낭적 특성은 대립적인 속성들을 결합하지만, 사리그에게서 이러한 속성은 단지 보완적인 것일 뿐이다. 왜냐하면 사리그는 양모들 중에 가장 훌륭하긴 하지만 역한 냄새를 풍기기 때문이다.

두 번째 이야기

여러 관계에서 볼 때 제족의 단명 기원신화들은 주목할 만한 특성을 제공한다. 먼저 신화의 분포가 특히 지역적으로 밀집되어 있으며, 이와 마찬가지로 그 내용에서도 같은 밀집성이 나타난다. 신화들은 여러 곳에서 분산된 상태로 접하는 주제들을 조화된 체계로 조직하는데, 한편으로는 인간(죽어야만 할 존재)과 별의 혼인 그리고 재배 식물의 기원에 대한 주제들이며, 다른 한편으로는 양식(양식을 제공하는)나무의 발견과 죽음의 기원 또는 단축된 생명의 기원에 대한 주제들이다.

제족언어 집단 영역의 남서부에 거주하는 차코지역의 마타코족과 아슐루슬레이족들은 양식나무 이야기(M₁₁₁)를 알고 있는데, 이 나무는 물고기가 가득 열린 것으로 기술된다. 이 나무의 껍질이 부주의한 사람에 의해 구멍이 나는 바람에 나무에서 물이 쏟아져 땅을 뒤덮고, 인류를 멸망시켰다고 한다. 별에 대한 이야기는 차코지역의 토바족과 차마코코족에게서도 발견된다(M₁₁₂). 이들은 한 여신이 못생기고, 무시당하는 한 남자를 불쌍히 여겨 결혼을 했는데, 여자들은 이 남자에게 콧

---

23) 사바나의 토양에서는 경작할 수가 없다. 단지 숲(밀림)의 땅에서만 가능하다. 카라자 단명의 기원신화(M₇₀)에서 사람들은 '사바나의 새'인 사리에마가 부르는 소리에 대답했기 때문에 죽을 수밖에 없는 존재가 되었다. 그리고 재배 식물의 기원(단명의 기원)의 주제를 갖고 있는 제족 신화들은 두 종류의 사리그를 구별하는 것 같다. 다시 말해서 숲속의 종—별은 이 종의 형상을 빌려—인간에게 '숲속에 있는' 옥수수의 존재를 알려주는데, 인간이 숲속을 방문하는 조건 하에서였다. 그리고 청년(소년)들이 부주의하게 '사바나의 종'인 사리그를 먹음으로써 늙은이가 되었으며, 또한 이들은 도끼를 가지러 마을로 가기 위해서 숲속에서 나온다(M₈₇, M₉₀ 참조). 사리그종의 이원성은 (사리그의) 원초적인 모호성을 생태적인 측면으로 바꾸어놓아 분석을 가능하게 한다. 한 종은 그의 바깥에(외부에) 있는 생명을 가져다준다—현재의 순간에—다른 종은 그의 안에(내부에) 있는 죽음을 가져다 준다. 사리그의 역할에 대한 우리의 해석을 뒷받침하기 위해서 칼라망카어 집단에 속하는 코스타리카 주민들의 행위를 주목할 필요가 있는데, 이곳에서는 단지 직업적으로 묘혈을 파는 인부들만이 시체, 썩은 고기를 먹는 독수리, 그리고 주머니쥐를 만질 수 있는 권리를 갖는다(Stone, 30쪽, 47쪽).

물을 뒤집어씌우면서 재미있어 했다고 한다. 건기(가뭄)였지만 여신은 기적적인 수확을 거두고 남편을 대동하고 하늘로 다시 올라간다. 그러나 남자는 그곳에서 얼어붙고 마는데, 식인을 하는 신들의 불 곁에 가까이 가는 것이 금지되어 있었기 때문이다. 또는 호리병 모양의 박 속에서 발견된 별(별의 남편은 그녀를 호리병박 속에 감추어 놓았다)이 갑자기 조심성 없는 인간들 앞에 나타나 그들을 불에 태웠다고도 한다(Metraux 4, 여러 곳에).

제족 지역의 북부, 말하자면 가이아나에서는 인간의 아내인 별에 대한 주제가 약화되고 전도된다. 별과 사리그 사이의 대립은 천상(최고층)의 하늘 대신에 대기층 하늘의 출신인 썩은 고기를 먹는 독수리의 딸로 인물이 약화된다. 남자(주인공)는 기생충을 뒤집어쓰고, 고약한 냄새를 풍김에도 불구하고 이 여인을 사랑하게 된다. 통상 '하늘 방문'이라는 제목으로 알려진 이 신화 집단M₁₁₃의 제목이 말하듯이 불사의 여인이 지상을 방문하는 것이 아니라, 한 인간이 천상의 왕국을 방문하는 모험과 관계된다. 이 점에 대해서는 이미 앞에서 암시한 바 있으며(이 책 310쪽), 나중에(589쪽 이하) 다시 논할 것이다.

반면 양식나무 주제의 신화는 아라와크족과 가이아나의 카리브족, 그리고 콜롬비아까지 다양하게 분포되어 있다. 옛날(M₁₁₄)에는 맥 또는 아구티(들쥐의 일종)만이 나무의 비밀을 알았다. 그들은 비밀을 인간들과 나누어 가지기를 거부했지만, 인간들은 다람쥐, 쥐 또는 사리그를 시켜 그들을 염탐하도록 했다. 일단 나무가 있는 곳을 발견한 후, 인간들은 나무를 찍어 넘기기로 결정했다. 나무 그루터기에서 물이 분출되어 나왔다(K.G. 1, 33~38쪽; Wassen 1, 109~110쪽). 이 물은 홍수로 변했고 인류를 파괴했다(Brett, 106~110쪽, 127~130쪽; Roth 1, 148~149쪽; Gillin, 189쪽; Farabee 3, 83~85쪽; Wirth 1, 259쪽).

영국령 가이아나의 와피시아나족(Wapisiana)과 타루마족(Taruma)은(M₁₁₅), 창조주의 동생인 두이드(Duid)가 생명나무의 열매를 인간에게 양식으로 제공하고 있었는데, 인간들이 이 양식이 어디에서 오는지를 발견하고는 그들 스스로 따서 먹기로 결심했다고 한다. 이들의 불복종에 화가 난 창조주가 나무를 잘라버렸고, 자른 나무 그루터기에서 물이 치솟아 홍수가 났다(Ogilvie, 64~67쪽).

단명의 기원신화가 제족 신화들과 같은 집단에 소속되어 있으며, 재배 식물의 유입과도 연관된다는 것은 돌(바위)이 부르는 소리와 물이 부르는 소리를 대립시키는 한 판본에 의해 분명하게 드러난다. 만일 인간이 돌이 부르는 소리만 들었다면, 그들은 바위만큼이나 오랫동안 살 수 있었을 것이다. 그리고 그들은 물을 방출하는 신들의 소리에 귀를 열었기에 홍수를 불러왔다(Brett, 106~110쪽).[24]

우리는 이 신화들에 대해 여러 번 다시 논하게 될 것이다. 지금은 두 가지 필수적인 특성만을 찾아내도록 하자. 한 카리브 판본M₁₁₆은 인간이 재배 식물을 얻은 후, 부니아(bunia) 새가 그들에게 재배 식물을 재배하는 법과 그것을 익히는 법을 가르쳐주었다고 명확히 밝히고 있다(Roth 1, 147쪽). 이 새는 부분적으로 제족 신화들에서 사리그와 같은 역할을 한다. 즉 부니아(Ostinops) 새는 깃털에서 구역질 나는 냄새가 풍기기 때문에 '썩는 냄새를 풍기는 새'라는 이름을 갖고 있다(Roth, 371쪽)[25]. 그러니까 이 새는 '사리그의 기능'이 날개 달린 부류의 항으로 코드화된 것을 나타낸다. 부니아 새는 그의 똥으로 착생(着生)식물

---

24) 사람들은 흔히 브레트(Brett)가 운문체로 사본(옮겨 적기)을 많이 썼다 해서 그를 환상가라고 비난한다. 그렇지만 그는 우리가 위에서 논한 단명의 기원신화들을 찾을 수 없었다. 가이아나의 다른 판본들은 최근에 와라우족과 아라와크족에게서 수집되었다고 한 브레트의 증언을 통해 확인할 수 있었다. '마을 사람들은 자정에 히시(Hisi) 신들(악취를 풍기는)과 카케(Kakë) 신들(살아 있는)이 지나갈 것이라는 통보를 받았다. 이들은 깨어 있다가 이 신들의 이름을 불러야만 했다. 히시가 먼저 지나갔다. 그러나 모든 사람들은 잠이 들어 있었다. 아침 무렵 카케 차례가 되어 지나갔다. 이때 사람들이 모두 일어나서 '히시'라고 소리쳤다. 이때부터 사람들은 죽을 수밖에 없는 존재가 되었다(Goeje, 116쪽). 같은 집단에 속하는 한 신화가 오래 전에 존재했다는 것이 파나마에서 확인되었다(Adrian : Wassen 4, 7쪽).
25) 가이아나의 부니아 새는 중앙 브라질과 남부 브라질의 자푸(japu) 새와 동일하다. 이 새는 또 자핌(japim, Cassicus cela) 새를 포함하는 익테리데스(Ictéridés)과에 속하며, 이 새의 불유쾌한 냄새 또한 주목할 만하다(Ihering, 제36권, 236쪽).

인 코파(kofa, *Clusia grandifolia*; Roth, 231~232쪽, 371쪽)의 공기 뿌리를 만든다고 간주된다.

투쿠나 신화의 주인공 에피(M_{117})는 기꺼이 사리그의 형상을 취하는 데(M_{95}; Nim. 13, 124쪽), 그는 나무 꼭대기에서 오줌을 누어 가시달린 리아나 덩굴(*Philodendron*)[26]을 만든다. 반면 그의 동생은 같은 과정으로 매끈매끈한 리아나 변종을 탄생시킨다(이 책 370쪽, 주 1, 509쪽 M_{161} 참조).

차코지역 부족들의 관점에서는 별을 파괴적인 불과 창조적인 물의 여주인으로 본다. 그리고 물고기로 가득 찬 나무에서 파괴적인 물의 주인을 본다. 가이아나 신화들에 등장하는 식물성 양식나무 역시 파괴적인 물을 지배한다.

그런데 우리는 (위의 신화들과) 상응하는 제족 신화들의 한 부분에 대해 침묵했지만 이제 이 점에 주의를 기울이는 것이 합당할 것이다. 신화M_{87}과 M_{89}(두 번째 판본), M_{90}, M_{91}, M_{94}에서, 최초의 옥수수와 물이 근접하고 있는 점이 특별히 강조된다. 옥수수의 정보를 접한 사람은 미역을 감던 한 여자였다. 떨어진 옥수수 낟알과 옥수수 이삭은 개울을 가득 채우고 있었다고 설명한다. 가이아나에서와 마찬가지로 제족 신화에서도 결과적으로 양식나무는 물과 연결되어 있다. 즉 물은 나무밑둥을 적시거나 뿌리 속에 포함된다. 내재된 형태의 이 물은 파괴적이다. 외재된 형태의 물은 창조적(M_{110})이거나 아니면 적어도 낟알 또는 이삭을 보존한다.

지상의 물에 부여된 의미론적 가치의 이런 이중적 변형(내부→외부, 파괴→보존)은 또 다른 변형을 동반하게 되는데, 이것은 식용식물에 대한 태도에 영향을 미친다. 가이아나 신화들에서 양육자 조물주는 식용식

---

26) 리아나 덩굴나무는 cipó ambé 또는 cipó guembé다. 필로덴드론(Philodendron) 의 과일을 채집해 먹는 카유아족이 말하기를, 사리그의 집에 구걸하러 온 태양은 그에게서 아무 것도 얻을 수가 없었다. '왜냐하면 사리그는 단지 cipó guaimbé만 을 소유했기 때문이다'라고 말한다(Schaden 1, 112쪽).

물을 관대하게 인간들에게 나누어 주든지 또는 생명나무를 시샘하는 소유자인 맥(또는 설치류 아구티)이 자신에게 유리하도록 재빠르게 변경하기도 한다. 이에 대한 벌로(M₁₁₆), 맥은 체(여과기)에 물을 붓도록 선고되어 물을 빼앗기며(Roth 1, 147쪽; Brett, akawai 참조, 128쪽), 게다가 재배 식물도 박탈된다. 왜냐하면 야생자두나무에서 떨어진 자두만을 양식으로 그에게 남겨줬기 때문이다(Roth; Amorim, 271쪽). 조물주가 자신들을 어린아이로 취급하는 것을 원치 않았던 인간들의 운명은 완전히 전도된다. 그들은 재배 식물을 얻게 되었으나, 자른 나무 뿌리에서 과도하게 분출된 물이 그들을 파괴한다(Ogilvie의 책에서 인용). 이기주의(égoïsme)와 배은망덕이 대칭을 이루어 벌을 받는 것이다.

제족 신화들은 이 두 가지 위험에서 일정하게 같은 거리를 성공적으로 유지할 수 있었다. 이 신화들 속에서 식용식물의 남용은 다른 형태를 취하게 된다. (이들 신화 속에서) 평화롭게만 살던 인간들은 농사일을 적극적으로 수행하려는 결정도 내리지 않았을 뿐만 아니라(M₁₁₅), 또한 자신들만을 위해 과일을 보존하려는 결정도 내리지 않은(M₁₁₄, M₁₁₆) 것으로 묘사되기 때문이다. 이런 점에서 제족의 텍스트들은 대단히 교훈적이다. (맥과는 달리) 생명나무에 무관심하고 관대한 여주인인 사리그에게 정보를 얻은 부락민들은 단지 그들만을 위해 나무의 비밀을 보존했고, 장수를 누릴 수 있었다.

한 어린아이가 나무를 보았기에 다른 가족 또는 다른 부락민들도 나무의 존재를 알게 되었다. 이때부터 이 나무로만 사람들의 모든 요구를 충족시킬 수 없게 되었으므로 나무를 자르지 않으면 안 되었다. 씨앗으로 사용될 낟알들을 나누어야만 했고, 씨앗을 심지 않으면 안 되었다. 그리고 사람들이 이런 작업(나무를 자르는 작업—옮긴이)에 몰두하는 동안 청소년들은 사리그의 고기를 먹었고, 이로 인해 단명을 초래했다(변사〔變死〕와 연장된 삶〔장수〕 사이의 매개항으로서의 단명).

결과적으로 절대적 양모인 조물주와 가이아나 신화의 인색한 맥에서 일정한 간격을 유지케 하는 사리그의 매개 기능은 농업생활의 유입으로 야기되는 철학적 문제들의 절충책을 찾도록 해준다. 이러한 해결 (책)은 공시적 측면에서 풍족함으로 인해 번창하고, 차별화된 사람들 사이에 자원의 공정한 분배로 이루어지며, 통시적 측면에서는 농사일 의 주기성으로 나타난다. 마찬가지로 물은 창조적이지도 않고 파괴적 이지도 않은 생명의 보존자가 된다. 왜냐하면 물은 안(쪽)에서 나무가 활기를 띠게 하지도 않으며, 바깥(쪽)에서 인간들을 파괴하지도 않고, 단지 영원히 나무밑(둥)에 머물러 있기 때문이다.

　방법론적인 관점에서 앞의 분석은 두 가지 교훈을 준다. 첫 번째로 우리가 이미 강조한 점을 확인시켜준다. 말하자면 구조 분석을 하기 위 해서 어원의 문제(étymologie)는 의미(signification)의 문제와 분리 해서 다루어야만 한다는 것이다. 어떤 순간에도 우리가 물의 원형적 상 징성을 들추어낸 적은 없다. 우리는 의도적으로 이러한 문제를 제쳐놓 기까지 했다. 우리는 두 개의 독특한 신화적 맥락 속에서 물의 의미론 적 가치의 변화는 또 다른 변화들의 함수이며, 이런 변화 과정에서 형 식적 동형성의 법칙들이 변함없이 존중됐느냐를 증명할 수 있는 것만 으로 충분하다.

　두 번째로 죽은 척하거나 부패한 것처럼 위장한 조물주가 (썩은 고기 를 먹는) 독수리에게서 훔친 불의 기원신화인 과라니 판본을 옛 투피남 바 족에서는 찾을 수 없었는데, 우리는 이런 주제의 부재가 제기한 문 제에 대한 대답을 얻을 수 있었다(브라질의 투피어 계통의 거의 모든 부족에게서 이런 주제가 증명된다). 우리는 결국 제족에게서 자연에서 문화로의 이행을 이해할 수 있는 두 개의 신화 시리즈를 찾을 수 있었 다. 한 경우에 문화는 표범에게서 불을 훔친 것에서 시작되며, 다른 하 나는 재배 식물의 유입과 더불어 문화가 시작되는 경우다.

　그런데 어디서나 단명의 기원은 문명생활의 도래와 연관된다. 불의 기원과 관계되는 곳에서는('표범의 재화'의 정복 M8: 취사용 불, 활과 화살, 무명 실타래) 차라리 문화적인 것으로, 그것이 재배 식물과 관련 이 있는 신화에서는(M90: 인구의 증가, 언어와 관습의 다양화) 차라리 사회적인 것으로 문명의 도래와 연결된다. 결국 신화 집단에 따라서 단명의 출현은 불과 문화의 기원(아피나이에 신화)에 연결되거나 또는 재배 식물과 사회의 기원(다른 제족 신화)에 연결되어 있다. 그러나 가이아나와 차코지역의 신화들 속에서 단명의 기원은 물의 기원과 사회의 파괴에 연결된다.

우리는 이 점에 대해서 단지 제족과 투피족에 국한해서 보았지만, 아피나이에족 신화에서 단명의 기원('썩은 나무의 부르는 소리')은 불의 기원(M_9)의 함수인 반면에, 다른 제족 신화 속에서 단명의 기원(썩은 동물인 '사리그가 부르는 소리')은 재배 식물 기원의 함수다. 따라서 우리는 아래와 같은 가정에 도달한다. 왜냐하면 부패(조물주-썩은 시체)의 주제는 불의 기원신화의 함수로 현대의 과라니족과 투피족에게서도 존재하고, 무엇보다도 옛 투피남바족에게 이와 유사한 신화가 존재하지 않는 것은 부패의 주제가 재배 식물의 기원신화로 이전됐기 때문에 그런 것이 아닌가 하고 설명할 수 있지 않겠는가?

무엇보다도 테베(M_{118}; Métraux 7)에 따르면 투피남바족의 신화는 재배 식물의 기원을 한 기적적인 소년에게 두고 있으며, 소년은 식용 식물들이 자기 몸에서 떨어지도록 몸을 두드리는 것으로 충분했다. 하지만 이 소년은 죽거나 아니면 적어도 '육체적 고통을 당하거나', '썩은' 육신을 가졌다. 투피족(신화)에서 유래하는 아마존 지역의 한 전설에서 최초의 카사바덩굴은 한 처녀가 출산한 어린 소년의 무덤 위에서 돋아났다고 한다(Couto de Magalhães, 167쪽).[27]

투피남바족(신화)은 과라니족 그리고 대부분의 다른 투피족(신화)과 차이를 가지는 것처럼 보이는데, 이것은 마치 다른 제족(신화)들이 아

---

27) 열대 아메리카 지방의 켕강족에게서도 같은 구조를 가진 신화가 증명된다. 한 피해자의 시체를 농장을 가로질러 끌고 간 자리에서 옥수수가 나왔다(Borba, 23쪽). 가이아나에서는 한 노파가 재배 식물을 토해냈거나, 배설하거나 또는 낳았다. 보로로족과 파레시족은 장작불 더미에서 죽은 젊은 사람의 재에서—이들은 근친상간이거나 아니다—재배 식물이 나왔다고 한다.

피나이에족(신화)과 차이를 갖는 것과 같은 양상이다. 다시 말하자면 단명의 기원 문제를 문화적인 관점으로 설명하기보다는 사회적인 관점으로 설명한다는 것이다.

마지막 아리아: 불과 물

여러 번에 걸쳐 우리는 남아메리카의 신화적 사고에 따라 두 가지 유형의 물을 구별했는데, 하늘이 원천인 창조적 물과 땅이 원천인 파괴적인 물을 말한다. 마찬가지로 두 가지 유형의 불이 있는데, 하늘의 불인 파괴적인 불과 땅의 불인 창조적인 불로, 이 불은 취사용 불을 의미한다. 우리는 이러한 구별이 그렇게 간단하지 않다는 것을 알게 될 것이다. 그러나 먼저 근본적 대립, 다시 말하자면 물과 불의 대립의 의미를 좀더 깊이 알아보는 것이 합당할 것이다.

그렇게 하기 위해서 우리가 이미 증명한(이 책 303쪽 이하) 참조신화로 다시 돌아가도록 하자. 이 신화는 물의 기원신화로 위장한 불의 기원신화다. 이 신화를 불의 기원신화인 제족 신화 시리즈($M_7 \sim M_{12}$)에 다시 놓아보자. 모계출계와 모거제의 사회 구조를 가진 보로로족은 다른 어떤 제족 부족보다도 완전한 부계출계이며 부거제인 셰렌테족과 대립하지만, (아마도 이런 이유 때문에) 이 두 신화 집단의 신화들 사이에 주목할 만한 대칭을 관찰할 수 있다. 이 두 신화 집단의 주인공은 모두 새둥지 터는 사람이다(특히 신화M_1과 M_{12}).

첫째, 신화M_1에서 M_{12}까지의 모든 신화들 중에 단지 이 신화들(M_1과 M_{12})만이 물과 불을 동시에 다루고 있다. 보로로 신화M_1은 불을 파괴하기 위해 물을 사용한다. 좀더 정확하게는 주인공을 불의 주인으로 만들기 위해 물이 등장한다. 셰렌테 신화는 불의 주인이 되기 위해서 주인공이 먼저 물의 주인 자리에 있어야 한다는 점을 확인한다. 즉, 주인공은 물을 완전히 마셔버림으로써 물을 없앤다(파괴한다). 표범에 의해 받아들여진 후 주인공은 대단히 목마르다고 불평을 하게 되고, 그는 개울물의 소유자인 악어(*Caiman niger*)에게 한 방울의 물도 남기지 않고 모두 마셔버린다. 이 사건은 카유아 신화M₆₂의 덕분으로 명료해지는데, 이 신화는 악어가 물의 주인이며, 땅이 메마르지 않도록 하는 것이 그의 사명이라는 점을 분명히 하고 있다. 'Jacaré é capitão de agua, para não secar todo o mundo'(Schaden 1, 113쪽).[28]

둘째, 두 신화의 주인공은 속이는 자(시기꾼)라는 사실이 입증된다. 그렇지 않다 하더라도 항상 신화의 초반부 카야포 판본과 셰렌테 판본에서 차라리 대조가 더 잘 나타난다(카야포 판본에서는 던진 새알들이 돌로 변하는 반면, 셰렌테 판본에서는 던진 돌이 새알로 변한다). 그러나 신화의 끝부분에서, 보로로의 새둥지 터는 사람은 자신을 도마뱀의 형상으로 변화시켜 오랫동안 가족들을 속인다. 셰렌테의 주인공 역시 표범에게서 가져온 구운 고기를 단지 햇볕에 놓아두었던 것이라고 가족들을 속인다. 두 경우 모두에서 주인공은 근거 없는 경계심을 가지고 행동한다.

이런 과장된 행동은 이 두 신화에 적합한 또 다른 특질과 일치한다. 아피나이에 판본처럼 인간의 수명이 이제부터는 '제한'되거나, 죽은 다음에 부활하는 것을 문제 삼지 않는다. 이러한 주제는 보로로 신화에서 두 번 나타나는데, 주인공이 이러한 문제에 접하는 것은 '조상들의 무도회' 기간 동안이었다. 그리고 주인공은 영혼 왕국의 원정을 무사히 끝내고 성공적으로 돌아온다. 셰렌테 신화에서는 주인공이 오랫동안 숨어 가족들에게 나타나지 않고 있었던 것 역시 그가 죽었다는 것을 암시하는 것이다. 결국 주인공은 저명한 조상을 위해 에크만 장례의례가

---

28) 표범-악어(불의주인, 물의 주인)의 짝에 대해서 투피족 전문학자들이 이아과(iagua)라는 표범의 투피어와 악어를 지칭하는 자카레(jacaré)라는 단어를 연결했던 점을 상기할 필요가 있는데, 이아과-레(iagua-ré)라는 단어는 '또 다른 종류의 악어'로 분석될 수 있기 때문이다. 문헌학자들에게 이 어원이 어떤 가치가 있는지 우리는 모른다. 그러나 두 종들 간에 어떤 합당한 일치점이 없다는 이유만으로 이 단어가 배제되었다고 적고 있는 것은 흥미롭다(Chermont de Miranda, 73~74쪽).

개최되는 기간에만 나타날 뿐이었다(이 책 208쪽 참조). 이제 겨우 텍스트의 의미를 파헤쳤지만, 소심한 주인공은 인간들에게 한정된 생명을 주고, 반면에 뻔뻔한 주인공은 인간들에게 부활의 약속을 가져온다고 말할 수 있을 것이다.

한편으로는 연장된 생명과 단축된 생명, 그리고 다른 한편으로는 죽음과 부활 사이의 대립은 단지 취사의 기원(≡불) 신화들 또는 재배 식물의 기원(≡물)신화들이나, 불과 물이 같이 연결되어 있는 신화들 속에서 우리가 찾아낼 수 있는 대립과 동형관계인 것처럼 보인다.

* * *

토착민들의 사고에 따라 아래와 같은 관계가 존재한다는 것을 보조정리(명제)를 사용해 정리해보자.

$$불 = 물^{(-1)}$$

남아메리카에 가장 널리 퍼져 있고, 제족에게서도 확인된 신화들 중하나는 신화적 쌍둥이인 해와 달 또는 개미핥기와 표범이다. 이들 신화는 각각의 음식 규정을 갖고 있다. 판본들에 따르자면 이러한 규정은 각각 익은 과일과 푸른(설익은) 과일, 고기(날음식)와 개미(썩은 음식, M_{89}와 M_{54} 참조: 사리그→개미로의 변형 때문에, 이 책 357쪽 '참조'), 동물성 음식과 식물성 음식 등등으로 구성되어 있다.

(해 : 달, 개미핥기 : 표범) :: (썩은 것 : 날것, 익은 것 : 푸른 것[설익은 것],

식물성 : 동물성…)

이렇게 차이가 있지만 큰개미핥기와 표범은 호환가능하다고 단언할수 있다. 브라질 민속에는 '세르타오'(sertão: 브라질 북동부의 목장 지대)에서 가장 강한 두 가지 동물을 동등하게 보는 이야기가 흔한데, 하나(표범)는 송곳니의 무는 힘으로, 다른 하나(개미핥기)는 앞다리의 조르는 힘으로 볼 때 두 동물 모두 강하다. 사람들은 초원에서는 필연적으로 표범이 개미핥기를 이기지만, 숲에서는 반대라고 말한다. 다시 말

해서 개미핥기는 꼬리로 나무둥치를 버티고 서서 두 팔(앞발)로 표범을
질식시키기 때문이다.

각 동물은 자신이 음식물 중에 가장 '강한' 것을 먹는다고 주장했다.
분쟁을 해결하기 위해 그들은 눈을 모두 가리고 똥을 싼 다음 그것을
비교해보기로 했다. 개미핥기는 똥을 싸기에 어려움이 있다고 주장하
고는 이 틈을 이용해 자신의 것과 표범 것을 몰래 바꾸어놓았다. 분쟁
은 계속 되었고, 그동안 개미핥기는 표범의 눈을 빼냈다.

M119. 카유아족의 신화: 표범의 눈

표범은 매미에게서 두꺼비와 토끼가 표범이 사냥하고 있는 동안 그
의 불을 훔쳐 강 건너편으로 가져갔다는 얘기를 들었다. 표범은 눈물
을 흘렸고 그때 개미핥기 한 마리가 다가왔다. 표범은 그에게 똥누기
경쟁을 하자고 제안했다. 개미핥기는 똥을 바꿔치기했는데, 날고기가
포함된 똥을 제 것으로 삼고, 표범의 것은 단지 개미로만 이루어졌다
는 것을 표범이 믿도록 했다. 다시 만회할 생각으로 표범은 눈을 떼어
내는 놀이를 하자고 개미핥기에게 제안했다. 개미핥기의 눈은 제자리
에 떨어졌지만, 표범의 눈은 나무 꼭대기에 걸리고 말았으므로 표범
은 장님이 되었다. 개미핥기의 간청을 들은 마쿠코(macuco) 새는 표
범에게 물눈을 만들어주었고, 표범은 어둠 속에서도 볼 수 있게 되었
다. 이때부터 표범은 단지 밤에만 외출했고, 불을 잃어버렸기 때문에
날고기를 먹게 되었다. 이 때문에 표범은 결코 마쿠코 새(아파포쿠바
판본: 인함부 새, 또는 티나미데(tinamidé[닭] 참조)를 공격하지 않
는다(Schaden 1, 110~111쪽, 121~122쪽).

이 판본은 특히 교훈적이다. 초반부터 우리가 논점의 길잡이로 사용
하는 표범과 개미핥기의 적대관계를 불의 주인인 표범의 주제와 연결
시키고 있기 때문이다. 샤덴(Schaden)의 정보제공자에 따르면 둘 사이
의 관계는 드러난 것보다 훨씬 강하다. 왜냐하면 만일 표범이 다른 동

물들이 훔쳐간 불을 다시 찾았다면 그는 땅을 불지르는 데 사용했을 것이기 때문이다. 표범이 원래의 눈('불의 반사로 빛나는 눈', M_7)을 잃어버림으로 인해 인류는 이런 위험으로부터 벗어날 수 있게 되었다. 마침내 표범의 눈은 물 이외에 아무 것도 아닌 '순수한 물'이 되었다.

그러면 똥누기 게임과 눈떼어내기 게임 사이의 연관성을 어떻게 해석해야만 할까? 우리는 두 동물의 대립적인 음식 규정을 조건으로 표범과 개미핥기는 치환할 수 있는 관계라고 이야기했다. 그러니까 치환(대체)관계 아래에서, 똥과 눈은 말하자면 해부학적 대조를 이루는 것이다. 배설물은 본질적으로 치환될 수 있는 신체의 한 부분을 구성한다. 왜냐하면 배설물은 신체를 떠나기 위해서만 존재하기 때문이다. 그러나 눈은 신체와 분리될 수 없다. 이런 점으로 보아 신화는 동시에 아래와 같이 제시될 수 있다.

a) 불＝물$^{(-1)}$

b) 표범＝개미핥기$^{(-1)}$

c) 배설물(똥)＝눈$^{(-1)}$

만일 배설물은 호환될 수 있고, 눈은 그렇지 않다면 (배설물의 교환과는 달리) 눈의 교환은 신체의 부분들이 동일하게 남아 있으면서 그 소유자가 변화할 수 없지만, 소유자가 동일하면서 신체의 부분들의 변화는 있을 수 있다는 사실에서 기인하는 것이다. 다른 말로 표현하자면 표범과 개미핥기 사이에서 그들의 배설물을 교환하는 것이 한 경우고, 다른 경우는 표범이 자기 자신과 자신의 눈을 교환하는 경우다. 그는 불의 주인으로서의 특성과 합동인 자신의 불의 눈을 잃는다. 이것은 그가 불을 잃어버렸기 때문이며, 그는 불의 반대인 물의 눈으로 자신의 눈을 대체한다.

같은 신화의 또 다른 판본들에서는 표범의 인공적인 눈은 물이 아니라 송진으로 대체되기도 한다는 사실은 이 책 385쪽의 등식을 단지 더 발전시켜 줄 뿐이다.

:: (… 식물성 : 동물성, 물 : 불).

* * *

이 보조명제를 통해 보로로 신화M₁과 셰렌테 신화M₁₂ 사이에 대립의
특성을 드러냈던 불과 물의 전도를 다시 보도록 하자. 신화M₁은 불을
무력화시키고 물을 창조하며, 다른 신화M₁₂는 물을 무력화시키고 불을
창조한다. 더욱이 두 신화의 물은 같은 특성(성질)이 아니다. 신화M₁에
서는 하늘의, 해를 끼치는 그리고 외재화된(폭풍우) 물이며, 신화M₁₂에
서는 땅의, 유익한 그리고 내재화된(식수) 물이다. 결국 각각의 구조
(신화)에서 죽음은 같은 양상으로 개입되지 않는다.

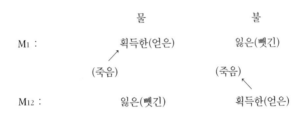

다른 말로 하면, 보로로 주인공의 죽음은 획득한 물의 '조건'이며, 획
득한 불은 셰렌테 주인공의 죽음의 '결과'다.

우리는 이미 보로로족과 셰렌테족의 사회 조직이 서로 대립한다는
점을 말한 바 있다. 그러나 그들 신화에서 불과 물의 기원신화의 이런
전도를 이해하기 위해서는 차라리 두 집단의 또 다른 문화적 측면들을
참조하는 것이 합당하다. 다른 부족들과는 달리 보로로족은 고원이나
고원 곳곳을 가로지르는 계곡에서 살아오지 않았다. 그들은 주로 고원
의 서쪽 변두리 지역과 고원의 기슭, 저지대에 정착했는데, 이 저지대
는 남서쪽으로 경사를 이루며 세계에서 가장 큰 늪지대의 하나인 판타
날(Pantanal)의 물 속에 잠기곤 했다. 그들 삶의 유형이 반(半)지상, 반
(半)수상인 점은 바로 이러한 결과다. 물은 그들에게 친숙한 요소다. 그
들은 어떤 식물의 잎을 씹으면 물고기를 잡기 위해 몇 시간씩 물 속에
머무를 수 있다고까지 믿고 있었다(von den Steinen 2, 452쪽).

이런 유형의 삶은 또한 물의 역할이 큰 자리를 차지하는 종교적 믿음과도 관계가 있다. 보로로인들은 이중매장을 실행한다. 첫 번째 간략한 매장은 마을 광장에서 행해지며, 몇 주일 동안 사망자의 가족들은 시체가 빨리 썩도록 흠뻑 물을 뿌린다. 시체의 부패가 충분히 진행됐을 때, 무덤을 열고 시체를 꺼내 살이 모두 벗겨져나갈 때까지 뼈와 해골을 닦는다. 뼈는 붉게 칠해지며 송진으로 새깃털을 붙여 모자이크 형태로 장식된다. 이렇게 장식된 뼈들은 바구니에 담아 '영혼의 거주지'인 호수나 강바닥에 엄숙하게 수장된다. 이처럼 토착민의 사고에서는 물과 죽음이 항상 연결되어 있다. 하나를 얻기 위해서는 다른 하나를 감수하지 않으면 안 된다. 새둥지 터는 사람의 보로로 신화가 자신의 방식으로 명시하는 것은 바로 이런 점이다.

토칸틴스 강 계곡의 주민인 셰렌테족은 특별히 가뭄의 위험에 처한 것처럼 보이지는 않는다. 그렇지만 이들은 다른 곳에 사는 부족과는 비교가 안 될 만큼 가뭄에 대한 두려움에 집착해 있다. 그들의 주된 두려움은 화가 난 해가 땅을 건조시켜 세상을 온통 불바다로 만들지 않을까 하는 것이다. 해를 달래기 위해 어른들은 옛날에 몇 주일씩 계속되는 긴 단식을 행했다. 이 복잡한 의식에 대해 자세한 것은 후에 다시 말할 것이다(이 책 531쪽 이하).

여기서는 단지 셰렌테족의 사고에서, 인류는 일반적인 대화재의 위협 아래에서 살고 있다는 점만을 볼 것이다. 죽음의 근본적인 원인인 불에 대한 이러한 믿음은 우리가 이미 본 셰렌테 신화와 일치하며, 이 신화는 불을 얻기 원한다면 죽음을 경유하지 않으면 안 된다는 점을 명시하고 있다.

이러한 생태적·종교적인 모든 요인들을 고려해야만 보로로와 셰렌테 신화의 도치를 이해할 수 있다. 보로로족은 물의 기호(signe)아래에서 산다(특히 사고한다). 그들에게 물은 죽음을 내포한다. 그리고 많은 보로로 신화들에서는 때때로 자발적으로 장작더미 위에서 죽은 주인공의 재에서 재배 식물이나 또는 문화재가 탄생한다(M_{20}, M_{27} 참조;

Colb. 3, 199쪽, 213쪽, 214쪽). 이러한 사실은 보로로인들에게서 불과 물의 연계가 존재한다는 것을 증명한다. 셰렌테족에게서는 그 반대다. 그들은 부정된(négative) 물인 가뭄의 표현방식으로 사고한다. 그들의 신화에는 다른 어느 곳에서보다도 아주 강하게 불이 죽음을 내포한다. 그들은 불을 물과 대립시키는데, 이 물은 치사(致死)의 물이 아니라(큰 단식의례에서 썩은 물은 단지 참여자들이 물을 거절하기 위해서만 제공될 뿐이다) 생명을 주는 물이다. 그러나 세상의 모든 물은 겨우 한 목마른 자의 목을 축일 정도밖에는 없다.

이러한 대립을 뒷받침하기 위해 보로로족 역시 이웃인 바케리족과 공통으로 파괴적인 불에 대한 신화를 소유하고 있다. 그러나 파괴적인 불은 물을 분실한 결과로서, 즉 약화된 형태로 나타난다. 이러한 불의 위험은 쉽게 배제된다.

M₁₂₀. 보로로족의 신화: 파괴적인 불

옛날에 해와 달은 땅 위에서 살았다. 어느 날 그들은 목이 말랐고, 크고 무거운 항아리에 물을 보관한 수상(水上)새를 방문했다. 새들의 말을 듣지 않고, 해는 항아리 하나를 입술까지 들어올렸으나 미끄러져 떨어뜨렸다. 항아리는 깨졌고 물은 흩어졌다. 새들은 화를 냈다. 해와 달은 도망을 갔고, 새들은 그들이 피신해 있던 오두막에서 그들을 만났다.

이제는 해가 너무 뜨거워졌다. 이웃 때문에 불편스러워진 새들은 그들의 광주리 모양의 부채를 흔들어 점점 더 센바람을 일으켜 해와 달을 공중으로 들어올렸고 그들을 하늘까지 올라가게 했다. 그들은 이제 그곳에서 다시는 내려올 수 없게 되었다(Colb. 3, 237~238쪽; 바케리 판본M₁₂₀ₐ, v. den Steinen 2, 482~483쪽).

해와 달과 관계되는 또 다른 신화들은 물로 불을 파괴하는 해와 달을 제시한다. 수달의 불을 오줌을 싸 끄거나(M₁₂₁; Colb. 3, 233쪽), 인간들의 불을 물로 침수시켜 끈다(M₁₂₂; Colb. 3, 231쪽). 결과적으로 여기에서도 역시 불에 대한 물의 우위가 확인된다.[29]

보로로인들에게 물은 죽음의 궁극적인 원인[目的因]이고, 반면에 셰렌테인들에게는 불은 죽음의 효과적인 원인[動力因]이라고 말하는 것으로 충분하지 않다. 이러한 차이는 재배 식물의 기원신화들과 평행한 관계에 있는 신화 시리즈에서 나타나는 또 다른 차이를 수반한다. 말하자면 셰렌테족들은 재배 식물의 기원과 불의 기원을 완전하게 분리하고 있다. 또 다른 제족들과는 반대로 셰렌테족들은 재배 식물의 신화를 두 문화 영웅인 해와 달(M₁₀₈)의 지상 모험담으로 구성되는 우주적 순환 속에 삽입한다.

이와는 반대로 보로로족은 재배 식물의 기원을 신화적이라기보다는 차라리 전설적인 이야기의 주제로 삼는다. 보로로족은 농업의 기원을 설명하기보다는 차별화된 씨족들이 어떤 식물이나 또는 같은 종의 변종을 씨족 시조의 이름으로 소유하게 된 사실을 합법화하는 것에 더 역

---

29) 불의 기원에 대한 보로로 신화의 모든 시리즈는 비(M₁), 엎질러진 물(M₁₂₂), 그리고 오줌(M₁₂₁)으로 불을 꺼뜨린다. 재배 식물의 기원신화 집단에서 셰렌테 신화 M₁₀₈은 어머니들이 흘린 젖에서 카사바 나무가 돋아나도록 한다. 이것은 아래와 같이 변형될 수 있다.

$$\text{(불 시리즈)} \left[\text{오줌} \to \text{불}(-) \right] \to \text{(식물 시리즈)} \left[\text{젖(우유)} \to \text{식물}(+) \right]$$

나야리트(Nayarit) 지역의 한 멕시코 신화(M₁₂₃)가 (위의 변형의) 도치된 변형을 제시하고 있다는 사실은 흥미롭다. 이 도치된 변형은 두 번째 항(식물 시리즈)에서 출발해 첫 번째 항으로 되돌아오도록 해준다. 이구아나가 하늘로 가지고 올라간 불을 까마귀와 파리새가 다시 찾아오는 일에 실패한다. 사리그가 단지 자신을 좀 덥히겠다고 속이고 불에 접근한다(사리그→프레아 쥐의 변형으로 M₅₆으로 되돌아간다). 그러나 그는 불을 놓쳐 땅에 떨어뜨렸다. 불은 온 세상을 불바다로 만들었다. 그렇지만 땅은 그의 젖으로 불을 성공적으로 껐다(Preuss 2, 제1권, 169~181쪽).

우리가 이미 제시했던 것처럼(이 책 305쪽 주 15), 파나마의 쿠나족은 보로로족처럼 불의 기원을 물의 기원으로 도치시킨다. 다시 말해서 한 집만을 남기고 모든 가정의 불을 꺼버리는 비(M₁과 M₆₁ 비교)와 관계가 있거나 또는 오줌으로 유일한 한 가정의 불을 꺼버리는 것과 관계 있다(M₁₂₁과 M₆₁ 비교).

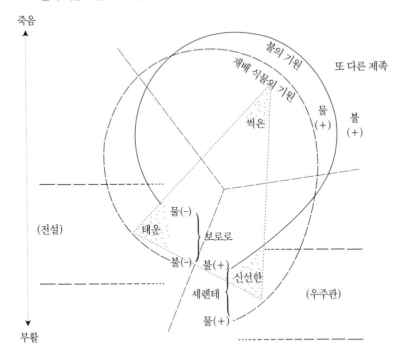

점을 둔다. 이러한 특권(각 씨족이 소유하게 된—옮긴이)은 장작불에 자발적으로 몸을 던지는 씨족 영웅들의 희생(파괴적인 불≠취사용 불)까지 거슬러올라간다.

결국 모든 관계로 볼 때, 자연에서 문화로의 이행에 관계되는 보로로와 셰렌테 신화들은 극단적인 자리를 점하고 있다. 반면에 다른 제족(여기서 '다른 제족'이란 셰렌테족을 제외한 제족언어 집단의 부족들을 말한다. 이 책 190쪽 참조—옮긴이)의 신화들은 중간적(매개적) 지점에 위치한다. 보로로와 셰렌테족은 물과 불에 대립된 기능을 부여해서 물과 불을 연관(결합)시킨다. 다시 말해서 물〉불/불〉물; 외재화된물/내재화된 물; 천상의 그리고 불운의 물/지상의 그리고 이로운 물; 취사용 화덕/장례용 장작불 등등이다. 또한 이것저것들이 관계된 큰 사건들은 사회학적이고 전설적인 측면, 또는 우주적이고 신화적인 측면에 위치한다. 결국 보로로족과 셰렌테족은 모두 단축된 생명에 역점을 두는 것이 아니라 부활에 역점을 둔다.

다른 곳에서 본 것처럼 다른 제족 신화들은 취사의 기원(불과 연결)과 재배 식물의 기원(물과 연결)을 분리하고 있다. 이 두 주제들은 같은 신화 시리즈에서 비대칭적인 짝을 형성하는 대신에, 평행적으로 그리고 독립적인 양상으로 취급된다. 더구나 다른 제족들은 재배 식물(의 기원)을 보로로족처럼 태운 것이나, 셰렌테족처럼 신선한 것(설익은 것)과 연관시키는 것이 아니라 썩은 것과 연관시킨다. 모든 관계는 392쪽의 도표 8로 설명될 수 있을 것이다.

제4부
평균율의 천문학

1 세 가지 목소리의 소품

둘 또는 몇몇 신화에서 불변적인 것으로 남아 있는 특성들의 총합(집합)을 '골조'(armature)라고 부르는 것은 합당하다. 각 신화가 이러한 특성들에 부여한 기능들의 체계를 '코드'(code)라 하고, 한 특별한 신화의 내용을 '메시지'라고 하자. 제3부에서 했던 고찰을 계속해본다면, 한 신화에서 다른 신화로 이행했을 때 '골조'는 그대로 유지되고 '코드'는 변형되며, '메시지'는 전도된다고 말함으로써 보로로 신화M_1과 세렌테 신화M_{12}의 관계를 더욱 정확히 명시할 수 있다.

어떤 의미로는 반대[逆] 증명일 수도 있는 역진적 방식으로 같은 대립 구조에 이를 수 있다면, 이러한 분석의 결과는 '결정적'으로 유효할 수 있을 것이다. 이처럼 제기된 문제는 아래와 같이 표현될 수 있다.

우리가 M_x와 M_y라고 부르는 두 개의 신화 사이에 변형관계가 있다고 하자.

$$M_x \longrightarrow M_y$$
$$(f)$$

$M_y = f M_x$를 일단 인정한다면, 신화 $M_z = f M_y$가 존재하는가? 이 신화 M_z와 연계해 우리는 M_x에서 M_y를 야기하는 변형의 반대방향으로 실행해 얻은 대칭적인 변형을 매개로 M_x의 복원이 가능하다는 것을 증명할 수 있을까?

다시 말하자면 우리는 앞에서 셰렌테족의 불의 기원신화M_y는 보로로족의 물의 기원신화M_x가 변형된 것임을 밝혔다. 그러면 처음 우리가 출발했던 보로로 신화로 다시 데려다줄 물의 기원신화를 지금 셰렌테족에게서 찾을 수 있을까? 동시에 아래의 동형관계를 확인해줄 신화를 찾을 수 있을까?

$$\begin{bmatrix} M_z & \rightarrow & M_x \\ & (f) & \end{bmatrix} \approx \begin{bmatrix} M_x & \rightarrow & M_y \\ & (f) & \end{bmatrix}?$$

물론 그런 신화가 셰렌테족에게 존재한다.

M124. 셰렌테족의 신화: 아사레 이야기

옛날에 아사레(Asaré)라는 막내를 빼고는 모두 어른인 몇 명의 아들을 가진 아버지이자, 결혼을 한 인디언이 있었다. 어느 날 아버지가 사냥을 하러 간 사이에 형제들은 어머니를 찾아오라고 막내를 보냈는데, 그들은 어머니가 남성의 집에 와서 그들의 머리를 자르고 치장해주도록 하기 위해서라고 핑계를 댔다. 그러나 그들은 남성의 집에서 번갈아가며 어머니를 겁탈했다.

아사레는 이 사실을 아버지에게 알렸고, 범죄자들은 아버지에게서 심한 벌을 받았다. 이를 복수하기 위해 형제들은 오두막에 불을 놓았다. 부모는 부엌 연기 속을 날기 좋아하는 새매(épervier)로 변해 지붕의 열린 구멍을 통해 성공적으로 도망갔다.

이제 세상에 홀로 남겨진 아들들은 아주 멀리 떠나기로 결심했다. 여행하는 동안 아사레는 목이 말라 고생을 했는데, 형들이 깬 투쿰호도(Astrocaryum tucuma)의 즙은 갈증을 해소시키기에 충분하지 못했다. 그래서 형들 중 하나가 사냥용 창으로 땅을 팠다. 그러자 너무나 많은 물이 분출되었고, 형들이 격려했지만 아사레는 물을 다 마시지 못했다. 물은 지면을 덮으며 퍼져나갔고, 조금씩 불어나 대양을 형성했다.

바로 그때 아사레는 강 건너편에 값비싼 화살을 놓고 왔다는 사실을 알아차렸다. 그는 헤엄을 쳐 물을 건너 화살을 찾아 같은 방법으로 되돌아오고 있었다. 강 중간쯤에 이르렀을 때, 아사레는 악어 한 마리와 마주쳤는데, 악어는 그가 여행하는 동안 죽인 수많은 도마뱀들에서 생겨나 불어난 물에 휩쓸려 온 것이었다. 아사레는 악어에게 자기를 다른 쪽 강 기슭까지 데려가달라고 빌었으나 악어가 거절하자 아사레는 악어를 모욕하며, 악어의 못난 코를 비웃었다. 그러자 악어는 그를 쫓아왔고, 이런 일이 벌어지는 동안 형들은 물결치는 대로 흘러가는 화살을 보았다. 그들은 막내 동생이 물에 빠져 익사했다고 결론을 짓고 다시 길을 떠났다.

아사레는 그를 학대하는 악어에게 바짝 달라붙어 강가에 도착했다. 그는 나무 숲속에 숨어서 나무껍질 속에 숨어 있는 곤충들을 먹으려고 열심히 나무껍질을 잘게 썰고 있는 딱따구리들을 보았다. 아사레의 요구로 새들은 그를 나무껍질 더미 속에 숨겨주고, 악어를 엉뚱한 길로 유인했다. 위험이 지나가자 아사레는 다시 길을 떠났다. 그는 두 번째 강을 건너게 되었고, 역시 또 다른 악어 한 마리를 만났으나 지난 번과 같은 일이 벌어졌다. 이번에는 땅콩(*Arachis hypogea*)을 캐고 있던 자고새(perdrix)들이 그를 짚더미 밑에 숨겨준 덕분으로 위험에서 벗어날 수 있었다. 세 번째 강을 건널 때에도 같은 사건이 반복됐는데, 이번에는 원숭이들이 먹고 있던 자보타(Jabota〔식물〕) 깍지의 껍질 속에 아사레를 숨겨주었다. 천성적으로 수다쟁이인 원숭이 한 마리가 비밀을 폭로할 뻔했으나 동료 원숭이가 그의 입술을 후려갈기며 침묵을 지키도록 했다.

아사레는 마침내 그의 삼촌인 스컹크 집에 도착했는데, 자리를 뜨지 않고 굳세게 악어를 기다린 스컹크가 자신의 구역질나는 체액으로 뒤덮자 악어는 숨이 막혀 죽고 말았다. 스컹크는 인함부(*Tinamus*) 새를 불렀다. 인함부 새는 악어의 시체를 강으로 운반해 던졌다. 아사레는 삼촌의 집에 머물렀다.[1] 바다가 형성되자 아사레의 형들은 즉시 바다에서 미역감기를 원했다. 오늘날에도 우기가 끝날 무렵이 되면 물 속에서 물장구를 치는 소리가 서쪽에서 들려온다. 조금 후에 우리는 그들이 매우 깨끗하고 새롭게 단장한 수루루(Sururú), 즉 플레이아데스 성단 7개 별의 모습으로 하늘에 나타나는 것을 보게 된다 (Nim. 7, 185~186쪽).

우리는 오랫동안 이 신화를 다룰 것이다. 우리가 이미 제시한 것처럼, 이 신화는 메시지나 또는 코드의 몇몇 변형을 통해 새둥지 터는 사람의 보로로 신화M₁을 충실하게 복원하고 있다는 사실을 밝히는 것으로 시작하자.

최초의 상황은 참조신화M₁과 동일하다. 즉 그녀의 아들(또는 아들들)에게 강간당한 어머니가 나온다. 그렇지만 우리는 두 가지 차이점에 주목할 것이다. 보로로 신화에서 어머니는 숲속에서 강간당한다. 즉 그녀는 여인들에게만 부과된 사명을 완수하기 위해 숲속에 들어갔다. 그러나 위의 신화에서 숲속에 들어간 것은 아버지다. 그는 남성의 일인사냥을 하러 숲속에 들어간다. 그리고 강간이 행해지는 곳은 일반적인 부락이 아니라 정상적으로는 여자들이 들어갈 수 없는 남성의 집이었다. 둘째로 신화M₁은 범법을 한 아들의 소년기(그는 아직도 성년식을 거치지 않았다)를 강조하는 반면, 신화M₁₂₄는 범죄자들을 남성의 집에 거주하도록 강요된 성년식을 거친 청년들로 그리고 있다(Nim. 6, 49쪽 참조).

이 두 가지 차이점에서 결과적으로 세 번째 차이점이 따라나온다. 다시 말해서 보로로 신화의 아버지는 자신의 불운을 모르고 있으며, 의혹을 풀기 위해 조사를 진행한다. 의혹이 밝혀지자 그는 아들을 죽이려고

---

1) 스컹크는 텍스트에서 *Mephitis Suffocans*, 'cangambá'와 일치한다(Maciel, 431쪽). 사실 북아메리카 '스컹크'의 남아메리카 동류(congénère)는 코네파트 (conépate)다(Maciel, 162쪽, 주 2 참조).

애쓴다. 셰렌테 신화의 아버지는 즉시 사실을 알게 되지만, 그를 죽이려고 하는 자는 그의 아들들이다.

보로로 신화의 아버지는 자신의 복수심을 채우기 위해 물을 이용하고(불은 나중에 나타나게 될 것이다), 같은 의도를 가진 셰렌테의 아들들은 불을 사용한다(물은 나중에 나타나게 될 것이다).

셰렌테 신화의 부모는 취사용 불의 친구인 새매 형상으로 죽음에서 벗어나지만, 보로로의 아들은 취사용 불의 적인 우루부독수리 형상을 한 구조자들 덕으로 죽음을 피한다(왜냐하면 신화는 구조자들이 썩은 고기와 날것[생살]을 양식으로 삼는다고 묘사하고 있기 때문이다).

수직적인 분리(아래 → 위, 낮은 → 높은)는 보로로의 아들과 셰렌테의 부모에게 영향을 미친다. 게다가 만일 첫 번째 경우에(M₁) 아들은 수직적으로 공기에 의해 그들의 부모와 분리된다면, 셰렌테 주인공은 수평적으로 그의 형들과 물에 의해 분리된다.

바위 암벽 꼭대기에 올라감으로써 부락에서 멀리 떨어지게 된 보로로 주인공은 배고픔으로 고통을 당한다. 그리고 먼길을 떠남으로써 부락에서 멀리 떨어지게 된 셰렌테 주인공은 목마름으로 고통을 당한다. 각 주인공은 연속적으로 두 가지 처방(대책)을 탐색하는데, 이 점에서 두 신화가 대조를 이룬다. 신화M₁에서 먼저 날것의 동물성 양식은 너무 과다하기 때문에 썩으며, 그 다음 날것의 식물성 양식은 주인공이 이 양식을 보존할 수 없었기 때문에 결코 충분하지 않았다. 신화M₁₂₄에서는 먼저 불충분한 식물성 음료에 대한 일이고, 다음은 (지하의) 비-식물성 물인데, 이것은 너무 풍부해서 주인공이 이 물을 전부 소진시킬 수 없었다. 두 경우를 보면, 수량적으로 불충분한 처방은 식물성이며 이롭다(야자 열매의 즙, 신선한 과일). 또한 수량적으로 충분한(과잉이기도 하다) 처방은 비-식물성이며, 나쁘다(썩은 도마뱀, 바닷물, 이것들로 인해 주인공은 죽을 수도 있다).

보로로 신화와 셰렌테 신화는 둘 다 물의 기원신화의 양상을 보인다. 첫 번째 경우(M₁)에는 천상의 물인 비의 형태로, 두 번째 경우(M₁₂₄)에는 땅에서 분출된 지하수의 형태로 나타났다.

보로로 신화의 주인공은 의례용 도구를 가져오기 위해 물을 건너야만 했고, 셰렌테 신화의 주인공 역시 사냥 무기인 활을 가져오기 위해 물을 건너야만 했다.

셰렌테 주인공은 세 번이나 땅 위에 물이 퍼지기 전에 그가 죽인 도마뱀에서 나온 악어들을 만난다. 보로로 주인공 역시 주린 배를 채우기 위해 그리고 자신을 위한 식량을 비축하기 위해 도마뱀들을 죽인다. 썩은 고기를 먹는 독수리들을 그에게로 유인한 것은 바로 부패한 비축된 식량이었다.

신화M1을 유일한 텍스트로서 만족한다면 에피소드는 이해할 수 없는 것으로 남을 것이다. 좀더 정확히 말하자면, 만일 이 신화 하나만을 해석하려고 매달린다면 신화들의 통합적 맥락의 부재로 인해 너무도 많은 해답을 제공하게 될 모든 아메리카 신화를 무턱대고 뒤져서 의미를 찾으려 할 것이다. 그래서 도마뱀은 쿠벤크란켄족에게는 선(先)문화적 양식(Métraux 8, 14쪽)이라든가 또는 와라우족, 초코족, 쿠나족에게는 도마뱀이 불의 주인이라고(이 책 305쪽 주 15 참조) 할 것이다. 그리고 도마뱀은 다른 곳에서는 눈꺼풀이 없는 것으로 인해 잠(수면)의 주인이고, 북아메리카의 지카릴라아파치족이나 페루의 아무에샤족(Amuesha) 등등처럼 지리적으로 멀리 떨어진 민족들 역시 근친상간의 상징이나 마술의 상징으로 간주한다고 할 것이다.

이처럼 도마뱀의 어원(우리는 기꺼이 '신화어원학'[mythémologie]이라 할 것이다)을 찾으려 하는 것은 무모한 일이다. 그러나 도마뱀의 의미를 찾는 것은 그렇지 않다. 셰렌테 신화가 이 점을 단도직입적으로 지적하듯이 도마뱀은 수상 악어의 지상 상대물이다. 신화M1과 신화M124는 이 점에 대해 서로 상호적으로 밝히고 있다. 다시 말해서 하나는 (M1) 지상에서 벌어지는 사건으로 주인공은 도마뱀 사냥꾼이 되는 반면에, 다른 신화M124는 같은 이유로 사건이 물 위에서 벌어지며 앞의 신화와는 반대로 악어가 '주인공을 잡으려는 사냥꾼'이 되게 한다.

보로로 신화와 제족 신화 사이에 나타나는 이러한 시각의 상호성은 우리가 아피나이에(제족어 집단—옮긴이) 텍스트에서 보로로 신화를 확인할 수 있도록 해준다. 즉 '아피나이에족에서 남자아이가 태어났을 때, 우루부독수리들은 기뻐한다. 왜냐하면 이것은 우루부독수리들에게 죽은 동물의 고기를 던져줄 사냥꾼이 하나 더 불어난 것이기 때문이다. 그리고 여자아이가 태어났을 때에는 도마뱀들이 즐거워한다. 왜냐하면 여자들은 베루부(berubu) 식사를 준비하고, 여기에서 떨어진 조각들은 도마뱀(류)들에게 먹이로 쓰이는데, 이 식사를 준비할 여자가 하나 더 불어났기 때문이다'(C. E. de Oliveira, 67쪽).

이러한 확대적용이 합당하다면 우리는 이제 이중적 대립을 사용할 수 있다. 하나는 신화M$_1$의 내부에서 여성/남성, 익힌 것/날것의 이중적 가치를 가진 도마뱀과 우루부독수리 사이의 대립이고,[2] 다른 하나는 외적인 대립으로 신화M$_1$과 신화M$_{124}$를 포함해 일어나는 땅/물, 날것/익힌 것의 이중적 가치를 가지는 도마뱀과 악어의 대립을 말한다.

결국 우리는 셰렌테족은 악어 속에서 물의 주인을 보고, 표범 속에서 불의 주인(M$_{12}$)을 본다는 사실을 알게 되었다. 따라서 지상의 물의 기원신화M$_{124}$에서 주인공이 악어와 대결하고, 마찬가지로 지상의 불의 기원신화M$_{12}$에서는 표범과 대결하게 되는 것은 아주 합당하다. 즉 일관성 있는 것이다. 그리고 우리가 (이 책 385쪽 이하에서) 불=물$^{(-1)}$이라는 등식을 제시했기 때문에 두 신화에서 동물과 주인공 각각의 행위가 전도(도치)되는 것 또한 합당하지 않은 것은 아니다. 신화M$_{12}$의 주인공은 표범에게 예의 바르게 행동하며, 표범은 그에게 도움을 준다. 그리고 신화M$_{124}$의 주인공은 악어를 무례하게 대하며, 악어는 주인공에게 도움 주기를 거부한다.

* * *

2) 아마 이것도 역시 식물성/동물성의 대립으로 볼 수 있을 것이다. 같은 텍스트의 또 다른 정보에 따르면 도마뱀들은 메뚜기, 쥐, 그리고 토끼와 같이 정원의 기생충(해로운 것) 집단으로 분류된다(C. E. de Oliveira, 65쪽).

이제는 보로로 신화의 첫 부분과 셰렌테 신화의 끝 부분에 나오는 도움을 주는(구원해주는) 동물에 대한 에피소드를 잠시 분석해보도록 하자. 이 동물들 가운데 도움이 큰 것에서 적은 것으로 순서대로 놓아본다면, 보로로 신화에서는 파리새(벌새), 집비둘기, 메뚜기 순이다. 셰렌테 신화는 딱따구리와 자고새며, 각각의 가치평가에 대해서는 침묵한다. 그러나 원숭이들은 다른 동물들보다 덜 효과적이라고 말할 수 있다. 왜냐하면 그들은 피보호자를 거의 배반할 뻔했기 때문이다. 이 두 시리즈 사이의 가상적 일치성으로 아래와 같은 도표를 만들 수 있다.

보로로		셰렌테	
파 리 새	(1)	딱따구리	(1)
집비둘기	(2)	자 고 새	(2)
메 뚜 기	(3)	원 숭 이	(3)

그러나 위(높음)와 아래(낮음)의 관계를 바탕으로 이 동물들을 규정해본다면 이러한 일치는 전도된다. 셰렌테 신화의 시리즈에서는 원숭이들은 과일(위)을 먹고, 딱따구리는 나무둥치의 껍질을 깎고(중간), 자고새는 땅콩을 땅에서 파낸다(아래). 보로로 시리즈에서는 메뚜기는 성질상 새들보다 가장 낮은 위치를 점하고 있으며, 세 가지 동물 각자의 사명이 큰 딸랑이와 작은 딸랑이(손에 쥐고 흔들기 때문에 상대적으로 '위'에 있지만 크기는 현저하게 차이가 난다), 그리고 발목에 차는 방울(아래에 위치)을 탈취하는 것임을 고려한다면, 아래와 같은 도표를 얻을 수 있다.

위 (높음)	:	파 리 새 (1)	원 숭 이	(3)
중간	:	집비둘기 (2)	딱따구리	(1)
아래(낮음)	:	메 뚜 기 (3)	자 고 새	(2)

이 난점을 극복할 수 있는 가능성이 있는지 보자. 우리는 셰렌테 불의 기원신화M$_{12}$가 물의 주인 역할을 하는 세 가지 동물의 또 다른 시리

즈를 제시한다는 사실을 기억한다. 순서대로 놓아본다면 다음과 같다.

우루부독수리   (1)
'작은 새들'   (2)
악어   (3)

우리는 이 '작은 새들'이 어떤 새들인지 모른다. 아사례 신화M124에서 '작은 새들'로 규정되는 인함부새와 관련이 있는 것이 아닌가 생각된다. 인함부새는 같은 신화의 자고새처럼 땅 위에서 생활하며, 잘 날지 못하고 날아도 아주 둔하게 나는 순계류에 속한다. 인함부새는 위와 아래(높음과 낮음)의 관계로 볼 때 아마도 우루부독수리와 악어의 중간 지점에 위치하는 것 같다. 다른 한편으로 동쪽 해안 지역의 옛 투피족들은 그들의 포로를 처형하거나 전쟁에 나갈 때, 인함부새의 검은 점이 찍힌 흰 깃털로 그들의 무기를 장식했다(Claude d'Abbeville, 237쪽). 이러한 깃털의 사용은 아사례 신화에서 작은 인함부새들에게 부여된 장례인 역할과 일치한다(옛 텍스트가 말하는 인암부-틴 'inambu-tin'은 이 종류 가운데 가장 큰 것일 수도 있다).

앞에서 본 신화들은 수차례에 걸쳐 순계류(메추리와 크라시데과에 속한다)와 (신화M14에서 별 의미 없는 대목에서 언급되는 것을 제외하고는) 이 새들에게 별 가치를 두지 않거나, 또는 아주 불길한 의미를 부여하는 것처럼 보인다. 불을 운반하기에는 너무 허약한 순계류들은 장작을 운반하다 떨어진 불씨를 제거하는 일을 담당한다(M8 · M9 · M12).

고기가 쓴 국물 맛을 낸다는 이유로 인함부새는 열등한 사냥감으로 취급된다(M143). 또한 이런 이유 때문에 사람들은 인함부 새 고기와 훨씬 귀족적인 사냥감인 카에테투 야생돼지 고기의 교환을 거부한다(M16). 인함부새의 고기는 울타리 속에 갇힌 소년의 유일한 양식이다(Murphy 1, 74쪽; Strömer, 133쪽). 밤하늘의 성좌는 메추리들의 어머니다(M28). 그리고 표범이 이 종류의 새들을 공격하지 않고 밤에 활동하는 버릇을 가졌다면, 그것은 그가 잃어버린 불의 눈을 대체할 물의 눈을 메추리들의 덕분으로 얻었기 때문이다(M₁₁₉). 별과 밤, 그리고 순계류 사이의 관계는 셰렌테족에게서 발견된 관습으로 반드시 설명할 수 있다. '그들은 낮 동안에는 해의 위치에 따라 시간을 재고, 밤에는 별의 위치와 인함부새의 울음소리로 시간을 계산한다(J.F. de Oliveira, 394쪽).[3]

다른 동물들의 의미론적 가치에 대해서는 더 정확한 정보들이 있다. 뒤에 분석할 제족 신화M₁₆₃에 따르면, 딱따구리는 파괴적인 불의 주인이다. 이러한 사실에서 우리는 딱따구리와 원숭이를 상관관계와 대립관계로 놓을 수 있었다. 왜냐하면 우리가 이미 조사한 보로로 신화M₅₅에서 원숭이는 전설적인 불(취사용 불)의 주인이기 때문이다. 산비둘기나 집비둘기 참조신화는 물론 셰렌테 신화M₁₃₈가 증명하는 것처럼 물의 주인이다. 셰렌테 신화에 등장하는 한 가족은 집비둘기(*Leptoptila rufaxilla*)의 해골 덕분에 홍수를 피할 수 있었는데, 이 해골이 기적처럼 커져서 또 다른 노아의 방주가 되었기 때문이다(Nim. 6, 92쪽).

'사리그와 그의 사위들'의 몇몇 판본(M₉₇, M₉₈)에서 집비둘기(사위들 중의 하나)는 호수에 가득찬 물을 모두 마셔 호수를 말려버리는 방식으로 물고기를 잡았다(Murphy 1, 119쪽; Wagley-Galvão, 152쪽). 비둘기가 정복하거나 또는 흡수해야만 할 이 물은 파괴적인 불과 같은 부정적인 특성으로 정의된다. 따라서 비둘기와 딱따구리는 물과 불의 관계로 볼 때 동형관계다.

보로로 신화M₁은 메뚜기(mammori, *Acridium cristatum*, 『보로로 백과사전』, 제1권, 780쪽)를 느리게 난다고 정의하고 있으며(이 점에서

---

3) 같은 믿음이 이허링(Ihering)에 의해 증명되는데(Inambu 참조), *Crypturus Strigulosus*라는 단어에서 인함부새에 대한 주민들의 호칭은 'Inambu relogio', 즉 시계새라는 이름이 나왔다. 역시 *Cavalcanti* 참조. 159~160쪽. 쿠주빔(Cujubim)새(크라시데 새의 한 종류)는 새벽을 알리지만 인함부새는 밤을 노래한다. 결국 무툼새 역시 크라시데의 일종인데 이 새는 '밤에 노래를 하며, 매 두 시간마다 정확히 지저귀기 때문에 역시 토착민들에게 일종의 숲속의 시계로 표현된다'(Orico 2, 174쪽).

는 자고새와 비슷하다), 느린 비행으로 인해 임무수행 중 죽을 뻔한다.

먼저 메뚜기는 셰렌테 판본에서의 원숭이들(원숭이 중 한 마리가 그의 임무를 배반할 뻔했기 때문에), 그리고 자고새와 일치한다. 왜냐하면 자고새들은 작은 인함부 새의 형상으로 죽음과 근접성 관계(신체적 근접성이지 도덕적 근접성이 아님)에 있기 때문에, 이들은 장례인의 역할을 수행한다. 신화M124가 무엇보다 위의 상동관계 중 후자에 기반을 둔다고 전제한다면, 이제 파리새의 의미론적 위치에 대한 분석만이 남아 있을 뿐이다. 그러나 이 신화들은 파리새에 대한 정보를 많이 갖고 있지 않다. 제족 신화들은 파리새에 대해 별로 이야기하지 않는다. 그러므로 우리는 이 신화들 이외의 다른 신화들에 눈을 돌려야만 할 것이다.

가이아나 신화에서 파리새는 부니아새와 상관관계와 대립관계를 이룬다(이 책 375쪽 참조). 이 두 새 모두 나무 꼭대기에 고립된 주인공을 내려오게 해서 마을로 돌아가도록 돕는다. 부니아 새가 역한 냄새를 풍기고 배설물을 리아나 나무로 변형시킨다면(Roth 1, 209쪽, 371쪽), 파리새는 가끔 배설물로 더럽힘을 당하기도 하지만, 향기로운 냄새를 풍긴다(Roth, 335쪽, 371쪽). 따라서 우리는 나쁜 냄새(악취)/좋은 냄새(향기), 그리고 더럽히는/더러워진이라는 이중적 대립관계를 볼 수 있다.

다른 한편 가이아나 신화들이 파리새에게 일반적으로 부여하고 있는 역할은 담배를 찾아 사람들에게 가져오는 일이다. 이 담배는 보로로 신화M1에서처럼 파리새가 성공적으로 건너가는 호수 가운데에 있는 섬에서 자란다. 그리고 신화들은 담배는 신을 '부르는' 데 사용되지만, 단지 보로로 신화에서 파리새가 가져와야 했던 의례용 방울(Roth 1, 336쪽)과 함께 사용하는 조건 하에서만 가능하다고 말한다. 우리가 다른 곳(『신화학』 제2권)에서 다시 다루게 될 담배에 대한 문제는 잠시 접어놓기로 하고, 여기서는 미국 남동부 지역의 신화들이 밝혀줄 파리새와 물의 관계만을 집중적으로 다루자.

우리가 갖고 있는 나체스, 앨라배마, 코아사티, 히치티, 크리크 그리

고 체로키족의 신화 판본들은 파리새(벌새)와 두루미(grue)를 밤/낮
(가이아나 와라우족의 한 신화에 따르면 더러워진/더럽히는: Roth 1,
335쪽)의 대립관계로 놓고 있다. 다른 한편 이 신화들은 어떻게 파리새
가 물과 물고기를 놓고 경쟁했으며, 그것을 잃었는지를 설명한다. 그리
고 이런 이유 때문에 파리새는 결코 물을 마시지 않는다(Swanton, 202
쪽; 273쪽; 그리고 이 책의 여러 곳)고 한다.

브라질의 보토쿠도족(Botocudo)과 켕강족 역시 이와 유사한 이야기
를 한다. 옛날에 세상 모든 물의 주인인 파리새는 다른 창조물들에게
이익이 되도록 물을 잃어버렸다(Nim. 9, 111쪽; Métraux 6, 제1권,
540쪽; Baldus 1, 60쪽). 크라호족의 한 신화는 파리새와 물을 부정적
관계로 본다. 왜냐하면 파리새만이 유일하게 불길을 날아 넘어갈 수 있
었기 때문이다(Schultz, 127쪽). 수루라족(surura)의 한 신화에 따르면
파리새는 불과 물을 분리시킨다. 그는 악어 입 속에 있는 불을 탈취해
사람들에게 주기 위해 악어를 웃게(입을 벌리도록—옮긴이)했기 때문
이다(Becher, 105쪽). 토바족의 신화에서도 파리새가 불을 훔친다
(Métraux 5, 107~108쪽, 110쪽).

이 집중된 증거들을 가설로서, 일반화해본다면, 파리새(벌새)는 물의
함수(기능)로서 정의할 수 있으나 그 양상은 부정적이다. 그리고 파리
새는 대단한 물고래인 집비둘기와 상관관계와 대립관계를 이룬다.[4]

그러니까 이러한 관계를 바탕으로 합당한(앞뒤 연결성이 있는—옮긴

---

4) 애리조나 피마족(Pima)의 한 신화는 대홍수의 책임자로 '물고래'(El Bebedor)라
고 불리는 신과 파리새를 연관시킨다(Russell, 226쪽, 주해). 그리고 극단적으로
쏟아져 나온 물을 부정(négation)함으로써 파리새를 파괴적인 불의 주인인 딱따
구리와 혼동할 수 있게 만든다. 이런 일은 켕강 신화M124a에서도 일어나는데, 딱따
구리와 파리새가 협동해 표범에게서 불을 훔친다(Baldus 4, 122쪽). 그러나 딱따
구리의 인물은 변형된다. 먼저 그는 자신을 물에 적시고 난 후 취사용 불의 주인이
되는데, 자신을 완전히 적시지 않으면 이 불이 (파괴적인 것이 되어) 땅을 불바다
로 만들기 때문이다. 그리고 창조적인 불(취사용)은 종속적인 요소의 역할로 이전
된다. 이러한 사실들은 주목할 만하다.

이) 체계를 얻을 수 있다.

보로로 신화M_1			셰렌테 신화M_{124}
(1) 파리새	(≠물)	———	(1) 딱따구리 (≡파괴적인 불)
(2) 집비둘기	(≡물)	⤬	(2) 원숭이 (≡창조적인 불)
(3) 메뚜기	(삶/죽음)		(3) '자고새' (삶/죽음)

한편으로는 물/불의 대립관계와 다른 한편으로는 각 신화의 한 요소 또는 다른 요소가 삶에서 죽음으로의 이행과 관계를 가지는데, 이것은 보로로 신화와 셰렌테 신화 각각의 문제점을 특징짓는 것으로 보인다.

다른 관점에서 이 문제를 보도록 하자. 각각의 임무수행에서 도움을 주는 동물들은 물건과 관련을 맺는다. 즉 보로로 신화에서는 구원적인 악기, 셰렌테 신화에서는 은신처로 사용된 물건과 연관되어 있다.

보로로 신화M_1	셰렌테 신화M_{124}
파 리 새 : 큰 딸랑이	딱따구리들 : 나무껍질
집비둘기 : 작은 딸랑이	'자고새' : 짚더미
메 뚜 기 : 소 리 쇠	원숭이들 : 땅콩깍지

보로로 신화의 물건은 '들어서는 안 되는' 소리나는 것들이다. 셰렌테 신화의 물건은 악어가 주인공을 '보지 못하도록' 방해하는 것인데, 이 물건들은 음식의 잔해들이지만 절대 '먹어서는 안 될' 것이라는 주목할 만한 특성을 보인다. 말하자면 이것들은 반-양식들인 것이다. 이러한 관계 하에서 얻을 수 있는 일련의 시리즈는 또 역시 반-음식인 바위, 딱딱한 나무, 썩은 나무의 아피나이에 신화M_9 시리즈와 비교 대상이 된다. 그러나 보로로 신화에서 악기의 방식으로 '먹을 수 있는' 것은 입을 통해서가 아니라 귀를 통해서다. 이번에는 신화M_9의 매개를 통해 다시 한 번 신화M_1과 M_{124}의 대칭관계가 증명된다.

신화M_1은 물론 신화M_{124} 역시 도움을 주는 인물은 세 동물 시리즈에 첨가된다. 신화M_1에서는 인간인 할머니고, 신화M_{124}에서는 동물인 아저씨(스컹크)다. 보로로 신화에서 할머니는 주인공에게 마술막대기를 줌으로써 그를 도와주며, 셰렌테 신화에서는 스컹크가 악취나는 액체를 뿌림으로써 도와준다. 또 다른 교훈을 줄 이 두 신화의 평행관계에 대해서는 다시 논하게 될 것이다(이 책 504쪽).

마지막으로 비교를 끝내기 위해 하나 더 본다면, 신화M_1은 우기의 도래, 다시 말하자면 건기의 끝을 거론하는 반면에, 신화M_{124}의 마지막 부분은 건기의 시작과 연관된다.

이 두 신화의 아주 세세한 부분까지 비교해본 결과 우리는 신화M_1과 M_{124}의 상관관계를 증명할 수 있었다. 그리고 우리는 만일 $M_y = f M_x$라면 신화$M_z = f M_y$는 존재하며, 이 신화M_z와 M_x의 관계는 M_x와 M_y와의 관계와 유사하다는 것을 확실하게 증명했다.

* * *

좀더 논증을 끌어가보자. 앞에서 한 논증은 천상의 물의 출현, 취사용 불의 분실이라는 이중적 주제를 가진 보로로 신화를 출발점으로 삼았다. 그리고 우리는 이 신화가 셰렌테의 한 신화와 변형관계에 있으며, 이 셰렌테 신화의 주제 역시 이중적 도치에 의해 또 다른 주제와 이중적으로 대조를 이룬다는 사실을 확인했다. 왜냐하면 이 신화는 앞의 것과는 달리 '불'의 출현, '물'의 철회(빠져 나감)와 관계되며, '천상'의 물이 아니라 '지상'의 물이기 때문이다.

한발 더 나아가 우리는 지상의 물의 출현에 대한 셰렌테 신화가 존재하는지, 그리고 그 신화가 천상의 물의 출현에 대한 최초의 보로로 신화의 주변을 복원하는 것은 아닌지를 자문해보았다. 이 두 가지 질문에 대한 긍정적인 해답을 얻고 난 지금, 천상의 물의 유입에 대한 셰렌테 신화가 존재하는지와 보로로 신화는 역으로 셰렌테 신화의 변형일 수 있을까라는 세 번째 질문이 자연히 머릿속에 떠오른다.

우리는 이러한 신화를 모른다. 단순하게 말한다면 니무엔다주가 이 신화를 확인하지 못했기 때문이라고 할 수 있다. 또 역시 열성적으로 비를 고갈시키고, 땅을 불바다로 만들려고 하는 태양이 지배하고 있고,

식인을 하는 신들M93의 거주지가 하늘이라고 생각하는 셰렌테인들에게 이러한 종류의 신화가 존재한다는 것은 생각할 수 없는 일이라고 볼 수도 있다(390쪽, 531쪽 참조). 그런데 또 다른 제족에게는 이러한 신화가 존재한다. 우리는 또 다른 제족 신화가 보로로족의 신화와 셰렌테족의 신화 사이에서 매개적 위치를 차지한다는 것을 확인했다.

사실 제족들은 천상의 물에 대한 하나의 신화가 아니라 두 개를 갖고 있다. 이들은 두 유형의 비를 구분하고 있는 것 같다. 하나는 이로운 비며, 다른 하나는 해로운 비다. 쿠벤크란켄(Metraux 8, 17쪽)족과 고로티레(Lukesch 1, 983쪽)족들은 좋은(단) 비를 죽어야만 할 존재(인간)의 천상의 딸이자 재배 식물의 도입자인 소녀의 덕으로 생각하며 (M91), 소녀의 아버지를 폭풍우와 소나기를 가져오는 직접적인 책임자로 생각한다. 참조신화 역시 폭풍우의 기원과 관계를 가지기 때문에, 우리가 주의를 기울이고 있는 것은 소녀라기 보다는 차라리 폭풍우와 소나기를 가져오는 아버지다.

M125. 카야포족의 신화: 비와 폭풍우의 기원

사냥꾼들이 맥 한 마리를 죽였다. 사냥꾼들 중 벱코로로티 (Bepkororoti)라고 불리는 사냥꾼은 동물의 창자를 비우고 자르는 임무를 맡았다. 그가 창자를 개울물에 씻는 동안 다른 사람들은 그에게 단지 두 개의 발만을 남기고 모든 고기를 나누어 가졌다(Lukesch 1과 2에서는 두 발이 아니라 창자). 벱코로로티가 항의했으나 허사였다. 마을로 돌아온 그는 아내에게 머리를 밀고 우루쿠 나무 반죽과 게니파(genipa) 나무즙으로 자신을 붉고 검게 칠해달라고 요청했다. 그리고 그는 일어났던 일을 아내에게 이야기해주었다. 그는 산정상에 은둔할 것이며, 먹구름을 보게 되면 이제 그가 피신처에 머무르고 있다고 생각하라고 말했다.

벱코로로티는 활과 화살, 그리고 크고 뭉툭한 곤봉을 만들고 난 후, 끝 부분에 맥의 피를 발랐다. 그는 아들을 동반하고 산 정상에 올랐

다. 정상에 다다르자마자 그는 한 떼의 야생돼지처럼 소리를 질렀다
(Lukesch 2에서는 돼지를 사냥하는 인간처럼). 인디언들은 소리를
따라 사냥을 하러 모여들었다. 그때 하늘에서 번개가 치고 천둥이 우
르렁거렸다. 벱코로로티는 벼락을 떨어뜨려 많은 사람을 죽였고, 그
는 아들과 함께 하늘로 올라갔다(쿠벤크란겐 판본, Métraux 8,
16~17쪽; 고로티레 판본, Banner 1; Lukesch 1, 2).

몇몇 고로티레 판본들은 한 번은 (부주의로), 또 한 번은 (격분하여)
손에 피를 묻히고 동료들 앞에 나타났다는 사실로 인해 피해를 입은
주인공의 부당행위와 연관시키고 있다. 산(또는 언덕)으로 은둔하기
전에 주인공은 머리 한가운데를 깎는 부분 삭발(tonsure)과 신체를
장식하는 관습을 창안해 인디언들에게 소개했음은 물론 게니파 나무
즙을 사용하고, 전투에 임하기 전 곤봉에 피를 바르는 관습도 창안해
소개했다. 은둔 후에 주인공은 옛 동료들을 모욕하고 그들에게 도전했
으며, 그들이 자신을 공격하자마자 벼락을 쳐 죽게 했다. 그러고 난 후
하늘로 올라가 사라진다. 이 일이 있은 후 얼마 지나지 않아 첫 번째
폭풍우가 나타난다. 그 이래로 폭우가 위협적으로 밀려올 때마다 인디
언들은 전쟁에 나아갈 때처럼 무장하고 신체를 치장해 위협하고 소리
를 질러 폭우를 멀리 쫓으려 했다(Lukesch 1, 983쪽; Banner 1,
46~49쪽).[5]

우리는 별 어려움 없이 카야포 신화가 보로로 신화의 변형임을 증명
할 것이다. 말할 필요 없이 이 신화는 베토고고의 신화M₂다. 말하자면

---

5) 여기에도 역시(이 책 320쪽 주 2) 유사한 이야기가 있다. 중앙 브라질의 한 신화
   판본은 마쿠네마(Makunaima) 무훈시에 병합된 단순한 에피소드로서 구조적 기
   능이 결여된 잔재로 가이아나에 남아 있을 뿐이다(Arekuna, M₁₂₆). 어린 주인공이
   맥 한 마리를 죽였는데, 그의 형은 맥을 자르고 나누어 가질 권리를 가로채고는 단
   지 그에게 창자만을 남겨놓았다. 대단히 화가 난 마쿠네마는 주술의 힘을 빌려 가
   족의 오두막을 산꼭대기로 옮겼다. 그리고 그는 오두막을 굴려 떨어뜨렸다(K.G.
   1, 43쪽).

물의 기원, 즉 천상의 물이 아닌 지상의 물, 해로운 물이 아닌 이로운 물의 기원신화다.

두 신화의 비교표를 보도록 하자.

M2	여성의 채집	여자들 + 남자 '맥'	남성 '맥'은 여성을 겁탈한다	주인공은 아주 천천히 그의 희생물('맥')이 피를 흘리게 한다
M125	남성의 사냥	남자들 + 맥(동물)	남성 사냥꾼들이 맥을 죽인다	주인공은 아주 급하게 그의 희생물(맥)이 피를 흘리게 한다

//

M2	어머니를 잃은 아들	아들은 아버지와 분리된다	아버지는 나무 밑에 깔린다	부끄러운 주인공
M125	양식을 잃은 아들	아들은 아버지와 결합된다	아버지는 정상으로 올라간다	화가 난 주인공

//

M2	지상의 물 창조	물 밑에 흡수된 나무	의례용 음악	장신구와 장례의례의 기원
M125	천상의 물 창조	(하늘까지) 높아진 산	동물의 울부짖음과 유사한 소리	장신구와 전투의례의 기원

//

M2	죽이는 인디언들	희박한 인구
M125	죽은 인디언들	

우리의 방법론에 충실하기 위해서는 아주 세세한 부분도 변별적일 수 있다는 사실을 인정하는 것이다. 신화M125를 진술한 정보제공자들이 뱁코로로티의 소리지름을 야생돼지가 울부짖는 소리(또는 야생돼지

사냥꾼들의 외침)에 비교하는 것은 그들이 상상한 결과가 아니다. 왜냐하면 테네테하라족도 마찬가지로 그들이 좋아하는 야생돼지와 천둥(소리)을 연관시키고 있기 때문이다. '인디언들이 야생돼지를 많이 죽이면 천둥은 화를 낸다. 그는 하늘을 검게(흐리게) 하거나 소나기를 내린다'(Wagley, 259쪽, 주 23).

보로로의 범법자가 맥 씨족에 속하는 것 또한 우연한 일은 아니다. 이 동물은 카야포 신화에도 등장하기 때문이다. 이 점에 대해서는 후에 (이 책 508쪽) 논할 것이다. 만일 통합적 관계의 관점으로만 이해하려 한다면 결국 보로로 신화의 세세한 부분은 이해할 수 없는 부분으로 남을 수밖에 없다. 하지만 보로로 신화의 이 부분을 카야포 신화의 합치되는 부분과 연계시켜 고려해본다면 이 부분들은 명료해진다.

신화M2의 주인공은 그의 적수를 연속적으로 부상시키는데, 맨 마지막에 입힌 상처는 치명적이었다. 이처럼 주인공이 자신의 적수를 죽이는 치밀한 기교는 전도된 형태로(왜냐하면 두 신화의 메시지들이 도치되어 있기 때문에) 신화M125 주인공의 부주의하고 성급한 태도에 그대로 반영되어 있다. 다시 말해서 신화M125에서는 주인공은 도살꾼의 역할로 인해 아주 더럽혀진 손으로 (급히) 식탁에 앉았기 때문이다(M71 참조).

두 신화의 유일한 차이는 보로로 신화의 전개과정에서 나타난다. 보로로 신화는 주인공의 잘못(실수)을 연속적으로 세 단계(시기)에 걸쳐 분석하는데, 각 단계마다 카야포 주인공의 유일한 잘못(실수)의 측면과 일치한다. 이를 도표로 표시하면 다음과 같다.

| M2 { | 주인공은 인간 '맥'을 아주 느리게 처분한다 | 주인공은 자신의 아내를 목졸라 죽인다(피흘림 없음) | 주인공은 새 똥으로 더러워진다 |
| M125 { | 주인공은 (동물인) 맥을 아주 빠르게 처분한다 | 주인공은 동물을 토막내 죽임으로써 피를 흘리게 한다 | 주인공은 동물이 흘린 피로 더러워진다 |

그러니까 신화M2에서 우리는 더러워진 얼룩에 대한 일종의 변증법적 논리를 볼 수 있다.

$$^1\left[\text{피}(+)\right] \rightarrow \,^2\left[\text{피}(-)\right] \rightarrow \,^3\left[\text{배설물}\right]$$

이러한 변증법적 논리가 카야포 신화에는 없는 것처럼 보인다. 위의 공식에서 두 번째 항의 회피된 피(−)가 회피된 물(−)로 대체되지 않는 한 보로로 신화에서와 같은 논리를 찾을 수는 없지만, 우리는 보로로 신화의 아내 살인 조건이 수장(水葬)을 거부한 것이라는 사실을 기억하고 있다. 말하자면 회피된 물의 항이 존재한다. 카야포 신화에도 역시 이와 동등한 항(회피된 물=손을 씻지 않음)이 존재하기 때문에, 우리는 위의 공식과 평행한 아래와 같은 공식을 구성할 수 있다.

M_2 = 피(+)	물(−)	새 똥(동물의 배설물)
M_{125} = 피(+)	물(−)	게니파 나무즙(식물성 배설물)으로 염색

따라서 비교해본 네 개의 물의 기원신화, 즉 보로로 신화들과 제족 신화들은 교착어법으로 대립되는 변형관계에 의해 결합된다.

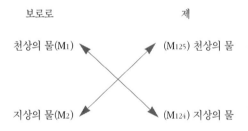

또한 우리는 만일 신화M_1이 동시에 물과 불에 관련된다면, 신화M_{12}도 동시에 불과 물[6]에 관련된다는 사실을 알고 있다. 이런 사실을 바탕으로 우리는 이 신화M_{12}를 위의 도표에 포함시켜 표시함으로써 도표를 완성시킬 수 있을 것이다. 그렇게 해서 우리는 두 개의 비틀림(torsion)

으로 구성된 하나의 변형 집단을 얻는다.

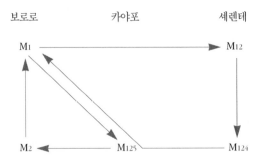

신화 간의 변별성은 각 신화가 '물'이나 또는 '불' 중의 한 요소를 '가지느냐' 또는 '빼느냐'에 달려 있다. 각 요소는 두 가지 양태로 분석할 수 있는데, 즉 '천상적인' 것과 '지상적인' 것이다(이 신화 집단에서 유일하게 문제가 되는 취사용 불은 파괴자인 천상의 불과 대립관계를 이루는 지상의 불이다. 이 점에 대해서는 곧 증명이 이루어질 것이다, 이 책 539쪽 참조). 마지막으로 (각 신화에서) 사건의 변별성은 '수직적' 또는 '수평적'으로 이루어지는 분리의 결과에 따라 달라진다.

	M_1	M_{12}	M_{124}	M_2	M_{125}
가지다/빼다	+/(−)	+/(−)	+	+	+
불/물	−/(+)	+/(−)	−	−	−
지상의/천상의	−	+	+	+	−
수평적/수직적	−	−	+	+	−

도표에 나타난 네 개의 대립을 바탕으로 보았을 때, 신화M_2와 신화 M_{124}는 동일한 것으로 보인다. 그렇지만 두 신화의 내용이 매우 다르기 때문에 아무도 이 두 신화가 연계되었다고 생각할 수 없다. 하지만 지상 → 천상, 수평적 → 수직적으로라는 두 번의 변형을 통해 신화M_2와

---

6) 역시 신화M_{125}처럼 무엇보다도 *Lukesch*(1, 983쪽; 2, 70쪽)를 따르면, 인디언들은 뱁코로로티에게서 막대기를 돌려서 불을 만드는 기술을 배웠을 것이라고 한다.

도 차이가 나고, 신화M124와도 다른 신화M125(중간적 위치—옮긴이)의 매개를 통해서 그 연관성을 알 수 있을 뿐이다.

이러한 모순을 이해하기 위해 우리는 도표의 대립관계는 단지 메시지와 관련되며, 이 메시지는 코드의 도움을 빌려 전달된다는 점을 강조할 것이다. 코드는 문법과 어휘(lexique)로 구성된다. 이 코드의 문법적 골조는 검토한 모든 신화에서 불변적이다. 그러나 메시지나 어휘는 이와 같지 않다. 다른 신화의 메시지와 비교해볼 때, 어떤 신화의 메시지는 다소간 변형되어 나타날 수도 있고 또는 동일할 수도 있다. 그런데 이러한 차이성은 어휘에 영향을 미칠 수 있다. 같은 신화 집단에 속하는 두 신화에서 일치하는 메시지가 심하게 변형되더라도 어휘들은 더욱 유사하게 남아 있을 수 있다. 그리고 만일 변형의 영역이 메시지의 층위(차원)로 축소된다면, 변형은 어휘의 층위에서 더욱 크게 나타나는 경향이 있다.

따라서 우리가 이미 다른 곳에서 논한 것처럼 부분적으로 도치된 두 메시지를 결합해 원래의 어휘를 다시 찾는 것이 가능하다. 그런데 이것은 다음과 같은 법칙에 따라서다. 말하자면 메시지의 층위에서 일어나는 두 신화의 반(半)변형은 어휘의 층위에서 일어나는 하나의 완전한 변형과 같다. 그렇지만 각각 분리되어 이루어진 반(半)변형은 하나의 완전하게 이루어진 변형보다 어휘의 구성에 더 많은 영향을 미친다. 메시지의 변형이 부분적일수록 본래의 어휘는 더욱더 혼란스러워지며, 메시지의 변형 과정을 통해 메시지가 동일해질 때 본래의 어휘는 너무 많이 변해 알아볼 수 없게 된다.

우리는 위와 같은 결론에 주목하면서 앞의(416쪽) 도표를 완성할 것이다. 즉, 사각형 도표의 앞부분을 차지하는 신화(M1, M12)는 전도된 메시지를 코드화하기 위해 같은 어휘를 사용하지만, 뒷부분을 차지하는 신화(M2, M124, M125)는 다른 어휘를 사용해 같은 메시지를 전달한다.

* * *

앞에서 고찰한 모든 부족이 불을 파괴자인 천상의 불과 창조자인 지상의 불(취사용 불)의 두 범주로 나눈 것을 보았다. 이 점은 앞으로 좀 더 확실하게 강조될 것이지만, 이미 얻은 정보들을 바탕으로 보자면 보로로 신화(M₁₂₀ 참조)에서는 이러한 대립관계가 약하게 강조되어 있다. 반면 물에 대한 분석은 다른 제족들의 신화에서보다 셰렌테 신화에서 덜 진전된 것처럼 보인다. 셰렌테 신화는 실제로 하나의 유일한 물만을 인정하고 있으며, 이 유일한 물은 바닷물이다. 이 물은 나무둥치에서 가지가 뻗어나가듯 여러 갈래로 갈라진 수로에 의해 연장된다(재배 식물의 기원을 다룬 초코 신화에서 명시적으로 표상[표현]된다, Wassen 1, 109쪽 참조).

다른 제족들은 신화에서 수로에 대해 특별히 언급을 하지 않는다. 그러나 반대로 그들은 천상의 물을 두 종류로 구별하는데, 소나기성 비와 부드러운 비다. 이 두 종류의 물은 각각 비에 대한 신화(M₁₂₅, M₉₁)에서 '아버지'와 '딸'로 연결된다. 보로로족은 물을 명확하게 세 개의 범주로 나누는데, 수로로 연결된 지상의 물(M₂), 그리고 두 개의 천상의 물로 하나는 폭풍우(M₁)고, 다른 하나는 조용하고 부드러운 비(단비)를 말한다.

M₁₂₇. 보로로족의 신화: 부드러운 비의 기원

어머니(들)와 누이들에게 구박을 받아온 보코도리 세라 씨족의 남자들은 시나다토(xinadatau, 'galinha do bugre')새로 변해 공중으로 사라졌다. 여자들은 단지 어린아이 한 명만을 붙잡을 수 있었다. 새들은 동생에게 목이 마르고 너무 더우면, 그들이 지저귀는 소리인 토카(toká) 토카 토카 토카 카 카 소리를 흉내내는 것으로 충분하다고 말했다. 그러면 새들은 물이 필요하다는 것을 알고, 부드럽고 조용한 비를 가진 구름을 나타나게 할 것이다. 이런 장르의 비는 부토도게(Butaudogué) 신들과 연계되어 있고, 반면에 바람과 소나기를 동반한 강렬한 비는 바도제바게(Badogebagué) 신들과 연관되어 있다(Colb. 3, 229~230쪽).

이 신화를 해석하는 데 두 가지 어려움에 봉착한다. 첫째, 보로로어로 시나다토새, 토속 포르투갈어로는 'galinha do bugre'로 불리는 새가 어떤 새인가 하는 문제다. 토속 포르투갈어를 알고 있는 이허링(Ihering)은 어떤 종인지를 확인하기가 불가능하다고 말했다. 그는 이 새가 자카민(jacamin)새나 또는 나팔새(*Psophia crepitans*)일 것이라고 생각했다. 그러나 그가 묘사하는 이 새의 지저귐은 '후-후-후-후우(hu-hu-hu-hû)라고 마지막 음절이 길게 연장되어, 마치 복화술사(複話術師)가 내는 소리처럼 들려'('Jacamin' 항목 참조), 신화M127에 묘사된 소리와 어떤 유사성도 갖고 있지 않다('Činadatáo' 항목). 『보로로 백과사전』은 의성어 노랫소리로는 'Cinadatáo'를 말하는 것처럼 들리는 이 새는 캉캉(Cancan, *Nomonyx dominicus*) 새다라고 표현하고 있다(『보로로 백과사전』, 제1권, 542쪽).

표현은 간략하지만 이 정의는 몇 가지 반론에 부딪힌다. 먼저 방금 본 것처럼 보로로 신화M127은 새의 노랫소리를 정확히 그려내고 있으며, 신화가 주는 음성학적 기술(記術)은 그 역시 의성어일 수 있는 토착민의 말과 완전히 다르다. 그리고 토속 포르투갈어인 'cancan'은 매과의 새다(Ihering, 'Cancan' 항목 참조). 박물관 소속 교수인 베를리오즈(Jacques Berlioz)는 우리에게 *Nomonyx dominicus*(캉캉)는 오리과(Erismatures, Anatidés-Oxyurinés)의 집단에 속하는 잠수오리일 것이라고 아주 친절하게 말해주었다.

그러니까 민속적 분류(taxinomie)상, 'galinha'(닭)를 오리와 같은 부류로 놓는 것을 어법상의 잘못으로만 취급하기는 어려울 것 같다. 사실상 속명(俗名)인 'galinha do bugre'(인디언 닭)는 반어적으로 사람들이 곁에 있는 것을 두려워하지 않고 썩은 고기를 먹는 새인 캉캉에 붙일 수 있으며, 무엇보다도 토착민들의 사고로는 순계류와 직접적으로 동일시되는 조류에게도 붙일 수 있다. 두 경우 모두에서 이 새는 하나의 대립짝으로서 야생돼지와 대립될 수 있는데, 앞에서 지적한 이유 때문이기도 하지만(이 책 405쪽), 이들의 대립은 또한 인간기술문명에 잘 적응하는 동물(technophile)과 인간기술문명을 두려워하는 동물(technophobe)의 대립으로 볼 수 있기 때문이다.

두 번째로 우리는 위의 신화M127에서 말하는 '부드러운 비'가 무엇인지를 정확히 모른다. 콜바치니는 이 단비를 부토도게 신들과 연결시키는데, 이것은 같은 텍스트에서 신들이 '인디언들에게 추위와 바람, 그리고 비로 고통을 준다'고 한 말과 모순된다(Colb. 3, 229쪽). 마갈하에스(Magalhães)의 어휘집에서(26쪽) 부토(butau)라는 단어는 '겨울의 우기'를 의미한다.

『보로로 백과사전』(제1권, 295~296쪽)에 따르면 부타오-도제(Butao-dogé) 신들은 10월 초순부터 4월 말까지 계속되는 우기를 지배한다. 나머지 달은 보에키(boeki) '가뭄의 시기' 또는 에루부투(erubutu : 관목숲이나 사바나 지역)의 '방화'로 표현되는 건기가 점하고 있다. 그렇지만 (일반 언어와는 달리) 성어(聖語)에서는 부타오-도제 신들을 가느다란 비에 연결시키는 것으로 보인다(『보로로 백과사전』, 975쪽). 결국 『보로로 백과사전』은 바도제바게 신들에 대한 어떠한 참고자료도 포함하고 있지 않으며, 바도 제바제(Baado Jebagé)라는 용어만이 정치-사회적 의미로 인용될 뿐이다(『보로로 백과사전』, 190~193쪽).

이런 불확실한 점들이 있지만 신화M127에서 보로로인은 두 유형의 천상의 물을 상정하고 있다고 분명하게 말한다. 이 두 유형의 천상의 물은 그들 사이의 상관관계와 대립관계이며, 하나는 조용하고 부드러운 물(=비)이고, 다른 하나는 난폭한 물(=비)이다. 하나는 선선하고 갈증을 풀어주는 물(=비)이고, 다른 하나는 해로운 물(=비)이다. 우리는 그것이 지상의 물(보로로 신화M2)이든 천상의 물(카야포 신화M125)이든, 물의 기원에 대한 카야포와 보로로 신화 사이에는 직접적인 변형관계가 존재한다는 사실을 증명했다. 그리고 또 역시 천상의 물(해로운)의 기원인 카야포 신화M125와 천상의 물(이로운)의 기원인 보로로 신화M127 사이에 직접적인 변형관계가 존재한다는 사실을 알고 있다.

각 경우에 우리는 기능적(사냥꾼)이고 단일적인(남성) 집단 내에서든 또는 가족적이고 양성적인 집단에서든 간에 주인공이 당한 나쁜 취급의 결과로 수직적 분리가 일어난다는 사실을 알 수 있다. 분리된 희생자는 적(카야포 신화) 또는 지지자(보로로 신화)로 변하거나, 주인공의 분신(아들이나 동생)은 주인공을 따라 하늘로 올라가든가 또는 지상에 거주한다. 복수자로서의 주인공은 상품(上品)의 사냥감인 야생돼지의 울부짖음 소리를 내어 동료들의 주의를 끌며, 또한 충실한 동반자들은 주인공이 내는 하품(下品)의 사냥감인 새 소리에 이끌린다. 한 경우에는 폭풍우가 엄습해 죽음을 야기하고, 다른 한 경우는 행복과 삶을 약속하는 부드러운 비(단비)가 내린다.

다른 관점에서 우리는 보로로족이 참조신화M₁에서 우기를 다루며, 이 신화는 건기의 시작을 다루는 셰렌테 신화M₁₂₄와 대칭을 이룬다는 사실을 알고 있다. 그러니까 신화M₁₂₇의 부드러운 비(단비)는 우기의 비가 아니라, 틀림없이 건기의 중간에 가끔 찾아오지만 원예에 유익한 비를 말하는 것이다. 이렇게 건기에 오는 비는 지역에 따라 아래와 같이 불린다. 'chuva de preguiça'(이는 나무늘보[원숭이]의 털을 통과할 만큼 가늘게 내리는 유일한 비다), 'chuva de cigarra'(이 비는 매미의 부화를 동반한다: Barbosa Rodrigues, 161쪽)라고 하며, 그리고 더 남쪽 지역에서는 'chuva de caju'라고 한다(이 비는 카주나무의 열매를 부풀게[살찌게] 한다). 만일 이러한 가정이 정확하다면 보로로족에게서 물에 대한 체계적 분류는 다음과 같을 것이다.

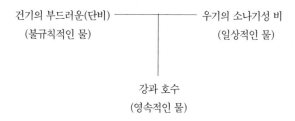

문두루쿠족 역시 ① 비와 바람 ② 폭풍우 ③ 가느다란 비(Murphy 1, 21쪽; Kruse 3, 제47권, 1002~1005쪽)와 같은 형식으로 물을 세 가지

로 분류하는 것처럼 보인다.

여기에서 우리는 신화M₁의 세세한 부분을 다시 봐야만 한다. 바람과 비의 기원신화는(신화M₁₂₄와 비교해보았듯 우기와 일치하는데 후에 이 점에 대한 것을 증명할 것이다) 호수의 물 속(늪〔수중 식물이 자라고 있기 때문에〕)에 아버지를 빠뜨려 살해하는 것으로 끝을 맺는다. 그런데 거대한 늪지대인 판타날을 여행한 모든 사람들은 우기에는 이 지역을 건널 수 없다는 사실을 알고 있으며(신화의 주인공 때문이다), 이곳은 열대의 겨울(4월부터 9월까지) 동안에는 부분적으로 마른다. 결과적으로 수로와 늪은 흐르는 물/고인 물, 비-주기적(일년 내내) 또는 주기적(일년의 반)이라는 이중적인 대립관계로 표현할 수 있다.

같은 신화(M₁)는 늪이 식인을 하는 신들인 부이오고에 물고기('피라니아')의 거주지라고 말한다. 반면 또 다른 보로로 신화M₁₂₈은 주인공 베토고고가 창조한 수로는 불완전한데, 왜냐하면 수로에 물고기가 없기 때문이라고 설명한다. 그러니까 페웨 씨족의 베포로(Baiporo, '오두막의 출입구')라는 주인공은 전임자의 작품을 완성해야 할 책임을 지고, 여러 종류의 꽃나무 가지를 강에 던져 다양한 종류의 물고기(신화에서는 조심스레 피라니아를 배제하려 한다)를 탄생시켜야만 했다 (Colb. 3, 211쪽).

이와 같이 세 종류의 물의 범주는 세 종류의 음식 규정과 일치한다. 식인(cannibalisme)은 우기의 상대적 함수인 늪과 연관되며, 물의 관점에서 사냥과 합동인 어로는 영속적인 수로와 연관된다. 그리고 식물성 음식은 건기의 불규칙한 비와 연관되어 있다.

이러한 물의 삼각(triade)은 앞에서 우리가 한 증명에 따라서(이 책 326쪽 이하), 반(反)-음식(M₉)인 바위(식인의 역〔逆〕), 딱딱한 나무(고기의 역), 썩은 나무(재배 식물의 역)들이 발산하는 세 종류의 소리의 삼각과 대응(상동관계)한다. 이것(신화M₉)은 또한 앞에서 우리가 증명한 지상의 물의 기원신화인 셰렌테 신화M₁₂₄의 삼각과 상동관계다. 신화M₁₂₄에서 물의 삼각은 참조신화M₁에서 세 악기의 최초의 삼각과 상동관계를 이룬다.

2 거꾸로 된 이중 윤창곡

'대단히 희귀한 세 번째 유형의 '윤창곡' 들이 있다. 이런 유형의 곡이 대단히 드문 것은 극단적인 어려움 때문이기도 하고 일반적으로 장식음이 없어 부르기에 어려움이 많은 것 외에 또 다른 이점을 찾을 수 없기 때문이다. 여러 부분으로 구성된 노래를 도치시켜 부를 뿐 아니라 각각의 부분 역시 도치시켜 부르기 때문에, 이른바 '거꾸로 된(역) 이중 윤창곡'이라 할 수 있을 것이다. '윤창곡' 중에는 다음과 같이 부르는 것도 있다. 원래 순서대로 각 부분을 노래할 수 있고, 작곡집(오선지)을 거꾸로 뒤집어 역순으로 파트를 노래할 수도 있는데, 윤창곡의 맨 끝부분부터 노래하기 시작한다. 이렇게 되면 아랫 부분은 윗 부분이 되지만, 항상 훌륭한 하모니와 규칙적인 윤창곡이 된다.
• 장 자크 루소, 『음악사전』, '윤창곡' 항목 참조

잠시 미루어놓았던 아사레 신화M124의 중요한 세부사항으로 다시 돌아가보자. 우리는 이 신화의 결론 부분에서 주인공의 형들이 서쪽 물가에서 물장구를 치며 놀고 있던 장면을 기억한다. 이런 후에 '그들은 아주 깨끗하고, 새롭게 단장한 수루루(Sururú), 즉 플레이아데스 성단의 모습으로 하늘에 자신을 나타낸다.'

셰렌테족에 대한 민족지에서 니무엔다주(6, 85쪽)는 아사레가 오리온좌(Orion)의 별x이며, 토착민들은 오리온좌의 별x와 플레이아데스를 대립시킨다고 기술했다. 오리온좌 별x는 신격화된 '태양'과 십타토 반족에 속하는 '이방인' 씨족 프라제(prasé)와 연관되어 있으며, 플레이아데스는 신격화된 '달'과 스다크란 반족에 속하는 '이방인' 씨족 크로자케(krozaké)와 연관된다고 니무엔다주는 말한다(불의 기원신화 M12의 주인공들 사이에서도 같은 대립이 보인다. 이 책 207쪽 참조. 이 신화에서 의붓형제 가운데 맏이는 스다크란이고 동생은 십타토다).

그러나 두 성좌 모두 우기와 건기 사이 대립의 한쪽에 위치한다는 것이 신화M124의 이야기인데, 이것은 두 성좌가 나타나는 시기가 모두 건기의 시작과 일치하기 때문이다. 신화M124가 분명히 설명하고 있지 않은 세부적인 부분이 두 성좌의 결합을 암시한다. 말하자면 아사례의 형들은 아사례의 목마름을 해소시키기 위해 투쿰 야자수의 열매를 깨서 그 물을 마시게 했으나 허사였다. 그런데 18세기 중엽 무렵 남서 지역(위도 18°에서 남위 24°)에 위치하는 카두베오족들은 6월 중순경 야자수 열매(*Acrocomia*)가 익을 무렵에 플레이아데스와 연관된 대축제를 거행하곤 했다고 19세기 초의 자료들이 자세히 설명하고 있다(Ribeiro 1, 68쪽).[7]

차코지역의 부족에게는 플레이아데스와 연결된 엄청난 의례가 발달되었는데, 이것은 문제를 제기하지만 여기서는 논하지 않을 것이다. 우리는 열대 아메리카에서 플레이아데스와 계절의 연결관계를 좀더 잘 증명할 수 있는 것만을 다룰 것이다(이 주제에 대해서는 von den Steinen 1 참조).

셰렌테족에 대해 우리는 아주 정확한 정보를 갖고 있으며, 이것은—천문학적 관점에서—다소 수수께끼 같은 신화M124의 텍스트를 이해하는 데 도움이 될 것이다. '셰렌테인은 음력으로 달[月]을 센다. 그들의 새해는 6월에 시작하며, 이때 플레이아데스가 나타나고 태양은 황소좌를 떠난다. 이들은 플레이아데스를 수루루라고 부르며, 이 성좌는 브라질의 모든 토착민들에게 잘 알려져 있다. 일주일쯤 후에 셰렌테족들도

---

7) 카두베오족들은 니베타드(nibetad) 플레이아데스의 기원에 대한 두 개의 다른 신화를 갖고 있다. 밤이 된 후에도 시끄럽게 놀던 어린아이들을 벌주기 위해 그들을 별로 변하게 했다는(이 책 551쪽 신화 M171을 참조하고, 아사례의 형들이 목욕하면서 내는 소리[M124]를 비교해보라) 신화나 지상의 한 여인과 결혼하기 위해 하늘에서 내려온 남자 별이 여인에게—이 시대에는 심자마자 열매를 맺는—옥수수와 카사바를 선물했다는 신화가 있다(Ribeiro 1, 138쪽). 별이 남성인물로 변화하는 북아메리카의 전형적인 변형은 남아메리카의 카라자(M110)와 우모티나족(Umotina)에게도 있다(Baldus 2, 21~22쪽).

잘 아는 '히아데스 성단'과 오리온의 멜빵(오리온좌의 세 별) 성단이 나타난다. 이 별들이 아침에 나타나면 사람들은 바람이 일 징조라고 믿는다. 인디언들은 플레이아데스에 대한 여러 가지 전설을 이야기한다. 플레이아데스의 일출 전 출현과 태양과 같이 떠오르는 플레이아데스의 우주적인 출현이 기록되어 있다. 이러한 두 가지의 수루루의 출현 사이를 셰렌테족은 13개월(13 oá-ité)로 세며, 13개월이 1년=oá-hú(hú = 수집?)이다.'

'그들은 1년을 두 부분으로 나누는데, ① 대략 6월부터 9월까지 4달 간의 건기, ② 9월부터 5월까지 9달 동안의 우기(a-ké-nan)를 말한다. 건기의 첫 두 달 동안 그들은 숲속 한 모퉁이의 큰 나무들을 잘라 넘기고 풀을 벤다. 그리고 나머지 두 달 동안 나무를 잘라놓은 숲에 불을 지르고, 9월 말에서 10월 사이에 내리는 비를 이용해 씨를 뿌린다'(J. F. de Oliveira, 393~394쪽).

마찬가지로 약간 더 서쪽으로 같은 위도(남위 10°)에 가까이 살고 있는 타피라페족(Tapirapé)은 '이들은……걱정스럽게 플레이아데스를 관찰한다. 비가 더욱 적어지기 시작함에 따라 이들의 불안은 더욱 커지는데, 5월 중에 서쪽 지평선 너머로 플레이아데스가 사라지는 것은 우기의 끝을 알리는 것이기 때문이다. 이때가 바로 1년 중 가장 큰 축제의 시기다. 플레이아데스의 위치에 따라 사람들은 11월과 4월 사이, 다시 말해서 우기의 한중간에 개최해야 되는 많은 의례의 날짜를 잡는다'(Wagley, 256~257쪽).

팀비라족(남위 3°~9°)은 9월에서 4월까지 계속되는 우기를 준비한다. 다시 말해서 플레이아데스가 저녁 해가 진 후 서쪽 지평선에 보이기 시작할 때가 되면, 이때가 이들에게는 농장에서 일할 시기다. 저녁 무렵 같은 방향에 플레이아데스가 더 이상 보이지 않으면, 이른바 '우기'의 절반이 지배하는 시기가 시작된다(Nim. 8, 62쪽, 84쪽, 163쪽). 보로로족에게는 6월 말경 해뜨기 전 지평선에 플레이아데스가 나타나면 건기가 이미 많이 진행되었다는 징후다(『보로로 백과사전』, 제1권,

296쪽).

아마존 지역에서 플레이아데스 성단은 5월에 사라졌다 6월에 다시 나타나는데, 이것은 새들이 날먹이를 찾고 깃털을 갈아입고 그리고 식물이 재생함을 알리는 시기다(Barbosa Rodrigues, 221쪽, 주 2 참조). 같은 저자에 따르자면 토착민들은 플레이아데스가 보이지 않는 짧은 시기 동안 플레이아데스가 목마른 자들이 갈증을 풀러 오는 우물 밑에 숨어 있다고 믿는다. 이 물은 주인공의 갈증을 풀기 위해 아사레의 형들—플레이아데스를 구현한다—이 판 우물을 상기시킨다.

더 북쪽에 거주하는 토리팡족(북위 3°~5°)에게 플레이아데스가 사라진다는 것은 바로 우기가 가까워졌다는 것을 말하며, 풍요를 알리는 신호다. 그리고 이 별들이 나타난다는 것은 건기의 초기를 알리는 신호이기도 하다(K.G. 1, 12쪽과 제3권, 281쪽 이하). 프랑스령 기아나(북위 2°~5°)에서는 모든 토착민이 이 성좌를 알고 있으며, 지평선에 이 성좌가 돌아오면 기쁘게 맞이하는데, 건기의 시작을 알리는 것이기 때문이다. 5월경 이 성좌가 사라짐과 동시에 항해가 불가능한 엄청난 비가 내린다(Crevaux, 215쪽).

해안 지방에 거주했던 옛 투피남바족에게도 플레이아데스는 역시 의미 있는 존재였다. '이들도 역시 플레이아데스가 그들이 가루로 만들어 먹는 카사바를 성장시킨다고 믿었음을 테베(Thevet)가 기술하고 있다'(Métraux 1, 51쪽, 주 3). 17세기의 투피족에 대해 그는 "*Annos suos numerant ab exortu Heliaco Pleiadum quos Ceixu vocant atque ideo annum eodem nomine denotant: accidit autem is ortus mense nostro Maio*"(Piso, 369쪽)라고 말한다.[8]

신화들은 플레이아데스의 중요성을 거듭 얘기하고 있기는 하지만, 그 증언들은 때때로 차이를 보이는 것 같다. 토리팡족에게 플레이아데스의

---

8) 플레이아데스의 첫 출현과 건기에 이루어지는 잡초에 불 놓기(火田) 사이의 관계는 틀림없이 사리그가 자신의 꼬리로 불을 지르기 위해 이 시기를 선택했음을 설명하는 것이다(Barbosa Rodrigues, 173~177쪽).

출현은 건기의 시작과 연결된다는 것을 위에서 보았다. 그러나 이들과 같은 위도에 거주하는 팔리쿠르족(Palikur)은 이 성좌를 우기의 시작을 예측하는 데 사용한다(Nim, 14a, 90쪽). 그러나 텍스트들은 관찰이 이루어진 저녁 시간을 정확히 언급하지 않을 뿐 아니라, 의미 있다고 생각되는 상황들도 정확히 언급하지 않는다(해가 넘어간 후 서쪽 지평선에 나타난 플레이아데스 성단의 우주적 출현 또는 일출 전 출현과 가시적 또는 비–가시적 등등).[9] 그리고 그들의 생활양식에도 주의를 기울이는 것이 합당하다. 즉, 토리팡족이 말하는 풍요는 다양한 사냥감이나 재배 식물과 반드시 일치하지 않으며, 단지 물고기의 풍성함을 말한다.

가이아나 지역에서 사람들은 1년을 두 계절이 아니라 사계절로 구분한다. 즉 '작은' 우기와 '큰' 우기, 그리고 '작은' 건기와 '큰' 건기로 나눈다(Ahlbrinck, 'weyu' 항목 참조). 그러나 이 용어들은 상대적 가치만 있을 뿐이다. 비는 1년 내내 내리며, 강우량은 비의 강도에 달려 있기 때문이다. 결국 브라질에서는 북동해안에서 중앙고원으로, 그리고 북부해안에서 남부해안으로 감에 따라 강우 상황이 역전된다는 사실을 잊지 않도록 해야 한다(도표 9 참조).

그러나 우리는 아사레 신화가 제기한 특수한 문제에만 국한하기로 한다. 이 신화M124는 오리온좌와 플레이아데스 성단에 관련된다. 신화는 이들을 상관관계(이들은 형제다)인 동시에 대립관계로 놓는다. 말하자면 동생은 결백하고, 형들은 잘못을 저지른 자이다. 그리고 이들 모두는 형제이기는 하지만 절반의 차이성을 갖는다.

이러한 이중적 관계는 구대륙에서도 역시 증명된다. 구대륙에서는 두 성좌의 출현이 같은 기상학적 결과를 가져올 수 없는데, 왜냐하면

---

9) 작품 중에 아래의 텍스트만큼 정확한 정보를 찾기는 매우 힘들다. 다시 말해서 '저녁이 오고 별들이 눈에 보이기 시작한 후, 동쪽 하늘에 플레이아데스가 떠오른다. 그들(오레노크[Orénoque] 지방의 인디언들)에게는 이때가 바로 새해(우기)의 시작이다'(Gumilla, 제2권, 281쪽). '사실 동에서 서쪽 지역 모든 가이아나 지역과 오레노크로부터 카이엔까지 12월의 해가 떨어지자마자 곧 동쪽 지평선에 나타난 플레이아데스는 해가 바뀌는 것을 나타낸다'(Roth 2, 715쪽).

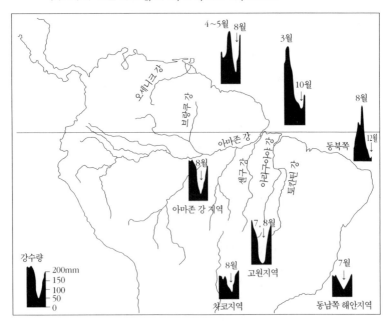

한 (남)반구에서 다른 (북)반구로 이동될 때 계절이 뒤바뀌기(역전) 때문이다.

고대인들에게 오리온좌는 나쁜 계절과 관련되어 있었다. '*Cum subito adsurgens fluctu nimbosus Orion*', 오리온은 폭풍우와 파도를 일으킨다 (Virgile, *Énéide*, 1, 535쪽). 다른 한편 라틴 시인들이 사용했던 오리온좌와 플레이아데스를 수식한 형용사들을 발췌해보면, 기상학적 관점에서 두 성좌는 밀접하게 연관되어 있다. 오리온은 'nimbosus'(폭풍우의), 'aquosus'(비의, 가득한 물), 'nubilus'(안개 긴, 흐린), 'pluvius'(비를 가져오는) 등으로 수식되며, 플레이아데스는 'nimbosae'(폭풍우), 'aquosae'(비, 물), 'pluviae'(비의 원인), 또는 'udae'(습기), 'imbriferae'(비의 원인), 'procellosae'(몰아치는 폭우) 등으로 수식되어 있다. 확대해 석해보면 이 단어들은 폭풍우를 지칭하는 것으로 사용될 수 있다. '*Haec per et Aegaeas hiemes, Pliadumque nivosum Sidus*'는 "사이더스[Sidus,

플레이아데스 7성]는 겨울에 많은 눈을 동반한다"(Stace, *Silves* 1, 3, 95쪽; Quicherat)는 뜻이다. 플레이아데스의 라틴 이름('vergliae'의 'ver'는 봄을 의미)과 봄 사이에는 어원적 연관성이 나타나기도 하지만, 항해를 하는 선원들은 플레이아데스가 비와 폭풍을 일으킨다고 믿었다.

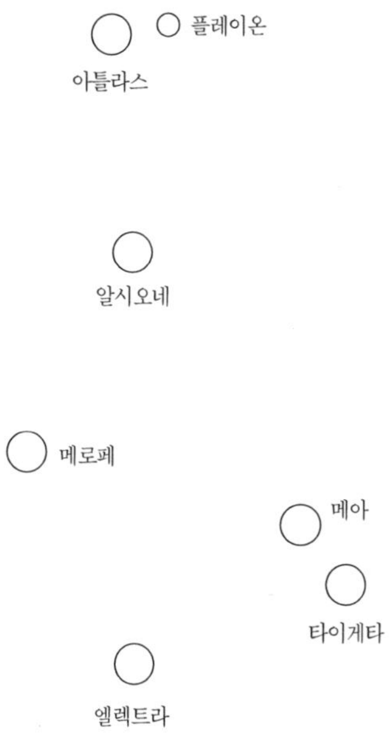

상징적인 측면에서 밀접하게 연결된 두 성좌는 흔히 그들을 명명하는 사람들의 정신 속에서 대립한다. 이것은 이미 학술어에 분명히 나타나 있다. '플레이아데스'는 고대에 '플레이아드'(la Pléiade), 즉 복수가 아닌 단수로 개개의 별을 구별하지 않고 복수의 별을 포함하는 하나의 복합체로 명명되었다.

마찬가지로 토속적인 명칭에서도 플레이아데스를 프랑스인들은 '새끼염소 떼'(Chevrettes), '병아리장'(Poussinière), 이탈리아인들은 'Gallinelle', 독일어로는 'Gluckhenne'인데, 두 나라어 모두 '병아리'나 '닭'을 의미한다.

반면 오리온좌는 쪼개어질 수 있는 대상으로 취급된다. 별들 또는 별의 집단은 신체나 사물에 붙어 있는 개개의 부분으로 구별된다. 말하자면 오른쪽 무릎, 왼발, 오른쪽 어깨, 왼쪽 어깨, 그리고 혁대, 칼, 멜빵 또는 쇠스랑, 독일어로 'Jacobsstab', 에스파냐어로 'las tres Marias' 또는 'los tres Magos' 등으로 구별해 부른다(Hoffman-Krayer, 677~689쪽 참조).

도표 10 플레이아데스 성단
(별은 밝기에 비례하는 빛을 발산한다)

플레이온
아틀라스
알시오네
메로페
메아
타이게타
엘렉트라

남아메리카의 많은 언어에서도 같은 대립이 나타나는 것은 놀라운 일이다. '바케리 인디언들은 이 별(시리우스, Sirius)을 알데바란(Aldébaran : 황소좌의 1등성＝황소의 눈)과 플레이아데스를 한데 묶은 집단으로 생각한다. 오리온좌는 카사바를 말리기 위해 나무로 만든 큰 틀이며, 중요한(큰) 별들은 말뚝의 머리들이다. 그리고 시리우스는 틀을 세로로 받치는 수평대들보의 끝부분이다. 플레이아데스는 지상에 뿌린 한 줌의 가루를 나타낸다'(von den Steinen 2, 461쪽).

북서해안의 투피족들은 플레이아데스와 그들이 '벌집'(seichujura)이라고 부르는 성좌를 연계하고 있으며, '이 벌집 성좌는 그들에게 비를 예측하게 해주고, 석쇠 형상으로 배치된 9개의 별로 구성된 성좌다.'

'그들이 대단히 잘 알고 있으며, *Seychou*라고 부르는 성좌는 여기에서 병아리장을 말한다. 병아리장은 남반구에서 1월 중순경에 나타나기 시작하며, 이 성좌가 일찍 나타나면 그들이 기다리던 비를 볼 수 있게 된다. 그리고 곧 바로 비가 시작된다'(Claude d'Abbeville, 316쪽). 'Seichu'라는 이름 이외에 *Von den Steinen* (1, 245쪽)은 플레이아데스의 투피어 이름으로 음성학적으로 이웃한 용어인 eischu, eiruçu, '꿀벌 떼'(essaim) 등으로 기술하고 있다.

마쿠시족(Macushi)에 따르자면, 오리온좌의 멜빵은 세 조각의 해체된 시체로 구성된다(Barbosa Rodrigues, 227~230쪽). 타마나코족(Tamanako)은 플레이아데스를 '관목숲'(La Brousse)이라 하며, 쿠마나고토(Kumanagoto)족과 차이마족(Chayma)은 '빛이 새어드는 광주리'(도표 12의 주제와 비교)라고 한다. 그리고 모조족(Mojos)은 '작은 앵무새들'이라 부른다(Von den Steinen 1, 243~246쪽). 카라자족 역시 플레이아데스를 테라보토(teraboto), '말을 흉내낼 수 있는 앵무새'라고 부르며, 오리온좌를 하테다오타(hatedäotä), '화전'(다시 말하자면 화전을 일구기 위해 나무를 잘라 불을 지른 숲속의 작은 토지)이라 한다(Ehrenreich, 89쪽). 아스텍인들은 플레이아데스를 '무더기' 또는 '장터'라고 불렀다(Seler, 제1권, 621쪽). 호피(Hopi) 인디언들은

도표 11 오리온 성좌

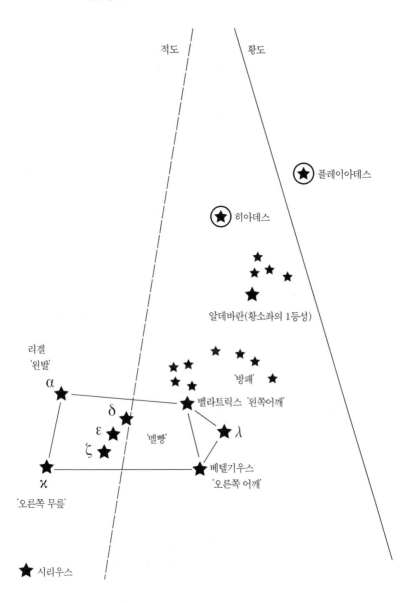

플레이아데스와 오리온좌의 멜빵을 각각 '무더기로 된 별들'과 '일렬로
선 별들'로 보고 이들을 대립관계로 놓는다(Frigout; Tewa:
Harrington, 50쪽).

보로로 인디언들의 정보는 모순적이다. 오리온좌 또는 오리온좌의 부분들을 '거북의 등껍질'이라 부르거나(von den Steinen 2, 650쪽; 『보로로 백과사전』, 제1권, 612~613쪽), '다리 긴 새'(B. de Magalhães, 44쪽) 또는 '여행하는 황새'(Colb. 2, 220쪽), '큰 마차' (Colb. 2), '흰 막대기' 등으로 부른다(Colb. 3, 219쪽).

반면 플레이아데스는 '꽃다발' 또는 '새의 흰 목깃털 다발'(이것은 아키리[akiri] '새의 목깃털'을 의미하며, 신성한 언어로 사바나의 꽃을 지칭한다: 『보로로 백과사전』, 제1권, 975쪽 참조)이라 부른다. 지금까지 본 명칭들은 확실하지 않고 이 점에 대해 다시 논의할 것이지만, 이 모든 경우 불변적인 것은 모든 것이 대립의 형태를 취한다는 사실이다.[10]

유럽의 것이든 또는 아메리카의 것이든 여러 가지로 풍부하게 비유해가며 같은 대조법으로 표현한 이 모든 명칭을 다시 비교 참조할 필요가 있다. 한편으로 플레이아드(단수)는 작은 염소들, 병아리장, 앵무새들, 벌집[11], 거북이등, 뿌려진 한 줌의 가루, 관목숲, 빛이 통과되는 바구니, 흰 깃털, 꽃다발이고, 다른 한편으로는 갈퀴(쇠스랑) 또는 멜빵(칼, 혁대 등등), 나무로 된 틀, 화전, 무더기, 막대기 등등이다. 그러니까 하나는 다소간 이웃한 요소들의 우연한 배열을 연상시키는 집단적 용어로 표현된 명칭들이고, 다른 하나는 주로 가공된 사물의 확연히 개별화된 요소들이 체계적으로 배열된 것을 묘사하는 분석적인 용어로

---

10) 북아메리카 오리온좌의 몇몇 명칭과 비교해보자. 주니족은 오리온좌를 '매달린 줄'이라 하고, 베링 해협의 에스키모들은 '가죽을 늘리기 위해 박은 말뚝'이라 하는데, 이것은 넬슨족이 플레이아데스를 부르는 이름인 '새끼 여우의 침대(보)'와 대립관계에 있다. 알래스카의 에스키모인 역시 플레이아데스를 '사냥꾼들'이라는 집합적 용어로 지칭한다(Spencer, 258쪽).

11) 『르 텔레스코프』(Le télescope)라는 잡지에 플레이아데스에 대해 현대 천문학자는 '어느 정도 벌집과 유사한 적어도 몇백 개의 별의 군집이 존재한다. 그리고 이 별의 눈에 띄는 움직임이 수십억 번 반복될 수 있다면, 별들의 유사성은 더욱 현저하게 눈에 띌 것이다. 반면 유성군(流星群, essaim)은 자신의 응집성을 보존하게 될 것이다'라고 했다(Limber, 58쪽).

구분할 수 있다. 이밖에도 놀라운 몇몇 명칭의 유사성을 찾을 수 있는데, 투쿠나족은 맥의 가죽을 타고 하늘로 올라간 사람들의 집단(M82)과 플레이아데스를 비교한다. 그리고 (유럽의) 관용구에 따르면, 사람들은 플레이아데스를 '상인의 침대보'라고 지칭하기도 했다(이것은 합리화된 측면이 있는데, 상인들이 플레이아데스를 보고 겨울이 추울 것인지, 그래서 많은 천을 팔 수 있을 것인지 하는 등으로 점을 쳤기 때문이다).

마찬가지로 오리온좌를 '어깨'와 '무릎' 등으로 분석하는 것 또한 투쿠나족의 신화에서 이와 상응하는 개념을 볼 수 있다. 즉 벤키카(Venkiča)라는 단어는 오리온좌와 N자 형태의 거는 갈고리를 지칭하는데, 오두막 벽에 취사용 그릇을 걸기 위해 설치한다. 오리온좌와 관계되는 투쿠나 신화들 중 하나(M129a)는 어떻게 벤키카 신이 마비되어 구부러진 무릎을 갖게 되었으며(이것은 갈고리 형태를 설명한다), 그리고 오리온좌가 어떻게 '천상의 갈고리'가 되었는지를 말해준다(Nim. 13, 15쪽, 142쪽, 149쪽). 또 다른 투쿠나 신화M129b는 오리온좌를 외다리를 가진 주인공으로 만든다(Nim. 13, 147쪽).[12] 이것은 한편으로 가이아나 신화들——이 중에 하나는 이미 보았다(M28)——을 연상하게

---

12) 모호하긴 하지만 이 신화는 특별한 주의를 요한다. 신화 첫머리에 나오는 두 형제 중 형은 식인귀와 조우해 조심스럽게 행동하지만, 동생은 부주의하게 행동한다. 이것 역시 오리온좌의 기원과 관련된 신화M28을 상기시킨다. 그러나 이것은 취사에 대한 이야기이기도 하다. 왜냐하면 동생이 식인귀의 구운 고구마를 먹는 잘못을 저지르기 때문이다. 수다스러운 한 고구마에게서 이 사실을 안 식인귀는 범법자를 깊이 잠들게 했다. 형은 동생을 깨우려고, 심지어 불씨로 그를 지지기까지 했으나 허사였다. 그리고 난 후 식인귀는 주인공의 다리 하나를 잘라먹었다.

다리가 잘렸지만 외다리 주인공은 능숙한 사냥꾼이었다. 심지어 기적적인 사냥꾼이기도 했다. 왜냐하면 그가 잡은 사냥감의 작은 조각이라도 떼어내어 가지고 마을로 돌아오면, 이 조각들은 점점 커져서 너무 하찮은 사냥감을 보고 실망한 주인공의 아내를 완전히 덮어버릴 정도로 늘어났기 때문이다.

주인공은 결국 맥을 죽여 썩은 고기를 먹는 독수리들에게 주었는데, 이것은 독수리들이 자신을 하늘로 올려다준다는 조건에서였다. 하늘로 올라간 주인공은 오

만들며, 다른 한편으로는 북아메리카 특히 미주리 상류의 만단족(Mandan)과 히다차족(Hidatsa)의 정착 부족들은 멜빵(별)의 세 별과 그 아래쪽에 위치한 별들을 잘린 손과 일치시킨다. 신화들은 이 잘린 손에 대해 이야기한다(Beckwith, 41~42쪽).

우리는——간략하게 말한다면——플레이아데스를 연속으로 놓고 오리온을 불연속으로 놓는, 이러한 대립이 보편적으로 존재한다고 주장하지는 않는다. 남아메리카에만 한정해서 본다면, 이러한 대립은 약한 형태로 이푸리나족(Ipurina)에서 볼 수 있다. 이들은 플레이아데스에서 뱀을 보며, 오리온에서는 풍뎅이를 본다. 우루부족의 용어 때문에 사정이 복잡해지는데, 이 용어는 부분적으로 우리의 가설과 일치한다. 이들은 플레이아데스를 '많은 것을 가진 할아버지'로, 오리온을 '세 개의

리온좌가 되었다(Nim. 13, 147쪽).

결과적으로 이 신화에서는 모든 것이 반대로 진행되는 것 같다. 식인귀는 익힌 식물성 음식의 주인이며, 먹힌 음식이 말을 한다. 외다리는 그가 두 다리를 가진 것보다 더 빠르다. 취사자(아내)는 솥에 넣었어야 될 고기 밑에 깔린다는 식이다. 그런데 마지막 에피소드는 분명하게 불의 기원에 대한 투피 신화를 뒤집는다. 주인공은 자신이 썩은 맥의 고기로 변하는 대신에 독수리에게 날고기(맥)를 제공한다. 불씨에 데이지 않은 것은 아니지만, 이것은 취사용 불의 반(反)취사적인 그리고 '식인스러운' 사용이다. 이것을 매개로 주인공은——그때까지 식인을 하는 천상의 신들에게 유보되어 있었던 취사용 불을 지상으로 가져오는 대신에——하늘로 올려져 별의 형상이 된다(천상의 불). 그러니까 이것은 천상—지상의 축을 분리하고 있으며, 이 분리의 근원은 취사의 역설에서 유래한다(식인귀는 문명화된 인간처럼 식물성 덩이줄기를 양식으로 한다). 대신에 투피 신화에서 취사의 수단(불)은 천상—지상 축이 결합한 결과로 식인을 하는 독수리에게 탈취된다. 한 경우에 주인공은 결과적으로 날것으로 먹히기 위해 몸이 잘리며, 다른 한 경우에는 썩은 것으로 먹히지 않기 위해 온전한 채로 자신을 제공하려고 죽은 척한다.

이러한 관점에서 두 신화를 검토해보았을 때, 이들 사이의 변형은 단지 한 방향으로만 기능한다는 사실을 인정해야 한다. 신화M65가 모든 요소들을 도치해 신화M129b를 생성하는 것은 받아들일 수 있다. 그러나 그 반대의 가정은 해결할 수 없는 어려움에 봉착하게 될 것이다. 여기에 구조 분석이——형식적인 측면에 머물기는 했지만——민족들 간의 역사적이고 실제적인 관계를 해결할 수 있는 하나의 전형적인 교훈이 된다.

눈'으로 명명하는 점에서는 일치하지만, 플레이아데스 성단의 개개의 별을 호화스럽게 성장(盛粧)한 남자와 일치시키는 점(Huxley, 184~185쪽)에서는 우리의 가설과 멀어진다. 토바족과 차코지역의 다른 부족들은 플레이아데스를 '할아버지' 또는 '어린아이들'이라고 부른다(도표 12).

도표 12 플레이아데스 성단을 표상하고 있는 토바 인디언들의 줄놀이
(Lehmann-Nitsche 5, 183쪽에 따른 그림)

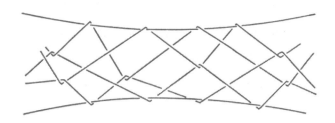

그리고 이들은 오리온좌에서 집안이나 또는 정원에 머무르는 세 명의 노파를 본다(도표 13).

도표 13 토바 인디언들에 따른 오리온좌
(Lehmann-Nitsche 4, 278쪽에 따른 그림)

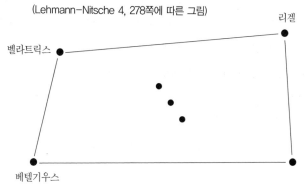

그러나 우리는 또 다른 방법으로 분류(구획을 만드는)하는 것도 알고 있다. 마타코족이 '큰 황새'라고 부르는 유일한 성좌는 플레이아데스

(황새의 머리), 히아데스(황새의 몸), 그리고 오리온의 멜빵(황새의 발)으로 구성되는 집단 성좌다. 다른 곳에서 큰 곰좌와 오리온좌는 각각 한 사람의 모습이나 또는 외다리인 동물의 모습으로 그려지기도 한다(Lehmann Nitsche 3, 103~143쪽).

가이아나 인디언들은 또 다른 원칙에 따라 설명한다. 그들에게는 오리온좌의 멜빵이 잘린 사지를 나타낸다고 말하는 것으로 충분하지 않다. 이에 대한 설명은 연속되는 사건의 복잡성으로 표현된다. 즉 플레이아데스는 남편 히아데스를 잡으러 따라나선 한 여인이며, 잘린 히아데스의 한쪽 다리는 오리온좌의 멜빵이다(M$_{28}$). 또한 플레이아데스는 맥이 유혹한 여인이며, 맥의 머리는 히아데스를, 그리고 알데바란(Aldébaran)은 맥의 눈을 나타내는 반면, 남편(오리온좌)은 죄를 범한 연인들(맥)을 쫓고 있는 형상으로 표현된다(Brett, 199~200쪽). 마지막으로 토리팡족에 따르면 플레이아데스, 알데바란 집단, 그리고 오리온좌의 일부분이 모두 하나의 유일한 인물을 구성하며, 각각 이 별들은 인물의 머리와 몸, 그리고 다리가 절단된 후 유일하게 남은 외다리와 일치하는 것으로 표현되기도 한다(K.G. 1, 57쪽).[13]

표현하려고 했던 뉘앙스나 필수불가결한 조정 등의 예외가 있었지만, 우리는 오리온좌와 플레이아데스 성단 사이의 상관관계와 대립관계가 세계 도처에 존재한다고 믿는다. 그리고 이러한 관계가 아주 충분하게 표현되고, 또한 지리적으로 상당한 거리가 떨어진 지역에서도 나타나고 있는 점으로 미루어 이 관계에 중요한 가치를 두어야 한다. 그런데 이러한 가치는 두 성좌들이 나타내는 주목할 만한 두 가지 특성에서 유래한다. 먼저 이 두 성좌를 하나의 총체로 본다면, 오리온좌와 플레이아데스 성단은 통시적 관점에서 이 성좌들의 출현 또는 부재의 용어로 정의될 수 있다. 다른 한편, 그들이 출현한 동안에는——이 경우는

---

13) 추격이라는 '통시적'인 측면을 가진 가이아나 구조는 중앙 에스키모족에게서도 발견된다(Boas I, 636쪽, 643쪽 참조).

도표 14 이 그림은 오스트레일리아 그루테아일란트(Groote Eylandt) 지역의 토착민들이 나무껍질에 그린 것으로 플레이아데스 성단(위)과 오리온좌(아래)를 표상하고 있다(오스트레일리아, Aboriginal Paintings-Arnhem Land, New York Graphic Society-Unesco, 1954. xxx판에 따른 것임). 작품에 표현된 대립의 복잡성에 주목할 필요가 있다. 수렴(모이는)/확산(퍼지는), 둥근/각이 진, 연속/불연속들은 신화적 영상에 따라 또 다른 대립과 일치하고 있다. 암컷(여성)/수컷(남성), 수동적/능동적 등등(Mountford, 티위족[Tiwi]과 그들의 미술, 신화와 의례의 장을 참조. London-Melbourne, 1958년, 177쪽과 62B판을 볼 것).

공시적 관점에서——잘 분절된(분명한) 체계와 분절되지 않은(불분명한) 총체로서 두 성좌는 대립관계에 있게 된다. 달리 표현해보자면 잘 구획정리된 밭과 혼잡한 형태의 밭이라는 대립관계에 놓이게 된다.

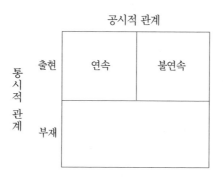

첫 번째 대립관계를 동시에 내재화하고 중복시키는 두 번째 대립관계는 오리온-플레이아데스 짝을 계절의 교체와 연관된 시니피앙으로 만든다. 시니피앙은 경험적으로 터득된 것이며, 지역과 사회에 따라 다양한 방식으로 개념화될 수 있다. 즉 여름과 겨울, 건기와 우기, 안정된 시기와 불안정한 시기, 일과 여가, 풍요와 기근, 동물성 식이요법과 식물성 식이요법 등등. 여기에서는 단지 대립의 형태만이 변함없이 고정적이다. 그러나 대립의 형태를 해석하는 방법이나, 그 형태에 부여하는 내용들은 집단에 따라서 그리고 남반구에서 북반구로 이동함에 따라 다양하다. 남반구에서 북반구로 이동 또는 그 반대의 경우와 심지어 동일한 내용의 대립을 타나내기 위해서도 오리온좌와 플레이아데스 성단의 공통된 기능들은 당연히 선도될 것이다.

그렇지만 기능의 전도가 분명하게 나타나지 않고도 대립이 형성된 이상한 문제(들)에 봉착하게 된다. 고대문명 사람들은 오리온좌를 비와 폭풍우에 연계시켰다. 그런데 중앙 브라질에서도 역시 오리온좌는 비와 연계되지만, 이때 비는 천상의 물 대신에 지상의 물이다. 그리스-로마의 오리온좌는 비를 '내리게' 했다. 반면 아사례의 목마른 주인공인 오리온좌는 땅의 심연에서 물을 '솟아오르게' 하는 원인이다.

북반구에서 비를 내리게 하는 성좌가 남반구에서는 건기(가뭄)를 알리는 성좌가 되는 것은 쉽게 이해할 수 있다. 왜냐하면 이것은 우주형성의 자명한 이치이기 때문이다. 적도와 남회귀선의 열대 사이에 있는 내부 대륙의 우기는 대략 유럽의 가을이나 겨울과 일치하며, 건기는 유럽의 봄이나 여름과 일치한다. 아사례 신화는 '남반구'의 실제 사실을 진실로 보여주는 판본이다. 왜냐하면 플레이아데스 성단 그리고 이 성좌를 가까이 추적하고 있는 오리온좌는 여기에서 건기의 시작을 알리는 별이기 때문이다.

여기까지 놀랄 만한 사실은 아무 것도 없다. 그러나 신화는 이보다 훨씬 더 멀리 나간다. 즉 신화는 제외된 천상의 물/분출된 지상의 물의 짝 형태로 물의 주제를 이중으로 배가하는데, 하나는 건기의 도래고 다른 하나는 대양의 기원과 수로의 기원이다. 이 마지막 관계에서 아사례 신화는 북반구의 오리온좌와 물의 연계를 보존하지만, 이때 물은 도치된 것이다(천상의 물이 아니라 지하에서 솟아오르는 물이다—옮긴이).

그렇다면 북반구에서 오리온좌는 기상학적 경험에 맞게 천상의 물과 연계되어 있으나, 남반구에서는 경험적인 어떠한 참조사항도 원용됨

없이 오리온좌와 기원이 지하인 물, 다시 말하자면 위아래가 뒤바뀐 (어떤 의미로는 상상해낸) 천상의 물 사이에 (처음 보기에는 이해할 수 없는) 연관을 매개로 해서 대칭을 보존하는 일이 어떻게 일어날 수 있을까?

첫 번째 가설이 제기될 수 있지만, 이는 우선 배제되어야만 한다. 선사학자들은 아메리카 인디언들이 중기 구석기 시대에 구대륙에서 왔다고 추정한다. 그리고 우리는 오리온좌에 대한 신화 역시 그만큼 오래전에 생겨났으며, 이 신화도 인디언들과 같이 왔다는 가설을 받아들일 수 있다. 그들은 이 신화를 남반구의 천문학적이고 기상학적인 새로운 환경에 단순히 적응시켰을 수도 있다. 세차(歲差)운동이 큰 문제를 제기하지는 않는다. 오히려 그 반대다. 왜냐하면 총체적 순환주기(le cycle global)는 약 2만 6천 년으로 거의 신대륙에 사람이 살기 시작한(적어도 현재 우리가 알고 있는 지식으로는) 시기와 일치하기 때문이다.

결과적으로 이 시기에는 황도대(zodiaque, 黃道帶) 성좌들의 위치는 대략 현재와 같다. 반면에 당시 남아메리카의 기상학적 조건이 오늘날과 일치하는지 또는 이 조건들이 수천 년을 지나면서 변함없는지 보장할 수 있는 것은 아무 것도 없다(수많은 증거들이 이를 부정한다).

그런데 무엇보다도 우리가 앞에서 시도한 설명들이 또 다른 어려움에 봉착하는데, 이것은 더욱 커다란 문제다. 첫 번째 가설을 받아들인다면 오리온좌를 지상의 물의 원천과 연관시키기 위해서, 셰렌테의 먼 조상들이 이 성좌의 천문학적 상징을 도치시켰다는 것으로 설명해야 하기 때문이다. 더욱 그들은 지구가 둥글다는 사실을 알고 있어야만 했고(논리적으로는 단지 이 조건만이 가능하다), 계속해서 구대륙에서는 하늘에서 떨어지는 비를, 신대륙에서는 땅속에서 올라오는 물로 변형시켜야만 했을 것이기 때문이다.

결국 이렇게 해서 우리가 유일하게 받아들일 수 있는 설명으로 되돌아왔다. 셰렌테의 오리온좌 신화——이 신화에서 별들(천체)은 물과 관

련해서 북반구에서 이 별들에게 부여했던 기능과 대칭적인 기능을 수
행한다——는 남반구의 또 다른 신화의 한 변형으로 단순화되어야만 하
는데, 남반구의 또 다른 신화에서 주인공이 수행한 기능은 북반구에서
오리온좌의 기능과 정확하게 일치되어야 한다. 그런데 이런 신화가 존
재하며, 우리는 이 신화를 알고 있다. 그것은 비와 바람, 그리고 폭풍우
기원의 책임자인 보로로의 새둥지 터는 사람의 신화인 참조신화M₁이
다. 이 신화의 주인공에게 지중해 연안에서 오리온좌——플리니우스
(Pline)는 오리온을 '무시무시한 별'이라고 설명한다——를 수식하는
부가형용사인 '폭풍우의'(*nimbosus*)를 완벽하게 응용할 수 있다.

이 주인공은 게리기기아투고라고 불리는데, 이 이름의 어원에 대한
문제는 이미 환기한 적이 있다(이 책 305쪽). 그리고 우리는 살레시우
스회 수도사들이 제시한 어원들은 후에 증명받을 수 있을 것이라고 지
적한 적도 있다. 수도사들은 이 이름을 아투고 '표범'(이 점이 강조되었
다. 왜냐하면 보로로 주인공은 제족 신화들의 표범처럼 불의 주인의 자
리에 있기 때문이다)과 게리기기 '땅거북'으로 분리했으며, 게리기기
는 또한 까마귀좌의 이름이기도 하다. 게리기기아투고는 아사레가 오
리온좌의 x별인 것처럼 까마귀성좌일 수 있다.

콜바치니는 단독으로 또는 알비세티와 협력해 집필하면서, 게리기기
라는 단어는 '까마귀좌(Corbeau) 또는 땅 거북(cágado)이라는 용어
를 여러 번에 걸쳐 인용했다(Colb. 1, 34쪽; 2, 219쪽, 254쪽, 420쪽).
그러나 알비세티에 의한 『보로로 백과사전』도 먼저 제시했던 견해를 포
기하고 오리온좌와 아주 인접해 있는 다른 성좌로 시선을 돌렸는데, 아
마도 폰 덴 슈타이넨(von den Steinen)이 과거에 기록한 옛 텍스트를
참고해, 게리기기는 오리온좌의 한 부분, 즉 '자보티의 등딱지'일 것이
라고 했다(Jabuti-Schildkröte, 2, 399쪽, 독일어 텍스트).

사실 마투그로수 지역의 방언집에는 자보티와 카가도(cágado)라는
용어들이 폭넓게 사용되며, 때로는 서로 겹쳐 사용되기도 한다
(Ihering. 'Cágado'항목 참조; 『보로로 백과사전』, 제1권, 975쪽: 신

성한 언어로 자보티는 '큰 카가도'라고 한다).『보로로 백과사전』에 따르면, 제리기기라는 단어는 '카가도의 한 변종'(『보로로 백과사전』, 185쪽, 689쪽)과 거북 형상으로 된 5개의 별로 구성된 작은 성좌를 지칭하며, 리겔(Rigel, 오리온좌의 일등성)은 거북의 머리를 표상한다 (『보로로 백과사전』, 612쪽).

이 성좌가 코흐-그륀베르크(Koch-Grünberg)가 기술한 성좌와 일치할수 있는지에 잠시 주목해보자. 그가 기술한 성좌는 '리겔과 리겔의 남쪽과 북쪽에 위치한 4개의 더욱 작은 별들로 구성된다.' 그리고 가이아나 인디언들은 이 성좌를 '질리카웨이(Zilikawei)의 의자'라고 부르는데, 즉 오리온좌로 표상되는 주인공을 일컫는 것이다(K.G. 1, 제3권, 281쪽).

살레시우스회 수도사들의 자료들 사이에 나타난 차이성에 대해 얼마간의 주의를 기울여볼 필요가 있다. 먼저 이미 80년 전에 폰 덴 슈타이넨은 '보로로인들은 성좌들의 의미에 대해 그들 사이에서 항상 일치를보지 못했다'고 기술했다(K.G. 2권 650쪽). 천체 지칭어휘의 이러한 불안정성에 대한 몇몇 사실들은 위에서 인용한 바 있다(이 책 432쪽).

이러한 불안정성은 현대적인 어휘로 지칭되는 몇몇 성좌, 즉 큰곰좌를 '큰 마차'(Colb. 2, 220쪽)라든가 또 다른 두 개의 성좌를 '큰 총', '작은 총'(『보로로 백과사전』, 제1권, 612~613쪽)으로 지칭하는 지칭의 현대화에서 그 증거를 찾을 수 있다. 또한 하나의 명칭이 모든 또 다른 호칭을 꼭 배제하지는 않으며, 새로운 명칭에 얼마간의 의심을 갖게된다는 사실에서 기인한다.

그러나 콜바치니가 까마귀좌와 오리온좌의 한 부분(별)을 줄기차게 혼동했다는 것은 상상할 수가 없다. 왜냐하면 까마귀좌와 오리온좌의 한 부분은 100° 이상(이 성좌들의 적경[수직상승]은 각각 12시간과 5시간) 벌어져 있기 때문이다.

첫 번째 저서부터(Colb. 1, 33~34쪽) 콜바치니는 까마귀좌 이외에 텔레스코프(Télescope), 아르고(Argo), 파옹(Paon, 공작)과 같은 보잘것없는 성좌들을 구별할 수 있었다. 그러나 그의 후계자들은, 콜바치니가 아르고와 일치한다고 선언했을 성좌를 '오리온좌의 이웃에' 있는 별과 혼동했거나, 모호하게 설명했다. 오리온좌 이웃의 별과 아르고 성좌의 적경은 3시간의 차이를 보이며, 경사도는 60°다.

이러한 여러 이유 때문에 우리는 콜바치니의 정보제공자들이 반세기 전에 까마귀좌를 게리기기로 이해했다는 사실을 의심할 수가 없다. 설사 그 이후로 이러한 의미를 잃었다 하더라도 다양한 거북의 종을 지칭하는 어휘들 중 개별적으로 확인된 어휘로 인해 혼동한다든가, 또는 까마귀좌의 최초의 명칭이 오리온좌의 일부(별)로 이전됨으로써 그 의미를 잃었을 가능성이 있기 때문이다. 두 번째 가설을 배제하지 않고서도 첫번째 가설의 가능성은 오히려 더욱 커진다.

이로부터 게리기기아투고 신화M_1과 아사레 신화M_{124} 간에 새로운 연관성이 나타난다. 독립적인 방법으로 우리는 이미 두 신화가 변형관계임을 증명한 바 있다. 이러한 증명은 단지 하나의 영역으로만 확장되지는 않는다. 왜냐하면 이 증명은 지금 천문학적인 등치관계를 포함하기 때문이다. 이렇게 우리는 두 개의 중요한 결과를 얻을 수 있게 되었다.

먼저 우리는 왜 셰렌테족이 오리온좌를 지상의 물의 기원이나 또는 지상의 물의 표상(表象)으로 만들고 있는지를 이해하게 되었다. 가정했던 것처럼 구대륙과 신대륙의 민간 천문학 사이에는 어떤 직접적인 관계도 없다. 그러나 간접적인 관계, 그것도 수긍할 만한 관계가 존재한다. 그리스인과 라틴 민족들은 경험적인 이유로 오리온좌를 나쁜 계절과 연관시키고 있었다.

먼저 보로로인들은 그들의 반구(남)에서 까마귀좌를 우기와 연계함으로써 북반구의 전개방식과 비교될 수 있는 방식(전개과정)을 따르거나, 그리고 오리온좌와 까마귀좌가 각기 다른 시기에 남쪽 하늘을 지배하고 있다고 전제한다면, 이 두 신화(M_1과 M_{124})가 모두 같은 어휘를 사용하며 체계적으로 대립하고 있는지 또는 신화M_1은 천상의 물과 신화M_{124}는 지하의 물과 관련되어(이 책 416쪽 도표 참조), 결국 두 신화

중의 하나는 까마귀좌와 연계되고 다른 한 신화는——토착민들의 사고를 통해 실제로 두 신화 사이의 대립을 나타낼 충분한 조건 때문에——오리온좌에 필연적으로 연계되는지를 가정해보는 것으로 충분하다.

앞의 설명은 조건부일 수 있다. 그러나 이러한 사실을 증명함으로써 우리는 위의 결과보다 더욱 중요한 다른 결과를 이끌어낼 수 있다. 왜냐하면 위의 분석을 통해서 우리는 초반부터 추구해온 전개방식, 즉 전체를 구성하는 다양한 부분들이 논리적으로 연계되어 있다는 점에서 전체(별들) 속에서 객관적인 증명을 얻어내야 하기 때문이다. 우리가 신화들 사이에서 찾아낸 변형관계가 지금까지는 해석의 문제로 남아 있었다. 이들의 사실성은 이제는 하나의 가설, 그것도 단 하나의 가설에 달려 있다. 다시 말해서 까마귀좌는 오리온좌가 북반구에서 수행하는 또는 수행했던 기능과 같은 기능을 남반구에서 수행하는가이다.

이 가설은 두 가지 방법으로 증명될 수 있다. 먼저 민족지 자료를 통해 브라질 인디언들은 실제로 이와 같은(앞에서 언급한) 의도를 가지고 까마귀좌를 관찰하고 있는가이며, 다음은 이러한 사실을 증명하기가 힘들다면 남쪽 하늘에서 까마귀좌와 오리온좌의 운행 사이의 간격이 존재하느냐, 그리고 이 간격은 계절의 간격과 대략적으로 일치하고 있느냐를 검증하는 일이다.

첫 번째 점에 대해서는 유감스럽게도 남아메리카 민족지는 같은 위도에 위치하는 태평양의 여러 열도에 대한 민족지만큼 풍부하고 정확한 정보를 제공하지는 못한다. 태평양의 여러 열도에서는 우리가 가정했던 까마귀좌의 역할을 수행하는 자료들이 있다. 캐롤라인 제도에서는 까마귀좌를 sor-a-bol 'Corvi', 직역하면 '타로(taro, 타로토란) 농장의 관람자'인데, 이것은 까마귀좌를 타로의 계절 동안에 볼 수 있기 때문이다(Christian, 388~389쪽). 마르키즈(Marquises) 섬에서 메(me'e) 'Corvus'는 mei와 유사한 것으로 우기에 수확하는 빵나무 열매라는 뜻이며, 이 시기에 어로가 가장 활발하게 행해진다(Handy, 350~352쪽). 푸카푸카(Pukapuka)에서는 까마귀좌를 Te Manu(새의 일종) 'Corvus'라고 하는데, 이 성좌가 새벽에 나타나면 산호초 섬에서 행해지는 집단적인 어로의 계절이 시작됨을 알린다(Beaglehole, 350쪽).

폴리네시아에서 플레이아데스 성좌는 남아메리카 인디언들이 이 성좌에 부여하는 것과 유사한 역할을 수행한다. 그리고 이곳에서 몇몇 성좌의 기원을 설명할 수 있는 신화들을 발견할 수 있으며, 이들은 아메리카 신화의 골조와 일치한다(이 책 462쪽 참조).

열대 아메리카 지역에서는 모호한 정보로 만족할 수밖에 없다. 브라질 북동 지역의 우기 동안 나타나며 심장 모양을 하고 있는, 그리고 옛 투피족들이 '썩은 고기를 먹는 독수리'(Cl. d'Abbeville, 제L1장)라고 부르던 이 성좌가 까마귀좌인지 아닌지를 우리는 결코 알 수 없을 것이다. 긍정적인 쪽으로 생각해보면, 네그로(Rio Negro) 강의 오른편 지류에 사는 부족들은 이 성좌를 '나는 왜가리'라고 부르며(K.G.o, 60쪽), 이 부족들은 보로로족과 클로드 다베빌(Cl. d'Abbeville) 자신이 '거북의 등껍질' 또는 '심장'이라고 말하는 것과는 달리 사다리꼴(오리온좌—옮긴이)의 네 꼭지점에 위치한 4개의 별을 둘씩 합친 대각선 형태로 생각한다.

그러나 좀더 신중할 필요가 있는데, 왜냐하면 우리가 위에서 본 것처럼(432쪽), 해안의 같은 투피족들은 내륙의 셰렌테족과는 반대로 우기를 플레이아데스와 연계시키거나 오리온좌와 연계시키고 있기 때문이다. 조금 더(위도상으로 몇 도) 북쪽에 거주하는 또 다른 해안 부족인 팔리쿠르족(Palikur)은 4개의 별(성좌)을 '비의 주인'으로 본다. 이들 성좌 중 두 개는 오리온좌와 전갈좌(Scorpion)일 수 있으며, 나머지 별은 증명할 수 없다(Nim. 4a, 90쪽).

'물고기의 훈제가마' Pakamu-sula-li (*Batrachoides surinamensis*: Ahlbrinck, 'Pakamu' 항목 참조)라는 이름으로 불리는 까마귀좌는 가이아나의 카리브족의 우주관에서 중요하지만 난해한 역할을 수행한다. 이 별의 떠오름은—틀림없이 저녁(석양)에—적도 지역(2월 중순에서

5월 중순)의 '작은' 건기와 일치한다. 그러나 운수 나쁘게도 이 별이 낮에 자오선을 통과[南中]하게 되면, 사람들은 세상의 종말과 새로운 세상의 도래를 알리는 것이 틀림없다고 생각한다(Penard: Goeje, 118쪽).[14]

가이아나 내륙 지역에서 사람들은 이 성좌를 토나(Tauna)라는 이름으로 부르며 폭우를 내리게 하고, 벼락으로 나무를 파괴하는 해로운 신으로 기술한다. 사람들은 토나를 큰곰좌와 까마귀좌 각각 4개의 핵심별로 구성된 '토나-주알루'(tauna-zualu)라는 두 개의 훈제가마 사이에 '서' 있는 모습으로 볼 수 있다(K.G. 1, 제3권, 278쪽 이하)고 한다.

이러한 정보는 우리에게 삼중의 관심을 갖도록 한다.

먼저 이 정보는 보로로족에서와 같이 바람과 폭풍우 그리고 비와 연계된 까마귀좌에 대한 확실한 참조자료를 제공한다. 그리고 돌개바람과 번개로 인간들을 벌하는 토나의 남성(적) 인물은 즉각 제족 신화 $M_{125a, b}$의 뱁코로로티를 연상시킨다. 이 제족 신화에 대해서는 이미 설명을 한 바 있으며, 이는 참조신화와 변형관계를 이룬다(411~417쪽 참조). 만일 제족 신화 주인공의 대응 인물로서 가이아나 주인공이 (보로로 주인공처럼) 까마귀좌(또는 까마귀좌를 포함하는 전체 성좌)를 묘사하고 있다면, 이것은 우리의 재구성(논증)을 뒷받침하는 보충적 논

---

14) 먼저 토착민들이 대낮에 한 성좌가 남중(南中)하는 것을 관찰할 수 있었다는 점을 받아들이기 힘들다. 하지만 토착민들의 시력은 연습에 의해서 지금의 우리보다 훨씬 좋았을 것이다. 그래서 우리는 보로로족에게서 다음과 같은 것을 주목한다. '그들은 시력이 잘 발달되어 있었다. 예를 들면 대낮에 금성의 위치를 동료에게 지적한 보로로인이 있었다'(『보로로 백과사전』, 제1권 285족). 이 점에 대해서 상담한 천문학자들은 대낮에 까마귀좌의 남중을 본다는 것은 믿을 수 없는 일이며, 금성을 봤다는 점도 회의적이라고 말했다. 그러나 우리는 신화들이 어떻게 이런 서열의 개념을 참작할 수 있었는지를 이해하기 위해서 남중이 실제로 관찰되었다는 것을 받아들일 필요는 없다(424쪽에서 플레이아데스의 우주적인 출현이 문제가 됐다). 다만 우리보다 훨씬 더 숙련된 시력을 가진 사람들은 낮에도 금성(페커 씨는 우리에게 금성이 까마귀좌보다 600배 이상의 빛을 발하고 있다고 말했다)과 같은 별들을 볼 수 있다는 것만으로 충분하다. 토착민들의 사고에서는 우리가 오직 밤하늘에서만 볼 수 있는 사건들과 비교할 수 있는 사건들을 낮의 하늘에서도 볼 수 있다고 생각하는 것이 당연한 것 같다.

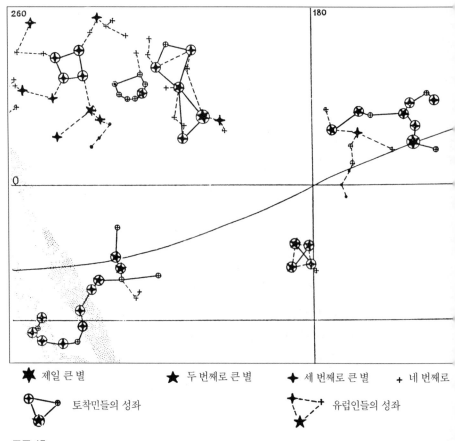

도표 15

적도지방의 하늘(K.G.o에 따른). 왼쪽에서 오른쪽으로 헤라클레스 성좌(파쿠 물고기)
와 북극왕관좌(맥)를 둘러싸고 있는 목동좌(피라니아 물고기)가 있다. 아래쪽의 왼편에
는 전갈좌(큰 뱀)가 있고 오른쪽으로 까마귀좌(나는 왜가리), 계속해서 사자좌(게), 그
리고 쌍둥이자리와 아래쪽으로 비둘기좌와 붙어 있는 큰게좌가 있다. 오른쪽 중앙부의
은하수를 따라 올라가면서 오리온좌와 에리단좌(춤추는 도끼)가 있다. 인디언들에게 이

거가 된다.

결국 가이아나 텍스트의 줄거리는 큰곰좌의 핵심 별 4개(사다리꼴의
각 꼭지점)와 같은 배치형태를 보이는 까마귀좌의 핵심 4개의 별들은
대단히 가까운 적경(몇 분의 차이를 두고 나타난다)을 보인다. 그러니까
이 성좌들 사이에 '서' 있는 토나는 이 성좌들과 같은 적경의 별들이나 별

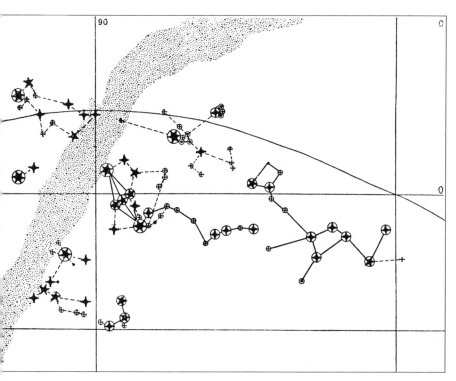

90

0

C

0

섯 번째로 큰 별

별들의 총체(에리단좌는 제외)는 그물(리겔과 베텔기우스, 그리고 오리온좌의 세 별을 연결하는)로 무장한 한 어부가 훈제용 난로(비둘기좌) 위에 올려놓은 생선을 훔치려는 다섯 마리의 수달을 나타낸다. 위쪽의 오른편에는 히아데스 성단과 플레이아데스 성단(작은 소년들, 말벌집)이 있다. 제일 오른쪽 고래좌(표범)와 은하수는 점으로 표시되었으며, 그림의 중앙부와 오른쪽 부분은 신화들에 나타난 부분이다.

들의 집단과 일치해야만 한다. 그리고 이 성좌들은 단지 큰곰좌(+60°)와 까마귀좌(-20°) 사이에 적위(경사도)에 따른 차이만을 보일 뿐이다. 이 두 조건을 만족시키는 베레니스 성좌(Chevelure de Bérénice)는 이런 사실 때문에, 신화에서 까마귀좌의 조합변이형의 역할을 수행하게 된다. 그런데 이 작은 성좌는 가이아나의 칼리나족(Kalina)에게서 중요한 자리를 점하고 있다. 이 성좌는 공공연하게 황도대에 위치한 자신의 위치 때문에 비와 연계되고 있을 뿐만 아니라, 이미 이 성좌의 이름으로도 표현되는 '큰건기'와도 연결된다(Ahlbrinck, 'sirito' 참조, 5c; 'weyu', 8).

이러한 어려움을 해결하기 위해서 좀더 자세히 볼 필요가 있다. 큰건기는 8월 중순부터 11월 중순까지 지속된다. 그리고 칼리나 지방에서 베레니스 성좌를 볼 수 있는 것은 10월로(Ahlbrinck, 'sirito' 참조), 곧 건기가 쇠퇴기에 접어들 시기다. 칼리나어로 성좌를 옴바타포(ombatapo)라고 하며, '얼굴'이라는 뜻이다. 별의 기원신화 M_{130}은 어떻게 한 노파가 사위의 통발에서 물고기를 훔쳤는지를 설명하고 있다.

화가 난 사위는 파타카(*Hoplias malabaricus*) 물고기들을 시켜 장모를 잡아먹도록 했다. 머리와 가슴의 윗부분만 남은 노파는 성공적으로 강가에 도달했다. 그녀는 하늘로 올라가기로 결심을 했고, 그러고는 별로 변했다. 복수를 하기 위해 그녀는 물고기를 전멸시킬 결심을 했다. 그리고 '나는 건기가 오면 나타날 것이며, 늪과 물고기의 안식처를 마르게 하리라. 물고기는 죽게 될 것이다. 나는 태양의 오른팔로서 그들의 죗값을 치르게 하리라'(Ahlbrinck, 'ombatapo' 참조)고 했는데, 이러한 여러 가지 정보에서 다음과 같은 사실을 끌어낼 수 있다.

1. 베레니스 성좌가 건기와 연관되는 것은 이 성좌가 새벽에 출현하는 것을 의미한다.

2. 이러한 연관은 많이 진행된 건기와 관계되며, 연못과 늪이 말라서 물고기가 살아 남을 수 없을 때, 결과적으로 우기가 시작되기 바로 전을 의미한다. 그러므로 이웃한 두 민족은 하나의 같은 성좌를 서로 다른 용도로 사용할 수 있다는 사실을 상정할 수 있다. 즉, 이 성좌를 한 민족은 마지막 위세를 떨쳐 재해를 입히는 연장된 가뭄의 상징으로, 다른 한 민족은 닥칠 우기의 예고자로서 사용할 수 있다. 베레니스 성좌가 까마귀의 조합변이형일 수 있는 것은 바로 이 성좌의 마지막 역할과 연관될 때다.

가이아나에서 어로의 항으로 정의될 수 있는 한 쌍의 대립관계는 우리가 앞에서 한 분석을 다시 한 번 확인해준다. 우리는 결국 오리온좌와 플레이아데스가 물고기의 풍요를 약속해준다($M_{134, 135}$)는 사실을 알았다. 그리고 까마귀좌의 역할을 하는 성좌가 같은 지역에서 물고기의 결핍을 의미하는 기능을 한다는 사실은 이미 증명했다. 그러므로 다음과 같이 그릴 수 있다.

$$까마귀좌 : 오리온좌 :: \quad (보로로-제)\left[비(+) : 비(-)\right] ::$$

$$(가이아나)\left[물고기(-) : 물고기(+)\right]\left(=미래의 비 : 과거의 비\right)$$

위의 도표는 이해할 수 있는 변형이다. 왜냐하면 건기와 우기의 대립은 중앙 브라질보다 적도 지역(가이아나)에서 더욱 복잡하게 그리고 덜 명확하게(덜 유표된 상태로) 나타나는데, 이것은 단일한 기상학적 축에서 기후적 영향에 따른 생물학적, 경제적 축으로의 이전을 초래하기 때문이다. 또한 이런 상황에서의 대립관계는 단순하게 비교될 수 있으며, 쉽게 성립될 수 있기 때문이다. 무엇보다도 물고기가 돌아오는 시기와 물이 불어나는 시기가 일치하더라도 물이 적은 호수나 강가에서 고기를 잡는 것이 쉽다는 사실을 잊지 말아야 한다.

그렇지만 까마귀좌의 기원 보로로 신화M_1에서 베레니스성좌의 기원 칼리나 신화M_{130}으로 이전했을 때, 몇몇 구조적 요소들이 남아 있다는 것은 분명하다. 두 신화의 경우에서 죄를 범한 부부 중의 한 명(남성이든 여성이든)은 물고기에게 잡아먹힌다. 남자의 '내장'은 물 위로 떠올라 물 위에 머무르고, 여자의 '머리'는 물 밖으로 나오지만 하늘로 올라간다. 이러한 평행관계는 문제를 제기하지만, 이 점에 대해서는 곧(이 책 460~466쪽) 다시 논할 것이다.

이처럼 우기와 까마귀좌 사이에서 직접적이든 간접적이든 토착민들의 사고에 의해 구상된 관계를 지지해줄 상당수의 증거들을 찾을 수 있었다. 이제는 다른 방법을 통해 문제를 취급해 볼 차례다. 까마귀좌와 오리온좌 사이에, 그리고 계절의 교대와 이들 성좌들 사이에 어떤 관계가 객관적으로 존재하는가를 찾는 일이 남아 있다. 우리는 이미 지적했던 어려운 문제에 봉착하게 되었는데, 바로 세차(歲差, précession des équinoxes)가 제기하는 문제다.

대략 그리스-라틴 관습과 아메리카 관습이 각기 문자를 사용해 기록하는 관습으로 전환된 시점의 차이는 이미 2~3000년의 간격을 갖는다. 이러한 차이는 무시해도 상관없을 것이다. 왜냐하면 두 경우에서 신화의 생성은 두 관습이 나타난 것보다 훨씬 오래됐을 것이기 때문이다. 우리가 구대륙의 신화와 신대륙의 신화를 분리해서 연구한다면 세차로 인해서, 사실 세차와 관련된 어려운 문제에 직면할 것이다. 그리고 우리가 신화의 내용과 계절의 운행 사이의 어떤 상관관계를 통해 그리스-라틴 관습의 고전성에 대한 막연한 헛된 상상을 하려 할 때에도 역시 세차의 문제와 연관된 어려운 문제에 봉착하게 될 것이다.

신대륙에서는 사실 두 가지 불확실한 변수가 있을 수 있다. 최근 1만년 또는 2만 년 동안 남반구의 기후적 변화(지질학을 통해 확인할 수 있는 점이 몇 가지 있기도 하다)의 추이와 무엇보다도 현재의 인구 이동과 이들 이전에 살았던 인구가 대륙의 한 끝에서 다른 끝으로 이동한 문제다. 지난 3세기에 걸쳐 제족어 계통의 부족과 투피족들은 숱하게 이동을 했다.

그러나 지금 이러한 문제를 제기할 필요는 없다. 결국 우리는 정해진 시대와 정해진 지역에 따라 한 성좌의 출현이나 남중과 기상학적 상황 사이에 어떤 상관관계가 있는가를 찾으려 하는 것이 아니기 때문이다. 우리는 단지 한 반구에서 성좌a의 운행과 다른 반구에서 성좌b의 운행 사이에 어떤 관계가 존재하는가를 알려고 할 뿐이다. 이러한 관계는 참조하려고 하는 시대가 어떻든 상관없이 불변적이다. 우리의 문제가 의미를 갖기 위해서는 기초적인 천문학적 지식과 계절을 측정하게 된 것이 대단히 오래된 시대까지 거슬러 올라가며, 인류는 이 부분에서 모두

거의 같다는 사실을 받아들이는 것으로 충분하다.

방금 말한 것에서 문제가 되었던 점에 대해 저명한 천문학자인 페커 (Jean-Claude Pecker) 씨가 매우 친절하게 3개의 도표(도표 16)를 그려가며 대답을 해준 것에 대해서 진심으로 고마움을 표한다.

이 그림에서 ① 약 기원전 1000년경에는 오리온좌의 저녁 출현이 10월 말이면 관찰되지 않았다. 이때는 초겨울의 시작과 일치하는 시기였다(석양이 진 직후 별이 보이기 시작할 때 오리온좌는 이미 떠올라 있었다). ② 이 시대의 오리온좌는 기상학적 의미를 충분히 갖고 있었으며, 오늘날 관찰할 수 있는 까마귀좌와 위상의 대립을 현저하게 드러내고 있었다. 이러한 사실로 보아 까마귀좌는 오늘날 남반구에서—그렇지만 아침에 출현함으로써—옛날에 북반구에서 오리온좌에게 부여됐던 역할을 수행할 자격을 가질 수 있을 것이다.

어떤 한 시기(어떤 시기라도 같은 결과이지만)에 관찰된 오리온좌와 까마귀좌 간의 위상관계는 대략 120° 이며, 중앙 브라질에서 이 관계는 건기와 우기의 상대적인 길이(지속 기간)와 일치한다(건기와 우기의 기간은 각각 5개월과 7개월, 토착민들의 계산으로는 흔히 4개월과 8개월)는 점을 고려해본다면, 우리는 천문학이 신화M_1과 M_{124}를 대립관계로 놓을 수 있도록 했던 내재적 질서에 대한 논거(이 책 416쪽)를 외재적으로 검증할 수 있게 해준다는 점을 인정할 수 있다. 결국 이러한 모든 사실에서 다음과 같은 결과를 얻을 수 있다. 만일 오리온좌가 건기와 연관될 수 있다면 까마귀좌는 우기와 연결될 수 있다. 그리고 상관적으로 만일 까마귀좌가 천상의 물과 연계된다면 오리온좌와 물과의 관계는 천상의 물의 역과 연관되어야 한다. 그리고 천상의 물의 역은 밑(bas)에서 나온 물일 수밖에 없다.

이러한 결과는 또 다른 방식으로도 증명될 수 있다. 즉, 이미 우리가 거울놀이에서 포착한 모든 모습에 보충적인 모습을 얻어 첨가시키는 방식으로 증명이 가능하다. 우리는 남아메리카의 까마귀좌와 오리온좌의 대칭성을 인정했다. 또한 북반구에서 남반구로 이전할 때 두 개의

도표 16 신세계 까마귀좌의 운행과 비교한 구세계 오리온좌의 운행도

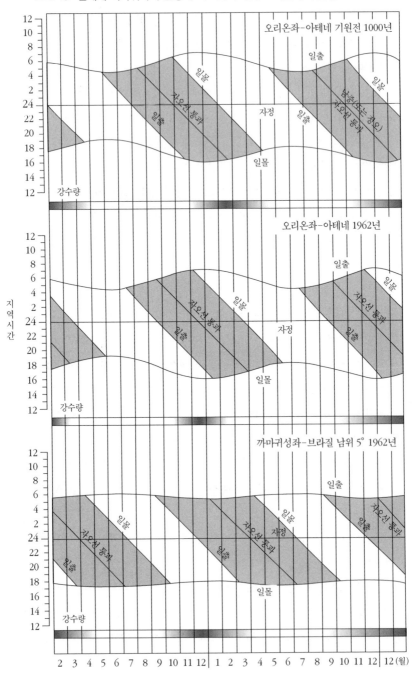

452

축에 따라 오리온좌의 기능들이 전도된다. 계절의 축에 따라 성좌는 습기가 있거나 건조한 것을 상징할 자격이 주어지며, 높고 낮음(하늘과 땅)의 축과의 관계에서 앞의 가치들이 치환될 수 있다. 왜냐하면 오리온좌는 항상 물과의 관계를 내포하고 있으며, 성좌가 우기를 알릴 때에는 위에서 오는 물이 되거나, 이 성좌가 건기(M_{124})를 예고할 때에는 밑에서 오는 물이 되기 때문이다.

이제 한발 더 나아가 새로운 질문을 던져보자. 만약 까마귀좌가 남아메리카 대륙에서 오리온좌와 반대의 기능을 수행한다면, 그리고 만일 오리온좌에 부여된 기능이 한 반구에서 다른 반구로 이전될 때 도치된다면, 오리온좌와 까마귀좌의 각 기능들이 재생될 것이 틀림없다. 우리는 구대륙의 오리온좌 신화와 신대륙의 까마귀좌 신화를 비교하면서 이 논증을 시작했다. 그렇다면 이 논증을 완성시킬 가능성이 있을까? 좀더 자세히 말한다면 열대 아메리카 인디언들이 오리온좌에 위임한 기능의 대응물(homologue)일 수 있는 까마귀좌의 기능이 구대륙에 존재하는가?

『19세기의 대백과사전』(*Grande Encyclopédie du XIXe siècle*)에서 '고대인 중 일부는 이 성좌 안에서 아폴로 신이 영원히 목마르도록 벌을 내린 까마귀를 보았다'라는 암시의 글귀를 보고 우리는 동료인 베르낭(J.-P.Vernant)의 전문지식에 호소했으며, 그는 아주 친절하게 아래와 같은 정보를 제공해주었다. 먼저 아라토스(Aratos) '현상학'의 한 대목은 히드라(물뱀)좌와, 크라테르좌(Cratère, 술잔) 그리고 까마귀좌의 이웃한 세 성좌를 연계시키고 있다. '크라테르는 (물뱀좌의) 소라껍질 가운데에 놓여 있으며, 끝부분에 부리로 소라껍질을 쪼는 형상을 한 까마귀(좌)가 있다'(*Arati Phaenomena*, ed. J. Martin, Biblioteca di studi superiori, 제XXV권, 피렌체, 1956년, 172쪽).

아주 오래된 이야기의 세 가지 다른 판본 역시 이러한 연계를 이해하고 있다(베르낭 씨에 따르면 이 이야기는 아리스토텔레스의 저술에도 영향을 주었을 만큼 오래된 것이다. Rose, 제29절). 이 다른 판본들은 Pseudo-

Eratosthenes, *Catasterismoi*, 41; Élien, *De nat. an.* I, 47; Dionysios, *Peri ornithôn* (in: A. Cramer, *Anecdota Graeca* e codd. manuscriptis Bibliothecae Regiae Parisiensis, 1, 25, 20)에도 들어 있다.

　여러 가지 다른 이야기 중에 물을 가져오도록 아폴로 신의 요청을 받은 까마귀의 이야기가 있는데, 까마귀는 푸른 밀밭 무화과나무 곁에 머물러 임무를 방기한 채 밀 이삭과 과일이 익기를 기다렸다. 아폴로는 까마귀에게 여름 동안 목이 마르도록 벌을 내렸다. 베르낭 씨는 이러한 정보를 다른 예를 들어 완벽하게 설명해주었다. 많은 텍스트와 몇몇 의례를 보면, 까마귀(작은 까마귀와 갈가마귀도 마찬가지로)들은 날씨의 징후, 즉 기상을 알리는 새이며, 특히 비의 예고자들이다.

　신화M124의 주인공 아사레——여기에서 마지막으로 이 신화를 상기해보는 것이 합당할 것이다——를 인디언들은 오리온좌 가운데 하나의 별로 인정하며, 까마귀라는 이름을 가진 그리스 신화의 까마귀좌 역시 아사레처럼 '목마른 자'다. 아사레의 갈증을 해소시키기 위해 '익은' 과일로는 충분하지 못했다. 그래서 우물을 파야만 했고, 우물에서 대양이 생겨났다. 그리스 신화의 까마귀 역시 지상이 원천인 물이 솟아나는 샘물을 소홀히 여겼고, 곡식이나 과일이 '익기'를 기다리는 데에만 열중했다. 그런 결과로 인해 그는 목마름을 해소할 수 없게 되었다.

　어떤 경우 과일은 우기가 끝날 무렵에 익으며(이 기간에 과일들은 수분으로 커진다=팽창한다), 다른 경우 과일은 늘어난 일조량의 결과로 건기가 끝날 무렵에 익는다. 고대 그리스에서 까마귀좌가 비를 예고할 수 있고 건기와 연관된 성좌로서 나타나는 것은 이 때문이다. 새(까마귀)는 목 마르기 때문에 부재한 천상의 물을 부르며, 햇볕의 혜택을 갈망하고, 실재하는 지상의 물을 무시했기 때문에 목이 마르다. 그런데 아사레가 우기의 혜택을 소홀히 했다는 사실(물은 야자열매 속에 포함되어 있다)을 우리는 기억한다. 그의 심한 갈증을 해소시키기 위해 지상의 물이 실재했을 뿐 아니라, 매우 풍부해서 건기가 오기 전에 주인공이 마음껏 물을 마시고 온몸을 시원하게 적시도록 했다. 반면 건기 때문에 까마귀의 목소리는 쉬었고, 주름투성이의 목구멍을 가지게 되었다. 그리스 신화의 다른 판본들 중 하나에서 까마귀좌는 샘물의 주인인 뱀이 자신이 샘물에 접근하는 것을 막았다고 비난하는데, 이것은 브라질 신화에서 물의 주인인 악어가 실제로 그렇게 하기를 바랐던 것이다.

도표 17 구대륙과 신대륙의 신화 속에 나타나는 오리온좌와 까마귀좌의 위치

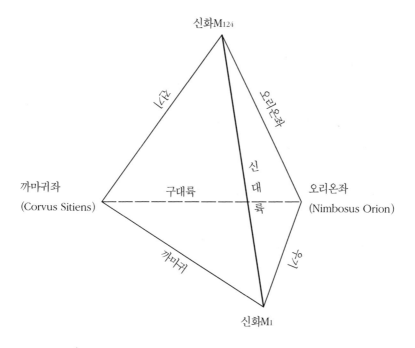

그러니까 두 신화, 구대륙과 신대륙의 신화는 우리가 전제했던 것처럼 서로 반사된다는 것을 알 수 있다. 명백한 도치가 나타나는 것은 두 신화가 모두 건기와 관계되지만, 한 신화는 건기의 초기(우기 바로 뒤에), 그리고 다른 한 신화는 건기의 말기(우기 바로 전에)와 관계된다는 사실에서 유래한다. 구대륙과 신대륙의 남쪽 지역에서는 결과적으로 오리온좌와 까마귀좌에 관계되는 신화들이 대립된 짝을 형성하며,

마찬가지로 좋은 계절과 나쁜 계절의 관계로 조직되어 있다.

즉, 교착(변화 반복법) 어법(chiasme)을 형성하는 신화의 네 가지 유형, 그리고 각 유형은 세 개의 대립을 통해 규정된다. 구대륙과 신대륙, 건기와 우기, 까마귀좌와 오리온좌는 다음과 같이 위치한다(도표 17).

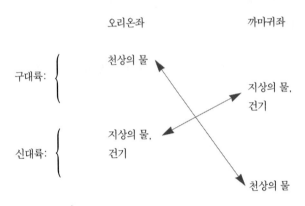

3 토카타와 푸가

플레이아데스 성단

우리는 천문학적 관점을 신화에 부여하면서 19세기 태양 신화학 (mythographie solaire)의 오류를 되풀이할 생각은 없다. 우리에게 천문학적 맥락은 신화 해석에서 절대적 준거를 제공하지는 않는다. 신화를 해석하기 위해서 단지 천문학적 준거들을 참조하는 것으로 충분하다. 신화의 진실은 신화의 특별한 내용에 있지 않다. 신화의 진실은 내용을 배제한 논리적 관계로 구성된다. 더 정확히 말하자면 논리적 관계의 불변적 특성들은 (신화의) 조작적 가치를 고갈시키는데, 이것은 비교할 수 있는 (논리적) 관계들이 수많은 신화의 다른 내용에서 얻은 요소에서 성립되기 때문이다.

이처럼 한 주제—단명의 기원 주제처럼—는 내용상으로 분명히 서로 다른 신화 속에서도 발견될 수 있으며, 앞의 분석에서 이러한 차이들은 감각의 범주들, 미각, 청각, 후각, 촉각, 시각 등의 도움으로 구성된 코드들로 축소된다는 점을 증명했다. 앞에서 우리는 또 다른 코드—이것 역시 시각 코드이지만—의 실재(réalité)를 밝히는 작업을 했는데, 이 코드의 어휘는 한편으로는 1년이라는 통시적 주기성과, 다른 한편으로는 하늘의 성운체들이 공시적 조직 아래에서 구성된 시공적 총체에서 추출한 대립짝으로 형성되어 있음을 밝혔다.

이 우주적 코드가 다른 코드들보다 더욱 진실된 것은 아니며, 방법론적 관점에서 더 훌륭하지도 않다. 그렇지만 이런 코드의 조작은 외부에서 객관적으로 제어될 수 있다. 언젠가 생화학이 진보해서 감각적 언어로 표현되는 코드들의 엄격함과 (논리적) 일관성을 제어할 만큼 그렇게 정확하고 객관적인 준거를 제공할 날이 올 것이라는 것을 배제할 필요는 없다.

신화는 주관적 상황과 우주의 특성 사이에 명료한 구별이 어려운 감각적 질의 논리의 기초 위에 구성된다. 그렇지만 이러한 구별은 아주 적은 차이의 범위 안에서 과학 지식의 발전 단계와 일치되어왔고 또 일치하고 있다. 그리고 이러한 구별은 이론적으로든 실제적으로든 사라질 운명이다. 따라서 신화적 사고는 전-과학적, 즉 근대과학이 성립되기 이전의 것이 아니다. 신화적 사고는 과거의 과학 활동과 현대과학의 발전이 항시 같은 방향으로 진보한다는 사실을 보여줌은 물론 과학의 미래 상태를 예견하고 있다.

어쨌든 우리가 살펴본 몇몇 신화에서 나타난 천문학적 코드화의 출현은 우리가 알아차리지 못하고 남겨놓은 신화 속의 천문학적 코드가 명시적 또는 암묵적 형태로 존재하는가의 여부를 용기를 가지고 확인할 수 있도록 해준다. 이미 분석한(M_{34}) 별의 기원 보로로 신화가 천문학적 측면을 보이는 것은 자명하다. 그러나 실제로 이 신화의 분명한 내용——여기에서 별들은 일반적인 호칭으로 등장한다——을 명시하는 일은 불가능한가? 다시 말하자면 신화의 내용을 특히 플레이아데스 성단의 기원과 연관시키는 일은 불가능한가?

수직적으로 분리된 상태에 있으며, 매우 풍부한 '식물성' 음식의 주모자인 어린아이들(이들은 욕심 사납게 음식을 먹는다)은 아사레의 형들(M_{124})의 상대물일 수 있다. 아사레의 형들은 수평적으로 분리된 상태이며, 역시 매우 풍부한 '광물성' 음료의 주모자들인 이들은 너그럽게 음료(물)를 나누어준다(아사레가 물을 한방울도 남기지 않도록 옆에서 강요한다).

별의 기원 보로로 신화M34와 아주 비슷한 골조를 가진 한 마타코 신화는 명시적으로 플레이아데스 성단을 거론하는데, 이것은 신화M34가 플레이아데스와 근접할 가능성을 보이는 것이다.

M131a. 마타코족의 신화: 플레이아데스 성단의 기원

옛날에 인디언들은 큰 나무를 타고 하늘에 기어오르는 관습을 갖고 있었다. 하늘에는 꿀과 물고기가 매우 풍부했다. 하루는 그들이 하늘에서 내려온 후에 나무 밑에서 한 노파를 만났는데, 노파는 그들에게 약간의 양식을 요구했으나 이를 거절했다. 그들의 인색함에 복수하기 위해 노파는 나무에 불을 놓았다. 하늘에 머물러 있던 인디언들은 별로 변해 플레이아데스 성단이 되었다(Campana, 318~319쪽).

차코지역의 다른 신화들은 밤이 된 후에도 아주 시끄러운 소리를 내며 놀고 있는 어린아이들을 하늘로 들어올림으로써 플레이아데스 성단의 기원을 말하고 있다. 그런데 남아메리카에서는 야식(夜食)을 위험시하는 금기사항이 매우 널리 퍼져 있다. 아마존 강 상류 지역의 몇몇 부족은 다음과 같은 믿음을 바탕으로 이런 금기를 정당화한다. 음식물은 밤새도록 위 속에 머물러 있어 소화될 수 없으며, 그렇기 때문에 깃털로 목구멍을 간지럽혀 아침에 구토를 해야 한다고 믿고 있었기 때문이다. 가이아나의 아라와크족은 해가 진 뒤 음식을 먹는 사람은 모두 동물로 변한다고 생각한다(Roth 1, 295쪽; 184~185쪽 신화 참조).

플레이아데스 성단의 경우 소리의 남용과 음식물의 남용이 동치관계라는 가정은 시끄러운 어린아이들(보로로＝대식가)을 만족할 줄 모르는 어린아이들로 단순하게 변형시킨 마쿠시족의 한 신화에 의해 확인된다. 이 신화는 보로로의 별의 기원신화M34와 매우 유사하고 차코지역 신화들의 플레이아데스 기원신화를 재현한다.

M₁₃₁b. 마쿠시족의 신화: 플레이아데스 성단의 기원

한 남자에게 일곱 명의 아들이 있었는데, 먹을 것을 요구하며 그치지 않고 울었다. 어머니는 "애들아, 나는 너희에게 먹을 것을 주었는데, 너희는 결코 배를 채우지 못하는구나, 참! 너희는 대식가구나!"라고 질책했다. 싸우다 지친 어머니는 석쇠에서 맥¹⁵⁾의 턱뼈를 꺼내 그들에게 던져주었다. "이걸로 부족해!" 아직도 배가 고픈 아이들은 항의했다. 어린 형제들은 고기를 나누어 먹은 후 모두 별로 변하기로 결심했다. 서로 손을 맞잡고 노래하고 춤추며, 공중으로 들려 올라가기 시작했다. 이것을 본 어머니는 "어디로 가느냐! 자, 여기에 먹을 것이 있다!"라고 소리를 질렀다. 어린아이들은 아무 원한도 없으며, 이미 결심이 섰다고 설명했다. 그리고 그들은 조금씩 사라져갔다(Barbosa Rodrigues, 223쪽).

그런데 이 가이아나 신화는 말하자면 보로로 신화M₃₄와 북아메리카의 몇몇 플레이아데스 기원신화 사이에 연결점을 형성한다. 북아메리카 신화들은 (배가 고프기보다는 [부모가 음식을 조금 주거나 아이들이 대식가여서] 부모에 의해 배고픔을 당하는[부모가 음식 제공을 거절하여] 어린아이들) 의미론적 도치를 이루며 보로로 신화와 정확하게 대칭(관계)을 이루고 있다. 이러한 도치는 반구의 변화로 인해 예상할 수 있는 일이다. 위안도트(wyandot) 판본을 보자.

M₁₃₂. 위안도트족의 신화: 플레이아데스 성단의 기원

일곱 명의 소년들이 나무 그늘에서 춤추며 놀고 있었다. 얼마의 시간이 지나자 배가 고팠다. 그들 중 한 명이 빵을 찾으러 달려갔다. 그러나 노파는 그를 되돌려 보냈다. 어린아이들은 다시 놀이를 시작했

---

15) 아마도 히아데스 성단을 나타내는 것 같다. *Roth* 1, 266쪽과 *Goeje*, 103쪽을 참조하면, '인디언들은 히아데스 성단을 맥의 턱뼈라고 부른다'고 나와 있다.

다. 그리고 얼마 후에 다른 소년이 먹을 것을 요구하러 갔지만, 노파는 다시 거절했다. 어린아이들은 북을 만들어 두드리며 춤을 추기 시작했다.

그들은 곧 공중으로 들려 올라가며 춤을 추었다. 그들은 점점 더 높이 들려 올라갔다. 나무 위로 올라갔을 때 노파는 그들을 보았다. 그리고 노파는 먹을 것을 가지고 달려갔다. 그러나 때는 이미 너무 늦었다! 비록 그녀가 먹을 것을 준비했지만, 그들은 그녀의 얘기를 더 이상 듣지 않았다. 실망한 노파는 울기 시작했다.

일곱 어린아이들이 오늘날 하늘에서 볼 수 있는 후티나치하(Hutinatsija) '집단'이 된 것은 그들에게 먹을 것을 주기를 거절했기 때문이다(Barbeau, 6~7쪽).[16]

폴리네시아의 허비(Hervey) 군도에도 위와 거의 같은 신화가 있는데, 플레이아데스 성좌가 아니라 전갈좌와 관계를 갖는다(Andersen, 399쪽). 아마존과 가이아나 지역에서 전갈좌는 11월과 12월의 비(우기)를 예고하며, 이로 인해 갑자기 홍수가 일어난다(Tastevin 3, 173쪽).

참조신화M₁의 주인공은 까마귀좌와 같은 이름을 갖고 있으며, 이 신화는 아마도 플레이아데스와 관계되는 또 다른 천문학적 증거를 감추고 있는 것 같다. 이 신화의 마지막 부분에서 사슴으로 위장한 주인공은 서둘러 자신의 아버지를 호수로 밀어넣으며, 이 물 속에 사는 '피라니아' 식인 물고기들은 주인공의 아버지를 내장만을 남긴 채 잡아먹는다. 그리고 물 위에 떠 있는 내장은 수상식물로 변화한다.

---

16) 열대 아메리카 지역의 신화들과 북아메리카 중앙부, 그리고 북부 지역의 신화들 사이의 변형관계는 또 다른 작업에서 다루어야 할 문제며, 우리는 단지 플레이아데스 기원에 대한 블랙후트 인디언 신화만을 이야기할 것이다. 이는 위 유형의 신화들과 아사레 신화 사이의 중간단계를 형성한다(Wissler-Duvall, 71~72쪽).

이러한 소재는 거의 변형되지 않은 채 알래스카의 에스키모신화M₁₃₃에서도 찾을 수 있을 만큼 범아메리카적인 전파를 보인다. 다섯 형제 가운데 맏형의 아내는 막내시동생을 미워한 나머지 죽였다. 형제들이 시체를 찾았을 때에는 구더기로 뒤덮여 있었다. 그들은 여인도 같은 운명을 맞아야 한다고 결정하고 호수를 도는 경주를 한다는 명목을 내세워 그녀를 호숫가로 유인했다. 여자가 가장 느렸고, 그녀를 추월한 남편이 뒤돌아 잡아챘다. 그리고 물 속으로 밀어넣었는데, 거기에는 나머지 형제들이 고깃덩어리로 구더기를 조심스럽게 유인해가지고 와 있었다. 그들은 구더기를 그녀에게 던졌고, 벌레는 살을 파먹었다. 얼마 지난 후 그 자리에는 물 위를 떠다니는 그녀의 폐만이 남았을 뿐이었다(Spencer, 73~74쪽).[17]

보로로족의 신화와 마찬가지로 에스키모 신화에도 부유하는 내장의 소재는 천문학적 언급이 배제된 것처럼 보인다. 그러나 (남북아메리카의) 중간 지역에서는 이와 같지 않다. (미국 남부 지역의) 주니족(Zuni)은 해체된 식인귀의 폐에서 '작은 별들'이 생겨났다고 믿는다(Parsons 1, 30쪽). 이와는 반대로 이들의 이웃 민족인 나바호족(Navaho)은 수중동물들이 물 속에 가라앉은 괴물 같은 곰의 창자에서 유래한다고 한다(Haile-Wheelwright, 77~78쪽). 그런데 가이아나의 한 신화는 이 두 가지 해석을 병치하고 있다.

---

17) 오스트레일리아에서 물과 내장, 그리고 수상식물들이 같은 연계(성)를 가진다는 사실을 발견하는 것은 아주 흥미로운 일이다. '연못 위에 무수히 덮여 있는 푸른 물백합을 보자. 토착민들은 이 백합의 꽃을 먹으며, 그들은 죽은 자의 뼈(해골)가 백합꽃의 성장을 돕는다고 믿는다'(Spencer et Gillen, 546쪽). 다른 한편 빅토리아 지방의 남서쪽에 거주하는 토착민들은 뼈와 동시에 화장되는 내장과 창자를 제외한 그들 부모의 살을 익혀 먹는다(Frazer 2, 제IV권, 262쪽). 아메리카의 텍스트들과 비교해보았을 때, 이러한 관찰을 통해 우리는 해부학적 측면에서 내장과 뼈 사이에 중요한 대립(관계)이 존재한다는 것을 암시해볼 수 있다. 그리고 이러한 대립짝은 물과 불, 즉 불은 대립을 극복하고(내장과 뼈의 결합), 반면에 물은 대립을 활성화시키는(뼈—물 속 밑에—그리고 내장—물 표면에—수상식물의 형태로) 관계를 만든다.

M₁₃₄. 아카와이족의 신화: 플레이아데스 성단의 기원

동생의 아내를 탐냈던 한 남자가 동생을 살해하고 그의 잘린 팔을 제수에게 남편이 죽었다는 징표로 제시했다. 그녀는 그와 혼인하겠다고 허락했다. 그러나 (동생) 유령의 제보로 이를 알게 된 여자는 범죄자와의 혼인을 거부했다. 그러자 그는 이 불행한 여인과 아들을 속이 빈 나무 속에 가두어 죽게 했다. 그날 밤 동생의 유령이 형에게 나타나 자신의 아내와 아들이 동물로 변했고(각각 '아쿠리'〔acouri〕와 '아두리'〔adourie〕로 변했다),¹⁸⁾ 이들이 이제는 피난처에 있기 때문에 형의 범죄에 대해 더 이상 원하는 것이 없다고 했다 . 그러나 유령은 형에게 자신의 해체된 시신을 장례지내달라고 요구했다. 단, 시체만 땅에 묻고 창자를 흩어버리는 조건으로 풍부한 물고기를 그에게 약속했다.

살인자는 그렇게 했고 창자가 공중에 둥둥 떠올라 하늘로 올라가는 것을 보았는데, 이 창자가 플레이아데스 성단이 되었다. 이때부터 매년 플레이아데스 성단이 나타날 때가 되면 강에는 물고기가 많이 나타났다(Roth 1, 262쪽).

한 플레이아데스 성단 기원신화M₁₃₅의 토리팡족 주인공도 위의 신화와 같은 말을 한다. "내가 하늘에 이르면 폭풍우와 비가 올 것이다. 그러면 물고기 떼가 돌아올 것이며 풍부하게 먹을 양식을 갖게 될 것이다!"(K.G. 1, 57쪽). 플레이아데스와 부유하는 내장 사이의 연결관계는 아래 신화에서도 역시 확인된다.

---

18) '아쿠리'는 *Dasyprocta agouti*이며, '아두리'는 카비데(Cavidés, 설치류)의 작은 종을 지칭한다(Goeje, 67쪽). 또는 로스(2, 164쪽)에 따르자면 *Daysprocta acuchy*를 말한다. 신화M₁과 신화M₅₅(290~293쪽) 참조.

M₁₃₆. 아레쿠나족의 신화: 장모를 살해한 질리조에부(플레이아데스)

질리조에부(Jilijoaibu)의 장모는 그녀의 자궁에서 꺼낸 물고기로 사위에게 음식을 만들어주었다. 이러한 술책을 발견한 질리조에부는 크리스탈을 깨고, 그 파편을 노파가 다니는 길목에 던져놓았다. 그리고 바나나 잎사귀로 파편을 덮어 조심스럽게 숨겨놓았다. 장모는 비틀거리다 넘어졌다. 파편이 팔과 다리, 그리고 온몸을 잘라 그녀는 결국 죽고 말았다. 시체의 파편이 물 속으로 튀어들어갔고 '피라니아' 물고기로 변했다. 이런 이유 때문에 피라니아는 식인 물고기로 남게 되었다. 노파의 간 역시 물 위에 떨어져 떠다녔다. 아직도 사람들은 잎사귀가 붉은 수상식물 'mureru brava'의 형태로 그것을 볼 수 있다. 그리고 노파의 심장은 씨앗이 되었다(K.G. 1, 60쪽).

주인공이 플레이아데스 성좌인 이 신화가 주인공이 까마귀좌인 참조신화M₁의 마지막 부분과 정확하게 겹쳐진다는 점을 이제야 겨우 강조할 수 있게 되었다. 그런데 보로로족에게 까마귀좌가 비(우기)의 책임자며, 가이아나 인디언들에게는 이 역할이 플레이아데스에게 주어진다.

앞의 신화들은 부유하는 내장의 소재가 코드항처럼 구별된 두 가지 기능을 수행할 수 있으며 어떤 면에서는 이분법적인(두 가지 역할을 하는) 코드로서 활용될 수 있음을 암시한다. '수상' 코드로서, 내장은 물고기와 늪의 식물들과 합동관계며, '천상' 코드로서 내장은 별과 특히 플레이아데스와 합동관계다. 만일 2세기 전 보로로족이 점유하고 있던 지역—이 지역의 중앙부(남 15°~20°, 서 51°~57°)—에서 플레이아데스 성좌가 건기의 중간 시점에 출현한다면, 별(=플레이아데스)의 기원신화M₃₄가 야생동물의 기원신화로서 제시되는 것 또한 당연하다. 사냥과 관계된 명시적인 준거가 보인다면 이것은 우기에는 행보가 어려운 지역에서 건기가 사냥활동에 특히 적합하기 때문이다. 반면에 우기와 관계를 가진 신화는 부유하는 내장의 소재를 공공연하게 수상 코드로 사용하고 있다. 그러나 플레이아데스와 직접적으로 관계되는 모든 준거는 배제한다.

여기서 우리는 신화적 사고의 두 가지 근본적인 특성을 접하는데, 이 특성들은 서로 보충적이며, 동시에 대립적이다. 첫째로 우리가 이미 다른 예를 들어(이 책 175쪽) 이 점을 보충했던 것처럼, 신화의 구문은 자기 법칙의 한계 내에서 결코 완전히 자유롭지 못하다. 신화의 구문은 지리적, 기술적 하부구조의 강제에 영향을 받을 수밖에 없다. 이론적으로 가능한 모든 조작 중——유일한 형식적 관점에서 이러한 조작들을 상정했을 때——몇몇의 조작은 돌이킬 수 없이 배제되며, 여기에서 생긴 구멍들(마치 그림판을 펀치로 뚫은 것 같은 이 공백만 없으면 규칙적인)은 구조 내에서 구조의 주변을 음화(결여된 항)로 묘사하게 된다. 그러므로 실질적인 활용(조작) 체계를 얻기 위해서는 다른 구조에 통합되어야만 한다.

둘째로 위에서 얘기했지만 신화적 사고 체계에서는 모든 일이 시니피에(기의화된 것, 즉 이미 의미를 갖고 있는 것)가 외부에서 받은 충격(훼손)에 대한 저항으로 마치 시니피앙 체계(기표체계)를 거부하는 것처럼 일어난다. 객관적인 상황이 이렇게 기의화된 것들 중에 몇몇을 배제시키게 된다고 하더라도(시니피앙이 포함하고 있는 개념[의미]이 다른 객관적인 상황에 따라 변한다 하더라도—옮긴이), 상응하는 시니피앙이 즉시 이들과 함께 사라지지는 않는다. 적어도 어느 정도 시니피앙은 계속 결여된 항들의 자리를 차지하게 되며, 결여된 항의 주변은 가득 차 있지 않은 공백으로 남아 있게 된다. 그래서 가이아나 지역에서 부유하는 내장의 소재는 이중적 의미를 가질 수 있는데, 이것은 하늘에 플레이아데스가 출현하는 것과 강가에 물고기가 출현하는 것이 객관적으로 일치하기 때문이다. 이러한 일치가 다른 곳 어디에서나 확인되는 것은 아니다.

지금의 보로로족에서 여명 전에 플레이아데스가 하늘에 나타나는 시기는 6월 말경이나 또는 7월 초다. 말하자면 건기의 한중간이다. 토착민들은 이때 '플레이아데스의 발을 태운다'(akiridogé e-wuré kowudu)고 명명된 축제를 거행하는데, 그렇게 함으로써 유목활동에 적합한 건기를 연장시키고 플레이아데스의 운행을 지연시키기 위한 것이라고 그들은 말한다(『보로로 백과사전』, 제1권, 45쪽). 이를 통해 셰렌테족처럼 보로로족도 플레이아데스를 건기와 연관시킨다는 것을 알 수 있으나──마치 같은 시기에 플레이아데스를 관찰할 수 있는 것처럼 보이기 때문에──실제로는 그렇지 않다. 셰렌테족과는 달리 보로로족은 플레이아데스에게 부정적인 암시적 의미를 부여하고 있다.

그러나 중앙 브라질의 보로로족과 마찬가지로 알래스카의 에스키모족에서도 플레이아데스 성단은 긍정적인 기의적 기능을 행하지 못하지만, 기표 체계 내에 그의 잠재적 자리를 그대로 간직하고 있다.[19] 단순하게 말하자면 코드 중에 하나는 사라지고, 반면에 다른 하나의 코드는 잠재적인 상태로 나타난다. 마치 두 코드 사이의 동형관계의 열쇠를 가로채려는 것처럼(마치 두 코드 사이의 동형관계를 숨기려는 것처럼─옮긴이) 나타난다. 결국 두 개의 현상 중 하나는 어휘의 변화를 수반한다. 에스키모족에서는 동일한 변형을 통해서 내장 → 내장으로, 보로로족에서는 다른 변형을 통해서 내장 → 수상식물(≠동물)로 나타난다.

무지개

이미 분석한 보로로 신화M_5를 다시 보도록 하자. 이 신화 역시 모든 천문학적 준거가 부재한 것처럼 보인다. 괄호를 열어놓고 백지 상태에서 시작하도록 하자.

---

19) 마찬가지로 시페아족에서도 여전히 더욱 약화된 형식으로 나타나고 있는 것처럼 보인다. Nim. 3, 1033쪽 참조.

남아메리카에서 무지개는 이중의 의미를 가진다. 다른 곳과 마찬가지로 무지개는 비가 그쳤음을 알리는 한편, 질병과 여러 가지 자연재해의 책임자로도 취급된다. 첫 번째 측면에서 무지개는 앞서(비가 그치기 전) 비의 매개를 통해 연결되었던 땅과 하늘의 분리를 야기한다. 두 번째 측면에서 무지개는 이러한 정상적이고 이로운 결합을 자신을 물로 대체시켜, 하늘과 땅 사이를 자신이 확보하는 방식으로 비정상적이며 해로운 결합으로 대체한다.

첫 번째 기능은 분명히 팀비라족의 이론에서 나온다. "'비의 인물'인 무지개는 비를 만들어내는 두 마리의 수쿠리주(sucuriju)뱀의 아가리에 자신의 발 양끝으로 버티고 서 있다. 사람들이 무지개를 보면 그것은 비가 그쳤다는 신호다. 무지개가 사라졌을 때 그것은 뱀장어(pupeyré, 포르투갈어로 'muçum')와 비슷한 두 마리의 물고기가 천상의 못에 숨으려고 하늘로 올라갔기 때문이다. 이 물고기들은 다음에 올 세찬 비와 함께 지상의 물로 다시 돌아올 것이다"(Nim. 8, 234쪽).

무지개의 두 번째 기능은 가이아나부터 차코지역까지에서 증명된다. "무지개는 하늘에서 아무 것도 먹을 것을 찾을 수 없을 때마다 카리브 인디언들을 병들게 한다.……무지개가 땅 위에 나타나자마자 토착민들은 오두막 속에 몸을 숨기며, 이들은 무지개를 누군가 죽일 사람을 찾으려는 신비하고 반항적인 신령이라고 생각한다"(La Borde: Roth 1, 268쪽). 차코집단의 빌렐라족(Vilela)은 한 소년과 관계되는 신화 M₁₇₃을 갖고 있는데, 이 소년은 사납고 고독하며 다색의 살인적인 뱀(무지개)으로 변한 새 사냥꾼이다. 이 신화의 여러 판본을 출판한 레만-니슈(Lehmann-Nitsche)는 역시 남아메리카에서 얼마나 자주 무지개를 뱀과 동일시하는가를 밝혔다(L.N. 2, 221~233쪽). 레만-니슈는 가이아나와 차코 신화들의 양식나무(이 책 376쪽 이하 참조)가 은하수와 동일시된다는 주장을 받아들인다. 따라서 아래와 같은 동치관계를 성립시킬 수 있을 것이다.

a) 은하수 : 무지개 :: 삶 : 죽음

이러한 동치관계를 정확히 신대륙의 모든 신화에 응용할 수는 없다. 왜냐하면 이러한 동치관계가 북아메리카의 여러 신화 체계에서 도치된 다고 가정할 수 있는 충분한 이유가 있기 때문이다(반구가 다르기 때문 이다—옮긴이). 그러나 동치관계의 타당성이 타스테빈(Tastevin)의 몇 몇 고찰로 열대 아메리카에서도 간접적으로나마 확인되는 것 같다. 아 마존 강 유역에서 무지개의 신화적인 표상을 찾으려는 연구에서, 그는 보유수(Boyusu) 뱀이 낮에는 무지개의 형상으로 밤에는 은하수 속의 검은 점의 형상으로 나타난다고 강조하기 때문이다(Tastevin 3, 182~183쪽). 무지개의 야간 상대물, 즉 정상적으로는 은하수가 있어 야만 할 지점에 '은하수의 부재', 즉 부(負)의 무지개가 있는 셈이다. 따라서 등식으로 본다면 다음과 같다.

b) 무지개＝은하수$^{(-1)}$

이 등식 b는 앞의 등식 a를 확인한다.

이렇게 사전 설명을 하고 나면 신화M_5 텍스트의 내용을 명시하지 않 아도, 질병을 퍼트린 어머니가 무지개로 변형될 수 있다는 점을 받아들 일 수 있을 것이다. 질병과의 관계로 볼 때 무지개나 어머니는 동일한 것으로 규정된다. 왜냐하면 둘 다 질병의 원인제공자들이기 때문이다. 이 신화M_5의 마지막 에피소드는 이러한 가정을 더욱 확고하게 한다. 잘못을 저지른 여자의 오빠들은 동생의 몸을 두 동강 낸 후 각각 동쪽 과 서쪽 호수에 던진다.[20]

그런데 팀비라족은 무지개의 양끝을 두 마리의 뱀과 관계를 맺게 하 고 있으며, 이러한 무지개의 '이원적' 측면은 남아메리카 신화에서 단 순한 형태로 또는 스스로 배가된 형태로 커다란 위치를 점하고 있다. '카타위시족(Katawishi)은 두 개의 무지개를 아는데, 마왈리(Mawali)

는 서쪽에 티니(Tini)는 동쪽에 있다. 쌍둥이 형제인 티니와 마왈리는 대홍수를 일으켰다. 그들은 배우자로 삼기 위해 그들이 구한 어린 두 소녀만을 남긴 채 모든 땅을 물로 뒤덮고, 모든 사람을 죽게 했다. 카타위시족에게는 이것이나 저것 어느 것에 시선을 고정시키는 것은 합당하지 않다. 왜냐하면 마왈리를 바라본다면 사냥이나 어로의 기회가 없어져 게으르고 무기력해지며, 티니를 바라본다면 너무나 서투르게 되어 길 위의 모든 장애물에 발을 다치거나 걸려 넘어지게 되며, 날카로운 도구를 들면 반드시 몸을 다치게 되기 때문이다'(Tastevin 3, 191~192쪽).[21]

무라족(Mura) 역시 두 개의 무지개 하나는 '위쪽에' 다른 하나는 '아래쪽에' 존재한다고 믿는다(Nim. 10, 제3권, 265쪽). 투쿠나족도 마찬가지로 동쪽의 무지개와 서쪽의 무지개로 구별하는데, 둘 다 수중괴물로 하나(동쪽)는 물고기의 주인이고, 다른 하나(서쪽)는 도기용 흙의 주인이라고 생각한다(Nim. 12, 제3권, 723~724쪽). 이 마지막 연관관계에 대해, 타스테빈은 주석을 달고 있다(Tastevin, 195~196쪽).

다른 관점에서 가이아나의 인디언들은 도기용 흙과 질병 간에 직접적인 관계가 있다고 믿는다. '그들은 만월(滿月)의 첫 번째 밤에 점토를 채취해야 한다고 굳게 확신하며, 많은 군중이 이날 저녁에 모여 다음날 새벽에 엄청난 양의 점토를 가지고 마을로 돌아온다. 그들은 다른 시기에 채취한 점토로 만든 그릇들은 깨지는 경향이 있을 뿐만 아니라 이 그릇에다 음식을 먹는 사람들은 여러 가지 질병을 앓게 된다고 믿는다'(Schomburgk, 제1권, 203쪽; 같은 의미로 Ahlbrinck, 'orino' 항

---

20) 이것은 가이아나에서 고약한 냄새를 풍겨 희생물을 질식시켜 죽이는 신화 속의 뱀 카무디(camudi)를 방어하는 것과 같은 방법이다. '역시, 사람들은 결코 혼자서 여행하지 않는다. 적어도 두 명 이상이어야만 한다. 왜냐하면 만약 부이오 (buio)가 한 사람을 공격하면, 다른 한 사람은 머리쓰개나 나뭇가지를 가지고 동료와 괴물 사이에 놓인 공간을 이용해 싸우기 위해서다'(Gumilla, 제2권, 148쪽).

21) 이러한 믿음은 차코어 집단에서도 확인된다(Grubb, 141쪽).

목 참조).

아마존 지역의 무지개에 대한 개념을 알아보기 위해 잠시 멈추자. 두 개의 무지개는 물고기의 주인—수상동물—이며, 도기용 흙도 역시 물의 한 양상이다. 왜냐하면 투쿠나 신화가 도기용 진흙을 강의 하상에서 채취한다는 점을 항시 분명히 하고 있기 때문이며(Nim. 13, 78쪽, 134쪽), 게다가 민족지(인류학적 관찰)는 이러한 점을 확인한다. '투쿠나 지역의 모든 하천에서는 유연하고 질이 좋은 비교적 풍부한 양의 도기용 흙을 발견할 수 있다'(Nim.13, 46쪽; Schomburgk, 제1권, 130쪽, 203쪽 참조). 이러한 점토의 채취는 임신한 여인들에게 엄격하게 금지된다.

보로로 여주인공(M_5)은 임신한 여인의 역(상대물)이다. 왜냐하면 어린아이의 어머니기 때문이다. 투쿠나족의 서쪽 무지개처럼 보로로 여주인공은 물고기 여주인의 역할을 행사—오히려 부당하게—한다. 나쁜 어머니인 이 여인은 아이를 나뭇가지 위에 버린다(그러니까 임신한 여인—아이는 뱃속, 즉 내부에 있다—과는 역으로 아이가 외부에 있다). 그로 인해 아이는 흰 개미집으로 변형되는데, 흰 개미집은 개울의 부드럽고 축축한 점토의 역(逆)인 딱딱하고 마른 흙이다.

그녀는 물결치는 대로 떠다니는 죽은 물고기를 먹기 위해 신체적으로 물과 결합하는 동시에 신화 속에 나타난 두 가지 방법처럼 하늘과 땅을 분리시킨다. 나무 위에 있던, 즉 높은 위치에 있던 어린아이는 땅의 형태로 분극화된다. 그리고 그는 건조함의 양상으로 땅의 기능을 수행한다. 왜냐하면 흰 개미집의 흙이 도기의 점토와 대립할 수 있는 것은 바로 건조함과 딱딱함에 의해서이기 때문이다. 제족 신화에서 흰 개미집 조각들은 아직 자연 상태에 있던 인간의 양식 가운데 하나였다. 이와는 반대로 도기용 점토는 최초의 문화적 재료 중의 하나를 구성한다.

결과적으로 이미 땅과 물, 건조함과 축축함, 자연과 문화의 관계로 대립하는 두 종류의 흙은 따라서 날것과 익힌 것의 관계로 대립하고 있다. 자연 상태의 인간이 양식으로 삼았던 흰 개미집 조각들은 날것이었다. 왜냐하면 이 당시 사람들은 불을 몰랐기 때문이다. 도기용 흙은 익혀야만 한다. 이 마지막(날것과 익힌 것) 관계로 볼 때 무지개에 대한 카야포 이론은 보로로족의 이론과 투쿠나족 이론의 중간지점에 있다. 고로티레족에게 무지개는 소나기의 주인인 벱코로로티의 아내(M₁₂₅)가 카사바 빵을 굽는 '흙으로 만든 큰 가마'다. 반대로 보로로 신화에서 질병의 어머니는 물고기를 날것으로 먹는다.

보로로족의 질병 기원에 대한 신화의 흩어진 실은 신기하게도 한 토바족 신화M₁₃₇과 연결된다. 이 신화에서 흩어졌던 실이 실타래로 모이지만, 너무 엉켜서 실타래를 풀려면 시간이 너무 오래 걸리거나 위험이 따른다. 이 신화에서 문화 영웅인 주인공은 물고기의 욕심 많은 주인으로 묘사되며, 여우는 주인공의 라이벌이자 후계자로 자칭한다. 이 같은 오만불손한 여우를 벌하기 위해 무지개는 홍수를 일으킨다. 여우는 나뭇가지 위로 피신해 흰 개미집으로 변화되지만 사람들이 파괴한다. 파괴의 결과 사람들은 전염병의 위협을 받게 되었다(Métraux 5, 137~138쪽). 그러므로 질병, 무지개, 물과 흰 개미집은 여기에서 명시적으로 연관된다.

더 이상 진전시키지 않고 여기서는 보로로 신화로만 만족할 것이다. 왜냐하면 우리가 제기했던 보로로 신화의 잠재적인 천문학적 코드화의 가설이 다른 방법으로 유효화될 수 있기 때문이다. 이 신화에서 여주인공은 두 가지 측면으로 표현되었다. 먼저 물고기를 더 잘 먹기 위해 자신의 아이를 버리는 나쁜 양육자의 모습이며, 이어서 그녀는 많은 사람들을 죽이는 질병의 형태로 그녀의 신체를 통해 물고기들을 배출한다.

그런데 우리는 앞에서 거론한 무지개의 두 양태와 비교할 수 있는 두 가지 양태로 사리그를 특성화했다. 사리그는 훌륭한 양육자며, 또한 역한 냄새를 풍긴다. 이 두 양태를 1과 2로 놓고 아래와 같은 이중적인 조건 하에서 사리그는 보로로의 여주인공으로 변형된다.

$$(1) \longrightarrow (-1)$$
$$(2) \longrightarrow (2^n)$$

달리 말하면 보로로 여주인공은 사리그의 긍정적 양태가 역으로 변형되고(-1), 사리그의 부정적 양태는 불확정적이지만 향상된 힘(2^n)을 지니게 된 (또 다른) 사리그인 것이다. 그의 악취(모든 인간에게 치명적인)로 인해 이제 양육자의 덕목을 잃어버린 (또 다른) 사리그다(악취, 즉 질병과 죽음을 유발함으로써 부정적인 측면이 배(2^n)가된다─옮긴이).

위와 같은 사실을 보고 가이아나 인디언들은 무지개를 야와리(yawarri) '사리그'(*Didelphys*)라고 부르는데, 이는 '그들이 보기에 무지개의 색깔이 이 동물의 불그스레한 털을 연상시키기 때문이다'(Roth 1, 268쪽)라는 사실은 더욱 주목할 만한 일이다. 이렇게 합리화된 근거──아마도 토착민의──가 무엇이든 이같은 설명은 사실들의 표면에만 머물러 있다는 것을 알 수 있다(심층적인 설명이 되지 못한다─옮긴이).[22] 사리그의 모호성은 강조된다. 즉 양육자로서 사리그는 생명(삶)에 기여하며, 악취를 풍기는 썩은 동물로서 사리그는 죽음을 예견한다. 자신을 뱀과 동일시하는 무지개의 정상적 가치와 혼돈되는 사리그의 극한 가치를 얻기 위해서는 이러한 사리그의 속성들을 역으로 변

---

22) 색채(chromatisme)와 연관된 의미론적 가치는 '오포줌'(opossum, *Didelphys virginiana*, Kerr)이라고 부르는 북아메리카의 사리그 이름이 버지니아의 인디언 방언 apasum, 즉 '흰 동물'에서 파생되었다는 사실보다 더 흥미로운 일이다. 델라웨어 인디언들은 오포줌을 woap/ink라고 부르는데, 이것은 위와 정확히 같은 의미를 갖는다(Mahr, 17쪽). 사리그 색채의 전도를 비교할 것이지만 남아메리카에서 북아메리카로 이전될 때, 이러한 도치는 무지개와 은하수의 각각의 상징적 기능에도 영향을 미치는 것 같다. 북아메리카의 오포줌은 일반적으로 회색이지만 때로는 흰색이라고도 하는데, 이 동물 중에 진짜 흰색 털을 가진 동물을 본 사람이 있는지를 알아보아야 할 것이다(Carter, 209쪽). 가설에 따라 남아메리카에서 북아메리카로 이전될 때 사리그의 색채 등가의 전도에 합당한 논리적 필요성을 충족시킬 만한 예로서 파우니(Pawnee) 인디언들의 신화를 원용할 수 있는데, 이 신화에서는 사리그 대신에 스컹크(우리가 이미 증명했듯이 이 둘은

화시키는 것으로 충분하다. 이런 문제의 측면들은 곧 착수할 작업에서 논하겠다.

　지금으로서는 천문학적 코드화로 몇몇 신화를 보충적인 차원에서 충분하게 설명할 수 있으며, 이런 측면으로 신화를 검토함으로써 또 다른 신화들과 연결시키는 것이 가능하다. 그리고 이 신화들에서 공공연하게 제시된 천문학적 코드화는 우연한 것이 아니다. 왜냐하면 사리그의 의미론적 가치들을 역으로 변화시키면 사리그가 무지개로 변형될 수 있기 때문이다.

　그리고 우리가 이미 알고 있는 사실이지만, 이들(사리그와 무지개)을 하나 그리고 또 다른 하나를 상반되는 방향으로 전도시킴으로써 우리는 사리그가 별로 변형된 사실(신화)을 찾을 수 있었다. 여기에서 유한한 존재인 인간의 별-아내는 '슈퍼-양육자'(재배 식물의 기증자)며 전혀 악취를 풍기지 않는다. 왜냐하면 이것은 두 번째 (또 다른) 사리그이기 때문이다. 그러나 강간으로 그녀의 성품이 변화된 후에 단명의 유입자로서 모든 부정적 기능을 수행하는 사리그다.

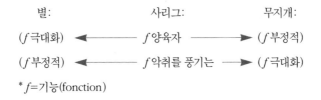

별:　　　　　　　　　사리그:　　　　　　무지개:

(f극대화)　◄──── f양육자 ────► (f부정적)

(f부정적)　◄──── f악취를 풍기는 ──► (f극대화)

* f=기능(fonction)

　그런데 여성인 별(목성), 신화M₉₃의 양육자 기능에 대해 침묵하고 있는 셰렌테족은 같은 구조 위에 구성된 신화M₁₃₈에서는 또 다른 기능을 대단히 강화한다. 즉 이 신화M₁₃₈에서 남성인 별(금성)은 별-사리그(모

─────────────

　대립짝을 형성한다)가 무지개와 연관되어 있다. 병존된 양상으로 파우니 신화들은 스컹크에게 죽은 자를 부활시키는 독점적 권한을 부여하는데, 이것은 열대 아메리카 신화들 속에 나타나는 사리그와 연관된 단명과는 전도된 관계다(Dorsey, 71~73쪽, 342쪽 참조).

든 또 다른 제족)의 위치와 유성(운석)-사리그(보로로족)의 위치 사이에 정확하게 중간적 위치를 점하게 된다.

M138. 셰렌테족의 신화: 금성

금성(남성)은 인간의 모습으로 사람과 함께 살았다. 그의 몸은 고약한 냄새를 풍기는 상처(궤양)로 덮였으며, 여기에 육식 파리떼가 웅웅거리며 맴돌았다. 그가 지나가면 모든 사람은 코를 막았고, 그가 자신들의 집에 오는 것을 거부했다. 단지 인디언 와이카우라(Waikaura)만이 이 불행한 사람을 맞이하여 앉도록 새 돗자리를 주며 공손하게 질문을 했다. 금성은 길을 잃었노라고 설명했다. 와이카우라는 그의 상처를 닦아주기 위해 딸에게 더운 물을 가져오도록 했다. 그리고 그는 손님이 거절했지만 수술은 밖이 아니라 오두막 안에서 해야 한다고 강하게 주장했다. 그는 아직 처녀인 딸의 벗은 넓적다리 위에 금성을 앉혔다. 그의 조심스런 치료 덕분에 방문자의 상처가 다 나았다.

밤이 되자 금성이 와이카우라에게 물었다. "뭘 원하시오?" 상대방이 이해하지 못하자 그는 다시 물었다. "살 거요, 아니면 죽을 거요?" 왜냐하면 태양은 서로를 죽이고 심지어 어린아이들까지 학살하는 인디언들 때문에 화가 나 있었으므로, 금성은 은혜를 베푼 인디언에게 비밀리에 떠날 준비를 하라고 충고한 것이었다. 그러고 나서 인디언에게 우선 (집)비둘기(*Leptoptila rufaxilla*) 한 마리를 죽이도록 했다.

와이카우라가 사냥에서 돌아왔을 때, 금성은 인디언이 집을 비운 틈을 이용해 처녀인 그의 딸을 강간했으니 이에 대한 보상을 하겠다고 말했다. 그러나 와이카우라는 아무것도 받지 않겠다고 거절했다.

(집)비둘기의 뼈를 가지고 금성은 와이카우라와 가족이 탈 방주(배)를 만들었다. 반면에 금성은 큰 회오리바람을 타고 하늘 높이 올라갔다. 멀리서 물이 흐르는 소리가 들렸고, 곧 물이 마을을 덮쳤다.

물에 빠져 죽지 않고 남은 사람들은 추위와 배고픔으로 죽었다(Nim. 6, 91~92쪽).

이 신화는 두 가지 다른 층위에서 고찰해야 한다. 먼저 위에서 우리가 지적했던 것처럼 신화M$_{138}$은 사리그[23]의 부정적 기능을 극단적으로 확대함으로써 신화M$_5$와 유사해진다. 그러나 차이가 있다. 신화M$_5$에서는 악취가 외부로 나타나는데, 질병의 형태로 주체(주인공)보다 먼저 타인들에게 해를 입힌다. 신화M$_{138}$에서는 그 반대다. 왜냐하면 금성은 자신이 얻은 병 때문에 이웃을 불편하게 했을 뿐이기 때문이다. 그런데 단지 은유적으로 표현된 이 문구는 동물학상의 현실을 표현하고 있다. 즉 사리그는 자신의 악취로 인해 고통받지 않으며, 악취는 병적인 상태에서 유래하는 것이 아니다. 그러므로 우리는 다음과 같은 사실을 확인할 수 있다. 내적이기 이전에 외적인 악취는 여성인 '사리그'를 상정할 수 있게 한다(신화M$_5$와 인간의 아내인 별의 테마를 다룬 제족 신화 시리즈를 참조할 것).

반면에 외적이기 이전에 내적인 악취는 여성→남성으로의 변형을 초래하는데, 이때 모든 용어의 상관적 역전도 함께 일어난다. 천상의 방문자인 처녀 대신 신화M$_{138}$은 지상의 주인인 처녀를 등장시킨다. 이 처녀의 기능은 호의적으로 묘사되며, 신화M$_{87}$~M$_{92}$에서 젖을 먹이는 어머니의 기능과 일종의 교착반복을 형성한다. 이 여성인 별(신화M$_{87}$~M$_{92}$)은 능동적인 양육자고, 신화M$_{138}$의 인디언 처녀는 수동적인 간호사다. 첫 번째 여인의 역할은 은유적 의미로 표현된다. 여인은 인간에게 재배 식물의 사용을 강제함으로써 인간들을 '양육한다'. 두 번째 여인의 역할은 근접성을 바탕으로 행해지는데(환유적 의미로 표현된다—옮긴이), 그녀는 자신의 벗은 넓적다리 위에 병자

---

23) 반면 보로로족은 금성을 신체적 아름다움과 연계시키고 있음을 주목하라(『보로로 백과사전』, 제1권, 758쪽).

를 앓힌다.

그러나 이것이 전부는 아니다. 강간을 당한 처녀인 별은 더러워지게 되며, 죽음의 유입자가 된다. 신화M₁₃₈에서 천상의 존재는 성(性)과 기능이 바뀐다. 먼저 자신의 상처에 의해 더러워진 그는 처녀를 겁탈하는 강간범이 되며, 자신을 보호한 이들의 생명을 구한다. 반면 여성인 별은 물을 수단으로 해서 그의 인척들을 죽이는데, 이 물의 기원은 내부의 물이다. 다시 말하자면 독이 든 물약을 투약하거나 또는 치명적인 타액(침)을 뱉음으로써 이들을 죽였기 때문이다. 그러나 여성인 별은 다른 사람은 살려준다. 남성인 금성은 외적인 물(홍수)로 타인들을 죽이지만, 자신의 인척들은 보존한다. 둘째로 이 신화M₁₃₈은 처음 보면 다른 신화들과 거의 공통점이 없는 것처럼 보이지만, 아사레 신화M₁₂₄의 중개로 '별의 혼인' 신화 집단(M₈₇~M₉₂)과 관계를 갖는다는 것을 알 수 있다. 만일 우리가 한편으로는 아사레 신화 집단, 다른 한편으로는 별의 신화 집단이 두 개의 부분집합을 이루고, 두 개의 부분집합이 하나의 집합을 구성한다는 사실을 증명할 수 있다면, (앞의) 이런 전개과정은 소급적으로도 정당화될 수 있을 것이다. 이것은 정확하게 이 두집단(부분집합)의 교집합으로서 나타나는 크라호 신화의 도움으로 증명할 수 있다.

M₁₃₉. 크라호족의 신화: 옷세피리레 이야기

간음한 여인의 남편인 한 인디언은 그녀를 버리고 멀리 떠나기로 결심했다. 그는 아들들과 가장 나이 어린 딸을 데리고 떠났다. 막 숲속에 들어가자마자 남자들은 더 빨리 달리기 위해 사슴으로 변했다. 그러나 어린 소녀는 그렇게 할 수가 없었다. 이들은 독극물로 고기를 잡고 있던 식인귀인 옷세피리레(Autxepiriré)를 만났다. 남자들은 그의 물고기를 훔치려고 물총새로 변했다. 이번에도 역시 어린 소녀는 따라할 수가 없었다. 그녀는 부주의하게 식인귀 곁으로 가게 되었는데, 그녀를 알아본 식인귀는 그녀에게 반해 결혼하기를 요구했다. 식인귀가 자신도 약혼녀만큼 예쁘게 치장하기를 원했으므로 남자 형제들은 그렇게 해주기로 했다. 그러기 위해서는 불에 그슬려야만 한다고 덧붙였다. 식인귀가 이에 동의했고 결국 불에 타 죽고 말았다.

어린 소녀는 장작더미 곁에 바가지(다른 판본에서는 팔찌)를 놓고 온 것을 알고 그곳으로 다시 되돌아왔다. 그녀가 잿더미를 뒤져서 식인귀의 성기 조각을 주웠는데, 이것은 막 되살아나는 중이었다. 그녀는 괴물의 추적을 피해 도망쳤다.

두 개의 강이 길을 가로막았다. 그녀는 악어의 등에 올라 강을 건넜다. 강을 건너자마자 그녀를 모욕해도 좋다는 조건 하에 강을 건너게 도와주는 역할을 받아들였던 악어는(원문대로) 약속을 어기고 그녀를 잡아먹으려고 쫓아왔다. 여주인공은 먼저 칠면조(ema) 곁으로, 다음엔 말벌에게 피신했는데, 말벌은 벌집에 숨겨주었다. 결국 그녀는 가족을 만났고 가족 모두 큰 어려움 없이 그들이 숨어 있는 나무를 공격하는 식인 유령인 옷세피리레를 피했다. 그들은 자신들을 학살하려는 식인귀들이 기어오르던 줄을 성공적으로 끊었으며, 식인귀들은 떨어지면서 게로 변했다.

다시 길을 잃고 버려진 소녀는 사리에마 새와 우루부새, 그리고 썩은 고기를 먹는 독수리들이 사는 마을에 도착했다. 소녀는 샘물 곁에 숨어서 새들이 물을 떠먹는 바가지에 침을 뱉어 모두 깨버렸다(M₁₂₀ 참조). 이를 복수하려고 모인 새들은 소녀를 집단적으로 강간했는데, 눈, 귀, 코 심지어 발가락의 후미진 곳까지 하나도 남기지 않고 범했다. 이렇게 애무로 '부패한' 소녀는 죽고 말았다. 동물들이 그녀의 시체를 토막냈고, 새들은 각자 소녀의 음부 조각을 가져가서는 주문을 외우면서 새둥지에 걸어놓았다. 그러자마자 각 조각들은 커져서 오두막의 지붕을 덮었다. 제일 먼저 이 일을 했던 새매는 아름다운 거처를 가지게 되었지만, 우루부새의 조각은 아주 작고 딱딱하게 각질화된 채로 남아 있었다(M₂₉, M₃₀ 참조)(Schultz, 144~150쪽;

Pompeu Sobrinho, 200~203쪽).

아주 간략히 요점만을 발췌한 이 신화에 대해서 완전한 분석은 하지 않을 것이다. 이 신화에서 특히 관심을 끄는 것은 이 신화가 우리가 이미 알고 있는 다른 신화들의 여러 영역과 연관되어 있다는 것이다. 그리고 첫 부분은 아사레 신화의 명백한 변형이다. 두 신화 모두 가족집단의 평행적 분리로 시작되며, 이러한 분리는 물(M_{124})과 불(M_{139})이 원인이 되어 일어난다. 남성 주인공인 아사레는 화살을 찾으러 가면서 길을 잃고(가족과 분리되고), 신화M_{139}의 여성 주인공은 바가지나 팔찌를 찾으러 가면서 같은 운명에 처한다. 둘 모두 물(강물)을 건너다 악어를 만난다. 우리는 이미 앞에서(이 책 404쪽) 이 에피소드를 신화M_7에서 M_{12}까지의 신화 집단 속에서 표범과 만나는 이야기로 변형시키는 법칙을 제시한 바 있다. 새로운 변형은 신화M_{139} 속에서 이러한 만남의 특성들을 잘 확인하고 있다.

(통합축―옮긴이)

(계열축―옮긴이)	$M_7 \sim$ M_{12} } 표범	주인공에게 도움을 준다.	정중하게 취급되는 조건으로	수직축 : 높고-낮음
	M_{124} M_{139} } 악어	주인공에게 도움주기를 거부한다; 여주인공에게 도움을 준다.	결과적으로 정중하지 못하게 취급된다. 정중하지 못하게 취급되는 조건으로(!)	수평축 : 물-땅

통합적인 면에서는 불합리한 것으로 보이던 신화M_{139}의 악어의 요구가 계열적인 관점에서는 합당한 것이 된다. 왜냐하면 악어의 요구는 도표 세 번째 칸의 세 요소의 치환(permutation)과 일치하며, 이 치환이 다른 두 치환과는 달라야만 하기 때문이다.[24]

신화M_{139}의 두 번째 부분은 한편으로는 결론 부분에서 제시하듯이

'여자들' 기원신화의 변형이며, 이 변형은 정확히 신화M₂₉~M₃₀의 변형과 앞 신화 집단의 다른 신화M₃₁, M₃₂의 변형을 포함한다. 다른 한편으로 역시 지상에 내려온 별(M₈₇~M₉₂), 또는 변신한 썩은 과일(M₉₅, M₉₅ₐ)인 '여자' 기원신화의 변형이다. 그러나 이것 역시 삼중도치를 통해 이루어진다.

신화M₁₃₉의 첫 도입부분에서 여자는 너무 완벽하고 완전한 인간이기 때문에 아버지와 형제들처럼 동물의 형상을 취할 수 없다. 단지 신화의 끝 부분에서 썩은 물건의 상태로 변한다. 그래서 신화M₁₃₉는 여자의 기원 대신에 여자의 상실을 그려내고 있다. 더욱 이러한 상실은 동물(새)들과 관계를 갖게 되는 반면, 다른 신화에서는 여자의 출현이 인류에게 유익한 것으로 나타난다. 따라서 여자의 상실을 말하는 이 신화가 왜 세 번째 도치를 실행하면서 논리를 존중하는지를 알 수 있게 된다. 즉, 신화M₂₉ 마지막 에피소드의 논리에 따라 이 신화에서 오두막 '내부'에 걸어놓은 최초의 여자 조각에서 각각 한 남자의 아내, 말하자면 가정 주부가 탄생했으며, 여기 오두막(새둥지) '밖에'(외부에) 걸어놓은 여자의 조각들은 단지 새로운 지붕을 만들어냈다. 즉 가정(집)의 고정된 수호자를 탄생시킨 것이다.

결과적으로 앞에서 언급한 변형들을 유지하는 조건에서 신화M₁₃₉는 자신의 골조 절반을 아사레 신화M₁₂₄——물로부터 벗어난 그러니까 썩은 것에서 벗어난. 그리고 그 결과 별로 변한 어린 소년——에서 차용하

---

24) 모호하고 파편적인 카라자 판본에서 악어는 여주인공이 자신의 욕구에 양보할 것을 요구하지만, 여자는 악어를 속이는 데 성공한다(Ehrenreich, 87~88쪽). 북아메리카에서 찾을 수 있는 이 집단의 신화들은 또 다른 변형을 포함한다. 그러나 여기서는 열대 아메리카에 한정하기로 했으므로 북아메리카의 예는 열거하지 않기로 한다. 악어는 주인공에게 그를 잡아먹을 수 있도록 자신을 모욕할 것을 요구한다(템베, Nim. 2, 299쪽). 주인공을 잡아먹기 위해 자신을 모욕했다는 핑계로 주인공을 비난한다(카야포, Métraux 8, 31쪽). 악어가 주인공을 잡아먹을 수 없게 되었을 때 주인공은 실제로 악어를 모욕한다(문두루쿠, Murphy 1, 97쪽) 등등. '자존심이 강한 뱃사공'의 집단이 제기한 모든 문제는 신화학의 다른 책에서 북아메리카의 예들과 같이 다루어지게 될 것이다.

도표 18 별의 현현(顯現, incarnation)과 관계되는 신화들의 체계

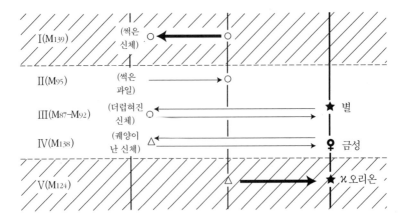

고, 나머지 절반은 여자로 변한 썩은 과일(이 여인 역시 썩은 것에서 벗어난)과 관련된 투피-투쿠나 신화M₉₅, M₉₅ₐ에서 빌려온다. 그리고 두 부분을 합해 인간(남성 또는 여성)으로 변화된 (그러나 단지 썩은 것에서 벗어나는 조건으로) 천체(별)와 관련된 신화들의 골조를 구성한다는 사실을 발견한다.

이와 같은 사실은 위의 도표 18을 간단히 조사해보면 분명하게 드러나는데, 도표는 아래와 같은 사실을 나타낸다.

① 신화M₁₂₄와 신화M₁₃₉의 도치된 대칭성

② 이 신화들의 부가적 특성은 기호(signe)의 도치를 매개로 하여 얻은 것이다. 왜냐하면 I과 V서로간에 첨가된 구조들(구성적 요소들)은 구조 II와 III, 그리고 IV의 전체적 영역을 구성하기 때문이다.

4 반음계의 곡

노인이나 불구자 또는 가난한 사람의 외양으로 나타나 인간의 너그러움을 시험하는 초자연적 인물과 관련된 신화들은 신대륙의 끝에서 끝까지 널리 알려져 있다. 열대 아메리카 지역에 국한하더라도 이러한 신화들은 콜롬비아와 페루(Davila, 125~127쪽)에서 차코지역까지 퍼져 있다. 우리는 이미 초코 인디언의 신화M$_{107}$을 만난 적이 있는데, 주인공은 치료할 수 없는 상처로 덮여 있으며 악의적인 아내와 너그러운 딸 사이에 처한 달〔月〕이다(Wassen 1, 110~111쪽). 이와 일치하는 토바족의 한 신화에서 피고름이 흐르는 개인 주인공은 자기를 받아준 동정적인 한 가족에 대한 보답으로 이들을 홍수에서 구한다(Lehmann-Nitsche 5, 197~198쪽). 이러한 변이형 판본들은 475쪽에서 소개된 신화와 등가관계라는 것이 확인된다.

(악취를 풍기는)

$$\left[외부 : 내부\right] :: \left[여성 : 남성\right]$$

이에 대한 원인을 찾을 수 있을까?

보로로 신화M$_5$에서 질병의 어머니는 프랑스령 가이아나에서 '니브레'(à la nivrée)라는 일반적으로 '독극물'을 사용하는 집단적인 어로

작업 중에 본색이 나타났다. 이 작업의 기술은 여러 종류의 식물, 흔히 리아나 덩굴(*Dahlstedtia, Tephrosia, Serjania, Paullinia* 등등)의 대충 으깬 토막을 물 속에 던져 물고기를 질식시켜 잡는 방법이다. 리아나의 용해된 수액은 호흡기에 산소가 공급되는 것을 차단한다. 인디언은 보통 어로용 독극물을 '뗑보'(timbó)와 '뗑기'(tingui) 두 범주로 구별한다. 물고기(poisson)와 독극물(poison) 간의 불편한 동음이의를 피하기 위해, 우리는 모든 어로용 독극물을 '뗑보'라는 용어로 통일하는 것이 합당하다. 물론 이 용어는 가장 흔히 사용되고 있기도 하다.

중앙 브라질에서는 뗑보 어로가 순수한 남성적 활동으로만 정착되지 않았다. 그렇지만 어부들은 행운을 잃지나 않을까 하는 염려 때문에 물고기를 마을까지 운반하는 일은 여자들의 책임으로 남겨둔다. 이러한 규율은 가이아나에서는 절대적인 것처럼 보인다(M₂₈ 참조). 아주 특별하게 뗑보 어로를 할 때 여자들은 능동적인 활동에서 배제될 수도 있다. 문두루쿠족과 관계되는 아래의 논거가 암시하는 것처럼, '물 속에 독극물을 푸는 임무를 맡은 남자들은 강을 따라 상류로 올라간다. 반면 다른 남성들과 여자 그리고 어린아이들은 흐르는 물에 떠내려오는 의식을 잃은 물고기들이 도착하기를 강 아래쪽에서 기다린다.' 그리고 좀 더 뒷부분에서 '여자들은 물고기를 건지기 위해 그물을 사용하며, 남자들은 어로용 작살을 가지고 물고기를 찍어올리거나 때려 질식시킨다' (Murphy 2, 58쪽).

이 주제에 대해 보로로 신화는 흥미로운 정보를 제공한다. 신화 텍스트에서 어로작업은 할머니가 암살당하기 전날 밤에 행해졌으며, 그날 인디언들은 운반해온 물고기를 먹었다고 자세히 설명한다. 단지 그 다음날 여자들이 나머지 죽은 물고기를 찾으러 강가로 갔으며, 여주인공 (질병의 어머니)은 다른 여자 동료들처럼 마을까지 물고기를 운반하는 대신에 그 자리에서 물고기를 게걸스럽게 먹고, 마을로 돌아와 몸에서 질병을 분비했다. 물고기를 건지는 동안 물과 여자의 결합이 있었던 것도 이때였다. 만일 뗑보 어로 시기에 성에 따른 분업에 대한 우리의 가정이 정확하다면, 신화M5에서 질병이 나타난 것은 금기사항의 위반과 관계가 있는 것이 틀림없다.[25] 그러나 문제를 더 진전시키기 전에 잠시 접어놓고 관련된 문제를 먼저 살펴보는 것이 필요하다.

* * *

카야포-고로티레족은 보로로 신화와는 다른 질병의 기원신화를 갖고 있는데, 여기에도 독극물 어로의 소재가 나타난다. 신화M140은 길들인 물새(백로)에 대한 이야기를 하는데, 이 새의 신비한 특성은 소나기가 내릴 경우에 나타난다는 것이다. 다시 말해서 번개는 새를 괴롭히지 않도록 연기로 새장을 둘러치고 새를 위해 절구 속에 만들어놓은 작은 연못의 물을 치고, 부글거리며 끓게 한다. 얼마 후 강 상류에서 남자들이 독극물을 살포해 죽인 물고기를 건지려고 물가에서 기다리던 여자들은 나뭇가지 위에 새가 앉아 있는 것을 알아차린다. 갑자기 새가 그녀들이 있는 방향으로 뛰어들었으나 아무도 부상을 입지는 않았다. 그렇지만 여자들은 마치 '독극물에 중독된 물고기'처럼 죽었다. 이것이 바로 질병의 기원이다.

아크란레(akranré) 새는 학질과 동시에 발생하는 (관절)경직증과 특히 토양의 붕괴에 책임이 있는 새다(Banner 2, 137쪽). 고로티레어로 카프렘프(kapremp)라는 단어는 질병과 붕괴를 동시에 의미한다(Banner 1, 61~62쪽). 아마존 강 유역의 인디언은 무지개에게 질병뿐

---

25) 보로로족이 행하는 뗑보 어로는 대단히 유용하다. 그렇지만 죽은 물고기를 즉시 부패하지 않게 하려면 이를 바로 처리해야만 한다. 이것을 먹는 것은 위험한 일이다. 그들이 부락에서 멀리 떨어져 있을 때, 인디언들은 수확물을 훈제시키는데, 며칠 동안 어획물을 훌륭한 상태로 보존할 수 있는 기술을 갖고 있었다(Colb. 1, 26쪽). 그러나 그렇지 않은 경우도 있다(물론 보로로 신화의 정신 속에서는 그랬을 수 있지만). 프랑스령 가이아나 오아야나족(Oayana)들은 다음과 같이 말하고 있기 때문이다. '훈제된 물고기는 보관이 잘 안 된다. 그래서 위험한 중독을 일으킬 수도 있는데, 특히 대단위 독극물 어로가 끝난 후 얼마 동안 이질 같은 전염병이 돌고, 사망자가 생기는 경우가 있다'(Hurault, 89쪽).

만 아니라 절벽의 붕괴와 관련된 역할도 부여한다(Tastevin 3, 183쪽).

　민족지 재료의 부재와 다른 신화 판본이 없다는 이유 등으로 인해 이 신화가 모호하지만, 그 골조는 이중적 등가관계, 즉 한편으로는 불과 결합된 (끓는) 물과 독극물과 결합된 (뗑보의 수액으로 거품이 생긴) 물 사이의 등가관계, 그리고 '부상 없이 죽이는' 독극물과 질병 사이의 등가관계가 성립한다는 점을 서둘러 지적할 수 있다. 이러한 해석은 아래의 사실과 같은 동일성에 근거할 수 있다. 좀더 남쪽 지역의 과라니족들은 사람 몸 속에 침투한 물질이 병을 일으키고, 나무 속에 들어간 물질이 불을 일으킨다고 믿는다. 그래서 케오바-과라니족(Kaiova-Guarani)은 이러한 개념(이해)을 바탕으로 열의 원인을 설명한다(Schaden 2, 223쪽).

　미묘한 민족지적 문제를 제기하는 이 신화를 더욱 깊이 분석한다는 것은 위험한 일이 될 수 있다. 사실상 식물이 없는 비탈진 계곡이 생긴 이유를 초자연적인 새의 파괴적 행위와 결부시키는 이로쿼이족의 신화에서 찾을 수 있는데, 원문 그대로 옮긴다면, '독수리(Dew-Eagle)는 너무 무시무시해서 날개로 태양을 가리고, 땅에 내려앉을 때에는 발톱으로 땅 위에 커다란 (밭)이랑을 파며, 그가 지나간 자리에는 협곡이 생겨났다'고 한다(Fenton, 114쪽).

　그런데 의학적 관점에서 본다면 이로쿼이 독수리는 카야포 백로의 대칭이다. 왜냐하면 백로는 죽이고, 독수리는 치료하기 때문이다. 카야포 신화와 관련된 질병의 특성을 정확히 하고, 질병과 협곡의 관계를 더 설명하기 위해 바너가 '경련과 또 다른 비슷한 현상'이라는 '단어'를 사용하는 것은 특히 주목할 만한 일이다(Banner 1, 62쪽). 그리고 이로쿼이족에서 독수리춤은 무엇보다도 경련의 치료와 관련이 있으며, '경련은 독수리가 날 때의 모습을 상징한다'(Fenton, 114쪽).

　만일 카야포 신화가 독수리춤[26]의 창시자인 이로쿼이 신화의 단순하고 직접적인 변형으로 해석된다는 점을 확인하지 못하면 이 모든 해석은 단순한 우연의 일치가 될 것이다. 이로쿼이 신화M141은 속이 빈 나무에 숨은 젊은 사냥꾼과 관계가 있으며, 독수리는 사냥꾼을 안개와 구름 너머에 있는 천상의 하늘로 운반한다. 왜냐하면 사냥꾼은 규석으로 만든 칼로 독수리가 잡아온 사냥감을 어린 독수리 새끼들이 먹을 수 있도록 잘게 썰어 먹이는 독수리 새끼 양육자의 역할을 받아들였기 때문이었다. 독수리는 결국 사냥꾼을 인간사회로 다시 데려온다. 주인공은 사람들에게 춤의례를 가르쳤다(Fenton, 80~91쪽). 변형 집단을 보면 다음과 같다.

M₁₄₀	물과 결합하는 백로	속이 빈 나무(물로 채워진) 속에 있으며, 인간에 의해 들어 올려진	마을에 (물 → 땅의 분리);	불(하늘)은 (더운) 연기에 의해 물과 결합한다
M₁₄₁	불(천상의 하늘)과 결합하는 독수리	속이 빈 나무(공기로 채워진) 속에 있는 인간을 들어 올린다	마을에서 멀리 (땅 → 하늘의 분리);	불(하늘)은 안개와 (찬) 구름에 의해 땅에서 분리된다

//

M₁₄₀	살인의 공범자로 변한 강가의 여인들(여자들은 그들이 죽이지 않은 물고기를 수집한다);	여자들은 질병으로 죽는다 ;	살인적인 백로
M₁₄₁	양모로 변한 하늘로 올라간 남자(그가 죽이지 않은 사냥감을 토막낸다);	남자는 질병의 정복자가 된다;	치료자인 독수리

이것이 전부가 아니다. 카야포 신화와 유사한 다른 판본이 또 다른 제족에게서 채록되지 않았지만, 카야포 신화가 아피나이에와 팀비라 신화와 불가분의 관계를 이루는 것은 분명하다. 이들 신화들은 하나(또

---

26) 그러니까 이것이 중앙 브라질의 심장부에서 채취한 이로쿼이 형식으로 표현된 신화의 유일한 예는 아닐 것이다. *Kruse* 3, 46권, 918쪽에서 담배의 기원 문두루쿠 신화를 참조할 것.

는 둘)의 초자연적인 육식새와 관련이 있으며, 이 새(들)는 인간을 잡아먹거나 또는 날개로 인간의 목을 자른다. 아피나이에 판본M₁₄₂에서 이 새들은 신화적 쌍둥이인 켄쿠타(Kenkuta)와 아크레티(Akreti)에 의해 죽음을 당하는데, 이것은 이들이 홀로 떨어져 살도록 강제(이 신화는 성인식 의례의 한 과정을 창시한다)되고 난 후이거나 특수한 조건 하에서 일어나는 일이다.

쌍둥이는 물길을 따라 올라갔으며 거기에서 미역을 감았다. 그리고 비스듬히 쓰러져 있는 큰 나무둥치 위에 드러누웠다. 다음날 그들이 사라진 것을 알고 걱정이 된 할아버지는 손자들을 찾아 떠났다. 먼저 개울의 아래쪽을, 그리고 위쪽을 뒤지다가 그들을 발견했다. 형제는 나무둥치에 누워 있겠다고 말했다. 할아버지는 나무둥치 옆에 나뭇가지로 얽은 틀〔臺〕을 지었는데, 이 틀의 테라스는 물에 닿을 듯이 세워져 있었다. 날마다 할아버지는 거기에 먹을 것을 놓아주었다. 그렇게 해서 형제는 크고 강하게 성장했다(Nim. 5, 171~172쪽).

또 다른 판본에서는 나뭇가지로 얽은 틀이 수상가옥으로 대체되기도 하며(C. E. de Oliveira, 74~75쪽), 다른 곳에서는 남성의 집의 원형을 본따서 지었다(Pompeu Sobrinho, 192쪽)고도 한다. 어쨌든 이 신화의 소재는 속이 빈 나무(이로쿼이)와 물로 채워진 절구통(카야포) 신화의 소재가 변형된 것으로 보인다.

M₁₄₀ { 속이 빈 나무, 내부의 물	수직적 결합 : 하늘 → 물	모호한 여주인공들 (살인적인 어머니)
M₁₄₁ { 속이 빈 나무, 내부의 공기	수직적 분리 : 땅 ≠→ 하늘	모호한 주인공 (양육자인 남자)
M₁₄₂ { 속이 찬 나무, 외부의 물	수평적 분리 : 하류 ≠→ 상류	모호한 주인공들 (영웅적인 양육자)

//

M_{140} $\begin{cases} \text{수평적 분리 :} \\ \text{상류} \#\!\!\longrightarrow \text{하류} \end{cases}$		살인자인 백로
M_{141} $\begin{cases} \text{수직적 결합 :} \\ \text{하늘} \longrightarrow \text{땅} \end{cases}$		치료자인 독수리
M_{142} $\begin{cases} \text{수직적 분리 :} \\ \text{하늘} \#\!\!\longrightarrow \text{땅} \end{cases}$		(더욱) 살육적인 독수리들

속이 빈 나무둥치는 이처럼 신화M_{140}에서 물과 하늘의 중개자로서 나타나거나 또는 신화M_{141}에서는 땅과 하늘의 중개자로서 나타나는 반면, 속이 찬 나무둥치는 신화M_{142}에서 땅과 물의 중개자 역할을 수행한다.

* * *

이제는 질병의 기원 보로로 신화M_5로 다시 돌아가보자. 이 신화의 내용들은 뗑보의 기원과 관계되는 신화M_{143}의 내용에 접근시켰을 때 완전한 의미를 얻는다.

M_{143}. 문두루쿠족의 신화: 어로용 독극물의 기원

옛날에 늘 신통치 않게 사냥을 하던 한 인디언이 있었다. 그는 아내에게 국을 끓이면 쓴맛이 나는 보잘것없는 인함부새밖에 갖다주지 못했다(M_{16}과 405쪽 참조). 아내의 무례한 잔소리에 당혹해진 그는 멀리 떠나 숲속으로 들어갔는데, 그곳에서 긴 수염을 가진 원숭이 (*Cebus*) 떼(원숭이로 변한 어린아이들)를 만났다. 그는 연이어 암컷과 수컷의 꼬리를 틀어쥐어 잡았다. 그러나 원숭이들이 남자에게 덤벼들어 그를 죽이고, 다리 하나만 남기고 모두 먹어버렸다. 원숭이들은 사람의 형상을 취하고 그의 다리를 과부에게 보였다. 그러나 여자는 다리가 바구니에 늘상 있던 사냥감이라며 방문객들에게 쉽게 속지 않았다. 그녀는 그것이 남편의 다리라는 사실을 알았지만 진심을 나타내지 않았다. 그러고는 어린 딸을 데리고 도망쳤다. 원숭이들에게 쫓기던 여자는 연속적으로 독사와 거미, 그리고 숲속의 모든 동물을 만났다. 그렇지만 어느 누구도 그녀를 구해주려 하지 않았다. 결국 개미 한 마리가 이런 사실을 주술을 하는 개구리(주술사 우크우크, 밤중에 'uk'uk' 하고 노래하기 때문에 이처럼 불렸다)에게 알렸고, 개구리는 도망자들을 위해 자신의 몸을 성벽으로 만들어 활과 화살로 무장을 한 후 원숭이와 불행한 모녀를 잡아먹으려는 동물들을 죽였다.

살육이 끝난 후 개구리는 희생자들의 껍질을 벗겨서 고기는 훈제하고, 가죽은 불에 태우라고 명령했다. 고기가 엄청나게 많았으므로 여자는 연기의 그을음으로 검게 되었다. 개구리는 그녀에게 강가에 가서 몸을 씻으라고 하면서, 상류 쪽을 향해서 몸을 씻도록 해야 하며, 뒤를 돌아보지 말라고 주의를 주었다.

여자는 시키는 대로 했다. 그녀의 몸을 덮고 있던 그을음 때문에 물이 아주 검어졌는데, 이 땟물이 뗑보처럼 작용해서 물고기들이 물 위로 떠올라 꼬리로 물을 세 번 친 후 죽었다. 물고기들이 꼬리치는 소리에 놀란 여자는 어디에서 나는 소리인가를 보려고 뒤를 돌아보았다. 그러자마자 물고기들이 다시 살아나 도망을 쳤다. 이런 일이 일어나는 동안 개구리는 죽은 물고기를 건지려고 하류지점에 도착했다. 그러나 아무것도 볼 수 없게 된 개구리는 여자를 다그쳤고 여자는 자신의 잘못을 모두 고백했다. 개구리는 그녀에게 만일 자신의 말을 따랐더라면 인디언들은 숲속에 있는 야생 리아나 덩굴을 찾는 고생을 면할 수 있었을 것이라고 말했다.[27] 그리고 여자의 목욕으로 나온 땟물에 오염된 물고기들은 훨씬 쉽게 죽었을 것이라고 말했다(Murphy 1, 112~113쪽; Kruse 2, 618쪽, 마지막 판본은 이 책 510쪽 참조).

---

27) 이 점을 정확히 하는 것은 절대 필요하다. 왜냐하면 야생 리아나 덩굴 이외에, 문두루쿠족은 그들의 농장에서 재배하는 소관목을 사용하기 때문이다(Murphy 2, 57~58쪽; Frikel 2, 12쪽. Tocantins〔122~123쪽〕은 문두루쿠족이 *Paullinia pinnata*를 재배한다는 사실을 이미 말한 바 있다).

M144. 바피디아나족의 신화: 어로용 독극물의 기원

옛날에 한 여자가 여우에게 자신의 어린아이를 키워달라고 맡겼다. 그러나 어린아이가 너무 울어댔으므로 몸이 초췌해진 여우는 어린아이를 암컷 맥에게 넘겼다. 소년이 성장하자 맥은 그와 결혼했다. 임신을 한 맥은 남편에게 화살을 쏘아 자신을 죽이고, 시체를 열어 어린아이를 끌어내라고 빌었다. 이 말을 따른 남편은 그가 어린아이를 강물에 씻을 때마다 물고기가 죽는다는 사실을 발견했다. 어린아이가 죽었고, 그는 뗌보-아이야레(timbó-aiyaré)로 변했다. 여기서 사람들은 어로용 독극물을 채취한다(Wirth 1, 260~261쪽).

다른 가이아나의 부족에게서 얻은 보다 풍부한 같은 종류의 신화 판본이 있다.

M145. 아레쿠나족의 신화: 어로용 독극물 아자(aza)와 이네그(ineg)의 기원

어린아이의 울음에 진저리가 난 여자는 여우가 어린아이를 잡아먹도록 버렸다. 여우는 아이를 데려다 키웠다. 그러나 암컷 맥이 그를 탈취해갔다. 성장한 아이는 맥의 진주라고 불리는 진드기로 완전히 뒤덮여 있었다. 맥은 성장한 그를 남편으로 삼았다. 그녀는 남편에게 맥에게 생물과 무생물이 가지는 여러 가지 다른 의미를 가르쳤는데, 독사는 화덕의 받침대, 개는 독사이다 등등이었다.

임신을 한 맥은 시부모의 농장을 쑥대밭으로 만들었다. 게다가 그녀는 남편에게 가족을 방문하라고 부추기며, 그들의 결혼을 비밀로 하라고 요구했다. 아들을 아주 반갑게 맞이한 가족은 그가 진드기로 뒤덮여 있는 것에 놀랐다. 그는 숲속을 헤매서 그렇다고 말했다.

그 다음날 사람들은 농장이 파괴된 것을 발견했고, 그것이 맥의 짓이라는 것을 알고는 잡아죽이기로 했다. 그러나 청년은 맥이 아내이며 임신 중이라고 실토했다. 그녀를 죽이되 배를 다치지 않아야 하며, 단지 겨드랑이나 머리 또는 다리……를 쳐서 죽여야 한다고 말했다. 그리고 어머니에게 사냥꾼을 쫓아가겠다고 했다. 왜냐하면 맥이 죽자마자 짐승의 몸에서 어린아이를 꺼내야 하기 때문이었다.

주인공에게 이미 사실을 들어 알게 된 어머니는 강가에서 어린아이를 목욕시킬 때마다 물고기가 대량으로 죽는 것을 확인했다(아들의 권유에 따라 비밀리에 이를 행했다). 그래서 그녀는 음식이 부족할 때마다 아이를 강가에서 목욕시켰다.

그러나 주인공의 인척들(매제와 매형들)은 이유 없이 물고기가 풍부한 것에 의문을 가졌고, 어린아이들을 시켜 장모를 미행하도록 했다. 그렇게 그들은 노파의 비밀을 알게 되었고, 결국 목욕과 죽은 물고기의 수확은 공개적으로 모든 사람들의 도움을 받으며 이루어지게 되었다.[28)]

그러자 물고기를 먹는 새들이 어린아이를 목욕시켜 고기를 잡는 기적적인 어로를 확인해보려고 왔다. 투유유(tuyuyu) 새(*Mycteria mycteria*)는 물고기를 얻기 위해 아이를 목욕시키라고 아버지에게 간청했다. 그러면서 냇가가 아닌 물고기가 풍부한 폭포 밑 연못에서 하라고 넌지시 권유했다. 두려워진 아버지는 "당신들은 내 아이를 죽이려고 하느냐!"고 항의했다. 그러나 새들이 하도 간청하는 바람에 할수없이 아버지와 아이, 그리고 가족 모두가 연못을 조사해보러 갔다.

그곳에서 만나기로 했던 새들이 와 있었다. 연못에 물고기가 가득한 것을 확인한 후, 아버지는 아들에게 잠수하라고 했지만 아들은 깊고 위험스러운 물을 보고 겁이 났다. 아버지가 더욱 압력을 가하자 격분한 소년은 몸을 던져 여러 번에 걸쳐 잠수를 했다. 그러자 아버지는 아들에게 "이제 충분하다. 아들아! 물고기가 많이 죽었다! 빨리

---

28) 이것이 바로 신화가 말하는 것이다. 따라서 정보제공자가 '노파는 물고기를 모으자고 모든 부모를 불렀다……'를 '노파는 물고기를 먹으라고 모든 부모를 초청했다……'로 바꿔야 한다는 코호-그륀베르크의 말은 일리가 없다(Koch-Grünberg, 71쪽, 주 1 인용).

돌아와라!"라고 했다. 그러나 화가 난 어린아이는 아무 말도 듣고 싶지 않았다. 죽은 물고기가 점점 쌓여갔고, 아들은 연못 한가운데 있는 바위 위로 올라갔다. 그리고 한마디 말도 없이 배를 깔고 누웠다. 그는 추웠다. 불같이 화가 나 땀을 흘리며 물 속에 있었기 때문이었다. 사람들과 새들이 물고기를 모으느라 열중하는 동안, 그는 조용히 숨을 거두었다.

사실은 그가 여러 번 잠수하는 동안 케이에메(Keiémé)——커다란 물뱀 형상을 한 무지개——가 화살을 쏘아 소년을 부상시켰다. 케이에메는 수상조류의 할아버지였는데, 그의 지하 거주지의 문이 죽음의 어로가 행해졌던 연못 밑바닥에 열려 있었다.

쿨레웬트(Kulewénte, 아버지의 이름)는 아들을 죽게 만든 새들을 신랄하게 질책하고, 물뱀에게 복수하는 데 그들을 불렀다. 새들이 차례차례 연못 깊숙이 잠수를 시도했지만 성공하지 못했다. 그들의 뒤를 이어 땅에 사는 새들과 네 발 달린 짐승들도 시도했으나 역시 실패했다.

멀리서 지켜보던 세 마리의 새(순계류의 새 한 마리 *Grypturus*와 두 마리의 잠수새 *Colymbus*)만이 남았다. 이들은 아이 아버지에게 아무것도 요구하지 않았다. 그리고 아이의 죽음에 어떤 책임도 없었다. 그렇지만 그들은 개입하기로 결정했고, 잠수를 해 물 밑에서 케이에메를 죽였다.

사람들과 동물들은 케이에메의 목에 리아나 줄을 감아 그를 마른 땅으로 끌어올리는 데 성공했다. 사람들은 괴물을 해체해 조각조각 자른 후 나누어 가졌다. 동물 하나하나에 귀속된 조각의 종류와 색깔에 따라 동물들은 각각 지르는 소리와 신체적 특성, 털 또는 깃털을 얻었는데, 이것들은 이때부터 각 종의 속성이 되었다.

쿨레웬트는 아들의 시체를 바구니에 담아놓고 가버렸고, 할머니는 바구니를 들고 정처 없이 떠났다. 바구니에서 피가 흘러내렸다. 그리고 살은 뗑보를 만들며 썩었고, 사람들은 이것에서 어로용 독극물을 추출한다. 뼈와 성기 조각에서 약한 변종이 생겨났고, 나머지 신체 부분에서 강한 변종(품종)이 생겨났다. 할머니는 결국 이비스 새(ibis: 열대 아메리카산 따오기과의 새)로 변했다. 이 새는 사람들이 낚시찌로 사용하는 땅벌레를 잡아먹는 새다(K.G. 1, 68~76쪽).

그리고 여기에 또 다른 가이아나 판본이 있다.

M146. 아라와크족의 신화: 어로용 독극물의 기원

고기잡이를 좋아하던 한 노인이 어느 날 강가에 아들을 데리고 갔다. 아이가 수영을 하는 곳마다 물고기가 죽었는데, 물고기는 먹기에 훌륭했다.

점점 더 자주 아버지는 아들을 불렀다. 그래서 물고기들은 아들을 죽이기로 결심했다. 그러나 감히 물 속에 있는 그에게 접근하지 못했다. 그들은 그가 목욕을 한 후 햇볕을 쬐기 위해 자주 드러눕는 쓰러진 나무를 선택해 그를 죽이기로 했다.[29] 물고기들은 그를 공격했고, 가오리는 그에게 결정적인 부상을 입혔다. 아버지는 아들을 숲속으로 옮겼다. 몸에서 영혼이 떠나기 바로 전, 아이는 그의 피가 흘러 땅을 적신 곳에서 이상한 식물들이 돋아난 것에 주의를 환기시켰다. 그는 이 식물들의 뿌리가 자신을 위해 복수할 것이라고 예고했다(Brett, 172쪽).

어린아이의 때가 야기한 어로용 독극물의 주제는 남부 과라니족의 신화에서도 확인된다(카도강, 81쪽). 이와는 반대로 투쿠나족은 뗑보 뿌리에 의해 잉태된 한 어린아이의 어머니가 된 처녀의 이야기(M146a)를 하는데, 여기에서도 물고기를 잡기 위해서는 어린아이를 물에 담그는 것으로 충분하다. 과거에 투쿠나족들은 풍족한 어로를 보장하기 위해 뗑보의 수용액(물)으로 어린 여자아이들을 의례적으로 씻어주는 관

---

29) 신화 M115의 바위처럼, 이 나무둥치는 신화 M112의 나무둥치와 흡사하다.

습이 있었던 것 같다(Nim. 3, 91~92쪽).

이 신화들은 복잡하기 때문에 우리는 이 신화들을 조각(부분별)으로 나누어 논의할 수밖에 없으며, 신화M145의 세 번째 부분(각 동물의 종에 따른 깃털, 털 그리고 소리)을 차별화해서 따로 분석해야만 할 것이다.

여러 가지 다른 이야기로 구성되었지만, 이 신화가 문두루쿠 똉보의 기원신화M143과 같은 집단에 소속되어 있다는 것을 증명하는 것으로 시작할 것이다. 이들 신화의 변형은 틀림없이 네그로 강 왼편 기슭에서 유래하는 아마존 부족의 이상한 신화의 중개로 이루어진다.

M147. 아마존 부족의 신화: 아마오의 이야기

옛날에 아마오(Amao)라고 불리는 처녀가 살고 있었다. 그녀의 음부로 들어간 한 마리의 물고기에 의해 우연히 잉태하게 된 처녀는 어느 날 남자아이를 낳았다. 아이가 두 달쯤 되었을 때 그녀는 작은 물고기를 잡는 동안 아이를 돌 위에 놓아두었다. 정오쯤 찾으러 갔으나 아이는 죽어 있었다.

그녀는 밤새도록 울었다. 아침이 되자 아이가 말하기 시작했고, 동물들이 자신을 고문해 죽였다고 설명했다. 만일 어머니가 동물들의 박해에서 벗어나기를 원한다면 송진에 불을 붙여 연기로 가득 채우고 동물들이 돌로 변할 때까지 계속 연기를 피워야만 할 것이라고 일러주었다.

저녁이 되자 아마오는 아들을 매장했다. 자정쯤에 동물들은 돌이되었는데 큰 뱀, 가오리, 야생돼지, 그리고 어린아이가 죽은 샘물 곁에 있었던 맥을 제외하고 모두 돌이 되었다.

아마오는 그곳을 찾아가 야생돼지와 맥을 요절냈다. 그리고 그들을 토막내 각 동물의 넓적다리 하나씩을 제외한 고기(살덩이)를 개울물에 던졌다. 그녀는 동물들의 나머지 넓적다리를 바위 위에 놓았는데, 이것들도 돌이 되었다.

계속해서 그녀는 올가미를 이용해 물 속 깊은 곳에서 사는 큰 뱀과 가오리를 잡았다. 그녀는 송진(불)을 가지고 그들도 역시 돌로 변화시켰다.

그리고 동료들에게 취사법과 문명의 기술을 가르치러 돌아왔다. 그후 그녀는 사라졌고 아무도 그녀가 어디에 있는지 알지 못했다(Amorim, 289~290쪽).

물가의 돌 위에 누인 어린아이나 적의에 찬 동물들(그 중에 하나는 큰 뱀)에 의해 죽은 어린아이의 소재를 통해 이 신화와 신화M₁₄₄~M₁₄₆의 신화 집단이 연결된다. 또한 여기에서는 반(反)-취사(다른 것과 마찬가지로 검게 된)와 진정한 취사(지금까지 알려지지 않은)로 나뉘는 취사의 소재를 통해 이 신화는 신화M₁₄₃과 연결된다.

또한 신화M₁₄₃을 아마존 부족의 한 작은 신화M₁₄₈에 접근시킬 수 있다. 신화M₁₄₈은 나무의 혼령인 쿠루피라(curupira)가 어떻게 사냥꾼을 죽이고 그의 간을 꺼냈는지, 그리고 어떻게 희생자의 형상을 취하고 사냥꾼의 아내에게 사냥감으로 위장시킨 죽은 남편을 제시했는지를 이야기한다. 의심을 품은 여자는 아들과 함께 도망을 쳤다. 어머니와 어린아이는 개구리의 보호 아래 있었는데, 개구리는 자신의 몸에서 채취한 진액(津液)을 나무에 발랐다. 쿠루피라는 나무를 타고 올라오다 그곳에 달라붙어 결국에는 죽었다(Barbosa Rodrigues, 63~74쪽).

나무 위에 사는 두꺼비 쿠노아루(cunauaru, *Hyla venulosa*; 사실은 청개구리, Schomburgk, 제2권, 334~335쪽)의 이상한 행태를 기술한 이 신화의 채취자에게 고마움을 보낸다. '둥지를 만들기 위해 이 양서류는 브뢰 브랑코(breu branco, *Protium heptaphyllum*)의 진액을 모아 깔때기 모양으로 된 원기둥을 만들고, 거기에다 알을 낳는다. 하부의 구멍으로 물이 흘러들어 알을 보호한다. 사람들은 이 진액이 두꺼비의 몸 자체에서 나온 것으로 믿는다. 이것이 사람들이 쿠노아루의 진액을 쿠노아루 이씨카(icica)라고 부르는 이유다. 사람들은 두통을 치료하기 위해 이 진액의 연기를 쏘인다'(Barbosa Rodrigues, 197쪽, 쥐).

이 설명은 신화M149에 대한 논평에 따라 이루어진 것이다. 이 신화는 직접 새둥지 터는 사람의 신화 집단M1, M7~M12에 귀착한다. 한 총각이 형수와 온당치 못한 관계를 가졌다. 약간 주술사의 능력을 가진 남편(형)은 아라 앵무새의 꼬리를 잡아 나무둥치가 패인 곳에 넣어놓았다. 그리고 아내에게 아라 앵무새를 기를 수 있게 그의 적수(동생)에게 새를 잡아줄 것을 요구하라고 설득했다. 남자(동생)는 새를 잡기 위해 나무 위로 기어올라갔지만, '나쁜' 유령이 잡아당겼다. 그는 형을 불러 구원을 바라며 외쳐보았지만 허사였다. 그는 쿠노아루 두꺼비로 변했다(Barbosa Rodrigues, 196~197쪽).

주인공이 새둥지 터는 사람이며 단명과 관련된 아레쿠나 신화M149a가 존재한다는 사실만큼이나, 이처럼 드문 길(방법)을 찾을 수 있다는 것은 아주 유혹적일 수 있다. 그런데 이번에는 주인공이 새둥지 터는 사람이 아니라 개구리를 잡으려는 자다. 나무 위에서 잡히려는 순간 이 양서류는 헤엄을 쳐서 남자를 섬으로 데려가 그곳의 나무 밑에 버린다. 이 불행한 남자는 섬이 너무 작아 섬을 떠날 수도 없고, 게다가 독수리 똥에 뒤덮여 있었다. 금성과 달은 각각 그를 구해주기를 거부했다. 그러나 해는 이에 동의를 하고 그의 몸을 녹여주었으며, 씻기고 옷을 입혔다. 그리고 딸 중의 한 명을 그와 결혼시켰다. 그러나 인디언은 썩은 고기를 먹는 독수리의 딸과 사랑을 나누었다. 그 결과로 인해 그의 젊음과 아름다움은 짧아져버렸다(K.G. 1, 51~53쪽).

설명을 복잡하게 하지 않기 위해 우리는 신화M9에서 아라 앵무새의 둥지를 터는 사람처럼, 썩은 것이 내는 부드러운 소리에 귀를 기울이는 바람에 영원한 젊음을 잃어버린 이 역설적인 양서류를 잡는 사람의 신화를 이대로 남겨둘 것이다. '개구리'에 대한 신화를 빠르게 섭렵하면서 우리는 단지 하나의 목적만을 갖고 있을 뿐이었다. 다시 말해서 송진(진액)의 연기, 매우 기름진 취사의 검은 연기, 인간 몸의 더러운 때, 그리고 뗑보로 표현되는 용어들로 이루어지는 반(反)-취사(para-culinaire) 시리즈의 실재를 증명하는 것이다. 이 시리즈가 스스로 완결되기 위해서는 신화M₁₄₃의 '개구리'가 쿠노아루라는 것을 받아들이는 것으로 충분하다. 신화의 개구리는 화살을 쏘아 학대하는 동물들을 죽인다. 쿠노아루는 1미터의 거리에서 냄새가 없는 부식성 분비액을 발사하는데, 이것이 피부와 접촉하면 진피(眞皮)를 드러내는 수포를 발생시킨다(Chermont de Miranda, 'Cunauaru' 항목 참조). 그러니까 이것은 진액과 독극물을 동시에 생산하는 자인 것이다.[30]

* * *

어로용 독극물로 다시 돌아가자. 이에 대한 바피디아나 신화M₁₄₄는 아주 간략한 방법으로 독극물의 기원을 서술한다. 이 신화는 매우 간략하지만 (그 때문에) 오히려 귀중하다. 왜냐하면 이 판본은 뗑보의 기원 문두루쿠 신화M₁₄₃과 또 다른 신화——수많은 판본(문두루쿠, 테네테하라, 투파리(tupari), 아피나이에, 카야포, 크라호, 오페에, 토바, 타카나 등등)은 맥의 정부(애인), 흔히 맥을 애인으로 삼은 여자들이 등장한다——사이의 매개항이 되기 때문이다. 비밀을 적발한 그들의 남편(들)은 맥을 죽이고 아내(들)를 벌하는데, 그 여자(들)에게 맥의 성기를 먹이거나, 또는 범죄자를 죽이기 위해 사용되기도 한다. 즉 여자의 질 속에 잘린 팔다리를 우악스럽게 집어넣어 죽이기도 한다.

그런데 어로용 독극물의 기원 문두루쿠 신화를 해석할 수 있는 것은 바로 이 신화를 준거로 해서다. 이들 신화의 대칭성은 이미 각 신화의

---

30) '이 동물을 만지면 그는 귀에서 희끄무레한 액체를 발산한다. 나는 부주의로 모기를 쫓으면서 얼굴에 이 동물이 쏜 액체를 약간 묻혔는데, 쏘는 것 같은 고통을 느꼈다. 그 다음날 아침 액체가 묻은 곳이 검게 변했고, 며칠 후에는 모든 피부로 번졌다'(Schomburgk, 제2권, 335쪽). De Goeje(48쪽, 127~128쪽)는 쿠노아루가 문제를 제시한다는 점을 알아낸 공로가 있다. 그러나 그는 신화 속의 동물은 사냥의 주인이고, 현실 속의 동물은 사냥을 위한 부적으로 사용되는 점을 설명하는 이유를 이해하지 못했다. 이러한 이유는 독극물에 대한 모든 토착적인 문제점을 추정하고 있다(이 책 508쪽 이하, 578쪽 이하). 이를 뒷받침하기 위해서 신화 M₁₄₄을 '쿠노아루'와 관련 있는 가이아나의 두 신화와 비교할 것이다(Roth 1, 213~215쪽. 이 두 신화 역시 신화 M₁₇의 다른 판본들이며, 이에 대해서는 후에(564쪽) 다룰 것이다).

결론 부분에서 나온다. 어로용 독극물의 기원신화는 독극물 대신에—맥의 정부로서 그녀의 신체가 아니라—취사에 열성인 한 여자 몸의 때로 대체(차라리 대용품)된다. 결국 신화M₁₄₃의 여주인공은 요리재료에 대한 불만을 표시함으로써 남편을 불쾌하게 했는데, 이것은 무절제한 행위로서 요리에 대한 침해이며, 그녀의 때(더러움)의 원인이다. 유혹자 맥의 순환 과정에서 간통한 여자들은 남편에게서 멀어지는데, 이것은 동물이(인간보다—옮긴이) 성적으로 더욱 만족스럽게 해준다는 과도한 에로티시즘 때문이다. 그녀들의 때(더러움)는 도덕적인 것이다.

토착민인 정보제공자는 포르투갈어로 'semvergonha muito suja'라고 맥의 정부를 규정한다(Ribeiro 2, 134쪽). 프랑스인들도 아직까지 대중적인 말로 그러한 여자를 '더러운 것'으로 취급하지 않는가? 그런데 맥을 실컷 먹은(판본에 따라 위로 또는 아래로) 여자들은 물고기로 변형됨으로써 사람들에게 복수를 한다. 신화M₁₄₃에서 여자들은 어로용 식물성 수단이 되거나, 다른 신화에서는 동물성 대상물이 된다.

자세한 내용으로 들어가자. 두 가지 유형의 신화들은 정확히 일치한다. 신화M₁₄₃의 남편은 보잘것없는 사냥꾼이다. 맥의 정부들은 취사와 그들의 아이를 소홀히 한다. 유혹자 맥의 신화인 문두루쿠 판본M₁₅₀에서, 여주인공은 애인을 만나는 것이 하도 급해서 아기에게 젖을 먹이는 것을 잊었고, 아이는 새로 변해 날아가버렸다.[31]

다른 한편 신화M₁₄₃에서 화가 난 남편은 원숭이 무리를 만나 암컷 원숭이의 꼬리를 잡으려 나무 위로 기어올라가는데, 암컷 원숭이가 소리지르기를 "놔라! 그것은 약하다!"고 했다. 그러자 남자는 수컷의 꼬리를 움켜잡았다. 수컷은 뒤로 돌아 그의 코를 물었다. 이런 에피소드와 유혹자 맥의 신화에서 여자들은 맥을 만나는데, 목욕을 하다가(문두루

---

31) 신화 M₅와 비교해보자.

M₁₅₀: 물고기로 변한 여자들; 어머니(물)/아이(하늘)

M₅ : 여자로 ('변한') 물고기들; 어머니(물)/어린아이(땅)

신화 M₂에서 베토고고의 아내를 유혹한 자는 맥 씨족의 남자다.

쿠, 카야포; 아피나이에 신화에서는 맥이 악어로 변형된다) 나무 밑에서(크라호), 또는 나무 위에서 맥을 부른다(투파리). 그리고 많은 판본들이 엄청나게 큰 성기를 강조하고 있는데, 이러한 사실과 연결된 유혹자 맥을 준거로 하지 않고 어떻게 신화M143의 이야기를 이해할 수 있겠는가?

이러한 해석을 유효하게 하기 위해서는 신화M143에 등장하는 원숭이들이 어떤 종인지를 고려해보는 것으로 충분하다. 그것들은 '프레고'(prego) 원숭이라고 신화는 설명하는데, 포르투갈어로 'macaco prego', 즉 못대가리 원숭이를 말한다. 이름 자체가 설명하듯이 이 종의 원숭이는 늘상 성기가 발기되어 있으며, 성기의 끝부분이 못대가리 모양으로 납작하기 때문에 붙여진 이름이다. 외설적 관계의 측면에서 보면 프레고 원숭이는 맥과 상응하는 인물이다. 이런 점은 토착민들의 주해를 통해 확인할 수 있는데, 투파리족은 성기덮개를 아주 단단히 차고 있으며 미역을 감을 때에도 벗지 않는다. 이들은 성기를 내놓고 알몸으로 수영을 하는 이른바 문명인들을 '맥'과 '원숭이' 종류에 비교한다(Caspar 1, 209쪽).

맥의 살해자들인 남자들은 여자나 아이들에게 맥의 고기를 먹이거나, 또는 맥의 성기로 죄를 범한 여자에게 벌을 가한다(M150~M155). 남편의 살해자인 원숭이들은 넓적다리를 잘라 사냥감인 척 아내에게 제공한다(M143). 본래 의미를 더욱 잘 파악할 수 있도록 이러한 은유적 전환은 아래와 같은 세 번의 전환이 있은 후에 나타난다. 즉 '너무 약한' 꼬리를 잡힌 암컷 원숭이, 같은 취급을 당하는 수컷 원숭이, 그리고 이 수컷 원숭이가 사냥꾼의 코를 무는 응수라는 전환이 나온다. 유혹자 맥의 순환과정에서 여자들은 남자들과 분리되는데 물 속에 사는 물고기가 됨으로써(M150 · M151 · M153 · M154), 또는 멀리 떨어진 곳에 마을을 설립(M155, M156)하면서 서로 분리된다.

뗑보의 기원 문두루쿠 신화의 경우에 여자들은 도망가면서 자신들을 추적하는 원숭이들, 그리고 숲속의 다른 동물들과 지상에서 분리되려고 애쓴다. 신화M143의 여자는 물고기를 죽이는 뗑보의 존재가 되지 못하는데, 그녀의 잘못으로 자신이 죽이지 않은 물고기를 거두어야 하는 역할로 만족해야만 하는 여자가 다시 된다. 맥의 정부들은 물고기(들)가 되기를 원하지만, 남자들에게 잡힘으로써 다시 여자로 변형된다.

뗑보의 기원신화가 물고기 기원신화의 역으로 구성된다는 사실이 놀랄 일은 아니다. 물고기는 하나의 음식물이다. 심지어 뗑보로 잡은 물고기까지도 예외적으로 풍부한 음식물이다.[32] 뗑보에 대해 한 문두루쿠 신화는 그 자체가 음식물은 아니지만, 음식물을 얻는 수단인 뗑보를 모든 식품을 포함하는 의미론적 영역의 범위에 놓고 있다.

M157. 문두루쿠족의 신화: 농업의 기원

옛날에는 정원도 재배 식물도 없었다. 한 노파가 그때에는 있지도 않았던 농업으로 얻는 음식물을 요구하며, 배 고프다고 보채는 조카에게 시달림을 받고 있었다. 그녀는 숲속의 한구석에 나무를 잘라넘기고 불을 놓았다. 그리고 그곳에서 자라는 모든 재배 식물, 즉 옥수수, 고구마, 사탕수수, 바나나, 부드러운 카사바, 카라(cara)와 마카세라(macaxeira), 멜론, 카주(caju), 잉가(inga)의 껍질, 완두콩 등을 사람들에게 알려주었다. 각 식물에 대해서 언제 거두어들여야 하며, 어떻게 익혀야 하는지 그리고 어떻게 양념을 하는지를 말해주었다. 그러나 뗑보(어로용 독극물)에 대해서는 이것은 독이 들어 있어 먹을 수 없다고 말했다.

사람들은 그것(리아나)을 뿌리째 뽑아서 물 속에서 찧어야만 한다. 그리고 죽은 물고기를 모든 사람에게 나누도록 초청해야 하며, 이 물고기들은 먹을 수 있는 것이다. 그녀는 정원 한가운데에 묻혔고, 그 시체에서 모든 식물이 돋아났다(Murphy 1, 91쪽; Kruse 2,

---

32) '이러한 어로 기술의 효율성은 엄청나다. 나의 아내와 나는 뗑보 어로에 참여하게 되었는데…… 여러 부락에서 온 100여 명의 인원이 참석했다. 여기에서 잡은 어획량은 2톤이 넘었다'(Murphy 2, 59쪽).

619~621쪽; 3, 919~920쪽 속에 있는 같은 신화의 다른 판본은 다른 맥락[신화학 제2권]에서 논의될 것이다).

어로용 독극물은 식물성 음식의 범주에 포함되지만 먹을 수 없다. 그런데 오페에족은 특별한 흥미를 주는 인간과 맥의 결합에 대한 두 개의 변이형 판본 신화를 갖고 있으며, 이 판본들은 음식과 식물성 주제와 관계되는 다른 신화보다 더욱 직접적이고, 각 판본의 주인공 상대자의 성(性)이 도치되어 있어 흥미롭다.

첫 번째 판본 신화M₁₅₈에서 문제가 되는 것은 한 청년인데, 그는 딸을 가진 암컷 맥과 혼인을 한다(이것은 결과적으로 바피디아나족의 다른 판본M₁₄₄와 대단히 유사하다). 청년은 자신이 그랬던 것처럼 친족들에게 맥의 도움으로, 그들도 경이로운 음식을 실컷 즐길 수 있을 것(이것은 맥이 생명나무의 주인인 신화M₁₁₄~M₁₁₆ 가이아나 신화와 연결된다)이라고 설명하면서 가족이 사는 곳에 돌아와 정착했다. 그러나 여자들은 정원을 뒤죽박죽으로 만들고 길을 더럽혀놓는 맥의 출현을 참을 수가 없었다. 왜냐하면 여자들은 대단히 세심한 정원사들이었기 때문이다(타카나 판본에서 대단히 세심한 미식가로 표현되고 있는 것은 남자다. Hissink-Hahn, 297쪽 참조). 용기를 잃은 청년과 그의 가족 맥은 사라졌다. 따라서 인류는 영원히 경이로운 음식을 먹을 수 없게 되었다(Ribeiro 2, 128~129쪽).

두 번째 판본 M₁₅₉는 남자들이 사냥만 하고, 여자들이 모든 농사일을 책임지던 시대를 배경으로 한다. 그렇지만 한 인디언 여자는 정원일을 게을리하고 남편의 성적 요구를 거절하곤 했다. 남편은 그녀를 감시하다 농장 한가운데서 맥의 똥으로 가득 찬 우리를 발견했다. 여자는 매일 애인을 만나러 이곳에 오곤 했는데, 그녀는 애무보다는 좋은 음식으로 자신의 애인을 만족시키려고 열성적이었던 것 같았다. 남편은 의붓형제의 도움을 받아 맥을 죽였으나 여자는 홀로 즐기려고 맥의 성기를 보존했다. 그들은 여자를 덮쳤는데 그녀가 목욕을 하는 틈을 타 오두막에 불을 질렀다. 성기는 완전히 연소되어버렸다. 그리고 여자는 외로움으로 죽고 말았다(Ribeiro 2, 133~135쪽).

첫 번째 판본은 음식물의 거부로 완성되며, 두 번째 판본은 성적인 거부로 완성된다. 음식물의 측면이 더 잘 나타나 있는 판본을 자세히 설명해보도록 하자.

어로용 독극물의 기원 아레쿠나와 바피디아나 신화는 인간이 어떻게 먹을 수 없고(음식물의 범주에 속하지만), 식물성인 물질을 얻었는가를 설명하고 있다.

첫 번째 오페에 신화M₁₅₈은 인간이 언제나 먹을 수 있는 경이로운 식물성 음식을 어떻게 부정했는가를 설명한다.

물고기의 기원신화들은 어떻게 인간이 동물성이며 먹을 수 있는 음식을 얻었는지를 설명하는데, 이 음식물 자체가 먹을 수 없는 식물성 음식(뗑보)의 기능을 하며, 상당한 양의 다른 음식을 얻게 해준다.

그러면 뗑보의 기원 문두루쿠 신화를 어떻게 규정할 것인가? 뗑보는 제거되는 것이 아니라 그 자리에 놓아두는 것인데, (음식물의) 부정(부의 음식물―옮긴이)은 최상의 독과 관련된다. 여성의 때는 아주 특별한 특성으로 다른 독과 구별되는데, 때의 원천은 동물성이다. 왜냐하면 때는 인간의 신체에서 유래하기 때문이다. 그리고 때의 원인은 자연적임과 동시에 문화적이다. 문제가 된 더러움(때)은 여성의 취사 임무와 관련된 것이기 때문이다.

결과적으로 음식물의 측면에서 볼 때 지금 비교한 신화들은 네 개의 대립(관계)을 바탕으로 분류할 수 있다.

	M₁₄₄, M₁₄₅ : 뗑보의 기원	M₁₅₈ : 경이로운 음식물을 잃음	M₁₄₃ : 경이로운 뗑보를 잃음	M₁₅₀ 등등 : 물고기의 기원
먹을 수 있는/먹을 수 없는	-	+	-	+
동물성/식물성	-	-	+	+
문화/자연	-	-	+	-
얻은/거부한	+	-	-	+

이 모든 신화는 음식의 측면 이외에 성적인 측면도 나타낸다. 전 세계의 여타 지역에서처럼 남아메리카 언어들 역시 이 두 가지 측면이 아주 밀접하게 연관되어 있다는 것을 보여준다. 투파리족의 관용구에 따르자면 성교의 본래 의미는 '여성의 질을 먹다'(kümä ka), '남성의 성기를 먹다'(ang ka)를 의미한다(Caspar 1, 233~234쪽). 문두루쿠어로도 마찬가지다(Strömer, 133쪽). 남부 브라질의 켕강족의 방언은 '성교하다'와 '먹다'를 동시에 의미하는 하나의 동사를 가지며, 어떤 문장의 맥락에 따라서는 모호한 어법을 피하기 위해 '~성기(pénis)로(를)'라고 명시할 필요가 있다(Henry, 146쪽).

카쉬보(cashibo) 신화M160은 남자는 창조되자마자 먹을 것을 요구했다. 그래서 태양이 그에게 옥수수, 바나나 나무, 그리고 먹을 수 있는 또 다른 식물들의 씨를 어떻게 씨뿌리고 심는지를 알려주었다. 그러자 남자는 그의 성기에게 질문을 했다. "그러면 너는 뭘 먹고 싶으냐?" 성기가 대답하기를 "여성의 음부"라고 했다(Métraux 7, 12~13쪽).

인용한 신화들에서 성적 코드가 명백하게 드러나지만 단지 명시적으로 지칭되고 친절하게 묘사된 것은 맥의 성기 등, 즉 남성적 참조사항만이 나타나는데, 어쨌든 흥미로운 일이다. 이러한 참조사항이 여성의 것과 관계가 있을 때, 성적 코드는 어로용 수단(뗑보), 어로 대상물(물고기), 경이로운 음식물 또는 놀라운 독극물의 얻음, 잃어버림……의 잠재적인 상태로 이전되거나 또는 음식 코드로 위장된다.

이 두 코드 사이에 등가성(유사성)의 부재를 이해하기 위해서는 민족지적 사실을 고려해보아야만 한다. 브라질 인디언은 그들의 성생활에서 여성의 체취에 특히 민감하다. 투파리족에게 늙은 여인의 음부체취는 상대하는 남자에게 미열을 일으키는 원인이 되는 반면, 젊은 여인의 음부 체취만은 (남성에게) 공격적이지 않다(Caspar 1, 210쪽). 우루부족의 조물주(Mair)는 벌레가 가득한 썩은 과일을 보고 소리쳤다. "이것은 매력적인 여자가 될 수 있겠구나!" 그러자 과일은 즉시 여자로 변했다(Huxley, 190쪽). 타카나족의 한 신화에서 표범은 한 인디언 여인의 외음부를 킁킁거리며 냄새를 맡고는 강간하기를 단념했다. 왜냐하면 그녀의 외음부에서 벌레 먹은 고기처럼 냄새가 났기 때문이었다 (Hissink-Hahn, 284~285쪽). 이미 인용했던 문두루쿠 신화M₅₈은 동물들이 최초의 여자들에게 음부를 만들어준 후, 아르마딜로가 썩은 야자열매 조각으로 여성의 각 기관을 문질렀다. 이로부터 그들 기관의 독특한 냄새가 나기 시작했다(Murphy 1, 79쪽).[33]

이번에는 해부학적 코드로 표현되었고 우리가 이미 밝힌 악취와 부패라는 용어는 문화와 대립된 자연을 내포한다. 그리고 여자는 어디서나 자연적이다. 심지어 모계출계이며 모계거주제의 보로로족에서도 남성의 집은 여성들에게 아주 엄격하게 금지된 지역이며, 종교생활의 측면에서는 성소(종교의식을 거행하는 장소)의 역할을 한다. 동시에 남성의 집은 산 자들에게 영혼 사회의 이미지를 나타낸다.

자연 상태에서 인류는 썩은 나무, 즉 먹을 수 없는 음식을 양식으로 삼은 것처럼, 어로용 독극물도 마찬가지로—역시 먹을 수 없는 음식의 서열 층위에 있는—어린아이의 때와 등가관계일 수 있다. 만일 어린아이가 한 남자와 동물의 직접적인 결합에서 나왔다면, 다시 말해서 자연과의 결합으로 나왔다면 더욱 그렇다. 그리고 여성의 때와도 등가관계일 수 있다. 만일 여성의 때가 여자(자연)와 문화의 직접적인 결합에서 생겨나는 취사의 기원과 관계가 있다면 그렇다. 따라서 악취는 먹을 수 없는 형태로 나타난 여성성의 자연적 표시다. 여성성의 또 다른 자연적 표시는—젖—먹을 수 있는 측면을 나타낸다. 그러므로 음부의 냄새는 양육자 기능의 상대물인 셈이다.

음부의 악취는 양육자의 기능보다 앞서 존재하기 때문에 양육자의 기능에 반대 이미지를 제공하며 이에 대한 원인으로 생각될 수 있다.

---

33) 틀림없이 같은 이유로, 한 와라우 신화에서는 역한 냄새를 풍기는 새인 부니아가 최초의 여인의 음부를 만들도록 했다(Roth 1, 131쪽). 반대로 조물주(Makunaima)는 최초에는 아무 맛도(냄새도) 없는 인아자(inaja, *Maximiliana regia*) 야자수 열매를 자신의 성기에 부빔으로써 맛을 주었다(K.G. 1, 33쪽 이하).

왜냐하면 음부의 악취는 시간상 양육자의 기능에 선행하기 때문이다. 해부학적, 신체적 코드는 이처럼 논리적 도식을 복원(재현)할 수 있으며, 논리적 도식은 먼저 음식 코드의 용어로 나타난다. 이러한 도식에 맞게 농업의 유입 이전에 사람들이 먹었던 썩은 것과 합동관계에 있는 사리그는 농업의 기원과 연관될 수 있다(이 책 375쪽 참조).[34] 그러나 이것은 처녀 사리그와 관계된 것으로 그녀가 단지 성생활에만 매달리게 될 때 나쁜(고약한) 냄새를 풍긴다.

이 모든 것은 질병의 기원 보로로 신화M₅에서 암묵적으로 표현된다. 물고기를 게걸스럽게 먹은 젊은 여주인공은 죽음의 유입자이며 사리그의 인물로 변형될 수 있는 속성을 가진다. 더욱이 이러한 속성을 극단적으로 밀어붙여 다양하게 변화될 수 있는 인물이다(442쪽 참조). 이러한 측면에서 이 여주인공은 내장의 가스를 손자에게 먹이는 그녀의 죽은 할머니의 역할을 배가하고, 스컹크의 기능도 하는 것이다(367쪽 참조). 이러한 접근은 간접적으로 아사레 신화M₁₂₄에 의해 강화되며, 또한 신화M₅와 같은 집단에 속하는 새둥지 터는 사람의 신화M₁과 아사레 신화 사이에 존재하는 대칭관계에 의해 강화된다. 방귀를 뀌어 살해하는 스컹크는 토바와 마타코 신화에서도 등장한다(Métraux 5, 128~129쪽; 3, 22~23쪽). 스컹크는 오페에 신화M₇₅에서 죽음의 기원이 된다.

우리는 신화M₁과 신화M₁₂₄에서 주인공을 도와주는 동물들의 평행관계를 증명한 바 있다. 여기에서 각 신화의 네 번째 인물이 맨 나중에 나오는데, 단순한 동물이지만 친족관계가 있는, 즉 신화M₁에서 할머니는 주인공에게 마술 지팡이를 주는 긍정적인 행동을 하지만, 신화M₁₂₄의 아저씨는 스컹크였기 때문에 그의 독을 함유한 액체로 악어를 죽이는 부정적인 행위를 한다. 따라서 한 신화M₁에서 또 다른 신화M₁₂₄ 사이

---

34) 별 신화의 크라호 판본M₈₉에서, 겁탈당하고 더러워진 별(여성)이 그녀의 타액이나 또는 뗑보와 유사한 제조과정을 거쳐 만든 나무껍질 용액으로 범죄자 시동생들을 독살한다는 사실을 주목할 필요가 있다.

에 일련의 변형(관계)을 볼 수 있다.

a) (M_1) 도와주는 할머니(인간) $\longrightarrow$ (M_{124}) 도와주는 아저씨(동물=스컹크)

그리고 이미 우리가 신화M_1과 M_5는 서로 대칭관계에 있다는 사실을 증명했으므로, 신화M_{124}의 매개를 바탕으로 아래와 같은 변형(관계)이 이루어진다는 것은 놀랄 일이 아니다.

b) (M_1) 도와주는 할머니(인간) $\longrightarrow$ (M_5) 적대적인 할머니(인간 ≡ 스컹크)

이렇게 정리해놓고 보면 이 두 연속적인 에피소드에서 질병의 기원 신화는 한 여자가 어머니로서 행동하지 못하는 두 가지 양상을 보여준 다. 먼저 체질적인 양상 때문에 할머니일 경우 이미 수태할 수 있는 나 이를 지난 여인이라서 어머니로서 행동하지 못한다. 다음은 도덕적인 양상에서 이미 어머니가 된 젊은 여인은 엄청난 식욕 때문에 아이를 버 린다. 한 여인은 그의 방귀(신체적 부분)를 사용해 환유적으로(근접성 의 원칙에 따라—옮긴이) 살인을 하고 다른 한 여인은 먹은 음식을 배 설할 수 없게 되자 은유적으로(유사성의 원칙에 따라—옮긴이) 분비한 질병으로 살인을 한다. 이 두 해결법은 서로 다르지만 단 하나의 그리 고 같은 사실을 증명해 보이고 있다. 여성성에서 모성을 제외시켜 보 라. 남는 것은 더러운(썩은) 냄새뿐이다.

* * *

앞에서 행한 접근은 '사리그를 통한 증명'(354~375쪽)이라는 새로 운 방법의 접근이었을 뿐이다. 우리는 지금 아레쿠나 신화로 되돌아가 또 다른 측면에서 이 신화를 검토할 것이다. 무엇보다도 이 측면들은 우리를 같은 결론에 이르게 하거나 아니면 거의 같은 지점에 이르게 할 것이다.

우리가 택했던 방법과 다른 길을 통해서 '유혹자 맥'의 신화 집단을 더욱 공고히 할 수 있는 세부내용을 찾는 것으로 시작하자. 이 신화 집단이 특별한 연구를 요구하는 것은 자명한 일이지만, 여기에서는 실행하지 않고 단지 그 윤곽만을 그리는 것으로 만족할 것이다.[35]

신화M145의 인디언들이 그들의 농장을 쑥대밭으로 만들어놓은 암컷 맥을 죽이려 결심했을 때, 주인공——맥은 그의 아내이며, 게다가 임신 중이었다——은 다음과 같이 인디언들에게 간청했다. "당신들이 맥을 죽이려고 한다 해도 배를 쏘아 죽이지는 마시오! 머리나 발을 쏘지 배를 쏘지는 마시오!"(K.G. 1, 70쪽). 주인공이 화살이 박힐 신체의 여러 부분 중 한 부분을 제외한 채 열거하는 것은 즉시 이 책 초반부에서 요약한 보로로 신화와 유사한 전개과정을(신화M2, 이 책 165~167쪽) 생각

35) 신화 M144~M145의 '여우'의 의미론적 기능을 밝히기 위해서는 이 신화 집단의 분명한 단순성에도 불구하고 상당한 수의 대립(관계)을 대위법적인 방법으로 활용할 수 있도록 대립 시리즈를 구성할 필요가 있다. 따라서 은둔/배제, 음식/반-음식, 인간/동물, 친어머니/의붓어머니, 양육자 여인/식인귀 여인, 어머니/아내, 스컹크/암여우, 뗑보/물고기와 같은 대립 시리즈를 구성할 수 있다.

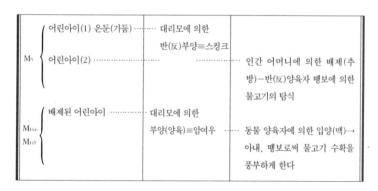

이렇게 한 후에 아마존 지역(신화M109c에서는 사리그)에서 대륙의 남쪽 끝 야마나족(Yamana)에 이르기까지 '암여우'의 변형(관계)들을 추적할 필요가 있다. 야마나족에서 암여우는 끊임없이 울었기 때문에 버려진 한 어린아이가 둘로 나뉘어 생겨난 쌍둥이를 입양한 입양모다. 그러나 암여우는 쌍둥이를 잡아먹으려고 한다. 이러한 암여우의 태도를 토착민들은 여우종의 썩은 고기를 먹는(카니발리즘) 미각으로 설명하고 있다(Gusinde, 제2권, 1141~1143쪽).

나게 하며, 이 점에 대해서 우리는 이미 주의를 환기한 적이 있다.

그의 아내를 겁탈한 인디언에게 복수하기 위해 베토고고는 아래와 같이 소리지르면서 여러 개의 화살을 연속적으로 당겨 부상을 입혔다. "이 어깨의 부상으로 그러나 죽지는 마라! 팔의 부상으로 죽지는 마라! 이 화살로 허리에 부상을 입지만 죽지는 마라! 엉덩이의 부상으로 죽지는 마라! 다리의 부상으로 죽지는 마라! 얼굴의 부상으로 죽지는 마라! 옆구리의 부상으로……, 그리고 죽어라!"(Colb., 202~203쪽).[36]

그런데 우리는 희생자인 맥 씨족의 한 남자도 역시 '유혹자 맥'이었다는 사실을 기억하고 있다. 우리는 신화M₂(지상의 유익한 물의 기원 신화)가 천상의 해로운 물의 기원을 설명하는 벱코로로티의 카야포 신화M₁₂₅와 상동관계이자 대립관계에 있다는 것을 증명하기 위해 앞에서 이와 같은 추론을 원용한 적이 있다. 벱코로로티 신화M₁₂₅에서 맥은 동물로서 그리고 사냥감으로서 급하고 뒤죽박죽된 양상으로 죽음을 당하고 껍질이 벗겨져 토막이 나는데, 이것은 신화M₂에서 인간 맥에게 가한 세련된 체형(體刑)과 대조를 이룬다. 아레쿠나 신화는 이러한 비교를 완전하고 풍부하게 해준다. 왜냐하면 이 신화는 같은 유형의 에피소드를 담고 있으며, 보로로 신화에서처럼 유혹자 맥(수컷 대신에 암컷, 그리고 인간 대신에 동물)을 등장시키기 때문이다.

결과적으로 신화M₁₂₅에서 자신의 동물적 속성을 보존하는 맥, 신화M₂와 M₁₄₅의 비교를 쉽게 하기 위해 자신의 속성에 일치하는 변형을 겪었다고 말해도 좋은 맥은 아무렇게나 해치운 살해로 희생되었으며, 반면에 신화M₂와 M₁₄₅에서(암컷/수컷, 인간/동물로 이 신화들은 서로 이중적 관계 하에 대립한다) 맥은 계산된 살해로 희생된다. 그러나 이

---

36) 또 다른 신화들에 대해 코흐-그륀베르크(1, 270쪽 이하)는 이러한 서술적 어법의 일반적인 가치를 이미 강조했다. 그가 예로 인용한 신화들과 우리가 비교하는 신화들이 같은 관계 아래에서 모두 함께 하나의 집단을 형성할 수 있는가를 찾아보는 것은 흥미로운 일이 될 것이다. 다른 관점에서 『콜바치니』(2, 25쪽, 주 2)의 대화 가운데 같은 표현을 사용하는 몇몇 예를 볼 수 있다.

계산된 살해의 의도는 서로 매우 다른데, 그를 살해하기 전에 아무 곳에나 부상을 입혀 죽이거나(M_2), 또는 지정된 지점(태아가 다칠지도 모를 배)을 부상시키지 않는 한 아무 곳이나 부상시켜 살해하는 점에서 차이가 난다(M_{145}).

$$M_{125}\,(\text{맥} \rightarrow \text{맥}) = f\,(\text{마구 해치운 살해})$$

$$M_2\,(\text{맥} \rightarrow \text{인간}) = f\,(\text{계산된 살해: 부상시키다} \rangle \text{죽이다})$$

$$M_{145}\,(\text{인간} \rightarrow \text{맥}) = f\,(\;-\;-\;:\text{죽이다} \rangle \text{부상시키다})$$

이 방정식 체계를 정당화하기 위해서 신화M_2의 맥 씨족의 남자는 인간에 의해 수행된 '맥의 기능'으로 축소될 수 있으며, 반면에 신화M_{145}의 암컷 맥은 동물에 의해 수행된 '인간의 기능'(어머니와 아내)으로 축소된다.

이제는 신화M_{145}(아레쿠나 판본)와 신화M_{144}(바피디아나 판본)의 두 번째 측면으로 넘어가자. 어로용 독극물의 기원은 왜 유혹자 맥의 소재와 연관되어 있는가? 우리가 증명하려고 제시한 이러한 연관성은 생물 체계에서 식물성 독극물의 위치에 대한 대단히 특별한 이해를 요구한다. 그래서 우리는 우선 새로운 신화를 소개할 것이다. 새로운 신화는 쿠라레(curare: 남미 인디언들이 화살촉에 바르는 독으로 현재는 마취용으로 쓰임—옮긴이)의 기원신화로 쿠라레는 사냥용 독극물이지 어로용 독극물이 아니다. 이 신화는 트롬베타스(Trombetas)와 카초로(Cachoro) 강 중류 지역에 정착한 카리브어 계통의 한 작은 부족에서 유래한다.

M161. 카추야나족의 신화: 쿠라레의 기원

옛날에 가족과 멀리 떨어져 외딴 오두막에 홀로 살던 한 청년이 있었다. 특별히 푸짐한 사냥을 하고 돌아온 어느 날 그는 모든 사냥감을 구워 먹었으나 과리바 원숭이 암컷(*Alouatta*) 하나는 남겨 다음 날까지 훈제가마에 넣고 잠을 잤다.

그는 일어나서 사냥을 떠나기 전에 원숭이를 먹으려 했으나, 털이 그슬린 것을 보고 혐오감을 느껴 화가 치밀어 올랐다. 그는 "이놈의 암원숭이가 나를 뭘로 보고? 나는 배가 고프지만 먹을 수가 없구나!"라고 말하고는 원숭이를 훈제가마에 다시 넣은 후에 사냥을 하러 갔다.

그날 저녁에는 사냥한 사냥감으로 저녁을 먹었다. 그리고 혼자 말하기를 "내일 암원숭이를 먹으리라" 했다. 다음날도 같은 광경이 재현되었지만, 암원숭이에게 눈길을 주기가 무섭게 그는 그것을 먹고 싶었다. 암원숭이는 매우 살이 찌고 이뻤기 때문이다. 마지막으로 암원숭이를 쳐다보고 그는 한숨을 쉬면서 "이 암원숭이가 나를 위해 여자로 변화될 수만 있다면!" 하고 말했다.

그가 사냥에서 돌아왔을 때 고기, 국, 빵 등의 식사가 준비되어 있었다. 그리고 물고기를 잡고 돌아온 그 다음날에도 역시 마찬가지였다. 인디언은 의심을 품고 집을 샅샅이 뒤졌다. 그는 결국 해먹에 누워 있는 귀여운 여인을 찾았는데, 그녀는 그가 아내로 바랐던 암원숭이라고 말했다.

신혼이 끝나갈 무렵, 남자는 아내를 부모에게 소개하려고 그의 부락으로 데려갔다. 다음은 그녀가 남편을 자기 가족에게 소개할 차례였다. 원숭이 가족들의 오두막은 나무 꼭대기에 있었다. 여자는 남편이 나무를 오르도록 도왔다. 다음날 암원숭이는 다른 원숭이들과 함께 멀리 떠나버렸다. 아내도 다른 원숭이들도 돌아오지 않자, 홀로 나무에서 내려올 수 없게 된 주인공은 나무 꼭대기에 갇히고 말았다.

어느 날 아침, 왕독수리(vautour-royal)가 그곳을 지나갔다. 독수리는 남자에게 자초지종을 물었고, 남자는 그동안의 이야기를 하며 지금 자기가 어려움에 처했다고 설명했다. 독수리는 애써 재채기를 하면서 말했다. "잠깐만 기다려!" 그의 코에서 콧물이 땅바닥까지 흘러 리아나 덩굴로 변했다. 그러나 리아나 덩굴이 너무 가늘었으므로 남자는 자신의 무게를 견디지 못할 거라고 거절했다. 그러자 독수리는 수리-독수리(aigle-harpie, 포르투갈어로 'gavião-real')를 불렀다. 수리-독수리도 재채기를 했다. 그의 콧물 줄기는 훨씬 굵은 리아나 덩굴이 되었고, 그 줄기를 타고 주인공은 미끄러져 내려왔다(신화 M₁₁₆~M₁₁₇ 참조).

수리-독수리는 떠나기 전에 주인공에게 복수할 수단을 알려주었다. '수리-독수리 화살'이라 불리는 리아나 가지를 잘라서 가르침에 따라 화살을 만들고, 정중하게 그의 보호자(신)에게 간청을 한 후 과리바 원숭이들을 사냥하러 가라고 말했다.

남자는 시키는 대로 했다. 모든 과리바 원숭이들이 죽었고, 단지 어린 원숭이 한 마리만이 남았는데, 이것이 바로 현재 원숭이들의 조상이다(Frikel 1, 267~269쪽).

이 신화에 대해서는 말을 많이 해야 할 것이다. 하여튼 카추야나족의 사냥용 독극물(옛날에는 아마 전쟁용 독극물이었을 것이다)은 리아나에서 추출한다는 사실이다. 이 독극물을 준비하는 동안에는 직접적이든 간접적이든 여자와의 모든 육체적인 접촉을 오랫동안 금지한다. 이러한 이유 때문에 이것의 제조는 흔히 젊은 총각이 주로 담당한다. 인디언들은 수리-독수리를 가장 강력한 저 세상의 마법사로 생각한다.[37] 결국 독극물은 오늘날 주로 코아타 원숭이를 사냥하는 데 사용하지만 (이 원숭이의 고기는 가장 선호될 뿐만 아니라 의례용으로 쓰인다), 인

---

37) 수리남의 토착민은 그들의 신화에 등장하는 독수리의 위치를 설명하면서 덧붙이기를 '저 높은 곳(천국)이라는 말은 독수리에 대한 모든 학문에서 볼 수 있는 단어다'라고 한다(Van Coll, 482쪽). 진짜 독수리(*Aquila*)는 브라질에 존재하지 않으며, 이곳에서, 'gavião-real'이라는 용어는('gavião pega-macaco라고 불리는 두 종과 *Morphnus guianensis*와 *Thrasaetus harpyia*) 네 종의 수리-독수리 중 하나를 지칭한다. 이 종의 날개 길이는 2미터에 달한다(Ihering, 'Harpia' 참조).

디언들은 과리바 원숭이의 털로 만든 붓으로——이 원숭이들은 수염 달린 원숭이이기도 하다——그들의 독화살에 독을 바른다(Frikel, 269~274쪽). 이 종은 독극물과 부패(썩음)의 이중적인 관계로 표시될 수 있다.

다른 원숭이들처럼 인디언들은 과리바 원숭이를 일반적으로 독화살로 사냥한다. 그러나 '부기오(bugio=과리바) 원숭이는 중상을 입었을 경우에도 나무에 꼬리를 감고 공중에 대롱대롱 매달려 있다. 사람들은 이 원숭이는 며칠 동안 그렇게 매달려 있는 경우도 있다고 말한다. 그리고 그가 반쯤 썩었을 즈음에 땅에 떨어진다'(Ihering, 제33권, 261쪽). 썩거나 또는 더러워진, 그리고 자신이 독극물인 제족 신화 속의 사리그와는 반대로, 과리바 원숭이는 썩고 나서야 독극물에게 양보하는 것임이 틀림없다. 어쨌든 식물성 독극물의 기원신화에 나타난 공통된 특성을 끌어내려는 것이 우리의 목적인 만큼 이에서 너무 멀리 나가지 않기 위해, 우리는 단지 복잡한 문제의 몇몇 측면만을 끌고 갈 것이다.

눈에 띄는 첫 번째 특성은 독극물이 항상 신체적 오물에서 유래한다는 사실이다. 말하자면 여성의 때(M_{143}), 어린아이의 때(M_{144}~M_{146}), 그리고 콧물(M_{161}, 보호자인 새들의 콧물)에서 두 종류의 리아나 덩굴이 나온다는 것을 알 수 있었다. 그렇지만 이 점만은 인정해야 하는데, 독극물의 종류가 같은 원천이라는 점을 아무것도 명시적으로 지적하고 있지 않다는 것이다. 더욱이 이 오물은 주요 신화 속에서 과장되어 있다. 과도한 취사행위의 결과에서 유래하거나(M_{143}), 이중으로 '자연적'인 어린아이와 관련되어(M_{145}에서 혼외정사로 태어난 동물의 아들) 있거나 또는 독극물의 주인인 새와 연결되는데, 이 새의 콧물은 또 다른 새의 콧물과 대립관계로 특별히 모방한 것처럼 서술되어 있다(M_{161}). 무엇보다도 독극물의 진실에 이르기 위해서는 신화들을 모두 일종의 행렬(줄)로 세워야 하는데, 그 행렬의 간격이 하도 좁아 자연과 문화, 동물성과 인간성이 매우 가깝게 연계되어 있는 것처럼 보인다는 것이다.

문두루쿠 여자(M₁₄₃)는 개구리의 보호 하에 들어갔으며 개구리는 여자를 가정부로 사용했는데, 이것은 말하자면 행위자의 문화적 능력과 관련되는 것이다. 아레쿠나 주인공(M₁₄₅)은 암컷 맥에게 유혹되며, 카추야나 주인공(M₁₆₁)은 암컷 원숭이에게 유혹된다. 여기서 자연이 문화의 양식을 모방하기는 하지만 역전되어 있다. 개구리가 요구한 취사는 인간의 취사와는 반대로 이루어진다. 왜냐하면 개구리는 여주인공에게 사냥감의 가죽을 벗겨 훈제가마 위에 살코기를 올려놓도록 하고, 가죽은 불 속에 집어넣도록 하기 때문이다. 이것은 상식에 반하는 행동이다. 사람들은 가죽째로 훈제하며, 훈제가마 밑에 은근한 나무장작 불을 놓아 훈제하기 때문이다.[38]

아레쿠나 신화에서는 이러한 뒤집힌 세상의 특성이 훨씬 잘 나타난다. 암컷 맥은 그녀가 입양한 아들을 진주로 가장한 진드기로 뒤덮어놓고 있다. '맥은 아들의 목, 다리, 귀, 고환, 팔 밑, 그리고 온몸을 진드기로 덮었다'(K.G. 1, 69쪽). 암컷 맥에게 독사는 카사바 빵을 굽는 화덕의 판이며, 개는 독사다. 카추야나 주인공은 훈제된 암원숭이의 시체가 인간의 형상이라는 생각에 사로잡혀 있다.

이 신화들에서 자연과 동물(성)이 문화와 인간(성)으로 도치된다고 말하는 것으로는 충분하지 않다. 자연과 문화, 동물(성)과 인간(성)은 여기에서 상호투과될 수 있다. 한 계(예를 들자면 동물계—옮긴이)에서 다른 계로 자유로이, 아무 장애도 없이 이동할 수 있는 것이 있다. 두 계 사이에 심연이 존재하는 대신에 두 계는 서로 섞여 있으며, 한 계의 각 용어(항)는 다른 계에서 상관관계가 있는 용어(항)를 환기한다. 즉 각 계의 두 용어(항)들은 상호적으로 의미할 수 있다.

---

38) 신화M₁₄₅의 Kruse 2 판본에는 이러한 에피소드가 없다. 이 신화의 모든 용어는 인간 쪽으로 변경되어 있다. 즉 원숭이들은 변형된 어린아이들이며, 인간의 형상을 한 주술사 개구리는 단지 그가 소리를 낼 때만 참모습을 나타낼 뿐이다(이 책 487~489쪽 참조).

그런데 자연과 문화의 상호적 투과성에 대한 이러한 특권적 의식은 신화M₁₆₁의 배고픈 주인공의 행위를 시적으로 표현할 수 있도록 했으나, 주인공은 자신이 소유하고 싶었던 우아한 아내의 형상인 사냥감을 먹을 수가 없었다. 그렇다면 독극물의 어떤 개념적 측면이 그와 같은 생각을 불러일으키게 한 것은 아닐까? 자연과 문화 사이에 독극물은 일종의 누전(court-circuit)을 일으킨다. 독극물은 자연적 물질인데 자연적 물질로서 사냥이나 어로와 같은 문화적 활동에 포함되며, 이 자연적 산물은 이런 문화적 활동을 극도로 편리하게 한다. 독극물은 인간과 인간이 사용하는 일상적인 수단들을 압도하며, 그 자신의 행위를 증폭하고, 자신의 효과를 예견한다. 그것은 더욱 신속히 그리고 더 큰 효율성을 발휘한다. 그러니까 토착민들의 사고로는 자연이 문화 속에 끼어든 것이라고 보는 점을 이해할 수 있으리라. 자연은 일시적으로 문화를 침범하며 얼마 동안 두 측면의 결합된 활동이 이어질 것이다. 그렇게 되면 이제 그들 각각의 몫은 분간할 수 없게 될 것이다.

만일 우리가 토착민들의 철학을 올바르게 해석했다면, 독극물의 사용은 자연적 특성에 의해 직접적으로 야기된 문화적 행위로서 나타날 것이다. 인디언들이 제기한 문제에 따르면 독극물은 이처럼 자연과 문화가 상호침투한 결과로 나타난 동형점으로 정의될 수 있을 것이다

그런데 문화의 과정 속에 매개의 과정 없이 갑자기 나타나서 그 흐름을 변경시키는 이 자연적 존재(독극물—옮긴이)는 유혹자와 같은 이미지를 갖는다. 단지 유혹자를 있는 그대로 서술하는 한에서는 그렇다는 의미다.

결국 유혹자는 그의 행위와 관계지어 볼 때 사회적 지위와는 상관없는 존재다—그렇지 않다면 그는 전적인 유혹자는 아닐 것이다—유혹자는 자연적(타고난) 배경을 유일한 덕목으로 삼는다. 신체적 아름다움, 성적인 힘(정력) 등은 결혼이라는 사회적 질서를 와해시킨다. 결과적으로 유혹자는 문화의 심장에 파고든 자연의 난폭한 침입을 의미한다. 이런 사실에서 어로용 독극물은 유혹자 맥, 또는 적어도 여성 유혹

자의 아들일 수 있다는 것을 이해할 수 있다. 왜냐하면 인간사회, 무엇
보다도 먼저 남자들의 사회에서는 한 남자에 의한 여자의 유혹과 한 여
자에 의한 남자의 유혹 사이의 평등을 인정하지 않는다. 만약 자연과
문화 사이의 대립을 여성과 남성 사이의 대립과 겹쳐놓을 수 있다면,
즉 실제적으로 전 세계의 경우야 어쨌든 우리가 논한 민족들의 경우에
서는, 동물 수컷에 의한 인간 여성의 유혹은 자연적 산물일 수밖에 없
다. 그리고 이것은 아래와 같은 등식으로 표시될 수 있다.

a) 자연 + 자연 = 자연

그리고 맥에게 유혹된 여자들은 (자연적 산물인) 물고기가 된다. 반면
에 동물 암컷에 의해 유혹된 남성은 아래의 등식에 해당한다.

b) 문화 + 자연 = (자연 ≡ 문화)

이것은 산출물로서의 어로용 독극물을 의미한다. 즉 혼합된 존재로
분명하지 않은 성징을 갖는다. 이러한 특성을 아레쿠나 신화M145는 분
명히 남성인 어린아이의 모습으로 기술하지만, 아이의 고환은 아직 성
숙하지 못해 단지 성능이 약한 독극물의 변종만을 만들 수 있을 뿐이
다. 그렇지만 두 활용등식으로 표현되는 신화들은 같은 집단에 소속되
며, 이것은 첫 번째 활용도식에서 여자들은 아무 동물로나 변형되는 것
이 아니라는 사실에서 나온다. 여자들은 물고기(들)로 뗑보와 상보적인
관계를 복원한다. 여자들은 자기 행위의 재료인 것이다.[39]
어로의 기술적 측면 역시 신화의 상보성을 존중한다. 왜냐하면 남자

---

39) 어로용 독극물이 맥의 아들이라는 것은 이 동물의 습성에 대한 기이한 믿음으로
설명이 된다. '맥은 연못에 물고기가 많은 것을 발견하면 연못에 자신의 배설물
을 누고 물 속으로 들어가 발로 그것을 헤쳐놓는다. 냄새에 유인된 물고기들이
그것을 먹고 취해서 물 위로 떠오른다. 맥의 방목장이 되는 것이다. 꾀를 써서

들과 여자들은 각기 분리된 기능을 수행하기 때문이다. 남성들은 능동적 역할을 한다. 뗑보를 준비하고, 조작한다. 그리고 그들은 살아 있는 물고기와 맞선다. 여성의 역할은 수동적이다. 물에 떠내려오는 죽은 물고기를 기다리며 하류 쪽에 모여 있다가 물고기를 모으는 것으로 그들의 임무는 끝난다.[40] 그러므로 아래와 같은 도표가 성립한다.

〔신화의 장(場)〕   〔경험의 장(場)〕

a) (M₁₄₃)   (M₁₄₅)

$$\frac{\text{여자들}}{\text{물고기들}} : \frac{\text{남자 어린아이}}{\text{뗑보}} :: \frac{\text{남자들}}{\text{뗑보}} : \frac{\text{여자들}}{\text{물고기들}}$$

위와 같은 사실에서 교착어법이 이루어지는데, 신화의 장에서는 여자들이 물고기로 변형되는 것이 능동적으로 실현되며, 어린아이가 뗑보로 변형되는 것은 수동적으로 받아들인 것이다. 반면에 경험적 현실의 장에서는 능동적 행위는 남자들의 영역이며, 여성들은 수동적 행위에 그친다.

신화M₁₄₃의 문두루쿠 여주인공이 범한 잘못은 이러하다. 만일 여주인공의 시선이 아직도 주위에 살아 있는 물고기들을 볼 수 없는 그러한 상황이 되어 상류 쪽에 고정되었다면, 그래서 그녀가 양성(兩性)에게 배분된 어로 장소의 규칙을 존중했다면, 그녀는 귀중한 신체의 독극물 (독성)을 보존했을 것이다. 그러나 그녀는 물고기가 죽는 것을 보기 위

근처에 숨어 있던 식민지 태생의 백인들(créoles)은 맥이 먹고 남긴 물고기를 가져간다'. '맥의 똥은 말똥과 같이 물고기들이 매우 좋아하는 도취제(황홀경에 이르게 하는)'라고 인디언들은 설명한다(Pitou, 제2권, 44쪽). 이처럼 이해할 수 없었던 신화를 설명해주는 현실의 변성(변질)의 예를 찾을 수 있다는 것은 놀라운 일이다.

40) 예를 들자면 문두루쿠 신화의 이 에피소드는 '5일째 되던 날 페리수아트(Perisuát)는 뗑보 어로를 하고 있는 표범 한 쌍을 만났다. 남편은 뗑보를 용해하느라고 상류에 있었고, 아내는 물고기를 주워 모으려고 하류 쪽에 서 있었다'(Murphy 1, 99쪽; Kruse 2, 644~645쪽 참조)라고 한다.

해 하류 쪽으로 시선을 돌리면서 이 규칙을 위반했다. 왜냐하면 상류 쪽에 살아 있는 물고기들의 한가운데에 있던 남자들은 하류 쪽을 보고 있었으며, 반면 여자들은 물에 떠내려오는 죽은 물고기를 감시하며 상류 쪽을 쳐다보고 있었기 때문이다. 이러한 역할의 위배는 삼중의 결과를 낳았는데, 동물성 독극물이 식물성 독극물로 변형, 문화적인 것에서 자연적인 것으로의 변형, 아주 여성적인 것이 아주 남성적인 것으로 변형된다. 그리고 이것 역시 등식으로 표시할 수 있다.

〔경험의 장〕
b)   (남자(들) : 여자(들) :: 상류 : 하류)

이 방정식은 아레쿠나 신화M₁₄₅에서 두 개의 대립(관계)의 강화로 인해 더 큰 힘을 얻는다. 이 신화에서는 남자(들)와 여자(들)의 대결로 나타나는 것이 아니라 인간(들)과 물고기를 먹는 새의 대결로 나타난다. 물고기를 먹는 새(들)와 인간의 관계는 마치 어로작업에서 여자들이 남자들과의 관계로 나타나는 것처럼 표현된다. 왜냐하면 또 다른 가이아나 신화는 다음과 같이 기술되어 있기 때문이다. '연못의 조용한 물가에 사는 오늘날의 모든 새는 물고기와 썩은 고기를 먹고 산다'(K.G. 1, 262쪽).

투유유새(Mycteria 속의 아마존 지역의 이름, 좀더 남쪽에서는 자비루〔jabiru〕라고 부름)는 수상(水上) 새들의 사절로서, 신화M₁₄₅에서 결정적인 역할을 수행하며 한 종류의 새를 의인화하고 있다. 이 새의 동료들은 홍수가 난 후 뭍으로 밀려온 수천 마리의 물고기를 먹으러 날아드는데, 밀려온 물고기가 너무 많아 새들이 없었다면 공기는 유기적 부패(고기의 썩음)로 오염될 것이라고 사람들이 믿을 정도였다(Ihering, 제36권, 208~209쪽). 먹기 위해서 물고기가 죽기를 기다리는 새들은 독극물 어로에서 죽은 물고기를 낚아채기 위해서 물고기가 죽기를(남자들의 작업으로) 기다리는 여자들로 변형될 수 있다. 깊은 물 속에서 어로가 실행되기를 요구했던 새들의 에피소드는 아래와 같은 변형으로 명확해진다.

c) (남자들 / 여자들): (상류 / 하류):: (인간 / 새들): (강 / 폭포 밑의 못)

이 마지막 등식은 중요하다. 왜냐하면 이 등식은 인간에게서 나온 뗑보(인간의 때)를 분실하는 원인이 신화M₁₄₃과 신화M₁₄₅가 같다는 사실을 증명하기 때문이다. 한 경우는 뗑보를 소유한 여성이—자신의 실수로—자신을 남성의 위치에 놓음으로써 힘을 잃어버린다. 다른 경우에는 뗑보를 가진 어린아이가—여자 어부의 변형인 새들의 실수로—낮은 위치(폭포 밑 웅덩이)로 내려와 죽는다. 그런데 이 낮은 위치는 하류와 합동(관계)이며 여성적인 위치다. 두 신화에 공통된 하나의 도표 위에 생기는 도치는 각 신화의 결론의 도치를 수반한다. 즉 특이한 뗑보의 분실(M₁₄₃)은 일반적 뗑보의 기원(M₁₄₅)이 된다.

독극물의 문제로 다시 돌아가자. 아레쿠나 신화는 독극물의 기원을 무지개의 개입과 연관시키고 있다. 우리가 이미 시사했지만(이 책 468쪽 이하 참조) 질병 기원의 보로로 신화M₅의 여주인공은 뗑보 어로로 잡은 물고기를 게걸스럽게 먹었는데, 이는 기상학적 현상과 관계가 있다. 여주인공은 질병의 어머니다. 우리는 모든 열대 아메리카 지역에서는 질병을 일반적으로 무지개 때문인 것으로 여기며, 적어도 질병이 전염병의 특성을 나타낼 때에는 더욱 그렇다는 점을 지적한 적이 있다. 이에 대해 좀더 살펴보자.

노화, 사고, 전쟁 등으로 얻은 질병과는 달리 전염병은 인구 구성에 엄청난 결손을 가져온다. 이런 점에서 전염병은 어로용 독극물과 공통점을 갖는다. 우리가 이미 보았지만, 강가에 사는 주민들에게 어로용 독극물은 다른 수단으로 얻을 수 있는 결과와 비교될 수 없을 정도로 많은 물고기에게 피해를 끼칠 수 있다(물고기를 수확할 수 있다). 질병과 독극물 어로 사이에 이러한 연관성이 사변적인 것은 아니다. 이러한 연관성에 대한 설득 근거(논거)를 가이아나 신화가 제시하고 있기 때문이다.

M162. 카리브족의 신화: 질병과 어로용 독극물의 기원

옛날에 사람들은 질병과 고통, 그리고 죽음을 모르고 살았으며 서로 다툼도 없었다. 모든 사람은 행복했고, 숲의 정령들도 인간사회에서 함께 살았다.

하루는 여자의 외양을 취한 정령 중의 하나가 자신의 아기에게 젖을 먹이며 인디언을 방문했는데, 이들이 정령에게 너무 뜨겁고 매운 수프를 내놓는 바람에 이 초자연적 여인은 '심장까지' 데었다. 그녀는 재빨리 물을 요구했으나 악질적인 주인(여)은 물이 없다고 둘러댔다. 정령은 어린아이를 오두막에 놔둔 채 강가로 목을 축이러 달려갔다. 그녀가 집을 나서자, 악한 여주인은 불 위에서 끓고 있는 가마솥에 어린아이를 집어넣었다.

오두막으로 돌아온 정령은 아이를 찾아 헤맸다. 가마솥 옆을 지나치면서 그녀는 무의식적으로 국자를 가지고 수프를 저었다. 그리고 그녀는 솥 위에 뜬 작은 시체를 보았다. 눈물로 범벅이 된 그녀는 인디언들에게 비난을 퍼부으며 다음과 같이 경고했다.

이제부터 인디언들은 자신을 울린 만큼 그들도 울게 될 것이며, 그들의 어린아이들은 죽을 것이다. 그리고 여인들은 이제부터 출산의 고통을 가지게 될 것이다. 남자들은 물고기를 잡기 위해 바가지로 물을 퍼내 물길을 끊는 것으로 족하지 못할 것이며, 바가지에 충분한 고기를 다시는 채우지 못할 것이다. 이제부터 그들은 노동하며, 고통을 느끼게 될 것이다. 그리고 식물뿌리로 연못에 독을 푸는 고통을 견뎌야 할 것이다.

마침내 숲의 정령은 죄를 범한 여자를 죽였고, 그녀의 행실을 거칠게 비난하며 그녀의 어린아이들을 공격했다. 이 겁나는 덩이줄기(괴경)를 소유하고 있는 정령들은 '고구마'(patate)라는 말이 들릴 때에만 사라진다(Roth 1, 179쪽, 이 신화의 해석을 참조하기 위해서는 이 책 561쪽 이하 참조).

질병의 기원 보로로 신화M5와 카야포 신화M140에서 집단어로를 하던 한 마을이 최초의 전염병으로 집단적인 희생을 당한다. 보로로의 두 신화M2, M3에서는 문화의 도래를 주민의 학살에 종속시키고 있다(문화의 도래보다 주민의 학살이 선행된다—옮긴이). 두 신화분석을 통해 우리는 토착민들의 사고로는, 자연(상태)에서 문화(상태)로의 이전이 연속에서 불연속으로의 이행과 일치한다는 사실을 추론했다(167~176쪽).

그런데 우리는 어로용 독극물이 의미론적 관점에서 보면 자연에서 문화로의 이행이 연속성의 문제를 해결하지 못한 지점에 있다는 것을 상정했다. 토착민들이 가진 식물성 원천 독극물에 대한 개념 속에는 물론 항상 어디에나 존재하는 것이지만, 자연과 문화 사이의 간격이 최소한으로 축소되어 있다는 것을 말해보자. 그러면 결과적으로, 어로나 사냥용 독극물은 최대한의 불연속을 야기하는 최대한의 연속으로 정의될 수 있다. 또는 원한다면 이 독극물은 자연과 문화의 분리를 결정짓는 두 계의 결합점으로 정의될 수 있다. 왜냐하면 하나(자연)는 연속된 질량(quantité continue)과 관계되고, 다른 하나(문화)는 불연속적 질량(quantité discrète)과 관계되기 때문이다.

그러므로 아레쿠나 어로용 독극물의 기원신화M145가 아래와 같은 에피소드를 포함하는 것은 우연한 일이 아니다(이 에피소드에 대해서는 다음에 다시 논의할 것이므로 여기에서는 이에 대한 간략한 내용만을 제시할 것이다). 에피소드는 생물 종의 신체적 불연속(다양성—옮긴이)을 무지개의 '조각남'과 연계시키고 있다. 다시 말하자면, 이러한 동물학적 질서의 출현——다른 계의 출현과 마찬가지로——은 자연에 대한 문화의 영향(우세)을 보장하기 때문이다(L.-S. 8; 9, 여러 곳 참조). 외관상으로는 잡다한 주제들의 병렬(배치) 뒤에서 어렴풋하게나마 작품의 분석을 통해 우리는 작은 간격과 큰 간격의 변증법적 논리를 감지할 수 있으며, 아니면 이에 합당한 용어들을 음악적 언어에서 차용하여, 반음계(chromatique)와 전음계(diatonique)의 변증법적 논리를 볼 수 있다.

남아메리카의 사고(체계)가 시사하는 점은 비관적이다. 왜냐하면 그것의 방향성에서는 전음계적이지만 마치 일종의 본래적 악행은 반음계에 돌리고 있는 것처럼 모든 일이 일어나기 때문이다. 다시 말해서 문화에서는 문화가 존재(성립)하기 위해서, 그리고 자연에서는 자연이 인간 사고의 재료로 사용되기 위해서 커다란 간격은 필수적이며, 이런 간격은 원초적 연속의 자기파괴에서 유래될 수밖에 없다. 이런 원초적 연속의 힘은 그것이 살아 있는 아주 예외적인 수준에서만 느낄 수 있다. 즉, 인간에게 유리한 독극물의 형태로 남아 인간이 그의 주인이 된 경우든가, 또는 인간에 대항해 무지개의 형식으로 남아 인간이 그를 제어할 수 없는 경우 등을 볼 수 있다.

독극물의 크로마티즘(반음계/채색)은 관념적 질서다. 왜냐하면 크로마티즘은 자연과 문화 사이 아주 작은 간격의 개념과 관계되기 때문이다. 무지개의 크로마티즘(채색)은 경험적이며 감지될 수 있는 것이다. 그렇지만 만일 앞에서 한 고찰에서 크로마티즘이 변별력의 범주로서 채색된 도식의 의식적 또는 무의식적 이해를 전제하고 있다는 사실을 받아들인다면, 크로마티즘에 대한 루소(Jean-Jacques Rousseau)의 몇몇 성찰을 참조하는 것은 유익할 것이다.

"크로마티즘이란 말은 그리스어 χρῶμα에서 유래하며, 색깔(색채)을 의미한다. 왜냐하면 그리스인들은 이러한 장르를 붉은색의 특성이나 여러 가지로 채색된 특성으로 표시하거나, 또는 당시의 저자들은 말하기를 크로마티크 장르는 마치 색깔이 흰색과 검은색 사이의 중간에 있는 것처럼 두 개의 다른 것 사이에 위치하는 것이라고 했기 때문이다. 또는 다른 텍스트에 따르자면, 이러한 장르는 변화하며, 전음(全音, Diatonique)을 반음(半音, semi-Tons)으로 아름답게 장식한다. 이 반음(들)은 회화에서 색채가 변화하는 것과 같은 효과를 음악에서 하기 때문이다"(『음악사전』, '반음계' 항목 참조).

루제(G. Rouget: 그는 최근 논문에서 원시 크로마티즘에 대한 문제를 훌륭하게 제시했다)처럼 우리는 이 용어(크로마티즘)를 '작은 간격' 을 표현하는 아주 일반적인 의미로 이해한다는 점을 강조할 필요가 있 다. 이 용어는 다른 관점에서는 차이가 있을지라도 그리스적 의미와 현 대적 의미를 포괄하며, 또한 크로마티즘이란 말이 음악이나 회화에서 가질 수 있는 공통된 의미를 보전한다. 우리는 계속해서 루소를 인용할 것이며, 이것은 크로마티즘에 대한 남아메리카의 이해(개념, 여기에서 는 우선 시각 코드의 용어로 사고되고 있음)가 이상하거나 이국적인 것 이 아니라는 것을 증명하기 위해서다. 플라톤과 아리스토텔레스 이래 로, 서양인들은 크로마티즘의 개념을 사용(여기에서는 음악의 측면에 서)하는 것을 불신하고 있는데, 이는 남아메리카에서와 같은 모호함이 포함되어 있기 때문이다.

브라질 인디언이 무지개에 고통과 죽음을 연계시키는 것처럼 서구인 들 역시 '크로마티크(반음계) 장르는 슬픔과 고뇌를 표현하기에 훌륭 하다고 생각했다. 강화된 반음계가 고조되면 영혼을 할퀸다. 저하되더 라도 힘이 없어지는 것이 아니며, 사람들은 진정한 비탄의 소리를 듣는 다. 그러나 이런 장르가 힘을 가지면 가질수록 보다 효력은 감소되는 것이 틀림없다. 마치 접시에 담긴 세련된 음식물처럼 너무 풍부하면 곧 질리게 되듯이, 간소하게 차려졌을 때 매력이 있지만 과다했을 때에는 그만큼 싫증이 나게 된다'고 한다(『음악사전』). 크로마티즘(반음계)에 대해 리트레(Littré) 사전은 루소 논문의 초반부를 인용해 첨가하기를 "대화에서 '반음계', '반음계적'이라는 것은 사랑의 슬픔을 호소하는 듯한, 부드러운, 애처로운 구절을 의미한다"('반음계' 항목 참조).

지금이 바로 가이아나에서 무지개는 사리그라는 이름으로 불린다는 사실을 떠올릴 시점이다. 지금 우리가 하는 추론과 대단히 다른 추론을 통해, 우리는 무지개와 사리그의 동일시 속에서 대단히 작은 간격의 결 과를 보게 되었다. 이 작은 간격의 결과로 우리는 신화들이 서술하는 사리그의 인물 속에서, 생명을 부여하는 기능과 죽음을 가져오는 기능 이라는 논리적으로 대립된 기능들을 구별할 수 있었다(472쪽). 결과적으로 사리그 역시 '크로마티크'(반음계)한 존재다. 게다가 사리그는 신화M₈₉에서 독극물에서 유혹자들까지 연계되어 있지 않았는가? 그리고 같은 신화 집단의 여러 신화 속에서 사리그는 그 자신이 독극물이 아니었던가?

우리는 이졸데(Yseult)가 '사리그의 기능'으로 축소될 수 있다고 암시하는 선까지는 가지 않을 것이다. 그러나 남아메리카 신화분석을 통해 우리는 어로용 독극물이나 또는 사냥용 독극물이 사회질서의 파괴자인 유혹자의 조합변이형이며, 이것들은 자연과 문화 사이에서 작은 간격의 지배로 인해 두 가지 양상으로 나타난다는 것을 알게 되었다. 이러한 사실을 통해 사랑과 죽음의 묘약은 단순한 호기로 얻는 이유와는 또 다른 이유로 인해 호환이 가능하다는 사실을 알았다. 그리고 이러한 사실들은 트리스탄(Tristan)의 크로마티즘에 대한 심오한 이유에 대해 숙고해보도록 한다.

제5부
3악장으로 된 전원교향곡

이것들은 시인이나 동화작가들이 마치 거미가 아무 재료도 주제도 없이 거미줄을 뽑아 망을 짜듯이 즐거움을 찾으려 쓴 모호한 동화나 공허한 이야기를 닮은 콩트가 아니다. 이것들이 사건과 다소간의 불편한 기억들을 포함한다는 것을 아마 당신들도 잘 알고 있으리라. 마치 수학자들이 말하듯 무지개는 물방울에 반사된 빛이 우리의 눈을 통해 나타나는 다양한 색깔의 그림인 빛의 외양일 뿐이며, 이 동화 역시 사실 속에 감추어진 또 다른 진실에 대한 심오한 숙고를 요하는 어떤 원인들의 외양이다.

• 플루타르코스, 『이시스와 오시리스에 대해서』, 아미요(Amyot) 옮김. §X.

1 민속 주제에 대한 희유곡

이제 참조신화로 되돌아가 요점을 짚어보도록 하자. 우리는 어디에 위치해 있는가?

우리는 보로로 신화M_1, M_5와 제족 신화M_7~M_{12}가 같은 신화 집단에 속하며, 하나의 신화는 몇몇 변형을 매개로 해서 다른 신화로 이행할 수 있다는 것을 증명했다. 이러한 변형의 원리는 기원론적인 측면과 관련되어 있다. 왜냐하면 이 신화는 모두 그 주인공이 새둥지 터는 사람들이며 때로는 물의 기원신화M_1로서 나타나기도 하고, 때로는 불의 기원신화M_7~M_{12}로서 나타나기 때문이다. 보로로족은 첫 번째 경우를 보여주며, 제족은 두 번째 경우를 보여준다. 그러나 이것이 아무 물이나 아무 불이 아니라는 점을 상기할 필요가 있다. 불은 취사용 불이며, 물은 바로 취사용 불을 꺼버린 폭풍우와 소나기 형태의 물이다.

이러한 대립은 다른 대립에 의해 대조 검증된다. 모든 신화에서 물의 주인인 영혼의 왕국(보로로 신화)이나 불의 주인인 표범의 집(제족 신화)으로 원정을 행하는 주인공의 성공 여부는 간접적으로나 직접적으로 소리와 관련된 주의 여하에 달려 있다. 말하자면 소리를 내지 말아야 하며, 소리에 귀기울이지 말아야 한다. 간단히 정리하면 '침묵하거나' 아니면 '귀머거리가 되느냐'에 달려 있다. 심지어 이런 주제가 명시적으로는 없어 보이는 셰렌테 신화M_{12}에서도 결국 일종의 자신의 행위를 수정하는 태도를 보인다. 구운 고기를 가지고 부락으로 돌아온 주인공이 가족들의 질문에 고기는 단지 햇볕에 구운 것이라고 대답함으로써, 그는 '귀머거리가 된 행동'을 보인다(이 책 202쪽). 셰렌테 주인공의 귀머거리의 태도는 보로로 주인공의 침묵의 태도와 짝을 이룬다. 반면 아피나이에 주인공(M₉)은 아주 예민한 귀(청각)를 가지고 있으며(그는 썩은 나무가 부르는 소리를 듣는다), 팀비라 신화의 주인공(M₁₀)은 고기를 먹을 때 소리를 많이 낸다.

이러한 관점에서 보면 신화들을 분류하는 경계선이 이동하는데, 제족 신화 집단을 넘어 한편에는 보로로와 팀비라 신화들을 놓고(침묵의 태도가 다소간의 효력을 발휘한다), 또 다른 한편에는 아피나이에와 셰렌테 신화들(귀머거리의 태도 역시 다소간의 효력이 있다)을 놓을 수 있다.

이 모든 신화는 부정적이든 또는 긍정적이든 음식물 취사의 기원과 관계를 갖고 있다. 신화들은 음식물을 섭취하는 방식으로 다른 신화들과 대립한다. 즉 식인을 하는 자들은 날고기를 먹고, 썩은 고기를 먹는 자들(charognards)은 썩은 고기를 먹는 것이다. 그러나—이런 사실에서 세 번째 차이성을 볼 수 있다—신화들은 여러 형식의 식인 방식을 나타낸다. 보로로 신화에서는 공중식인(우루부독수리)과 수중식인(피라니아), 제족 신화에서는 지상식인을 말한다. 이러한 식인은 때로는 자연 그대로(천연)의 날고기를 먹거나(육식동물) 때로는 초자연적인 식인, 즉 구운 고기를 먹는다(아피나이에 식인귀). 이렇게 유형화 하면 두 가지 어려운 문제가 남지만 우리는 임무가 이루어졌다고 생각할 수 있다.

첫 번째 문제는 왜 보로로족의 신화는 폭풍우와 소나기(반(反)-불, anti-feu)의 기원을 근친상간의 결과와 연계하고 있으며, 또 제족 신화에는 이와 같은 주제가 없는 이유는 무엇인가다. 틀림없이 이런 주제가 절대적으로 부재한 것은 아니다. 왜냐하면 아버지와 아들(모계출계 사회에서 둘은 인척관계다) 사이의 반목(대립)은, 한쪽은 성인이고 다른 한쪽은 어린아이인 의붓형제(매형과 처남) 사이의 반목으로 대체되고 있기 때문이다. 그러나 기대할 수 있는 직접적인 도치 대신에[1] 여기서는 단지 세대가 다른 두 사람 사이에 약화된 대립이 있을 뿐이다. 이러한 세대 간의 대립은 인간집단의 불변적 상수이기도 하다. 그러나 세대가 다른 두 남자 사이에 한 여자의 매개로 관계가 형성된 것이 인간집단이다. 이렇게 약화된 대립의 이유는 설명되어야만 할 것이다.

두 번째 문제는 거의 모든 판본에 공통적으로 나타나는 음식물의 취사(익힘)와 소리에 대한 태도 사이에 이해할 수 없는 연관성을 어떻게 해석할 것인가 하는 문제다.

이 두 문제는 실제적으로는 단지 하나의 문제를 형성하고 있을 뿐이다. 이러한 사실을 이해하면 해결책은 곧 나타난다. 이러한 어려운 문제를 증명하기 위해서 우리는 다소 정통적이지 않은 방법을 사용할 것이다. 이 때문에 세계 도처의 일반 신화와 민속의 영역을 섭렵하게 될 것이며, 우리의 브라질 신화는 잠시 동안 접어놓을 것이다. 우회하는 것 같은 이러한 방법을 사용한 증명은 실제로는 시간과 거리를 단축하는 것이 될 것이다.

* * *

만일 우리가 소란스러움(소리)이 풍습으로 받아들여진 경우에는 어떤 것들이 있느냐고 인류학자에게 갑작스레 묻는다면 그는 틀림없이 두 가지 경우를 인용할 것이다. 유럽 전통의 샤리바리(charivari＝소란)와 일식이나 월식의 경우에 이른바 많은 미개사회(그리고 문명사회에서도)에서 행해왔고, 또 행하고 있는 야단법석(바카르므[vacarme])을 들 것이다. 차례대로 설명해보자.

디드로와 달랑베르의 『백과사전』은 샤리바리를 아래와 같이 정의한다. '샤리바리라는 단어는…… 두 번 세 번 재혼을 하는 사람들의 대문

---

1) 도치가 존재하지만 간접적인 형식으로 존재한다는 사실을 540~542쪽에서 보게 될 것이다.

이나 연령차가 많이 나는 남자와 결혼하는 여자들의 대문 앞에서 밤에 냄비, 대야, 솥 등을 두드리며 내는 비웃음의 소리를 의미하거나 묘사하는 말이다' '옛날에는 이런 풍습이 아주 널리 행해져 심지어 재혼을 하는 여왕들에게까지도 행해졌다'('Charivari' 항목 참조).

반 제넵(Arnold Van Gennep, 1873~1957)은 샤리바리가 행해지는 사람과 상황을 다음과 같이 열거한다. 나이 차이가 아주 많이 나는 배우자들의 결혼, 홀아비의 재혼, 아내에게 두들겨 맞은 남편, 부자 또는 나이가 많거나 이방인인 구혼자를 얻기 위해 사람들이 호감을 갖는 애인을 버린 처녀, 난잡한 생활을 하는 처녀, 아이를 가진 처녀가 흰 드레스를 입고 하는 결혼, 돈을 받고 여자에게 몸을 파는 청소년, 간음한 기혼녀, 기혼남을 애인으로 가진 처녀, 비굴할 정도로 너그러운 남편, 금지된 관계를 깬 결혼 등을 열거하고 있다. 뒤 캉주(Du Cange)에 따르면 사람들은 청년들의 신심회 지도자인 사제(l'Abbé de la Jeunesse)에게 보상비용을 지불함으로써 샤리바리를 변제받을 수 있었다. 반 제넵은 대부분의 경우에 샤리바리가 행해지는 것은 여자라기보다는 오히려 남자였다고 말한다(V.G., 제1편, 제2권, 614~620쪽).

일식과 월식의 경우에 행해지는 야단법석은 천체(해와 달)를 잡아먹으려고 하는 동물이나 또는 괴물을 쫓기 위해 이들에게 두려움을 주려는 것이 목적일 수 있다. 이러한 풍습은 세계 도처에서 행해진다. 중국, 미얀마, 인도, 말레이시아와 아프리카의 다호메와 그 인근지역, 그리고 아메리카에는 캐나다에서 멕시코를 거쳐 페루에 이르기까지 퍼져 있다. 게다가 고대인들도 이를 행했는데, 이는 티트-리브(Tite-Live : 로마의 역사학자 리비우스(Titus Livius)의 불어식 이름—옮긴이)와 타시트(Tacite : 로마의 역사학자 타키투스(Publius Cornelius Tacitus)의 불어식 이름—옮긴이)도 이 풍습을 거론하는 것에서 알 수 있다. 이 풍습은 최근까지 전통의 형식으로 또는 신화 속에 남아 있으며, 특히 이탈리아와 스칸디나비아 심지어 프랑스에도 일식이나 월식은 해와 달을 공격하는 늑대에 의해 일어난다는 믿음을 바탕으로 한 신화가 있다.

이 두 경우 공통점은 무엇일까, 그리고 소리를 내서(소란을 피워서), 정말 어떤 결과를 얻으려는 것인가?

언뜻 보면 이 질문에 답을 하기가 쉬울 것 같다. 샤리바리는 불미스러운 결합을 질책하는데, 일식과 월식은 위험한 결합처럼 보이기 때문이다. 잡아 삼키려는 괴물과 괴물의 먹이가 되는 천체의 위험한 결합, 즉 일월식의 경우 야단법석에 대한 일반적 해석은 한편으로는 소리가 천체를 삼키려는 우주적인 괴물, 다른 한편으로는 결백한 먹이를 '삼키려'는 사회학적 '괴물'을 쫓을 수 있다고 확신하는 것 같다. 그렇지만 이러한 설명이 모든 경우에 적용될 수 없다는 것은 반 제넵이 제시한 예를 봐도 알 수 있다. 때때로 샤리바리는 지나친 행동을 보인 남자나 여자에게 행해지기보다는 그럴 가능성이 있는 사람에게 행해진다.

이런 사실들을 좀더 자세히 밝혀보자. 반 제넵이 제시한 여러 경우에서 소리가 때로는 비난받아야 할 결합, 때로는 위험한 분리를 벌하는 것처럼 보인다는 것이 어려운 점이다. 그러나 결합이 근본적인 현상을 구성한다고 볼 수는 없을까? 일월식의 경우와 마찬가지로 혼인의 경우에서도 결합은 먼저 부정적인 것으로 정의되는데, 왜냐하면 규칙적인 연결고리를 통해 해와 달, 낮과 밤, 빛과 어둠, 더위와 추위가 번갈아 뒤를 이어 교대하는 정상적인 순서를 단절시키기 때문이다. 또 사회학적 측면에서 보면 신분이나 나이, 재산 등등의 관점에서 상호합당한 관계에 있는 남자(들)와 여자(들)를 기호로 표시한다면 다음과 같다.

a, b, c, d, e, ⋯⋯⋯⋯⋯⋯ f, g, h, ⋯⋯⋯⋯⋯⋯ l, m, n, ⋯⋯⋯⋯

여기에서 야단법석이 질책하는 것은 통합적 연쇄를 이루고 있는 여러 항 가운데 두 항 사이에 일어나는 단순한 결합이 아니다. 다시 말하자면 아래와 같은 유형의 상황을 의미하지 않는다는 것이다.

$$a, b, c, \underbrace{d\ e}\cdots\cdots\cdots f, g, h, \cdots\cdots\cdots l, m, n, \cdots\cdots\cdots,$$

그렇지만 좀더 복잡한 경우가 있는데, 한편으로는 통합적 연쇄의 고리가 '단절되는' 경우고, 다른 한편으로는 이 통합적 연쇄의 고리에 외부의 요소가 '끼어드는' 경우다. 연쇄고리의 한 항을 '가로채는' 또는 가로채려고 애쓰는 요소가 있을 때, 이 요소는 통합적 연쇄의 불화(분리)를 일으킨다.

$$a, b, c, d, e \;/\; f \;\;\nearrow^{x} \;/ g, h, \cdots\cdots\cdots l, m, n, o \cdots\cdots\cdots$$

특히 가로채기(captation), 즉 잠재적 짝의 한 항이나 이 잠재적 짝의 항들을 매개하는 한 항이 가로채기와 관계된다면, 우리는 가로채기라는 개념을 통해 분리와 결합의 불일치를 극복할 수 있다.

우리는 포르티에-볼리외가 조사한 홀아비에게 행해지는 샤리바리에 대한 미간행 현지조사 보고서를 참조하도록 허락해준 전통민속예술박물관 관장인 리비에르(Georges-Henri Rivière) 씨에게 감사를 드린다. 이 보고서는 앞에서 행한 우리의 분석을 확인해준다. 이 보고서에서 샤리바리의 이유 가운데 배우자들 사이의 연령차이, 배우자들 가운데 한 사람의 못된 행위, 임신한 처녀의 혼인, 혼인파티의 거부를 언급하고 있지만, 특히 연령차가 큰 배우자 사이나, 또는 재산을 가진 배우자와의 재혼, 또는 홀아비(과부) 생활 가운데 건전치 못한 행위를 한 사람의 재혼 등등에 대한 질문에 샤리바리가 이루어진다는 대답이 92.5퍼센트를 차지한다는 것은 놀라운 일이다.

이런 경우의 재혼은 한계를 벗어난 것으로 생각하고 있는 것 같다. 이런 종류의 재혼은 재혼의 숨어 있는 깊은 특성을 나타낸다. 말하자면 혼인의 순환고리 밖에 있어야만 할 한 개인(홀아비나 과부)에 의해 일반적인 혼인연쇄의 한 고리가 가로채인 꼴이 되기 때문이다. 이것은 혼인연쇄의 이상적인 연속성을 끊어놓는다. 더구나 앞의 현지조사 보고서 중 프랑스 남부 부슈뒤론 주의 에기에르 출신의 한 정보제공자는 '샤리바리가 행해지는 것은 젊은 미혼 남녀 가운데 처녀나 총각을 빼앗아간 홀아비나 과부에 대한 보복 행위다'라고 말한다.

앞의 논증은 보조 정리(명제)의 가치를 갖는다(표준적인 가치를 가진 명제로 사용될 수 있다—옮긴이). 이것은 일월식의 야단법석이나 샤리바리의 경우에 행해지는 소리에 부여되는 진정한 역할이 무엇인가를 증명할 수 있도록 해준다. 그 역할은 통합적 연쇄의 연속에 이상(anomalie)이 나타났다는 것을 알리는 것이다. 다시 말해서 연쇄의 두 항이 분리되고, 동시에 이 두 항 가운데 하나가 연쇄 고리의 밖에 있는 또 다른 항과 결합하는 경우다. 그렇다면 이 결과는 우리에게 어떤 점에서 중요한가? 우리는 작업 내내 성(性)의 대립과 하늘과 땅의 대립 사이에 실제적으로 일반적인 일치를 이루고 있다는 점을 참조했다. 생명이 유한한 인간의 배우자인 별의 제족 신화M₈₇~M₉₃은 하늘에는 여성적 의미를 땅에는 남성적 의미를 내포시킨다. 그러나 북아메리카와 때로는 남아메리카(예를 들자면 M₁₁₀)의 같은 신화에서 위의 관계는 전도되는데, 단지 등식의 형식만이 바뀌지 않을 뿐이다.

$$\text{하늘} : \text{땅} :: \text{성}x : \text{성}y$$

그런데 우리가 본 신화들에 따르면 취사의 발견은 그때까지 지배적이던 하늘과 땅의 관계에 지대한 영향을 미쳤다. 불과 음식물의 익힘(취사)을 알기 전에 사람들은 고기를 '태양'에 말리기 위해 '돌' 위에 고기를 펼쳐놓았다(이것은 전형적인 지상과 천상의 속성을 나타낸다).[2] 고

---

2) 이런 신화적 가정이 사유에 영향을 주지는 않는다. 북아메리카의 오리건 주와 워싱턴 주의 부족들은 제족과 놀라울 만큼 유사한 용어로 신화적 문제들을 진술하고 있으며, 이들은 문명 창시 영웅이 불을 훔쳐오기 전에 사람들은 고기를 덥히기 위해 겨드랑이에 끼고 있거나 깔고 앉았다고 말한다. 그러나 브리티시컬럼비아의 톰

기를 매개로 해서 하늘과 땅, 태양과 인류의 근접성(proximité)이 증명된 것이다. 한 신화는 이러한 사실을 공공연히 표현한다. "옛날에 테네테하라족은 불을 몰랐다. 그들은 태양열에 고기를 익혔는데, 이 당시 태양은 땅에 훨씬 더 가까이 있었다"[저자의 강조](Wagley-Galvão, 133쪽).

암묵적으로 같은 가정을 진술하고 있는 제족들이 태양과 땅의 근접에 대한 강박관념 속에 살았던 과거의 부족을 알고 있었다는 것은 틀림없이 우연한 일이 아니다.

셰렌테족은 가뭄이 인간에 대한 태양의 분노에서 기인한다고 믿었다. 태양의 분노를 돌리기 위해서 그들은 의례를 행했는데, 그 기간과 규모는 다른 의례들을 능가하는 것이었다. 3주 동안 성인 남자들은 단식을 하며, 거의 끊임없이 노래를 불렀다. 잠도 자지 않았고 또한 몸을 씻는 것도 금지되어 있었는데, 더욱 정확히 말하자면 물의 사용이 금지되어 있었다. 이런 고행 기간의 끝무렵이 되면, 마르고 더럽고 햇볕에 그을린 고해자들은 화살을 가진 두 마리의 검은 말벌을 보거나 소리를 듣게 된다고 믿는다. 마을 주민들은 곧 눈을 내리깔고 얼굴을 가린다. 그러나 만일 고해자 중 단 한 명이라도 이 곤충들을 보지 못하게 된다면, 단식은 곤충들이 다시 나타날 때까지 연장되어야만 했다.

이때부터 말벌의 방문은 훨씬 잦아진다. 말벌들은 고해자들이 찾아야 할 작은 화살들을 떨어뜨린다. 고해자들이 하나씩 작은 화살을 얻게 되면 첫 번째 목욕이 시작되고, 이어서 머리를 깎고 몸치장을 한다. 그런 연후에 이들은 가족들이 살고 있는 오두막으로 되돌아간다.

단식이 끝난 후 다음 단계로 집단사냥이 행해지고, 음식물의 배분과 '장작불'을 운반하는 경주가 행해진다. 그 후에 사람들은 밤중에 '하늘의 길'이라고 불리는 지름 40센티미터, 높이 10미터의 나무기둥을 세운다. 제일 먼저 기둥에 올라가는 사람은 항상 십타토 씨족의 쿠제(kuzé)

프슨 강 지역의 이웃 부족들은 제족과 같은 이론을 갖고 있었던 반면, 남아메리카의 지바로족(Jivaro)과 투쿠나족, 그리고 문두루쿠족은 이 두 이론을 연관시키고 있다.

반족의 일원으로(이 책 208쪽, 423쪽 참조), 이 사람은 자신에게 불을 달라고 태양에게 간청을 한다. 그리고 곧 그가 가지고 올라갔던 섬유뭉치에 불을 붙인다. 이 섬유뭉치의 불로 마을의 모든 가정에 불을 나누어준다. 계속해서 사람들은 기둥에 올라가 나무기둥 꼭대기에 나타나게 될 각자의 조상 영혼에게 자신들이 얼마나 더 살 수 있는가를 묻는다(J. Feliciano [de Oliveira], 23쪽).

또한 주민들은 깃털, 나뭇잎, 곡식의 낟알 등등을 나무기둥 꼭대기에서 떨어뜨리는데, 이것이 각자가 다시 태어나게 될 것(종류)의 가시적인 형상을 나타낸다고 믿는다. 마지막 등반자는 천상 사자(使者)의 중개로 태양에서 오는 대답을 듣게 된다. 이 대답은 의례가 훌륭히 치러졌다는 만족의 표시며, 보상의 대가로 비를 보내겠다는 보증의 표시다.

그 다음날 나무기둥은 해가 뜨기 전에 철거되며, 사람들은 이것을 물속에 던진다. 그리고 마지막 단계로 고해자들은 반족별로 무리를 져서 모이고, 영혼을 상징하는 (떨어뜨린) 물건들을 바가지에 주워 담는 임무를 띠는 의식집행자는 주워 모은 물건들을 각 소유자에게 되돌려 준다. 이때 그는 정수리에 머리털을 깎은 부분(tonsure)을 통해 각자의 몸 속에 물건을 집어넣는 시늉을 한다(Nim. 6, 93~98쪽). 카야포족 역시 태양을 인간을 괴롭혔던 과거의 학대자로 간주한다(Banner 1, 49쪽).

특히 이 의례의 두 단계는 주의를 요구한다. 첫째로 고행자들은 아와크보니크와(awakbonikwa)와 엠바티(aimbati)라는 두 주요집단과 몇몇 노인들로 구성되는 작은 보조집단으로 나뉜다. 이 마지막 집단에 속한 노인들은 단지 5일 동안만 단식하면 된다. 이들의 주요 역할은 아침 저녁으로 고행자들에게 한 모금씩의 물을 제공하는 일이다. 그런데 이 집단의 이름이 신화M₁₂₄의 목마른 주인공의 이름과 같은 아사레다. 이런 사실에서 의례와 신화가 밀접하게 연관된다는 사실을 알 수 있다. 게다가 토착민들이 기억하고 있는 대단식 의례가 끝나갈 무렵, 'x오리온좌'가 태양의 사자, 달리 말해서 아사레의 역할을 행한다.

둘째로 금성과 목성, 그리고 화성를 표상하는 세 명의 의식집행자들이 기둥 둘레에 모여 있는 사람들에게 물을 분배한다. 금성과 목성은 맑은 물을 하나는 레제나리아종(*Lagenaria*)으로 된 바가지에, 다른 하나는 그레센티아종(*Crescentia*)의 바가지에 담아서 준다. 그러나 물을 마시는 사람은 깃털로 장식된 컵(*Lagenaria* 컵은 무명으로 장식되어 있다)에 화성이 제공하는 혼탁한 물은 거절한다. 금성과 목성은 십타토 반족에 속하며, 화성은 스다크란 반족에 속한다. 여기에서도 역시 의례는 사회 구조와 이미 논의한 신화M$_{93}$과 M$_{138}$에 연관되어 있다.

니무엔다주의 뒤를 이어 케이로스(M. I. de Queiroz)는 이 의례과정을 통해 셰렌테족이 과거에는 현재 살고 있는 지역보다 훨씬 더 가뭄이 심각한 지역에서 살았다는 증거를 찾았다고 믿었다. 그러나 그는 가뭄 심지어는 땅을 불바다로 만들어놓을 수 있게 땅에 접근해 해를 끼치는 사악한 태양의 주제가 아마존 지역(Amorim, 459~460쪽), 특히 문두루쿠족(Strömer, 136~137쪽)에게도 존재한다는 사실을 잊고 있었다. 이 주제는 캐나다 동부와 서부의 토착민들 미주리 강 지역(포니족과 만단족)에서 이른바 '부락을 형성하고 생활하는' 몽타녜-나스카피족(Montagnais-Naskapi)과 콰기우틀족(Kwakiutl)의 신화적 사고에서 중심주제다. 이런 사실들로 보아 이들 북아메리카인이 예전에 위와 같은 상징적 상황과 관계가 있는 기후적 조건들을 알고 있었다는 것은 믿기 어렵다.

특히 셰렌테족의 대단식 의례는 그 전개과정을 통해 (전체적인)구조를 존중하고 있는 것처럼 보인다. 이 구조는 '좋은' 불과 '나쁜' 불을 구별하는 것에 기초를 둔다. 나쁜 불은 태양이 땅에 행한 직접적인 행위의 결과에서 유래한다. 그러니까 먼저 태양이 멀어지도록 설득하지 않으면 안 된다. 그리고 일단 고행을 통해 결과를 얻고 난 후에는 태양에게서 하늘과 땅 사이를 매개할 수 있는 보충적인 두 가지 요소를 얻어내기 위해서 사람들은 겸손하게 태양에 접근(기둥에 올라감으로써)해야만 한다. 두 가지 요소란 먼저 취사용 불이다. 이것은 섬유뭉치에 붙인 불로 각 가정에 취사용 불을 다시 붙여주는 것이며, 다음으로는 태양에게서 약속받은 비다.

두 번째 요소인 비는 보로로 신화에서와 같은 요소이며, 불은 제족 신화에서와 같은 요소다. 이 두 요소는 그 기원을 서술하는데, 두 경우 모두 기둥(나무) 꼭대기에 올라간 어린아이에게 기원을 부여하고 있다. 마치 셰렌테 의례에서 기둥 타는 사람처럼 새둥지 터는 사람은 나무 꼭대기에서 상징적인 죽음을 맡고, 부활해 가족들 품으로 돌아오게 된다.

* * *

대단식 의례에 대한 이와 같은 해석은 우리가 아직은 분석하지 않은 제족 신화 집단의 신화들을 통해 (우리의 해석에 대한) 확증을 얻을 수 있다. 물론 이 신화들도 불의 기원에 대한 것이다.

그러나 이들은 이로운 취사용 불이 아니다. 문제가 되는 불은 해로움을 끼친다. 이 불은 땅을 태워버리기 때문이다. 이 신화들은 이미 우리가 보았던 해와 달, 두 문명 창시 영웅(주인공) 시리즈에 속한다. 크라호 판본 M_{11}에 따르면 이들은 함께 살던 인간들을 떠나기로 결심하고 사람에게서 불을 다시 빼앗아감으로써 취사용 불의 기원에서 일련의 역할을 행한다. 그러니까 두 신화 집단 사이에는 실제적인 연관성이 존재한다. 이런 종류의 제족 신화 판본은 너무 많고 서로 유사해서 별 어려움 없이 이들을 모두 종합해서 요약할 수 있을 것이다.

M_{163}. 중앙 그리고 동부 제족의 신화: 파괴적인 불

인류가 존재하기 훨씬 전에 해와 달은 땅 위에 살고 있었다. 어느 날 해는 동생에게 알리지 않고 사바나로 떠났다. 그리고 '하늘 기슭'(크라호)에 도착했다. 그곳에서 그는 부리로 나무껍질을 쪼고 있는 딱따구리의 독특한 소리를 들었다. 그 새 중 한 마리는 불처럼 빛나는 붉은 깃털로 왕관을 만들고 있었다. 해는 딱따구리가 가진 장식물을 요구했다. 그는 해에게 자신이 나무 꼭대기에 올라가 장식물을 던질 거라고 일러주었다. 그리고 무엇보다도 떨어지는 장식물이 땅에 떨어지지 않게 잡아채야만 한다고 했다.

왕관은 빙빙 돌며 떨어졌다. 그것은 너무 강하게 번쩍였으므로 마치 진짜 불 같다고 사람들이 말했다. 해는 왕관이 식을 때까지 한 손에서 다른 손으로 재빨리 이동시키면서 왕관을 잡았다.

얼마가 지난 후 달은 해가 숨겨놓은 장소에서 왕관을 찾았다. 달은 해에게 그와 같은 것을 가질 수 있게 해달라고 졸랐다. 그래서 해는 달을 딱따구리에게 데리고 갔다. 새들은 두 번째 왕관을 주겠다고 동의했다. 그러나 해가 재앙을 우려해 경고했지만, 해가 왕관을 얻기 위해 했던 것처럼 달은 자신도 그렇게 하겠다고 했다. 사실 달은 대단히 서툴렀다. 해가 예상했던 것처럼 왕관은 달의 손을 태웠다. 결국 그는 왕관을 땅에 떨어뜨리고 말았다. 불은 모든 사바나를 태웠고, 동물들도 불에 탔다(팀비라족 신화: Nim. 8, 243~244쪽; 아피나이에족 신화: Nim. 5, 160~161쪽; C. E. de Oliveira, 82~86쪽; 크라호족 신화, Schultz, 57쪽 이하; Pompeu Sobrinho, 204~205쪽).

불에 타는 듯한 머리장식의 주제는 대단히 널리 퍼져 있다. 옛 투피남바족의 우주관에서는 물론 옛 멕시코인의 우주관에서도 이와 같은 주제를 볼 수 있다. 딱따구리의 자연발화성 물질의 역할은 북아메리카 특히 주니족, 캐도족(Caddo), 위치타족(Wichita), 지카릴라 아파치족(Jicarilla Apache)과 메스칼레로족(Mescalero) 등과 항상 서투른 흉내 전문가('Bungling Host') 시리즈에 다시 등장한다. 위의 신화는 이에 대한 남아메리카의 적절한 예를 보여준다. 딱따구리는 브리티시컬럼비아 지역의 여러 신화 속에서 불의 주인으로 등장한다(예를 들자면 Boas 2, 894~896쪽 참조). 모든 딱다구리 종들은 붉은 깃털로 장식된 머리를 갖고 있다. 우리는 이미 딱따구리의 기능에 대해 참조한 바 있다(이 책 405쪽). 딱따구리의 기능은 틀림없이 나무를 '먹는 자'로서 물을 '마시는 자'인

물새들과 대립관계다. 어쨌든 이것은 이미 인용한 보로로 신화M₁₂₀이 암시하고 있는 것이다. 이 보로로 신화M₁₂₀은 (천상의 불과 접근 대신에) 해와 달의 멀어짐(격리)과 관계가 있는데, 역시 서투름의 결과로 인해 여기서는 불이 아니라 물이 넘쳐 퍼지는 것과 관계가 있다(390쪽).

　(보로로 신화에서) 서투른 동료의 우스꽝스러운, 흔히 배설물과 관계된 실패로 인한 재난 뒤에는 셰렌테족이 의례적이고 비극적인 표현으로 나타내는 것과 같은 형이상학적 명제가 잘 감춰져 있지 않다.[3] 천상의 불은 땅과 결합해서는 안 된다. 온 땅을 뒤덮는 전반적인 화재를 가져올 것이기 때문이다. 이에 대한 온건한 전조가 바로 가뭄이며, 이것은 경험적으로는 사실이다. 그렇지만 취사용 불이 있기 이전의 원시적인 인간조건은 이런 접근(원시적 인간 조건이 근접을 가정하지는 않지만)을 흉내내고 있다. 이중으로 '길들여진' 취사용 불은 높은 곳의 하늘과 아래의 땅 사이를 매개하는 중개자로서의 역할을 한다. 취사용 불은 땅에서는 천상의 불로서 덕목을 행하고, 인간에게 그의 폭력과 과도함을 나타내지 않으며, 땅에서 태양을 멀어지게 한다. 음식물을 덥히기 위해서 이제는 더 이상 태양과 땅의 근접이 필요하지 않기 때문이다.

　그러나 셰렌테족이 태양과 땅 사이에 절망적인 접근이 일어나지는 않을까 의심하고 있는 반면, 크라호족은 오히려 그 반대의 위험에 염려를 나타내는 것 같다. 물론 이 위험에 대한 염려도 셰렌테족의 정신 속에 존재한다(Nim. 6, 87~88쪽, 93쪽). 크라호족(M₁₆₄)은 일식 때마다 '기나긴 밤'의 도래를 예고하는 것이 아닌가 염려하고 있다. 옛날에는 기나긴 밤이 세상을 지배했으므로, 이 기간 동안 인류는 나무껍질과 나뭇잎을 먹을 수밖에 없었으며, 모든 동물들의 치명적인 공격—아마도

---

3) 우리는 북아메리카의 몇몇 부족이 특히 신성한 것으로서 이 시리즈와 관련된 이야기들을 보존하는 이유를 이해할 수 있다(우리는 기꺼이 이야기들을 어떤 토속적 '늑대 이야기'와 동일시할 수 있으며, 이 늑대 이야기는 어른이나 아이 모두 읽고 즐기기에 합당한 것이다. 그러나 이 늑대 이야기가 단지 그러한 것만을 위한 것일까?: Swanton, 2쪽).

모기나 메뚜기였을 것이다——의 대상이 되었다. 이런 상황에서 많은
사람들은 괴물들과 맞서 싸우기보다는 차라리 죽는 편이 나을 것이라
고 여겼다(Schultz, 159쪽).

태양과 인류 사이를 매개하는 취사용 불의 중재는 두 가지 양상으로
행해진다. 취사용 불은 그의 출현을 통해 완전한 분리를 면하게 하는
데, 취사용 불은 태양과 땅을 '연결해서' 만일 정말로 태양이 사라진다
면 운명적으로 '썩은 세상'에서 살아야만 할 인간을 보존해준다. 그러
나 이와 같이 태양과 땅을 연결하는 취사용 불의 출현은 또 역시 '중재'
를 의미한다. 다시 말하자면 완전한 결합으로 일어날 위험, 즉 '불타는
세상'의 도래를 막는 것이다.

태양과 달의 모험으로 두 가지 우발적인 사건이 일어날 수 있다. 지
상의 전반적 화재가 사라진 후 달은 음식물을 익힐 수 없게 되어 벌레
가 가득한 썩은 고기를 먹어야만 했다. 그리고 달은 스컹크의 특성과
사리그의 특성(이 책 365쪽) 사이를 교대로 오가는 처지가 된다. 다시
말해서 '탄 고기'와 '썩은 고기'의 두 극단을 오가면 파괴적인 불과 불
의 부재(이 역시 음식물의 파괴를 의미) 사이에서 음식물을 익힐 수 있
는 균형에는 결코 이르지 못하게 된다.

우리는 이 모든 신화에서 취사용 불을 얻기 위해서는 왜 소리를 내지
않도록 신중한 태도가 요구되며, 또한 일월식과 같은 우주적 혼돈과 불
미스런 결합이 만들어내는 사회적 혼란에 대해서는 반대로 소리가 요
구되는지를 이해하기 시작했다. 만일 취사용 불을 얻으려 한다면 소리
는 위험하다. 취사와 소리의 양립불가능성은 서구의 전통적 교훈집을
통해서도 알 수 있다. '고기들 사이의 침묵은 필요하다'고 17세기 프랑
스의 한 자료집(프랭클린이 인용한 위그 드 생 빅트르[Hugues de
Saint-Victor]의 *De Institutione Novitiarum*, 154쪽)은 적고 있다.

nausea(역겨움, 구토라는 의미의 라틴어) 〉 noise(싸움이라는 의미
의 옛 프랑스어)의 등식을 해석하기 위해 몇몇 언어학자가 하는 것처럼
그렇게 길게 설명하거나 복잡한 의미론적 변천과정을 들추어낼 필요는

없다(예를 들어 스핏저[Spitzer]를 보라). 왜냐하면 미각적 범주와 청각적 범주의 동형성이 위의 등식과 교훈집에 인용된 문장에 즉각적으로 표현되기 때문이다. 사람들은 형편없는 음식을 제공하는 곳(식당)을 지칭해서 '싸구려 식당'(gargote)이라는 경멸조의 단어를 거침없이 사용한다. 이 단어는 '먹으며 소리를 내다'(gargoter)라는 동사에서 유래하는데, 이 동사의 본래 의미가 '끓이면서 소리를 내다'이기 때문이다.

이 마지막 예에 첨가할 또 다른 예를 찾기 위해서 유럽에서 멕시코를 거쳐 열대 아메리카로 다시 돌아가보자. 주니족 인디언은 그들의 기초적 음식물인 강냉이 전병을 서서히 데운 돌판 위에 놓고 기름과 송진을 발라가며 굽는다. 기초적 작업을 하는 동안 '사람들은 단지 속삭이는 것 이외에 절대 말을 해서는 안 된다. 속삭임 이외 사람의 말소리를 듣게 되면 돌판이 쪼개질 것이다'(Stevenson, 362쪽).

태양(하늘)과 땅 사이를 중재하는 취사용 불의 매개적 행위가 침묵을 요구한다면, 그 반대의 상황이 소리를 요구하는 것은 당연한 일이다. 이 반대의 상황은 본래적 의미로 (태양과 땅의 분리로) 나타날 수도 있고, 또는 비유적 의미로 (혼인 동맹관계의 연결고리 속에 있는 잠재적인 각 배우자가 불미스런 결합을 한 결과의 분리로) 나타날 수도 있다. 한 경우는 일월식의 경우에 행해지는 야단법석이고, 다른 경우는 사회적으로 불만스러운 행위에 대해 행해지는 샤리바리다. 그러나 반드시 기억해야 할 것은 '반(反) 취사적' 상황이 우리가 설명한 것처럼 두 가지 양상으로 실현된다는 것이다. 이런 반-취사의 상황은 결국 하늘과 땅 사이에 매개항의 부재 때문에 일어나며, 이러한 부재는 결핍(두 극의 분리)이나 과도(결합)로 상정될 수 있다.

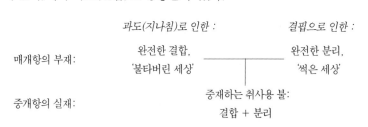

	과도(지나침)로 인한 :	결핍으로 인한 :
매개항의 부재:	완전한 결합, '불타버린 세상'	완전한 분리, '썩은 세상'
중개항의 실재:		중재하는 취사용 불: 결합 + 분리

그러니까 전부 세 가지의 가능성이 있으며, 그 가운데 하나는 매개항을 내포하며, 다른 두 개는 매개항을 배제한다. 첫 번째 가능성의 경우는 침묵을 요구한다.[4] 반면 앞에서 우리는 짝을 이루는 두 항(하늘과 땅, 또는 잠재적 배우자들)이 분리될 때마다 소리를 요구한다는 점을 증명할 수 있었다. 토착민들과 인류학자들의 합리화(설명)와는 반대로 야단법석의 진정한 역할은 가로채는자(천체를 삼키려는 괴물이나 도를 넘는 구혼자)를 추방하는 것이라기보다는 가로챔으로 생긴 공간을 상징적으로 메우는 것이다. 그러면 세 번째 경우, 다시 말하자면 매개항의 부재 때문에 짝을 이룬 두 항의 과도한 접근이 있을 경우에는 어떤 일이 일어날까?

셰렌테의 의례가 특히 교훈적인 것은 바로 이 경우다. 결국 의례의 목적은 이런 유형의 상황을 끝내거나 또는 이런 상황에서 오는 위협을 멀리하려는 것이다. 그러면 의례에서 의례집행관들은 어떤 행동을 취하는가? 세 가지 양태의 행위를 하는데, 그들은 단식을 행하고(단지 약간의 옥수수 전병만을 먹으며), 물도 마시지 않으며(단지 아침저녁으로 두 모금의 물을 마시는 것을 제외하고), 또한 거의 끊임없이 노래를 부른다. 앞의 두 가지 행동으로는 문제를 풀 수 없다. 이 행위들은 단지 태양과 땅의 임박한 결합 때문에 가상으로 취사용 불과 비를 배제하고, 의례가 행해져야 할 것으로 간주된 상황에서 단순히 유래할 뿐이다. 가상의 불과 비는 태양이 땅에서 멀어지기로 동의한 이후에 사람들에게 되돌려진다.

세 번째 행위를 보자면 이 행위가 청각적인 특성을 갖는 것이 분명하다. 앞의 두 가지 행위에 할당된 사실(침묵과 소리)로 보아 그들이 처해 있는 제3의 상황에서 침묵과 야단법석은 둘 다 부적절하다. 이

---

4) 침묵에 대한 라틴 여신의 태도를 뒤메질(Georges Dumézil)의 가정이론을 통해 비교해보자. '원초적인 안제로나(Angerona)가 동지(冬至)의 어려움 속에서도 기대했던 작품을 성공적으로 얻을 수 있었던 것은 말을 엄격히 절제하고 침묵함으로써가 아니었을까?' (Dumézil, 52~53쪽).

런 상황에서 고행자들은 노래가 아니면 무엇을 할 수 있을 것인가? 그러므로 어떤 측면에서는 침묵과 소리의 중간지점에 해당하는 이 청각적인 행위에 도움을 청해야만 한다. 이런 행위는 두 가지 형태가 있을 수 있는데, 먼저 세속적 양식으로서의 말과 신성한 양식으로서의 노래다.[5]

새둥지 터는 사람의 신화M₁ 판본에서 보로로족은 취사적 측면을 명시적으로 표현하지 않는다. 반면에 그들은 근친상간에 무게를 두며, 제족은 이 근친상간을 약화된 형식 하에 암묵적으로 표현한다. 다시 말하자면 한 여자의 중재로 접근한 두 남자, 하나는 혈연관계에 있는 아들과 다른 하나는 결연관계인 남편 사이에, 즉 항상 아버지와 아들 사이에 있는 갈등 대신에 세대가 다른 처남과 매형 간의 갈등으로 표현된다. 그러나 제족이 강조하는 것은 취사용 불의 발견과 정복에 대한 것이다. 한 경우——근친상간——의 초기 상황은 일월식과 유사하며, 불의 기원 주제를 전도시키는 신화 속에서(왜냐하면 신화 속에서 이 주제는 물의 기원을 설명하고 있다고 생각되기 때문에) 전(前) 취사적 상황의 도치와 유사하다.[6] 다른 한 경우에서 전 취사적 초기 상황은 불의 기원 문제를 공개적으로 접근하는 신화에서 일월식이 도치된 상황과 같다.

결합의 시작이 보로로족에게는 사회적이고(어머니와 아들의 접근= 근친상간−옮긴이), 제족에게는 우주적이다. 제족에게서 원초적 결합은 취사용 불이 존재하기 이전 태양열에 고기를 직접 접촉하게 함으로

---

5) 불행히도 우리는 유일한 통합적 맥락의 기능으로(하나의 신화 속에 나타난 줄거리 내에서 해석하는 것−옮긴이) 말벌의 이야기를 해석할 수 있는 처지가 아니다. 그렇지만 여기에서 말벌이 먼저 노래하는 곤충의 형태로 등장하며, 이 신화의 정보 제공자들은 말벌의 독특한 웅웅거림, 즉 '켄!-켄!-켄-켄-켄-켄!'이라는 소리를 서술하고 있다(Nim. 6, 95쪽). 무엇보다도 가이아나에서는 증명되지 않은 또 다른 곤충, 아마도 막시류(膜翅類)나 또는 반시류(半翅類; Sun-bee, Wamong-bee)의 곤충은 '그들의 강력한 소리'(웡윙거리는 소리) 때문에 무당이 훌륭한 가창자가 될 수 있도록 무당의 통과의례에 개입한다(Butt). 이 책 571쪽 주 17 참조.
6) 헉슬리는 우리와는 다른 경로로 근친상간과 물이 합동관계라는 가설에 도달했다 (Huxley, 145쪽)

써(=근친상간적이다), 하늘과 땅의 접근이 이루어지기 때문이다.[7] 그렇지만 모든 측면이 신화 속에서 아주 세밀하게 분절되어 있어서, 말하자면 논리적 조심성을 발휘해서 제족은 신화 속에 근친상간이 나타나도록 세심하게 배려하고 있는 것이다. 그러나 근친상간은 예상했던 것처럼 전도된 형태로 나타난다. 말하자면 표범의 아들로 입양된 이후에야 주인공은 표범의 아내를 살해한다(친족에 대한 살해는 근친상간의 역이다—옮긴이).

이미 전도된 위의 에피소드가 새로운 뒤틀림을 한 대가로 새둥지 터는 사람의 보로로 신화에 다시 나타난다. 아들에 의한 아버지의 살해, 이번에는 물고기들에 의해(지상식인이 아니라 수상식인) 잡아먹히는 형식(잡아먹겠다는 위협이 아니라 실제적)으로 이루어진다. 부정된 형식(forme négativée)아래 신화들은 이처럼 그들 각각의 축 위에 복원된다. 복원된 신화에서 식인기능은 불의 여주인이건(불의 기원), 또는 물의 주인(물의 기원)이건 간에 불가분의(핵심적인) 것이다.

* * *

이 모든 것이 추측에 의한 것이고 사변적인 것으로 보일 수도 있다. 그렇지만 이번에는 직접적으로 일월식과 근친상간이 등가관계라는 원칙을 제시하는 신화를 찾을 수 있다. 이 신화는 전파영역이 범아메리카적이다. 이와 같은 신화는 중앙 브라질과 볼리비아에서 아마존 지역과 가이아나[8]를 거쳐 베링 해협에 이르기까지 널리 퍼져 있기 때문이다(더욱이 북아시아 지역, 러시아의 북부와 심지어 말레이시아까지 퍼져

---

7) 아프리카에서도 역시 취사는 배우자 사이의 성교와 동일시된다. '불 속에 나무를 집어넣는 것은 성교하는 것이다. 아궁이의 돌은 엉덩이이며, 솥은 여자의 음부고, 주걱은 남자의 음경이다' (Cory, 87쪽)라는 것으로 보아 우리의 증명과 무관하지 않다. 같은 의미로 Dieterlen과 Calame-Griaule(여러 곳)참조. 북아메리카의 푸에블로족(Pueblo)에서 부지깽이는 남근의 상징이다.

8) 남부 브라질: Nim. 1, 331쪽: 14, 148쪽: Borba, 69쪽: Cadogan, 77~80쪽. 브라질 북동부: Huxley, 165~166쪽. 가이아나: Roth 1, 256쪽: K.G. 1, 54~55쪽. 베네수엘라: Osborn, 79~80쪽 등등. 볼리비아: Cardus, 78쪽.

있다). 이 신화는 해와 달의 기원신화이며, 여기서는 베링 해협 지역의 에스키모 판본을 소개한다.

M165. 베링해협의 에스키모 신화: 해와 달의 기원

옛날에 한 남자와 그의 아내가 바닷가 외딴 마을에 살고 있었다. 그들에게는 아이가 두 명 있었는데, 하나는 여자이고, 다른 하나는 남자였다. 아이들이 성장했을 때, 소년은 여동생을 사랑하게 되었다. 그가 줄기차게 동생을 쫓아다녔으므로, 동생은 하늘로 피신해 달이 되었다. 그 이래로 소년은 해의 형상으로 소녀를 끊임없이 따라다녔다. 때때로 소년은 여동생과 합류해 그녀를 껴안는 데 성공했고, 그렇게 월식을 일으켰다.

아이들이 떠난 후 아버지는 사람들을 향한 암울하고 미운 마음을 가졌다.[9] 아버지는 사람들이 많은 세상으로 나와 질병과 죽음을 일으켰다. 그리고 질병으로 죽은 희생자들을 자신의 먹이로 삼았다. 그렇지만 그의 탐식은 만족시킬 수 없을 만큼 커졌다. 그러자 그는 건강한 사람들마저 잡아먹기 시작했다(Nelson, 481쪽).

잉갈리크족(ingalik) 판본M166에서는 누이동생 자신이 질병의 출현을 예고한다(Chapman, 21쪽). 반면 캘리포니아의 모노족(Mono)에서 식인(食人)을 하는 것은 근친상간을 범한 누이동생이다(Gayton-Newman, 59쪽). 한 에스키모 판본M168은 화가 난 누이동생이 오빠에게서 음식물(양식)을 뺏고, 그 대신에 자신의 가슴(젖)을 잘라 준다.

"지난 밤 오빠는 나를 원했다. 그래서 나는 너에게 나의 가슴을 주

---

9) 카야포족(M~) 역시 인간들에게 불을 뺏긴 후 표범이 인간에게 나타낸 감정을 서술할 때, 정확히 같은 용어들을 사용하고 있다는 것을 기억할 수 있다.

었다. 만약 네가 내 몸을 탐한다면 나를 먹어라!" 그러나 오빠가 거절했고, 동생은 하늘로 올라가 해가 되었다. 오빠는 달로 변해서 그녀를 쫓았으나 결코 그녀를 따라잡을 수가 없었다. 달은 음식물을 잃었기 때문에 배가 고팠고 점점 약해져 기절을 했다. 그러자 해가 그에게 접근해 가슴을 잘라놓은 접시를 내밀며 먹도록 했다. 기운을 차린 달은 차츰차츰 자신의 둥근 모습을 찾았다. 달은 다시 음식물을 잃고 기울어지기 시작했다. 이것이 달의 모습이다(Nelson, 482쪽; Rink, 236~237쪽과 대단히 약화된 형식의 남아메리카 판본(토리팡)을 보기 위해서는 K.G. 1, 55쪽 참조).

얼마든지 찾을 수 있는 이런 종류의 신화는 근친상간과 일월식을 관련짓고 있을 뿐만 아니라, 보로로와 제족 신화처럼 질병의 출현에 뒤이어 나타난 결과인 식인행위와도 일치한다.

다른 많은 민족 중에서도 제족은 일월식과 전염병을 일치시킨다. 1918년 남아메리카에서 엄청난 수의 토착민을 전멸시킨 스페인 감기의 출현을 셰렌테족은 일식과 연관시키는데, 이것은 치명적인 태양의 침이 땅에 퍼졌기 때문이라고 믿었다(Nim. 6, 93쪽). 차코지역의 부족들도 같은 믿음을 갖고 있다. '일식이나 월식은 질병을 예고한다. 태양이나 달이 사람들에게 화가 났을 때, 천체(해와 달)는 베일을 쓴다(가려진다). 천체가 베일을 벗게 하기 위해서는 북을 치고 소리를 지르며, 노래를 해서 모든 종류의 소리를 내야만 한다. 해가 가려졌을 경우, 이것은 천연두가 돌 신호다'(Métraux 3, 97쪽).

이러한 관찰이 우리가 앞에서 무지개와 질병 사이의 관계를 대상으로 고려했던 설명을 무력화하지는 않는다(이 책 517쪽). 우리는 무지개가 두 가지 측면을 가지는데, 하나는 낮, 또 다른 하나는 밤의 측면이라는 점을 제시했다(468쪽). 밤의 무지개는 하늘에서 음화(陰畵, en négatif)로 나타난 자리를 차지하는데, 은하수 한가운데 검은 점이나 또는 별들이 '먹힌'(가려진=星食) 자리로 나타난다. 결과적으로 무지개는 밤낮을 가릴 것 없이 가장 강하게 '나타난'(marquée) 경우를 의미한다. 낮 동안에 나타난 무지개의 색깔은 낮의 빛을 더욱 풍부하게 하며, 밤중에 나타난 무지개의 부분적으로 없어진 빛(빛의 부재=검은 점―옮긴이)도 역시 어둠을 더욱 진하게 한다. 일월식과 무지개의 합동 관계는 이렇게 확인된다.

두 번째로 바로 위에서 문제가 되었고, 나중에 다른 예도 보게 될 '침'(분비물)은 낮 동안 무지개가 나타내야만 될 시각적 색채(크로마티즘)를 밤의 코드로 표현한 일종의 촉각적 동일물(크로마티즘)인 것처럼 보인다. 왜냐하면 사람들은 반죽에서 접착성으로, 접착성에서 끈끈한 점액으로, 점액에서 액체로, 액체에서 기체로 점진적인 단계를 거쳐 인지하기 때문이다. 그러니까(마치 무지개의 일곱 빛깔을 인지하는 것처럼―옮긴이) 어둠은 크로마티즘(색채)을 폐기하지 않는다. 어둠은 오히려 색채를 감지하는 감각의 범주를 다른 감각의 범주로 바꿀 뿐이다.

밤이 두껍다(밤이 깊다―옮긴이) 또는 칼로 베어낼 안개가 끼었다(안개가 짙게 끼었다―옮긴이)라고 말을 할 때, 사람들이 빛의 결핍(부족)으로 나타난 사실들을 무지개의 색채를 인지할 때처럼 작은 간격의 개념을 사용해 인지한다는 것을 알고 있다. 옛 사람들도 이 점을 알고 있었다는 사실에 추호의 의심도 없다. '……낮의 밝음과 빛은 하나며 단순하다. 그래서 핀단로스(Pindare)가 말하기를 사람들은 외로운 공간(대기)을 통해 태양을 보며, 밤의 공간은 여러 가지의 빛과 여러 종류의 (초월적) 힘이 혼합된 구성체다……'(플루타르코스, §xlii)라고 했다.

취사의 신화적 기원의 문제에서 출발해 우리는 하늘과 땅 사이의 매개자로서 가정의 불(취사용 불)에 대한 우리의 해석을 증명하기 위해 일월식의 기원인 형제자매간의 근친상간 신화를 섭렵하며 여기에 이르렀다. 많은 사람들이 일월식과 식기, 그리고 음식물과 취사용 불 사이에 직접적인 관계를 상징하는 이러한 신화들을 알고 있다면 우리의 증명은 더욱 힘을 얻을 것이다. 우선 여기에 몇몇 북아메리카의 예를 보도록 하자.

유콘 강 저지대의 주민들은 월식이 일어나면 예민한 실체와 사악한 기운이 땅 위에 퍼진다고 믿고 있으며, 이런 기운이 조금이라도 식기에 들어간다면 병이 뒤따를 것이라고 생각한다.[10] 그래서 일월식이 시작되면 여자들은 서둘러 항아리, 물통, 접시를 뒤집어놓는다(Nelson, 431쪽). 일식이나 월식이 시작되면 오리건 주의 알세아(Alsea) 인디언들은 식수용으로 저장된 물을 버린다. '사람들은 살해된 태양의 피로 뒤덮일까 두려워한 나머지, 물동이를 엎어놓는다'(Frachtenberg, 229쪽). 일월식이 일어나면 캘리포니아의 윈투족(Wintu)은 모든 음식물과 심지어 물까지 버리는데, 이것은 태양이나 달의 피로 더럽혀질까 두려워서였다(Du Bois, 77쪽). 좀더 남쪽 지역의 세라노족(Serrano)은 '일월식을 보게 된 사람은 누구나 어떤 음식물도 먹을 수 없었다. 왜냐하면 음식물을 먹은 사람은 천체를 잡아삼키는 망자(亡者)의 영혼을 돕는다고 여겨지기 때문이다(Strong, 35쪽).

남아메리카 가이아나 지역의 '롤라카(Lolaca)와 아타바카(Atabaca) 인디언들은 정말로 달이 죽게(사라지게) 된다면 모든 취사용 불이 꺼지게 될 것이라고 확신했다. 여자들은 울고 소리를 질렀으며, 울부짖음이 터져나올 때쯤 남자들도 합세하는데, 여인들은 각각 불씨를 집어들고 모래 속이나 흙 속에 불씨를 감춘다. 그들이 내는 비탄과 애원에 감동한 달은 다시 나타나지만, 숨겨놓았던 취사용 불은 즉시 꺼진다. 그러나 달이 사실 죽게(사라지게) 된 경우 묻어놓았던 불씨는 벌겋게 불이 붙은 채 남아 있게 된다'(Gumilla, 제2권, 274쪽). 이와는 반대로 한 쉬리구아노(chiriguano) 신화M₁₆₉는 오랫동안 일식이 연장된다면, 이로 인해 불씨가 다시 생기를 되찾아 살아난다고 말한다. 죽은 나무(땔감)

---

10) 하와이에서는 소나기가 오는 동안 번개가 치면 사람들은 물그릇을 덮어놓는다 (Handy-Pukui, 118쪽, 주 19)

가 떨어져 바가지까지 태워야 할 경우가 온다면 그것은 '긴 밤의 도래'를 의미하는 것이다(Métraux 2, 158쪽)[11]

---

11) 이러한 일월식과 취사용 그릇 사이의 불일치(양립불가)는 우리에게 물건들이 주인에게 약화된 형식으로 저항하는 주제와 관계 있는 것처럼 보인다. 에스키모인들은 두 주제 사이에 중간매개 관계를 나타낸다. 일월식의 경우에 잉갈리크족은 도구가 멀리 날아가버릴까봐 두려워 모든 도구를 한곳에 모은다(Osgood, 65쪽). 미국 북서 지역의 사합틴(sahaptin)어를 사용하는 부족과 그 이웃 부족은 달이 세상을 조작하기 이전의 혼돈시기에 물건의 저항이 일어났다고 믿는다. 볼리비아의 타카나족(Takana)은 별들이 죽은(사라진) 후에 이런 일이 일어난다고 생각한다(Hissink-Hahn, 84~85쪽). 달이 세상을 조작한다는 믿음은 북부 브라질 네그로 강 고지대의 바레족(Baré)에게서도 볼 수 있다(Stradelli, 753~762쪽). 남아메리카에서 메트로(2, 128쪽)는 이미, 후아로치리(Huarochiri) 지역의 옛 주민들(Davila, 110쪽)처럼, 치리구아노족(Chiriguano)에게서도 물건들의 저항이 일식과 관계가 있다는 사실을 지적했다. 타카나족에게서도 같은 연관관계를 볼 수 있다(Hissink-Hahnn, 85쪽). 만일 우리의 가설이 옳다면, 넓은 중간지역에 이러한 개념이 없는 것은 이렇게 설명할 수 있을 것이다. 말하자면 북쪽에서와 같이 남쪽에서도 약화된 형식으로(일월식과 취사용 도구의 불일치) 대체되었고, 중앙에서는 저항하는 도구들의 주제가 도치되어 주인을 위해 스스로 일하는 농기구와 관계 있는 주제로 대체되었다. 주인을 위해 스스로 일하는 농기구에 대한 주제는 아메리카에서 미국의 남동부(나체스족)에서 멕시코(키체족), 가이아나(토리팡족), 북부와 중앙 브라질(템베족, 팀비라족, 아피나이에족)을 거쳐 차코지역 집단(차네족)에까지 널리 퍼져 있다. 이 중요한 문제에 대한 토론은 이 연구와 분리해서 이루어져야 할 것이다.

2 새들의 콘서트

이 마지막 인용으로 신화 연쇄의 고리가 닫힌다. 우리는 폭풍우와 비의 기원신화M_1에서 출발해 불과 취사의 기원신화M_7~M_{12}에 이르렀다. 이 신화들이 모두 같은 집단에 소속되어 있다는 사실은 여러 가지 이유를 통해 증명될 수 있었다. 그 가운데 가장 의미 있는 것은 모든 판본이 공통적으로 부여하고 있는 소리나 또는 소리 부재의 역할이다. 소리의 문제는 부적절한 결합의 문제와 연관되고——우리는 이미 보로로 신화M_1, M_2, M_5에서 이런 경우들을 의아하게 생각했다——부적절한 결합은 샤리바리를 통해 제재를 받는다. 그리고 일월식과 같은 천체의 결합은 야단법석을 부른다. 결국 일월식은 우리를 근친상간의 문제로 다시 되돌아가게 하고, 취사도구와 준비된 음식의 문제를 거쳐 가정의 불로 다시 돌아오게 했다.

그렇지만 한 가지 의문은 남는다. 어째서 이 두 시끌벅적한 풍습의 실행범위가 이처럼 차이를 보이는 것일까? '엄격하게' 정의해본다면, 샤리바리는 유럽 민속전통에 속한다할 수 있다. 이 풍습을 일반화시키려한 민속학자 생티브(Saintyves)의 노력은 별로 설득력이 없어 보인다. 비교의 근거를 넓히면 넓힐수록 이들 풍습의 동질성이 없어지기 때문에, 결국 한 집단에 소속되어 있다고 볼 아무런 근거도 찾을 수 없다. 반면에 일월식 시기에 행해지는 야단법석은 실제로 전 세계적인 확산

양상을 보이며, 그 확장 영역은 아주 제한적이기는 하지만 샤리바리의
영역을 포함하고 있다.

　문제의 해결은 그리 간단하지가 않다. 왜냐하면 이 문제의 해결은 부
의 증거(preuve négative)를 요구할 것이기 때문이다. 그렇지만 우리
는 감히 아래와 같은 암시를 해볼 것이다. 문자가 없는 사회에서 소리
에 대한 신화적 범주는 고도의 의미를 갖고 있으며, 이에 대한 상징적
밀도도 너무 강해서 아무나 함부로 마을 생활의 일상적인 일이나 사적
인 일에 사용할 수 없다. 이를 어긴다면 '쓸데없이 너무 많은 소리(잡
음)를 내게 되거나' 아니면 너무 지나치게 소리를 내게 될 것이다. 하지
만 확실히 이것은 별것 아닌 일은 아니다. 왜냐하면 부적절한 결합은
흔히 우주적 제재를 불러오기 때문이다. 그러나 적어도 사람들은 소리
가 가진 놀라운 힘을 사용할 수 있다. 어떤 경우에서나 이러한 힘을 사
람들이 전적으로 사용할 수 있게 되기 위해서는 신화적 사고가 이미 강
하게 세속화되어 있어야만 한다. 샤리바리의 관습이 없어진 곳에서도
어떤 측면에서는 소리의 일반적 기능이 그대로 남아 있는 사실은 이러
한 가설을 뒷받침할 수 있는 논거가 된다.

　20세기 유럽은 과학적 지식과 너무 밀접하게 연계되어 있어서 일월
식이 일어나는 동안 야단법석을 행한다는 것은 생각할 수 없는 일이었
다. 그렇지만 우주적 연쇄고리의 단절이나 또는 단절의 위협이 있는 경
우에는 이러한 일이 행해졌다. 그러나 야단법석은 이러한 단절이 우주
적이라기 보다는 차라리 사회적 사건으로 상정될 때 일어났다.

　금세기까지 리투아니아에서는 일식이 일어나는 동안 나쁜 귀신을 쫓
기 위해 어린아이들에게 막대기를 가지고 냄비나 금속 집기를 두드리
도록 했으며, 아직도 봄 축제는 소란스러운 특성을 그대로 지니고 있
다. 성(聖)금요일에 젊은 사람들은 탁자나 나무침대 등과 같은 가구들
을 소란스럽게 부순다. 과거에는 죽은 자의 가구를 요란스럽게 부수곤
했다. 사람들은 야단법석이나 물과 불은 악의 기운을 멀리 하는 데 효
과적이라고 믿었다(Gimbutas, 117쪽).

이러한 관습은 총체적인 체계(소리와 관계된 모든 체계—옮긴이)와 관계되며, 서구에서는 이러한 점을 더 의심할 여지가 없다. 이탈리아에서는 1월 1일 밤의 불꽃놀이와 식기류를 부수는 관습 속에 부분적으로 나타나며 타임스 광장, 피카딜리 서커스, 그리고 샹젤리제 등지에서 신년 전날 밤에서 신년으로 넘어가는 길목을 축하하는 자동차 경적의 합창 속에서도 나타난다.

게다가 사회적 질서와 우주적 질서 사이의 연관관계가 명확히 증명되는 일련의 아메리카 신화 집단이 존재한다. 이 신화들은 일반적으로 태평양 북부해안 지역에서 유래한다.

M170. 침시안족의 신화: 날크 이야기

옛날에 젊은 사람들은 밤마다 집 뒤곁에 모이는 관습이 있었다. 그들은 밤 1시가 넘도록 놀이를 하며 많은 소리를 내곤 했다. 소란스러움에 화가 난 하늘은 주술깃털을 내려보냈다. 젊은이들은 나는 깃털을 다투어 잡으려 했다. 그러나 성공적으로 깃털을 잡은 첫 번째 젊은이가 공중으로 딸려 올라갔고, 나머지 젊은이는 앞사람의 발을 잡고 딸려 올라가며 긴 고리를 이루었다. 인간 사슬줄이 완전히 땅을 떠나 공중으로 올라갔을 때 깃털이 사라졌다. 잡을 것을 놓친 젊은이들은 땅으로 떨어져 박살이 났고, 아무도 살아 남지 못했다.

그렇지만 한 젊은 여인은 막 분만을 했기 때문에 집에 머물러 있었고 그녀는 일련의 경이로운 아이들을 낳았다. 아이들은 가족의 운명에 대한 이야기를 듣고 깃털에게 복수하기를 결심했다. 아이들이 하늘에 도전하자 하늘이 깃털을 내려보냈다. 그들은 성공적으로 깃털을 탈취했다. 주술부적을 지닌 이들은 천상여행을 도모했으며, 마침내 동서남북 사방의 바람과 결혼했다. 그들은 각 방위 체제를 확정했는데, 이것이 지금 인디언들이 사용하는 체제다(Boas 2, 125~131쪽).

위 신화의 근원지가 열대 아메리카에서 아주 멀리 떨어진 점을 인정하면서, 우리는 이 신화를 대단히 많이 요약했다. 그렇지만 이 신화의 도움이 없다면 아래의 브라질 신화를 배열하기가 대단히 어려웠을 것이다. 왜냐하면 거리상으로 아주 멀리 떨어져 있지만, 이 신화는 브라질 신화와 매우 밀접하게 일치하기 때문이다.

M171. 카두베오족의 신화: 새들의 색깔

세 명의 어린아이들은 오두막 앞에서 자정이 지날 때까지 노는 버릇을 갖고 있었다. 그들의 부모는 이에 대해 전혀 주의를 기울이지 않았다. 그들이 놀고 있던 어느 날 밤—이미 대단히 늦은 시간에—하늘에서 흙으로 만든 솥이 내려왔다. 솥은 아주 화려하게 장식되었고, 꽃으로 가득 채워져 있었다.

어린아이들은 꽃을 보자마자 탈취하려 했다. 그러나 팔을 뻗치자 꽃은 솥의 다른 쪽으로 이동했다. 그래서 그들은 꽃을 잡으려고 솥으로 기어올라갔다.

그러자 솥이 공중으로 떠오르기 시작했다. 이에 놀란 어머니가 한 아이의 다리를 잡았으나 부러졌고, 상처에서 흘러 나온 피가 호수를 이루었다. 대부분의 새들(새들의 깃털은 전부 흰색이었다)은 피로 된 호수에 자신의 몸을 전체 또는 부분만 담았다. 그래서 새들은 오늘날 우리가 보는 다양한 색채의 깃털을 갖게 되었다(Ribeiro 1, 140~141쪽).

캐나다와 브라질의 두 신화가 연관됨으로써 우리는 여기에서 역시 새들의 색깔과 관계되는 중요한 남아메리카 신화들의 집단을 소개하고, 이에 대한 해석을 시도할 수 있게 되었다. 신화 가운데 하나는 이미 우리가 알고 있는 것이다. 그것은 어로용 독극물의 기원을 다룬 아레쿠나 신화M145며, 이 신화의 끝에서 두 번째 에피소드에 대해서는 이미 앞에서(이 책 429~493쪽 참조) 그 해석에 대한 토론을 뒤로 미룬다고 말했다. 새들이 무지개인 뱀을 죽인 후, 모든 동물이 모여서 다양한 색깔의 뱀가죽을 서로 나누어 가졌다. 각 동물에게 돌아간 가죽조각의 독특한 색깔에 따라 동물들은 그들의 소리(울음 또는 노래-옮긴이), 털이나 또는 깃털이 달라지게 되었다.

M145. 아레쿠나족의 신화: 어로용 독극물의 기원(계속)

흰 백로는 자기 몫의 조각을 얻었고, 그래서 오늘날에도 역시 같은 목소리로 '아-아'거리며 노래한다. 마구아리새(*Ciconia maguari*) 역시 자신의 몫을 얻었고, '아(오)-아(오)'라는 불쾌한 소리를 내지른다. 소코새(soco, *Ardea brasiliensis*)는 자신의 몫으로 얻은 조각을 머리와 날개에 놓았고(그래서 그는 채색된 깃털을 얻을 수 있었다), '코로-코로-코로' 노래한다.

물총새(*Alcedo*)는 자기 몫의 조각을 가슴과 머리에 놓아 이 부분의 털이 붉게 되었으며, '세-텍스-텍스-텍스'라고 노래한다. 그러고 나서 큰부리새(toucan)의 차례가 되었는데, 이 새는 자기 몫의 조각으로 가슴과 배를 덮었다(그래서 이 부분이 흰색과 붉은색이다). 그리고 이 새는 '키옹-헤, 키옹-헤-헤'라는 소리를 낸다. 얻은 조각의 끝부분이 부리 끝에 걸려서 부리가 노랗게 되었다.

무툼새의 차례가 되었다. 그는 자기 몫의 조각을 목에다 붙였다. 그러고는 '흠-흠-흠-흠' 노래했다. 그에게 남아 있던 작은 가죽조각으로 인해 콧구멍이 노랗게 되었다. 계속해서 쿠주빔새(cujubim, *Penelope*)가 왔다. 그는 자기 몫의 조각을 머리와 가슴, 그리고 날개에 놓아 흰색이 되었다. 그리고 '크르르르'하고 노래했다. 이후로 이 새는 아침마다 같은 소리로 노래한다. 각 새는 '자신의 목소리가 이쁘다고 생각해 그대로 보존하고 있다.'

풍성하게 채색된 아라 앵무새의 깃털은 그가 큰 조각의 가죽을 취했고, 그것으로 몸 전체를 덮었기 때문이다. 사람 흉내를 낼 줄 아는 앵무새와 흉내를 낼 줄 모르는 노란 앵무새도 아라 앵무새를 흉내내어 따라했다. 오아자바카새(oazabaka, 증명되지 않은 사바나 지역의 새)는 '오아자바카-오아자바카-쿠-루-루-루-루-루'라며 우아하게 노래할 수 있게 되었다. 그리고 자쿠새와 꾀꼬리를 포함한 모든 새들 역시 그렇게 해서 깃털과 '목소리'를 얻었다.

계속해서 이번에는 맥, 카피바라(capivara, *Hydrochoerus capibara*) 사슴 같은 털 달린 사냥감의 차례가 되었다. 그들은 각각 한 조각씩의 가죽을 취했다. 사슴이 취한 조각은 뿔이 되었다. 사실 뿔은 과거에는 사바나 지역 동물의 전유물이었다. 그런데 이것을 서로 바꾸기로 했는데, 뿔 크기 때문에 리아나 덩굴이나 나뭇가지에 걸리는 등, 숲속 동물들을 귀찮게 했기 때문이다.

코티아들쥐는 가슴과 배에 불그스레한 흰 털을 얻었으며, 작은 '목소리'로 '킨-킨' 소리를 낸다. 파카들쥐(paca, *Coelogenys paca*)도 마찬가지였다. 맥은 휘파람 소리와 유사한 호출소리를 얻었다. 야생돼지 카에테투는 가죽조각을 어깨 위에 놓았는데, 이로 인해 그는 길고 검은 털을 갖게 되었다. 그리고 '훅스-훅스'라는 소리를 낼 수 있게 되었다. 반면에 테아수(taiassu, 켁사다, *Dicotyles labiatus*)는 '르르-르르' 소리를 내게 되었다. 마침내 큰개미핥기(*Myrmecophaga jubata*)는 가죽조각을 그의 팔과 등줄기에 놓아서 그 부분의 털이 노랗게 되었고, '르르-르르' 소리를 낼 수 있게 되었다(테아수의 숨막힌 후두음 '르르-르르' 소리보다 훨씬 맑은 소리를 낸다). 각각의 원숭이 종들도 역시 그들의 소리를 갖게 되었고, 모든 사냥감 동물도 채색된 털과 소리를 낼 수 있는 성대를 얻게 되었다(K.G. 1, 73~75쪽).

코호-그륀베르크는 민족지적 사실에 대한 예리한 지식을 바탕으로 민족동물학의 놀라운 교재이기도 한 이 신화의 활력과 풍부함을 보존할 수 있었다. 그가 지적한 것처럼 위의 신화는 또 다른 가이아나 판본 M172과 밀접하게 연관되어 있다.

M₁₇₂. 아로와크족의 신화: 새들의 색깔

인간과 새들은 살아 있는 생물들을 공격하는 큰 물뱀을 없애기 위해 서로 동맹을 맺었다. 그러나 참가한 전사들은 공포에 질려 자신들은 단지 땅 위에서만 싸울 수 있다는 둥 변명을 늘어놓으며 꽁무니를 뺐다. 결국 가마우지만 용감하게 잠수를 해서 엄청나게 큰 나무의 수중 뿌리줄기에 몸을 감고 물 밑에 있던 괴물에게 치명상을 입혔다. 사람들이 함성을 지르며 달려들어 물 속에서 뱀을 끌어내 요절을 내고, 껍데기를 벗겼다. 가마우지는 승리의 대가로 뱀의 가죽을 요구했다. 인디언 추장들은 비웃으며 말했다. "뭐라구! 네가 가져갈 수 있으면 가져가라!" 가마우지는 "즉시 가져가마!"라며 다른 새들에게 신호를 보냈다. 새들이 모두 달려들어 각각의 부리로 가죽의 가장자리를 물고 공중으로 날아올랐다. 몹시 기분이 상하고 화가 난 인디언들은 이후 새들의 적이 되었다.

새들은 뱀의 가죽을 서로 나누기 위해 인디언들과 거리를 두었다. 그들은 각자가 부리로 물고 온 부분을 보존하기로 합의했다. 이 가죽은 찬란한 색채를 띠고 있었는데, 붉은색, 노랑색, 초록색, 검은색과 흰색은 물론 지금까지 아무도 본 적이 없는 그림으로 장식되어 있었다. 각각의 새들이 그의 몫으로 얻은 가죽조각을 몸에 지니자마자 기적 같은 일이 일어났다. 그때까지 어둡고 칙칙한 색이었던 새들이 갑자기 흰색, 노랑색, 푸른색 등등으로 변했다. 사람 흉내를 내는 앵무새는 초록색과 붉은색으로, 그리고 아라 앵무새는 그때까지 없었던 장밋빛과 주홍빛, 그리고 금색으로 변했다. 모든 일을 담당했던 가마우지에게는 검은색의 뱀 대가리만 남아 있을 뿐이었는데, 그는 그것으로 만족한다고 선언했다(K.G. 1, 292~293쪽; Brett, 173~175쪽; Im Thurn, 382~383쪽; Roth 1, 225~226쪽).

볼리비아 차코지역에 속하는 빌렐라족(카두베오족과 상대적으로 가깝다)도 같은 유형의 신화를 갖고 있다.

M173. 빌렐라족의 신화: 새들의 색깔

한 과부가 새 사냥, 특히 파리새 사냥을 즐기는 외아들을 두었다. 사냥은 아들의 유일한 관심거리였고, 그는 항상 밤늦게 집으로 돌아왔다. 어머니는 아들에게 불행한 일이 일어날 것을 예감하고 타일렀으나 말을 듣지 않았다.

어느 날 아들은 물가에서 여러 가지 색깔의 작은 돌들을 발견하고 그것을 뚫어 목걸이를 만들 요량으로 돌을 모았다. 이렇게 만든 목걸이를 목에 걸자마자 그는 뱀으로 변했다. 뱀의 형상으로 나무 꼭대기에 몸을 숨겼다. 길이가 길어지고 몸집이 불어나 식인괴물이 된 그는 점차 모든 마을을 초토화시켰다. 한 인디언이 괴물을 제거하기로 결정했고, 전투가 시작되었다. 산비둘기가 도움을 주었지만, 인디언이 궤멸될 찰나에 모든 새가 그를 구하러 모여들었다. '새들은 종류별로 노래를 부르며 집단을 이루었는데, 그 당시에는 노래가 새들의 말(언어)이었고, 모든 새는 말을 할 수 있었다.'

한편으로 비껴 서 있던 강력한 부엉이종에 속하는 왜소한 부엉이 (*Glaucidium nannum*, King)[12] 무리가 새들의 편을 들기 전까지 새들의 공격은 계속 실패하고 있었다. 난쟁이 부엉이 무리는 '놋, 놋, 놋, 피' 소리를 지르며 괴물을 공격했다. 다른 새들은 괴물을 죽인 후 배를 갈랐다. 그리고 희생자들을 해방시켰는데, 그 중에 많은 희생자들이 아직 살아 있다. 그 후 새들은 철수했고, 각각의 새 종류들은 자신들에게 정해진 방향으로 날아갔다. 얼마 되지 않아서 비가 내리고, 괴물의 시체가 공중에 무지개 모양으로 나타났다. 그때 이후로 무지개는 항상 존재했고, 또 영원히 존재할 것이다(Lehmann-Nitsche 2, 221~226쪽)

---

12) *Glaucidium*속은 왜소한 부엉이과를 포함한다. *Glaucidium brasilianum*이 펼쳐진 길이는 13센티미터를 넘지 않는다. 다른 종류의 부엉이와는 반대로 이들은 주행성(야행성 조류가 아니다―옮긴이)이며, '난쟁이(피그미) 종류지만 대단히 공격성이 강한 사냥새다'(Ihering, 제34권, 516~517쪽).

위에서 본 신화들의 발생지는 아주 다양하다. 신화M170은 북서 캐나다 지방에 속하고, 신화M145와 M172는 가이아나에 속한다. 신화M171과 신화M173은 열대 아메리카 남서 지방이 발원지다. 그렇지만 이 신화들은 분명히 자연적, 기후적, 동물학적 질서의 창시와 같은 주제에 대해 다양한 여러 가지 변화에 귀착되고 있다. 침시안 신화의 주인공들은 바람의 체제, 다시 말하자면 계절의 주기를 확립했으며, 그 이외에도 그들 조상의 뼈대를 서투르게 재구성했는데, 이것은 인간 유형의 현재의 (신체적) 다양성을 설명한다.

카두베오 신화에서도 역시 두 가지 측면이 나타나는데, 하나는 다양한 새 종류의 (동물학적 질서)출현이다. 또한 다른 판본에 따르자면 다리가 잘린 어린아이의 피는 하늘의 독특한 색채의 기원이 되었는데, 건기가 오기 바로 전 마지막 비가 내릴 때의 하늘 색이다(Ribeiro 1, 141쪽). 또 다른 판본(Baldus 4, 124쪽)에서 이 어린아이의 피는 무지개의 기원(기후적 질서—옮긴이)과 연관된다.

가이아나 신화 역시 무지개와 새들의 색깔을 연관시킨다. 반면 역시 무지개와 관련된 빌렐라 신화는 시각 대신에 청각적 기준을 바탕으로 동물학적 질서를 정의하는데, 그들은 노래에 따라 새의 종류를 차별화하기 때문이다. 이 책에 소개하지는 않았지만, 지바로(jibaro) 신화 판본 역시 같은 표현을 하고 있다(Karsten 1, 327~328쪽; Farabee 2, 123쪽). 아레쿠나 신화는 동물의 털이나 깃털에 따른 차별화(시각적—옮긴이)와 동물의 소리나 노래에 따른 차별화(청각적—옮긴이)를 동시에 한다.

아마존 지역(Amorim, 277~279쪽)과 가이아나 지역(Ahlbrinck, 'momo' 항목 참조)에서 그의 정확한 상대물을 갖고 있는 한 토바족 신화 판본M174는 여러 가지 다른 측면에서 침시안 신화와 연관된다. 왜냐하면 월경 중인 한 소녀가 물을 먹음으로써 자신의 물이 오염되자 화가 난 무지개가 홍수를 일으켜 모든 인디언을 멸망시키기 때문이다. 홍수 후 '인디언들의 시체는 노란색, 초록색 또는 검은색이 되었고, 검정

색, 흰색, 초록색 등등 모든 색깔의 새들은 공중으로 날아갔다'
(Métraux 5, 29쪽). 무지개와 연결된 동물학적 질서는 여기에서 이중
으로 인간과 새들을 규정하고 있다.

* * *

새의 깃털 색깔의 기원을 설명하는 데, 토바족과 마타코족은 앞의 신
화들과 아무 상관이 없는 다른 신화를 갖고 있는 것처럼 보인다. 바로
이 점이 문제가 되는데, 이에 대해 주의를 기울일 필요가 있다.

M175. 마타코족의 신화: 새들의 색깔

조물주이자 사기꾼인 타우크왁스는 강가를 여행하고 있었다. 그는
강둑에서 밤을 지냈다. 아침에 일어나면서 배가 고팠지만 다시 길을
떠났다. 그리고 정오경에 물이 가득 담긴 많은 항아리로 둘러 싸인
한 오두막에 도착했다. 그곳에는 노파가 살고 있었다. 타우크왁스는
그녀에게 접근해 물을 요구했다. 노파는 항아리를 가리키며 원하는
만큼 마시라고 말했다.

그러나 타우크왁스는 물을 더럽혔고, 노파가 시원한 물을 길러 강
가에 가기를 빌었다. 타우크왁스는 그녀가 돌보고 있던 손녀를 염려
스러워 한다는 눈치를 채고, 손녀를 그물침대에 누이라고 충고했다.
그리고 자신이 어린아이를 다 먹어치울 때까지 노파의 물동이가 채
워지지 못하게 주문을 걸었다. 강가에 도착한 노파는 물을 퍼담으려
노력했으나 허사였다. 그동안 타우크왁스는 어린아이를 잡아서 구워
먹고는 그 자리에 돌을 놓아두었다(토바 판본에 따르면 여우는 어린
아이의 항문에 주둥이를 대고 모든 살과 내장을 빨아먹어 단지 가죽
만 남는다). 그리고 나서 그는 마법을 풀었다. 물항아리가 채워졌고
노파는 돌아왔다.

어린아이가 있던 자리에서 돌을 발견한 노파는 눈물을 흘리며 격
분했다. 노파는 사실상 모로-모로라는 종의 야생벌이었다(다른 판
본에 따르면 집 짓는 말벌). 노파는 사기꾼을 깊이 잠들게 한 뒤 그

동안 밀랍과 흙을 가지고 그의 신체의 모든 구멍, 즉 입, 코, 눈, 성기, 항문을 막아버렸다. 그리고 모든 손가락 사이(틈새)도 메워버렸다.

조물주는 깨어나서 자신이 위험스레 부풀어 있는 것을 알았다. 새들(그 당시에는 인간이었다)이 그를 구하러 왔다. 그를 구하기 위해 새들은 도끼질 아니 사실은 부리로 쪼아 구멍을 내려 했으나 밀랍이 너무 단단했다. 오직 이들 중 가장 작은 딱따구리만이 구멍을 뚫을 수 있었다. 뚫린 구멍으로 조물주의 피가 솟구쳐 까마귀를 제외한 모든 새를 붉은 핏자국으로 덮었다. 까마귀만은 항문에서 흘러나온 오물로 더럽혀졌다(Métraux 3, 29~30쪽; 5, 133~134쪽; Palavecino, 252~253쪽).

이 신화를 해석하면서 우리는 두 가지 종류의 어려움에 부딪치게 된다. 만일 이 신화의 통합적 연쇄(chaîne syntagmatique) 다시 말해서 이야기의 전개만을 가지고 해석한다면 앞뒤가 맞지 않고 일관성이 없어 보이거나 매우 자의적인 양상으로 구성된 이야기로 보일 것이다. 그리고 만일 이 신화를 새들의 색깔과 관계되는 신화, 물론 토바족과 마타코족의 신화를 포함하는 다른 신화들로 구성되는 계열적 총합(ensemble paradigmatique) 속에 이 신화를 배치한다 하더라도 문제가 모두 해결되는 것은 아니다. 왜냐하면 신화가 표현하고 있는 이야기는 매우 상이하기 때문이다.[13]

그럼 먼저 마지막 측면을 검토하자. 새들의 색깔과 연결된 신화들은 식인괴물이 가지고 있던 가죽의 분배와 관련된다. 그리고 바로 위에서 본 신화에서 사기꾼은 역시 정확히 식인괴물의 역할을 수행한다. 왜냐하면 그가 살아 있는 아이를 잡아먹었기 때문이다. 이 신화M175의 마지

---

13) 이미 지적한(184쪽, 이 책 365쪽 주 18) 이유들로 인해, 우리는 옛 페루 신화들(Davila)과 포폴부(Popol-Vuh)의 구절(문장)을 현대 신화와 접근시켜 논할 계획은 없다(Raynaud, 50~51쪽).

막 부분만을 임시로 고려해본다면, 아래와 같은 변형관계를 얻는다.

신화 M145 등	가죽이 벗겨진 식인괴물;	적대적인 새들은 괴 물의 가죽을 서로 나 누어 가진다:	(분리〔독립〕를 지향하는 행위)	새들의 색깔
신화 M175	신체의 모든 구멍이 막힌 식인괴물;	구원적인 새들은 괴 물의 신체의 구멍을 다시 열어준다:	(중심으로 귀결 되는 행위)	

그러나 어떻게 보면 근거 없는 풍부한 내용과 세밀한 구성으로 이루어진 신화M175의 첫 부분이, 단지 식인괴물로서의 사기꾼의 기능을 정당화시키기 위한 것 이외에 다른 목적은 없다는 점을 받아들여야만 하는가? 단지 이 신화의 통합적 관계만을 고려한다면 결론은 그럴 수밖에 없을 것이다. 그러나 우리는 이 신화에 대한 전반적 검토를 늦출 것이다. 왜냐하면 분명하게 구조적 방법에 대한 필수적 법칙을 설명해야 할 필요가 있기 때문이다.

신화의 통합적 연쇄를 있는 그대로 고려할 때에는 의미가 배제된 것으로 간주해야만 한다. 즉 먼저 어떠한 의미도 나타나지 않는 것으로, 또는 의미를 감지했다고 생각되더라도 그것이 훌륭한 것인지 아닌지를 모르는 것으로 생각해야 한다. 이러한 어려움을 극복하기 위해서는 두 가지 방법이 있을 뿐이다. 하나는 통합적 연쇄(신화―옮긴이)를 포개놓을 수 있도록 여러 개의 부분으로 절단하는 방법인데, 이 포개놓을 수 있는 부분들은 같은 주제에 대해 그만큼의 변화를 구성한다는 점을 증명하게 될 것이다(L.-S. 5, 227~256쪽; 6).

또 다른 하나의 방법은 첫 번째 방법을 보완하는 것이다. 전체적인 통합적 연쇄란 하나의 신화전체를 다른 신화들이나 신화의 부분에 포개놓은 방법이다. 결국 각각의 경우 모두 통합적 연쇄를 계열적 총합으로 대체시키는 것인데, 차이는 첫 번째 방법론의 경우 이 계열적 합은 통합적 연쇄(하나의 신화)에서 발췌한 부분으로 된 것이며, 다른 경우는 통합적 연쇄가 계열적 합에 병합된 것이다. 계열적 합이 통합적 연쇄(신화)의 조각으로 구성된 것이나, 통합적 연쇄 자신이 부분으로서 계열적 합에 자리를 잡는 원리는 결국 같다. 두 개의 통합적 연쇄(두 개의 신화)이건 같은 한 신화의 조각이건 이것들이 각각 고립되어 있는 경우에는 어떤 확실한 의미를 갖지 못하나, 이들이 서로 대립되는 경우에는 이 대립된다는 사실에서 의미를 얻게 된다. 왜냐하면 대립짝이 구성되는 순간에 의미가 생겨나기 때문이다.

의미는 (대립짝이 구성되기) 이전에는 존재하지 않고 숨겨져 있으며, 사실은 고립적으로 고려된 각 신화나 신화의 부분(조각)들 속에 활기 없는 잔재의 양상으로 존재한다. 전반적 의미는 여러 개의 신화나 또는 한 신화의 여러 부분들을 동시에 묶어(포개어) 구성되는 역동적 관계 속에 존재하며, 이런 역동적 관계의 영향으로 이 신화들과 부분들은 합리적 실재에 도달한다. 그리고 이 신화들과 신화의 부분들이 모두 같은 변형 집단 내에서 대립짝들로서의 역할을 하는 경우 실제적인 증명은 두 단계를 요구하며, 각 단계는 다른 단계를 반복하고 이들이 서로 명확히 증명할 수 있을 때 확실한 것이 될 것이다.

마침 우리는 토바-마타코 신화M175의 통합적 연쇄를 '설명'한다고 말할 수 있는 어떤 신화를 알고 있다. 이 신화의 통합적 연쇄는 토바-마타코 신화의 통합적 연쇄의 각 항목과 서로 대립하고 있다. 이 신화는 이미 앞에서(이 책 518쪽) 요약한 어로용 독극물과 질병의 기원을 다루는 가이아나 지역의 카리브족 신화M162다. 따라서 두 신화를 비교해보면 다음과 같다.

M175	사기꾼이며 남성인 신(神)은 강가를 여행한다. 강에서 멀지 않은 곳에 오두막이 있다;	오두막의 여주인은 어린아이를 돌보고 있는 할머니다;	오두막의 여주인은 자신의 물항아리를 보이며 자유롭게 물을 제공한다.
M162	충실하며 여성인 신(神)은 강에서 멀지 않은 곳에 있는 오두막을 방문한다. 집에서 멀지 않은 곳에 강이 있다;	오두막의 방문자는 어린아이에게 젖을 먹이는 어머니다;	오두막의 여주인은 이기적으로 물항아리를 감추며 물의 제공을 거부한다.

//

M175	(배가 고팠지만) 마실 물을 요구한다;	방문객(신)은 그에게 제공된 음료수를 아주 뜨겁게 만든다;	여주인은 방문객을 위해 자신의 아이를 버리고 강가로 신선한 물을 길러 간다.
M162	(목이 마르겠지만) 먹을 것을 받아들인다;	주인(인간)은 그가 제공하는 음식을 아주 뜨겁게 만든다;	방문객(여)은 자신을 위해 그녀의 어린아이를 버리고 신선한 물을 길러 강으로 간다(559쪽 참조).

//

M175	신은 여주인의 어린아이를 구워 먹거나 또는 날것으로 삼킨다;	······ M175 ······	새 깃털 색깔의 기원
M162	여주인은 신의 어린아이를 삶는다(먹지는 않음);	······[M145]······	어로용 독극물의 기원

우리는 다음(589~590쪽)에서 도치에 의해 변형된 또 다른 예로 한편으로는 독극물, 다른 한편으로는 새들의 색깔을 제시할 것이다. 지금 중요한 점은 신화M175의 첫 부분은 신화M162와 동형관계에 있고, 두 번째 부분은 전혀 다른 신화M145와 동형이라는 점이다. 사람들이 신화 M145와 M162 사이에 관계가 있느냐고 묻는다면, 대답은 그렇다이다. 그

러면 어떤 관계가 있을까?

신화M₁₄₅와 M₁₆₂ 두 신화 모두 어로용 독극물의 기원신화다. 그러나 두 신화는 각각 도치된 과정을 밟으며 공통된 역할을 수행한다. 신화 M₁₄₅는 어로용 독극물의 기원을 무지개에 부여하며, 우리가 앞에서 다루었던 다른 신화들은 무지개를 인류에게 고통과 죽음을 주는 식인괴물로 묘사한다.

반면 신화M₁₆₂는 신화의 시작 부분에서 고통과 죽음을 모르던 시대를 묘사하고 있다. 초자연적 존재이고 남성인 뱀은 사람을 잡아먹는 자인 반면, 여성인 신은 양모의 역할을 수행한다. 초자연적 존재는 인간(M₁₇₂에서는 새들)을 박해하는 반면, 여성인 신(양모)은 인간에게 애정을 나타낸다. 어린아이를 통해서 인간들은 첫 번째 식인괴물의 악의의 희생자가 되며(M₁₄₅), 역시 어린아이를 통해 두 번째 신(양모)은 인간의 악의의 희생자가 된다(M₁₆₂).

무지개인 뱀은 물 밑에 거주하는 물의 주인이다. 그녀(신)는 물이 고갈되어 목이 마르다. 신화M₁₄₅에서는 무지개와 무지개를 몰살하는 새들(공중의 존재) 사이에 근본적인 대립이 나타난다. 신화M₁₆₂의 신은 다른 모든 신들처럼 고구마(땅속의 존재)에 대한 강한 거부감을 나타내며, 고구마라는 말만으로도 신들을 쫓기에 충분하다.[14]

---

14) 우리는 이 마지막 해석이 빈약하다는 것을 기꺼이 인정한다. 그러나 가이아나의 아라와크족의 또 다른 신화M₁₇₆이 이러한 해석을 뒷받침할 수 있을 것이다. 이 신화는 물의 여신을 붙잡아 결혼한 어부와 관계가 있다. 시어머니가 며느리의 초자연적 본성, 즉 며느리가 감추려고 했던 비밀을 폭로하기 전까지는 모든 일이 정상적이었다. 시어머니에게서 공격을 당한 물의 여신은 남편과 같이 사람들을 떠나 그녀의 물 속 거주지로 되돌아가기로 결심했다. 그러나 그녀는 물고기(그녀가 인간 가족들에게 풍부하게 제공해왔던) 대신에 카시리(cassiri)—마니옥과 '붉은 고구마'(Dioscorea?)로 만든 맥주—항아리로 바꾸어놓고, 물 속에서 인간들에게 고구마를 보냈다. 배불리 포식한 인디언들은 빈 항아리와 고구마 껍질을 물 속에 던졌다. 여신은 빈 항아리를 큰 메기(Silurus)로, 고구마 껍질을 떼지어 다니는 작은 물고기 종류인 이미리(imiri, Sciadeichthys)로 변형시켰다. 아라와크족은 이런 이유로 인해 메기를 '어부의 항아리', 이미리를 '어부의 고구마'라고 부

562

우리는 신화M162의 특별한 위치가 무엇인지를 알 수 있는데, 신화 M145의 '비판적'—칸트가 사용한 인식론적 비판이라는 의미—위치 인 것이다. 왜냐하면 여기(신화)에서 제기되고 해결된 문제는 아래와 같은 양상으로 표현될 수 있기 때문이다. 무지개의 역인 한 초자연적 존재가 정확히 무지개처럼 행동할 수 있기 위해서 요구되는 전체적인 조건은 무엇인가? 형식적인 층위에 처해 있기는 하지만 이러한 분석을 통해 우리는 두 신화 각각의 생성 시기에 대한 가설을 제기할 수 있다. 또한 그것이 원초적인 기능인지 아니면 파생된 기능인지에 대해서도 말할 수 있을 것이다. 또한 (신화의) 통합적 연쇄가 이해할 수 있는 것 이 되기 위해서 신화M145는 신화M162보다 이전에 존재해야만 하며, 반 드시 신화M162는 신화M145의 일종의 무의식적인 반사(反射)의 결과로 나타날 수 있어야 한다. 이와 반대되는 가설은 상정할 수 없다.

같은 양상으로 신화M175는 신화M145와 신화M162에서 파생된 것처럼 보인다. 왜냐하면 두 신화를 역전시켜 나란히 병렬시키기 때문이다. 그 러나 신화M175는 두 신화를 같은 방식으로 역전 시키지 않는다. 다시 말해서 신화M175는 어휘의 간단한 역전을 통해 신화M145(새들의 색깔) 와 같은 메시지를 전달하고, 코드는 그대로 보존하면서 신화M162와는 역전된 메시지를 전달하고 있다. 절반은 무지개(근본적으로 악한)의 기 능 그리고 나머지 절반은 호의적인(근본적으로 선한) 신의 기능을 수행 하는, 즉 선하면서 동시에 악한 사기꾼은 형식적인 측면에서 다양한 양 상으로 그의 이중성을 표출한다. 두 신화 간의 '교차 또는 이전현상' (crossing over)이 일어나는 것이다. 말하자면 두 신화 중 하나에서는 도치된 판본을 취해, 도치된 판본 본래의 역전을 얻고, 또 다른 하나의 신화에서는 '정본'을 취해서(그러나 이번에는 또 다른 축을 바탕으로)

른다(Roth 1, 246~247쪽). 만일 새가 공중(공기)과 관계되듯이 물고기가 물과 관계를 갖는다는 점을 받아들인다면, 신화에 의해 제기된 물고기와 고구마 사이 의 등가관계는 아래와 같은 형식으로 일반화될 수 있을 것이다.
(고구마 : 땅) :: (물고기 : 물) :: (새 : 공중[공기])

정본 본래의 역전을 얻는다.

결론이 이미 복잡하지만, 문제는 아직 해결되기엔 멀어 보인다. 카라자 신화M₁₇₇은 몇 가지 측면에서 독극물 쿠라레의 기원을 다루는 카추야나(kachuyana) 신화M₁₆₁의 역전된 판본처럼 보인다. 그러나 우리는 논의를 무작정 확장하지 않기 위해서 지금까지 이를 분석하지 않았다. 이 신화에는 뱀에게서 궤양을 치료받은 주인공이 나오는데, 주인공은 뱀에게 주술화살을 얻어, 그 덕택으로 과리바 원숭이종의 하나인 식인원숭이족을 멸할 수 있었다. 화살촉은 독극물을 바른 것이 아니라 오히려 반대였다. 왜냐하면 주술연고로 식인원숭이족을 쏜 화살촉을 약화시키지 않으면 이를 사용한 사람에게 화살이 되돌아오기 때문이었다(Ehrenreich, 84~86쪽; Krause, 347~350쪽).

신화M₁₇₇의 내용과 신화M₁₇₅ 사이에서 신기한 대칭관계를 볼 수 있는데, 우리는 이미 신화M₁₇₅ 역시 독극물의 기원신화들과 (또 다른 양상으로) 역전관계에 있다는 사실을 보았다. 신화M₁₇₇에서 주인공은 공범관계를 맺어야 할 개구리와 성교를 위장하는 학습을 받는다. 주인공은 이 양서류의 손과 발가락 사이에 자신의 성기를 문지르는데, 다시 말하자면 마치 주름살과 손, 그리고 발가락 사이를 구멍(성기, 항문, 귀, 입, 코의 구멍 ─옮긴이)으로 취급한다.¹⁵⁾ 반면 신화M₁₇₅에서 벌이나 말벌은 구멍을 메운다. 그리고 벌이나 말벌은 관절이 겹쳐지는 부분을 마치 구멍처럼 취급하여 이 부분을 덮는다.

다른 한편─이번에는 신화M₁₇₅와 신화M₁₆₂를 비교해보도록 하자─무지개의 반대(역)인 신화M₁₆₂의 초자연적 주인공은 마치 무지개처럼 죽음과 질병, 그리고 어로용 독극물 기원의 책임자로서 자신을 나타내며 행동한다. 대칭적으로 무지개와 합동관계인 신화M₁₇₅의 여주인공은──물의 주인으로서──인간의 형상으로 자신을 나타내지만 결국에

---

15) 이들 내용은 다시 고약한 냄새를 풍기는 끈적끈적한 물질로 덮인 쿠노아루(이 책 494~495쪽 참조)를 암시하게 만든다. 특히 그의 넓은 단추 같은 발끝에서 벗어나기는 대단히 어렵다(Schomburgk, 제2권, 335쪽).

는 말벌이나 모로-모로벌로 밝혀진다. 원래 케추아어(quechua)에서 온 무루-무루(muru-muru)라는 말은 '다색'(多色)을 의미하는데, 이것은 우리에게 교훈적이다.

신화M177의 개구리처럼 벌은 관절의 접힌 부분과 구멍을 혼동하고 있지만 얻은 결과는 정반대다. 다시 말해서 개구리는 자기 관절의 접힌 부분을 누군가가 '뚫어줄' 것이라고 상상하는 데 반해서, 벌은 타자의 구멍을 메우려고 애쓰며 그 반대의 환상에 속는다. 무지개처럼 개구리는 습한 요소에 속하며, 신화M162의 여주인공은 즉각 그녀의 목마름과 가뭄의 관계로서 취급된다. 왜냐하면 그녀는 물을 빼앗겼기 때문이다. 같은 변형규칙을 계속해서 응용하면 신화M175의 벌이나 말벌의 행위는 신화M162의 개구리의 행위를 역전하게 되며, 벌이나 말벌은 '건조함' (aride)을 나타내는 암시적 의미를 갖게 된다. 이것은 우리가 571쪽 주 17에서 이야기하려는 셰렌테족 의례에서 말벌의 의미론적 기능에 대한 의미를 미리 확인하도록 해준다.

* * *

이 논증의 출발점으로 사용된 침시안 판본M170으로 되돌아가보자. 이 판본은 그 자체로 이미 우리에게 이중으로 관심을 끈다. 이 판본을 검토하기 전에 야단법석의 행위는 분명히 구별되는 두 가지 맥락에서 일어났다. 하나는 사회질서(샤리바리)의 맥락이고 다른 하나는 우주적 질서(일식)의 맥락이다. 신화M170의 특성은 이 두 맥락을 통합하는 데 있다. 신화는 청소년들의 나쁜 행위, 다시 말하자면 사회적 무질서를 거론하는 것으로 긴 모험을 시작하고, 기상학적이고 우주적인 질서의 창시(또는 성립)로 긴 모험을 완성한다.

그렇기는 하지만 이 신화를 더 자세히 살펴보면, 카두베오 신화M171과 빌렐라 신화M173 역시 정확히 같은 이야기를 한다는 것을 알 수 있다. 카두베오 신화는 한편으로 어린아이들의 소란스러운 행위와 또 한편으로는 무지개와 석양의 색깔을 결합한다. 우리가 갖고 있는 두 개의 빌렐라 판본에서 주인공의 잘못은 너무 늦게 귀가하거나 또는 자기 또래 소년소녀들의 곁에 머무르기를 거부했다는 것이다(Lehmann-Nitsche 2, 226쪽). 이러한 반(反)사회적인 행위들은 궁극적으로 무지개의 출현, 그리고 거처와 소리로 구별되는 여러 종류의 새가 탄생하는 결과를 가져왔다.

두 번째로 신화M₁₇₀은 광범위하고 복잡한 하나의 신화군에 연계되어 있으나, 여기서는 이에 대한 논의를 할 수 없다. 이 논의는 청소년들의 문란한 행위에 대한 벌을 주제로 한 것이다. 몇몇 신화는 소리(소란스러움)와 관계가 있다. 즉, 야간의 소란, 별이나 또는 눈이 내린다고 하늘을 향해 내뱉은 모욕, 인간의 배설물(똥)에 대한 모욕 등과 관계가 있다. 아메리카에 아주 많이 퍼져 있는 또 다른 신화들은 식료품(양식)에 대한 무시나 경망스러운 행위에 대해 벌을 내린다. 만약 양식이 지상적 양상(여기서 땅은 맨땅과 물을 포함하는 지상의 것을 의미하며, 다시 말하자면 높음과 대립되는 낮음을 말한다; L.-S. 6)이라는 우리의 작업가설을 받아들인다면—신화에 의해 증명된—하늘은 시끄러움에 대해 마치 '개인적인 모욕인 것처럼' 반응한다는 사실은 우리가 다음에 언급하게 될 사실들을 등가관계로 볼 수 있도록 해준다. 결국 소리를 내는 것이 하늘에 대한 모욕이라면, 양식(또는 음료, M₁₇₄ 참조)에 대한 불경스러움은 땅(또는 물, 앞에서 인용한 토바 신화와 어로용 독극물로 잡는 과도한 어로작업을 생각하기 바람)에 대한 모욕이다. 이러한 결과에서 다음과 같은 도표가 성립한다.

$$[\text{소리}(=x\text{에 대한 남용}) : \text{하늘}] :: [\text{양식에 대한 남용} : \text{땅(또는 물)}]$$

여전히 불확실한 형식이지만, 이러한 등가관계는 두 가지 양상으로 증명될 수 있다. 우리가 야단법석에서 일월식, 일월식에서 근친상간, 근친상간에서 무질서, 그리고 무질서에서 새들의 색깔에 이르기 위해 여러 개의 신화를 연결해서 걸어온 복잡한 여정을 브라질의 한 부족은 단지 하나의 신화 공간 속에서 거친다.

M178. 시페아족의 신화: 새들의 색깔

두 형제가 누이동생과 함께 버려진 오두막에서 살고 있었는데, 형제 중 하나가 누이동생에게 반했다. 그는 밤마다 자신이 누구인지를 말하지 않고 그녀를 방문했다. 다른 형제는 누이동생이 아이를 가졌다는 사실을 알아차리고, 누이에게 게니파(genipa)* 붉은 물감으로 방문객의 얼굴에다 표시를 하라고 명령했다. 물감 표시 때문에 탄로가 난 범죄자는 누이동생을 데리고 하늘로 도망을 쳤다. 그러나 그곳에 도착한 두 사람은 서로 다투었다. 그리고 남자는 여자를 밀어 떨어뜨렸는데, 여자는 별똥별처럼 떨어졌고 엄청난 소리를 내며 땅에 부딪쳤다('대단한 소리를 내지르며' 뱀을 물가[땅]로 끌어내는 사람들을 서술하는 신화M172 참조, 이 책 554쪽). 땅에 떨어진 소녀는 맥으로 변했다. 반면 하늘에 남아 있던 근친상간을 범한 형제는 달이 되었다(원문에서는 형과 동생을 구분하지 않았다-옮긴이).

또 다른 형제는 전사들을 호출해 화살을 쏘아 달을 죽이라고 명령했다. 오로지 아르마딜로만이 그를 죽일 수 있었다. 달의 피는 총천연색이었으며, 땅까지 흘러내렸다. 남자들과 여자들에게 핏방울이 튀어 묻었다. 여자들은 밑(낮은 곳)에서 위(높은 곳)로 핏방울을 닦았기 때문에 달의 영향 하에 예속되었다. 남자들은 위에서 아래로 피를 닦았다. 새들은 다양하게 채색된 피웅덩이에서 미역을 감았고, 그렇게 해서 각종의 새들은 자기만의 특징적인 깃털을 얻게 되었다(Nim. 3, 1010쪽).

다른 한편 우리는 회고적 관점을 취함으로써 주인공이 새둥지 터는 사람인 신화들(M1 · M7 · M8 · M9 · M10 · M11 · M12)에서 시작하여 적어도 잠정적으로는 새들의 색깔과 관계되는 신화들(M171 · M172 ·

---

* 열대 아메리카산 꼭두서니과 나무. 또는 꼭두서니 뿌리에서 뽑아낸 빨간 물감이나 그 빛깔-옮긴이.

$M_{173} \cdot M_{174} \cdot M_{175} \cdot M_{178}$)에 이를 수 있었다. 이처럼 긴 과정을 정당화하기 위해서 우리는 만일 새둥지 터는 사람의 신화들이 취사의 기원신화라면, 새들의 색깔에 대한 신화들은 사회학적, 동물학적, 기상학적 또는 우주론적 관계 속에서 형식적인 측면의 문제, 즉 음식이라는 한 질서의 도래와 같은 유형의 문제라는 점을 제시했다.

이렇게 우리는 앞에서 고찰한 것들과 다시 만난다(이 책 537쪽). 취사용 불은 높음과 낮음, 해와 땅 사이를 연결하는 중개자다. 결과적으로 높은 곳과 낮은 곳 사이의 중간지점에서 길을 잃은 새둥지 터는 사람은—처남 또는 아들의 자격으로—남자와 여자, 결연(혼인)과 친족(혈연) 사이의 중개자이기도 하다. 그는 또한 취사용 불의 도입자(또는 갈취자로 어쨌든 불의 주인)이며, 문화의 관점에서 또 다른 질서, 즉 사회학적이거나 우주적인, 또는 여러 중간 매개적 층위에 위치하는 질서와 합동인 질서를 창시하는 자다.

이미 확인한 사실이지만, 새둥지 터는 사람과 새들의 색깔의 소재를 거칠게나마 나란히 놓고 있는 신화들이 있다는 사실을 확인하는 것은 대단히 놀라운 일이다.

M₁₇₉. 파린틴틴족의 신화: 새들의 색깔

아주 친한 두 늙은 인디언이 수리독수리(gavião-real, *Thrasaetus harpyia*)의 둥지를 털러 가기로 결정했다. 그들은 사다리를 만들었다. 그 중 한 명이 사전에 점찍어놓은 독수리 둥지가 있는 나무 위로 기어올라갔다. 동료가 새끼 한 마리를 발견한 것을 본 밑에 있던 인디언이 물었다. "독수리 새끼가 어떤가?" 그 질문에 대답하기를 "네 마누라의 그것처럼 털이 나 있다!"라고 했다.[16] 이파니테게(Ipanitégué)라고 불리는 인디언은 모욕을 당한 것에 화가 나 사다리를 부수고 가버렸다.

카노레우(Canauréhu)라고 불리는 인디언은 닷새 동안 물 한모금, 음식 한점 먹지 못하고 말벌과 밤낮없이 물어대는 '모기'(cabas e carapanans)에게 뜯기면서 나무 위에 머물러 있었다. 마침내 정오경 나무늘보의 고기를 운반해오던 독수리가 새끼를 부르는 소리가 멀리서 들렸다. 겁이 난 늙은 인디언은 나무꼭대기 높은 곳으로 기어올라가 거기에서 한마디 말도 못하고 웅크리고 있었다. 독수리는 공중으로 날아올라갔다. 그리고 새끼들이 고기를 먹는 동안 인디언을 발견했다. 질겁을 한 독수리는 가까운 나무에 앉아 인디언에게 질문을 했다.

인디언은 독수리에게 자기 이야기를 털어놓았다. 그가 익살맞은 대답을 반복하자 독수리는 배꼽을 잡고 웃었다. 독수리는 좀더 이야기를 잘 들으려고 가까이 다가가서 새로운 이야기를 요구했다. 그러나 인디언은 독수리가 자기를 죽일까봐 겁이 났다. 결국 안심을 한 인디언이 이야기를 다시 시작했고, 독수리는 그 이야기가 하도 얄궂어 웃고 웃고, 또 웃었다.

독수리는 카노레우에게 복수를 돕겠다고 제안했다. 독수리는 인디언의 몸이 털로 덮일 때까지 그의 위에서 깃털을 흔들어댔다. 결국 인디언은 독수리로 변했다. 변신에 성공하자 독수리는 인간에게 나는 방법과 점점 더 굵은 나뭇가지를 분지르는 법을 가르쳤다.

그들은 함께 주의를 끌기 위해 마을광장 위를 날면서 커다란 소리를 질러댔다. 마을광장 한가운데에는 이파니테게가 화살을 만드느라 앉아 있었다. 두 마리의 새는 인디언에게 달려들어 부리와 발톱으로 인디언의 머리와 다리를 잡아 들어올렸다. 인디언들이 화살을 쏘았지만 이파니테게만 맞았을 뿐이었다. 성공하지 못한 인디언들은 피해자의 화살에 걸려 있던 줄을 잡아담겨 이파니테게를 구하려 애썼지만, 줄은 곧 끊어지고 말았다. 그래서 광장에는 창자와 뇌조각이 가득한 핏물 웅덩이가 생겼다.

---

16) 같은 착상에서 나온 임기응변의 재치있는 응답을 보기 위해서는 *Murphy-Quain*, 76쪽 참조.

독수리들은 먹이를 둥지까지 운반했다. 그리고 모든 종류의 새를 만찬에 초대했는데, 각 새들이 '문신'을 하기로 승낙한다는 조건이었다. 아라 앵무새는 피로 깃털에 빗질을 했다. 무툼새는 날개 끝과 부리에 뇌척수액을 발랐다. 탕가라-후 (tangara-hú)새는 부리에 피를, 앵무새 암컷과 수컷은 깃털을 담즙으로, 왜가리는 깃털을 뇌척수액으로 칠했다. 수루쿠아 후(surucua-hú)새의 가슴과 자쿠 페문-후 (jacu-pémun-hú)새는 목을 피로 문신했다.

그렇게 모든 새들은 크거나 작거나 모두 문신을 하게 되었다. 그래서 한편의 새들은 부리나 깃털이 붉게 되었고, 다른 한편의 새들은 푸르거나 또는 흰 깃털을 갖게 되었다. 왜냐하면 이 모든 색깔이 죽음을 당한 늙은 인디언의 피, 담즙, 그리고 뇌 속에 포함되어 있었기 때문이다. 인디언의 살은 새들이 모두 먹었다(Pereira, 87~92쪽).

니무엔다주는 페레이라(Nunes Pereira)가 수집한 자료와 자신이 직접 또 다른 부족에게서 수집한 자료들을 비교하면서, 페레이라의 부정확하고 불완전한 필사본을 비판한다(Nim. 2, 제3권, 293~294쪽). 앞으로 논쟁이 따르겠지만, 직접 수집한 텍스트를 가볍게 비판해서는 절대 안 된다. 신화 분석의 자료에서 판본 사이의 차이점은 '선험적'으로 비판의 대상이 되지 않는다. 새둥지 터는 사람의 이 엄청난 판본에는 실제로 놀랄 만한 것이 있다. 이 판본에는 수집자가 무관심한 결과거나 또는 구술자의 변덕이라고 볼 수 없는 체계적인 엄격성을 가지고 있으며, 제족 신화M_7~M_{12}의 세세한 내용에서부터 신화의 구조까지 정확히 도치되었음을 알 수 있다.

M_{179}	같은 나이의 두 늙은 인디언,	우정으로 연결,	독수리 둥지 터는 사람들 (육식동물);
M_{7-12}	나이 차이가 나는 두 남자 (어른, 어린아이),	혼인에 의한 결연 (연결),	앵무새 둥지 터는 사람들 (열매를 먹고 사는 동물);

//

M_{179}	부재하는 사회적 관계를 매개로 타인을 모욕한다 (x의 부인≠y의 누이);		버림받고, 독곤충[17]에 의해 학대받는 주인공.
M_{7-12}	실재하는 자연적 관계를 매개로 타인을 모욕한다 (실재하는 새, 부재를 주장; 돌로 변한 새알);		버림받고, 새똥과 구더기로 뒤덮인 주인공.

//

M_{179}	나무늘보의 중개, 우주적 결합의 상징[18];	독수리는 자식에게 음식을 제공, 주인공을 입양하지는 않고, '동맹'을 맺는다;	주인공은 자신의 노력으로 독수리를 '웃게 만든다'(웃음의 객체, +).
M_{7-12}	카에테투(M_8)의 중개, 사회적 결합의 상징(이 책 231쪽 참조);	표범은 자식이 없다. 주인공을 입양하고, 음식을 제공한다;	주인공은 표범을 보고 '웃음을 참는다'(웃음의 주체, −).

---

17) 이 놀라운 대립을 통해 셰렌테족의 대단식 의례 속에 나타나는 말벌 에피소드에 대한 우리의 초보적 해석이 증명된다(541쪽 주 5, 566쪽 참조). 만약 실제로 벌레가 '썩은 세상'을 내포한다면, 독곤충은 '불타는 세상'을 내포해야만 한다 (537~539쪽에서 이 항들에 대해 우리가 내린 의미로). 그런데 대단식 의례는 인간을 불타는 세상의 위험에서 멀리 떼어놓는 것이 목적이다. 그리고 의례의 끝은 불타는 세상의 사자(使者)인 말벌의 출현으로 예고된다. 그러나 말벌은 (노래하는 사람에게 부여되는) 가수의 자격과 모형 화살을 나누어주는 자의 자격이라는 이중적인 자격으로 나타나며, 말벌의 침은 인간에게 적대적이고 자연적인 형태에서 같은 인간에게 봉사하는 문화적 형태로 변화된다. 이것은 불타는 세상을 '길들이는' 것을 의미할 수 있다. 바너(Banner 2, 20쪽, 27~28쪽)는 최근 카야포족의 놀이 의례를 기술했는데, 이에 따르면 때로는 어린아이들에 의해 모방되기도 하는데, 청소년들은 말벌과 전투를 벌인다. 이 말벌의 토착어 이름은 '적'이라는 뜻을 가진다.

18) 여기서 우리는 나무늘보의 상징적 기능에 대해서는 간접적으로만 흥미를 가질 뿐이며, 특별히 이 기능에 대해 논의할 기회도 갖지 않았다. 우리는 단지 볼리비

//

M_{179}	독수리는 주인공을 조류의 본질(깃털)로 덮는다;	독수리는 주인공에게 자연의 힘을 선물한다 (날 수 있는 능력, 초인적인 힘),	독수리는 (인간으로 남아 있는) 주인공이 친구에게 복수하도록 돕는다.
M_{7-12}	표범은 주인공을 조류의 본질(새똥과 구더기)에서 벗어나게 한다;	표범은 주인공에게 문화적인 힘을 선물한다 (무기, 취사용 불),	표범은 동물이 된 부모 (어머니)에게 복수하도록 돕는다.

//

M_{179}	자연과 동물계의 질서를 창시;	인간(같은 종)을 먹는 식사, 마을 밖;	들리도록 소리를 냄.
M_{7-12}	문화와 음식의 질서를 창시;	구운 고기로 식사, 마을 안;	소리를 내지 않거나 듣지 않음.

이제 이런 급격한 방향전환의 이유가 무엇인지를 묻자.

우리는 먼저 광범위한 신화 집단을 고립시켰으며, 이 집단의 공통분모는 소리(시끄러운)와 관계되는 다양한 행위에 같은 관여적 기능을 부여하거나, 또는 그러한 행위가 변형된 것으로 인정될 수 있는 행위라면 여기에도 같은 관여적 기능을 할당했다. 이들 신화의 의미론적 기능은 다른 두 유형의 질서 사이에 동형성이 존재하느냐를 증명하는 것이다. 두 유형의 질서란 경우에 따라서 우주적 질서와 문화적질서, 우주적 질서나 기상학적 질서와 사회적 질서, 또는 이 질서 가운데 어느 하나와 이 질서들의 중간적 층위에 있는 동물학적 질서 등

아의 타카나족의 신화를 참조했고, 여기에서 나무늘보는 땅에 불을 지르는 파괴적인 불의 주인이다. 특히 그는 땅 위에 똥을 눌 수 없을 때, 나무 위로 올라가 높은 곳에서 똥을 누게 된다. 이때 나무늘보의 똥은 '별똥별의 효력을 갖게 되고', 이것은 땅을 뒤엎고 지상의 모든 생물을 파괴한다(Hissink-Hahn, 39~40쪽). 이러한 믿음의 반향은 가이아나에서도 발견되는데, 여기서는 '나무늘보'라고 불리는 별이 대건기 초반부에 나타나며, 자신의 생리적 욕구를 해소하기 위해 땅 위로 내려온다고 여긴다(Ahlbrinck, 'kupirisi' 항목 참조).

이 될 수 있다.

　새 둥지 터는 사람의 보로로 신화M₁에서 기상학적 질서는 명시적이다(바람과 비의 기원). 그리고 문화적 질서(취사의 기원)는 암시적이다. 같은 집단의 제족 신화에서는 이와 정반대다. 그러나 아무도 차코와 가이아나 신화에서 가장 중요하게 나타나는 동물학적 질서는 참조하지 않았다. 우리는 두 신화를 한 번 이상 확인했는데, 이들 신화는 어쨌든 두 지역의 중간지점에 위치하는 브라질 중앙부와 동부의 신화들보다 골조로 보아 서로 더욱 가깝다. 그래서 우리는 한편으로는 브라질 중앙부와 동부의 판본들과 다른 한편으로는 차코와 가이아나 지역의 판본들 사이에 파린틴틴 판본이 돌쩌귀(접점)를 형성한다는 사실을 확인할 수 있었다. 새둥지 터는 사람의 순환경로에서 빌려온 코드의 도움으로 파린틴틴 판본이 새들 색깔의 순환경로에 속하는 메시지를 '전달'한다는 사실을 알 수 있다.

　이런 반전이 일어나기 위해서는 신화M₁₇₉가 다른 판본들의 풍자화처럼 취급되어야만 한다. 왜냐하면 이 판본은 자연적 질서를 이해하는 데에만 열중하기 때문이며, 가족관계와 사회적 지위(이런 사회적 의미의 단어들은 보로로와 제족 판본에서 유래한다)는 부정되거나 또는 하찮은 것으로 취급하기 때문이다. 이 판본M₁₇₉에서는 의붓형제나 젊은 남자와 청소년 대신에 친족관계가 없고, 결연(인척)관계도 아닌 단지 '친구'인 두 늙은 인디언이 등장한다. 말하자면 가장 강한 사회적 관계 대신에 가장 약한 사회적 관계로 이어진 두 사람이 등장한 것이다. 그러나 친구 아내의 신체(누이가 아니다. 왜냐하면 두 사람은 친구관계일 뿐이기 때문에)를 비유로 친구를 모욕하는 신화M₁₇₉의 어리석은 주인공은 부재한 관계의 논리적 힘(가장 약한 관계를 가장 강한 관계에서 나타나는 것처럼 했다는 의미—옮긴이)을 확인하고 있다.

이와 같은 암시적 인물이 다른 신화 속에서도 등장하는데, 여기에서 주인공은 자연적 질서와 관계되는 조류의 독특한 채색들을 '문신 새기기'라고 부른다. 그러니까 (조류의 색깔을—옮긴이) 문화적 질서의 변별적 표시와 동일시하는 것이다. 브라질 중앙부와 동부의 '새둥지 터는 사람'과 가이아나의 '물고기 낚는 사람'에 의해 만들어진 겹장접이 (diptyque) 서판 한가운데 있는 파린틴틴 신화는 세 번째 서판을 붙이기 위해 '사람을 낚는 새'를 끼워넣은 것이다.

투피 방언을 사용하는 문두루쿠족은 동부 제족어 집단 부족들과 역시 투피어를 사용하는 서부의 파린틴틴족을 잇는 중간단계를 형성하고 있다. 이러한 지리적이고 언어학적인 상황은 아마도 문두루쿠족에서 새들의 색깔 신화가 왜 새둥지 터는 사람의 신화에 대한 준거를 조심스레 배제하는지를 설명할 수 있을 것이다. 문두루쿠 신화는 말을 하자면 완전하게 '인간성을 상실한'(비인간화된) 신화다. 이 신화는 유일하게 동물학적 층위(명시적으로)와 우주론적 층위(암시적으로)에 위치한다.

M₁₈₀. 문두루쿠족의 신화: 새들의 색깔

한 암컷 왕독수리가 나무 꼭대기 둥지에서 새끼를 기르고 있었다. 어느 날 독수리는 물 밖으로 나온 거북을 잡으려고 물로 뛰어들었다. 그러나 거북이 아주 컸으므로 독수리를 물 속으로 끌고 들어갔고, 마침내 독수리는 빠져 죽고 말았다. 그렇게 버려진 독수리 새끼의 울음소리를 듣고 검은 독수리가 돌보게 되었다. 그러나 곧 싫증이 난 독수리는 가버리고, '라피나'(rapina) 독수리가 뒤를 이어 돌보았다. 새끼가 크자 두 보호자(왜 두 보호자인지는 설명이 없다—옮긴이)는 그가 거북에 대항해서 어머니의 죽음에 복수할 수 있도록, 그에게 점점 더 무거운 나무토막을 들어올리는 훈련을 시켰다.

준비가 되자 독수리는 거북의 동정을 살폈다. 거북이 물 위로 나와서 독수리를 도발했다. 거북은 독수리의 깃털로 온 몸을 장식하고 있었다. 독수리가 거북을 찍었다. 그리고 그를 물 속으로 끌고 들어가려는 거북을 또 다른 거북들이 물 밖으로 밀어올리는 바람에 독수리는 먹이를 물고 둥지까지 날아갈 수 있었다.

독수리는 거북을 먹도록 모든 새를 초청했다. 우선 거북의 등껍질을 깨야만 했다. 큰부리새(거취조[巨嘴鳥])가 거북의 등껍질에 달려들었으나, 부리만 납작해지고 말았다. 그때부터 큰부리새의 부리는 지금처럼 넙적한 모양을 하게 되었다. 딱따구리가 껍질을 깨는 데 성공했다. 그러자 새들은 붉은 핏물과 담낭의 푸른액, 그리고 노란 기름으로 깃털에 빗질을 했다. 큰부리새는 눈둘레에 푸른색을 바르고, 꼬리 밑에다 노란색을 칠하고, 노란색으로 가슴에 가로줄을 그렸다. 그는 또 역시 꼬랑지에 피를 발랐다.

딱따구리는 머리를 붉게 칠했다. 피피라(Pipira)새는 온통 푸른색으로 온 몸을 더럽혔다. 무툼새는 발과 부리에 피로 얼룩을 만들었다. 그리고 갈사(garça?, '얕은 물에 사는 새'; Murphy 1, 143쪽 인용)에게는 동물의 피로 채색을 못하도록 흰 찰흙을 바르게 했다. 갈사새는 그렇게 했지만, 무툼새는 차례가 오자 도망가버렸다. 갈사는 무툼새의 꼬리 끝부분만을 잡을 수 있었다. 그래서 오늘날까지 무툼새의 꼬리는 희게 남아 있다.

'라피나' 독수리의 은혜에 보답하기 위해서, 왕독수리는 그에게 거북의 머리를 주었다. 그는 그것으로 트럼펫을 불었다. '톡, 톡, 포앗, 포앗'. 타와토(tawato) 독수리(*Astur*?, Ihering, 'Tauatu pintado' 항목 참조)는 질투를 느꼈다. 왜냐하면 그는 덩치는 커다랗지만 좀 날카로운 목소리를 갖고 있기 때문이었다. 그래서 목소리 교환을 요청했다. 그때부터 타와토 독수리는 굵은 목소리를 갖게 되었고, '라피나' 독수리는 '아이이-이이이-이이이'라고 지저귀게 되었다 (Murphy 1, 128~129쪽).

신화에 등장하는 세 종류의 '독수리'에 대한 불확실성과 토착민의 분류 체계상 이들의 위치에 대한 불확실성 때문에 이 신화를 분석하기가 쉽지 않다. 머피(1, 143쪽)에 따르면, '라피나' 독수리는 *Cerchneis sparverios eidos*일 것이며, 타와토 독수리는 *Hypomorphnus urubitinga urubitinga*일 것이다. 또 다른 판본에서는 라피나 독수리를 이이(ii), 그리고 타와토 독수리를 우아웁타우후(uayuptauhu) 또는 푸앗푸앗(puatpuat)이라고 부른다(Kruse 2, 633쪽). 출처가 확실하지 않은 아마존 판본 어디에도 구조를 받을 수 있는 독수리에 대한 이야기는 나오지 않는다(Barbosa Rodrigues, 167~171쪽). 그래서 우리는 신화M180과 M179는 많은 부분에서 동형관계에 있다는 점을 강조하는 것으로 만족할 것이다.

신화M179의 인디언(사람)과 신화M180의 독수리(새)는 그들의 적만큼이나 무거운 나뭇조각을 들어올리는 훈련을 한다. 버려진 새는 크게 소리를 지르나, 버려진 사람은 한마디 말도 못한다. 신화M179의 깃털로 덮인 인디언은 신화M180의 깃털로 덮인 거북이와 짝을 이룬다. 신화M179의 경우에 공중(높은 곳)에 있는 전투원은 땅에(낮은 곳) 있는 적에게 소리를 지르고 모욕을 퍼붓는다. 신화M180의 경우는 반대다. 독수리는 조용히 거북이 자신을 도발하며 모욕하기를 기다린다. 결국 희생자의 인간 동료들은 그를 붙잡으려 애쓰는(M179) 반면, 희생자(거북)의 동물 동료들은 그를 물 밖으로 밀어낸다(M180). 가이아나 판본M172와의 계보관계는 공헌을 제일 많이 한 동물에게 주어진 희생자 머리의 이야기에서 잘 나타난다.

무엇보다도 파린틴틴 신화와는 반대로 문두루쿠 신화는 완전히 동물세계 내에서만 사건이 이루어진다. 그리고 파린틴틴 신화처럼 새가 등장하지만, 문두루쿠 신화는 둥지를 털린 앵무새 대신에 포식동물인 독수리와 관계를 갖는다. 평화롭기보다는 차라리 호전적인 새, 과일을 먹기보다는 차라리 육식을 하는 새다. 그리고 문두루쿠 신화에서 독수리는 물과 연관되어 있는 반면 앵무새는 땅과 연관되어 있으며, 그들의 양식이 열리는 나무를 운반한다. 마지막 문장에 나타나는 대립은 보로로족의 신화에서 증명된다. 여기서 보로로의 성직자들은 양식을 찾는 것을 도와주기 위해 때때로 조류(새)로 변한다고 믿고 있다. 다시 말하자면 아라 앵무새처럼 그들은 과일을 따서 모으고, 수리독수리처럼 물고기를 잡거나 또는 다른 새들을 죽인다(Colb. 3, 131쪽).

3 혼인

만일, 만일 그녀가 아이를 갖게 된다면
그녀는 두 배나 더 많은 가치가 있을 텐데……

• 스트라빈스키, 「혼인」, 제4장

우리가 지금까지 검토해온 무지개와 관련된 모든 신화는 대기(기후)현상을 때로는 어로용 독극물이나 질병의 기원, 또는 새들의 색깔의 기원과 연관시킨다는 사실을 알 수 있다. 그러나 무지개는 연관되는 유형에 따라 같은 양상으로 개입하지 않는다. 다시 말해서 자신과 관계되는 행위에 대해서 주체(agent)가 되거나 또는 수동적인 객체(objet)가 된다.

살아 있는 무지개가 독극물과 질병 출현의 원인이 되는 것은 직접적이든 간접적이든 무지개 자신의 교활함과 관계된다. 무지개는 독극물이나 질병의 출현에 도덕적인 원인이 되고 있으며, 새들의 색깔과 관련해서는 단지 체질(육체)적인 원인과 관련된다. 왜냐하면 새들은 먼저 무지개를 죽인 다음, 그의 시체를 나누어 가진 후에야 차별적인 깃털을 얻을 수 있었기 때문이다. 또 다른 말을 빌려 표현한다면 이렇게 말할 수 있을 것이다. 무지개는 독극물과 질병을 의미한다. 그러니까 무지개의 논리적 기능이 새들의 색깔에 적용될 때에는, 시니피앙인 무지개의 논리적 기능은 시니피에의 논리적 기능(여기서 시니피에는 독극물과 질병을 의미─옮긴이)으로 이동한다.

우리가 처음으로 이러한 문제에 직면했을 때, 작은 간격과 큰 간격의 변증법을 이용해서 이 문제를 해결할 수 있었다. 이 방법으로 우리는 질병과 독극물이 이중적 특성을 제시한다는 사실을 알았다. 이 두 특성은 삶에서 죽음, 또는 자연에서 문화로의 타동성(transitivité: 한 동작이 다른 동작에 영향을 주는 특성이나 다른 두 단계 사이에 연계된 특성, 또는 한 상태에서 다른 상태로 넘어가는 과도기적인 상태를 의미한다—옮긴이)을 내포하고 있다. 특성들 내에서 한 질서에서 다른 질서로의 이동은 느낄 수 없을 정도로 이루어지거나, 또는 두 질서 사이의 매개적 상태를 식별할 수 없이 이루어진다.

게다가 질병과 독극물은 본질적으로 '반음계적 특성'(두 단계의 가운데 또는 좁은 간격을 의미—옮긴이)을 지닌 존재지만, 이들은 '온음계적'이라고 부를 수 있는 결과를 초래한다. 왜냐하면 전염병처럼 독극물어로는 이로 인해 희생된 많은 물고기들의 숫자에 아주 큰 결함을 만들기 때문이다(물고기의 수가 줄어들어서 물고기 사이의 간격이 넓어졌다는 의미—옮긴이). 볼리비아의 과라유족은 이러한 접근에서 합리적인 결론을 이끌어낸다. 말하자면 모든 질병은 독을 먹음으로써 생겨나며, 독극물에 중독되지 않는다면 사람들은 죽지 않을 것이라고 믿는다 (Cardus, 172쪽).

사람들이 독극물과 질병이 '반음계적' 존재라는 것을 인정하기 때문에 독극물과 질병은 무지개와 공통적인 특성을 갖게 되었으며, 따라서 무지개가 독극물과 질병을 의미하기에 적합한 존재(시니피앙—옮긴이)가 된 것이다. 다른 한편 그것들(질병이나 독극물)에 의해 행해진 재앙의 경험적 관찰을 통해 연속이 그 자신 속에 불연속을 내포하고 있다는 추론을 가능하게 하며(또는 그러한 가설을 확인하게 하며), 심지어 그러한 결과를 낳게 한다. 그러나 무지개를 주체(행위자)로 간주하지 않고 행위의 객체로 만든다면 앞에서의 관계는 전도된다. '시니피앙'인 반음계는 온음계적 질서의 부정적 형식이기도 하다(왜냐하면 온음계적 질서는 단지 황폐화된 연속의 잔존물일 뿐이기 때문이다). 그래서 '시니피앙' 반음계는 '시니피에' 반음계(크로마티즘)로 대체된다. 다시 말해서 이렇게 긍정적 재료가 된 '시니피에' 반음계에서 온음계적 질서가 성립되는데, 이것 역시 다른 것과 마찬가지로 자연의 탓으로 돌릴 수 있을 것이다. 결국 특정 주민의 대량학살(그것이 전염병에 의한 사람들의 죽음이든 독극물어로에 의한 물고기의 죽음이든)은 각 종들의 일반적 불연속성(discontinuité générale)과 대칭관계를 이룬다. 이는 하나의 종(식물이나 동물—옮긴이) 안에서는 동형이 된다. 우리는 이미 다른 경로를 통해 이와 같은 결론에 도달한 바 있다(제1부, 제1장, 불연속의 간주곡).

우리는 신화M₁₇₃의 비레라 주인공이 어떤 조건 하에서 반음계적 존재로 변했으며, '칠흑 같은 밤이지만' 멀리서 반짝이는 색깔들을 보았는지 기억하고 있다(Lehmann-Nitsche 2, 222쪽). 사건은 주인공이 물가에서 다양한 색채의 돌을 긁어모은 후에 일어났으며, 그는 그 돌로 목걸이를 만들었다. 다시 말하자면 전에는 흩어져 있던 요소들에서 다양한 색상의 존재가 만들어진 것이며, 실에 꿰어 서로 가까워지게 됨으로써 그들 사이의 간격이 대단히 작아지게 된 것이다. 이 신화에서 거론된 진행과정은 더욱더 의미가 있다. 왜냐하면 열대 아메리카에서 수집한 민족지 총서에는 이 신화에서 기술하고 있는 종류의 목걸이를 찾기가 힘들기 때문이다.

열대 토착민들의 목걸이는 절제된 색채와 단순함 그리고 규칙성이 특징이다.[19] 목걸이는 늘상 희고 검은 진주로 만들거나 조개껍질을 잘라 만든 작은 원반에다 바다 연체동물과 야자열매 껍질을 꿰어 만든다. 무역으로 얻은 다양한 진주는 결코 이용되지 않는다. 흰 것과 검은 것

---

19) 비레라족의 마을에서 그리 멀지 않은 곳의 치리구아노족(Chiriguano)에게서 여행자들이 산호와 공작석(孔雀石)으로 된 목걸이를 발견했다고 하나, 니노(B. de Nino, 197쪽)는 이런 관찰은 조작된 것이라고 부인했다. 그는 비레라 신화의 이 신기한 창작은 안데스인에게서 유래한 옛 목걸이가 토착민들에게 영향을 주었을 것이라는 사실을 배제하지 않는다. 그러나 우리는 채색된 돌의 주제가 가이아나에서는 무지개의 신과 연관되어 있고(Goeje, 33쪽)—이 무지개 신의 카리브 이름이 사리그(이 책 472쪽)라는 사실은 다른 경로로 알고 있지만—이 주제의 기원이 경험에서 유래한다기보다는 사변(思辨)에 기인한다고 믿는다.

이 교차적으로 사용된 것이 가장 높이 평가받는 색깔이다. 또 다른 색깔의 진주들도 때때로 받아들여지는데, 단색 목걸이를 만들 때 사용된다. 예를 들자면 푸른색 목걸이, 이 색깔(토착민들의 언어에서는 푸른색과 검은색을 거의 구별하지 않는다; 용어 하나로 두 색깔을 지칭할 수도 있다는 의미―옮긴이)은 종교적 의미를 내포하고 있다(Huxley, 47쪽; Nino, 197쪽). 우리는 우리가 방문했던 일곱 또는 여덟 부족의 토착민들이 신중하지 못한 비레라 주인공처럼 천연색 목걸이를 만들라고 그들에게 준(L.-S. 3, 260쪽) 다양한 색깔의(전적으로 불필요한 것이었다) 진주들을 유용하게 이용하는 것을 결코 본 적이 없다.

우리는 과거에 보로로족 여인들이 선물로 받은 줄무늬 또는 꽃무늬의 천을 사용하는 것을 주저했다고 알고 있다. '우리는 우선 그들의 유행이나 까다로움을 비난했다. 훨씬 뒤에는 그들의 태도가 종교적인 사고와 연관된다는 사실을 알 수 있었다. 성직자들은 줄무늬나 꽃무늬 천은 망자의 세계에 속하기 때문에, 이런 천들을 심지어 선물이라도 받아들이는 것이 금지되어 있다고 설명했다. 그렇지만 장례의례 때 죽은자의 영혼을 강생시키는 사람을 치장하거나, 또는 영혼을 부르는 성직자에게 사례를 하기 위해서는 이러한 천들을 사용할 수 있으며, 성직자는 영혼에게 자신의 계획을 통보한 후에 무늬가 새겨진 천을 걸칠 수 있었다.'

같은 저자가 첨부하기를 보로로족에게는 염색하지 않은 본래의 천이나 단색으로 채색된 천만을 사용하는 규정이 있었다고 한다(Colb. 3, 131쪽; 『보로로 백과사전』, 제1권, 174쪽). 1935년 토착민들은 왜 그들의 도자기 색채는 어두우며, 어떠한 장식[20]도 하지 않느냐는 물음에 우리에게 앞의 설명과 같은 이유를 원용(援用)하며 답했다.

---

20) 옛 이집트인들은 채색과 단색의 대립을 실행한 것으로 보인다. 그러나 보로로인들과는 반대인 의례복을 입은 것 같다. 뿐만 아니라 이시스의 복장은 여러 가지의 물감이나 색채로 되어 있었다. 왜냐하면 그의 모든 힘은 물감과 채색의 재료속에 존재하며 펼쳐져 있기 때문이다. 이 재료는 모든 존재 형태를 부여받으며 빛, 암흑, 낮, 밤, 물, 불, 생명, 죽음, 처음과 끝 같은 모든 종류의 사물을 이루기

다색배합(polychromie)에 대한 이러한 공포는 남아메리카에서는 틀림없이 아주 예외적인 현상이다. 그렇지만 보로로인들은 다른 부족들이 완곡한 양상으로 표현하는 태도와 달리 그들의 태도를 극한까지 가지고 간다. 투구나족은 그들의 신화 가운데 하나(M181)에서 말하기를 의례용 악기들을 과거에는 일률적으로 붉게 칠했다고 한다. 한 신이 문명창시 영웅인 주인공에게 차라리 멀지 않은 개울가에서 찾을 수 있는 '모든 색깔의 찰흙'을 사용하라고, 하지만 손으로 찰흙을 만져서는 절대 안 된다고 했다.

주인공은 취시통(입으로 불어 화살을 쏘게 만든 통―옮긴이) 관 속에 진흙을 채취해야만 했는데, 다양한 종류의 샘플을 얻을 때까지 수차례에 걸쳐 취시통을 흙 속에 박아 흙을 성공적으로 채취했다. 그런 후에 주인공은 막대기로 취시통을 쑤셔서 색깔을 추출해 채색할 수 있었다 (성적인 의미가 내포되어 있다―옮긴이). 이런 과정을 통해 그린 그림이기 때문에 여자들이 의례용 악기를 봐서는 안 되며, 악기에 부과된 가장 중요한 금기라고 신화는 부연하고 있다.

또 다른 신화M182에서 한 여인이 악기에 대한 궁금증을 풀기 위해 나무 위에 몸을 숨겼다. 악기가 나타나자마자 그녀는 악기의 장식에 매혹되고 말았다. 트럼펫이 그녀의 눈에는 악어로 보였고, '그녀는 왕창 오줌을 지렸다. 그리고 파(pá) 소리를 내고는 나무에서 떨어졌다.' 악기 연주자들이 그녀에게 달려들어 잘라 조각을 낸 후 훈제를 했다. 그리고

때문이다. 그러나 오시리스의 복장은 어떠한 그늘이나 다양성도 갖고 있지 않으며, 단지 빛의 색깔, 즉 유일한 단순색상이었다. 왜냐하면 최초의 원인과 원칙은 어떤 것과도 혼합되지 않고 정신적이고 관념적이고 아주 단순하기 때문이다. 왜 그들이 복장을 단 한 번만 내보이며, 결국 옷들을 꼭꼭 접어서 보관하여 보지도 만지지도 못하게 하는지를 설명한다. 그와는 반대로 이시스의 복장은 흔히 사용된다. 감지할 수 있는 것들이 일상적으로 사용되기 때문이며, 사람들은 이러한 복장을 여러 번에 내보일 수도 있고 여러 번 볼 수도 있다. 그러나 정신적이고 관념적인, 순수하고 단순한, 번개처럼 성스럽게 빛나는 정신적 존재는 단 한 번만 영혼을 만지고 보도록 할 뿐이다'(플루타르코스, §xli).

그들은 그녀의 어머니와 여동생에게까지 만찬에 참여하도록 요구했다(Nim. 13, 77~78쪽, 134쪽).

이 이야기는 몇 가지 고찰해야 할 점을 지적해준다. 먼저 우리는 투쿠나족들이 두 종류의 무지개 중 하나를 도기용 찰흙의 주인으로 만들고 있다는 사실을 알고 있다(이 책 468쪽 이하). 두 번째로 색깔을 준비하기 위해 주인공이 해야만 할 아주 특별한 방법은 악기에 그림을 그릴 때 무지개 색조의 차이와 유사한 서서히 엷어지는 측면이 나타나도록 부분적인 혼합을 이끌어내야만 한다는 점이다. 마지막으로 나뭇가지 위에서 악기의 그림에 매혹되어 오줌을 싸며 떨어진 죄지은 여인의 죽음에 대한 서술이 쿠라레 독약을 바른 화살을 맞은 원숭이의 행태와 아주 정확히 일치한다는 점이다. 그러한 광경을 우리 자신이 직접 남비크와라족의 사냥에서 목격했으며, 이 광경은 어쨌든 독립적으로 우리의 자료가 확인하는 것이다.

'화살을 맞은 동물에 대한 **독극물**의 효력은 즉각적으로 물찌똥과 오줌을 지리는 행위로 나타난다. 약 3분 후에 동물(원숭이)은 나뭇가지에서 떨어진다'(Nim. 13, 30쪽). 그렇게 해서 우리는 무지개와 색채, 그리고 독극물의 3중 연합을 다시 찾아낼 수 있다. 보로로족과는 달리 투쿠나족은 채색된 장식의 해로운 결과를 여성에게 한정하고 있는 것처럼 보인다.

투쿠나족의 도자기는 흰바탕 위에 갈색 그림으로 거칠게 장식되어 있으며, 그림은 기하학적 형상이나 또는 동물상이 그려져 있다. 그리고 니무엔다주는 이러한 장식이 옛날에 더욱 정교했다고 생각하지는 않는다(Nim. 13과 삽화6, 47~48쪽). 그러나 아마존 지역의 다른 부족은 그렇지 않았다. 그들은 아주 아름답고 재치 있는 다색의 도자기를 만들었다. 그런데 이런 기술적, 예술적 재능으로 인해 무지개에 대한 신화의 의미 있는 방향전환을 초래하게 된다.

신화M183. 아마존지역(테페 호수) 부족의 신화: 채색 도자기의 기원

손재주가 없는 젊은 여인이 살고 있었다. 그녀는 형태가 고르지 못한 도자기를 빚었다. 시누이들이 그녀를 비웃으며 그녀의 머리통에 찰흙으로 형을 뜬 후 그녀에게 항아리 대신에 이것이나 구우라고 말했다.

어느 날 노파가 나타나 자신의 불운을 그녀에게 주었다. 그녀에게 나타나 아름다운 항아리를 빚게 한 것은 동정적인 요정이었다. 그녀를 떠나면서 요정은 이제부터 자신은 뱀의 형상으로 나타날 것인데, 당신은 그 뱀을 혐오감 없이 포옹해야만 한다고 말했다. 주인공은 그대로 따랐다. 그러자 즉시 요정으로 변한 뱀이 어떻게 도자기를 색칠하는가를 그녀에게 보여주었다. '요정은 흰 찰흙을 가지고 같은 두께로 항아리를 덮었다. 그리고 노란 흙과 갈색 흙 그리고 황적색 (urucu, *Bixa orellana*: 빅사나무에서 추출하는 황적색의 식품염료—옮긴이)의 흙으로 아름답고 다양한 그림을 그렸다. 그리고 젊은 여인에게 이렇게 말했다. "두 종류의 그림이 있는데, 인디언과 꽃 그림이다. 우리는 도마뱀의 머리, 큰 뱀의 궤적, 후추나무의 가지, 무지개 뱀 보유수의 초상 등의 그림을 인디언 그림이라고 부르며, 다른 하나의 그림은 꽃을 그리는 것이라고 말한다."

계속해서 요정은 검은 유약을 수많은 호리병박에 광택을 내고 장식하는 데 사용했으며, 호리병박 내부에다 여러 가지 그림을 그려넣었다. 육지 거북의 등껍질, 빗줄기, 강의 굴곡, 낚시(바늘)와 그 외 여러 가지 예쁜 형상을 그려넣었다'(Tastevin, 3, 192~198쪽).

다색 도기에 전념하는 문화에서 무지개는 결국 모호하고 애매한 의미를 갖는다. 그의 무서운 힘은 보호적이고 호의적인 것으로 나타날 수 있다. 그의 파생적인 모습인 독극물(무지개가 또 다른 모습 하에서 증류된 것)은 역겨운 마음을 품어서는 안 되는 똥으로 퇴보한다. 그래서 갈색의 그림을 그릴 때 사용하는 어두운 색깔의 흙은 '큰 뱀의 똥'이라 불린다(Tastevin, 198쪽). 만일 여성도공들이 조언을 얻기 위해서 무지개를 늙은 요정의 형상으로 그려냈다면, 남성들은 에로틱한 목적으로 무지개를 그리고 있다. 남성들에게 무지개는 관능적인 애인으로 나타난다(Tastevin, 197쪽).[21] 우리는 사랑의 묘약에서 죽음의 묘약으로, 그리고 유혹자 짐승에서 독극물로 우리를 이끌었던(이 책 512쪽 이하) 움직임(힘)과는 반대의 움직임을 깨달을 수 있다. 이러한 퇴행적 움직임은 보로로족의 미의식과 대립되는 채색[22]과의 타협에서 생겨나는 고유한 미의식이다.

어쨌든 열대 아메리카에는 다색이 예외 없이 일반적인 것으로 받아들여지고 있는 영역이 존재한다. 우리는 깃털로 된 장식을 먼저 생각하게 되는데, 보로로족의 깃털 장식물은 화려한 장식의 좋은 예다.[23] 이런 종류의 신화들은 우선적으로(M145) 또는 전적으로(M171 · 172 · 173 등등) 새들의 깃털을 통해 종의 다양성에 대한 문제를 제기하는데, 이것은 중요한 일이다. 깃털의 일상적인 사용을 이론적으로 설명하는 것은 어렵지

---

21) 오래된 신화의 잔재인 마야족의 한 이야기에서 '아줌마 무지개'라는 의미의 이름을 가진 한 버림받은 약혼녀는 죽은 후, 사기꾼 신으로 변형된다. 사기꾼 신은 여행자들을 유혹한 후 두 갈래로 갈라진 꼬리를 가진 뱀으로 변신해서 희생자의 두 콧구멍에 꼬리를 집어넣고는 희생자를 자신의 무게로 눌러 으스러지게 한다(Cornyn). 이렇게 전도된 성교는 결국 사리그 신에 대한 신화M95에서 거론했던 성교와 대칭을 이룬다. 멕시코에서는 그렇게 뱀과 무지개, 그리고 유혹자로서 사리그의 결합을 다시 발견할 수 있다(여기서 사리그는 반-유혹자 처녀로 변신하고 숫사리그가 암사리그를 유혹하는 방식으로 남자들을 유혹하는 암컷 뱀으로 변신한다). 그리고 스컹크는 고대 멕시코인들의 종교적 표상 속에 나타나는 동물이다(Seler, 제4권, 506쪽). 고대 멕시코인들은 죽은 자들이 스컹크—족제비와 똥 먹는 풍뎅이—들 중 하나의 형상으로 환생한다고 믿었다.

22) 지금이 바로 몽테뉴가 인용한 브라질의 아름다운 사랑 노래를 상기해야 할 때인 것 같다(수상록, L. I, 제XXX장). '(독 없는) 뱀아, 멈춰서라. 멈춰서라 뱀아! 내 누이가 너의 몸 위의 그림에서 줄로 된 풍부한 그림과 패션을 끌어낼 수 있도록! 부디 항상 너의 아름다움과 모든 뱀을 선호하는 너의 성향이 유지되기를 빈다.' 주리마과족(Jurimagua)에 대해서는 『Goeje』 28쪽, 주 24를 참조하기 바란다. 주리마과족 여자들은 옛날에 뱀의 껍질 무늬를 항아리의 소재로 삼기 위해 뱀을 부르곤 했다.

23) 다색도기와는 반대로 깃털 장식물은 남자 전용이다. 왜냐하면 도기의 제조는 여성의 일로 간주되기 때문이다. 이에 대한 보로로족의 대립에 대해서는 163쪽을 참조하라.

만, 신화가 이런 어려움을 극복하는 데 도움을 줄 수는 있다.

가이아나의 몇몇 신화에 따르면 뱀의 조각난 몸이나 또는 불에 탄 시체에서 새들의 변별적인 깃털(다양성)이 나오는 것이 아니라, 식물로 된 신기한 힘을 가진 물건(부적) 때문이라는 사실을 들어 이의를 제기할 수 있다(Roth 1, 283~286쪽; Gillin, 192~194쪽; Orico 2, 227~232쪽). 그런데 이 부적은 다양한 칼라디움(*Caladium*, 관상식물의 일종)으로 구성되며, 각각의 칼라디움은 특정한 주술적 기능을 가지고 있다. 그러니까 이것 역시 변별적인 의미를 나타내는 특별한 다양성과 관계가 있다. 칼라디움 비콜로르(*Caladium bicolor*)라는 공통의 명칭으로 분류된 과학적 식물학 목록은 특히 서로 다른 잎사귀를 가지고 있는 다양한 종류의 아로이드(aroïdés: 천남성과의 식물)를 포함하는데, 이 역시 그 나름대로의 양상으로 잎사귀들의 놀랄 만한 변별적 특성을 나타내고 있다. 결국 잎사귀들 속에서도 새의 깃털과 일치하는 식물성 깃털(변별성)을 보도록 유도하는 점에서는 동일하다. 이처럼 분명한 예외가 있지만 항상 사고하기에 적합한 것은 깃털의 경우다.

장식물 제작에 사용되는 깃털을 선택하는 것은 진정한 색상에 대한 영감과 관계가 있을 것 같다. 여기서 초록색은 노랑색으로 변하고, 그리고 오렌지색으로 다시 붉은색으로, 붉은색은 갑작스러운 초록색으로의 회귀를 통해 또는 자줏빛을 매개로 푸른색에 이르게 된다. 또한 푸른색은 노란색으로 용해되어, 다른 곳에서 회색 빛 위로 사라진다. 가장 수긍하기 힘든 색조로, 말하자면 푸른색에서 오렌지색으로, 붉은색에서 초록색으로, 노란색에서 보라색으로의 점진적인 변화가 이루어진다.

깃털의 색깔이 일률적일 때, 세련된 예술적 기법을 통해 여러 가지로 채색된 깃털을 교묘하게 붙이든가 나란히 놓음으로써 색 배합의 결함을 개선한다(D.& B. Ribeiro). 그렇지만 각각의 종 내부에서 나타나는 독특한 색깔의 연속보다 종들 사이의 일반적인 불연속성이 우선함을 확인시켜주는 신화들이 있다. 아마추어 미술가와 달리 인디언들은 깃털을 미적 대상으로 보지 않는다. 미적 대상일 경우 명암이나 색조의 차이를 기술하고 분석하는 것이 중요한데, 이들은 그러지 않는다. 반대로 그들은 각 유형의 깃털을 각기 자신의 총체성 안에서 의미를 파악하고 있으며, 이 총체성 속에서 종의 변별적 정체성이 나타날 수 있는 용어로 표현한다. 그래서 다른 종과 결코 혼동될 수 없게 되어 있다. 왜냐하면 무지개의 몸이 조각난 이래로, 각각의 종은 자신이 참여했던 분할의 몫에 따라서 결정적으로 정의되었기 때문이다.

결과적으로 신화 속에서 색깔의 문제가 생길 때마다 언제나 문제가 되는 다색배합의 형식에 대해서는 아래와 같은 의문을 던져야만 한다. 한 색이 다른 색 속으로 들어가 서로 결합될 경우 그 색들의 변화 추이를 구별할 수 없는 경우인지 아니면 반대로 원색이나 여러 색깔들이 결합된 집단이지만 서로 구별되는 전체를 구성하는가를 물어야 한다. 아마존 지역의 한 신화M184는 첫 번째 경우에 대해서 놀랄 만한 예를 제시하는데, 인류를 멸망시킨 대홍수의 전조를 알리는 신호를 아래와 같이 적고 있다. "해와 달이 붉고, 푸르고, 노랗게 되었다. 그리고 사냥감인 짐승들은 아무 두려움 없이 인간들과 섞였는데, 심지어 표범과 또 다른 포악한 동물들과도……"(Barbosa Rodrigues, 214쪽).

문두루쿠족은 무유수(Muyusu) 뱀인 무지개가 인간들에게 문자를 가르쳐 줄 욕심으로 모든 종류의 동물소리를 흉내내면서 인간을 유혹했다고 말한다. 그러면서 그래프와 청각적인 용어로 나타나는 작은 간격의 지배(작은 간격이 지배하게 되면 변별력이 떨어져 명료하게 구분되지 않는다─옮긴이)를 환기하고 있다(Kruse 2, 623쪽). 토착민들이 문자를 흉내내면서 구불구불한 선을 그려 마치 문자가 형식에 따라 대립되는 특성으로 된 것이 아니고, 연속되는 흐름(fluxions, 588쪽 도표 19)으로 구성되는 것처럼 파악하는 것은 놀라운 일이다. 이와는 반대로 한 문두루쿠 신화(M185)는 공공연히 또 다른 다색배합의 유형을 예증하기 위해 큰 간격으로 표현되는 시각 코드를 사용한다.

초록색, 붉은색, 검은색, 노랑색 등 다양한 색으로 인간을 칠하면서 조물주는 이들을 여러 부족으로 나누고, 몇몇은 동물로 변형시켰다

도표 19 남비크와라 인디언이 쓴 글씨의 한 페이지(L.-S. 3, 314~315쪽 참조)

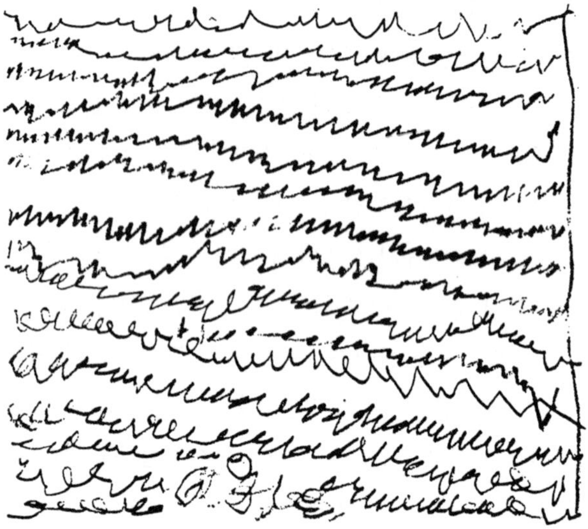

(Barbosa Rodrigues, 245~251쪽). 보로로족의 전통에 따르면, 그들
은 아오로로(aoróro, 또는 aróro)라고 부르는 인시류(lépidoptère) 유
충의 후손이다. 이 유충이 붉은색, 노랑색, 그리고 검은색의 생기 있는
세 가지 원색으로 표시(유표)되어 있는 것처럼, 보로로인은 차별적인
문장(紋章)을 나타내기 위해 이 세 가지 색을 취하고 있다(Colb. 1, 51
쪽; 『보로로 백과사전』, 제1권, 175쪽). 이처럼 혼돈이나 차별(변별)은
다색배합의 각 유형과 일치한다.

  큰 간격과 작은 간격의 변증법의 실재에 대한 보충적 증거로 새들 색
깔의 기원에 대한 가이아나 지역의 한 신화M$_{186}$을 인용할 수 있다(Brett,
29~30쪽; Roth 1, 212쪽). 코흐-그륀베르크(1, 278쪽 이하)가 지적한
것처럼 불행하게도 '천상의 방문'이라고 일컬어지는 방대한 범아메리카
신화 집단 속에 이 신화를 재배치해보지 않고 이를 분석하는 것은 불가
능하다. 이러한 시도는 아마도 한 권의 책을 이루게 될 분량일 것이며,
틀림없이 다음과 같은 결론을 이끌어낼 것이다. 말하자면 죽을 수밖에
없는 한 인간과 '이로 뒤덮인'(Van Coll, 482쪽) 또는 자신의 똥으로 오

두막의 마당을 더럽히는(Wirth : Baldus 2, 23쪽) 암컷 독수리와의 혼인
은 인간 남자와 암컷 별-사리그와의 혼인의 변형으로 해석할 수 있으며,
이 두 배우자(암컷)는 똑같은 천상적인 특성과 모호함을 동시에 나타낸
다. 더욱 이런 유사한 접근은 출처가 불분명한 한 아마존 지역의 신화
M₁₈₇에서도 무의식적으로(기존 신화와 연관관계 없이─옮긴이) 이루어
지는 것 같다.

여기에서는 추하고 불쾌감을 주는 구혼자(남성)를 '사리그'로 취급하
면서, 그를 거절하는 한 여인에 대한 이야기가 나온다. 사리그가 끈질긴
노력으로 그녀를 유혹하는 데 성공했을 때, 그가 우루부 검은 독수리라
는 사실이 드러나는데, 그의 지독한 냄새가 애인에게 배어들었기 때문이
다. 같은 신화에 따르면, 우루부 독수리들은 독극물로 어로를 하며, 벌레
가 우글거리는 짐승의 썩은 시체를 먹는다(Amorim, 435~440쪽).

천상의 방문 신화들을 해결하려 애쓰지 않고, 우리는 새들의 색깔과
관계되는 신화M₁₈₆은 독극물 사냥의 기원(독극물 전쟁에 대해서는
279~280쪽 참조) 신화M₁₆₁과 전적으로 대칭을 이루고 있다는 것을 제
시하기 위해 두 신화를 대조하는 것으로 만족할 것이다. 비교를 통해서
우리는 아래와 같은 사실을 확인할 수 있다. '간격의 변증법'을 통해
'선험적'으로 무엇이든 추론할 수 있다는 사실에 비추어볼 때, 새들 색
깔의 기원신화가 전도되어 독극물 기원신화로 재현된다는 사실을 확인
할 수 있다. 그러므로 변증법적 관점에서 본다면, 작은 간격의 세계와
큰 간격의 세계는 상호 전환이 가능하다.

M₁₆₁ {	주인공이 암컷 긴꼬리 원숭이와 결혼한다;	주인공이 부모(인간)를 방문한다;	주인공이 (동물을) 방문했을 때 나무 위에 버려진다.
M₁₈₆ {	주인공이 암컷 독수리와 결혼한다;	주인공이 장인 장모(동물)를 방문한다;	주인공이 부모(인간)에게 방문을 제안했을 때 나무 위에 버려진다.

//

M₁₆₁ {	주인공은 끈적끈적한 리아나 나무 덕분에 나무 위에서 내려온다.	맹금류에게 도움을 받는다(≡독수리);	주인공이 새들의 피보호자가 된다.
M₁₈₆ {	주인공은 가시 돋친 나무 줄기에도 불구하고 나무 위에서 내려온다.	거미와 새들에게 도움을 받는다(≠독수리);	주인공이 새들의 우두머리가 된다.

//

M₁₆₁ {	주인공의 아내가 그를 결정적으로 버린다;		주인공은 독극물로 원숭이들을 멸한다;	주인공은 원숭이들의 한 아들을 너그럽게 봐준다.
M₁₈₆ {	주인공은 아내를 다시 만나려고 애를 쓴다;	주인공은 그의 아들-독수리에게 죽음을 당한다;	주인공은 불로 독수리들을 멸한다;	

//

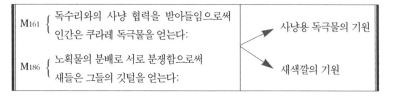

M₁₆₁ { 독수리와의 사냥 협력을 받아들임으로써 인간은 쿠라레 독극물을 얻는다:	→ 사냥용 독극물의 기원
M₁₈₆ { 노획물의 분배로 서로 분쟁함으로써 새들은 그들의 깃털을 얻는다:	↘ 새색깔의 기원

* * *

제5부의 초반부에서 우리는 침묵과 소리의 대립적 의미에 대해서 자문해보았다. 그렇게 제기된 소리의 문제는 우리로 하여금 야단법석이 어떠한 상황 속에서 관습으로 규정되었는가를 생각하게 했고, 우리는 이러한 상황이 사회적 질서나 또는 우주적 질서와 관계된다는 사실을 확인했다. 이 두 가지 양상의 질서 사이에 곧 제3의 질서가 중개항의 양상으로 나타났는데, 이것이 바로 동물학적 질서다. 이 질서 역시 또 다른 측면에서 중개자며, 이는 무지개, 질병, 어로용 또는 사냥용 독극물과 같은 무질서(désordre)에서 나온 피조물들과 다르지 않다. 그렇지 않으면 그들은 단지 구성적 항들 사이의 틈을 벌려놓는 역할을 한다.

생물학적 불연속은 긍정적인 측면과 부정적인 측면, 즉 두 가지 측면으로 신화 속에 표현된다. 동물학적 불연속으로서 생물학적 불연속은 우주적 질서와 사회적 질서 사이의 중간 단계(transition)를 제공하며, 인구학적 불연속으로서의(중개항으로서ㅡ옮긴이) 생물학적 불연속은 질서와 무질서 사이에서 같은 역할을 수행한다. 여러 다른 고찰을 통해 우리가 이미 연관성을 증명했던 신화들 사이에 새로운 연결들을 발견함과 동시에, 새로운 두 축을 바탕으로 우리가 예견하지 못했던 지름길을 찾을 수 있게 되었다. 다시 말하자면 우리가 고찰했던 신화들의 주인공은 새둥지 터는 사람이라는 사실이다. 그렇게 우리는 (신화 세계의) 밖에서 신화적 사고를 고찰함으로써, 우리가 애써서 재구성해야만 했던 구조가 신화적 사고 속에 존재하는 객관적 실재라는 것을 밝혔다.

침묵과 소리에 대한 문제에서 우리는 한 가지 어려움에 봉착하게 되었는데, 이것은 야단법석의 행위들이 무문자(無文字) 사회와 서양 민속 전통 속에 대단히 불균등하게 퍼져 있기 때문이다. 서양민속 전통에서는 야단법석의 행위들이 우주론적 상황이나 또는 사회학적 상황을 구분하지 않고 적용되었으나, 무문자 사회에서는 오직 우주론적 상황에만 한정해 적용되는 것처럼 보인다. 무문자 사회에서는 비난받아야만 할 결합을 벌하기 위한 샤리바리가 부재한 이유를 소리의 범주를 그처럼 보잘것없는 목적에 사용할 수 없기 때문이라고 설명한 바 있다(이 책 548쪽 이하). 이런 사회에서는 모든 것이 인간의 입장에서 소리를 도덕적 목적으로 이용하는 것이 소리의 남용이 아닐까를 두려워하는 것처럼 모든 일이 일어난다.

그러나 침묵과 소리의 대립이 아주 명확하게 표시된 경우가 존재한다. 오스트레일리아의 와라문가족(Warramunga)에게서는 병자가 임종의 순간에 도달해 사망에 이르기 전까지는 소란(소동)을 떠는 것이 허용되지만, 죽은 후에는 침묵이 강요된다(Spencer & Gillen, 516~517쪽, 525~526쪽). 대칭적 양상으로 보로로의 영혼방문 대의례(조상들의 상징적이며 일시적인 부활)는 암흑 속에서 절대적 침묵과 모든 가정에 불이 꺼진 밤에 시작된다. 영혼들은 소리를 두려워한다. 하지만 그들(영혼)이 도착하자마자 야단법석이 벌어진다. 마찬가지로 사냥에서 죽인 동물을 마을로 가지고 들어올 때나 주술사가 신들리기 위해 신들을 부를 때도 절대적인 침묵이 요구된다(Colb. 3, 93쪽, 100~102쪽).

반면, 소리는 그의 반대(역)를 갖는다. 소리의 역인 침묵은 서구 민간 전통에서 뿐만 아니라 엄청난 수의 무문자 사회에서도 특정한 유형의 사회적 관계를 제재하기 위해 침묵에 호소한다. 프레이저가 두 곳에서 관심을 가졌던 전체적 관습(Frazer 여기저기; 2, 제4권, 233~237쪽)을 염두에 둔다면, 이 관습은 여자(때때로 남자)가 과부가 되었을 때라든가 결혼 초기에 특히 일정기간 동안 침묵을 강요당하는 것이다.

오스트레일리아와 오세아니아, 그리고 아프리카 대륙의 여러 지역에서 젊은 신혼부부에게 두 달에서 일 년까지 장소에 따라 상당한 기간 동안 침묵이 강요된다. 유사한 관습이 아르메니아, 코카서스 그리고 사르데냐에서도 관찰되었다. 침묵의 지시는 첫 아이가 태어났을 때, 가장 흔히 해제된다. 이러한 관습의 의미에 의문을 가진 프레이저는 다음과 같은 결론을 내린다. "첫 아기의 출산까지 강요되는 침묵은 첫 임신과 관련된 어떤 미신적인 믿음에 의해 설명될 수 있으나, 우리는 아직 이것을 밝힐 단계에는 이르지 못하고 있다"(Frazer 2, 제4권, 236~237쪽).

문제가 되는 것은 임신이 아니라 출산이다. 그렇다. 우리가 다른 곳에서(L.-S. 2, 4 여기저기) 증명하려고 노력했던 것처럼, 모든 혼인은 사회집단의 균형을 해칠 위험을 안고 있다. 부부가족이 자식이 있는 일반 가정으로 변형되지 못하고 남아 있는 한 그러한 균형은 위협을 받게 된다(왜냐하면 혼인이 혼인동맹이라는 큰 게임에 속하는 것이라면, 후손이라는 형태로 패를 돌려주기 전에는 일시적으로 게임판에서 졸〔패〕을 빼낸 것이 되기 때문이다). 결과적으로 한 남자와 한 여자의 결합은 모형의 세계로 나타내든지 또 다른 측면에서 본다면 하나의 사건을 상징하며, 더욱 상징적인 표현으로 말을 한다면 그렇게 두려워하는 하늘과 땅의 결합을 나타내는 사건인 것이다.

어린아이의 탄생은 또 다른 가정에서 태어난 미래의 배우자를 위한 잠재적인 배우자의 탄생을 의미하며, 혼인교환의 순환고리에서 잉태가 되지 않는 동안 배제되었던 가정이 재진입하는 것만을 보증하는 것은 아니다. 어린아이의 탄생은 두 극 사이에 중개자로 사용되는 제3의 항이 출현한 것을 의미하며, 또 역시 두 극 사이에 '거리'를 만든다. 그로 부터 집단을 위한 이중적 안전, 즉 사회적이고 심리적인 안전을 동시에 얻게 된다. 남편과 아내 사이에서 어린아이(특히 첫째로 출생한)는 하늘과 땅 사이의 취사용 불이 하는 역할과 유사한 역할을 수행한다. 중재되지 못한 부부는 야단법석의 대상이며, 야단법석을 불러온다.

결혼식을 한 날 밤에 행해지는 소란은 신혼부부임을 입증하기 위한 것이다. 그러니까 부부 자신들은 침묵과 소리의 대립이 첫 아기의 출산에 의해 초월되기 전에는 절대적으로 침묵을 지켜야 하며, 첫 아기의 출산 이후에야 부부 사이에 대화가 재개된다. 왜 샤리바리 의식이 청년들에게 과해지고, 청소년 담당 사제가 샤리바리 의식을 면제해주는 대신 벌금을 징수하는지가 적어도 부분적으로는 설명이 된다.

몇몇 사실을 통해 우리는 아직도 불임인 결혼과 첫 아기(또는 최근의 출산한)의 탄생이 천문학적 상황과 동형관계라는 것을 확인할 수 있다. 옛 라퐁족(Lapons)의 믿음은 첫 출산 전까지 침묵을 지켜야만 되는 관습과 일치하는데, 그들은 신월(초승달)과 북극광(北極光)을 어떤 소리로도 귀찮게 해서는 안 된다고 생각한다(Hastings, 제7권, 779a쪽).

이와는 반대로 아메리카의 여러 다른 주민들은 야단법석을 불러오는 일월식은 특별히 잉태한 여자들이나 젊은 엄마들과 관련이 있다고 믿는다. 그래서 캐나다 동부 미크막족(Micmac)은 여자들에게 오두막 밖으로 나가지 말고 어린아이들을 보살피라고 강요한다(W. D. & R. S. Wallis, 98쪽). 뉴멕시코의 제메즈에 있는 푸에블로족(Pueblo)들은 일월식이 아이를 떨어지게(낙태시킨다고) 한다고 믿는다. 그래서 잉태한 여자들은 집에 머물러야 하며, 부득이 밖에 나갈 일이 있다면 달이 태아를 잡아먹지 못하도록 또는 어린아이가 언청이가 되지 않도록 허리 띠에 열쇠나 화살촉을 달아야만 한다.

파슨스(Parsons)의 말에 따르자면 이것은 에스파냐에서 기원한 믿음 이며, 선(先)-컬럼비아 시대에는 잉태를 알고도 일월식 때 밖으로 나가 는 아주 신중치 못한 여성에게서 괴물 아이가 태어나지 않을까 두려워 하는 믿음이 있었다고 한다(Parsons 2, 제1권, 181쪽, 주 1). 오늘날에 도 여전히 마야어를 사용하는 포콤치족(Pocomchi)은 일월식 때 따라 야만 할 규칙을 다음과 같이 열거한다. "우선 당신의 머리를 가리시오. 그리고 당신이 잉태한 여인이거나 새로 결혼한 젊은 남성이라면, 반드 시 집에 머무르시오. 달이 투쟁하고 있는 동안 그를 쳐다보는 것은 좋 은 일이 아니라오." 해설을 하면서 정보제공자는 "초승달은 어떤 것이 든 땅에 심는 것에 대해 호의적이지 못하며……보름달일 때가 가장 좋 다. 달이 기울어지기 시작하면 조건들은 모두 비호의적이 된다. 왜냐하 면 그때는 달이 '벌레'에 먹히고 있기 때문이다"라고 덧붙였다 (Mayers, 38~39쪽).

무문자 사회에서는 몇몇 사회학적 상황을 침묵으로 제재하는 경우 또 는 이와 반대로 소리를 요구하는 상황과 관계를 짓는 경우가 있다. 유럽 전통사회 역시 그들 나름대로 그들의 사회적 관습을 우주론적이고 형이 상학적으로 투사(投射)하는 것에 대해 무관심하지 않다. 샤리바리 의식 때 부르는 노래는 때때로 일월식을 설명하기 위해 이른바 원시 사회인 들이 사용하는 은유적 표현과 비슷한 은유법을 사용한다. 옛날 브르타 뉴 지방에서는 "샤리바리, (너는) 늙은 고양이와 젊은 쥐!"라는 은유적 표현을 썼다(V.G., 626쪽). 전혀 다른 사고의 서열(틀)에서 살았던 사 람들은 종소리가 기후로 인한 재난을 쫓아버린다고 믿었다.

샤리바리가 행해지지는 않지만 동생이나 여동생이 형이나 언니보다 먼저 하는 결혼은 신망을 잃어버리는 것으로 여겨진다. 그렇지만 막내 의 혼인은 특별하게 거행된다. 기초자료가 허약한 점을 숨길 생각은 없 으나 막내의 혼인의식을 앞에서 행한 고찰에 준거해서 해석해볼 수 있을 것이다. '(프랑스의) 숲이 우거진 방데 지방과 그보다 좀더 북쪽에 위치한 지역에서는 막내의 결혼식을 거행할 때, 결혼식날 아침 친구와 친지들은 혼인식을 거행하러 교회로 가는 길목에다 오리나무 한 그루를 심는다. 사람들은 나뭇단으로 오리나무를 둘러치고 난 후에 들꽃으로 장식된 녹색 관(왕관)으로 나무를 장식한다. 나무 꼭대기에는 물로 가득 채워진 커다란 오줌통(방광)을 매달아놓는다. 종교의례에서 돌아온 젊은 신부는 장작더미에 불을 붙이도록 초대되며, 신랑은 총을 쏴 오줌통을 터뜨려야만 한다. 그가 만약 한 발이나 두 발을 쏘아 성공한다면, 그는 배우자와 함께 무도회를 연다. 성공하지 못한다면 신부와 첫 번째로 춤을 추는 영예는 들러리 소년에게로 넘어간다'(V.G., 639~640쪽; 반 제넵은 앙주와 방데, 그리고 푸아투 지방의 관습은 물론, 모든 혼인식에서 관찰한 관습을 기재하고 있다. 484~485쪽 참조).

샤리바리로 제재되는 온당치 못한 결합과는 반대로, 막내의 혼인은 아주 바람직한 것으로 여긴다. 왜냐하면 이 결혼식은 순환의 고리를 닫는(완성하는) 것을 의미하기 때문이다. 막내의 혼인은 재혼의 반대다. 재혼은 순환고리를 완성하기 보다는 정상적인 교환의 순환고리에서 한 상대를 빼내가는 것이다. 그러나 마지막 혼인은 꼭 결혼해야만 할 남자나 여자를 결합시키는 것이며, 누이들이나 형들이 결혼하고 난 후에 막내는 홀로 결합에서 배제되어 분리된 상태로 있어야 할 것이기에 더욱 그렇다. 그런데 반 제넵이 의례에 대해 기술한 것에 따르면 이 바람직한 사회적 결합을 물과 불의 요소들이 결합하는 것에 비유하고, 이 요소들에게 우주론적인 가치를 부여하는 것은 유혹적이다.

틀림없이 방데 지방의 관습에서는 물은 높은 곳에, 불은 낮은 곳에 위치하는 것 같다. 그러나 프랑스 사회는 분명히 부계출계며, 제족의 경우는 그렇지 않다. 단 셰렌테족의 경우는 예외로 하지만, 셰렌테의 경우에도 프랑스처럼 그렇게 엄격한 부계출계라고 말할 수 없다. 지금 우리가 분석하고 있는 관습에서는 남자는 물로 가득 채운 방광(가죽부대)을 책임지고 있으며, 이 물은 천상의 위치에 있는 나무꼭대기에 있는데 이때 천상의 위치는 대기권의 하늘이다. 반면 여자는 불과 연계되며—제족에서도 역시 지상의 불—그러나 이 불은 현재 있던 지상의 단계보다 밑으로 내려 온 지하(chthonien) 수준에 있다. 왜냐하면 장작더미는 들풀로 장식된 초록색의 왕관 밑에 놓여 있으며, 왕관은 땅과 그의 식물(성) 장식을 연상시키기 때문이다.

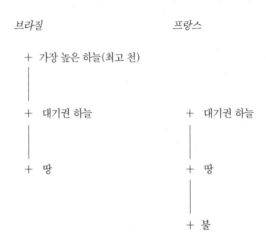

혹자는 아주 복잡한 관계를 너무 단순한 방식으로 도표화했다고 이의를 제기할 수 있으리라. 모계출계집단이든 부계출계집단이든 모든 제족 집단에서 여자는 하늘의 위치며, 남자는 땅의 지위를 갖는다는 사실을 증명하기 위해서는 유한한 생명을 가진 인간 배우자인 별의 신화 $M_{87} \sim M_{93}$을 참조하는 것으로 충분하다. 그러나 하부구조로 인해 전도된 현상을 다른 곳에서 찾을 수 있다. 말하자면 인류의 후원자며, 재배 식물의 유입자인 셰렌테 신화의 여주인공은 식인 공주로 변신한다.

또 다른 판본에서 여주인공은 원예경작을 시작하기 전 시기 인류의 썩은 음식에 대해 역겨움을 느끼는 데 비해서, 하늘에서 굽고 훈제된 (인간)시체들을 보고 격분하는 것은 남자 주인공이었다. 또한 우리는 셰렌테족의 또 다른 재배 식물의 기원 신화 M_{108}에서 어머니의 젖은 크라호족 신화 M_{89}에서 처녀성의 파괴로부터 나오는 피와 암묵적인 대립짝으로서의 상관적인 대립항이라는 점을 지적한 바 있다(이 책 370쪽 이하).

만일 북아메리카의 이로쿼이족과 만단족처럼 모계출계집단인 두 부족을 비교한다면, 물론 두 집단은 농업과 사냥을 동시에 하면서 생활한다는 공통적인 특성을 가졌지만, 그들의 각 신화 체계에서는 높음(하늘)과 낮음(땅)을 대립된 성(性)의 극에 연관시키고 있다는 사실에 놀랄 것이다.

	하 늘	땅
이로쿼이족	○	△
만단족	△	○

그러나 인류 탄생의 기원적 움직임(생성)의 의미는 앞에서와 마찬가지로 각 체계 안에서 도치되어 있다. 이로쿼이족에서는 그 움직임이 추락 또는 하강이며, 만단족에서는 상승 또는 출현(땅에서─옮긴이)이다. 앞의 두 도표를 통합시켜서 우리는 이러한 분명한 모순이 ○〉△(여자는 남자보다 우월하다라는 등식─옮긴이)라는 유일한 등식을 얻음으로써 해결되는 것을 본다.

같은 대립의 양상으로 표현되는 신화적 표상과 사회 구조 사이에 항상 그리고 어디에서나 단순한 상관관계가 존재한다고 상상하는 것은 순진한 일일 것이다. 예를 들자면 쌍둥이 신을 다루는 신화들은 반족 사회조직의 정상적이고 부수적 결과라거나, 또는 부계출계 사회에서 하늘은 남성, 땅은 여성이 되어야 하며, 모계출계 사회에서는 자동적으로 위와는 반대의 결과가 지배적이라고 믿는 것은 어리석은 일이다.

이런 식으로 추리한다면 우선 한 가지 사실을 등한시하거나 무시하는 것이다. 집단에 따라 신화적 사고가 표현하는 대립의 수는 고정적이 아니다. 어떤 집단은 하늘과 땅, 높은 것과 낮은 것을 대립 시키는 것으로 만족한다. 또 다른 집단은 이런 단일한 범주들을 하위 범주들로 나누며, 이 하위 범주들은 먼저 표현된 대립보다 덜 근본적인 대립을 표현할 때 사용된다. 이처럼 남성/여성의 대립은 전적으로 높은 범주의 대립을 표현하는 데 사용될 수 있다. 여기에는 (적어도 두 원칙이 충돌하지 않는다면) 두 원칙이 병존할 수 있는데, 만일 천체들이 각기 다른 성을 깇는다면 달과 태양은 남성과 여성으로 대립할 수 있으며, 또 역시 저녁별과 새벽별, 천상의 하늘과 대기권 하늘 등등도 마찬가지다. 더더욱 양성의 대립은 전적으로 낮은 범주, 즉 땅과 물, 식물성 외투와 지하 세계(식물은 지상에 위치하므로 지하와 대립—옮긴이) 등등으로 대치할 수 있다. 높음과 낮음의 대립이라는 기본적인 이 대립은 관여적(변별적) 기능을 멈출 수도 있으며, 아니면 단지 다른 것들 사이에서 변형처럼 기능할 수도 있다. 이때 관여성(변별성)은 따로 떨어져서 고려되는 각각의 대립 층위에 있다기보다는 대립 '다발'(paquet)이나 집단의 층위에 위치한다.

또 사람들은 흔히 신화 체계가 집단의 삶이나 사상의 나타남(출현)과의 관계에서 상대적인 독립성(자율성, autonomie)을 갖고 있다는 점을 충분히 고려하지 않는다. 집단의 모든 산출물(문화적인 것들—옮긴이)들은 어떤 지점까지는 서로 연대성이 있으나, 이런 연대성은 다른 층위들 간의 자동적인 조절을 강요하는 견고한 관계 속에서 나오는 결과가 아니다. 오히려 연대성은 장기간의 속박상태와 관련이 있다. 속박의 한계 속에서 신화 체계는 어떤 의미로는 자기 자신과 대화를 할 수 있으며, 변증법적으로 심화될 수 있다. 다시 말하자면 자신에 대한 변호의 형태로 아니면 부정의 형태로 실재 속에 끼어들 자신의 형태를 모색한다고 말할 수 있다.

이처럼 하나의 신화 체계는 만약 신화 체계가 어떤 (곤란을 타개할) 수단을 갖고 있는 한 메시지를 전달할 가능한 모든 코드화를 소진하지 않는다는 것은, 설혹 어떤 몇몇 코드들의 도치를 통해 이를 이룬다 하더라도 대단히 드문 일이다. 같은 민족 또는 자연적으로 인접하고, 언어와 문화가 유사한 민족들은 문제를 해결하기에 합당한 여러 종류의 방법을 사용해 어떤 문제를 체계적으로 해결할 수 있는 신화의 다른 판본들을 만든다. 예를 들자면 중재의 문제가 있을 수 있는데, 메시아에서 남녀양성(androgyne)과 사기꾼, 그리고 쌍둥이 형제(dioscures)를 경유해서 마니교의 이원적 세계관까지 이르게 된다. 그리고 쌍둥이의 문제에 직면하면 신화는 연속적으로 모든 방식을 시도한다. 말하자면 분리될 수 있는 주인공, 동일한 쌍둥이, 적인 형제, 할머니와 손자, 노파 마술사와 젊은 남자 주인공……등등이다. 그리고 몇몇 연속적인 관계 아래에서 남성과 여성의 원칙이 대체되는 성의 이원성 문제에 직면하게 될 때도 신화는 연속적으로 모든 방식을 시도한다. 즉, 하늘과 땅, 상승과 하강, 능동성과 수동성, 선행과 악행, 식물성과 동물성……등등이다.

이러한 조건 속에서 이제는 구조적 연구의 가능성이 더 이상 없다고 말할 수 있겠는가? 왜냐하면 만일 한 사회의 신화들이 모든 종류의 조합을 할 수 있다면, 전체적 조합은 표현의 중복(redondance)을 잃은 언어가 되어버리고 만다. 어떤 종류의 조합도 다른 조합과 똑같은 의미를 가질 수 있게 된다면, 극단적인 경우에 각각의 조합은 아무것이나 말할 수(의미할 수) 있게 되기 때문이다. 그러면 신화학은 (의미가 불분명한) 횡설수설로 축소되고 만다.

이런 어려움이 실재하는지를 확인하기 위해서 이른바 신화 연구에 공헌한 몇몇 작품을 읽는 것으로 충분하다. 그러나 대다수의 저자 역시 표현의 중복이 필수불가결하다는 사실을 찾을 수 있는 세 가지 법칙의 방법을 모르고 있다. 표현의 중복이 없이는 문법도 문장도 존재할 수 없다. 그렇다면 그것이 어디에 있는지 그곳을 찾는 방법을 알아야만 한다.

첫 번째로 아주 다른 판본들——이 판본들은 때때로 서로 모순적이기까지 하다——은 신화적 사고의 같은 층위에 있지 않다. 먼저 이 판본들을 분류해야만 하는데 분류는 각 사회의 '자연적' 특성을 구성하는, 즉

각 사회가 나타내는 특수한 맥락에 따라 자신들의 여러 가지 질서 속에서 분류되어야만 한다. 푸에블로족은 어렵지 않게 세 가지 층위로 신화를 구분한다. 먼저 (문화 영웅의) 출현과 기원신화들의 층위며, 비록 각 종교적 협회들이 자신의 특권과 권한에 따라 이들 신화에 미묘한 변화를 주기는 하지만, 이론적으로 이 층위의 신화들은 한 부족에게 공통적이다. 그리고 또 역시 비교적(秘敎的)이거나 또는 비의적(秘義的)인 다른 판본들이 존재하지만 인류의 출현과 기원신화들은 공통적이다.

계속해서 다음 단계의 신화는 (집단적인) 이주 신화들이며, 이들 신화들은 먼저 전설적인 성격을 갖는다. 그리고 동일한 주제와 동기를 사용하지만, 각 씨족에 고유한 특권과 의무는 사람들이 납득할 수 있도록 교묘하게 조작되기도 한다. 마지막 층위는 첫 번째 층위의 신화 집단처럼 공통의 유산인 마을의 이야기들이다. 그러나 이 층위에서는 논리적이고 우주론적인 큰 대립은 작아져서 사회적 관계의 층위로 축소된다. 그래서 우리는 흔히 첫 번째 집단에서 두 번째 집단, 그리고 두 번째에서 세 번째 집단으로 이행할 때 높음과 낮음의 축은 또 다른 축들과 치환되는 것을 본다. 즉 높음과 낮음의 축은 우선 남-북의 축 그리고 동-서의 축으로 치환될 수 있다. 마찬가지로 보로로족과 제족 집단에서 달과 태양의 순환(축)은 또 다른 큰 문화영웅들의 순환(축)과 구별된다. 그리고 치환 체계는 각각에게 똑같지 않다(각각 다른 층위에서 순환한다—옮긴이).

두 번째로 각 판본의 형식 분석을 통해 신화가 사용하는 변수들의 수(數)와 판본의 상대적인 복잡성의 정도를 밝힐 수 있다. 논리적 관점에서 모든 판본들은 정돈될 수(질서가 잡힐 수) 있다.

마지막으로 각 판본은 현실의 특수한 이미지, 즉 사회적, 경제적 관계, 기술적 활동, 저 세상과의 관계 등등을 표현하고 있으며, 이렇게 제시된 현실의 이미지가 현실과 일치하는지 그렇지 않은지는 민족지 조사를 통해 밝혀야만 한다. 이런 외부적 요소들을 바탕으로 한 비평적 고증은 적어도 작업가설로서 신화의 내용이 직접 관찰한 현실을 표현하고 있을 때 첫 번째 등급이고, 여타의 신화들은 두 번째, 세 번째 또는 네 번째 등급 등등의 법칙에 따라 구성된 절대적 질서를 우리가 이미 얻은 관계적 질서로 대체할 수 있게 한다. 이 신화들은 논리적으로 가장 단순한 유형(왜냐하면 역사적 우선권과 관계되지 않기 때문에)에서 멀리 떨어져 있는 만큼, 이런 단순한 유형을 다시 찾기 위해서는 신화들을 아주 여러 번 변형을 겪도록 해야만 한다. 즉 신화들의 꼬인 부분들을 풀어야 한다는 것이다. 이처럼 신화의 주된 내용 속에 들어가지 못하는 표현의 중복은 사람들이 흔히 그렇게 믿고 있는 것처럼, 축소나 또는 비평과정의 마지막 부분에 나타난다. 축소나 비평과정의 마지막에서 나타나는 각 판본의 형식구조는 내용과 맥락의 방법론적 대비의 수단으로 취급되는 원재료 구실을 한다.

* * *

이렇게 방법론에 주목한 후, 우리는 좀더 안전하게 사람들이 각기 원시적, 그리고 전통적이라고 부르는 관습을 다시 비교할 수 있다. 프랑스의 여러 지방에서 독신 생활로 혼기가 늦어진 청년이나 처녀의 혼인을 서두르는 관습을 볼 수 있는데 '베토고고'라는 이름에 부여했던 의미에 따르자면, 이들이 베토고고들이다(이 책 179쪽). 이런 관습에 대한 해석 때문에 반 제넵은 당혹해지기도 했다. 19세기 초 프랑스의 생토메르(Saint-Omer) 지방에서는 '만약 막내딸이 제일 먼저 혼인을 하게 된다면, 제일 큰언니에게 주의를 준다. 결혼식이 거행되는 어떤 순간에 큰언니는 마지못해 사람들에게 붙잡혀 화덕 위에 올라가야 하는데, 사람들은 그녀를 덥히기 위해서라고 한다. 왜냐하면 사랑에 무감각하게 머물러 있는 그녀의 처지 때문에 이러한 관습이 유래하는 것 같다. 이와 유사한 관습이 나폴레옹 3세 통치 기간 중에 릴 지방의 와브렝 지역에서 행해졌다.'

프랑스의 솜므, 파드칼레, 북부 지방, 에노, 브라방 바롱, 아르덴느와 벨기에의 뤽상부르 지방에서는 '지역에 따라 약간의 차이만 보이는 어구만이 남아 있을 뿐이며, 사람들이 맏이에게 말하기를 '화덕 엉덩이 위에서 춤을 추어야만' 한다거나 또는 '화덕의 천장 위에 올려놓아야', 또는 '화덕의 속바지'라고 한다. 이런 표현은 파드칼레와 북부지역 대부분에 알려져 있으나 사람들은 오늘날에도 이에 대한 설명을 하지 못한다. 반 제넵은 생티브(Saintyves)가 주장했던 에로틱한 해석을 거부했는데, 이 유가 없는 것도 아니다. 반 제넵은 쓰레기로 내놓을 물건들을 놓아두는 장소로 화덕 윗부분을 이용한다는 사실에 기초해서 이와는 다른 해석을 받아들이기로 결심했을 것이다(V. G., 제1판, 제2권, 631~633쪽).

영국의 여러 지역에서는 제재 방법에만 차이가 있었으며, 독신인 맏이가 해야 할 의무는 맨발로 춤을 추어야 한다는 것이다(Frazer 3, 제2권, 288쪽; Westermarck, 제1권, 373~374쪽). 반면 프랑스의 오포레즈(Haut-Forez), 이제르(l'Isère), 아르데슈(l'Ardèche), 가르(le Gard) 지방에서는 독신인 맏형이나 맏누이에게 양파, 쐐기풀, 풀뿌리 또는 토끼풀과 귀리로 만든 샐러드를 제공했는데, 이것을 '샐러드 먹이기'라고 부르거나 또는 '순무 먹이기'라고 했다(V.G., 제2권, 630~632쪽; Fortier-Beaulieu 1, 296~297쪽).

이러한 풍습들을 따로따로 떼어서 해석하기보다는 서로 비교하고 대립시켜봄으로써 그들이 가진 공통점을 찾아낼 수 있으며, 그것들을 이해할 수 있을 것이다. 다소 명시적으로 이런 관습들은 모두 구운 것(화덕)과 날것(샐러드)의 대립 위에 기초를 두거나, 또는 자연과 문화의 대립 위에 세워진 것 같다. 또한 유사한 언어의 표현이 있는데, 18세기에 맨발로 춤을 추는 것은 '날것으로 춤추다=알몸으로 춤추다'(danser à cru)라고 했으며, 참고로 '맨발로 장화를 신다'(chausser des bottes à cru), '말안장 없이 말을 타다'(monter à cru), 영어로 속옷을 벗고 잠자다는 오늘날에도 아직 '발가벗고 자다'(to sleep raw)라고 한다.

다른 한편, 독신인 맏이의 상징적 '구이'는 오랫동안 이국적인 사회에서 실행되어왔던 또 다른 믿음과 또 다른 관습들에 연결되는 것 같다.

캄보디아(말레이시아와 시암, 그리고 인도네시아의 여러 지역 등)에서 어머니는 분만 후에 지반보다 높은 침대나 또는 석쇠(그릴) 위에 눕

도표 20　부패와 구운(익힌) 상태에 대한 우주론적이고 사회학적인 암시

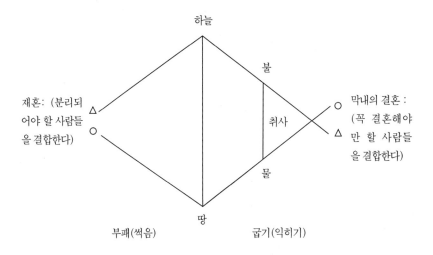

는다. 사람들은 침대나 석쇠 밑에다 약하게 불을 지핀다. 그러나 어린 소녀가 초경을 하는 순간에 그녀는 '그늘 속으로 들어간다'. 그리고 해를 피해 머물러 있어야만 한다(Porée-Maspero, 31쪽, 39쪽). 아메리카의 푸에블로 인디언 어머니들은 뜨거운 모래더미 위에서 분만을 하는데, 더운 모래의 역할은 어린아이를 '구운 사람'으로 변형시키는 것이다(구운 사람은 '날것 사람'들인 자연적 존재들과 자연적 물건 그리고 제조된 물건들과 대립된다; Bunzel, 483쪽 참조).

　캘리포니아의 여러 종족은 갓 분만한 젊은 여성과 사춘기의 소녀들을 땅을 파서 만든 화덕 속에 머무르게 한다. 그리고 그들을 돗자리로 덮은 후에 뜨거운 자갈을 화덕에 넣어 성실히 그녀들을 '굽는다'. 유로크족은 더군다나 모든 치료의례를 같은 어법으로 지칭한다. '나쁜 것(병)을 굽는다'(Elmendorf, 154쪽). 이러한 관습은 또 다른 관습들을 동반하는데, 이런 관습의 전파는 훨씬 광범위하다. 특히 사춘기 소녀들은 머리나 얼굴을 직접 맨손으로 만지지 않기 위해 빗이나 머리 긁개를 사용해야만 하며, 마찬가지로 음식이나 음료를 먹기 위해서는 빨대나 집게를 사용할 의무가 있다.

체계적으로 정리되고 분류되어야만 했던 위와 같은 관습을 대강 훑어봄으로 해서 우리는 적어도 강한 신체적 변화 과정 중에 있는 개인들, 말하자면 갓난 아기, 임산부, 사춘기 소녀를 '굽는' 관습에 대한 잠정적인 정의를 할 수 있게 되었다. 사회집단의 한 성원이 자연과의 결합을 위해서는 반드시 취사용 불에 의해 중개되어야 하며, 취사용 불은 날음식과 인간 소비자의 결합을 중개할 책무를 갖는다. 그래서 자연적 존재(날인간이나 날음식—옮긴이)는 모두 동시에 취사용 불을 통해 '익혀지고, 사회화' 된다.

'사슴과는 달리 타라우마라(Tarahumara)는 풀을 먹지 않는다. 그러나 그는 풀과 그의 동물적 식성 사이에 복잡한 문화적 과정을 끼워넣는다. 여기서 문화적 과정은 가축의 사용과 보살핌을 말한다. 그리고 타라우마라는 아직도 살아 꿈틀대는 짐승의 고기조각을 뜯어내 날고기를 먹는 코요테와는 다르다. 타라우마라는 그가 느끼는 허기와 고기 사이에 모든 취사의 문화 체계를 끼워넣는다' (Zingg, 82쪽).

한 멕시코 부족을 관찰한 자료를 토대로 행한 이 놀랄 만한 분석은 또 다른 많은 민족에게 적용할 수 있을 것이다. 마치 필리핀의 한 부족도 이와 거의 동일한 개념을 아주 조금 다른 언어로 암시하고 있는 것처럼 보인다. "하누노족(Hanunóo)은 단지 취사를 통해 인간이 소비하기에 알맞게 된 음식만을 '진정한' 음식으로 취급한다. 날것으로 먹어야만 되는 잘 익은 바나나 역시 단지 먹기에 알맞게 준비된 '스낵 음식'으로만 취급할 뿐이다. 푸른 바나나, 덩이줄기, 곡식, 오이, 토마토와 양파를 결코 날것으로 먹지 않는다. '식사' 는 언제나 조리된(구운, 익힌, 삶은, 찐 등—옮긴이) 음식을 포함해야만 한다. 실제로 그들은 일상적으로 다음과 같은 표현으로 식사를 지시한다. '불을 지펴라.'" (Conklin, 185쪽).

상징적 취사의 중개 기능에 도구의 기능이 추가된다. 머리 긁개, 빨대, 포크 등의 도구들은 길들여진 주체와 그의 신체 사이 또는 주체와 물질계를 매개하는 중개물들이다. 정상적인 상태에서는 필요치 않으나 이런 도구들의 사용은, 예를 들자면 두 극(+, −)이나 두 극 가운데 하나로 충전된 잠재적 에너지가 엄청나게 올라가 누전이 일어나지 않게 하기 위해서는 이 극들 사이에 절연체를 삽입해야만 한다. 이처럼 도구의 사용은 필수적인 것이 된다. 취사는 그 나름의 방법으로 기능을 수행하는데, 음식물의 취사는 직접적으로 날고기를 태양 아래 펼쳐놓는 것을 피할 수 있게 한다. 젊은 엄마들과 사춘기에 있는 소녀들은 직접 태양 아래 노출되는 것을 피해야 한다.

푸에블로 인디언들이 벼락맞은 사람(천상의 불과 결합관계)에게 처방하는 치료는 날음식을 제공하는 것이다. 흔히 결합의 상태는 자신에 의해서 개인 스스로 포화상태가 되는 양상으로 나타난다. 말하자면 그는 유머가 가득 차서(포화상태), 이 유머가 그를 부패(타락)시킬 위험에 직면한다. 이런 사실에서 사춘기라든지 첫 아이를 분만한 사람들에게 단식과 구토제의 복용을 부과하는 관습들이 생겨났다. 그래서 서인도제도의 카리브어로 첫 번째로 탄생한 어린아이를 지시하는 어구를 글자 그대로 옮긴다면 '단식시키는 물건(놈)'이다. 현재에도 아직 영국령 온두라스의 '흑인' 카리브인들은 잉태한 여인들이 바다에서 수영하는 것을 금지하고 있는데, 이는 잉태한 여자들이 폭풍우를 불러올까 두려워서다.

서인도제도의 옛 카리브인들은 단식과 격리 시기(사춘기와 첫 아기 출산 시기, 가까운 부모가 사망했을 경우나 또는 적을 살해했을 경우에도 부과되는)를 '노출된(햇볕이 드는−옮긴이) 지점에서 철수'라고 부른다. 노출됐다는 것은 신체의 '열'이 과도하게 올라 너무 직접적으로 그리고 강하게 다른 사람, 또는 외부 세계와 '결합하기' 때문이다 (Tayor, 343~349쪽). 이런 의미에서 소통이 남용되는 것과 관련이 있다.

전통사회의 관습은 원시사회의 관습보다 덜 논리적이라고 말한다. 원시사회의 관습은 모두 같은 방향으로 움직인다. 어머니들과 처녀들의 '굽기'는 '초-문화적' 도구들의 사용을 통해 자기 자신들이나 세계와의 관계를 중재하려는 요구에 응하는 것이다. 반면 유럽에서는 한편으로 독신 맏누이를 화덕 위에 올려놓기, 다른 한편으로 신발을 벗기거나 날음식의 제공 등은 우리들의 해석에 따르자면, 대립된 의미를 받아들이는 것과 같다.

먼저 독신 맏누이의 상황은 젊은 엄마나 사춘기 소녀의 상황과 대칭관계에 있으나, 전도된 대칭관계에 있다는 점을 지적해야 할 것이다. 독신 맏누이는 그녀에게 영향을 주는 결핍(회피) 때문에 중재를 불러오는 것이지, 그녀가 순간적 원천이 될 수 있는 가능성이 과다하기 때문이 아니다. 같은 유형의 어려움을 해결하기 위해 이미 응용했던 방식(이 책 537쪽)을 다시 사용하려면, 독신 맏누이는 '썩은 세계'에 속하고, 대신 젊은 엄마와 사춘기 소녀는 '불타는 세계'에 속해야 한다. 첫번째 경우에는 굽는 것과 날것은 결핍된 무엇을 채운다. 말하자면 이것들은 그녀(독신 맏누이)를 계단의 하나 또는 두 단계 더 오르도록 하기 때문이다. 두 번째 경우에는 굽기와 날것은 반대 방향으로 움직여서, 그녀들(젊은 엄마와 사춘기 소녀)의 열기를 조절하거나 해소해 열기의 과다를 교정한다.

이러한 설명은 받아들일 만하지만 여전히 불완전하다. 결국 이 설명은 내용에 역점을 두지만, 형식은 무시하고 있기 때문이다. 그런데 위의 이야기에 따르자면, 의례는 두 가지 방법으로 사용할 수 있는 '유사언어'(para-langage)로서 나타난다. 동시에 또는 번갈아, 의례는 사람들에게 현실적인 상황을 수정하거나 혹은 이런 상황을 지시하고 또 묘사하는 수단으로 사용된다. 흔히 두 기능은 서로 겹치거나 또는 같은 과정의 두 가지 보완적 측면을 나타낸다. 그렇지만 주술적 사고가 약해지는 경향이 있는 곳에서, 그리고 의례가 역사적 잔재의 성격을 나타내는 시대에는 두 번째 기능이 첫 번째 기능보다 오래 살아남는다.

샤리바리(charivari)로 다시 돌아가자. 일월식이 일어날 때, 민중의 무의식 아주 깊은 곳에서 야단법석이 마치 원시 부족들이 이를 괴물의 탓으로 돌리듯 달이나 태양을 집어삼키는 괴물을 위협하고, 쫓아버리는 것과 같은 기능을 수행하리라고 믿는다든지 또한 이 괴물이 벌이는 참화가 사회적 또는 우주적 층위에서도 나타나리라고 믿는 것은 위험한 일이 될 것이다. 프랑스의 마을에서는 샤리바리의 야단법석이 이제는 더 이상 실제적인 '역할'을 하지 않는다(단지 2차적으로 죄인들을 모욕하는 정도다). 그러나 이것이 계속적으로 '의미를 부여하는' 기능으로 남아 있는 것은 자명하다.

그렇다면 무슨 의미를 부여하고 있을까? 그것은 사슬의 단절을 의미하며, 사회적 불연속을 의미한다. 사회적 불연속이 소리의 보상적 연속성으로 교정될 수는 없다. 왜냐하면 소리의 연속성은 또 다른 층위에서 행해지며, 게다가 코드가 서로 다르기 때문이다. 그러나 그것은 객관적으로 그렇게 보이는 것이며, 적어도 은유적으로는 평형을 이룰 수 있는 것처럼 보인다.

방금 앞에서 논했던 관습에 대해서도 마찬가지다. 화덕 위에 올려놓는 행위는 임산부와 사춘기 소녀처럼 독신자의 자격으로, 또는 자연과 날것의 포로로 남아 있어서 부패할 운명에 있는 인물을 중재하는 상식적 행위일 수 있다. 그러나 맨발로 추는 춤과 샐러드의 제공은 낮음과 땅의 관계에서 이런 조건(중재)을 변화시키기보다는 이런 조건을 의미하는 데 공헌할 뿐이다. 마찬가지로 신부의 상징적 탈-중재화는 신혼의 밤을 앞당기는 것이며, 중간 세계에 속하는 신부의 스타킹 고정 밴드를 그녀에게서 훔치는 것으로 상징된다.

먼 지방의 신화에서 시작해 처음 보기에는 이해할 수 없었던 신화들을 아주 어렵게 분석해낸 해석들이, 우리가 사용하는 언어가 무엇이든 우리의 말을 사용해 즉각적으로 감지할 수 있는 일반적인 유사성으로 연결된다는 사실에서 어떤 위안을 얻을 수도 있고, 또는 그렇게 많은 배려에도 불구하고 하찮은 결과라고 생각할 수도 있다. 프랑스어는 물론 다른 여러 곳의 언어로도 표현되는 자연과 문화, 날것과 익힌 것 등, 두 대립의 암묵적인 등치(관계)는 '날것'이라는 단어의 비유적인 사용 속에서 백일하에 드러나며, 이것은 신체와 사물 사이에 안장, 스타킹,

옷 등등과 같은 정상적인 문화적 매개물이 부재(결핍)한다는 사실을 말한다고 회고한 바 있다.

당시 관습에 비추어 왜곡된 혼인을 행한 행위 때문에 샤리바리를 불러오게 했던 사람들에 대하여, 사람들은(우리는) 이들을 부패했다고(혹은 썩었다고) 말하지 않는가? 사람들은 단어를 사용하면서 결코 본래의 의미로 생각하지 않는다. 아마도 단어 본래의 의미는 노처녀를 '곰팡이 쓴 음부'로 취급하는 사람의 의식에 더 많이 존재하지 않을까. 어쨌든 우리는 형용사가 뒤바뀌지 않도록 조심하면서 부패의 범주 속에 빠른 파괴와 느린 파괴 사이의 근본적 대립을 다시 만들고, 이를 바탕으로 해서 신화를 부패(pourri)의 범주와 구운(brûlé)범주로 구별할 수 있다.

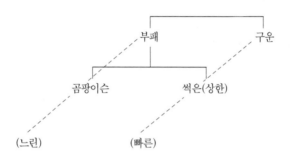

우리 논의의 출발점으로 사용되었던 신화들은 주인공을 새똥과 벌레로 뒤덮이거나 냄새나는 신체로 묘사하고는 있지만, 신화들은 '노골적으로'라는 부사와 같은 은유로 장식한 문장을 사용하지 않는다. 우리가 문장에서 우연히 사용한 이 부사가 증명하듯이 아직까지 우리 사회에서는 메타포가 사용되고 있다. 왜냐하면 전도된 것이 진실이기 때문이다. 신화 덕분에 우리는 메타포가 하나의 영역과 또 다른 영역들 사이의 논리적 관계(유사성 관계―옮긴이)의 직관 위에 기초를 두고 있으며, 메타포의 기능은 이 영역들을 애써 분리시키려는 반성적 사고에도 불구하고, 첫 번째 영역만을 전체 영역 속에 재통합시킨다는 사실을 발견했다. 메타포는 윤색의 방법으로 언어에 추가되는 것이 아니라, 각

608

메타포는 언어를 순화하고 또 수많은 제유법의 하나를 잠시 동안 제쳐 두고(담화는 제유법의 덕으로 이루어진다), 언어 본래의 특성으로 되돌 아가도록 한다.

만약 신화나 의례들이 과장을 선호한다 하더라도, 이것이 수사학적 인 문제와 관련되는 것은 아니다. 과장은 이들에게 자연스러운 것이며, 과장함으로써 그들의 특성을 직접적으로 표현할 수 있게 되고, 숨겨진 채 남아 있던 논리적 구조가 가시적인 진한 그림자로 나타난다. 인간관 계의 체계를 우주론적 맥락 속에 끼워넣을 때, 우주론적 맥락은 모든 부분에서 인간관계를 넘어 확장되는 것처럼 보인다. 그러나 우주론적 맥락에 대해서 우리가 증명한 것처럼, 그들을 전체로 놓고 보았을 때 우주론적 맥락은 인간관계의 체계와 동형관계다. 그리고 우주론적 맥 락이든 인간관계의 체계든 그 자신의 방법으로, 모두 동시에 서로를 포 함하고 서로를 모방할 수 있다. 신화적 사고는 언어학의 과정을 반복하 는데, 언어학의 중요성을 여기서 강조할 필요는 없다.

정도의 차이가 있기는 하지만 모든 언어에서 나타나는 반복어법을 생각하지 않을 수 없다. 만약 우리가 어린아이들의 언어에서 자주 이런 현상을 발견할 수 있다면(Jakobson, 541~542쪽), 그것은 이 현상이 헛되거나 원시적인 특성이기 때문이 아니라 언어의 근본적인 진행과정 에 관련되기 때문이다. 따라서 어린아이들은 말을 시작하자마자 이런 현상에서 자유로울 수 없게 된다. 게다가 어떤 다른 현상도 언어 행위 의 출현에 이 반복어법만큼 우선적으로 공헌하는 것은 없다.

어린아이가 재잘거리는 단계에서 벌써 음소집단(음소의 결합) /pa/ 소리를 들을 수 있다. 그러나 /pa/와 /papa/ 사이의 차이는 단지 철자 의 중복현상에만 기인하는 것은 아니다. 즉 /pa/는 하나의 소리지만, /papa/는 하나의 단어다. 단어나 철자의 반복현상은 화자의 의도를 나 타낸다. 중복현상은 첫 음절이 홀로 수행했던 기능과는 다른 기능을 두 번째 음절에 부여한다. 또는 전체적으로 보아 잠재적으로 무한한 동일 한 소리의 연속 /papapapapapa……/가 재잘거리기를 통해 생겨날 수 있다. 따라서 두 번째의 /pa/ 음절은 첫 번째 음절을 반복하는 것도 아니며, 첫 음절을 의미하는 것도 아니다. 첫 음절 /pa/가 이미 기호인 것처럼 두 번째 음절도 기호다. 그리고 두 음절이 구성하는 짝(papa)은 시니피앙 곁에 위치하는(속하며) 것이지, 시니피에 쪽에 있는 것이 아니다(속하지 않는다).

일단 이렇게 상기해본 후에도 여전히 매우 놀랍게 보이는 것은 어간 음절의 이중 삼중 때로는 사중 중복을, 특히 의성어를 기반으로 형성된 단어에서 관찰할 수 있다는 것이다. 사실상 또 다른 경우에서는 단어의 자의적인 특성이 단어가 외시(外視)하는 사물들과의 관련을 통해 그들 기호의 성격을 충분히 사실로 확인할 수 있다. 반면 의성어들은 항상 모호성을 내포한다. 왜냐하면 유사점에 기반을 둔 이 단어들은 화자가 발음할 때, 소리를 재생하는 것인지 의미를 표현하는지가 분명하지 않기 때문이다. 반복어법의 결과로서 우리는 두 번째 요소(음절)를 과장해서 화자가 의미하려는 의도를 강조하며, 이것이 홀로 있었다면 특히 첫 음절이 홀로 떨어져 있었다면, 그 의도는 의심받을 수 있었으리라는 것을 안다.

/Pan!/은 의미하기를 중단한 감성의 외침(탄성)이다. 그러나 문장 속에서 너에게 팡팡을 하겠다(볼기를 치겠다, je vais te faire panpan)고 어린아이에게 말을 한다면, 'panpan'은 잇달아 일어나는 행동을 지칭하는 단어며, 잇달아 일어난 행위의 어느 것도 발성된 소리를 동반하지 않을 것이다. 여기에서도 역시 결과적으로, 두 번째 음절은 기호의 역할을 수행한다. 마찬가지로 첫 음절도 그 자신 기호로서 아무 의미 없이 발성된 소리가 아니다. 또 다른 형태의 과장도 같은 방식으로 해석할 수 있다. 비슷한 종류의 한 예를 들어본다면, 풍자화의 기법은 외모의 예민한 부분에 대한 과장된 활용으로 이루어지는데, 풍자화는 모델을 재생하는 것이 아니라 나타내고 싶은 부분을 과장해서 표현하는 것이며, 사물 또는 인물의 어떤 기능이나 어떤 측면을 의미 있게 표현하는 것이다.

(앞에서 이야기한 것을 토대로) 우리는 신화학자들의 과오가 무엇인지를 이해할 수 있다. 그들은 자연적 현상이 아주 자주 신화에서 문제가 되었는데, 바로 이런 이유를 들어 신화가 애써 설명하려고 하는 것의 핵심이 바로 자연현상이라고 가정했다. 이러한 과오는 단순하게도 또 다른 과오와 짝을 이루었는데, 신화학자들은 선배 학자들에 대한 반발로 또는 그들 스스로 다른 유형의 해석을 시도했다. 신화의 의미를 달의 위상이나 계절의 변화를 설명하는 것이라고 했던 선배들과는 달리, 사랑과 죽음 기쁨과 고통과 같은 인간 조건에 대한 도덕적 설명에 귀착시키려고 시도한 것이다. 그러나 그들은 두 번째 경우도 첫 번째와 마찬가지로 신화의 변별적 특성을 알아차리지 못했는데, 변별적 특성은 정확히 말해서 과장법에 의해 만들어진다. 하나 또는 여러 개의 과장을 통해 하나의 층위를 증대함으로써 생기는 것이다. 언어에서와 마찬가지로 과장은 의미를 더욱 의미 있게 하는 기능이다

　다른 저서(L.-S. 5, 제XI장)에서 주의를 환기했던 신화의 층상 구조(잎을 포개놓은 모양의, 또는 층층이 포개진 구조—옮긴이)는 그 구조 안에서 선(가로줄)과 기둥(세로줄)으로 정돈된 의미의 행렬(matrice de signification)을 볼 수 있도록 해준다. 그러나 이를 읽는 방식에 따라 각 면(plan, 가로선과 세로기둥이 만나서 만든 평면—옮긴이)은 항상 다른 면을 참조하게 만든다. 이와 같은 방법으로 각 의미의 행렬은 다른 행렬을 참조케 하고, 각 신화는 또 다른 신화들을 참조하게 한다. 만일 사람들이 서로서로를 의미 있게 한 의미들이 참조해야 할 궁극적인 의미는 무엇인가를 묻는다면, 그것은 결국 모든 의미의 총체는 어떤 것과 연관이 있게 되는데, 이 책이 상정하는 유일한 대답은 신화는 정신(esprit)이라는 것이다. 정신은 (자기 자신도 일부를 형성하는 세계를 통해) 신화들을 만든다. 이처럼 신화의 원인이 되는 정신을 통해 형성되는 신화와, 신화를 통해 이미 정신 구조(architecture de l'esprit)에 삽입된 세계의 이미지는 동시에 생성될 수 있다.

　자연의 소리들(인간이 낼 수 있는 모든 소리들—옮긴이) 중에서 음소

(phonèmes)를 선택하는 언어처럼, 사실상 재잘거리기는 실제로 무한한 음의 종류를 제공한다. 신화적 사고는 자연 속에서 재료를 채취해서 자신의 과정을 진행한다. 언어와 마찬가지로 신화적 사고는 경험적 재료들을 무한정 구별 없이 받아들여 이 모두를 사용하거나 또 같은 대열에 놓을 수는 없다. 여기서 재료는 도구지 의미의 대상이 아니다. 재료가 이런 역할(도구의 역할—옮긴이)에 적합하기 위해서는 우선 이 재료를 빈약하게 만들어야 한다. 다시 말해서 이 재료에서 단지 대립을 표현하기에 알맞고, 대립짝을 구성하기에 적당한 적은 수의 요소들만을 취해야 한다.

그러나 언어에서처럼 버려진 요소들이 없어지는 것은 아니다. 그들은 근위대로 승격되어 행렬의 선두에 선 요소들 뒤에 숨어 있으며, 그들의 몸으로 이들을 가리고 있지만, 이들은 항시 모든 열(행렬의 열을 의미—옮긴이)을 위해 대답할 준비를 하고 있다. 필요한 경우에는 열밖으로 어떤 병정을 호출할 준비가 되어 있다. 다른 말로 표현하자면 항상 사용할 수 있도록 잠재적으로 무한한 요소들의 총합은 대기 중(통합축과 계열축으로 구성되는 언어처럼, 항시 계열축에는 감추어진(비축된) 재료들이 있다—옮긴이)이다. 열의 내부 질서는 수정될 수 있으며, 열의 수는 열 사이의 통합이나 분열로 인해 변할 수 있다. 다음의 두 가지 조건이 충족되면 모든 것이 가능하다. 하나의 열을 구성하는 조직에 영향을 주는 내부적 변화는 다른 열에도 같은 유형의 변화를 수반하며, 그리고 열을 형성하는 원칙은 계속해서 존중된다. 결국 가장 작은 간격으로 분리되어 있는 항들은 상호적인 변이의 상태에 따라 합쳐지거나 축소된다. 이렇게 됨으로써 각 대대(大隊)는 자신의 영역을 가질 수 있게 되고, 또 자신과 여타 대대들 사이의 충분히 넓은 간격을 유지할 수 있게 된다.

그러니까 신화에서 층위가 다수인 것은 연속에서 불연속으로 이동하기 위해 신화적 사고가 지불해야 할 대가인 것 같다. 신화적 사고는 아래와 같은 원칙에 따라 경험의 다양성을 단순화하고 조정해야만 한다. 즉 어떠한 다양성의 요소도 의미라는 집단적 기업에서 자기만의 개인적 계좌로 일할 수는 없으며, 단지 같은 보따리 속에 분류된 또 다른 요소들의(정상적이든 파트타임이든) 대리인 자격으로만 가능하다. 신화적 사고는 자신의 사고를 반복할 수 있는 조건에서만 자연을 받아들인다. 마찬가지로 형식적 특성들 덕으로 자연은 스스로를 의미화할 수 있으며, 결과적으로 은유할 수 있는 자질을 갖게 된다. 이렇게 되는 경우에만 신화적 사고는 자연적 특성들을 받아들인다. 그러니까 이것은 신화 속에서 특권적 의미론의 층위를 고립시키려고 노력하는 것이 왜 무의미한가를 잘 말해준다. 그렇지 않으면 그렇게 취급된 신화들은 진부하게 축소될 것이며, 또한 극복했다고 생각했던 층위는 항상 여러 개의 층위를 포함하고 있는 체계 속에 자동적으로 자신의 자리를 다시 잡게 됨으로써 손아귀에서 빠져나가버릴 것이다. 이 역할을 수행하기에 적합한 전체의 중개를 통해서, 부분만이 비유가 풍부한 해석에 합당할 수 있다. 왜냐하면 묵계된 제유법으로 우선 전체에서 이 부분을 빼내어, 이 부분에 신화의 가장 설득력 있는 은유를 통해 전체에 의미를 부여하는 책임을 지도록 하기 때문이다.

1962년 6월~1963년 7월

이 책에 나오는 동물들

1. 아구티(agouti)—설치류의 일종. 기니아픽이라고도 함

3. 백로(aigrette)

2. 수리독수리(aigle-harpie)—남미산 수
리독수리

4. 아라(ara)―아라앵무새

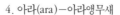

5. 카피바라(capivara)―꼬리 없는 스컹크과의 동물

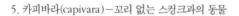

6. 카푸신원숭이(capucin)―
꼬리감기원숭이 또는 성기가
못대가리처럼 생겨 못대가리원
숭이라고도 함

618

7. 사슴과의 동물(cervidés)

8. 코아타원숭이(coatá) —
   거미원숭이라고도 함

9. 코아티(coati) — 긴코너구리

10. 야생돼지(카에테투)

11. 야생돼지(켁사다)

12. 에마(ema)—타조의 일종

13. 개미핥기(fourmilier)

14. 과리바원숭이(guaribá) —
    (개처럼) 짖는 원숭이

15. 인함부새(inhambú) —
    자고새의 일종

624

16. 이라라(irara)—족제비과의 동물

17. 자쿠새(jacú)—남미산의 새

18. 표범(jaguar)

19. 자호새(jaho)

20. 스컹크(moufette)−
남미산 스컹크

21. 무툼새(mutum)−
남미산 새(닭)의 일종

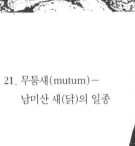

22. 파카(paca)—남미산
　　대형 설치류

23. 나무늘보
　　(paresseux)

24. 앵무새(perroquet)

25. 딱따구리(pic)

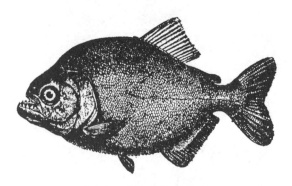

26. 피라니아(식인)물고기(piraniha)

27. 프레아들쥐(préa)

28. 퓨마(puma)―아메리카 표범

29. 쥐(rat)

30. 물쥐(raton d'eau)―비버의 일
  종(또는 북아메리카 너구리:
  myocastor)

31. 사리에마새(sariema)

32. 사리그(sarigue)—주머니쥐의 일종

33. 맥(貘, tapir)

34. 아르마딜로의 일종(tatûetê)

35. 아르마딜로의 일종(tatú peludo)

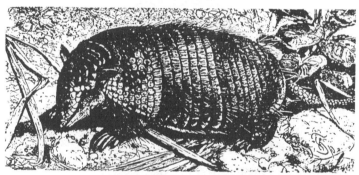

36. 아르마딜로의 일종
   (tatú encoubert)

37. 대형아르마딜로
   (tatú géant)

38. 거북(tortue)—
    자보티거북(jaboti)

39. 투칸(toucan)—남미산
    거취조(巨嘴鳥)

40. 우루부독수리(urubu)

참고문헌

■ 약어(저자, 논문집, 학회지)

ARBAE   *Annual Report of the Bureau of American Ethnology.*

BBAE   *Bulletin of the Bureau of American Ethnology.*

Colb.   Colbacchini, A.

E.B.   Albisetti, C., e Venturelli, A. J.: *Enciclopédia Boróro*, Campo Grande, 1962.

HSAI   *Handbook of South American Indians.*

JAFL   *Journal of American Folklore.*

K.G.   Koch-Grünberg, Th.

L.-S.   Lévi-Strauss, C.

Nim.   Nimuendaju, C.

RIHGB   *Revista do Instituto Historico Geographico Brasileiro.*

RMDLP   *Revista del Museo de la Plata.*

RMP   *Revista do Museu Paulista.*

UCPAAE   *University of California Publications in American Archaeology and Ethnology.*

V.G.   Van Gennep, A.

ABBEVILLE, Claude., *Histoire de la mission des pères Capucins en l'isle de Maragnan et terres circonvoisines*, Paris, 1614.

ABREU, J. Capistrano., *Rã-txa hu-ni-ku-i. A Lingua dos Caxinauas,* Rio de Janeiro, 1914.

AHLBRINCK, W., "Encyclopaedie der Karaiben," *Verhandelingen der Koninklijke Akademie van Wetenschappen te Amsterdam, afdeeling Letterkunde Nieuwe Reeks Deel 27, 1, 1931* (trad. française par Doude van Herwijnen, miméogr. Paris, 1956).

ALBISETTI, C., "Contribuições missionarias," *Publicações da Sociedade brasileira de antropologia e etnologia*, n°s 2-3, Rio de Janeiro, 1948. Cf. aussi : Colbacchni (3), et : E.B. (*Enciclopédia Boróro*).

AMORIM, A. B. de., "Lendas em Nheêngatu e em Portuguez," *RIHGB*, t. 100, vol.154(2ᵉ de 1926), Rio de Janeiro, 1928.

ANDERSEN, J. C., *Myths and Legends of the Polynesians*, London, 1928.

AUGUSTINOS, "Relación de idolatria en Huamachuco por los primeiros-," *Informaciones acerca de la Religión y Gobierno de los Incas* (Colección de libros y documentos referentes a la Historia del Peru, t. II), Lima, 1918.

BALDUS, H.,

(1) *Ensaios de Etnologia Brasileira*, São Paulo, 1937.

(2) *Lendas dos Indios do Brasil*, São Paulo, 1946.

(3) "Lendas dos Indios Tereno," *RMP*, n.s., vol.4, 1950.

(4) Ed.: *Die Jaguarzwillinge. Mythen und Heilbringersgeschichten Ursprungssagen und Märchen brasilianischer Indianer*, Kassel, 1958.

BANNER, H.,

(1) "Mitos dos indios Kayapo," *Revista de Antropologia*, vol.5, n° 1, São Paulo, 1957.

(2) "O Indio Kayapo em seu acampamento," *Boletim do Museu Paraense Emilio Goeldi*, n.s., n° 13, Belém, 1961.

BARBEAU, M., "Huron-Wyandot Traditional Narratives," *National Museum of Canada, Bull. No.165, Anthropol. Serises No.47*, Ottawa, 1960.

BASTIDE, R., "La Nature humaine: le point de vue du sociologue et de l'ethnologue," *La Nature humaine, actes du XIᵉ Congrès des Sociétés de Philpsophie de langue française* (Montpellier, 4-6 septembre 1961), Paris, 1961.

BATES, H. W., *The Naturalist on the River Amazon*, London, 1892.

BAUDELAIRE, Ch., "Richard Wagner et *Tannhäuser* à Paris," *Œuvres complétes,* éd. de la Pléiade, Paris, 1961.

BEAGLEHOLE, E. and P., "Ethnology of Puka-Puka," *B. P. Bishop Museum, Bull. 150*, Honolulu, 1938.

BECHER, H., "Algumas notas sôbre a religião et a mitologia dos Surára," *RMP*, n.s., vol.11, São Paulo, 1959.

BECKWITH, M. W., "Mandan-Hidatsa Myths and Ceremonies," *Memoirs of the American Folk-Lore Society*, vol.32, New York, 1938.

BENVENISTE, E., "Communication animale et langage humain," *Diogène*, 1, Paris, 1952.

BOAS, F.,

    (1) "The Central Eskimo," *6th ARBAE*(1884~85), Washington, D.C., 1888.

    (2) "Tsimshian Mythology," *31st ARBAE*(1909~10), Washington, D.C., 1916.

BORBA, T. M., *Actualidade Indigena*, Coritiba, 1908.

BOTELHO DE MAGALHÃES, A., *Impressões da Commissão Rondon*, Rio de Janeiro, s.d. [1921].

BOULEZ, P., Art. "Série," *Encyclopédie de la musique*, 3 vol., Paris, 1958~61.

BRETT, W. H., *Legends and Myths of the Aboriginal Indians of British Guiana*, London, s.d. [1880].

BUNZEL, R. L., "Introduction to Zuñi Ceremonialism," *47th ARBAE* (1912~30), Washington, D.C., 1932.

BUTT, A., "Réalité et idéal dans la pratique chamanique," *L'Homme. Revue française d'anthropologie*, vol.2, n° 3, 1962.

CADOGAN, L., "Ayvu Rapita. Textos míticos de los Mbyá-Guarani del Guairá," *Antropologia no.5, Boletim no.227. Universidade de São Paulo*, 1959.

CAMPANA, D. del., "Contributo all'Etnografia dei Matacco," *Archivio per l'Antropologia e l'Etnologia*, vol.43, fasc. 1-2, Firenze, 1913.

CARDUS, J., *Las misiones Fraciscanas entre los infieles de Bolivia*, Barcelona, 1886.

CARTER, T. D., "The Opossum - Our only Pouched Mammal," *Natural History*, vol.56, n° 4, New York, 1957.

CASPAR, F.,

(1) "Some Sex Beliefs and Practices of the Tupari Indians (Western Brazil)," *RMP*, n.s., vol.7, São Paulo, 1953.

(2) "Puberty Rites among the Tupari Indians," *RMP*, n.s., vol.10, São Paulo, 1956~58.

CAVALCANTI, A., *The Brasilian Language and its Agglutination*, Rio de Janeiro, 1883.

CHAPMAN, J. W., "Ten'a Texts and Tales from Anvik, Alaska," *Publ. of the Amer. Ethnol. Society*, vol.6, Leyden, 1941.

CHERMONT DE MIRANDA, V. de., "Estudos sobre o Nheêngatú," *Anais da Biblioteca Nacional*, vol.54 (1942), Rio de Janeiro, 1944.

CHRISTIAN, F. W., *The Caroline Islands*, London, 1899.

COLBACCHINI, A.,

(1) *A Tribu dos Boróros*, Rio de Janeiro, 1919.

(2) *I Boróros Orientali "Orarimugudoge " del Matto Grosso, Brasile*, Contributi Scientifici delle Missioni Salesiane del Venerabile Don Bosco, (1), Torino, s.d. [1925].

(3) Cf. titre suivant :

COLBACCHINI, A. et ALBISETTI, C., *Os Boróros Orientaris*, São Paulo-Rio de Janeiro, 1942.

COLL, P. C. van., "Contes et légendes des Indiens de Surinam," *Anthropos*, vol.2 et 3, 1907~1908.

CONKLIN, H. C., *The Relation of Hanunóo Culture to the Plant World*, Doctoral Dissertation, Yale University 1954(microfilm).

CORNYN, J. H., "Ixcit Cheel," *The Maya Society Quarterly*, vol.1, n° 2, Baltimore, 1932.

CORY, H., "Jando, II," *Journal of the Royal Anthropological Institute*, vol.78, n°s 1-2(1948), London, 1951.

COUDREAU, H., *Voyage au Tapajoz*, 1895~96, Paris, 1897.

COUTINHO DE OLIVEIRA, J., *Lendas Amazonicas*, Pará, 1916.

COUTO DE MAGALHÃES, J. V., *O Selvagem*, Rio de Janeiro, 1876.

CREVAUX, J., *Voyages dans l'Amérique du Sud*, Paris, 1883.

CROCKER, W. H., "The Canela since Nimuendaju: A Preliminary Report on Cultural Change," *Anthropological Ouarterly*, vol.34, n° 2, Washington, D. C., 1961.

CRUZ, M.,

(1) "Dos nomes entre os Bororos," *RIHGB*, vol.175(1940), Rio de Janeiro, 1941.

(2) "Mitologia borora," *Revista do Arquivo Municipal*, vol.91, São Paulo, 1943.

DAVILA, F., "Relación de idolatrias en huarochiri," *Informaciones acerca de la Religión y Gobierno de los Incas* (Colección de Libros y doccumentos referentes a la Historia del Peru, t. II), Lima, 1918.

DIETERLEN, G. et CALAME-GRIAULE, G., "L'Alimentation dogon," *Cahiers d'Études africaines*, n° 3, Paris, 1960.

DIETSCHY, H., "Das Häuptlingswesen bei den Karaja," *Mitteilungen aus dem Museum für Völkerkun de in Hamburg*, XXV, Hamburg, 1959.

DORSEY, G. A., "Traditions of the Skidi Pawnee," *Memoirs of the American Folklore Society*, Boston-New York, 1904.

DREYFUS, S., *Les Kayapo du Nord. Contribution à l'étude des Indiens Gé*, Paris-la Haye, 1963.

DU BOIS, C., "Wintu Ethnography," *UCPAAE*, vol.36, n° 1, Berkeley, 1935.

DUMÉZIL, G., "Déesses latines et mythes védiques," *Collection Latomus*, vol. XXV, Bruxelles, 1956.

DURKHEIM, E., *Les Formes élémentaires de la vie religieuse*, 2ᵉ éd., Paris, 1925.

E.B., Albisetti, C., e Venturelli, A. J., *Enciclopédia Boróro*, vol.1, Campo Grande, 1962.

EHRENREICH, P., "Beiträge zur Völkerkunde Brasiliens," *Veröffentlichungen aus dem Kgl. Museum für Völkerkunde*, t. II, Berlin, 1891. Trad. Portugaise par E. Schaden *in: RMP*, n.s., vol.2, 1948.

ELMENDORF, W. W., "The Structure of Twana Culture," *Research Studies, Monographic Supplement no.2*, Washington State University, Pullman, 1960.

FARABEE, W. C.,

(1) "The Central Arawak," *Anthropological Publications of the University Museum*, 9, Philadelphia, 1918.

(2) "Indian Tribes of Eastern Peru," *Papers of the Peabody Museum, Harvard University*, vol.10, Cambridge, Mass., 1922.

(3) "The Central Caribs," *The University of Pennsylvania, The University Museum, Anthropological Publications*, vol.10, Philadelphia, 1924.

FENTON, W. N., "The Iroquois Eagle Dance," *BBAE 156*, Washington, D.C., 1953.

FIRTH, R., *We, The Tikopia*, New York-Chicago, 1936.

FORTIER-BEAULIEU, P.,

(1) *Mariages et noces campagnardes*, Paris, 1937.

(2) *Enquête sur le charivari*, ms. déposé au Musée national des Arts et Traditions populaires.

FRACHTENBERG, L. J., "Alsea Texts and Myths," *BBAE 67*, Washinton, D.C., 1920.

FRANKLIN, A., *La Vie privée d'autrefois. Les Repas*, Paris, 1889.

FRAZER, J. G.,

(1) "The Silent Widow," *Transactions of the Third International Congress for the History of Religions*, Oxford, 1908.

(2) *Totemism and Exogamy*, 4 vol., London, 1910.

(3) *Folk-Lore in the Old Testament*, 3 vol., London, 1919.

FREISE, F. W., "Plantas Medicinaes Brasileiras," *Boletim de Agricultura*, vol. 34, São Paulo, 1933.

FRIGOUT, A., Communication personnelle(déc. 1962).

638

FRIKEL, P.,

(1) "Kamani. Costumes e Preceitos dos Indios Kachúyana a respeito do curare," *RMP*, n.s., vol.7, São Paulo, 1953.

(2) "Agricultura dos Indios Munduruku," *Boletim do Museu Paraense Emilio Goeldi,* n.s.. *Antropologia,* n° 4, Belém, 1959.

GAYTON, A. H. et NEWMAN, S. S., "Yokuts and Western Mono Myths," *Anthropological Records,* 5, 1, Berkeley, 1940.

GENNEP, A. VAN, *Manuel de Folklore français contemporain,* 9 vol., Paris, 1946~58.

GILLIN, J., "The Barama River Caribs of British Guiana," *Papers of the Peabody Museum* ⋯, vol.14, n° 2, Cambridge, Mass., 1936.

GILMORE, R. M., "Fauna and Ethnozoology of South America," in : *HSAI,* vol.6, *BBAE 143,* Washington, D.C., 1950.

GIMBUTAS, M., "Ancient Symbolism in Lithuanian Folk Art," *Memoirs of the American Folklore Society,* vol.49, New York, 1958.

GOEJE, C. H. de., "Philosophy, Initiation and Myths of the Indian of Guiana and Adjacent Countries," *Inetrnationales Archiv für Ethnographie,* vol.44, Leiden, 1943.

GRUBB, W. Barbrooke., *An Unknown People in an Unknown Land,* London, 1911.

GUALLART, J. M., "Mitos y leyendas de los Aguarunas del alto Marañon," *Peru Indigena,* vol.7, n°s 16-17, Lima, 1958.

GUBERNATIS, A. de., *Zoological Mythology or the Legends of Animals,* 2 vol., London, 1872.

GUMILLA, J., *Historia natural* ⋯ *del Rio Orinoco,* 2 vol., Barcelona, 1791.

GUSINDE, M.,

(1) *Die Feuerland-Indianer,* 3 vol., Mödling bei Wien, 1931~39.

(2) Compte-rendu de: Murphy, R.F., "Mundurucu Religion," *Anthropos,* vol.55, fasc. 1-2, 1960.

HAILE, Father B. and WHEELWRIGHT, M.C., *Emergence Myth according to the Hanelthnayhe Upward-Reaching Rite,* Navajo

Religion Series, vol.3, Santa Fé, N.M., 1949.

HAMILTON Jr., W. J., "Success Story of the Opossum," *Natural History*, vol.72, n° 2, New York, 1962.

HANDY, E. S. Craighill., "The Native Culture in the Marquesas," *B.P. Bishop Museum, Bull.9*, Honolulu, 1923.

HANDY, E. S. Craighill and PUKUI, M. Kawena., "The Polynasian Family System in Ka-'u, Hawai'i," *The Polynasian Society*, Wellington, N. Z., 1958.

HARRINGTON, J. P., "The Ethnogeography of the Tewa Indians," *29th ARBAE* (1907~1908), Wshington, D.C., 1916.

HARTMANN, C., "Traditional Belief concerning the Generation of the Opossum," *JAFL*, vol.34, n° 133, 1921.

HARTT, Ch. F., *Os Mitos Amazônicos da Tartaruga*, tradução e notas de L. da Camara Cascudo, Recife, 1952.

HASTINGS, J. ed., *Encyclopaedia of Religion and Ethics*, 13 vol., New York, 1928.

HEIZER, R. F., "Domestic Fuel in Primitive Society," *Journ. of the Royal Anthropol. Inst.*, vol.93, pt. 2, 1963.

HENRY, J., *Jungle People. A Kaingáng tribe of the Highlands of Brazil*, New York, 1941.

HISSINK, K. und HAHN, A., *Die Tacana, I. Erzählungsgut*, Stuttgart, 1961.

HOEHNE, F. C., *Botanica e agricultura no Brasil (seculo 16)*, São Paulo, 1937.

HOFFMANN-KRAYER, E., *Handwörterbuch des deutschen Aberglaubens*, vol.9, Berlin, 1941.

HOHENTHAL, W., "Notes on the Shucurú Indians of ⋯ Pernambuco, Brazil," *RMP*, n.s., vol.8, São Paulo, 1954.

HOLMER, N. M. and WASSEN, H., *Muu-Igala or the Ways of Muu. A Medicine Song from the Cunas of Panama*, Göteborg, 1947.

HURAULT, J., "Les Indiens de la Guyane française," *Nieuwe West-Indische Gids 42*, The Hague, 1963.

HUXLEY, F., *Affable Savages*, London, 1956.

IHERING, R. von., *Dicionário dos animais do Brasil*, Sào Paulo, 1940. (*N.-B.* -Nous citons parfois d'après la première version de cet ouvrage, parue sous le même titre dans le: *Boletim de Agricultura*, Sào Paulo, 1931~38.)

IM THURN, E. F., *Among the Indians of Guiana*, London, 1883.

JAKOBSON, R.,

(1) *Selected Writings. I. Phonological Studies*, 'S-Gravenhage, 1962.

(2) *Essais de Linguistique générale*, Paris, 1963.

KARSTEN, R.,

(1) "Mitos de los Indios Jibaros(Shuara) del Oriente del Ecuador," *Boletin de la Sociedad eduatoriana de estudios historicos americanos*, n° 6, Quito, 1919.

(2) "The Head-Hunters of Western Amazonas," *Societas Scientiarum Fennica. Commentationes Humanarum Litterarum*, t. 7, n° 1, Helsingfors, 1935.

KEMPF, F. V., "Estudo sôbre a Mitologia dos Indios Mundurucus," *Arquivos do Museu Paranaense*, vol.4, Curitiba, 1944~45.

KOCH-GRÜNBERG, Th.,

(0) *Anfänge der Kunst im Urwald*, Berlin, 1905.

(1) *Von Roroima zum Orinoco. Zweites Band. Mythen und Legenden der Taulipang und Arekuna Indianer*, Berlin, 1916.

(2) *Zwei Jahre bei den Indianern Nordwest-Brasiliens*, n. ed., Stuttgart, 1921.

(3) *Indianermärchen aus Südamerika*, Iena, 1921.

KOZAK, V., "Ritual of a Bororo Funeral," *Natural History*, vol.72, n° 1, New York, 1963.

KRAUSE, F., *In den Wildnissen Brasiliens*, Leipzig, 1911.

KRUSE, A.,

(1) "Mundurucú Moieties," *Primitive Man*, vol.8, 1934.

(2) "Erzählungen der Tapajoz-Mundurukú," *Anthropos*, t. 41~44, 1946~49.

(3) "Karusakaybë, der Vater der Mundurukú," *Anthropos*, t. 46, 1951 et 47, 1952.

(4) "Pura, das Höchste Wesen der Arikéna," *Anthropos*, vol.50, fasc. 1~3, 1955.

LEHMANN-NITSCHE, R.,

(1) "La Astronomia de Los Matacos," *RMDLP*, t. 27 (3ᵉ série, t. 3), Buenos Aires, 1923.

(2) "La Astronomia de Los Vilelas," *RMDLP*, t. 28 (3ᵉ série, t. 4), Buenos Aires, 1924~25.

(3) "La Constelación de la Osa Mayor," *RMDLP*, t. 28 (3ᵉ série, t. 4), Buenos Aires, 1924~25.

(4) "La Astronomia de los Tobas," *RMDLP*, t. 27 (3ᵉ série, t. 3), Buenos Aires, 1923.

(5) "La Astronomia de los Tobas (segunda parte)," *RMDLP*, t. 28 (3ᵉ série, t. 4), Buenos Aires, 1924~25.

LÉRY, Jean de., *Histoire d'un voyage faict en la terre du Brésil*, éd. Gaffarel, 2 vol., Paris, 1880.

LÉVI-STRAUSS, C.,

(0) "Contribution à l'étude de l'organisation sociale des Indiens Bororo," *Journal de la Société des Américanistes*, n.s., t. XVIII, fasc. 2, Paris, 1936.

(1) "Tribes of the right bank of the Guaporé River," *in: HSAI, BBAE 143*, 7 vol., Washington, D.C., 1946~59.

(2) *Les Structures élémentaires de la parenté*, Paris, 1949.

(3) *Tristes Tropiques*, Paris, 1955.

(4) "The Family," *in:* H. L. Shapiro, ed., *Man, Culture and Society*, New York, 1956.

(5) *Anthropologie structurale*, Paris, 1958.

(6) "La Geste d'Asdiwal," *École Pratique des Hautes Études, Section des Sciences religieuses*, Annuaire (1958~59), Paris, 1958.

(7) *Leçon Inaugurale* faite le mardi 5 janvier 1960 (Collège de France, chaire d'Anthropologie Sociale), Paris 1960.

(8) *Le Totémisme aujourd'hui*, Paris, 1962.

(9) *La Pensée sauvage*, Paris, 1962.

LIMBER, D. Nelson, "The Pleiades," *Scientific American*, vol.207, n° 5, 1962.

LIPKIND, W.,

(1) "Caraja Cosmograhpy," *JAFL*, vol.53, 1940.

(2) "The Caraja," *in: HSAI, BBAE 143*, 7 vol., Washington, D.C., 1946~59.

LUKESCH, A.,

(1) "Über das Sterben bei den nördlichen Kayapó-Indianern," *Anthropos*, vol.51, fasc. 5~6, 1956.

(2) "Bepkororôti, eine mythologische Gestalt der Gorotire-Indianer," *Wiener Völkerkundliche Mitteilungen*, vol.7, Band 2, n° 1~4, Wien, 1959.

MACIEL, M., *Elementos de Zoologia geral e descriptiva de accordo com a fauna brasileira*, Rio de Janeiro-Paris, 1923.

MAGALHÃES, B. de., "Vocabulario da lingua dos Bororos-Coroados do Estado de Mato-Grosso," *RIHGB*, t. 83 (1918), Rio de Janeiro, 1919.

MAGALHÃES, A. A. Botelho de., *Impressões da Commissão Rondon*, 5ᵉ éd., São Paulo, 1942.

MAHR, A. C., "Delaware Terms for Plants and Animals in the Eastern Ohio Country: A Study in Semantics," *Anthropological Linguistics*, vol.4, n° 5, Bloomington, 1962.

MAYERS, M., *Pocomchi Texts*, University of Oklahoma, Norman, 1958.

MÉTRAUX, A.,

(1) *La Religion des Tupinamba*, Paris, 1928.

(2) "Mitos y cuentos de los Indios Chiriguano," *RMDLP*, t. 23, Buenos Aires, 1932.

(3) "Myths and Tales of the Matako Indians," *Ethnological Studies*, 9, Göteborg, 1939.

(4) "A Myth of the Chamacoco Indians and its Social Significance," *JAFL*, vol.56, 1943.

(5) "Myths of the Toba and Pilagá Indians of the Gran Chaco," *Memoirs of the American Folklore Society*, vol.40, Philadelphia, 1946.

(6) "The Botocudo," *in : HSAI, BBAE 143*, 7 vol., Washington, D.C., 1946~59.

(7) "Ensayos de Mitologia comparada sudamericana," *America Indigena*, vol.8, n° 1, Mexico, 1948.

(8) "Mythes et Contes des Indiens Cayapo (Groupe Kuben-Kran-Kegn)," *RMP*, n.s., vol.12, São Paulo, 1960.

MONTOYA, A Ruiz de., *Arte, vocabulario, tesoro y catacismo de la lengua Guarani (1640)*, Leipzig, 1876.

MOONEY, J., "Myths of the Cherokee," *19th ARBAE*, Washington, D.C., 1898.

MURPHY, R. F.,

(1) "Mundurucú Religion," *UCPAAE*, vol.49, n° 1, Berkeley-Los Angeles, 1958.

(2) *Headhunter's Heritage*, Berkeley-Los Angeles, 1960.

MURPHY, R. F. and QUAIN, B., "The Trumaí Indians of Central Brazil," *Monographs of the American Ethnological Society*, 24, New York, 1955.

NANTES, Martin de., *Relation Succinte et Sincere*, etc. Quimper, s.d. [1706].

NELSON, E. W., "The Eskimo about Bering Strait," *18th ARBAE*, Wshington, D.C., 1899.

NIMUENDAJU, C.,

(1) "Die Sagen von der Erschaffung und Vernichtung der Welt als Grundlagen der Religion der Apapocúva-Guarani," *Zeitschrift für Ethnologie*, vol.46, 1914.

(2) "Sagen der Tembé-Indianer," *Zeitschrift für Ethnologie*, vol.47, 1915.

(3) "Bruchstücke aus Religion und Überlieferung der Šipaia-Indianer," *Anthropos*, vol.14~15, 1919~20 et 16~17, 1921~22.

(4) "Os Indios Parintintin do rio Madeira," *Journal de la Société des Américanistes*, vol.16, Paris, 1924.

(4a) "Die Palikur-Indianer und ihre Nachbarn," *Göteborgs Kungl.*

Vetenskapsoch Vitterhets-Samhalles Handligar, Fjarde Foljden, Band 31, n° 2, 1926.

(5) "The Apinayé," *The Catholic University of America, Anthropological Series*, n° 8, Washington, D.C., 1939.

(6) "The Šerente," *Publ. of the Frederick Webb Hodge Anniversary Publication Fund*, vol.4, Los Angeles, 1942.

(7) "Šerenté Tales," *JAFL*, vol.57, 1944.

(8) "The Eastern Timbira," *UCPAAE*, vol.41, Berkeley-Los Angeles, 1946.

(9) "Social Organization and Beliefs of the Botocudo of Eastern Brazil," *Southwestern Journal of Anthropology*, vol.2, n° 1, 1946.

(10) "The Mura and Pirahá," *in: HSAI, BBAE 143*, 7 vol., Washinton, D.C., 1946~59.

(11) "The Cawahib, Parintintin, and their Neighbors," *in: HSAI, BBAE 143*, 7 vol., Washington, D.C., 1946~59.

(12) "The Tucuna," *in: HSAI, BBAE 143*, 7 vol., Washington, D.C., 1946~59.

(13) "The Tukuna," *UCPAAE*, vol.45, Berkeley-Los Angeles, 1952.

(14) "Apontamentos sôbre os Guarani," trad. et notas de Egon Schaden. *RMP*, n.s., vol.8, São Paulo, 1954.

NINO, B. de., *Etnografia chiriguana*, La Paz, 1912.

NORDENSKIÖLD, E.,

(1) *Indianerleben, El Gran Chaco*, Leipzig, 1912.

(2) *Indianer und Weisse in Nordostholovien*, Stuttgart, 1922.

OGILVIE, J., "Creation Myths of the Wapisiana and Taruma, British Guiana," *Folk-Lore*, vol.51, London, 1940.

OLIVEIRA, C. E. de., "Os Apinagé do Alto Tocantins," *Boletim do Museu Nacional*, vol.6, n° 2, Rio de Janeiro, 1930.

OLIVEIRA, J. F. de., "The Cherente of Central Brazil," *Proceedings of the 18th Congress of Americanists*, London, 1912, Part II, London, 1913.

[OLIVEIRA, de] Feliciano, J., "Os Cherentes," *Revista do Instituto Historico e Geographico de São Paulo*, São Paulo, 1918.

ORICO, O.,

(1) *Mitos Amerindios*, 2ᵉ éd., São Paulo, 1930.

(2) *Vocabulario de Crendices Amazonicas*, São Paulo-Rio de Janeiro, 1937.

OSBORN, H., "Textos Folkloricos Guarao II," *Antropologica*, 10, Caracas, 1960.

OSGOOD, C., "Ingalik Social Cuture," *Yale University Publ. in Anthropology*, vol.53, New Haven, 1958.

OVIDE., *Les Métamorphoses*.

PALAVECINO, E., "Takjuaj. Un persónaje mitológico de los Mataco," *RMDLP*, n.s., n° 7, *Antropologia*, t. I, Buenos Aires, 1936~41.

PARSONS, E. C.,

(1) "Zuni Tales," *JAFL*, vol.43, 1930.

(2) *Pueblo Indian Religion*, 2 vol., Chicago, 1939.

PEREIRA, Nunes., *Bahira e suas experiências*, Edição popular, Manaus, 1945.

PIERINI, F., "Mitología de los Guarayos de Bolivia," *Anthropos*, vol.5, 1910.

PISO, G. et MARCGRAVI DE LIEBSTAD, G., *Historia naturalis Brasiliae*, etc., Lugd. Bat. et Amsterdam, 1648.

PITOU, L. A., *Voyage à Cayenne, dans les deux Amériques et chez les anthropophages*, 2 vol., 2ᵉ éd., Paris, 1807.

PLUTARQUE, "De Isis et d'Osiris," Les *Œuvres morales de–*, trad. Amyot, 2 vol., Paris, 1584.

POMPEU SOBRINHO, Th., "Lendas Mehim," *Revista do Instituto do Ceará*, vol.49, Fortaleza, 1935.

PORÉE-MASPERO, E., *Cérémonies privées des Cambodgiens*, Pnom-Penh, 1958.

PŔEUSS, K. Th.,

(1) *Religion und Mthologie der Uitoto*, 2 vol., Göttingen, 1921~23.

(2) *Die Nayarit-Expedition. Textaufnahmen mit Beobachtungen unter mexikanischen Indianern*, 3 vol., Leipzig, 1912.

QUICHERAT, L., *Thesaurus Poeticus Linguae Latinae*, Paris, 1881.

RAYNAUD, G., *Les Dieux, les héros et les hommes de l'ancien Guatemala*, Paris, 1925.

REICHEL-DOLMATOFF, G., *Los Kogi*, 2 vol., Bogota, 1949~50 et 1951.

RHODE, R., "Einige Notizen über den Indianerstamm der Terenos," *Zeit. d. Gesell. f. Erdkunde zu Berlin.* vol.20, 1885, pp.404~410.

RIBEIRO, D.,

   (1) "Religião e Mitologia Kadiueú," *Serviço de Proteção aos Indios*, Publ. n° 106, Rio de Janeiro, 1950.

   (2) "Noticia dos Ofaié-Chavante," *RMP*, n.s., vol.5, São Paulo, 1951.

RIBEIRO, D. et B. G., *Arte Plumaria dos indios Kaapor*, Rio de Janeiro, 1957.

RINK, H., *Tales and Traditions of the Eskimo*, Edinburgh-London, 1875.

RIVET, P. et ROCHEREAU, H. J., "Nociones sobre creencias usos y costumbres de los Catios del Occidente de Antioquia," *Journal de la Société des Américanistes*, vol.21, Paris, 1929.

ROCHEREAU, H. J., "Los Tunebos. Grupo Unkasia," *Revista Colombiana de Antropologia*, vol.10, Bogota, 1961.

RODRIGUES, J. Barbosa., "Poranduba Amazonense," *Anais da Bibioteca Nacional de Rio de Janeiro*, vol.14, 1886~87, fasc. 2, Rio de Janeiro, 1890.

RONDON, C. M. da Silva., "Esbôço gramatical e vocabulário da lingua dos Indios Borôro," *Publ. n° 77 da Comissão ⋯ Rondon, Anexo 5, etnografia*, Rio de Janeiro, 1948.

ROTH, W. E.,

   (1) "An Inquiry into the Animism and Folklore of the Guiana Indians," *30th ARBAE (1908~1909)*, Washington, D.C., 1915.

   (2) "An Introductory Study of the Arts, Crafts, and Customs of the Guiana Indians," *39th ARBAE (1916~17)*, Washington, D.C., 1924.

ROUGET, G., "Un Chromatisme africain," *L'Homme. Revue française d'Anthropologie*, t. 1, n° 3, Paris, 1961.

RUSSELL, F., "The Pima Indians," *26th ARBAE (1904~1905)*, Washington, D.C., 1908.

RYDEN, S., "Brazilian Anchor Axes," *Ethnologiska Studier 4*, Göteborg, 1937.

SAHAGUN, B. de., *Florentine Codex. Ganeral History of the Things of New Spain*. In 13 Parts ; transl. by A. J. O. Anderson and Ch. E. Dibble, Santa Fé, N.M., 1950~63.

SAINTYVES, P., "Le Charivari de l'adultère et les courses à corps nus," *L'Ethnographie*, Paris, 1935.

SAMPAIO, T., "Os Kraôs do Rio Preto no Estado da Bahia," *RIHGB*, vol.75(1912), Rio de Janeiro, 1913.

SANTA-ANNA NERY, F. J. de., *Folk-lore brésilien*, Paris, 1889.

SCHADEN, E.,

(1) "Fragmentos de mitologia Kayuá," *RMP*. n.s., vol.1. São Paulo, 1947.

(2) "A Origem e a posse do fogo na mitologia Guarani," *Anais do 31 Congr. Intern. de Americanistas*, São Paulo, 1955.

(3) *A Mitologia Heróica de Tribos Indígenas do Brasil*, Rio de Janeiro, 1959.

SCHOMBURGK, R., *Travels in British Guiana 1840~44*. Transl. and Edit. by W.E. Roth, 2 vol., Georgetown, 1922.

SCHULTZ, H., "Lendas dos indios Krahó," *RMP*, n.s., vol.4, São Paulo, 1950.

SELER, E., *Gesammelte Abhandlungen zur Amertkanischen Sprach- und Altertumskunde*, 5 vol., n. ed. Graz, 1961.

SIMPSON, G. G., "A Carib(Kamarakoto) Myth from Venezuela," *JAFL*, vol.57, 1944.

SPECK, F. G., "Catawba Texts," *Columbia University Contributions to Anthropology*, vol.24, New York, 1934.

SPENCER, R. F., "The North Alaskan Eskimo," *BBAE 171*, Washington, D.C., 1959.

SPENCER, B. and GILLEN, F. J., *The Northern Tribes of Central Australia*, London, 1904.

SPITZER, L., "Patterns of Thought and of Etymology. I. Nausea > of

(>Eng.) Noise," *Word, Journal of the Linguistic Circle of New York*, vol.1, n° 3, New York, 1945.

STEINEN, K. von den.,

(1) " 'Plejaden' und 'Jahr' bei Indianern des nordöstlischen Südamerikas," *Globus*, vol. 65, 1894.

(2) *Entre os aborigenes do Brasil central*, Sao Paulo, 1940.

STEVENSON, M. C., "The Zuñi Indians," *23rd ARBAE*, Washington, D.C., 1905.

STONE, D., "The Talamancan Tribes of Costa Rica," *Papers of the Peabody Museum of Archaeol. and Ethnol., Harvard Univ.*, vol.43, n° 2, Cambridge, Mass., 1962.

STRADELLI, E., "Vocabulario da lingua geral portuguez-nheêngatu e nheêngatu-portuguez etc.," *RIHGB*, t. 104, vol.158, Rio de Janeiro, 1929.

STRÖMER, C. von, "Die Sprache der Mundurukú," Anthropos : *Collection Internationale de Monographies Linguistiques*, 2, Wien, 1932.

STRONG, W. D., "Aboriginal Society in Southern California," *UCPAAE*, vol.26, 1926.

SWANTON, J. R., "Myths and Tales of the Southeasetrn Indians," *BBAE 88*, Washington, D.C., 1929.

TASTEVIN, C.,

(1) *La Langue Tapïhïya dite Tupï ou N'eêngatu*, etc. (Schriften der Sprachenkommission, Kaiserliche Akademie der Wissenschaften, Band II), Vienne, 1910.

(2) "Nomes de Plantas e animaes em lingua tupy," *RMP*, t. 13, São Paulo, 1922.

(3) "La légende de Bóyusú en Amazonie," *Revue d'Ethnographie et des Traditions Populaires*, 6ᵉ année, n° 22, Paris, 1925.

TAYLOR, D., "The Meaning of Dietary and Occupational Restrictions among the Island Carib," *American Anthropologist.*, n.s., vol.52, n° 3, 1950.

TESCHAUER, P. C., "Mythen und alte Volkssagen aus Brasilien," *Anthropos*, vol.1, 1906.

THEVET, A., *La Cosmographie Universelle*, 2 vol., Paris, 1575.

TOCANTINS, A. M. G., "Estudos sobre a tribu Munduruku," *Revista Trimensal do Instituto Historico, Geographico e Ethnographico do Brasil*, t. 40, parte primeira, Rio de Janeiro, 1877.

VALDEZ, J. Fernandez, *Novo Diccionario Portuguez-Francez e Francez-Portugues*, 8ᵉ éd., Rio de Janeiro-Paris, 1928.

VANZOLINI, P. E., "Notas sôbre a zoologia dos indios Canela," *RMP*, n.s., vol.10, São Paulo, 1956~58.

WAGLEY, Ch., "World View of the Tapirapé Indians," *JAFL*, vol.53, 1940.

WAGLEY, Ch. and GALVÃO, E., "The Tenetehara Indians of Brazil," *Columbia Univ. Contributions to Anthropology*, nº 35, New york, 1949.

WALLLIS, W. D. and R. S., *The Micmac Indians of Canada*, Minneapolis, 1955.

WASSEN, H.,

(1) "Cuentos de los Indios Chocós," *Journal de la Société des Américanistes*, vol.25, Paris, 1933.

(2) "Mitos y Cuentos de los Indios Cunas," *Journal de la Société des Américanistes*, vol.26, Paris, 1934.

(3) "Some Cuna Indian Animal Stories, with Original Texts," *Etnologiska Studier* 4, Göteborg, 1937.

(4) "Da la Identificación de los Indios Paparos del Darien," *Hombre y Cultura*, t. 1, nº 1, Panamá, 1962.

WATSON, J. B., "Cayuá Culture Change : A Study in Acculturation and Methodology," *Memoir no. 73 of the American Anthropological Association*, 1952.

WESTERMARCK, E., *The History of Human Marriage*, 3 vol., New York, 1922.

WILBERT, J., "A Preliminary Glotto-chronology of Gé," *Anthropological*

Linguistics, vol.4, n° 2, Bloomington, 1962.

WIRTH, D. M.,

(1) "A mitologia dos Vapidiana do Brasil," *Sociologia*, vol.5, n° 3, São Paulo, 1943.

(2) "Lendas dos Indios Vapidiana," *RMP*, n.s., vol.4, São Paulo, 1950.

WISSLER, C. and DUVALL, D. C., "Mythology of the Blackfoot Indians," *Anthropol. papers of the Amer. Mus. of Nat. Hist.*, vol.II, New York, 1908.

ZERRIES, O.,

(1) "Sternbilder als Ausdruck jägerischer Geisteshaltung in Südamerika," *Paideuma*, Band 5, Heft 5, Bamberg, 1952.

(2) "The Bull-roarer among South American Indians," *RMP*, n.s., vol.7, São Paulo, 1953.

(3) "Kürbisrassel und Kopfgeister in Südamerika," *Paideuma*, Band 5, Heft 6, Bamberg, 1953.

ZINGG, M., "The Genuine and Spurious Values in Tarahumara Culture," *American Anthropologist*, n.s., vol.44, n° 1, 1942.

레비-스트로스 연보

1908년(1세) 2월 28일, 벨기에의 브뤼셀에서 태어남. 인상파 화가였던 아버지 레몽과 어머니 엠마는 모두 프랑스 국적의 유대인임. 생후 2개월이 되어 다시 파리로 돌아감.

1914년(6세) 제1차 세계대전으로 파리에서 베르사유로 옮겨 그곳에서 초등교육을 받음.

1921년(13세) 대전 후 파리로 돌아와 고등학교에 입학. 이 시절에 벨기에인 사회주의자를 알게 되어 그로부터 마르크스주의에 처음으로 접하게 됨. 그리하여 마르크스의 저작들을 탐독함. 소년시절부터 이국정취가 깃들인 물품들을 수집하거나 야산에 나가 화석을 채집하거나 혹은 동식물이나 화석을 관찰하는 습관을 계속 지니게 됨. 특히 지리학에 관한 관심은 그의 학문에 막대한 영향을 끼쳤음.

1927년(19세) 고등학교를 졸업하고 파리 대학 법학부와 문학부에 입학하여, 1930년에는 법학사와 철학사 학위를 받음. 재학 중에는 심리학자 조르주 뒤마의 강의를 듣고, 임상심리학·정신분석학에 흥미를 느낌. 또한 루소의 저작들도 탐독하였으나, 아직까지 인류학이나 민족학에 특별한 관심을 지니지는 않아 후일에 그에게 커다란 이론적 영향을 미쳤던 마르셀 모스의 강의도 청강하지 않았음.

합격하기 어려운 철학교수 자격시험에 1회의 응시로서 최연소자로 합격함. 세 사람이 한 조가 되는 교육실습에서 메를로-퐁티와 같은 조가 되어 그와 친교를 맺음.

1932년(24세) 병역을 마치고 난 다음, 프랑스 남부의 고등학교에서 철학을 가르침.

1933년(25세) 프랑스 북동부의 고등학교에서 철학을 가르치면서 로버트 로 위의 『미개사회』를 우연히 읽게 되어, 강한 감명을 받고 인류학·민족학에 관심을 갖게 됨.

1935년(27세) 셀레스탱 부글레의 소개에 의하여 신설된 브라질의 상파울로 대학의 사회학 교수에 부임. 대학의 휴가를 이용하여 3, 4개월 간 카두베오족과 보로로족의 사회를 방문·조사함.

1936년(28세) 「보로로족의 사회조직에 대한 연구」, 「문명화된 야만인 가운데서」 등의 논문들을 발표함.

1938년(30세) 대학을 떠나 1년 간 남비콰라족, 투피 카와이브족 등 브라질 북서부의 원주민 사회를 조사함.

1939년(31세) 프랑스로 귀국. 제2차 세계대전이 시작되어 영국군의 통역장교로 근무.

1941년(33세) 유대계이므로 마르세유에서 배편으로 프랑스를 탈출하여, 푸에르토리코를 거쳐 미국으로 감. 미국의 인류학자 로버트 로위의 알선으로 뉴욕의 신사회조사연구원에서 문화인류학을 연구.

1942년(34세) 미국으로 망명해온 러시아 태생의 유대인 언어학자 야콥슨과 알게 되어, 그로부터 언어학, 특히 구조언어학의 방법에 흥미를 갖게 됨.

1944년(36세) 파리 해방 후 프랑스 정부의 요청으로 일시 귀국.

1945년(37세) 문화의 구조적 분석의 방법론에 관한 최초의 노작인 『언어학과 인류학에서의 구조적 분석』을 야콥슨과 공동으로 발표함.

1946년(38세) 주미 프랑스 대사관의 문화고문으로 다시 미국으로 건너감.

1948년(40세) 프랑스로 귀국하여 인류학 박물관의 부(副)관장이 됨. 파리 대학에서 문학박사 학위를 수여받음.

1949년(41세) 박사학위를 받은 논문 『친족의 기본구조』가 출판되어 프랑스 학계와 사상계에 커다란 반향을 일으켰고 '폴 베리오상'을 수상함.

1950년(42세) 유네스코의 문화사절로서 동 파키스탄과 인도를 약 4개월 간 여행함. 이 내용은 『슬픈 열대』에 단편적으로 기록됨.
파리 대학 고등연구원의 종교부문의 연구지도 교수가 되어 「무문자(無文字) 민족종교의 비교 연구」라는 주제의 세미나를 담당함. 그를 위하여 고등연구원 부속의 사회인류학 연구실이 창설.
논문 「언어와 사회법칙의 분석」 「파키스탄의 사회과학」을 발표함.

논문 「마르셀 모스 작품 서설」을 『사회학과 인류학』에 게재.

『슬픈 열대』가 출판되어 독서계의 화제가 됨. 조르주 구르비치와 로당
송 등이 레비-스트로스에 대해 비판을 제기함.

논문 「양분제(兩分制)는 존재하는가」「구조와 변증법」을 발표함.

1958년(50세) 논문 「사회 조직에 있어서 양분제와 종교적 표상」을 발표함. 이
때까지 발표하였던 15개의 논문들을 보완하고 비판에 대한 대답을 첨
가하여 『구조인류학』이란 표제로 출판하여, 민족학에서 구조주의 방법
론을 체계적으로 설명함.

1959년(51세) 콜레주 드 프랑스의 정교수에 취임하여 사회인류학 강좌를 창
설함. 『대영백과사전』에서 마르셀 모스의 「통과의례」의 항목을 집필함.

1961년(53세) 인류학 종합잡지 『인간』을 여러 사람과 함께 창간함.

1962년(54세) 『오늘날의 토테미즘』『야생의 사고』가 출판되어 사상계에 커다
란 반향을 불러일으킴.

1963년(55세) 논문 「문학적 불연속과 경제적·사회적 발전」을 발표.

1964년(56세) 『신화학』 제1권 『날것과 익힌 것』을 출판함.

1965년(57세) 『신화학』 제2권 『꿀에서 재까지』를 완성하여 그 집필에 많은
협력을 하였던 부인 모니크에게 헌정. 『아르크』지가 레비-스트로스 특
집호를 펴냄.

1966년(58세) 미국의 스미스소니언연구소에서 열린 '스미스슨 탄생 2백년
제'에 참석하여 인류학자로서 최고의 영예인 바이킹 메달을 수여받음.

1968년(60세) 『신화학』 제3권 『식사예절의 기원』이 출판됨.

1971년(63세) 『신화학』 제4권 『벌거벗은 인간』이 출판되어 신화학의 전 체계
가 완성됨. 프랑스의 학자로서는 최고 영예인 아카데미 프랑세즈의 회
원이 됨.

1973년(65세) 『구조인류학Ⅱ』를 출판함.

1976년(68세) 논문 「밴쿠버의 살리쉬족에서의 통과의례」를 발표. 「자유에 관
한 성찰」을 La Nouvelle Revue des deux Mondes, 11월호에 발표함.

1977년(69세) 논문 「뉴욕의 그 후(後)와 예시(豫示)」를 국립 조르주 퐁피두
예술문화센터의 Paris-New York지에 발표함.

1978년(70세) 미국 존스 홉킨스 대학 창립 200주년 기념강연과 함께 명예박
사학위를 받음.

논문「신화와 의미」를 토론토 대학 출판부에 발표.

논문「쌍생아 출생의 해부학적 예시 : 기호의 체계」를 G. 디테를렌 교수 기념논문집에 발표.

1979년(71세) 멕시코 국립대학의 초청으로 12일 간 체류. 명예박사학위를 받았으며 여러 차례의 강연과 발굴 중인 고고학적 현장을 방문했다.

논문「마거릿 미드」를 『정보』지 28호에 발표.

「일본에서의 구조·신화·노동」을 동경의 미쓰즈 출판사에서 출판.

캐나다 퀘벡의 라발 대학에 초청되어 명예박사학위를 받고 여러 세미나에 참석함.

『아메리카에 있어서 피타고라스』를 아카데미 프레스에서 출판(R.H. Cook 편집).

세 번의 여행을 통해 새로워진 마음으로 「가면의 길」 증보개정판을 플롱사에서 출판.

「레비-스트로스의 답사」(아카데미 프랑세즈에서 행한 M.뒤메질의 회원 수락 연설문)를 갈리마르에서 출판.

1980년(72세) 「인류학적 인식에 비추어본 인간조건」을 윤리·정치연구소의 『문화와 커뮤니케이션』지 24호에 발표.

일본 오사카 시의 '산토리' 기금이 마련한 '일본을 말한다' 국제학술대회에서 10일 간 체류하며 여러 차례 강연함.

「인디언의 가문(家紋)」을 『예술의 인식』지 338호에 발표.

1981년(73세) 정신문화연구원 초청으로 한국방문. 『레비-스트로스의 인류학: 사회조직과 신화학』, 한국정신문화연구원 사회연구실 편.

1984년(76세) 『멀어진 시선』 출판(플롱사).

강의록 모음집 『주어진 말』(*La Parole donnée*) 출판(플롱사).

1985년(77세) 『시샘하는 여 도공』 출판(플롱사).

1988년(80세) 『가까이 그리고 멀리서』 출판(오릴자콥사).

1989년(81세) 『상징들과 그들의 이중성』 출판(플롱사).

1991년(83세) 『시라소니 이야기』 출판(플롱사).

1993년(85세) 『보다, 듣다, 읽다』 출판(플롱사).

옮긴이의 말

　역자가 『신화학』 원본을 처음 접한 것은 1976년 12월이다. 프랑스 유학 중이던 당시 거금을 들여 구입한 책이 바로 『날것과 익힌 것』이다. 60년대와 70년대에 걸쳐 레비-스트로스에 대한 이야기가 대학가의 화제였지만 실제로 그를 아는 사람은 별로 없었다. 가끔 신문에 레비-스트로스의 저술에 대한 '작은 칼럼'이 게재되기도 했는데, 지금 생각하면 어이없는 글들이 발표되곤 했다. 그럼에도 이것이 역자의 지적 호기심을 불러일으켰고, 그에 대해 알아보리라 생각한 것이 어언 30여 년이 되었다. 필자가 불문학 석사학위 준비를 하다 인류학으로 학부를 옮긴 것(리상스, 학사학위)도 바로 이에 대한 갈증 때문이었을 것이다.

　그런데 레비-스트로스의 책을 구입하여 읽으려 해도 무슨 말인지조차 알 수 없는 시절이 있었다. 딱딱한 오징어 다리를 입에 물었을 때, 먹을 수 있을까 염려스럽게 느낀 독자들이 있으리라. 그러나 한참 물고 조금씩 씹다보면, 어느덧 물컹거려 씹어 삼킬 수 있게 된다. 레비-스트로스의 저작이 나에게는 딱딱한 '오징어 다리'였다.

　난해하다는 것, 그것은 마치 고통을 느껴도 힘든 산을 계속 오르는 산악인처럼, 레비-스트로스의 저작이 하나같이 이해하기 어렵다는 점이 아마도 역자가 오랫동안 관심을 갖게 된 계기가 아닌가 생각한다. 레비-스트로스 자신도 난해하다는 점을 인정한다. 글 자체가 어려울 수 있지만, 그가 해석하려는 방법론 자체가 다르기 때문일 것이다. 레비-스트로스는 자신의 방법론을 간접적으로 뉴턴의 역학에서 혁신된 아인

슈타인의 상대성이론과 비교한다. 기존의 해석법과 사고체계로는 자신의 새로운 방법론을 이해하기가 쉽지 않을 것이기 때문이다.

몇 가지 번역상 유의했던 점을 지적하는 것이 예의일 것 같다.

먼저, 이 책에는 수많은 외래어(프랑스어 이외)가 등장한다. 토착민들의 언어로부터, 이탈리아어, 에스파냐어, 포르투갈어, 심지어 라틴어, 고전 프랑스어까지 등장한다. 이들의 발음은 프랑스어를 택한 경우도 있고 각국 언어의 발음을 택한 것도 있다. 특히 이탈리아어, 포르투갈어 등의 작은 예문은 책에 명시되어 있기 때문에 원문 그대로 놓아두었다. 독자들이 읽을 때 크게 지장을 받지 않으리라 생각했기 때문이다. 라틴어, 고전 프랑스어는 모두 번역하였다.

원래 글은 쉽고 간결하게 누구나 이해할 수 있도록 써야 한다고 한다. 번역도 예외는 아닐 것이다. 그런데 역자의 부족함 때문이겠지만, 원문의 뜻을 모두 쉽게 표현하기가 쉽지 않았다. 표현이 어색한 곳도 있으리라 생각한다.

둘째, 표현뿐 아니라 내용상 잘못 번역된 곳이 있지 않을까 걱정이 된다. 원어의 내용을 그대로 옮기고 싶은데 그것이 욕심이라는 것을 깨달은 것은 한참 뒤의 일이다. 그래서 가끔 괄호를 열고 비슷한 의미의 글을 써놓은 것은 그런 염려에서이다.

셋째, 이 책에는 많은 도표와 그림 그리고 주해가 나온다. 독자들은 될 수 있으면 이를 참조하고, 이해가 안 되면 다시 글의 흐름을 음미하거나 앞의 신화들을 참조하기를 바란다. 인류학에 대한 지식이 없는 독자들도 그런 식으로 읽어 내려가다 보면, 그것이 무엇을 의미하는지 알게 될 것이다.

끝으로 레비-스트로스 저작에 많은 관심을 가지고, 인내심을 갖고 기다려주신 김언호 사장님께 이 자리를 빌려 감사를 드린다. 조금이라도 더 나은 책을 만들기 위해 노력해주신 한길사의 여러분에게도 고마움을 표한다.

찾아보기

지은이 레비-스트로스

레비-스트로스(Claude Lévi-Strauss)는 1908년 벨기에의 브뤼셀에서 태어나
생후 2개월 때 파리로 갔다. 파리 대학 법학부와 문학부에 입학하여 1930년 법학사와
철학사에서 학위를 받았다. 재학 중에는 조르주 뒤마의 강의를 듣고 임상심리학·정신분석학 등에
흥미를 가졌고, 루소의 저작들도 탐독하였으나 이때까지는 인류학이나 민족학에
아직 관심을 두지 않아 마르셀 모스의 강의도 청강하지 못했다. 합격하기 어려운 철학교수
자격시험에 최연소자로 붙었으며, 세 사람이 한 조가 되는 교육실습에서 메를로-퐁티와 같은
조가 되어 그와 친교를 맺었다. 1933년에 우연히 로버트 로위의 『미개사유』를 읽게 되어
강한 감명을 받고 인류학·민족학에 관심을 갖게 되었다. 이후 대학교수로 있으면서 카두베오족과
보로로족을 방문·조사하여 「보로로족의 사회조직에 대한 연구」 「문명화된 야만인 가운데서」 등의
논문을 발표하였다. 또 대학을 떠나 1년 간 남비콰라족, 투피 카와히브족 등의
원주민 사회를 조사하기도 하였다. 1941년에는 미국으로 가 뉴욕의 신사회조사연구원에서
문화인류학을 연구하였고, 미국으로 망명해온 러시아 태생의 언어학자 야콥슨과 알게 되어
언어학에 흥미를 갖게 되었다. 야콥슨과 공동으로 『언어학과 인류학에서의 구조적 분석』을 발표하였다.
이후 프랑스로 귀국하여 파리 대학에서 박사학위를 받았는데, 박사학위논문이
『친족의 기본구조』라는 책으로 출판되자 프랑스 학계와 사상계에 커다란 반향을 일으켰다.
그밖에도 『슬픈 열대』 『구조인류학』 『오늘날의 토테미즘』 『야생의 사고』
『신화학』(1: 날것과 익힌 것, 2: 꿀에서 재까지, 3: 식사예절의 기원, 4: 벌거벗은 인간) 등
굵직한 저술들을 내놓아 사상계에 화제를 불러일으켰다. 콜레주 드 프랑스와 파리 대학 고등연구원에서
교수를 지냈으며, 지금은 아카데미 프랑세즈 회원으로 있다.

옮긴이 임봉길

임봉길(任奉吉)은 서울대학교 불어불문학과를 졸업하고,
대학원 재학 중 프랑스 외무부 장학생으로 도불, 파리5대학교(옛 소르본 사회과학부)와
몽펠리에3대학에서 인류학 학사(리상스 학위), 석사, 박사학위를 받았다.
강원대학교에서 문화인류학과 교수를 지냈으며, 한국문화인류학회 회장을 지냈다.
저서로는 『구조주의 혁명』 『아편을 심는 사람들, Hmong(몽)족 민족지』
『한국 중산층의 생활문화』가 있으며, 역서로는 『정치인류학』(공역), 『루시는 최초의 인간인가』
『문화인류학의 역사』(공역) 등이 있다. 주요논문으로 「문화에 있어서의 진보의 개념」
「한국인의 이중성-문화인류학적 접근」 「동북시베리아지역 퉁구스족의 민족정체성」,
「프랑스 입양고아의 정체성의 형성과 위기」 등이 있다.

HANGIL GREAT BOOKS **68**

신화학 1 날것과 익힌 것

지은이 클로드 레비스트로스
옮긴이 임봉길
펴낸이 김언호

펴낸곳 (주)도서출판 한길사
등록 1976년 12월 24일
주소 10881 경기도 파주시 광인사길 37
홈페이지 www.hangilsa.co.kr
전자우편 hangilsa@hangilsa.co.kr
전화 031-955-2000~3 **팩스** 031-955-2005

인쇄 오색프린팅 **제본** 경일제책사

제1판 제1쇄 2005년 8월 10일
제1판 제8쇄 2024년 4월 25일

값 33,000원

ISBN 978-89-356-5654-7 94380
ISBN 978-89-356-6427-6 (세트)

• 잘못 만들어진 책은 구입하신 서점에서 바꿔드립니다.

한길그레이트북스 인류의 위대한 지적 유산을 집대성한다